拉萨堆龙德庆年鉴

ལྷ་ས་སྟོད་ལུང་བདེ་ཆེན་གྱི་ལོ་རིམ་མེ་ལོང་།

2021

（总第10卷）

拉萨市堆龙德庆区地方志办公室　编

方志出版社
Publishing House of Local Records

图书在版编目（CIP）数据

拉萨堆龙德庆年鉴. 2021 / 拉萨市堆龙德庆区地方志办公室编. -- 北京:方志出版社, 2021.12
ISBN 978-7-5144-4851-1

Ⅰ. ①拉… Ⅱ. ①拉… Ⅲ. ①堆龙德庆县－2021－年鉴 Ⅳ. ①Z527.54

中国版本图书馆CIP数据核字（2021）第264494号

拉萨堆龙德庆年鉴（2021）

编　　者：拉萨市堆龙德庆区地方志办公室
责任编辑：刘方圆

出 版 者：方志出版社
地址　北京市朝阳区潘家园东里9号（国家方志馆4层）
邮编　100021
网址　http://www.zgfzcb.cn
发　　行：方志出版社图书经销中心
电话（010）67110500
经　　销：各地新华书店
印　　刷：河南金宝丽印刷科技有限公司

开　　本：889×1194　1/16
印　　张：24.5
字　　数：634千字
版　　次：2021年12月第1版　2021年12月第1次印刷
印　　数：001～500册

ISBN　978-7-5144-4851-1　定价：380.00元

数字拉萨堆龙德庆 2020

辖区面积：2413.06平方千米

年末户籍人口：51842人

年末常住人口：70709人

地区生产总值：62.82亿元

第一产业：2.19亿元

第二产业：34.02亿元

第三产业：26.61亿元

社会消费品零售总额：13.54亿元

规模以上工业增加值：15.67亿元

一般公共预算收入：10.46亿元

农牧民人均可支配收入：19746元

堆龙德庆区行政区划图

堆龙德庆区行政区划图
堆龙德庆区
拉萨市
城关区
德庆
马乡
古荣
乃琼镇
羊八井镇
柳梧
当雄县
林周县
尼木县
曲水县
贡嘎县
曲水
达嘎
聂当
南木
才纳
白堆
达东
德央
羊达
东嘎
色玛
加木
波玛
加入
嘎冲
巴热
南巴
那嘎
措麦
设兴
岗吉
常木
朗巴
昂嘎
顶嘎
邱桑
邦村
门堆
春堆
强嘎
卡孜
夺底
娘热
G109
G318
S304
堆龙曲
拉萨河
提波农阿
麻疯山
图例
拉萨市 省级行政中心
城关区 地(市)级行政中心
尼木县 县级行政中心
纳金 乡级行政中心
次角林 行政村
东嘎 自然村
国界
地区界
省级界
地级界
县级界
乡级界
铁路
高速公路
国道
省道
县道
乡道
湖泊
河流
比例尺 1:360 000
0 3.6 7.2km
西藏自治区测绘院编制
审图号：藏S（2018）022号

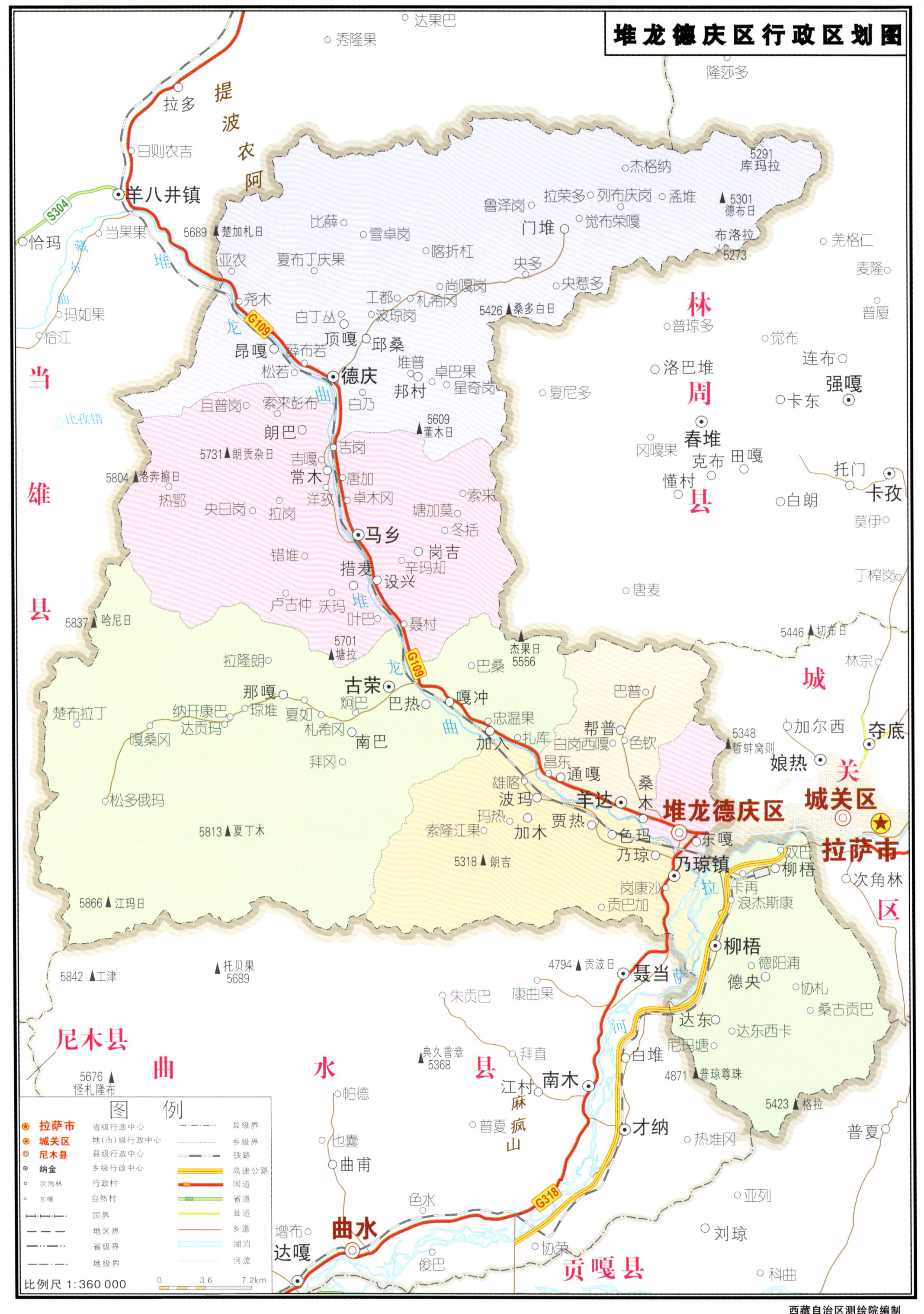

2020年6月20日上午，团中央书记处书记李柯勇（前排中）一行在堆龙德庆区调研共青团工作。团自治区委书记巴塔（前排左九），拉萨市委常委、宣传部部长吴亚松（前排左五），共青团拉萨市委书记慈旦德吉（前排左八），堆龙德庆区委常委、宣传部部长普旦（前排左三）等陪同调研，图为调研期间合影留念

2020年8月2日，国家发改委副主任、统计局局长宁吉喆（左二）一行在堆龙德庆区调研指导工作，对全区第七次全国人口普查工作给予了充分肯定，西藏自治区党委副书记、自治区主席齐扎拉（右一）陪同

2020年2月3日，西藏自治区党委常委、拉萨市委书记、市新型冠状病毒感染肺炎疫情联防联控工作领导小组组长白玛旺堆（左二）在堆龙德庆区督导检查村（居）居家隔离工作开展情况

2020年4月1日，西藏自治区政府副主席、区公安厅党委书记、厅长张洪波（右一）一行在堆龙德庆区羊达派出所检查指导疫情防控工作落实情况

2020年4月23日，拉萨市人大常委会主任云丹（左一）在堆龙德庆区调研民生工作

2020年1月6日，堆龙德庆区举办2020年“五下乡”宣传服务暨“四讲四爱”回头讲文艺宣讲活动，活动以深入学习宣传中共十九届四中全会精神为主题，在各街道（镇）广泛开展形式多样、内容丰富的宣传服务活动，深受当地百姓的欢迎

2020年1月15日，堆龙德庆区开展“三大节日”集中慰问活动。区人大常委会党组书记、主任武保林，区政协党组书记、主席洛桑强巴出席活动。全区环卫工人、城管执法人员、公益性岗位从业人员、后勤工作人员代表共100余人参加活动

2020年1月16日，堆龙德庆区德庆镇举办第三届农民运动会

2020年3月16日，堆龙德庆区古荣乡加入村迎来一年一度的春耕仪式

2020年3月29日，堆龙德庆区二届纪律检查委员会四次全体（扩大）会议召开

2020年4月2日，堆龙德庆区召开2020年决战决胜脱贫攻坚动员部署会，会上系统分析了当前工作中存在的薄弱环节，并就巩固脱贫攻坚成果、迎接全国脱贫攻坚普查等具体工作提出明确要求

2020年5月14日，堆龙德庆区马镇、古荣镇、德庆镇党员领导干部在廉政教育基地接受警示教育

2020年7月1日，堆龙德庆区人民检察院联合公安局、法院开展“七一”主题党日活动

2020年7月3日，堆龙德庆区“两新”工委召开第五次全体（扩大）会议暨庆祝建党99周年“七一”表彰大会

2020年7月8日，区、市两级人大代表在堆龙德庆区开展集中视察活动

2020年7月13日，堆龙德庆区深入学习宣传《西藏自治区民族团结进步模范区创建条例》暨开展民族团结进学校宣传活动

2020年7月16日，堆龙德庆区直属机关工委召开2020年第一次全体（扩大）会议暨机关党建工作推进会

2020年7月30日，堆龙德庆区组织各族干部职工、志愿者与群众开展爱国卫生运动

2020年8月12日，堆龙德庆区东嘎街道南嘎社区举办2020年堆龙德庆区高校毕业生创业启动资金和市场主体各类补贴兑现仪式

2020年8月16日，堆龙德庆区召开2020年全国文明城市创建工作推进会

2020年9月20日，堆龙德庆区楚布沟山地自行车越野竞速赛作为玉妥文化旅游节重点节目顺利举办。图为来自区内外的选手参赛场景

2020年9月21日，由北京市文联主办，北京援藏指挥部、拉萨市委宣传部、拉萨市文联协办的北京市文联“送欢乐 下基层”文艺志愿服务拉萨行演出活动在堆龙德庆区古荣镇荣玛乡高海拔生态搬迁点举行。图为舞蹈《幸福的那仓牧民》

2020年9月22日，由中共拉萨市委员会、拉萨市人民政府主办，堆龙德庆区委员会、堆龙德庆区人民政府、市农业农村局承办的拉萨市中国农民丰收节庆祝活动在堆龙德庆区古荣镇加入村举办。图为第三届丰收节活动现场

2020年9月30日，堆龙德庆区基层人大代表一行30余人在堆龙净土公司古荣产业园调研鲜切花种植工作

2020年10月31日，民泰银行入驻德庆镇剪彩仪式

2020年11月2日，为切实落实好堆龙德庆区藏传佛教寺庙教职人员教育培训规划，为期12天的堆龙德庆区第二期藏传佛教教职人员和代表人士培训班举行结业典礼，共有9名代表人士及33名宗教教职人员参加培训

2020年11月4日，中共堆龙德庆区第二届委员会第六次全体会议胜利召开

2020年11月6日，堆龙德庆区举办“学四史、践初心、跟党走”知识竞赛，来自镇（街道）、区（中）直机关和国有企业的30支代表队参加竞赛

精准扶贫与疫情防控合力攻坚（1）

精准扶贫与疫情防控合力攻坚（2）

精准扶贫与疫情防控合力攻坚（3）

精准扶贫与疫情防控合力攻坚（4）

2020年2月24日，堆龙德庆区疾控中心工作人员在辖区725油库开展重点场所新冠疫情防控健康教育工作

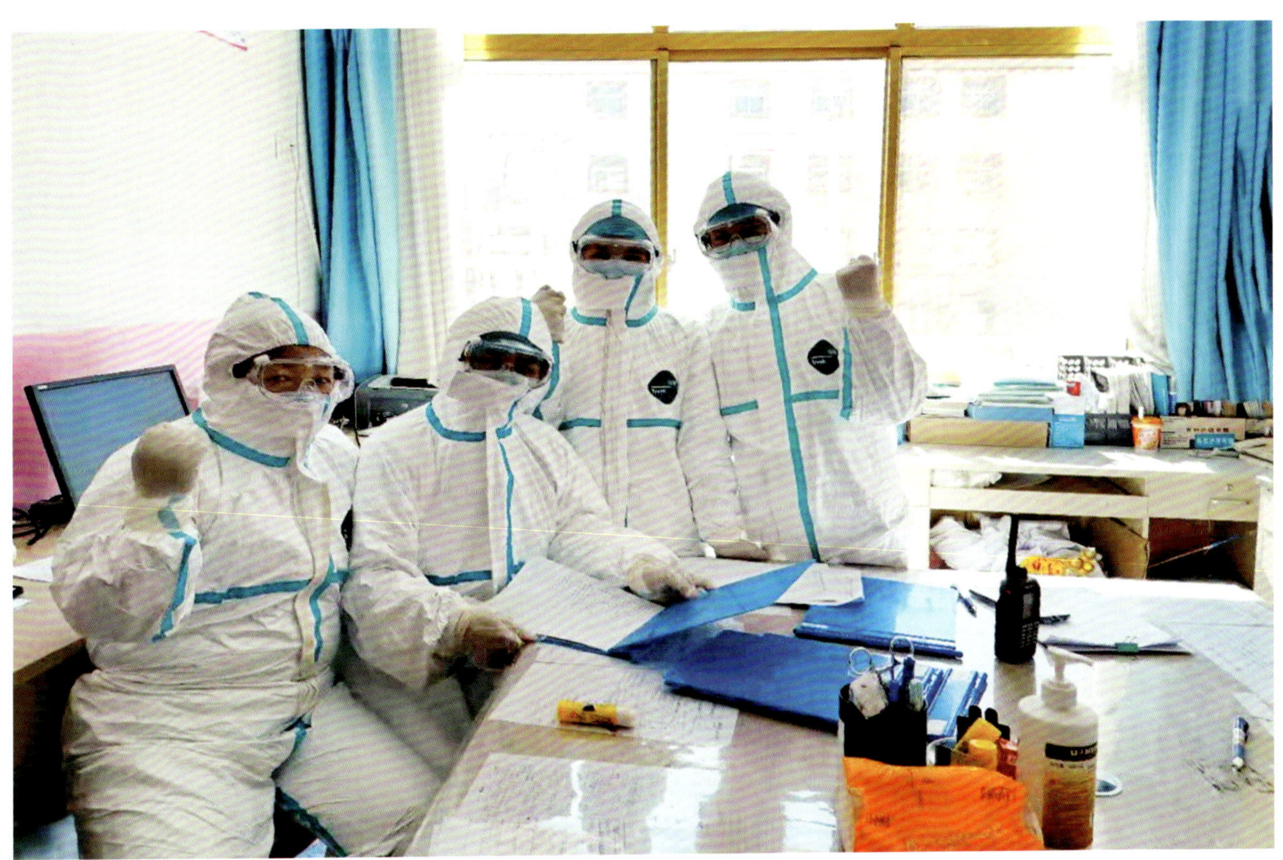

堆龙德庆区人民医院医务人员对打赢疫情防控战充满信心（摄于2020年4月）

2020年1月20日，拉萨市2020年文化科技卫生法律爱国爱教宣传“五下乡”集中示范服务活动暨“我们的中国梦—文化进万家”活动启动仪式在堆龙德庆区古荣镇南巴村举行。图为拉萨市歌舞（曲艺）团和堆龙德庆区艺术团为现场群众送上了精彩纷呈的歌舞节目

2020年8月19—21日，以“欢乐雪顿节，嗨购享补贴”为主题的堆龙德庆区欢乐惠民购物节在象雄美朵景区广场开幕。图为开幕式上藏戏表演

2020年9月19日，民俗体验区商家在堆龙德庆区象雄美朵文旅小镇举办的2020年堆龙玉妥文化旅游节集市上为群众展示藏文书法

2020年9月19日，堆龙玉妥文化旅游节马术表演

2020年9月21日，作为2020年堆龙玉妥文化旅游节子活动的藏戏唱腔王评选大赛在象雄梅朵文旅小镇举办，来自区内的藏戏演员参加大赛

2020年12月18日，堆龙德庆区举办以“党的光辉照边疆·边疆人民心向党”为主题的2020年堆龙德庆区村级文艺队专场汇报演出活动，400余名农牧民群众参加演出

《拉萨堆龙德庆年鉴》编纂委员会

《拉萨堆龙德庆年鉴》编辑部

编辑说明

一、《拉萨堆龙德庆年鉴》以马克思列宁主义、毛泽东思想、邓小平理论、“三个代表”重要思想、科学发展观、习近平新时代中国特色社会主义思想为指导，坚持辩证唯物主义和历史唯物主义的立场、观点和方法，始终坚持“实事求是、质量第一、存史资政、服务大众”的办鉴宗旨，全面、系统、翔实地记述堆龙德庆区上一年度政治、经济、文化、社会等各项事业的基本情况，为社会各界与国内外人士了解和研究当今堆龙德庆区提供翔实资料。

二、《拉萨堆龙德庆年鉴（2021）》分为正文与彩页两部分。正文采取分类编辑法，以类目、分目、条目为主要框架结构，个别包含多方面资料的条目，则在段落间加插楷体标题提示，方便读者查阅全书。

三、《拉萨堆龙德庆年鉴（2021）》载录堆龙德庆区2020年经济社会发展的基本资料，设有特载、大事记、综述、政治、人民团体、军事、法治、经济管理、社会事业、城市建设·环保、交通·通信、金融、乡（镇）概况、附录、索引等内容。

四、《拉萨堆龙德庆年鉴（2021）》统计数据使用法定计量单位，价值指标绝对数凡未注明的，按记载2020年价格计算。计量单位一律以1984年国务院颁布的《中华人民共和国法定计量单位》为准，个别常用成习惯且不便换算的用市制。如农田单位“亩”。简化字以全国文字改革委员会、文化部、教育部公布的《简化汉字总表》为准；标点符号以2012年实施的《标点符号用法》（GB/T 15834—2011）为准；数字以2011年发布的《出版物上数字用法》（GB/T 15835—2011）为准。

五、《拉萨堆龙德庆年鉴（2021）》入鉴资料、图片均由各撰稿单位提供，并经主要负责人审核。部分资料由编辑部收集，主要数据和统计资料由统计局提供，部分数据由各相关部门提供。由于统计口径等原因，相关部分的个别数据与统计资料不一致的，以统计资料为准。

目 录

特 载

大事记

综 述

直属机关工作

党校

堆龙德庆区创先争优强基础惠民生活动第九批驻村工作

信访工作

行政审批和便民服务

藏语言及编译工作

地方志工作

人民团体

工 会

共青团

妇 联

工商联

军 事

人民武装

武警堆龙德庆中队

法 治

政法委及综治

公 安

检 察

法 院

司法行政

国家安全

经济管理

发展和改革

财 政

审 计

自然资源

统 计

经济和信息化

应急管理

消防救援

税 务

市场监督管理

堆龙德庆区城市建设投资经营有限责任公司

堆龙德庆区净土产业投资开发有限公司

水 利

教育体育

拉萨市堆龙德庆区中学

城市建设·环保

住房和城乡建设

生态环境保护

城市管理和综合执法

交通·通信

交通运输

电 信

移 动

邮 政

金 融

农行堆龙德庆区支行

中国邮政储蓄银行堆龙德庆区支行

西藏堆龙民泰村镇银行股份有限公司

乡(镇)概况

东嘎街道办事处

附 录

特　载

全面贯彻新时代党的治藏方略 开启建设团结富裕文明和谐美丽的社会主义现代化堆龙新征程

——在中共拉萨市堆龙德庆区第二届委员会第七次全会上的报告

（2021 年 1 月 4 日）

中共拉萨市堆龙德庆区第二届委员会第七次全会暨区委经济工作会议，是在我们即将同全国一道全面建成小康社会，开启全面建设社会主义现代化新征程的关键时刻，召开的一次承前启后、继往开来的重要会议。会议的主题是：高举习近平新时代中国特色社会主义思想伟大旗帜，全面贯彻习近平总书记关于西藏工作的重要论述和新时代党的治藏方略，在全面建成小康社会的基础上，乘势而上开启全面建设社会主义现代化堆龙新征程。

一、立足新起点，决胜全面建成小康社会取得决定性成就

2020 年，面对复杂严峻形势和艰巨繁重任务，区委常委会坚持以习近平新时代中国特色社会主义思想为指导，全面贯彻党中央和区市党委各项决策部署，团结带领全区各级党组织和各族干部群众，扎实做好维护社会稳定、改善民生福祉、巩固脱贫成果、决胜全面小康必答题，全力答好疫情防控加试题，圆满完成“十三五”收官各项目标任务，全面建成小康社会胜利在望。

过去的一年，我们坚定不移全面加强党的建设。区委常委会坚持打铁必须自身硬，不断推动全面从严治党向纵深发展。始终把政治建设摆在首位，以“两个维护”为最高政治原则，自觉把推动党中央和区市党委决策部署落地落实作为具体检验。持续加强思想建设，巩固“不忘初心、牢记使命”主题教育成果，健全完善区委、各党组理论学习中心组和各级党组织“三会一课”学习制度，实现科级以上干部学习轮训全覆盖。不断夯实基层基础，完成 27 个党组、12 个区直机关党支部的调整优化，新成立 25 个“两新”组织党组织和 12 个“两新组织”团组织，全区“三有”非公企业党组织覆盖率达到 35.17%。全面推进村（居）社会工作者职业体系建设试点，通过“转考招”三种途径将 161 名实绩突出、表现优秀的村（居）干部、高校毕业生纳入职业体系。深入开展“支部建设规范年”活动，完成2个村级活动场所标准化建设，整顿软弱涣散基层党组织3个、后进党组织15个。持续优化干部人才队伍建设，开展党员干部教育培训14期1800余人次，围绕“五重五用”导向，建立干部人才库200名、镇（街道）党政正职后备库30名；注重激励广大干部在急难险重任务和基层一线担当作为，考察识别优秀干部52名。强化执纪问责，持续开展“四风”问题整治，严格落实中央八项规定及其实施细则精神，部署开展作风建设整顿年。充分发挥巡察利剑作用，完成区委第9轮、10轮巡察，实现巡察全覆盖。全年受理问题线索43件，立案审查7件，给予开除党籍和公职处分1人、开除党籍处分2人、党内警告处分3人、诫勉谈话7人，强化了不敢腐的震慑。

过去的一年，我们众志成城全力打好疫情防控阻击战。面对突如其来的新冠肺炎疫情，区委常委会坚持把人民生命安全和身体健康放在第一位，以非常之举应对非常之事，迅速启动重大突发公共卫生事件一级响应，及时成立疫情防控工作领导小组和指挥部，统一领导、统一指挥、统一行动。精准开展外防输入、内防扩散防控措施，严格落实早发现、早报告、早隔离、早治疗“四早”要求，加强重点场所管理，强化社会舆论引导，普及健康防疫知识，多措并举筹措防疫物资。统筹疫情防控和经济社会发展，及时推动企业项目复工复产。疫情期间，全区党政军警民集中会战，常委同志带头蹲点一线，各级各部门闻令而动，党员干部主动担当，医务人员坚守前沿，公安民警和村（居）工作人员日夜值守，各方力量各就各位，堆龙好房东、好商户默默奉献，各行各业积极出力，各族群众服从大局，形成了联防联控、群防群治的严密体系，实现了无确诊及疑似病例的工作目标，营造了风雨同舟、共克时艰的浓厚氛围。

过去的一年，我们居安思危坚决维护社会大局和谐稳定。区委常委会牢固树立忧患意识和风险防范意识，持续深入推进以反分裂斗争应知应会法律知识为主的底线教育，以活佛转世宗教仪轨和网络通信“二十禁”为主的防范教育，以“听党话、跟党走”为主的感党恩教育；健全“1+6”维稳片区指挥体系和党政军警民联防体系，抓好全年重大活动、重点时段、敏感节点维稳防控，确保了全年社会大局持续稳定。以市域社会治理现代化试点工作为抓手，以党建引领基层社会治理，科学划分基层网格、联户单位，推行网格长和党支部书记“一肩挑”。及时妥善化解各类矛盾纠纷和信访案件，持续深化扫黑除恶打非治乱专项斗争，不断完善流动人口服务管理机制，常态开展公共安全隐患排查治理，实现治安案件和刑事案件“双下降”，较大以上安全事故“零发生”，我区入选“2020中国最具安全感百佳县市”。依法加强宗教事务管理，深化“遵行四条标准、争做先进僧尼”教育实践活动，因疫情防控需要，对僧尼和信教群众有效引导，全年16场宗教活动暂停举办15场，参与人数与去年相比大幅下降。围绕筑牢中华民族共同体意识，巩固“全国民族团结创建示范区”成果，纵深推进民族团结进步创建进机关、进企业、进社区、进乡村、进学校、进连队、进宗教活动场所，各族群众共居共学共事共乐的氛围持续加深。

过去的一年，我们加压奋进持续推动经济高质量发展。区委常委会坚持稳中求进的工作总基调，扎实做好“六稳”工作、认真落实“六保”任务。综合经济实力显著增强，全年预计完成地区生产总值61.82亿元，全社会固定资产投资同比增长12.6%，社会消费品零售总额12.02亿元，农村居民人均可支配收入19807元，一般公共预算收入10.42亿元。主导产业带动明显，净土健康产业壮大发展，古荣镇蔬菜瓜果、马镇食用菌和德庆镇藏药材“三大基地”提档升级，“古荣糌粑”“藏地吉龙”“青色麦田”等净土健康产品影响力不断提升，线上线下、区内区外销售渠道不断拓展；文化旅游融合发展，“象雄美朵”文旅小镇初具雏形，楚布沟、宇妥沟、措麦村等沟域旅游和乡村特色民俗游多点开花，第一届“玉妥文化旅游节”成功举办，堆龙日渐成为近郊休闲旅游的“新名片”；商贸物流产业加快发展，东嘎时代广场商业综合体、领峰智慧物流园、高原食品冷链中心、综合保税区等重点项目基本建成，集钢材交易、机械租赁，蔬菜瓜果和生产生活日用品供应一体的商贸物流聚集区建设取得重大进展。

绿色工业转型发展，持续推进工业园区A区脱虚向实，完成B区基础设施提档升级，盘活低产低效企业6家，新培育规上企业1家。产业地产开发稳步推进，11个地产项目完工3个。营商环境不断改善，健全完善“保姆式”招商引资服务机制，全年招商引资实际到位资金27.41亿元。政务服务持续优化，大力开展“减时限、减材料、减跑动”行动，审批事项进一步精简，办理流程进一步优化、工作效率进一步提高。

过去的一年，我们统筹兼顾全面推进城乡一体化发展。区委常委会围绕城市副中心和城乡统筹先导区的发展定位，统筹推进堆龙新城和美丽乡村建设。持续提升城市品位，启动了中心城区城市设计、综合管廊设计和道路交通设计等专项规划编制；新城一期市政道路完成总工程量的88%，启动北环线堆龙段前期工作，“三横”“四纵”骨干路网架构初步形成；堆龙大道景观提升工程全面完成，新城水系连通工程完成总工程量的45%，滨河公园（一期）完成总工程量的87%；强化失地群众安置保障，色玛村、南嘎村搬迁安置小区完成主体建设，完成4个棚户区改造提升；加大“城市病”治理，常态化开展市政基础设施管护和市容市貌整治，稳慎推进土地私自买卖、城区私搭乱建专项整治。扎实推进“美丽乡村·幸福家园”建设行动计划，完成总体方案、6个专项方案和城市规划范围外20个村庄规划编制，按照“面”上实施“十项行动”，“点”上实施“四化行动”，“户”上实施“三改一整”的模式，系统推进乡村人居环境整治，完成11个人居环境整治项目建设和442户示范户“三改一整”工作。

过去的一年，我们坚守初心持续保障和改善民生福祉。区委常委会坚持以人民为中心的发展思想，全力办好事关人民群众切身利益的每一件实事。脱贫攻坚取得决定性成就，坚守“两不愁、三保障”标准，健全返贫监测预警机制，对建档立卡群众、边缘户进行定期核查、动态管理。实现有劳力建档立卡群众就业率达89.1%，建档立卡群众人均可支配收入达18349.29元，比2019年增长22.6%。教育事业提质扩容，坚持把本级收入20%投入到教育事业，启动6所中小学和幼儿园项目建设，强化人大附中落地衔接，“五个100%”成果不断巩固，师资队伍建设持续加强。就业更加充分优质，全年开展就业技能培训1591人，开发就业岗位3483个，实现城镇新增就业1309人，农牧区劳动力转移就业16031人，往届高校毕业生就业率达99.8%，应届高校毕业生就业率达99.8%（其中，市场和企业就业率达73.9%）。健康堆龙加快推进，区人民医院二甲综合楼完成总工程量40%，镇（街道）卫生服务中心、村（居）卫生服务站标准化建设加快推进，医疗资源布局不断优化，基层医疗卫生服务水平明显提升，爱国卫生运动常态化开展。社会保障持续有力，牢牢兜住民生底线，严格落实低保动态管理制度，强化社会临时救助，全力保障妇女儿童及老人合法权益，特困老人意愿集中供养率100%。对口援藏工作成效显著，精准对接、议事互商机制不断完善，携手发展、交流合作领域不断拓展，干部、教育、医疗等人才智力援藏纵深推进，建成与门头沟区人民医院三方互联平台和远程影像系统，全年落实援藏资金4880万元，80%以上援藏资金投向民生领域。

过去的一年，我们守住红线加快推进美丽堆龙建设。区委常委会坚持节约优先、保护优先，严格落实环境保护“党政同责”“一岗双责”，全面完成生态保护红线划定和第二次全国污染源普查，保持“三高”企业和项目零审批、零引进，全面办结58件中央环保督察督办案件。持续深入推进蓝天、碧水、净土保卫战，统筹推进山水林田湖草系统治理，完成8处采石点地质环境恢复治理，全年植树造林850余亩；开展河道“乱占乱建、乱围乱堵、乱采乱挖、乱倒乱排”突出问题整治，辖区河流及饮用水水源地水质达标率100%；深化扬尘治理成效，规范运输车辆、建筑工地遮挡式低尘作业，空气质量优良率达100%；扎实推进全域无垃圾三年行动计划，初步实现城乡生活垃圾日产日清、分类回收处理；完成自治区生态文明建设示范县提档升级。始终保持环境保护执法监管高压态势，强化“三线一单”刚性约束，严格执行排污许可登记制度，行政处罚企业10家、收缴罚金51.05万元，受理生态环境举报案件41件，办结率、满意率均达100%。

过去的一年，我们守正创新广泛凝聚各族群众思想共识。区委常委会牢牢抓住意识形态工作领导权，持续压实意识形态工作责任制。强化意识形态阵地建设，挂牌成立6个镇（街道）新时代文明实践所、26个村（居）新时代文明实践站。持续深入推进党的十九届五中全会和中央第七次西藏工作座谈会精神学习宣讲，组建领导干部宣讲团、农牧民宣讲团、僧尼宣讲团、教师宣讲团等7支宣讲队伍，实现各族干部群众学习宣讲全覆盖。深化群众性精神文明创建，纵深推进“四讲四爱”群众教育实践活动和“农闲时节新时代文明实践十项活动”，推动了新思想学习宣传更加深入，反分裂斗争基础更加扎实，健康文明氛围更加浓厚，勤劳致富愿望和能力更加提升。巩固“国家公共文化服务体系示范区”创建成果，持续推动文化资源向基层倾斜，不断扩大公共文化服务活动场所开放率、覆盖率，建立村级文艺队绩效管理机制，推动村级文艺队由“从无到有”向“从有到好”转变。创作推出防疫藏语快板顺口溜、《医保好政策》、脱贫攻坚纪实片《历史注定的时间印迹》等优秀文艺作品。

过去的一年，我们精诚团结扎实推进民主法治建设。区委常委会坚持把党的领导、人民当家作主、依法治区有机统一，推动了法治堆龙建设迈上新的台阶。坚持和完善人民代表大会制度，全力支持人大依法履行监督、任免、决定权利，代表履职能力进一步加强。全力支持政府依法履职，加快推进法治政府、廉洁政府、服务政府建设。坚持和完善中国共产党领导的多党合作和政治协商制度，全力支持政协委员履行政治协商、民主监督、参政议政、凝聚共识职能。紧紧围绕司法为民、公正司法，着力支持法院、检察院工作，营造了和谐稳定的社会环境、公平正义的法治环境。加强党建带群建，群团组织围绕中心、服务大局，桥梁纽带作用得到充分发挥。加强国防动员和后备力量建设，建成自治区首个民兵训练基地，我区被评为拉萨市国防动员建设工作先进单位。巩固和发展爱国统一战线，建立健全联系服务党外人士工作机制，最大限度地团结起了一切可以团结的力量。加强民主法治教育，持续推动法治宣传“七进”，各族群众知法懂法、守法用法的意识不断强化，各级党政机关依法行政、依法治理水平明显提升。

在肯定成绩的同时，我们的工作还存在许多不足，也面临不少困难和挑战。党的建设方面还存在不少薄弱环节，全面从严治党主体责任和监督责任落实还有差距，部分领导班子和干部队伍的思想作风、能力水平和担当精神还有待进一步改进和加强；维护国家安全和社会稳定的风险挑战依然复杂严峻，社会矛盾和问题交织叠加，全面依法治区任务依然繁重，治理体系和治理能力有待加强；发展质量和效益还不高，支撑高质量发展的动力不足，实体经济发展水平亟待提高；民生领域还有不少短板，群众在就业、教育、医疗、居住、养老等方面依然面临不少难题；生态环境保护任重道远，个别突出环境问题治理不明显，扬尘污染问题突出，群众和市场主体环保意识还需进一步提升。这些问题，必须着力加以解决。

同志们，过去一年的成绩来之不易，在历届“四套班子”打下的坚实基础上，在全区各族干部群众的接续奋斗下，经过长期努力，我们即将迎来了全面建成小康堆龙的伟大历史时刻。这是以习近平同志为核心的党中央掌舵领航和亲切关怀的结果，是区市党委正确领导的结果，是北京市无私援助的结果，是全区各级党组织和广大干部群众团结拼搏的结果。在此，我代表区委常委会，向在座的同志们、向全区各族干部群众、向所有关心支持我区发展的社会各界人士，表示衷心的感谢并致以崇高的敬意！

总结过去的成功实践，我们深刻体会到：坚持党的领导，坚定不移贯彻新时代党的治藏方略，精准落实好党中央和区市党委的各项决策部署，是堆龙长治久安和高质量发展的根本保证；坚决反对分裂，全面维护社会和谐稳定，持续加强民族团结，是做好堆龙工作的根本前提；坚持以人民为中心，不断满足人民群众对美好生活的向往，是堆龙各项工作的根本方向；坚持把中央关心、对口支援与自力更生、团结奋斗有机结合，是推动堆龙更快更好发展的根本保障。我们要始终坚持目标导向抢抓机遇、坚持问题导向补齐短板、坚持民生导向提升服务、坚持基层导向改进作风，工作面前能尽责、难题面前敢负责、压力面前勇担责，不断开创堆龙长治久安和高质量发展新局面。

二、把握新形势，全面开启建设社会主义现代化堆龙新征程

“十四五”时期是实现“两个一百年”奋斗目标的历史交汇期，是建设社会主义现代化新堆龙开局起步的关键期。在这样一个重要历史时刻，以习近平同志为核心的党中央为西藏工作亲自谋划、亲自部署召开了中央第七次西藏工作座谈会。习近平总书记发表重要讲话，充分肯定了中央第六西藏工作座谈会以来的成绩，深刻分析了西藏工作面临的新形势新任务，系统阐述了新时代党的治藏方略，明确了新时代做好西藏工作的指导思想、总体要求和重点任务，为西藏量身制定了一揽子特殊优惠政策，确定了一大批打基础利长远的重大项目。把我们党对西藏工作的重大理论、实践问题的认识和把握提高到了一个新的高度，为我们“十四五”各项工作提供了根本遵循和行动指南。

总体来看，当前我们堆龙呈现出社会局势持续全面稳定、人民生活水平大幅提升、高质量发展加快推进、城乡面貌显著变化、生态保护保持良好、党的根基不断巩固的良好局面。同时，我们内外部环境也发生着深刻变化，中央第七次西藏工作座谈会指出，当前西藏工作正处在反分裂斗争进入十四世达赖去世转世的关键期，社会大局进入实现长治久安的推进期，经济社会进入高质量发展的转型期，生态保护进入生态文明建设的深化期，边境建设进入富民强边的攻坚期。这是总书记深刻洞悉世情国情和西藏区情的新发展新变化，科学把握西藏特殊矛盾和主要矛盾的辩证关系，对西藏工作面临的新形势新任务作出的重大科学判断。也反映出了我们做好堆龙各项工作任务更重、难度更大、要求更高。

2021 年是中国共产党成立 100 周年和西藏和平解放 70 周年，是全面建设社会主义现代化和“十四五”规划的开局之年，做好 2021 年的工作至关重要、极为关键。我们必须准确把握当前工作的阶段性特征，把形势估计得复杂一些，把风险看得严峻一些，把各项工作做得更扎实一些，集中精力办好自己的事。

2021 年工作总体要求是：坚持以习近平新时代中国特色社会主义思想为指导，深入学习贯彻党的十九大、十九届二中、三中、四中、五中全会精神，贯彻落实中央第七次西藏工作座谈会精神以及中央经济工作会议精神，贯彻落实区党委九届九次全会暨区党委经济工作会议精神，贯彻落实市委九届七次全会暨市委经济工作会议精神，以习近平总书记关于西藏工作的重要论述和新时代党的治藏方略为根本遵循，增强“四个意识”、坚定“四个自信”、做到“两个维护”，坚持稳中求进工作总基调，抓好稳定、发展、生态、强边“四件大事”，坚持以人民为中心的发展思想，以维护稳定为首要任务，以推动高质量发展为主题，以满足人民日益增长的美好生活需要为目的，以发挥首府城市副中心引领辐射带动作用为重点，以全面加强党的建设为保证，加快构建现代化经济体系和现代化社会治理体系，努力建设团结富裕文明和谐美丽的社会主义现代化新堆龙。

2021 年经济社会发展主要预期目标是：实现地区生产总值增长 9% 左右，全社会固定资产投资增长 5% 以上，规模以上工业增加值增长 12% 左右，社会消费品零售总额增长 12% 左右，一般公共预算收入增长 3% 左右；城镇居民人均可支配收入增长 10% 以上，农村居民人均可支配收入增长 13% 以上。城镇调查失业率控制在 5.5% 左右、登记失业率 3% 左右，居民消费价格涨幅控制在 2.5% 左右，节能减排各项指标控制在国家核定范围内。

三、展现新作为，着力确保“十四五”规划开好局起好步

贯彻总体要求、实现奋斗目标，必须扎实做好以下六方面工作。

（一）坚持总体国家安全观，让和谐稳定始终成为高质量发展的坚实基础。坚持把维护稳定作为第一位的工作任务，树牢底线思维、增强风险意识，坚决确保社会大局持续和谐稳定。一是构筑维护稳定的铜墙铁壁。坚持和完善“周研判、月分析、季部署”的维稳工作制度，建立健全反分裂斗争风险精准排查、发现、管控、处置的常态化机制，保持高

压严打态势，对分裂破坏活动露头就打。主动应对十四世达赖去世转世斗争，从打赢最复杂斗争、迎接最严峻考验、应对最困难局面的高度谋划，巩固深化村（居）维稳形势、户和谐基础评估成果，分层分级完善应对方案预案。持续强化旗帜鲜明揭批十四世达赖和达赖集团的斗争活动，形成“人人揭批、人人喊打”的浓厚氛围，让坚决抵制达赖集团反宣渗透深入僧俗群众思想深处。全覆盖开展藏传佛教活佛转世的法规规章、宗教仪轨和历史定制宣传，让中央在达赖、班禅等大活佛转世上具有无可争辩的最终决定权成为僧众思想共识。二是健全共建共治共享的治理体系。持续推进市域社会治理现代化工作，着力构建党委领导、政府负责、民主协商、社会协同、公众参与、法治保障的社会治理体系。学习借鉴新时代“枫桥经验”和北京“接诉即办”经验，推行区长热线“接诉即办”，强化领导干部接访下访和疑难信访案件包案制，发挥好区人民法院两个“一站式”诉讼服务和区检察院12309检察服务中心职能作用，完善矛盾纠纷人民调解、司法调解、行政调解的“三调联动”体系。健全“镇街吹哨、部门报到”工作机制，实现镇（街道）、村（社区）综治中心与便民服务中心、网格服务管理中心一体化、规范化建设。健全公共安全管理、出租房管理、小区物业管理、特殊人群管理和流动人口服务管理等制度，加强公共突发事件应急处置体系建设，提升快速反应、快速处置能力，保障人民群众生命财产安全。全面制定推行务实管用的村规民约、市民公约、寺规僧约、校规生约。三是铸牢中华民族共同体意识。巩固“全国民族团结进步创建示范区”成果，持续推进互嵌式社区建设，把民族团结教育纳入国民教育、干部教育和社会教育，以党史、新中国史、改革开放史、社会主义发展史，西藏地方和祖国关系史教育为主要内容，编印面向不同群体的“口袋书”教材和通俗读本，挖掘、整理、宣传各民族交往交流交融的历史事实和民族团结先进典型，讲好身边故事。突出加强学校思想政治教育，把中华民族共同体意识和爱国主义精神贯穿学校教育全过程，持续开展好以“小手牵大手”为代表的民族团结创建活动，全面推行各民族学生混班教学、混合住宿，把爱我中华的种子埋入每个青少年的心灵深处。全面推广普及国家通用语言文字，以创建国家通用语言文字规范区为抓手，巩固深化中小幼学校一体化国家通用语言文字教育教学体系，加强学前儿童普通话教育，党员干部特别是基层干部带头学习、使用国家通用语言文字，汉族同志与少数民族同志“结对子、学语言”，通过互学语言促进民族交往交流交融。四是依法加强宗教事务管理。以习近平总书记明确的“四条标准”和“五个有利于”为标准，完善责任体系，细化压实镇（街道）、统战民宗、寺管会、领导干部和宗教界代表人士的五方责任。完善管理体系，推进寺庙管理信息化建设，把寺庙人员、资金、场所、活动等全部纳入依法管理范畴，严守“三个不增加”政策底线，严格执行藏传佛教界代表人士驻寺制度，严格规范寺庙僧尼自然减员补充工作，依法加强社会流动从事民间宗教活动人员管理，严格落实藏传佛教和其他宗教传播管理要求。完善引导体系，旗帜鲜明的亮明国大于教、国法大于教规、公民大于教民的原则，持续开展“遵行四条标准、争做先进僧尼”教育实践活动。完善服务体系，持续推进公共服务进寺庙，不断改善广大僧尼生活条件，解决好老弱病残僧尼生活困难。

（二）坚持以人民为中心，让改善民生始终成为高质量发展的根本目的。把总书记关于“三个赋予、一个有利于”的重要论述作为推动经济高质量发展的根本遵循，在发展中更好的保障和改善民生福祉。一是把促进更充分更高质量就业摆在突出位置。坚持就业是最大的民生，也是促进人民群众稳定增收、扩大消费的根本前提。始终以市场需求为导向，优化“订单式”技能培训、劳务输出、创业帮扶等措施；突出加大农牧民转移就业组织化程度，完善区级劳务公司和各镇（街道）劳务队精准对接机制；持续抓好高校毕业生“一对一、多对一”结对帮扶机制，加强学生和家长就业政策宣传和预期引导；实现年度就业“万、千、百”目标，即：农牧民转移就业万人以上，新增就业千人以上，建档立卡和边缘户家庭高校毕业生100%就业；其他应往届高校毕业生就业率保持在95%以上。二是把巩固拓展脱贫成果做细做实。坚决守住脱贫攻坚成果，严格落实“四个不摘”要求，按照党中央决策，从脱贫摘帽之日起设立5年过渡期，过渡期内保持现有帮扶政策、资金支持、帮扶力量总体稳定。健全完善防止返贫致贫监测帮扶机制，对建档立卡群众和边缘户动态开展监测，定期核查、及时发现、及时帮扶、动态清零。持续壮大发展扶贫产业，加强扶贫产业项目运营管理，完善利益联结机制，拓展扶贫产品销售渠道，确保扶贫产业项目持续发挥好效益。持续完善易地搬迁后续帮扶，解决好基础配套、公共服务、邻里融入等工作。持续兜住民生底线，规范公益岗位管理，促进弱劳力、半劳力群众就近就便就业。三是把办好人民满意的教育作为重中之重。围绕“六个提升”要求，突出思想政治教育，继续在学校师生中开展“培养什么样的人、怎样培养人、为谁培养人”专题教育，健全学校、社会、家庭协同机制。突出治校能力提升，着力把精细化、规范化理念贯穿教育工作始终，以提升校长治校育人能力为重点，加强校长队伍后备力量建设。突出解决教育供需矛盾，推动人大附中、区第二中学、第二小学、第三小学和5所幼儿园等重点项目建设，不断优化学校布局，扩大优质教育有效供给。突出提高教育质量，把提升教育教学质量作为中心工作，巩固深化“五个100%”成效。持续加强师德师风建设，完善考核评价办法，着力推动幼儿教育普惠普及、义务教育优质均衡发展。四是把保障人民健康放在优先位置。持续深化医共体改革，以自治区医院和区人民医院创二甲为引领，巩固和提高区、镇（街道）、村（社区）三级医疗卫生服务水平，推动城乡医疗资源均衡配置。充分发挥医疗人才“组团式”援藏优势，建立完善以“慢病防治＋家庭医生”为核心的健康管理体系，为群众提供便捷优质的公共医疗卫生服务。紧扣当前群众就医程序繁杂、水平不高、服务不到位等突出问题，不断深化医疗信息化建设，着力优化医保管理服务，为群众提供更加优质便捷的医疗卫生服务。大力倡导健康生活方式，常态化开展爱国卫生运动。五是把社会保障体系织密织牢。健全覆盖城乡居民的基本养老、基本医疗、失业、工伤、生育等保险制度，推动社保业务“一窗式”办理、医疗保障“一单式”即时结算，推进社保跨地区转移接续，做好全国社保卡综合运用。健全社会救护体系，全面保障好妇女儿童及老年人合法权益，关心爱护青年成长。立足养老产业培育，构建居家社区相协调、医养康养相结合的养老服务体系。持续推进多主体供给、多渠道保障、租购并举的住房保障制度，更好的满足人民群众多层次住房需求。

（三）坚持新发展理念，让实体经济始终成为高质量发展的鲜明导向。坚持把发展经济着力点放在实体经济上，持续推动质量变革、效率变革、动力变革，着力构建公平开放、竞争有序、区域协调的新发展格局。一是狠抓投资消费双轮驱动。充分发挥投资拉动作用，准确掌握国家、区市投资方向和重点，加快推动更多中央预算内投资、区市投资项目落地建设。全方位扩大招商引资规模，加强全产业链招商和“保姆式”服务，着力引进一批投资规模大、带动能力强的企业。深入挖掘消费潜力，发挥区位优势，扎实做好扩消费、保供给、畅流通、降物价各项工作。扩消费即适应不同群体消费实际需要，提升传统消费、培育新型消费，释放消费潜力；保供给即加大教育、医疗、康养、家政、餐饮、休闲娱乐等服务业发展，以高质量供给提升消费意愿；畅流通即加强城乡基础设施和物流水平建设，健全乡村物流网络体系和售后服务体系，推进电子商务进乡村；降物价即严格整肃市场秩序，规范市场经营行为，多举措降低物流成本，构建良好消费环境。二是培育壮大现代产业体系。坚持以净土健康产业为基础，充分发挥净土公司统筹、管理、销售、服务职能，以“上三镇”净土健康产业园区为支撑，以各类净土健康企业、合作社为依托，以青稞产业、高原奶业、食用菌产业、藏药材产业为布局，以饮品、食品、饰品、药品为主攻方向，扩大“古荣糌粑”“青色麦田”等现有品牌影响力，加大“三品一标”产品申报认证，建设净土健康产业高地。坚持以特色工业为支撑，继续推动园区A区企业转型升级，加快落后产能淘汰，深化闲置土地开发利用，清理低产低效企业，做实“一企一案”转型升级，围绕民族手工业、高原健康产业、藏医药生产研发业等重点产业布局，构建绿色工业发展体系，推动更多实体经济落地；大力推进园区B区开发培育，立足现代物流业的发展定位，依托综合保税区、西货站、那拉高速等政策、区位、交通条件，实现冷链中心、领峰物流等项目建成运营，引进京东物流和结算中心项目，打造集仓储、集散、配送、信息、结算等功能于一体的现代物流集聚区。坚持以现代服务业为主导，持续加强"象雄美朵"文旅小镇开发建设和运营管理，重点推动楚布沟景区开发建设，有序推进宇妥沟景区前期论证和基础工作，鼓励发展乡村民俗文化旅游，持续加强"玉妥"文化旅游品牌推介力度，打造城郊休闲旅游目的地；发挥城市副中心区位优势、资源优势、市场优势，加快培育以物流、金融、电子商务等为主的生产性服务业和以健康、养老、育幼等为主的生活性服务业，打造现代服务业集聚区。充分调动各金融机构的资金撬动功能，为产业培育、企业发展提供金融支持。三是统筹推进城乡一体化发展。持续提升城市品位，以科学规划引领，完成城市设计、城市综合管廊、城市交通、城市停车场等专项规划编制；以基础设施建设为载体，完成核心区市政道路等基础设施建设，启动北环线堆龙西沿段建设；以土地二级开发建设为突破，重点抓好"五平方公里核心区"建设，推进8个地产项目建设，统筹学校、医院等公共服务配套；以生态海绵城市建设为引领，加快城市水系连通、滨河公园、民族团结主题公园和街旁公园等项目建设；以精细化管理为抓手，大力开展城市扬尘、停车乱象、城市环卫保洁、"两违"等突出问题整治，推进全国文明城市创建，全方位展示城市形象。深入实施乡村振兴战略，推动"三农"工作重心从脱贫攻坚向乡村振兴战略性转移，举全区全社会之力推动乡村振兴。以深入推进"美丽乡村·幸福家园"建设行动计划为主要抓手，坚持"规建管"并重、"点线面"并举，统筹推进"五大振兴"，巩固提升第一批8个示范村建设成果，启动实施朗巴村、昂嘎村、巴热村、古荣村第二批4个示范村建设，力争"十四五"期间完成所有村庄建设，系统提升农牧民住房、乡村基础设施、村容村貌、产业发展和乡村治理水平。加快推进农牧业现代化，实行最严格的耕地保护制度，高标准建设一批青稞、牦牛、奶牛、藏鸡、蔬菜瓜果等高原特色农产品生产加工基地、龙头企业，带动培育农牧民合作社、家庭农(牧)场等新型经营主体，增强农畜产品供给能力。深化农牧区改革，扎实落实"三权分置"要求，保障进城落户农牧民土地承包经营权、宅基地使用权、集体收益分配权。持续推进城乡基础设施贯通、交通物流畅通、城乡市场联通、城乡信息灵通，加快形成工农互促、城乡互补、全面融合、共同繁荣的新型工农城乡关系。四是持续深化改革开放。扎实推进党建引领基层社会治理改革，做深做实网格化、"双联户"社会治理模式，健全完善"一片区一网格、一网格多联户，一网格一党支部、一联户一党小组"的党组织领导下的基层社会治理体系。统筹推进放管服、投融资、减税降费等改革，制定《实体经济扶持政策》，深入开展营商环境专项整治，全面实施权责清单、市场准入负面清单管理制度。持续推进"互联网+政务服务"建设，深化"一站式服务"，推动区、镇(街道)、村(居)三级便民服务中心标准化建设，实现政务服务更加规范、更加高效。深化国有企业改革，加强党对国有企业的领导，研究制定国企领导人员考核办法，探索推行职业经理人制度，按照"净土健康、投融资、保障民生"三大类别对现有国有企业进行优化重组，构建产权清晰、权责明确、政企分开、管理科学的现代企业制度。深化组团式援藏和"请进来、走出去"的援藏工作机制，持续拓展交流合作领域，加大援藏资金争取力度，强化援藏项目储备。

(四)坚持绿色发展理念，让生态美好始终成为高质量发展的重要支撑。坚持节约优先、保护优先、自然恢复为主的方针，守住自然生态安全边界，确保堆龙青山常在、绿水常流、空气常新。一是着力打造生态文明高地。以创建国家生态文明建设示范区为目标，严守生态保护红线、永久基本农田、城镇开发边界三条控制线，大力实施节水、节能、节材、节地、利废、降耗、增效行动，持续推动光伏等清洁能源开发，大力倡导绿色生活方式，形成以绿色增长为标志的发展模式、绿色产业为主体的产业结构、绿色宜居为底色的城乡环境、绿色低碳为代表的生活方式。二是坚决打好污染防治攻坚战。持续推进蓝天保卫战，建设清洁能源示范区，全面推动“散乱污”企业整治、重点行业污染源治理，对不达标产能依法整改或关停退出；全面推行“绿色施工”，紧紧围绕重点企业、施工现场、道路运输等关键领域，建立完善规范化、长效化机制，深化扬尘污染治理，确保空气质量优良率保持在98%以上。持续推进碧水保卫战，全面启动堆龙河（下游）综合治理重点项目建设，建立健全河长制长效管理机制，提升污废水收集、处理能力，继续加大饮用水源地全覆盖保护力度，确保各类水质均保持在地表水环境质量Ⅲ类要求。持续推进净土保卫战，严格保护耕地，综合整治农业面源污染，深入开展化肥、农药、地膜减量化。持续推进全域无垃圾三年行动，健全生产生活垃圾运转和分类回收处理体系。因地制宜开展城镇绿化、城区绿化美化、文体公园建设，巩固消除“无树户”成果，加大乡村“四旁”植树造林行动，确保今年完成造林绿化面积1900余亩。三是建立健全绿色发展长效机制。坚持环境保护“党政同责、一岗双责”，严格落实领导干部任期生态文明建设责任制和生态环境损害责任终身追究制。构建政府为主导、企业为主体、社会组织和公众共同参与的环境治理体系，严格执行环境准入标准和行业准入条件，严禁“三高”企业和项目进入堆龙，以最严的标准执行项目规划建设环境影响评价制度，保持环境执法监管高压态势。

（五）坚持党对意识形态工作的领导，让团结奋斗始终成为高质量发展的思想基础。紧紧围绕“举旗帜、聚民心、育新人、兴文化、展形象”的使命任务，坚持既管肚子、更管脑子，持续巩固各族群众团结奋斗的共同思想基础。一是牢牢掌握意识形态工作领导权。严格落实意识形态工作责任制并纳入区委巡察重点，强化考核问效。强化传播手段和阵地建设创新，以区融媒体中心为引领，依法加强舆情监测和有害信息调控管控，持续加强对外宣传工作，讲好堆龙故事，全面提高新闻舆论传播力、引导力、影响力、公信力。大力弘扬民族精神和时代精神，不断为“老西藏精神”“两路精神”注入新的时代内涵。大力开展“扫黄打非”专项行动，封堵和查缴政治性反宣品，规范文化市场经营秩序，营造健康向上、繁荣有序的文化市场环境。二是大力培育和践行社会主义核心价值观。坚持将社会主义核心价值观融入村规民约、行业规范、学生守则、寺庙管理、社会生活，推动信用村、信用户建设，用社会主义核心价值观引领各族干部群众的共同价值追求。持续深化“四讲四爱”“农闲时节新时代文明实践十项活动”等群众性教育活动载体，充分发挥新时代文明实践中心（所、站）、爱国主义教育基地等阵地作用，以庆祝建党100周年和西藏和平解放70周年为主题，用“十三五”以来我区取得的巨大成就和脱贫攻坚、抗击疫情等生动教材，持续深入开展爱国主义教育、感党恩教育、文明引领教育、勤劳致富教育，深刻阐释党的英明伟大和社会主义制度、民族区域自治制度的无比优越性。把全面消除十四世达赖利用宗教所产生的负面影响、淡化宗教消极影响作为一项长期重要任务，教育引导信教群众把宗教与生活区分开来、把宗教与分裂破坏活动区分开来，把信仰宗教与信仰十四世达赖区分开来，把信仰宗教与过好今生幸福生活区分开来。三是不断优化基层公共服务体系。巩固“国家公共文化服务体系示范区”创建成果，全面推进公共文化服务体系和基层综合性公共文化设施建设，加大“上三镇”文体设施建设，持续扩大公共文化服务活动场所开放率、覆盖率，提升基层公共文化设施对群众的吸引力。充分发挥人民群众主体作用，壮大基层文艺队伍，常态化开展群众性文艺文化活动，用社会主义先进文化凝聚各族群众思想和行动共识。完善文艺创作扶持政策，注重民族传统文化的挖掘、保护和传承，积极创作群众喜闻乐见的文艺作品，力争多推出一批讴歌党、讴歌祖国、讴歌新时代、讴歌新堆龙的优秀作品，增强先进文化供给能力和引领水平。

（六）坚持全面加强党的建设，让党的领导始终成为高质量发展的坚强保证。推动堆龙长治久安和高质量发展，关键在党，关键在各级党组织，关键在各级党员干部。区委常委会将严格履行全面从严治党主体责任，充分发挥区委总揽全局、协调各方的领导作用，积极推进人大、政府、政协依法履行职能，切实加强党对人民武装、统一战线和群团工作的领导，为做好明年各项工作发展提供坚强保证。一是坚持把政治建设摆在首位。全面开展“政治标准要更高、党性要求要更严、组织纪律性要更强”专题教育，把“两个维护”作为最高政治原则和根本政治规矩，把不折不扣贯彻落实党中央重大决策、习近平总书记重要指示批示和区市党委部署要求作为具体检验，健全完善对标对表、校准偏差、跟踪问效、狠抓落实的工作机制。坚持和完善民主集中制的各项制度，严格执行《新形势下党内政治生活若干准则》，严格落实“三重一大”事项集体研究决策制度和重大事项请示报告制度。严明反分裂斗争纪律，以是否敢于旗帜鲜明揭批十四世达赖和达赖集团为重要识别标准，严厉查处“两面派”“两面人”，从严处置党员信教、参加宗教活动，或者是明里不信暗里信、在外不信在家信、在岗不信退休信等情况。二是持之以恒加强思想建设。坚持用习近平新时代中国特色社会主义思想武装党员干部头脑，落实好《区委巩固深化“不忘初心、牢记使命”主题教育成果的具体措施》，完善各级党委（党组）理论学习中心组和党支部“三会一课”学习制度，制定年度学习清单，突出习近平总书记治边稳藏重要论述的学习，及时跟进学习总书记最新重要讲话精神，研究制定学习考评办法，拓展学习方式，增强学习针对性、实效性和感染力，切实推动学思用贯通、知信行统一。三是全面加强基层党组织建设。以提升组织力为重点，突出政治功能，努力把基层党组织建设成为听党话、跟党走，善团结、会发展，能致富、保稳定，遇事不糊涂、关键时刻起作用的“反分裂斗争桥头堡、民族团结工作队、群众致富带头人”。完善基层党组织体系，持续推进党支部标准化建设，强化基本组织、基本队伍、基本活动、基本制度、基本能力、基本保障建设，常态化整顿软弱涣散基层党组织。重点抓好村（社区）“两委”换届，巩固深化村（居）“两委”班子成员100%是党员成果，注重把“1+3”专干、乡村振兴专干、返乡高校毕业生、退役军人、致富能人中的优秀党员选进村（社区）班子，对换届后村（社区）班子岗前培训全覆盖，推动村干部队伍整体优化提升，换出新班子、新气象、新作为。全面完成村（居）社会工作者“1+8”职业体系建设试点工作，着力推动村（居）“两委”班子和村（居）社会工作者深度融合达50%以上，全面提升村（社区）干部队伍整体能力素质。着力提升党员队伍质量，严把政治关，正确处理好党员数量和质量的关系，持续加大“三个培养”工作力度。全面提升村级集体经济发展质量，在持续巩固村集体经济均达到百万元的基础上，有序推进城区集体经济转型升级，带动农村集体经济提质增效，健全强村强企带弱村帮扶机制，完善《堆龙德庆区农村集体经济管理办法》。四是不断优化干部人才队伍建设。坚持新时期好干部标准和民族地区“三个特别”要求，树牢正确选人用人导向，突出政治素质考察，健全完善干部选拔任用机制。加强领导班子和干部人才队伍建设，着力提高干部特别是年轻干部的“七种能力”，以抓好县乡换届为契机，把对党忠诚、反分裂斗争立场坚定、作风过硬、清正廉洁、熟悉民族宗教政策、善于驾驭复杂局面的干部选配到重要岗位，不断改善班子结构、提升整体功能。强化干部日常教育监管，健全完善干部工作状态随机测评机制和干部担当作为激励机制，坚持严管和厚爱结合，激励和约束并重，正确处理好干部担当干事和容错纠错的关系，激发干部干事创业热情。加强干部多渠道培养、多领域交流、多岗位锻炼，有计划有组织地把干部放到基层一线、反分裂斗争一线去考察锻炼。完善优秀年轻干部信息库，建立成长纪实档案，实行动态管理，加强跟踪培养，对培养成熟的大胆提拔使用。积极实施人才强区战略，培养使用好现有专业技术人才，引进急需紧缺实用人才，打造一支结构优化、布局合理、素质优良的人才队伍。五是驰而不息正风肃纪。严肃查处违反中央八项规定及其实施细则精神的问题，持续整治形式主义、官僚主义等“四风”问题。密切党同人民群众的联系，注重深入基层一线真抓实干，重点到社会治理、项目建设、园区管理、产业发展、群众工作等一线调研指导、解决困难问题、及时纠正偏差，形成安排部署、执行落实、成效反馈、改进提升的管理闭环。汲取关键少数违纪违法深刻教训，深化以案促改，常态化开展“六大纪律”教育，引导全体党员干部牢固树立正确的世界观、人生观、价值观，从源头筑牢拒腐防变的思想防线。深入推进反腐败斗争，落实“三个牢固树立”要求，严格履行党风廉政建设责任制，健全完善廉政风险排查机制，重点加强对权力集中、资金密集、资源富集等行业领域的廉政风险排查，以“零容忍”态度惩治腐败问题。健全完善区委巡察制度，坚守政治巡察定位，持之以恒抓好区党委巡视反馈问题整改，建立健全发现问题、反馈整改、跟踪问效的长效机制，一体推进不敢腐、不能腐、不想腐的体制机制建设，营造风清气正的政治生态。

同志们，堆龙的发展正站在一个新的历史起点上，责任重大、必须牢记使命，任重道远、更需砥砺奋进。让我们更加紧密团结在以习近平同志为核心的党中央周围，同心同德、锐意进取，凝心聚力、埋头苦干，全面推动今年和“十四五”时期各项目标任务落地落实，奋力开启社会主义现代化堆龙建设新局面，以优异成绩回应人民对美好生活的向往，向中国共产党成立100周年和西藏和平解放70周年献礼！

名词解释

1. 网络通信“二十禁”：严禁利用网络通信工具组织、参与、煽动颠覆国家、破坏国家统一、推翻社会主义制度的活动；严禁利用网络通信工具侮辱、诽谤他人；严禁利用网络通信工具组织、参与、煽动宗教极端、暴力恐怖、诈骗犯罪等非法活动；严禁利用网络通信工具向境内外组织、机构、个人非法提供国家未公开的信息；严禁利用网络通信工具搜集、制作、下载、存储、发布、传播、宣扬颠覆国家、破坏国家统一、推翻社会主义制度的信息；严禁利用网络通信工具搜集、制作、下载、存储、发布、传播、宣扬宗教极端思想、暴力恐怖、诱骗诈骗、虚假的险情、疫情、灾情、警情等信息；严禁利用网络通信工具为颠覆国家政权、分裂国家、暴力恐怖、宗教极端活动提供资金、场所、人员、交通、通信等帮助或便利；严禁利用网络通信工具编造、散布挑拨民族关系、制造民族矛盾、煽动民族仇恨等信息；严禁利用网络通信工具组织、利用会道门等邪教组织破坏法律实施；严禁利用网络通信工具煽动暴力抗拒法律实施、聚众扰乱社会秩序；严禁利用网络通信工具组织、参与非法集会、游行、示威；严禁利用网络通信工具为实施违法犯罪活动而接受境内外组织、机构或个人资助；严禁利用网络通信工具成立、参加非法组织，进行非法金融活动；严禁利用网络通信工具编造、散布虚假或不实险情、疫情、灾情、警情等信息；严禁未经许可经营国际联网业务，擅自建立、使用非法定信道进行国际联网；严禁利用网络通信工具非法获取、出售、提供、利用公民个人信息；严禁利用网络通信工具实施黑客攻击破坏、盗窃、诈骗、编造或故意传播虚假信息等行为；严禁利用网络通信工具参与、诱骗公民进行涉枪支弹药，易燃、易爆、易制毒、放射性等危险品，淫秽色情，赌博，毒品犯罪活动；严禁利用网络通信工具向网络犯罪活动提供互联网接入、服务器托管、网络存储、通信传输等技术支持或广告推广、支付结算等帮助；严禁利用网络通信工具设立用于实施犯罪活动的网站、通讯群组或者发布违法犯罪信息，或利用网络通信工具加入此类网站、通讯群组浏览、接收、发布信息，或利用网络通信工具破坏网络通信公共设施。

2. “1+6”维稳片区指挥体系：区国安指挥部和6个镇（街道）维稳指挥部。

3. 遵行四条标准、争做先进僧尼：政治上靠得住、宗教上有造诣、品德上能服众、关键时起作用，争做“旗帜鲜明立场坚定、精进学识勤学苦修、遵纪守法道德高尚、积极作为发挥作用”的先进僧尼。

4. “六稳”、“六保”：稳就业、稳金融、稳外贸、稳外资、稳投资、稳预期；保居民就业、保基本民生、保市场主体、保粮食能源安全、保产业链供应链安全、保基层运转任务。

5. “三横”“四纵”骨干路网架构：形成以滨河北路、堆龙大道、西嘎路构成的“三横”，以桑木路、通仁路、浪康四路、羊加路构成的“四纵”骨干路网架构。

6. 乡村人居环境整治“十项行动”：清垃圾、治店牌、改土路、控扬尘、通排水、增绿地、畅水系、美村庄、拆违建、去蓝顶；“四化行动”：硬化、美化、绿化、亮化；“三改一整”：改厕、改厨、改房间、整理院落。

7. 两不愁、三保障：不愁吃、不愁穿，义务教育、基本医疗、住房安全有保障。

8. 六个提升：全面提升教师综合素质和校长治校能力，提升思想政治教育水平，提升教育质量、提升教育资源配置，提升职业教育水平，提升全民教育。

9. 五个100%：实现中小学双语教学普及率达到100%，小学数学课程开课率达到100%，中学数理化生课程教学计划完成率达到100%，中学理化生实验课程开课率达到100%，职业技术学校国家目录规定课程开课率达到100%。

10. "三高"企业：高污染、高耗能、高耗水的企业。

11. 三线一单：生态保护红线、环境质量底线、资源利用上线和环境准入清单。

12. 四讲四爱：讲党恩爱核心、讲团结爱祖国、讲贡献爱家园、讲文明爱生活。

13. 农闲时节新时代文明实践十项活动："党的光辉照边疆·边疆人民心向党"大宣讲活动；深入开展反分裂斗争底线防范教育；举办行政村文艺队"文艺比选"活动；举办冬季农民运动会；开展新时代文明实践志愿服务活动；开展"讲村史、谈变化、颂党恩"活动；开展村规民约（寺规僧约）大讨论活动；开展"铸牢中华民族共同体意识"专题活动；开展好家风好家训传习实践活动；开展"两新领域四送"活动。

14. 三微一网一抖："三微"即堆龙发布、堆龙藏文平台、微堆龙，"一网"即堆龙政府网，"一抖"即律动堆龙抖音号。

15. 两个维护：坚决维护习近平总书记在党中央和全党的核心地位，坚决维护党中央权威和集中统一领导。

16. 三会一课：定期召开支部党员大会、支委会、党小组会和按时上好党课。

17. 两新组织：新经济组织和新社会组织的简称。

18. 五重五用：重德行、用忠诚干净者，重素质、用善学创新者，重绩效、用担当有为者，重民意、用亲民公认者，重基层、用踏实奉献者。

19. "四风"：形式主义、官僚主义、享乐主义、奢靡之风。

20. "两个一百年"奋斗目标：到中国共产党成立100年时全面建成小康社会；到新中国成立100年时建成富强、民主、文明、和谐、美丽的社会主义现代化国家。

21. 四个意识：政治意识、大局意识、核心意识、看齐意识。

22. 四个自信：道路自信、理论自信、制度自信和文化自信。

23. 枫桥经验：发动和依靠群众，坚持矛盾不上交，就地解决。实现捕人少，治安好。

24. 北京"接诉即办"：一点两环、四全一保。"一点"是指"接诉即办"的核心是"以人民为中心"，遵循"人民城市为人民，人民城市人民建"的新理念；"两环"是指"接诉即办"由"接诉"和"即办"两大体系构成，较好地平衡了发现问题和解决问题；"四全"是指"接诉即办"倡导全治理主体参与、全过程闭环管理、全方位制度创新、全面化城市体验；"一保"是指坚持党的领导，持续对"接诉即办"配置注意力。

25. 五个有利于：有利于维护祖国统一和社会稳定；有利于增进"五个认同"；有利于团结宗教界人士和信教群众；有利于藏传佛教健康传承；有利于减轻信教群众负担。

26. 三个不增加：宗教活动场所和规模不增加，僧尼定员数不增加，宗教活动不增加。

27. 三个赋予，一个有利于：发展是长治久安的物质基础，但所有发展都要赋予民族团结进步的意义，都要赋予维护统一、反对分裂的意义，都要赋予改善民生、凝聚人心的意义，都要有利于提升各族群众的获得感幸福感安全感。

28. 四个不摘：摘帽不摘责任，摘帽不摘政策，摘帽不摘帮扶，摘帽不摘监管。

29. 三品一标：无公害农产品、绿色食品、有机农产品和农产品地理标志。

30. 两违：违法用地、违法建设行为。

31. 五大振兴：产业振兴、人才振兴、文化振兴、生态振兴、组织振兴。

32. 绿色施工：工程建设中，在保证质量、安全等基本要求的前提下，通过科学管理和技术进步，最大限度地节约资源与减少对环境负面影响的施工活动，实现四节一环保（节能、节地、节水、节材和环境保护）。

33. 老西藏精神：特别能吃苦、特别能战斗、特别能忍耐、特别能团结、特别能奉献。

34. 两路精神：一不怕苦、二不怕死，顽强拼搏、甘当路石，军民一家、民族团结。

35. “三重一大”制度：“重大事项决策、重要干部任免、重要项目安排、大额资金的使用，必须经集体讨论作出决定”的制度。

36. “1+3”专干：村（居）党组织第一书记和农村经济、社会治理、宣传文化专干。

37. “1+8”职业体系建设：“1”即总的建设方案，“8”即员额管理、准入机制、管理体系、岗位设置、待遇保障、考核管理、教育培训、退出淘汰机制8个配套制度。

38. 三个培养：把党员培养成致富能手，把致富能手培养成党员，把党员致富能手培养成村干部。

39. “三个特别”要求：明辨大是大非立场特别清醒、维护民族团结行动特别坚定、热爱各族群众感情特别真挚。

40. 年轻干部“七种能力”：提高政治能力、提高调查研究能力、提高科学决策能力、提高改革攻坚能力、提高应急处突能力、提高群众工作能力、提高抓落实能力。

41. 六大纪律：政治纪律、组织纪律、廉洁纪律、群众纪律、工作纪律、生活纪律。

42. 三个“牢固树立”：牢固树立西藏海拔高但学习贯彻习近平新时代中国特色社会主义思想和以习近平同志为核心的党中央决策部署标准更高；牢固树立西藏客观条件特殊但从严治党和反腐倡廉没有任何的特殊性；牢固树立西藏氧气少气压低但坚定理想信念、执行党的纪律标准不能降低。

政府工作报告

——在堆龙德庆区第二届人民代表大会第五次会议上

堆龙德庆区人民政府区长 石运本

（2021 年 1 月 7 日）

2020 年工作回顾

过去的一年，是堆龙发展进程中极不平凡的一年。面对严峻复杂的宏观经济形势、艰巨繁重的改革发展稳定任务，特别是新冠肺炎疫情的严重冲击，在自治区、拉萨市党委政府和堆龙德庆区委的坚强领导下，区政府坚持以习近平新时代中国特色社会主义思想为指导，全面贯彻习近平总书记关于西藏工作的重要论述和新时代党的治藏方略，坚持稳中求进，扎实做好“六稳”工作、全面落实“六保”任务 [1]，统筹推进稳增长、促改革、调结构、惠民生、防风险、保稳定等各项工作，有力促进国民经济延续稳定恢复态势，社会大局保持和谐稳定，荣获“2020 年度中国全面小康百佳示范县市”称号。全年预计实现地区生产总值 61.82 亿元，同比增长 7.7%；农牧民人均可支配收入 19807 元，同比增长 13.1%；全社会固定资产投资同比增长 12.6%；规模以上工业增加值同比下降 1%，降幅较上半年收窄了 13.7 个百分点；社会消费品零售总额 12.02 亿元，同比下降 5%，降幅较上半年收窄了 6 个百分点；一般公共预算收入 10.46 亿元，同比下降 13.03%。

一年来，我们众志成城、共克时艰，抗疫斗争取得重大战略成果。面对突如其来的新冠肺炎疫情，全区上下闻令而动、积极作为，及时成立领导小组及其指挥部、10 个专项工作组，全面打响气壮山河的疫情防控人民战争、总体战、阻击战。建立“两排查四报告”工作机制 [2]，排查登记流入人口 3.95 万人，实现人口管理全覆盖。建立“1+3”服务管理模式 [3]，居家隔离 3.3 万人，为 1092 户发放生活物资 16.24 万元。建立“1+1+N”疫情预防控制体系 [4]，设立市级定点医学留观医院 1 家，完成流行病学调查报告 214 份、送检初检样 282 份、核酸抽样检测 105 人，对 234 个重点场所消杀毒 12.73 万平方米。筹措疫情防控资金 2.37 亿元，完成核酸检测实验室建设等重点工作。突出群防群控，创作并推送疫情防控宣传短片 50 余部，198 名机关党员干部下沉到村（社区）开展工作，4800 余名“红袖标”等基层群众参与防控。累计接收社会各界捐款捐物 526.6 万元，244 名房东自主减免房租 233 万余元。

一年来，我们打基础、补短板，城乡融合进程加快。有序实施 134 个基本建设项目，完成固定资产投资 62.44 亿元，城乡基础设施建设持续改善。投入 3209.07 万元，完成 56 处水源地饮水供水系统提升改造。新城“三横”“四纵”的骨干路网架构 [5] 基本形成。那拉高速公路羊八井至拉萨段通车运行。全面推进生态宜居城市建设，建成滨河公园（一期）等 8 个公园，有序推进水系连通、堆龙河综合整治工程建设。完成 3 个新城地产项目建设，城区常住人口达到 6.5 万人。深入实施“美丽乡村 · 幸福家园”建设行动计划，探索建立“十项行动”“四化”“三改一整”工作路径 [6]，在 8 个示范村建成产业项目 13 个，完成 442 户“三改一整”示范户和 11 个人居环境整治项目建设、4 个棚户区改造提升，户用卫生厕所普及率达到 100%。深入推进通信网络工程建设,完成45个村组宽带资源扩容升级,区域通信信号强度平均提高6个百分点,宽带和流量资费分别同比降低15%、20%。快递服务站点、公交客运线路实现31个村(社区)全覆盖。

一年来,我们调结构、转方式,发展步伐稳健有力。净土健康产业链条日趋完备,建成投产饲草、藏红花、食用菌、藏(中)药材、蔬菜瓜果花卉等种植基地2万余亩。市场供给能力大幅提升,全年实现蔬菜总产量7448.37万斤,约占全市商品蔬菜消费量的17.58%。工业经济持续向好,盘活低产低效企业6家,西藏吉祥哈达厂、藏地吉龙抗高反酸奶生产基地等重点项目投产在即。建立县级干部联系企业制度,积极帮助企业纾困解难,97家重点监测企业实现全部开复工,有效解决建筑建材类企业产品滞销问题,培育新增规模以上工业企业1家。商贸物流聚集区初具规模,拉萨综合保税区完成主体建设,领峰国际智慧物流园、高原食品冷链中心已启动商户签约。持续推动全域旅游、文旅融合发展,有序推进"象雄美朵"生态旅游文化产业园等景区规划建设,波玛村入选"第二批全国乡村旅游重点村名录"。积极探索线上实景互动体验游,成功举办首届"玉妥文化旅游节"。全年预计接待旅游人数153.07万人次、实现旅游收入4816.1万元。

一年来,我们强意识、守红线,生态环境持续改善。全力实施"净土""净水""净空"和"静音"工程,扎实开展能源和水资源消耗、建设用地等总量和强度双控行动。完成8处矿山地质环境修复治理工程建设。巩固提升消除"无树村""无树户"工作成果,完成植树造林850余亩,森林草地覆盖率达到87%。持续深化"河长制"工作成效,建成并投入使用水质检测实验室,辖区河流及饮用水水源地水质达标率保持100%。投入1719.8万元用于支农防汛,完成4处堤防加固维修。强力开展扬尘污染防治专项行动,空气质量优良率达到100%。全年受理环境举报案件41件,办结率、满意率均达100%,先后行政处罚环境违规企业10家、收缴罚金51.05万元。有序推进第一批48宗"两违"问题[8]整治和第二批13宗"两违"问题核定工作,"减存量、控增量"工作取得积极成效。深入推进城市管理行政执法体制改革,下沉派驻83名执法人员到基层一线开展工作。有序推进全域无垃圾三年行动计划,基本实现生活垃圾分类回收处理全域全覆盖。深入开展文明城市创建工作,城乡居民环保意识、文明素养大幅提升。自治区生态文明村(社区)创建实现全覆盖,扎实开展全国生态文明县(区)创建工作。

一年来,我们强弱项、提质量,民生保障更加殷实。聚焦百姓热点问题,圆满解决28户群众不动产权"办证难"的历史遗留问题,完成色玛村、南嘎村搬迁安置小区项目主体建设。建立防返贫预警机制,实现建档立卡群众人均可支配收入达到18349.29元,同比增长22.6%。坚持把就业工作作为"六稳""六保"之首,农牧区劳动力转移就业10631人、实现增收1.04亿元,高校毕业生就业率达到99.8%、低收入家庭的高校毕业生就业率达到100%。全面加强基层公共文化服务供给,村(社区)文化活动场所、文艺队实现全覆盖,开展各类宣传教育1794场次、文艺演出391场次,荣获"西藏自治区'四讲四爱'群众教育实践活动先进集体"称号。26家文物保护单位实现安全"零事故",马镇措麦村入选"西藏自治区非遗特色村"。全面促进教育公平优质发展,6351名本地学生、4950名外来户籍学生、132名三类残疾儿童,接受教育权利得到有效保障,师资力量和教育教学水平明显提升。深入实施健康堆龙建设,持续深化医共体建设成效,完成全民免费健康体检工作,家庭医生签约率达到100%。弱势群体实现"应保尽保、应救尽救",全年报销医疗费用3244人次2635.16万元,兑现社保待遇资金3.59万人次1299.27万元、各类补贴救助资金9059人次2262.95万元。住房安全隐患实现动态清零。

一年来,我们防风险、保平安,社会局势和谐稳定。牢牢把握反分裂斗争主动权,健全完善片区指挥体系和党政军警民联防机制,搜集核查各类情报信息2248条,政治审查1999人,开展各类应急演练38场次,圆满完成重大活动、重点时段、敏感节点维稳防控工作。全面推进"网格化社会治理"和"双联户工作"深度融合。持续深化扫黑除恶打非治乱专项斗争。不断强化社会面严管严控，“雪亮工程”“智慧警务”“双评估”[9]工作成效显著，立案查处刑事案件211起，刑事拘留12人，荣获“2020年度中国最具安全感百佳县市”称号。全年受理群众来信来访105件，涉及1229人次1.39亿元，办结率92.3%。排查调处矛盾纠纷52件，涉及1017人次5024.3万元，化解率94.3%。帮助413名农民工讨回工资491.7万元，结案率98%。有效落实安全生产责任制，排查整治道路安全隐患176处，安全生产事故、死亡人数分别同比下降26.6%、18%。广泛开展“七五”普法宣传，公共法律服务体系建设取得新成效。持续深化“民族团结进步模范创建”“遵行四条标准、争做先进僧尼”教育实践活动成果，民族宗教事务管理规范有序，“五个认同”“三个离不开”思想[10]更加深入人心。

一年来，我们促改革、增动能，营商环境持续优化。全面深化“放管服”改革[11]，动态调整并依法公开30家单位2942项权责清单，26家单位939项政务服务事项实现网上办理，838项事项的办理时限、在法定时限要求的基础上进一步压减60%以上，各类申报材料同比减少24.77%。持续推进金融服务体系建设，金融机构年末存款余额59.05亿元、各类贷款余额26.66亿元，“三农”[12]和小微企业（合作社）贷款余额约占总数的90%以上。5家创业创新平台运营管理良好，74家孵化企业实现收入6051万元，带动就业604人。全面推行“双随机一公开”行政检查[13]，90家企业（合作社）、92家个体工商户被列入异常名录，受理消费者投诉举报616件、帮助挽回经济损失500余万元。新增市场主体3382户，同比增长31.82%。招商引资项目实际到位资金27.41亿元，同比增长20.55%。成立工商业联合会，进一步拓宽政府联系非公有制经济人士的有效渠道。减免市场主体各类税费1.06亿元、社保费用822.93万元，争取抗疫特别国债直达资金2.24亿元，清偿政府投资类项目无分歧欠款1187.57万元。本级配套发放230万元消费券，拉动居民消费约500万元。

一年来，区人民政府在做好保障民生福祉、推动经济发展、维护社会稳定等工作的同时，坚持刀刃向内，把从严治党要求贯穿政府工作各方面、全过程。全面贯彻落实区委决策部署，认真执行人大及其常委会决议决定，自觉把民主政治协商纳入决策程序，办理人大代表议案及意见建议111件、政协委员提案及意见建议59件。持续规范政府系统重大事项决策行为，重大决策事中事后评估机制不断健全。深入推进法治政府建设，全面完成规范性文件清理，重大事项合法性审查实现全覆盖。持续优化财政资源配置，全面清理和规范干部补助类资金发放、政府采购工作。持续强化审计监督，完成镇（街道）预算执行和其他财务收支等审计工作，以及“三公”经费[14]等专项检查。深入推进政府系统党风廉政建设和反腐败斗争，全力支持配合纪委监委依法依规履行职责，深刻汲取违纪违法典型案件的惨痛教训，以案为鉴、以案促改，全面加强重点领域和关键环节廉政风险防控。

统计、外事、编译、档案等工作取得新进步，工青妇、气象、人民武装、工商联等工作取得新成绩。双拥共建活动深入开展，军政军民团结不断巩固。与北京市门头沟区“携手奔小康”对口帮扶活动成效显著，落实援藏资金4880万元，教育、医疗人才“组团式”援藏纵深推进，建成医院互联平台和远程影像系统等重点项目，两地交往合作更加广泛、更加紧密。

各位代表！2020年也是“十三五”规划收官之年。经过各族干部群众一以贯之、接续奋斗，我们基本消除绝对贫困，全区各项事业蒸蒸日上、全面进步，取得了历史性成就、发生了历史性变革，迎来了即将全面建成小康社会的重大历史时刻。我们深刻感怀以习近平同志为核心的党中央的关怀厚爱，无限感恩中国共产党让各族群众过上幸福安康的美好生活，切身感受中国特色社会主义制度的无比优越。这些成绩的取得，是以习近平同志为核心的党中央新时代治藏方略的生动实践，是自治区、拉萨市党委政府和堆龙德庆区委统揽全局、坚强领导的结果，是北京市无私援助的结果，更是区人大、区政协大力支持和全区各族干部群众奋力拼搏的结果。在此，我谨代表区人民政府，向付出辛勤劳动的全区各族干部群众，向给予政府工作大力支持的人大代表、政协委员、离退休干部，向驻区部队、武警官兵、政法干警，向长期以来关心支持堆龙发展的各级各部门和社会各界人士，表示衷心的感谢并致以崇高的敬意！

在肯定成绩的同时，我们也清醒地认识到全区经济社会发展仍然存在一些短板和问题。主要表现在：一是从区域综合实力来看，经济总量不大，经济结构性调整还需加强，城乡发展不平衡问题依然突出。二是从产业质效来看，创新驱动活力不强，高新技术研发和应用水平偏低，传统产业与新兴产业接续能力不足，新旧动能转换还需加强。三是从生产要素来看，财税收支矛盾日益凸显，人才要素制约加剧，土地资源供给不足，发展空间布局亟待优化。四是从发展环境来看，可以预见和难以预见的风险因素明显增多，结构性、体制性、周期性问题相互交织，政治安全、公共安全等风险隐患相互叠加。五是从政府自身建设来看，抓落实的体制机制还需加强，职能转变和作风建设还需改进，少数干部责任担当、干事效率有待提高，工程建设等领域仍然是发生腐败问题的“火山口”。对于这些问题，我们将高度重视，不回避，不遮掩，采取有力措施认真加以解决。

2021 年工作安排

2021 年是中国共产党成立 100 周年、西藏和平解放 70 周年，是深入贯彻落实中央第七次西藏工作座谈会精神的关键一年，也是实施“十四五”规划的开局之年。我们既要坚定信心，还要百倍用心，更要团结一心，为推动全区长治久安和高质量发展作出积极贡献。

2021 年政府工作的总体要求是：坚持以习近平新时代中国特色社会主义思想为指导，全面贯彻落实党的十九大和十九届二中、三中、四中、五中全会以及中央第七次西藏工作座谈会精神，深入贯彻落实自治区党委九届九次全会暨区党委经济工作会议、拉萨市委九届七次全会暨市委经济工作会议、区委二届七次全会暨区委经济工作会议精神，以新时代党的治藏方略为根本遵循，坚持稳中求进工作总基调，立足新发展阶段，坚持新发展理念，构建新发展格局，以推动长治久安和高质量发展为主题，以深化改革创新为根本动力，以满足人民日益增长的美好生活需要为根本目的，坚持系统观念，狠抓“四件大事”[15]，巩固拓展疫情防控和经济社会发展成果，更好地统筹发展和安全，继续做好“六稳”工作、落实“六保”任务，保持经济平稳健康运行，持续抓好民生改善，维护社会和谐稳定，确保“十四五”开好局。

2021 年经济社会发展的主要预期目标是：地区生产总值增长 9% 左右，全社会固定资产投资增长 5% 以上，规模以上工业增加值增长 12% 左右，社会消费品零售总额增长 12% 左右，一般公共预算收入增长 3% 左右，城乡居民人均可支配收入增速分别达到 10% 和 13% 以上，居民消费价格涨幅控制在 2.5% 左右，城镇调查失业率控制在 5.5% 左右、登记失业率控制在 3% 左右。

为实现上述目标，我们将着力抓好以下七个方面的工作：

一、瞄准人民群众的“盼头”，持续保障改善民生

全方位促进就业创业。稳定延续“重大项目带动就业、扶贫产业吸纳就业、各类企业稳定就业、奖励激励自主就业”等政策规定，不断拓宽就业渠道。持续深化高校毕业生“一对一”“一对多”结对帮扶机制建设，确保高校毕业生就业率保持在 95% 以上，低收入家庭的高校毕业生就业率达到 100%。深入开展“送岗位、送培训、送服务、送政策”活动，确保有劳动力的低收入家庭至少 1 人稳定就业，努力实现有劳动力的“零就业”家庭动态清零。积极采取“送培到点”“订单培训”“带薪培训”等方式，圆满完成职业技能“千人培训计划”。全年开发就业岗位不少于 3000 个，实现城镇新增就业 1500 人左右。规范管理规模化劳务输出组织，全面推进针对性地转移就业、多渠道转岗就业，实现转移就业 1 万人以上。扎实做好对重点人群的分类帮扶，有针对性地开展“低收入群体、退役军人、军人家属、失业人员、高校毕业生、残疾人”等招聘活动。深入落实各级各类创业扶持政策，认真开展“梦创拉萨·创响堆龙”系列活动，新增孵化企业 16 家、带动新增

就业 59 人。

持续办好人民满意教育。全面落实立德树人根本任务,积极构建全过程全方位的育人体系。以“六个提升”为目标 [16],坚持“五育”并举 [17],扎实推进教学“五环节”工作 [18],巩固提升“五个100%”教育成果 [19]。全面深化与门头沟区学校结对交流成果,试点推行“网络课堂”[20]。扎实开展劳动教育,组织实施形式多样的劳动实践,教育引导学生热爱劳动、尊重劳动、崇尚劳动。大力倡导学校美育生活化,鼓励支持每名中小学生至少参加一项艺术活动、培养一至两项艺术爱好。全面加强中小学生体质健康监测,规范落实“两操一课”和“阳光体育一小时活动”[21],扶持“校园足球”等各类体育社团发展,鼓励社会组织为学生提供高质量体育服务。扎实开展随班就读和送教上门,依法保障适龄儿童平等接受教育的权利。全面推行不同民族学生混班教学、混合住宿,深入开展“小手拉大手”活动,让校园成为民族团结的摇篮。加强青少年心理健康教育,完善学生心理健康服务体系。

稳步推进健康堆龙建设。纵深推进紧密型县(区)域“医共体”建设,实现县(区)域内就诊率保持 90% 以上。充分发挥智力援藏人才作用,深入推进重点学科建设和重点人才培养。有序推动优质医疗资源下沉,探索实施卫生专技人才柔性流动办法,广泛开展“基层巡回诊疗”和“下沉坐诊”活动。完成乡村医生远程培训能力提升项目建设,逐步提高乡村医生工资待遇。加强互联平台和远程影像系统应用,稳步推进门头沟区人民医院、堆龙区人民医院、各镇(街道)卫生院资源共享、服务同质。提升家庭医生签约服务质量,简化设立民营医疗机构审批程序。严格落实“医共体”“两票制”[22] 药品与医用耗材集中采购,全面实行“医共体”中心药库药品集中调配。加强和改进基本医疗保险参保工作,与全国一道实现参保信息互联互通、动态更新、实时查询,确保每一名群众“应保尽保”。投入财政资金 135 万元为全区城乡居民购买超大额补充医疗保险,积极构建多层次医疗保障体系。持续深化医疗保险基金支付方式改革,积极推进跨省异地就医直接结算工作。注重全民健康体检结果应用,对大病慢病患者进行分类治疗、健康干预。积极开展免费孕前优生健康检查,持续优化计生服务。

全面提升文体服务水平。巩固提升国家公共文化服务体系示范区创建成果,不断扩大基层文化惠民工程覆盖面。全力将融媒体中心建成主流舆论阵地和乡村信息枢纽,辐射带动“所、站、点”三级阵地体系建设。推进爱国主义教育基地、国防教育基地、村史馆等提质扩面,力争开工建设老西藏精神传承主题教育基地。提升村级文艺队建设水平,健全奖励扶持政策,引导创作更多贴近群众的文化精品。完成图书馆项目建设,加大“书架进农家”工作力度,广泛开展全民阅读活动。持续深化“五下乡”[23]、农闲时节新时代文明实践十项活动。扎实开展全面建成小康社会、“十三五”发展成就、西藏和平解放 70 周年、中国共产党成立 100 周年等大型主题宣传活动。广泛开展文明城市创建工作,深入挖掘“道德模范”“最美家庭”等先进典型,倡导健康文明新风尚。完成区域公共品牌建设,不断提升堆龙对外知名度。加强文物保护和非物质文化遗产传承。加大文化市场监管力度,全面营造健康、文明、和谐的文化市场发展氛围。完成邱桑村等 6 个村(社区)体育场地建设,适度延长公共体育设施对外免费开放时段,积极倡导全民健身运动。

健全完善社会保障体系。不断深化社保领域改革,持续扩大城乡居民“五险”[24] 覆盖面。落实医疗救助、临时救助、残疾人补贴、高龄补贴等政策,做到应兜尽兜、应救尽救。大力发展社会福利和慈善事业,认真做好妇女儿童和特困群体关爱服务工作。全面提升残疾人综合服务中心、特困人员供养服务中心的服务水平,提高基本辅助器具配备率。启动实施居家和社区养老服务试点工作,鼓励社会力量投资兴办养老服务机构,积极推动“医康养”融合发展。扎实做好退役军人服务管理、待遇保障、优抚安置等工作。加强国防教育,健全“双拥”工作机制,推动军民融合深度发展。

各位代表!增进民生福祉,一直是政府工作的出发点和落脚点。今年,我们将聚焦百姓关切的民生热点问题,着力解决以下十大民生实事:一是实施 4 个人居环境整治项目和 1477 户棚户区改造项目建设；二是实施滨河公园(二期)等4个公园建设，力争开工建设新城中心公园；三是完成第二小学和5所幼儿园建设、开工建设第二初级中学和第三小学，配合开展人大附中拉萨学校建设；四是完成二级甲等医院综合楼及4个社区(搬迁点)卫生项目建设；五是完成全区“饮水水质净化软化”工程以及楚布寺等9座寺庙供水工程建设；六是完成堆龙大道与柳东路人行天桥建设，通车运行9条市政道路；七是完成电表“一户一表”改造工作[25]，清理整治违规用电行为；八是完成客运公交总站、公交站台及停靠站点项目建设，调整优化“一元通”公交线路；九是完成东嘎安居苑等3个小区不动产权登记工作；十是完成乃琼街道等3所老年人日间照料中心建设。

二、鼓足高质量发展“劲头”，构建现代产业体系

做大现代服务业。不断延伸现代服务业的发展链条，稳步提升产业附加值，积极打造新的经济增长点。商贸物流方面，抓紧推进“一中枢一平台”建设，运营管理好“四大市场”，积极构建商贸物流产业发展新格局。“一中枢”，即积极打造综合物流中枢，建成投产“两园一中心”(领峰国际智慧物流园、波玛物流园、高原食品冷链中心)，适时启动物流枢纽基地配套基础设施建设，稳步推进覆盖城乡、服务西藏的物流配送网络建设。“一平台”，即积极打造统一结算管理平台，协调推进各大市场建立统一结算平台，有序推进京东物流和结算中心(京东拉萨亚洲一号)项目落地建设，不断提升商贸物流产业对税收和经济总量的贡献水平。“四大市场”，即持续加强农贸批发市场、钢材交易市场、铁器电焊市场、工程机械市场的运营管理，充分发挥好集散销售服务功能，并立足扩大内需的战略基点，完成扶贫产品电商推广项目建设，着力提升传统消费、培育新型消费、发展服务消费，不断增强多层次多样化消费供给能力。文旅产业方面，坚持以“一节一园一批”为重点，力争全年旅游人数、旅游收入分别同比增长22%左右。“一节”，即积极推进“玉妥文化旅游节”品牌建设，不断提高堆龙文旅的知名度和美誉度。“一园”，即以创建AAAA级景区为引领，加强“象雄美朵”生态旅游文化产业园开发建设和运营管理，完成主题游乐场、2号桥等项目建设，将其打造成文旅产业重点基地。“一批”，即启动实施楚布沟、古荣村、设兴村等一批乡村旅游项目，稳步推进宇妥沟景区建设前期准备工作，分类打造生态田园、医药康养、民俗体验等特色载体，带动乡村旅游蓬勃发展。产业地产方面，以产业为依托，以地产为载体，通过产业地产集中连片开发，推进东嘎时代广场等8个续建项目、吉曲靖河湾等8个新建项目建设，打造产业地产集群，着力彰显产业地产辐射带动“人口密度、城市形象、城市服务、地区经济实现稳步提升”的“四大功能”，不断改善区域环境，积极促进城市的繁荣和发展。

做优净土健康产业。加快构建“种养加”一体、“产供销”联合的现代净土健康产业体系，持续推动净土健康产业向全产业链覆盖。守好“一条线”，即完成高标准农田建设5000亩，建立青稞和饲草种植基地1万亩，把住粮食安全主动权，守住耕地保护红线。管好“一块地”，即运营管理好净土健康产业园，新建日光温室1300栋，确保瓜果、蔬菜、花卉产量同比增长20%以上。用好“一粒粮”，即依托“古荣糌粑”地理标志品牌效益，扩大有机青稞种植面积，完成青稞加工厂、朗孜糌粑技改项目建设，推动“青色麦田”系列产品提质增效。养好“一头牛”，即围绕奶制品生产供应，完成奶牛养殖中心、乳制品加工厂等重点项目建设。做好“一瓶水”，即建成天然饮品水厂，拓展“拉萨冰泉”的市场份额。酿好“一罐酒”，即完成藏泉白酒技改项目建设，提升白酒酿制工艺水平。打好“一张牌”，即整合全区净土健康产业优势产品，推进“净土名优”品牌建设。布好“一张网”，即新增“极源领鲜”专营商超6家，建立网络直销到家配送体系，力争净土健康产品销售额翻一番。

做强绿色工业。坚持以发展壮大实体经济为主攻方向，全面推动工业经济提档升级。一方面，脱虚向实。把工业园区作为工业经济的主战场、稳定就业的主平台、税源培植的主阵地。认真落实“一企一案、精准施策”，继续清理低产低效企业、盘活闲置土地，不断提高土地集约利用率和园区经济贡献率，力争园区工业总产值增长15%以上。投产运营西藏吉祥哈达厂等重点项目，切实加快将本土资源优势转化为产业优势。全力支持金谷农业等企业做大做强，力争培育新增规模以上工业企业2家。另一方面，革故鼎新。积极构建以企业为主体、市场为导向、产学研相结合的技术创新体系，持续推动制造业加速向数字化、网络化、智能化发展。鼓励支持规上工业企业深入开展设施更新、设备改造、技术升级。落实好各项财税、金融优惠政策，切实减轻中小微企业负担，积极培育中小微企业发展壮大。加快发展循环经济，努力构建企业小循环、园区中循环、产业大循环的工业发展格局。

三、勇立生态文明的“潮头”，绘就绿色美丽画卷

建设生态屏障。深入开展“自治区生态文明建设示范县（区）、镇（街道）、村（社区）”三级联建联创、提档升级，有序推进全国生态文明建设示范县（区）创建、“两山”[26]实践创新基地建设。聚焦打造功能复合型城市“绿肺”，深入推进新一轮国土绿化行动，完成80亩绿化改造和比西沟绿化工程、1580亩“先造后补”人工造林项目建设，争取实施通嘎社区1600亩“两翼”绿化工程建设，不断扩大绿色生态空间。完成700亩经济林示范推广基地、2800亩绿化苗圃基地建设。

加强综合治理。强化环境监管网格化管理，启动实施环境监测业务用房项目建设，加大生态环境执法力度，不断提升环境监测预警能力。深入实施“精准治气”，全面开展“散乱污”企业、重点行业挥发性有机物，以及建筑施工和道路扬尘专项整治。深入实施“系统治水”，全面深化“河长制”工作，坚决打击侵占河道及非法采砂行为，强化水质动态监测。深入实施“科学治土”，加强土壤污染防治，完成垃圾无害化处理（转运站）项目建设，纵深推进生活垃圾分类和收集转运体系建设，深化塑料污染全链条治理。深入实施“生态修复”，完成巴热村采石场、马村取土场等13处地质环境恢复治理工程建设。

四、掀起协同发展的“势头”，有序推动城乡融合

强化要素资源保障。推进国土空间规划编制工作，调整优化生产空间、生活空间和生态空间，在保障刚性管控的前提下予以“战略留白”。开通146个5G基站，确保全区网络通信强度、家庭宽带资源覆盖率达到98%以上。完成乃开段110千伏高压线入地、工业园区电力线路改造工程建设，持续优化城市“天际线”[27]。加大建设用地指标争取力度，加快推进搬迁群众老旧宅基地复耕复垦，深入开展城乡建设用地增减挂钩工作，全力保障重点项目用地需求。

加快堆龙新城建设。启动实施拉萨市北环西延线、“拉萨综合保税区至工业园区”基础设施内联外通等重点项目规划建设，加快推动重点功能区互联互通，努力实现城市交通体系和经济动脉整体畅通。适度开展中心城区亮化工程建设，打造城市夜景，发展夜间经济。全面提升城市功能品质，有序推进城区水系连通、堆龙河综合治理工程（下游）建设。健全完善教育医疗、金融通信、文化体育等城市配套服务设施，全力打造“15分钟便捷生活圈”。全面提高城市精细化、科学化管理水平，保持“两违”整治高压态势。

纵深推进乡村振兴。健全完善防返贫预警机制，继续落实“四个不摘”[28]要求，做好巩固脱贫攻坚成果同乡村振兴有效衔接。促进扶贫产业提档升级，完成扶贫资金资产确权登记，健全产业扶贫利益联结长效机制。稳定落实各类奖励扶持、救助补助政策。深入开展“美丽乡村・幸福家园”建设行动整村推进，持续深化德庆村等8个示范村建设成果，启动实施朗巴村等4个示范村建设工作。加强精神文明建设，普及科学知识，教育引导广大群众破除陈规陋习、树立新风正气，推动形成文明乡风、良好家风、淳朴民风。不断完善自治、法治、德治相结合的党组织领导下的乡村治理体系，有力促进农村更加和谐幸福、安定有序。稳定经营收入、增加工资收入、激活财产收入、保障转移收入，努力打造多点发力、多极增长的农牧民增收工作新格局。

五、当好时代进步的“排头”，持续深化改革开放

深化重点领域改革。持续深化供给侧结构性改革，稳步推进要素配置市场化改革。有序实施资源优化配置、产业一体化布局、城乡发展格局重塑等重点工作，加速推动资金、土地、产业和人口等资源要素向聚集化方向发展。完成国有企业改革重组,明晰政企权责边界,持续增强国有经济发展活力。深化农村集体产权制度改革,加强“三资”[29]监督管理,推进土地“三权分置”[30]。持续深化“放管服”改革,纵深推进“一网、一门、一次”建设[31],探索实施“一窗受理、受审分离”工作模式[32]。加强综合执法体制改革,稳慎推进执法权限下放和执法队伍下沉工作。持续推动教育医疗等公共服务要素向“常住人口规模”覆盖。全面实施预算绩效管理,不断提高财政运行质量。加强改革举措的系统集成、协同高效,打通淤点堵点,激发整体效应。

加强对外开放合作。聚焦“新时代推进西部大开发形成新格局”等重大发展战略,牢牢把握各级“政策红利叠加释放”的战略机遇期,在更大格局中找准定位,在更广范围内汇聚资源,全方位提升开放型经济发展水平。聚焦“一带一路”倡议[33],封关运营拉萨综合保税区,积极承接经开区公共服务与社会治理职能,持续提升产城融合示范区建设水平。聚焦东西部协作,依托门头沟区优势资源和组团式援藏新机制,深入开展经贸、人才、教育、医疗等重点领域的受援合作。聚焦拉萨市城市集群发展,积极发挥“领头雁”作用,全面推进首府城市副中心建设,努力形成功能各异、协调互补的区域发展格局。

打造良好营商环境。树牢“亲”而有度、“清”而有为的理念,不断优化市场化法治化营商环境。深入开展“全民招商”行动,积极落实各级各类产业扶持政策,健全完善跟踪服务机制,确保招商引资实际到位资金25亿元以上。深入开展“问需于民”行动,建设区长热线“接诉即办”指挥中心,全面畅通企业及群众诉求表达、利益协调、权益保障通道。深入开展“利企惠民”行动,大力推行投资项目“信用承诺+容缺办理”模式,重大项目实现“一号通办、全程代办”,全面提升政府服务水平。深入开展“规范执法”行动,严格落实行政检查“双随机一公开”,切实加强事中事后监管,依法平等保护国有、民营等各类所有制企业的合法权益。

六、攥紧行稳致远的“拳头”,全力防范化解风险

防范化解政治安全风险。始终把维护政治安全特别是政权安全、制度安全放在第一位,坚持党的领导和中国特色社会主义制度不动摇。坚决贯彻落实党中央对十四世达赖集团的斗争方针。严密防范和坚决打击各种渗透颠覆破坏活动、暴力恐怖活动、民族分裂活动、宗教极端活动。健全完善维稳防范和指挥体系,加强政法队伍、装备建设。全面加强基层政权建设,严格落实宪法规定的各项公民权利。依法依规做好村(社区)“两委”换届工作。从严加强政府系统党员干部教育管理,重拳整治违背党中央精神、损害党中央权威的问题。

防范化解意识形态领域风险。深入开展民族团结进步创建活动,促进各民族交往交流交融。坚持藏传佛教中国化方向,广泛开展以活佛转世宗教仪轨和网络通信“二十禁”[34]为主的防范教育。全面推广普及国家通用语言文字。管好用好微信公众号、学校课堂、新时代文明实践中心(所、站)等舆论阵地。完善网络综合治理体系和“互联网+”工作服务体系,建强网络监控和网评员队伍。

防范化解经济发展风险。深入推进防范和处置非法集资专项行动,严厉打击金融诈骗、“套路贷”[35]等违法违规金融活动。稳妥化解企业资金链、担保链风险,确保金融机构不良贷款率保持在2%的安全警戒线以内。进一步加强政府债务管理,严控债务增量,有序化解债务存量。全面加强国土资源管理,持续推进耕地“占补平衡”[36],规范土地流转程序。健全完善产业风险防范体系,鼓励支持涉农保险“增品扩面提标降费”。落实好各项“纾困惠企”工作举措,确保不发生大规模失业风险。强化医疗保险和养老保险收支管理和预警,确保资金安全、及时足额兑现。

防范化解公共安全风险。慎终如初做好常态化疫情防控工作,时刻绷紧“外防输入、内防反弹”之弦。加强公共卫生事件预防控制体系建设,广泛开展爱国卫生运动。加强流通领域食品质量监管。全力推进市域社会治理现代化试点工作,深入开展防范治理个人极端事件专项行动。深入实施“雪亮工程”项目建设,加快推进“网格化社会治理”与“社会化治理信息化建设”深度融合、互为支撑。始终保持严厉打击违法犯罪行为的高压态势。完善矛

盾纠纷预防调处化解机制。深入开展“双拖欠”专项治理，依法维护农民工合法权益。全面深化应急管理体系建设，严防发生重大以上安全事故。

七、把准自身建设的“准头”，提升政府治理效能

始终坚持党的领导。全面加强政府系统思想政治建设，增强“四个意识”，坚定“四个自信”，做到“两个维护”[37]，自觉向区委请示报告工作，反映情况、分析问题、提出意见建议，通过健全和落实党的领导制度体系，切实把党的领导这一最大制度优势贯穿于政府工作始终。

不断强化监督约束。依法接受人大及其常委会的法律监督和工作监督，主动接受政协的民主监督，认真办理人大代表建议和政协委员提案，大力支持民主党派和无党派人士参政议政。自觉接受纪委监委的纪律监督，重视司法监督和审计监督。抓实政府信息公开，及时主动回应社会关切，确保权力在阳光下运行。

提高依法行政能力。坚持用法治思维和法治方式深化改革、推动发展、应对风险。不断提高执法规范化建设水平，促进执法、司法、守法、普法整体联动全面贯通，在全社会形成崇尚法治、信仰法治之风。进一步健全完善政府议事决策科学化、民主化、法治化制度。

永葆清正廉洁本色。严守党的政治纪律和政治规矩，贯彻落实中央八项规定及其实施细则精神，持之以恒纠正“四风”[38]。严控“三公”经费和一般性支出，取消低效无效支出，切实把有限资源和财力用在改善民生福祉、推动高质量发展上。加强对公共资金、工程项目等重点领域的监督管理，坚定不移推进政府系统党风廉政建设和反腐败工作。

建设人民满意政府。坚持用民意的“标尺”丈量政府工作的短板，坚决不干那些只讨领导欢心、让群众失望的蠢事，坚决不干那些表面光鲜、内部问题遍地的傻事，坚决不干那些不讲诚信、违背规律的笨事，切实做到从实际出发、按规矩办事，努力用我们的辛苦指数换取群众的幸福指数。

各位代表！路虽远，行将必至；事虽难，做则必成。让我们更加紧密地团结在以习近平同志为核心的党中央周围，在区委的坚强领导下，秉持“驰而不息、久久为功”的韧劲，坚持“说干就干、马上就办”的作风，保持“激流勇进、迎难而上”的锐气，万众一心加油干、越是艰险越向前，为建设团结富裕和谐文明美丽现代化新堆龙而努力奋斗！

名词解释

1. “六稳”工作：稳就业、稳金融、稳外贸、稳外资、稳投资、稳预期；“六保”任务：保居民就业、保基本民生、保市场主体、保粮食能源安全、保产业链供应链安全、保基层运转任务。

2. “两排查四报告”工作机制：两排查，即通过联户单元、公安派出所排查，联户单元逐门逐户开展地毯式、拉网式排查，全面摸排登记新增返乡人员，辖区派出所以流动人口排查为重点，做好辖区内出租房、门面房等人员返藏排查工作。四报告，即通过物业公司报告、房东报告、用人单位报告、流入人员自主报告，依托基层群防群治力量，动态摸排管理辖区内住户、租户、企业等外地返乡人员。

3. “1+3”服务管理模式：1位监督服务管理人员对应3户居家隔离观察家庭，并建立微信群，每天入户家访1次、微信视频连线回访2次。

4. “1+1+N”疫情预防控制体系：1个专项工作组+1个区疾控中心+N个基层医疗卫生单位。

5. “三横”“四纵”的骨干路网架构：形成以滨河北路、堆龙大道、西嘎路构成的“三横”，以桑木路、通仁路、浪康四路、羊加路构成的“四纵”骨干路网架构。

6. 人居环境整治十项行动：清垃圾、治店牌、改土路、控扬尘、通排水、增绿地、畅水系、美村庄、拆违建、去蓝顶；四化工作：硬化、美化、绿化、亮化；三改一整：改厕、改厨、改房间、整理院落。

7. 四大市场：东嘎农贸批发市场、钢材交易市场、铁器电焊市场、工程机械市场。

8. “两违”问题：违法用地、违法建设行为。

9. 雪亮工程：以县（区）、乡（镇）、村（社区）综治中心为指挥平台、以综治信息化为支撑、以网格化管理为基础、以公共安全视频监控联网应用为重点的群众性治安防控工程。“双评估”：村（社区）

维稳形势评估、户和谐基础评估。

10. 五个认同：对伟大祖国的认同、对中华民族的认同、对中华文化的认同、对中国共产党的认同、对中国特色社会主义的认同。三个离不开：汉族离不开少数民族、少数民族离不开汉族、各少数民族互相离不开。

11. “放管服”改革：是深化行政体制改革、转变政府职能的总要求，协同推进简政放权、放管结合、优化服务。

12. 三农：农村、农业、农民。

13. “双随机一公开”行政检查：在监管过程中随机抽取检查对象，随机选派执法检查人员，抽查情况及查处结果及时向社会公开。

14. “三公”经费：财政拨款支出安排的出国(境)费、车辆购置及运行费、公务接待费。

15. 四件大事：稳定、发展、生态、强边。

16. 六个提升：全面提升教师综合素质和校长治校能力、思想政治教育水平、教育质量、教育资源配置、职业教育水平、全面提升全民教育。

17. “五育”并举：德育、智育、体育、美育、劳育。

18. 教学“五环节”：备课、上课、批改作业、辅导、检测。

19. 五个100%：实现中小学双语教学普及率达到100%，小学数学课程开课率达到100%，中学数理化生课程教学计划完成率达到100%，中学理化生实验课程开课率达到100%，职业技术学校国家目录规定课程开课率达到100%。

20. 网络课堂：基于互联网的远程在线互动教学课堂。

21. 两操一课：眼保健操、课间广播体操、体育课。阳光体育一小时活动：每名在校学生每天必须有一个小时的体育活动时间。

22. 医共体：将区域内各级医院、医护团队等医疗资源进行有机整合，为患者提供不同层级水平的医疗服务，同时，在医学研究、诊疗技术提高、医生学术交流等方面实现最大化作用，不断提高区域内诊疗水平、健全完善服务体系。两票制：药品从药厂卖到一级经销商开一次发票，经销商卖到医院再开一次发票。

23. 五下乡：文艺、科技、卫生、法律、爱国爱教下乡宣传。

24. 五险：养老保险、医疗保险、工伤保险、生育保险、失业保险。

25. 电表“一户一表”改造：由供电单位将计费电表直接安装到每一户居民住宅，并直接实施抄表收费。

26. 两山：绿水青山就是金山银山。

27. 城市“天际线”：城市整体结构的人为天际。

28. 四个不摘：摘帽不摘责任、摘帽不摘帮扶、摘帽不摘政策、摘帽不摘监管。

29. 三资：资金、资产、资源。

30. 三权分置：坚持农村土地集体所有的前提下，促使承包权和经营权分离，形成土地所有权、承包权、经营权“三权分置”，经营权流转的格局。

31. “一网、一门、一次”建设：线上服务“一网通办”、线下办事“只进一扇门”、现场办理“最多跑一次”。

32. “一窗受理、受审分离”工作模式：前台统一受理、后台分类审批、统一出口出件。

33. 一带一路：“丝绸之路经济带”和“21世纪海上丝绸之路”的简称。

34. 网络通信“二十禁”：严禁利用网络通信工具组织、参与、煽动颠覆国家、破坏国家统一、推翻社会主义制度的活动。严禁利用网络通信工具侮辱、诽谤他人。严禁利用网络通信工具组织、参与、煽动宗教极端、暴力恐怖、诈骗犯罪等非法活动。严禁利用网络通信工具向境内外组织、机构、个人非法提供国家未公开的信息。严禁利用网络通信工具搜集、制作、下载、存储、发布、传播、宣扬颠覆国家、破坏国家统一、推翻社会主义制度的信息。严禁利用网络通信工具搜集、制作、下载、存储、发布、传播、宣扬宗教极端思想、暴力恐怖、诱骗诈骗、虚假的险情、疫情、灾情、警情等信息。严禁利用网络通信工具为颠覆国家政权、分裂国家、暴力恐怖、宗教极端活动提供资金、场所、人员、交通、通信等帮助或便利。严禁利用网络通信工具编造、散布挑拨民族关系、制造民族矛盾、煽动民族仇恨等信息。严禁利用网络通信工具组织、利用会道门等邪教组织破坏法律实施。严禁利用网络通信工具煽动暴力抗拒法律实施、聚众扰乱社会秩序。严禁利用网络通信工具组织、参与非法集会、游行、示威。严禁利用网络通信工具为实施违法犯罪活动而接受境内外组织、机构或个人资助。严禁利用网络通信工具成立、参加非法组织,进行非法金融活动。严禁利用网络通信工具编造、散布虚假或不实险情、疫情、灾情、警情等信息。严禁未经许可经营国际联网业务,擅自建立、使用非法定信道进行国际联网。严禁利用网络通信工具非法获取、出售、提供、利用公民个人信息。严禁利用网络通信工具实施黑客攻击破坏、盗窃、诈骗、编造或故意传播虚假信息等行为。严禁利用网络通信工具参与、诱骗公民进行涉枪支弹药,易燃、易爆、易制毒、放射性等危险品,淫秽色情,赌博,毒品犯罪活动。严禁利用网络通信工具向网络犯罪活动提供互联网接入、服务器托管、网络存储、通信传输等技术支持或广告推广、支付结算等帮助。严禁利用网络通信工具设立用于实施犯罪活动的网站、通讯群组或者发布违法犯罪信息,或利用网络通信工具加入此类网站、通讯群组浏览、接收、发布信息,或利用网络通信工具破坏网络通信公共设施。

35. 套路贷:以“借款”“借贷”之名,行非法占有他人财物之实。

36. 耕地“占补平衡”:建设占用多少耕地,各地人民政府就应补充划入多少数量和质量相当的耕地。

37. 四个意识:政治意识、大局意识、核心意识、看齐意识。四个自信:道路自信、理论自信、制度自信和文化自信。两个维护:坚决维护习近平总书记在党中央和全党的核心地位,坚决维护党中央权威和集中统一领导。

38. 四风:形式主义、官僚主义、享乐主义和奢靡之风。

堆龙德庆区人民代表大会常务委员会工作报告

——在堆龙德庆区第二届人民代表大会第五次会议上

堆龙德庆区人大常委会党组书记、主任　武保林

（2021年1月8日）

2020年的主要工作

2020年，人大常委会坚持以习近平新时代中国特色社会主义思想为指导，坚决贯彻习近平总书记关于坚持和完善人民代表大会制度的重要思想，深入学习贯彻党的十九大、十九届二中、三中、四中、五中全会和中央第七次西藏工作座谈会精神，在中共堆龙德庆区委的坚强领导下，在拉萨市人大常委会的有力指导下，围绕区委中心、服务全区大局，紧扣人民群众重大关切，依法履行职责，积极担当作为。一年来，共召开常委会会议8次，听取和审议专项工作报告7项，开展专项视察5次、执法检查1次、专题询问1次、满意度测评1次，作出决议决定11项，依法任免地方国家机关工作人员15人次，组织宪法宣誓4次，配合上级人大视察调研13批次，接待其他市县区考察5批次，较好地完成了区二届人大四次会议确定的各项任务，为促进堆龙经济社会发展和民主法治建设作出了新的贡献。

一、强化政治意识、政治担当，确保人大工作正确政治方向

人大常委会把学习贯彻习近平新时代中国特色社会主义思想作为首要政治任务，树牢“四个意识”、坚定“四个自信”、坚决做到“两个维护”，把坚持党的领导体现到人大工作的各方面和全过程。

（一）以政治坚定践行“两个维护”。把做到“两个维护”作为依法履职的根本政治保证，在政治立场、政治方向、政治原则、政治道路上同以习近平同志为核心的党中央保持高度一致。坚持把党的领导贯彻落实到人大工作的全过程各方面，保障党的路线方针政策和决策部署在堆龙得到全面贯彻和有效执行，确保党的主张同人民意志高度统一，以做好人大工作的具体行动和实际成效体现对总书记和党中央的绝对忠诚。

（二）以行动自觉落实区委决策。始终坚持在区委领导下工作，全年就工作要点、代表补选等重大问题、重要事项及时向区委请示报告，并通过季度汇报形式保证区委掌握人大工作动态。充分发挥常委会党组把方向、管大局、保落实的作用，紧盯全区工作大局，加强与“一府一委两院”的沟通协调，统筹安排人大监督、决定、任免、代表等各项工作，积极参与疫情防控、维护国家安全、促进就业等工作，确保人大工作与区委工作目标同向、行动同步、同频共振。区委高度重视人大工作，定期听取人大常委会党组工作汇报，对人大的请示报告事项及时研究、提出明确要求，全面加强对人大工作的领导。

（三）以理论武装保持政治坚定。召开9次常委会党组会议、10次理论学习中心组会议，组织机关全体党员深入学习习近平总书记关于意识形态、生态文明、安全生产、脱贫攻坚、民族宗教等工作的重要讲话精神，学习贯彻十九届五中全会和中央第七次西藏工作座谈会精神，深刻认识坚持和完善人

民代表大会制度在推进国家治理体系和治理能力现代化中的重要意义，从全局的高度把握形势、谋划工作、忠诚履职，确保机关党员干部始终在思想上政治上行动上与党中央保持高度一致。

二、坚持正确监督、有效监督，推动经济社会持续健康发展

人大常委会聚焦经济社会发展的重点领域和人民群众特别关注的热点、难点、痛点和堵点问题，扎实开展正确监督、有效监督，督促、引导、支持有关方面不断改进工作，有力助推区委决策部署在我区各个层面的贯彻落实。

（一）聚焦疫情防控工作。2020年初，面对突如其来的新冠肺炎疫情，常委会坚决贯彻习近平总书记和中央、各级党委的决策部署，迅速行动，全力参与大战大考。按照区委安排部署，常委会领导班子成员定期深入一线督导调研，委派2名人大常委会副主任赴城关区协助开展疫情防控工作，2名兼任镇（街）党（工）委书记的副主任带领镇（街）、村干部战斗在第一线奋战，持续深入摸排，落实隔离场所，加大宣传力度，以最严标准做好疫情防控工作。机关干部职工主动宣传解读疫情防控法律法规和政策措施，各级人大代表各负其责、各展所长，在各自的工作领域、各自的工作岗位上积极发挥人大代表先进模范作用，与全区人民齐心协力，共同抗击疫情，汇聚起人大抗疫的强大力量。

（二）聚焦脱贫攻坚工作。常委会坚持以人民为中心，发挥人大职能作用，聚力推动脱贫攻坚工作深入实施。针对中央第三巡视组脱贫攻坚专项巡视“回头看”反馈意见，常委会组织人大代表现场查看，详细了解整改落实情况，听取人大代表关于整改工作的意见建议。常委会班子成员与干部群众团结一致，攻坚克难，圆满完成了脱贫攻坚任务。人大机关干部职工围绕扶贫政策和脱贫实际问题，积极当好政策“宣传员”，鼓励和引导贫困群众坚定脱贫信心，调动群众摆脱贫困、勤劳致富的主观能动性。

（三）聚焦城市建设工作。充分发挥人大常委会监督作用，积极参与全国文明城市创建工作，常委会主要领导多次带领常委会组成人员、人大代表等深入城市主要干道、商户门前、社区、背街小巷实地察看创建工作，积极协调有关部门进行联合整治，力促问题整改、富有成效。推进流浪犬监督管理工作，加强疫情期间流浪犬监督管理，协调督促流浪犬监督委员会成员单位扎实做好我区流浪犬管理工作，听取有关工作汇报并提出指导性意见，城区和各镇（街）流浪犬数量明显减少。10月，常委会召开城市建设与管理工作专题询问会，采取“一问一答”的方式，由有关职能部门负责人当场回答人大代表询问，就城市规划建设、综合执法、交通安全、环境卫生、环保治理、市政管理、园林绿化、旅游发展等方面工作形成共鸣与共识，促进相关问题的有效解决与落实。

（四）聚焦生态文明建设工作。常委会高度重视关注生态环境优化工作，4月，组织部分人大常委会委员、基层人大代表视察我区生态文明建设工作情况。了解安全饮水、人居环境整治、山体修复、河道整治、棚户区改造等工作情况，并召开座谈会，就安全饮水、道路清洁、垃圾转运、生态恢复、环评审批等问题向有关部门提问，生态环境分局、水利局、自然资源局、住建局等部门分管同志到会解答。视察结束后，常委会就人大常委会委员、人大代表关心关注的生态文明建设工作向有关部门发出工作询问函，要求有关部门予以书面答复。

（五）聚焦传染病防治工作。7月，常委会成立执法检查组对《中华人民共和国传染病防治法》在我区的贯彻实施情况开展执法检查，切实发现并推动解决我区在传染病防治工作中存在的突出问题，保障人民群众身体健康和生命安全。检查前，检查组召开动员部署会，部署执法检查相关工作，统一了思想、凝聚了共识、明确了任务，集体学习《传染病防治法》解读视频，为高质量开展执法检查奠定坚实基础。检查期间，检查组看望慰问奋斗在防疫一线的工作人员，详细了解各项防疫措施落实情况、服务保障以及工作人员防护保障情况。前往区疾控中心、区中学等地，实地走访各科室、学生食堂，全面了解疫情防控举措、物资储备和人员队伍建设情况。在听取区人民政府关于《传染病防治法》贯彻实施情况和疫情防控工作情况后，检查组现场提出意见建议10条，努力推动传染病防治工作全面有效开展。

（六）聚焦公正司法工作。支持司法领域改革，积极推动依法行政、公正司法。常委会先后组织人大常委会组成人员、基层人大代表赴法检两院开展视察调研工作，听取两院工作情况报告，重点了解法院审判、执行工作和检察院“四大检察”“十大业务”，督促两院统筹优化审判检察资源，竭力缓解案多人少矛盾和人员事务性压力，开展好《中华人民共和国民法典》学习培训工作，确保法官、检察官准确理解和把握立法精神、最新要求，不断提高审判、检察工作的能力水平，维护社会公平正义和长治久安。

三、推进服务代表、依靠代表，保障人大代表充分发挥作用

人大常委会积极推进代表工作机制、载体和服务创新，密切人大机关同代表、代表同人民群众的联系，大力支持和保障代表充分发挥作用，更加有效地反映民意、集中民智、凝聚民心。

（一）创新代表培训方式。统筹考虑不同类型代表特点和履职需求，聚焦提升代表政治意识、履职能力，精准设计学习培训的内容和形式。针对基层一线群众代表，突出政治培训，邀请党校教师授课，重点学习党的十九届五中全会和中央第七次西藏工作座谈会精神，通过加强思想政治引领，确保代表履职保持正确政治方向，激发使命感责任感。针对常委会组成人员，突出履职培训，安排常委会领导上讲台，重点讲授习近平总书记关于坚持和完善人民代表大会制度重要思想内容、宪法、选举法及履职应知应会知识，吃透法规政策，掌握专业知识。一年来，常委会举办2期培训班，组织代表参加上级人大培训班（专题履职讲座）4期，培训学员80余人次，为代表高质量履职创造良好条件。

（二）推动办好代表建议。严把代表议案建议质量关，在区二届人大四次会议召开前，引导代表聚焦人民群众特别关注的热点难点问题开展视察调研，为会议期间提出高质量的议案建议作充分准备。人代会召开后，常委会及时翻译梳理代表在会上提出的议案建议，召开交办会向区政府、柳梧新区管委会签订交办表，分别移交代表建议111件、8件，并就办理工作提出具体要求。4月，发文要求各镇（街道）人大随时掌握承办单位与代表见面答复与办理进度情况，每月将进展情况通报人大办，确保代表建议办理情况落到实处。6月、11月，两次开展办理情况视察，现场督查办理情况并召开推进会，及时提出办理问题和建议，有力地推动相关建议办理取得新成效。

（三）健全“双联系”工作机制。制定出台《堆龙德庆区人大常委会组成人员联系人大代表制度》《堆龙德庆区人大代表联系群众制度》，按照便捷、畅通、高效的原则，划定每名常委会组成人员固定联系3～5名人大代表，并下发通知要求常委会组成人员开展联系人大代表活动，动员各级人大代表积极参与到文明城市创建工作中来，建言献策，发挥表率作用；了解代表的意愿以及在执行代表职务时遇到的困难和问题；听取代表对人大常委会及“一府一委两院”工作的建议和意见，拓宽代表参与常委会工作的广度和深度，真正发挥了代表作为人民群众代言人的作用。

四、注重自身建设、夯实基础，提高依法履职服务保障能力

人大常委会坚持把自身建设摆在突出位置，对标新时代人大工作新要求，保持良好精神状态，加强履职能力建设，推动了人大工作创新发展。

（一）切实改进作风。落实全面从严治党主体责任，不断提升党风廉政建设水平，深刻汲取典型案例的教训，用身边事警醒身边人，发挥警示作用，强化党员干部遵纪守法意识，增强拒腐防变能力，深化以案为鉴、以案促改，推动全面从严治党向纵深发展。严格落实区委关于力戒形式主义为基层减负的具体措施，精文简会、提质增效，持之以恒纠“四风”、改作风，持续推动基层减负工作落到实处。认真学习贯彻《中国共产党纪律处分条例》等党内法规，严格执行新形势下党内政治生活若干准则，认真开展批评与自我批评，党内政治生活质量进一步提升。切实强化经常性廉政教育，拒腐防变的思想防线进一步牢实。

（二）改进宣传报道。紧紧围绕深入学习宣传贯彻习近平新时代中国特色社会主义思想这个主题，严格落实意识形态责任制，致力宣传人大制度，讲好人大故事，扩大人大影响，服务全区经济社会发展大局。加强宣传策划和专题报道，推进人大宣传平台融合发展，不断提升宣传实效。公开征集常委会监督议题和工作意见，自觉接受社会监督。一年来，在各级媒体刊登发布人大信息11篇，在自治区、拉萨市人大座谈会上交流经验做法4次，堆龙人大工作保持在全市各县（区）前列，影响力不断提升。

（三）推进整体联动。县乡两级人大是一个有机整体，做好人大工作，离不开镇（街）人大的支持和配合。常委会在工作中有效处理好上下级人大之间的法律监督关系、工作联系关系和业务指导关系，强化和推动日常工作的上下联系，重点工作的上下联动，代表活动的上下联合。通过召开交流会、上下联动开展视察、执法检查等方式，密切与镇（街）人大的联系，加强工作交流，总结推广各镇（街）创新做法和经验，形成工作合力，两级联动格局更加巩固、更富成效。

各位代表，一木难为林，众志方成城。一年来区人大常委会工作取得的成绩，根本在于习近平新时代中国特色社会主义思想的科学指引，是在区委的坚强领导下，全体人大代表、常委会组成人员、区人大机关和镇（街）人大工作者共同努力、辛勤工作的结果，是区政府、区监察委员会、区法院和区检察院通力合作、密切配合的结果，是区政协、社会各界和全区人民充分信任、大力支持的结果。在此，我代表区人大常委会表示衷心感谢！

各位代表，总结过去，更加坚定我们坚持和完善人民代表大会制度的信念；展望未来，更加使我们清醒地认识到常委会工作与中央、各级党委要求，与人民群众的期待，与宪法法律赋予的职责，还有一定的差距和不足，主要是：监督工作的力度有待加强；执法检查不够深入，推动法律法规实施的力度需要进一步加大；人大代表联系人民群众的广度和深度需要进一步拓展；代表建议的办结率还需要提高等等。对这些问题和不足，我们将虚心听取人大代表和各方面的意见，高度重视，认真改进，以扎实到位的整改谋求改进提升之效，努力把人大工作提高到一个新水平。

2021年的主要任务

2021年是中国共产党成立100周年，西藏和平解放70周年，是“十四五”规划开局之年，是我区由全面建成小康社会向基本实现社会主义现代化迈进的关键时期，人大及其常委会使命在肩，责无旁贷。2021年区人大常委会工作的总体要求是：坚持以习近平新时代中国特色社会主义思想为指导，全面贯彻落实党的十九大、十九届二中、三中、四中、五中全会和中央第七次西藏工作座谈会精神，深入学习贯彻习近平总书记关于坚持和完善人民代表大会制度的重要思想、关于治边稳藏的重要论述，增强“四个意识”、坚定“四个自信”、做到“两个维护”，坚持党的领导、人民当家作主、依法治国有机统一，坚持以人民为中心的思想，按照区委二届七次全会暨区委经济工作会议部署要求，紧紧围绕坚持和完善人民代表大会制度这一根本政治制度，依法履职，担当进取，扎扎实实做好监督、决定、任免和代表工作，把根本政治制度优势更好转化为治理效能，有力推进堆龙长足发展和长治久安。

一、理论武装要更加注重学深悟透、学以致用，以高度的思想自觉和行动自觉增强“四个意识”、坚定“四个自信”、做到“两个维护”

坚持把学习贯彻习近平新时代中国特色社会主义思想作为首要政治任务，通过举办专题学习班、党组织书记讲党课、主题党日活动等方式，系统学、深入学、跟进学，巩固“不忘初心、牢记使命”主题教育成果，建立长效机制，不断提升常委会组成人员和机关干部的政治站位和理论水平，确保党的基本理论、基本路线、基本方略在人大工作中得到全面贯彻。坚持把学习贯彻党的十九届五中全会和中央第七次西藏工作座谈会精神与学习贯彻习近平总书记关于坚持和完善人民代表大会制度的重要思想结合起来，不断充实学习内容，丰富学习形式。认真落实党中央和各级党委关于人大工作的部署，做好贯彻落实工作，通过履行人大监督、决定、任免等法定职责，不断将制度优势转化为治理效能。

二、监督工作要更加注重拓展深度、增强实效，以务实的举措推动区委决策部署贯彻落实和法律法规有效实施

（一）认真做好经常性监督。贯彻新时代对人大监督工作的要求，综合运用各种监督方式，多方协同、上下联动，切实提高监督实效。听取审议预决算、审计、国有资产、环保等报告，在提高审议质量、加强跟踪监督上用力。继续深化预算审查监督重点拓展改革，依法推进预算联网监督工作。围绕大局、贴近民生、突出重点听取审议专项工作报告，听取审议垃圾分类、促进就业等工作情况报告。加强对司法工作的监督，听取审议区人民法院关于审判工作情况报告、区人民检察院公益诉讼工作情况报告。

（二）深化执法检查。充分发挥执法检查“法律巡视”监督利剑作用，坚持稳定数量、提高质量、注重实效。总结执法检查经验，对我区贯彻落实《中华人民共和国安全生产法》工作开展情况进行执法检查，并开展专题询问和满意度测评，确保人民群众生命财产安全，促进社会和谐稳定。积极配合上级人大开展执法检查、立法调研及有关法律法规草案的征求意见等工作，形成合力，共同推动法律法规的贯彻实施。

（三）依法做好重大事项决定和人事任免工作。认真贯彻落实中央和各级党委关于健全讨论决定重大事项制度、各级政府重大决策出台前向本级人大报告的实施意见精神，依法讨论决定重大事项。完善任免办法，不断规范完善任免程序，坚持任职前发言、颁发任命书、宪法宣誓等制度，增强被选举任命人员的宪法意识、责任意识和公仆意识，推进任免工作规范化、制度化。加强对任命人员的任后监督，扩大述职人员范围，听取国家机关工作人员及员额法官、员额检察官履职情况报告。

三、代表工作要更加注重创新方式、完善机制，以更高的政治站位支持保障代表履职

（一）加大履职培训力度。换届后，对新一届常委会组成人员和人大代表进行轮训，通过以会代训、专题座谈、参观考察、请进来与走出去等多种方式，有计划、有重点地开展各级各类履职培训，不断拓展培训的广度，增加培训的深度，实现由“全覆盖”向“精细化”转变，促进代表思想素质、履职意识、履职水平和引领发展能力的全面提升。

（二）提升代表活动水平。继续坚持“双联系”制度，持续扩大代表参与常委会工作的深度和广度，保证人民群众表达代言渠道的畅通；探索“人大代表之家”新功能新作用，在“管好家、用好家”上下功夫，切实发挥载体作用，打通联系服务群众“最后一公里”；拓展代表知情渠道和履职平台，提高代表专题调研、集中视察、联系选民的组织水平，不断提高闭会期间活动质量，不断深化工作内容，提升工作质量。

（三）强化代表建议办理。把办理代表建议批评和意见作为接受人民监督的重要内容，把提高代表建议的落实率和满意率作为衡量办理质量的标准，按照“内容高质量、办理高质量”的要求，进一步完善办理工作流程，听取和审议政府组成部门建议办理情况报告，把好时间关、责任关、意见反馈关，选择有代表性的建议进行重点督办、跟踪督办，确保代表建议件件有回音、事事有着落。

四、自身建设要更加注重锤炼本领、适应发展，以新担当新作为推动人大工作迈出新步伐

（一）加强思想政治建设。把学习贯彻落实好党的十九大精神、习近平新时代中国特色社会主义思想特别是总书记关于坚持和完善人民代表大会制度的重要思想作为重要政治任务，落实意识形态责任制，通过党组会议、常委会会议、主任会议、理论中心组会议、机关党组会议、支部会议等形式集中学习，培训研讨，筑牢坚持根本政治制度的思想根基，推动人大工作与时俱进、完善发展。落实全面从严治党“两个责任”，营造风清气正的政治生态，坚持敢担当、善作为、转作风、重实效，着力打造具有为民情怀、奉献精神和治理能力的人大干部队伍，树立地方国家权力机关的良好形象。

（二）做好人大换届选举。坚持把加强党的领导贯穿换届选举工作全过程，不折不扣地把中央和各级党委的要求落到实处。严把代表人选质量关，切实把密切联系群众、具备履职意愿和履职能力、得到群众广泛认同的人，提名推荐为代表候选人；

严把结构比例关,科学合理确定代表结构;严格提名推荐考察关,严格考察审查,严把换届人选的质量关。进一步严肃换届纪律,切实做到纪律约束到位、全程监督到位、问题督查到位,确保换届风清气正。加强工作统筹,明确分工责任,齐心协力做好换届选举工作。

(三)不断强化工作指导。进一步加强对镇(街)人大工作的指导,使镇(街)人大工作充分发挥作用;加大上下联动力度,推动人大工作高质量发展;加强和改进人大信息宣传工作,传递人大声音,讲好人大故事,不断增强新时代人大工作整体实效。

各位代表,让我们更加紧密地团结在以习近平同志为核心的党中央周围,高举习近平新时代中国特色社会主义思想伟大旗帜,坚持和完善人民代表大会制度这一根本政治制度,在区委的坚强领导下,自觉担负起新时代赋予人大的历史使命,推动新时代堆龙人大工作高质量发展,为建设团结富裕文明和谐美丽的社会主义现代化新堆龙做出新的更大贡献!

政协第二届拉萨市堆龙德庆区委员会常务委员会工作报告

——在政协第二届拉萨市堆龙德庆区委员会第五次会议上

堆龙德庆区政协党组书记、主席 洛桑强巴

（2021 年 1 月 6 日）

2020 年工作回顾

2020 年是全面建成小康社会决胜之年，是“十三五”规划收官之年，更是脱贫攻坚决战之年。一年来，区政协及其常委会在堆龙德庆区委的坚强领导下，在拉萨市政协的精心指导下，在区人大、区政府以及社会各界的鼎力支持下，高举习近平新时代中国特色社会主义思想伟大旗帜，深入学习贯彻党的十九大、十九届二中、三中、四中、五中全会精神和中央第七次西藏工作座谈会精神，全面贯彻习近平总书记关于加强和改进人民政协工作的重要思想和中央、区市党委政协工作会议精神，坚持团结和民主两大主题，聚焦区委、区政府中心工作，着力在建言资政和凝聚共识上双向发力，圆满完成二届四次会议确定的各项目标任务。

一、坚持政治领航、党建铺路，政协工作方向更加坚定

一年来，常委会始终坚持党对政协工作的全面领导，旗帜鲜明讲政治，坚定不移守规矩，不断增强“四个意识”、坚定“四个自信”、做到“两个维护”，坚决确保政协事业方向正确、行稳致远。

把牢政治方向，发挥引领作用。一是坚持把政治建设摆在首位，以“两个维护”为最高政治原则和根本政治规矩，把不折不扣贯彻落实党中央重大决策、习近平总书记重要指示批示和区市党委、区委部署要求作为具体检验，充分发挥政协党组把方向、管大局、保落实的重要作用，坚持重要工作、重大事项由党组集体研究决定，重要工作主动汇报、重大事项及时请示、重要精神迅速传达，确保政协履职与区委、区政府中心工作同向同行、同频共振、同轴运转。同时深化理论武装，增强做好新形势下政协工作的政治定力和政治把握力，全年通过常委会、党组会、主席会等平台，召开专题学习会议 15 次，支部学习会 20 次。二是区委、区政府始终高度重视并支持政协履行职能，安排分管县级干部列席政协常委会和专题议政会议，向政协常委会通报全区重点工作开展情况，认真听取政协常委会及委员意见建议。区委常委会还定期专题听取政协党组工作汇报和政协常委会工作报告，并对政协工作提出具体要求，指明工作方向。

强化党建引领，规范党内生活。坚持以党的建设为引领，持续巩固深化“不忘初心、牢记使命”主题教育成果，从严从实抓好党风廉政建设，坚定不移贯彻中央八项规定及其实施细则精神，坚决反对“四风”。严格执行《关于新形势下党内政治生活的若干准则》，认真落实意识形态工作责任制、“三会一课”制度，扎实做好党员教育、党员管理、党费收缴等工作。全年开展集体谈心谈话 3 次、民主评议党员 2 次、主题党日活动 12 次，召开民主生活会 1 次、组织生活会 1 次，确保党内生活规范化、制度化、

经常化。认真开展廉政教育和党性教育主题活动，组织党员委员和政协机关干部职工分别参观林周县党性爱国主义教育基地和拉萨市廉政教育警示基地，不仅坚定了理想信念，加强了党性修养，也进一步激发了立足本职、干事创业的信念。

二、坚持围绕中心、服务大局，政协履职成效更加显著

常委会始终坚持与区委、区政府同频共振，紧扣党委政府工作重点、经济社会发展难点、人民群众关注热点，深入调查研究，认真协商议政，积极献计出力。

紧扣中心环节，精心组织协商。一是开展政协全委会协商。区政协二届四次全会期间，委员们以高度的历史使命感和饱满的政治热情，紧紧围绕区委二届五次会议精神的决策部署，认真讨论“一府两院”工作报告、国民经济发展计划、财政工作报告，提出高质量提案40件、合理意见建议27条，以提案交办会的形式转交至区委、区政府，努力为我区顶层决策科学化、合理化提供参考依据。二是开展议政性协商。一年来，共召开两次专题议政性协商会议，听取“一府两院”上半年及政府相关行业部门工作情况汇报，了解全区经济社会发展情况，重点项目建设、交通发展及生态环境保护等重点工作推进情况，找准双向发力的切入点和融合点，努力为全区经济高质量发展建真言、谋良策、出实招。三是开展专项工作协商。组织政协常委、委员代表、各镇(街道)、区水利局实地检查我区水系治理现状，召开2020年“河长制”督查工作专题协商推进会，就进一步强化河长制督查工作，加强水系治理，恢复水系原貌进行协商讨论，提出意见建议。四是开展提案办理协商。组织提案人、提案承办单位、区委区政府督查室相关负责人就政协二届四次会议以来提案办理情况进行协商，听取各单位办理进度以及办理中存在的问题和困难，听取提案人和委员的意见建议，对提案办理工作进行再安排再部署，确保提案办理工作有序开展。

突出民主监督，提升履职成效。一是组织“三级政协委员”代表，对滨河公园、堆龙新城及路网建设、色玛村搬迁安置点、象雄美朵文化旅游产业园区、东嘎街道西嘎山绿化项目等全区重点项目开展民主监督专项视察。二是组织委员对企业复工复产情况进行视察，了解企业防疫措施、员工返岗、原材料供应、生产经营等情况，为企业发展出谋划策。三是组织开展“河长制”“禁白”督查工作12次，开展全国文明城市创建整改督导检查30余次，下发整改通知单16份。四是召开委派第二批政协委员担任政府职能部门民主监督员工作部署会，听取第一批民主监督员工作开展情况汇报，总结经验，发现不足，部署工作。各民主监督小组通过定期深入所监督的单位了解工作开展情况、视察调研等方式，向受派单位口头提出意见建议12条。在各项民主监督视察工作中，区政协以政治协商角度和民主监督方式提出合理意见建议50余条。

聚焦脱贫攻坚，积极建言献策。一是组织各界别委员代表对德庆村、马村、加入村、波玛村、通嘎村落实中央第三巡视组脱贫攻坚专项巡视“回头看”反馈意见的整改情况进行视察监督，与各村第一书记、村“两委”班子成员、驻村工作队召开座谈，针对群众就业、产业发展等问题进行交流讨论，提出意见建议。二是党组班子成员按照区委要求分别对所联系的包村就脱贫攻坚专项巡视整改情况开展调研，并形成3篇调研报告，为区委决策提供参考依据。

加大提案督办，促进办理实效。一是及时召开提案交办会。政协全委会闭幕后，区政协严把时间节点，将涉及堆龙德庆区的36件提案、22条意见建议交办至区政府，涉及柳梧新区的4件提案、5件意见建议交办至柳梧新区管委会。二是开展提案办理专项视察。一年来，组织提案承办单位、提案协办单位、区委区政府督查室及政协委员代表，先后对德庆镇德庆村人居环境整治、马镇措麦村主干道路硬化、古荣镇那嘎村修建水渠、乃琼街道比西沟道路硬化、柳梧街道朗杰色康寺主殿维修、德阳村桑普组新建蓄水池等8件重点提案、11件意见建议进行视察，通过视察了解和掌握提案办理进度。提案答复率和满意率达到100%，办结率达到81%，真正做到让委员满意、让群众受益。

积极投身抗疫，展现政协担当。一是携手抗疫，

共克时艰。先后召开3次专题会议，传达学习中央、区市党委及区委关于疫情防控的重要会议精神和工作要求。通过“堆龙德庆政协”微信公众平台发布《致堆龙德庆区全体政协委员的一封信》，号召全区各级政协委员和政协机关干部积极主动参与疫情防控各项工作。医卫界委员始终奋战在疫情防控第一线，工商界委员有序稳妥做好复工复产，教育界委员送教上门，宗教界委员主动暂停各类宗教活动，其他界别委员充分发挥自身政治优势、组织优势和密切联系群众的优势，参与卡点检查测温等工作，并向所联系的界别群众做好正面宣传、解疑释惑、稳定人心的工作。二是捐款捐物、减免房租。新冠肺炎疫情发生后，全区广大政协委员主动担当，积极捐款捐物达136万元，在奉献爱心的同时，还发出《“减免房租、共渡难关”，做堆龙好房东》的倡议，截至2020年底，各界别委员共计减免出租房（门面房）租金543万元。在新冠肺炎疫情防控工作中，广大政协委员积极响应号召，主动投身抗疫，发扬了关键时刻站得出来、危急时刻顶得上去的斗争精神，为夺取疫情防控阻击战展现了委员担当、贡献了政协力量。

三、坚持交流交往、促进和谐，政协自身优势更加彰显

常委会始终坚持把团结、民主两大主题贯穿于政协工作全过程，以共同的目标凝聚人心，以充分的交流增进共识，积极维护社会和谐稳定。

发挥独特优势，促进和谐稳定。一是主动承担维稳责任，坚决落实维稳措施。党组班子坚定不移地贯彻落实区市党委和区委关于维护社会稳定的重大决策部署，认真做好一线维稳带班值班工作和维稳督导检查工作，在三月重要时期、全国“两会”、萨嘎达瓦节、中秋节、国庆节及十九届五中全会特殊敏感节点深入各镇（街道）、村组、寺庙、学校和企业开展督导检查50余次。党外副主席及党外委员也始终按照维稳工作没有局外人的要求，影响带动界别群众全力以赴推进我区民族团结、宗教和睦、社会稳定。二是主动承担疫情防控督导检查工作。自今年1月以来，按照区委的安排部署，政协党组成员深入各自联系包镇包村点开展新冠肺炎疫情防控督导检查工作70余次，有力促进了疫情防控工作的落实。三是深入开展宣传活动，筑牢共同思想基础。党组班子成员利用到基层调研、走访看望政协委员、慰问结对帮扶户、宣讲中央第七次西藏工作座谈会精神和十九届五中全会精神等契机，及时宣传党中央对西藏的特殊关怀和深切关爱，不断坚定广大农牧民群众感党恩、听党话、跟党走的信心决心，不断凝聚起维护社会稳定、促进社会和谐的强大合力。

加强对外交往，深化联谊交流。一是精心配合上级政协调研任务。一年来，共协助配合自治区、拉萨市政协开展新冠肺炎疫情防控工作、精准扶贫产业项目后续发展、基层基本公共卫生服务能力建设、民营企业发展中存在的困难和问题等各类专题调研9次。二是认真做好对外交流交往工作。全年共接待青海省海南藏族自治州、昌都市、那曲市、林芝市政协，以及洛扎县、萨迦县、米林县政协等9批次93人来堆龙的学习交流和参观考察等工作，进一步推介我区相关工作的成功经验和做法。

四、坚持从严从实、强化担当，政协自身建设全面加强

常委会始终坚持把加强自身建设作为做好政协工作的重要保障，突出主体作用、提升政协影响、不断夯实基础，着力提高政协工作的科学化水平。

坚持委员主体、强化委员担当。一是统筹安排56名政协委员列席区委各项会议及活动，扩大委员参与度，增强委员责任感。二是召开镇（街道）“政协委员之家”工作交流座谈会，围绕基层政协工作存在的困难和问题，以及进一步做好我区政协工作开展探讨交流，对促进基层政协工作起到互学互鉴作用。三是持续健全完善委员履职档案，激发委员履职热情和工作活力。四是开展委员培训，提升委员能力。全年针对基层政协委员和机关政协委员开展2次专题履职培训，委员参训率达到100%。邀请拉萨市政协、区党校的专家老师以及相关职能部门的工作人员为委员授课，培训内容涉及中央第七次西藏工作座谈会精神、政协业务知识、党的民族宗教政策、民法典、堆龙德庆区情区史等内容，在授课的基础上，组织委员实地参观考察，通过学习

培训和参观视察相结合的方式，进一步提高委员履职水平和履职热情。

加强自身建设，提升服务水平。一是以自治区党委巡视为契机，不断加强机关建设，积极开展作风建设整顿工作，弘扬说办就办、办就办好、真抓实干的优良工作作风。二是政协机关严格按照“会前认真筹备、会中强化服务、会后及时落实”的工作要求，精心组织各类会议，全年共召开全委会 1 次、常委会 6 次、党组会 10 次、培训会 2 次、座谈会 3 次。撰写政协信息 60 期，党建信息 25 期。

各位委员，习近平总书记在中央政协工作会议上的重要讲话，为我们推进人民政协事业发展指明了前进方向。一年来，我们深刻体会到，区政协的工作之所以不断取得新的成绩，是区委高度重视、坚强领导的结果，是区人大、区政府大力支持、鼎力相助的结果，是区纪委监委有力监督的结果，是各单位和社会各界广泛参与、积极付出的结果，更是广大政协委员履职尽责、共同奋斗的结果。在此，我谨代表堆龙德庆区政协常委会，向所有关心支持政协工作的同志们、朋友们，表示诚挚的问候和衷心感谢！

在看到成绩的同时，我们也清醒地认识到工作中还存在一些差距和不足：一是调查研究还不够深入，建言资政质量还有待提高；二是凝聚共识的形式和渠道还较单一，需要进一步探索工作方式方法；三是专门协商机构作用发挥还不充分，协商成果转化还有差距。对此，我们将高度重视，切实加以改进。

2021 年工作思路

2021 年是建党 100 周年、西藏和平解放 70 周年，也是“十四五”规划开局之年，更是全面建成小康社会乘势而上，迈向全面建设社会主义现代化国家新征程的起步之年，做好政协工作，责任重大、使命光荣。新的一年里，区政协常委会将始终坚持以习近平新时代中国特色社会主义思想为指导，全面贯彻党的十九大、十九届二中、三中、四中、五中全会以及中央第七次西藏工作座谈会精神，增强“四个意识”、坚定“四个自信”、做到“两个维护”。按照区委二届七次全会暨区委经济工作会议的部署要求，全面贯彻总书记关于西藏工作的重要论述和新时代党的治藏方略，把加强思想政治引领、广泛凝聚共识作为中心环节，坚持团结和民主两大主题，不断提高政治协商、民主监督、参政议政、凝聚共识水平，充分发挥专门协商机构的作用，为推动堆龙长治久安和高质量发展贡献智慧和力量。

一、提高站位、把牢方向，在巩固党的建设上争取更大进步

人民政协是政治组织，旗帜鲜明讲政治是人民政协的本质要求，加强党对人民政协工作的领导，是政治原则、政治规矩，也是做好新时代人民政协工作的必然要求。

在强化政治引领上更加坚定。坚持把习近平新时代中国特色社会主义思想作为统揽政协工作的总纲，把学习贯彻党的十九届五中全会精神、中央第七次西藏工作座谈会精神，以及中央、区市党委政协工作会议精神作为首要政治任务，精心组织主题鲜明、形式多样、务实有效的学习活动，做到学思用贯通、知信行合一，确保广大政协委员和政协机关干部具备严守政治纪律和政治规矩的思想自觉、政治自觉、行动自觉。

在坚持党的领导上更加巩固。始终坚持党对政协工作的领导这一根本政治原则，毫不动摇地在区委的坚强领导下认真做好围绕中心、服务大局的各项工作。充分发挥政协党组在政协常委会的核心领导作用，持续深入贯彻《中国共产党党组工作条例》，进一步完善党组学习、议事规则，认真落实意识形态工作责任、“三会一课”、党风廉政建设责任制等制度要求，以强化政协党的建设推进政协事业不断向前发展，确保党的政治、思想、组织、作风、制度和反腐倡廉建设在政协落地落实。

二、围绕中心、服务大局，在助推改革发展上争取更大贡献

区政协常委会要始终秉承党政工作推进到哪里，政协履职就跟进到哪里的理念，紧紧围绕区委、区政府中心工作，自觉服从和服务工作大局，切实在助推改革发展上贡献政协力量。

在服务中心大局上精准发力。紧紧围绕区委

二届七次全会暨区委经济工作会议确定的重点工作任务，精心制定2021年常委会工作要点和年度协商、视察调研、民主监督计划，聚焦聚力“十四五”规划、乡村振兴、生态环境、基础设施建设、公共卫生服务体系建设、全域旅游、河长制督查、禁白等工作深入调研，广泛协商探讨，为区委区政府提供决策依据。

在发挥民主监督上突出实效。积极探索更符合区情、更适应现状、更有针对性的民主监督举措，有效结合经常性监督、阶段性监督、专项监督和联合监督等各种监督形式，主动衔接人大监督、纪检监督和舆论监督等，促进区政协民主监督更具实效性。继续健全完善委派民主监督员工作机制，把委派民主监督员工作摆在更加突出位置，继续向政府相关职能部门开展民主监督工作，着力推动民主监督工作向纵深发展，切实在助推党政服务民生、部门提质增效、彰显政协制度优势等方面发挥应有作用。

三、与时俱进、奋发进取，在推动双向发力上争取更大成就

推进政协工作在建言资政和凝聚共识上双向发力，是新时代人民政协工作的新要求，也是人民政协发挥专门协商机构独特作用的关键。

在推动协商民主上有所作为。牢固树立“商以求同、协以成事”的理念，把协商民主贯穿于履职全过程，进一步健全政协常委会议、专题议政会议和提案办理协商制度，以协商推动问题解决，以协商回应民众期盼。进一步加强协商能力建设，通过举办委员履职能力培训班，帮助委员提高政治把握能力、调查研究能力、联系群众能力、合作共事能力，引导委员牢固树立协商理念，不断提高协商的“专业性”。

在实现凝聚共识上积极有为。人心是最大的政治，共识是奋进的动力。要继续发挥政协联系广泛的独特优势，把凝聚共识、增进团结作为政协履职的着眼点和着力点，坚持不懈凝聚各方力量，通过组织开展中国共产党成立100周年和西藏和平解放70周年庆祝活动，引导各族各界委员不断增进“五个认同”和“三个离不开”思想，努力把党的主张转化为政协组织和各界群众的思想共识和行动自觉。进一步健全完善政协委员联系界别群众、服务界别群众工作机制，在做好走访了解、调查研究、反映社情民意等工作的基础上，有的放矢地做好政策宣传、理顺情绪、增进团结、凝聚人心的工作。

四、强基固本、激发活力，在加强队伍建设上争取更大突破

加强委员队伍建设和政协机关自身建设，是人民政协提高履职水平的重要基础，也是新形势下努力开创政协工作新局面的重要保障。

在提升委员素质上多措并举。不断健全和完善常委会学习制度，通过召开常委会专题学习会等形式，认真学习人民政协理论和政协业务知识，切实提高常委会履职能力，充分发挥政协委员参政议政主体作用，按照“懂政协、会协商、善议政，守纪律、讲规矩、重品行”的要求，在着力加强委员履职培训的同时，积极安排委员参加自治区、拉萨市政协举办的素质提升培训。继续组织委员赴区内外取经学习，切实打造一支勇于担当、善于履职的委员队伍。

在提高服务水平上不断优化。切实加强政协机关和干部队伍建设，不断提升工作质量和水平，着力在转变会风、简化文风、提高效率上实现更大进步。积极主动为委员服务、为基层服务，为中心服务，时时处处用“服务”去体现职责和价值。要超前谋划、主动部署2021年政协换届相关工作，按照区市党委和区委的具体安排部署，认真制定换届方案，细化各项工作措施，及时与有关部门提前酝酿委员人选，严把委员“结构关、素质关、审查关”，确保委员广泛性、先进性、代表性，确保换届工作圆满顺利完成。

各位委员，使命因担当而光荣，履职因有为而精彩。让我们更加紧密团结在以习近平同志为核心的党中央周围，在区委的坚强领导下，扛实政治责任，勇于担当作为，以更加昂扬的精神状态、更加务实的工作作风、更加严谨的履职态度，凝心聚力、同向同行，为推动堆龙长治久安和高质量发展努力奋斗，以优异的成绩向建党100周年和西藏和平解放70周年献礼！

乘势而上 顺势而为
推动新时代纪检监察工作高质量发展

——在中国共产党拉萨市堆龙德庆区第二届纪律检查委员会第五次全体会议上的工作报告

堆龙德庆区委常委、纪委书记、监委主任 尚志清

（2021 年 2 月 26 日）

一、2020 年工作回顾

2020 年，在上级纪委和区委的坚强领导下，堆龙德庆区纪委常委会团结带领全区纪检监察机关，深入学习习近平新时代中国特色社会主义思想，坚持稳中求进、坚定稳妥，忠实履职、敢于担当，持之以恒正风纪、常监督、惩腐败、倡清廉，持续巩固反腐败斗争压倒性胜利，推动全区全面从严治党向纵深发展。

（一）坚持政治引领，切实做到“两个维护”。深化政治监督。聚焦习近平总书记重要指示批示精神、区市党委重要决策部署、区委区政府保障和改善民生、打好“三大攻坚战”等中心工作，强化跟进监督、精准监督、全程监督，累计开展各类监督检查百余次，下达监察建议 12 份，坚决做到决策部署到哪里，政治监督就跟进到哪里。全力保障疫情防控。以高度政治责任感应对新冠肺炎疫情防控“大考”，第一时间制订督导检查工作方案，成立 4 个疫情防控专项检查组，聚焦疫情防控措施落实、物资管理、工作作风等，深入镇（街）、村（社区）、企业等开展“六查”80 余次，排查发现并督促整改问题 32 个；深入 30 余家单位、企业，围绕复工复产、稳定就业等关键环节、重要领域，监督保障做好“六稳”工作、落实“六保”任务；严肃处置疫情防控措施落实不到位、疫情防控中不担当不作为乱作为等问题，点名通报 2 家单位、8 名干部，对 1 名违反疫情防控工作纪律人员立案审查，并给予党纪处分。严明党的政治纪律和政治规矩。紧盯楚布“次曲”、萨嘎达瓦节等重要宗教活动节点和场所，联合区委组织部等部门开展重点督查、突击检查和明察暗访，累计开展督查 90 余次，对 12 名参与宗教迷信活动的农牧民党员进行教育引导；联合区委统战部、区民宗局等职能部门，对全区宗教场所违规“未批先建”“批建不符”问题进行深入排查，及时纠正问题。

（二）持续传导压力，压实全面从严治党责任。强化组织推动。组织召开二届区纪委四次全会，对全区党风廉政建设和反腐败工作进行全面总结和安排部署；全年 9 次提请区委常委会议研究解决党风廉政建设工作事宜。细化责任分工。协助区委落实全面从严治党主体责任，贯彻落实《党委（党组）落实全面从严治党主体责任规定》，制定出台 4 份全面从严治党主体责任清单，细分监督责任工作要点，构建起简明、精密的“两个责任”体系。强化同级监督。创新开展落实党风廉政建设责任制跟踪纪实工作，督促县级干部、镇（街）党政班子成员、区直部门和区属国有企业班子成员认真落实党风廉政建设责任。深化述责述廉。选取 2 名区委常委会班子成员、5 名镇（街）、区直部门、国有企业党组织负责人向区委常委（扩大）会议述责述廉，延伸开展行政村（社区）党组织第一书记、书记、监督委员会主任代表向镇（街）党（工）委（扩大）会议现场

述责述廉并接受评议质询工作；在东嘎街道、德庆镇、区教育系统、区公安系统试行开展领导班子成员向党（工）委扩大会议述责述廉及接受评议质询工作；对22名县级干部、48名党组织书记进行书面质询。开展好约谈工作。督促各级党组织实践运用“第一种形态”，落实全面从严治党主体责任和监督责任约谈工作，54名党组织书记主动向区委主要领导、分管县级干部汇报落实2019年度全面从严治党主体责任情况并接受约谈，各镇（街）纪（工）委书记主动向区纪委书记汇报落实2019年度全面从严治党监督责任情况并接受约谈；各镇（街）、区直相关部门参照开展约谈工作，被约谈总人数达500余人次；各级党组织自行查处本单位违规违纪问题，给予行政处分3人。

（三）深化正风肃纪，持续将作风建设引向深入。精准纠治节日“歪风”。坚持把作风建设作为全面从严治党的突破口，继续盯住老问题、关注新动向，建立“节前警示教育+节中明察暗访+节后总结分析”的纠治作风工作模式，紧盯“三大节日”、国庆、雪顿等重要节点，召开节前部署会5次，发布廉洁过节通知、提醒函8份，转发学习违反中央八项规定精神问题典型案例通报13起，开展督导检查70余次，严肃查处违反中央八项规定精神问题2起2人。持续推进专项治理。大力开展不作为慢作为、文山会海等形式主义、官僚主义问题专项整治，及时约谈3名推进工作缓慢的单位主要负责人；开展“舌尖上的浪费”专项整治，把制止餐饮浪费作为纠治“四风”重要内容，成立专项督导检查组，采取明察和暗访的方式，在全区范围内开展专项督查20余次，发现并督促整改问题7条。抓好警示教育。组织全区党员领导干部观看廉政警示教育片《全面从严治党在西藏——违纪违法案例（节选）》，教育引导党员领导干部算好自己人生“八笔账”；扎实开展杜江严重违纪违法案件“以案促改”工作，制定专项工作实施方案，组织召开全区干部警示教育大会；在全区范围内深入开展杜建强严重违纪违法案件“身边人身边事”警示教育工作。抓实廉政教育。区委主要领导以上率下，先后3次主持召开廉政教育会，亲自对援藏干部人才开展集体约谈，受教育干部达500余人次；先后5批次组织全体在家县级领导、各镇（街）党政领导班子成员、各村（社区）党组织第一书记、书记、主任、监督委员会主任等300余人赴拉萨市廉政警示教育基地参观学习，并分领域进行集体廉政谈话。

（四）聚焦监督主责，推动监督工作高质量发展。强化选人用人监督。严格执行干部选拔任用条例，严格审查拟提拔、拟推荐为优秀先进的党员干部，严把选人用人关口，规范出具党风廉政意见回复函125期，涉及2848人次。巩固主题教育成果。继续推进“不忘初心、牢记使命”主题教育专项整治工作，组织召开推进会3次，对牵头整治的4项29个问题进行“回头看”，听取牵头责任单位推进情况汇报。护航决战决胜脱贫攻坚工作。扎实开展脱贫攻坚调研督战，先后3次组织召开落实中央第三巡视组脱贫攻坚专项巡视“回头看”反馈意见整改推进会，及时传达学习脱贫攻坚重要文件、会议精神，及时解决存在问题；制定扶贫领域专项监督检查方案，抽调精兵强将成立专项检查组，紧盯扶贫政策落实、扶贫项目推进等，深入开展督查3批次，发现并督促整改问题12条；全年办理扶贫领域问题线索8件，立案2件，给予党纪处分1人。助推扫黑除恶专项工作。准确把握扫黑除恶专项工作形势和任务，先后3次组织召开扫黑除恶专项斗争工作推进会，分析形势、研判问题、研究措施；联合政法委等部门，多渠道向广大干部群众宣传扫黑除恶知识，健全完善涉黑涉恶腐败问题线索立收立办和反馈机制，公布监督举报热线，拓宽信息渠道；组织开展联合督导检查工作10余次，发现并督促整改问题4条；坚决打赢扫黑除恶专项斗争“打伞破网”收官战，及时核查扫黑问题线索3件。

（五）坚决惩治腐败，巩固反腐败斗争压倒性胜利。深挖问题线索。调整区委反腐败协调小组，建立《关于加强和规范案件线索移送的工作机制（试行）》，进一步规范管辖权限和范围。试行风险等级管控。制定《堆龙德庆区高风险领域廉政风险防范工作机制（试行）》，紧盯重大工程、重点领域、关键岗位，强化对权力集中、资金密集、资源富集的部门和行业的监督和动态管控，全年办理涉及国企问题线索5件，立案3件，给予党纪处分1人。拓宽问题线索来源。认真落实区纪委监委班子成员分片联系指导镇（街）纪（工）委工作制度，督促镇（街）纪检监察干部主动深入村（社区）“下访”，查找发现问题10个，其中列为问题线索2个。提升执纪审查调查能力。持续深化“走出去＋请进来”的能力培训模式，全年委派5名纪检监察干部到上级纪检监察部门跟案跟班培训，抽调5名镇（街）纪检监察干部到区纪委监委机关进行跟案培训，邀请自治区扶贫办、市纪委业务骨干进行专题授课。保持惩治腐败高压态势。试行区纪委监委机关干部全员办案，探索镇（街）纪（工）委、派出监察室独立办案机制，狠抓办案措施，切实增强办案综合效果。全年办理问题线索62件，立案8件，给予开除党籍和公职处分1人、开除党籍处分2人、党内严重警告处分1人、党内警告处分6人、诫勉谈话8人。

（六）深化巡视巡察，充分发挥巡视巡察“利剑”作用。抓好巡视整改任务。根据区委关于区党委巡视反馈意见整改措施任务分工，及时梳理牵头负责整改14项具体问题，制定整改工作方案，成立纪检监察系统整改工作领导小组，及时核查巡视交办问题线索4个、处置巡视反馈问题7个，对3名干部进行诫勉谈话，对6名干部进行约谈，对4名干部进行提醒谈话；以巡视整改为契机，制定出台《堆龙德庆区纪委监委问题线索综合分析研判会议制度（试行）》等内控制度4个。监督助推巡视整改工作。制定全区巡视反馈问题整改工作监督检查工作方案和巡视整改工作进度一览表，成立专项监督检查组，对全区的整改任务实施挂图作战，组织开展专项检查4批次，发现并督促整改问题25个。实现巡察全覆盖。及时启动第九、十轮区委巡察工作，先后对区委办、政府办、财政局等18家单位党组织进行巡察，发现问题90个，移交问题线索2件；配合当雄县完成对区公安分局、统战部交叉巡察工作。做好巡察“后半篇文章”。强化巡察整改日常监督，联合区委组织部对区委六、七、八轮巡察整改情况开展回访督查，下发规范巡察整改通知书2份。

（七）强化自身建设，锻造过硬纪检监察队伍建设。加强学习教育。以开展“纪检监察系统、巡察机构工作作风提升年”活动和“作风建设整顿年”为契机，多形式、多手段、多方位开展教育，组织纪检监察干部学习习近平新时代中国特色社会主义思想、中央纪委和区市纪委全会精神及党风廉政建设相关内容32次，交流发言54人次；大力推行纪检监察干部业务知识全员培训，安排委机关业务骨干开展经验交流，累计参与培训60余人次；推行“一月一考”制度，全年5次组织纪检监察干部闭卷测试《中国共产党纪律处分条例》《中国共产党纪律检查机关监督执纪工作规则》等党纪法规。加强纪委监委机关党建。切实把党的政治建设融入纪检监察工作全过程和各方面，推动党建和业务深度融合，认真落实“三会一课”、民主评议党员、主题党日活动、谈心谈话等制度；紧紧围绕创建“一支部一品牌”要求，全力打造“书香支部”品牌；全年开展“庆祝政治生日”、团队拓展训练、志愿服务活动等形式多样的主题党日活动12次。加强作风建设。以强化作风建设作为加强纪检监察干部队伍建设的重要抓手，摆上重要日程，对照“纪检监察系统、巡察机构工作作风提升年”活动实施方案中“五查”和“区委作风整顿年”中“七个突出问题”表现，查摆出委机关领导班子问题3条，党员干部问题70余条。加强自我监督。召开纪检监察系统述责述廉会和纪检监察干部大会，严格落实干部工作纪实周报制度，开展家访5人，及时掌握干部工作动态；深入排查纪检监察干部岗位廉政风险，梳理廉政风险点11个，制定防控措施24条，更新完善纪检监察干部廉政档案24份，严防“灯下黑”。

一年来，全区纪检监察工作始终坚持围绕中心、服务大局，在履职尽责中推动党风廉政建设和反腐败工作持续向好。但在肯定成绩的同时，我们也清醒地认识到，在全面从严治党严之又严的状况下，全区党风廉政建设和反腐败工作仍有一些短板和不足，主要表现在：同级监督上力度不够，对区委、区政府及班子成员贯彻落实中央八项规定及其实施细则精神和具体要求方面落实不够到位；党组织战斗堡垒作用和党员先锋模范带头作用提升不够；在土地出让、国有企业改革运营、项目建设管理等重点环节、重要领域的监督仍有短板；部分干部不担当、不作为、慢作为、假作为现象潜滋暗长，改进作风还需持之以恒；高压之下极少数党员干部仍不收敛不收手，违规违纪甚至违法问题屡禁不止；个别农牧民党员理想信念不坚定，信仰宗教、参加宗教活动问题偶有发生。纪检监察工作也存在不少薄弱环节，主要表现在：纪律监督、监察监督、巡察监督协同衔接不顺畅，纪委监委组织协调、引导推动功能发挥不明显；有的纪检监察干部政治业务素质和履职能力不足，不敢监督、不愿监督、不善监督，等等。对这些问题，我们必须高度重视，采取有力措施认真加以解决。

二、2021 年主要任务

2021 年是中国共产党成立 100 周年，是“十四五”规划开局之年，也是西藏和平解放 70 周年，做好纪检监察工作意义重大。今年工作的总体要求是：坚持以习近平新时代中国特色社会主义思想为指导，深入学习贯彻习近平总书记法治思想，认真贯彻落实党的十九大和十九届二中、三中、四中、五中全会精神和中央第七次西藏工作座谈会精神，按照十九届中央纪委五次全会和九届自治区党委九次全会、九届自治区纪委六次全会和九届市委七次全会、九届市纪委六次全会和二届区委七次全会部署要求，增强“四个意识”、坚定“四个自信”、做到“两个维护”，坚持稳中求进工作总基调，立足新发展阶段，贯彻新发展理念，构建新发展格局，纵深推进全面从严治党，坚持和完善监督体系，强化权力运行的制约和监督，坚持以人民为中心，构建一体推进不敢腐、不能腐、不想腐体制机制，建设高素质专业化纪检监察干部队伍，奋力推动新时代纪检监察工作高质量发展，助推新时代党的治藏方略落地落实，为“十四五”规划开好局起好步提供坚强保障，以优异成绩庆祝中国共产党成立 100 周年和西藏和平解放 70 周年。

（一）牢牢把握政治机关定位，以强有力的政治监督实效推动做到“两个维护”。要把学习《习近平谈治国理政》第三卷与第一二卷作为一个整体，与“不忘初心、牢记使命”主题教育成果巩固结合起来，与党史教育、“三更”专题教育、“三新”大学习大讨论活动结合起来，与当前正在开展的重点工作结合起来，带着感情学、带着使命学、带着责任学，全面理解、准确把握习近平新时代中国特色社会主义思想深刻内涵，不断增强政治“三力”，切实增强“两个维护”的政治自觉和思想自觉。要聚焦习近平总书记重要指示批示精神和党的十九届五中全会、中央第七次西藏工作座谈会精神贯彻落实，紧盯落实堆龙德庆区重点任务责任清单，围绕区委二届七次全会暨区委经济工作会议部署要求开展监督检查，巩固拓展疫情防控和经济社会发展成果，确保党中央的重大决策、区市党委和区委安排部署落实落地，推进政治监督具体化、常态化。要切实将各级党组织贯彻落实《中共中央关于加强党的政治建设的意见》和《中共拉萨市委关于进一步加强党的政治建设的具体举措》情况作为监督检查的重要内容，坚持失责必问、问责必严，对落实党的政治建设责任不到位、推进党的政治建设工作不力的严肃问责追责，着力发现和纠正政治偏差。要严明政治纪律和政治规矩，继续加大对党员信仰宗教、参加宗教活动问题监督的检查力度，审慎稳妥处置党员信仰宗教问题，督促各级党组织加强党员教育监管，对理想信念不坚定、大是大非问题上当“两面人”“骑墙派”、参加非法组织、公开发表违背党中央决定言论以及追随达赖集团、参与支持渗透破坏活动、送亲属子女到达赖集团开办学校上学等严重违反政治纪律的行为，严肃依规依纪依法处理。

（二）久久为功深化正风肃纪，巩固拓展作风建设成效。要严格贯彻落实中央八项规定及其实施细则精神，督促各级党组织带头加强作风建设，巩固深化“作风整顿年”治理成果，深入分析“四风”共性问题、多发问题，扎实开展“作风提升年”工作，密切关注“四风”隐形变异新动向，用好新媒体、新技术、新方法，高度警惕违规收受电子红包卡券、寄送礼品等“指尖上的歪风”，坚决查处违规发放津补贴、违规报销补助、违规公款吃喝、违规收送礼品礼金、借操办婚丧喜庆事宜收钱敛财等突出问题，严肃查处利用职权向企业及其管理对象“借钱借物”、通过特定关系人与企业进行关联交易等隐形变异问题，坚决防止“四风”反弹回潮。要坚持狠纠形式主义官僚主义，强化对全体党员、干部和行使公权力的公职人员履行职责使命情况的监督检查，靶向施治随意成立工作领导小组、开展工作“换汤不换药”“新鞋走老路”等有形式无实质的形式主义、官僚主义行为，严肃查处表态多调门高行动少落实差、搞“面子工程”“政绩工程”、责任层层“甩锅”“新官不理旧账”等问题，持续向形式主义官僚主义问题“亮剑”。要持续开展“舌尖上的浪费”专项整治和会风会纪监督整治，及时通报曝光典型的餐饮浪费、违反会风会纪问题，释放越往后越严的信号。要深化拓展基层减负成效，坚持标准不降、力度不减，推动精文简会往实里走，减少不必要的检查考核，优化检查方式方法，管出习惯、抓出成效。要严格执行《堆龙德庆区廉政警示教育机制（试行）》，创新教育方式、充实教育内容，健全完善典型案例通报警示、查摆剖析、整改建制、回访督办体系，切实把廉政教育、警示抓在经常、融入日常。要认真落实《堆龙德庆区廉政风险点防控工作机制（试行）》，围绕岗位职责、制度机制、外部环境风险点及其表现形式，全面查找廉政风险点，精准确定风险等级，严格落实防控措施，确保风险防控工作不走过场。

（三）贯彻一体推进“三不”战略目标，坚定不移深化反腐败斗争。要加大线索处置和审查调查力度，严格执行监督执纪工作规则和监督执法工作规定，加强对巡视巡察移交问题线索、上级纪委监委交办问题线索和本级问题线索的查办工作，通过组织专班、通报督办等方式限期办结，逐件销号，最大限度减少案件积压。要抓住监督重点，紧盯土地出让、重大工程项目建设、公共资源交易、国有企业改革运营等重要领域，紧盯“关键少数”、政法系统、教育系统等重点岗位、人员，紧盯行政审批、执法司法、选人用人等重点领域，紧盯“三重一大”重大事项请示报告制度、民主集中制度落实等重要环节，一经发现违规违纪问题，一律严肃处置。要紧盯“三类重点人”，特别是党的十八大以来不收敛、不收手，十九大以来不敬畏、不知止，严重阻碍党的理论和路线方针政策贯彻执行、严重损害党的执政根基的腐败问题，坚决查处政治问题和经济问题交织、传统腐败和新型腐败交织、腐败问题和不正之风交织的问题，严查医疗机构内外勾结欺诈骗保行为、国有企业靠企吃企、设租寻租、关联交易、内外勾结侵吞国有资产等腐败问题，坚持对腐败“零容忍”的姿态毫不动摇。要认真抓好关于杜江违纪违法案件“以案促改”后续工作，以身边人身边事教育身边人，举一反三深化标本兼治。要做实做深审查调查“后半篇文章”，深入分析腐败高发领域的普遍性问题，督促查漏补缺、建章立制，取得长效。要坚持严管和厚爱结合、激励和约束并重，坚持“三个区分开来”，做好不实举报澄清工作和被问责、受处分干部的回访教育、心理疏导，鼓励“有错”到“有为”的转变。

（四）坚持以人民为中心，让群众在全面从严治党中感受到公平正义。要把脱贫攻坚成效考核发现的问题、巡视巡察反馈意见和各类监督检查中发现的问题整改情况纳入监督检查“大盘子”，做到脱贫不脱责任、脱贫不脱监管，助力全面脱贫与乡村振兴有效衔接。要深入开展民生领域漠视侵害群众利益问题集中整治，紧盯惠民富民、促进共同富裕政策落实，严肃纠治教育医疗、创业就业、养老社保、生态环保等领域腐败和作风问题，严肃查处贪污侵占、吃拿卡要、优亲厚友、久拖不办等突出问题，切实解决群众最关心最直接最现实“急难愁盼”。要利用好村（居）务监督委员会、村级纪检监督员来自“一线”的优势，聚焦群众反映集中的突出问题，收集基层共性问题和群众急切诉求，推动监督下沉。要常态化开展扫黑除恶“打伞破网”专项工作，坚持把党员干部涉黑涉恶问题作为执纪审查重点，对在扫黑除恶专项斗争中存在的管党治党不力、打击惩治不力、行业监管不力等问题的单位和责任人严肃问责追责。要坚持边打边治边建，针对案件暴露出来的问题，督促有关单位查找症结、堵塞漏洞，彻底铲除滋生黑恶势力的土壤，全面净化基层政治生态和社会生态。

（五）发挥监督保障作用，将制度优势更好地转化为治理效能。要加大对各级党组织贯彻落实堆龙德庆区全面从严治党主体责任清单的监督检查力度，压紧压实党组织责任和书记第一责任人职责。要以党内监督为主导，推动纪律监督、监察监督、巡察监督、司法监督、群众监督、舆论监督贯通起来，建立健全统筹协调、职责清单、线索双向移送等制度机制，增强监督合力，着力构建党统一指挥、全面覆盖、权威高效的监督体系。要抓好对“关键少数”的监督，加强对区委、区政府党组及班子成员的监督，重点围绕区委常委会议事规则、选人用人等工作开展监督；重点围绕区政府党组常务会研究重大资金使用管理、重大项目安排事项开展监督，加大对党员领导干部落实党风廉政责任制监督跟踪力度，自上而下开展约谈，深化述责述廉，以管住“关键少数”带动管好“绝大多数”，实现有形监督到有效监督。要突出换届选举工作监督，严把选人用人政治关、品行关、作风关、廉洁关，做好党风廉政意见回复，加强对换届纪律执行情况的监督检查，防止“带病提拔”“带病当选”，对拉票贿选、说情打招呼的典型案件查处一起、通报一起。要建立健全党组织政治生态动态分析制度，试行不同领域（单位）不同风险等级管控制度，精准科学实施谈话函询，抓早抓小、防微杜渐。要加大对党员干部、公职人员“八小时以外”的监督力度，前移监督关口，经常吹响“监督哨”，用好互联网、融媒体等信息平台，充分发挥群众监督作用，坚决杜绝酒驾、醉驾、赌博等违规违纪违法问题发生。

（六）准确把握巡察政治定位，充分发挥党内监督战略性作用。要深入贯彻落实中央巡视工作方针，深刻理解和准确把握政治巡察的内涵和方向，研究制定区委巡察五年工作规划和2021年区委巡察工作计划，紧盯被巡察党组织职能责任，紧紧围绕“四个落实”“三个聚焦”，提高巡察发现问题、分析问题和解决问题能力，切实找准被巡察单位工作薄弱点、问题风险点、矛盾聚焦点，分析研判党内政治生活，彰显政治监督特性。要综合运用常规巡察、专项巡察、交叉巡察、机动巡察、提级巡察以及巡察“回头看”等，分类分层次推进巡察，全面扫描、重点突破，努力推进有形覆盖与有效覆盖。要进一步压紧压实巡视巡察整改主体责任和第一责任人责任，督促各级党组织领导班子及成员持续抓好自治区党委巡视反馈意见整改，确保整改落实见实效、见长效。要坚持左右协同、上下联动，纵向上突出巡视整改带动，横向上建立健全巡察与纪检监察机关衔接制度，与组织等部门协同协作机制，构建系统集成、信息共享、协同高效的工作格局。要将巡察成果运用落实到干部使用、绩效考核、评先评优的各个环节，对巡察反映出的体制机制短板和漏洞，抓紧督促相关职能部门修改完善和制定出台政策措施，扎紧织密制度笼子。

（七）落实打铁必须自身硬政治要求，建设政治坚定、作风过硬、善于斗争的纪检监察队伍。要巩固深化“不忘初心、牢记使命”主题教育成果，坚持把深入学习贯彻习近平新时代中国特色社会主义思想作为主线，扎实开展纪检监察系统、巡察机构党史教育、“三更”专题教育和“三新”大学习大讨论活动，锤炼党性修养经常化、常态化，坚定理想信念，树牢“四个意识”，增强“四个自信”，做到“两个维护”。要发挥纪委监委班子“领头雁效应”，带头讲政治、守规矩，认真贯彻执行民主集中制，自觉把党的领导落实到监督执纪执法工作全过程。要认真落实纪检监察干部全员培训要求，采取专题培训、学习研讨、一月一考、跟案锻炼、跟班学习和跟组巡视巡察等方式，教育引导纪检监察干部熟练掌握并实践运用好《中国共产党纪律处分条例》《监察机关监督执法工作规定》等党纪法规，进一步提升执纪执法水平。要以开展“作风提升年”为契机，扎实开展纪检监察系统“以案促改”工作，深入整治纪检监察系统内部存在的“推、慢、慵、虚”等问题，推动作风建设往深里走、往实里走。要建立健全内控管理机制，完善纪检监察干部廉政档案，研析不同岗位风险点，有效开展教育管理监督，对苗头性、倾向性问题及时提醒、及时处理，以刀刃向内的政治自觉严惩纪检监察干部违纪违法行为，对失职失责的严肃问责，严防“灯下黑”。

同志们，新时代纪检监察工作使命光荣、责任重大。让我们更加紧密地团结在以习近平同志为核心的党中央周围，以习近平新时代中国特色社会主义思想为指导，在区市纪委和区委的坚强领导下，坚守初心、牢记使命，乘势而上、顺势而为，不断推进新时代纪检监察工作高质量发展，以优异成绩庆祝中国共产党成立100周年和西藏和平解放70周年。

堆龙德庆区人民检察院工作报告

——在堆龙德庆区第二届人民代表大会第五次会议上

堆龙德庆区人民检察院党组书记、代理检察长 索朗旺庆

（2021 年 1 月 8 日）

2020 年工作回顾

2020 年，堆龙德庆区人民检察院坚持以习近平新时代中国特色社会主义思想特别是法治思想为指引，全面贯彻党的十九届五中全会及中央第七次西藏工作座谈会精神，全面贯彻全国全区全市检察长会议精神，切实增强“四个意识”、坚定“四个自信”、做到“两个维护”，在区委和上级检察院的坚强领导下，在区人大及其常委会的有力监督下，在区政府的大力支持和区政协的民主监督及社会各界的关心帮助下，把“讲政治、顾大局、谋发展、重自强”要求落实到位，立足检察职能，持续推动“四大检察”“十大业务”全面协调充分发展，进一步深化司法体制改革，深入开展扫黑除恶专项斗争，各项工作取得新进展。

一、坚持以人民为中心发展思想，积极履行检察机关聚焦大局、服务大局、保障大局的政治责任

积极投身疫情防控工作。新型冠状病毒肺炎疫情发生以来，我院以高度的政治自觉、法治自觉、检察自觉坚定地站在疫情防控第一线，坚决服从区委统一部署，严格疫情联防联控措施落实落细落地，严肃疫情防控司法环境，有力推动疫情防控和司法办案两手抓两不误。一是抽派 14 名干警前往社区、车站，对进藏人员开展 42 天的信息采集、体温检测、摸底调查等工作，向疫情重灾区捐款 3.28 万元，发放献爱心免费口罩 1 万余个。二是对本辖区中小学进行了全面的疫情防控安全检查，重点检查食品安全、环境卫生、餐具消毒、学生就餐等方面的情况，力求把防疫措施做细、落实，切实保障疫情期间学生就餐安全。三是积极履行检察公益职责，对辖区农贸市场、超市、诊所、药店、村卫生院、卫生室以及个体工商户等开展监督检查，发现线索 2 件，依法督促行政机关没收非法分装生产的“84 消毒液”380 公斤，违法所得 1020 元，依法督促行政机关查扣供货渠道不明的问题汾酒 51 瓶，涉案金额 23106 元。

坚决维护社会秩序稳定。加强单位内安保工作，坚持 24 小时值班备勤达 527 人次，确保维稳责任落实，实现了“三无、三不出”工作目标。

有效参与社会治理。积极拓展司法为民渠道，提升检察服务水平，精心打造“12309”检察服务中心，让人民群众更好地享受“一站式”服务。全年共受理申诉类案件 10 件 10 人，其中检察长接访 2 件 2 人，落实重大疑难复杂案件检察长包案制，化解社会矛盾，进一步提升“群众信访件件有回复”工作质效，维护群众合法权益，不断增强人民群众的获得感、幸福感、安全感。

扎实做好普法宣传活动。扎实做好各类法制宣传活动，广泛普及法律法规，结合“五下乡”、综治宣传月、“9·16”平安西藏宣传日、宪法宣传日、扫黑除恶、公益诉讼等主题开展法制宣传活动 10 次，共派出干警 56 人次，发放藏汉双语各类宣传资料 3000 余份，投入经费 10 万余元，解答群众咨询 500 余人次，受教育群众达 3 万余人次。

二、主动适应时代发展，聚焦法律监督主责主业，切实维护社会公平正义

*严厉打击刑事犯罪。*今年共办理刑事案件145件，其中办理提请批准逮捕案件52件64人，批准逮捕28件29人，不批准逮捕24件35人，不批准复议1件2人，无错捕、错不捕案件。办理审查起诉案件93件114人，提起公诉77件90人、不起诉16件24人，开庭审理并作出有罪判决77件，有罪判决生效率100%。适用“认罪认罚从宽制度”案件75件，适用率80%。

*持续做好刑事诉讼监督。*认真落实重大敏感案件快速反应和提前介入机制，保障及时、精准打击犯罪，提前介入案件4件，提出适时介入法律意见34条；立案监督案件4件，发出《要求说明不立案理由通知书》3份；制发《检察建议书》5份，发出《侦查活动监督通知书》3份；向侦查机关发出《逮捕案件继续侦查取证意见书》28份、《不批准逮捕案件补充侦查提纲》24份；羁押必要性审查，改变强制措施2人；审判活动监督2件；不起诉案件公开听证1次。与区公安分局、市场监督管理局建立行政执法与刑事司法衔接机制，部署食品药品“四个最严”专项行动，对一起生产、销售伪劣产品案件线索依法立案监督，现已立案；为服务“六稳”“六保”护航民营企业发展，与区工商联会签《关于加强检察机关与工商联沟通联系共同服务保障民营经济发展的工作意见》，联合市场监督管理部门对辖区内驰名商标企业开展实地调研，以慎捕慎诉的办案理念，对3名涉嫌犯罪的民营企业家分别作出不批准逮捕、不起诉决定，提出适用缓刑建议，确保了民营企业的正常生产经营活动。

*持续做实刑事执行检察监督。*全面开展对刑罚执行、暂予监外执行(社区矫正)、刑事强制措施执行和财产刑执行的检察监督。全年对看守所进行日常监督、重大节日和重点时期开展安全防范检查15次，召开狱情分析会1次，在押人员谈心谈话11次。疫情期间，全力配合看守所封闭式防控管理工作，通过“日通报”电话非接触式手段开展日常监督工作。加强社区矫正检察监督，对47名社区服刑人员电话回访60人次、面对面谈话20人次，对司法局、司法所社区矫正执法活动监督检查15次，口头纠正存在的问题1次。对法院财产刑执行检察监督5次。

*持续做强民事行政诉讼监督。*依法审查办理民事监督案件11件，提请抗诉1件，其中办理民事生效裁判、调解书监督案件4件，对依法作出不支持监督申请案件1件，举办西藏自治区首例民事检察公开听证会，实现“零”突破，被最高人民检察院通报表扬；办理民事审判活动监督案件4件，制发检察建议2件，人民法院采纳检察建议并回复检察机关。办理民事支持起诉案件2件，有力保障了弱势群体的合法权益，取得了良好的法律效果和社会效果。

*持续做优公益诉讼检察监督。*将公益诉讼工作列为党组重要议事内容，作为“一把手”工程推进。今年依职权共发现公益诉讼案件线索66件，立案41件，向行政机关发出诉前检察建议18份，现已整改回复15份。通过食品药品“四个最严”专项行动，对辖区餐饮、商店、药店、诊所等80余家个体工商户进行全面摸排，发现线索13件，依法督促行政机关整改12家，行政处罚2家。结合拉萨市创建文明城市活动，依法督促行政机关清理生活垃圾12余吨，建筑垃圾200余吨，清理水渠垃圾4吨。

*依法履行未成年人检察工作职责。*坚持“教育、感化、挽救”方针和“教育为主，惩罚为辅”的未检工作原则，持续推动未检工作全面发展。全年办理未检案件3件4人，其中审查起诉2件3人，作出不起诉决定1件1人；提前介入侦查1件2人，提出适时介入法律意见9条；全面积极与犯罪嫌疑人、被害人沟通交流，主持双方达成刑事和解1件，做到案结事了人和；3名员额检察官担任姜昆黄小勇希望小学法制副校长，开展“法制进校园”活动3次，法制教育覆盖学生数达160余人次，发放1万余元学习用品；深入开展青少年法制教育宣传、进行关于校园安全问题的问卷调查工作2次，开展校园周边一百米内向未成年人销售香烟情况的检查，将发现的行政公益诉讼线索移交拉萨市人民检察院。

三、狠抓自身队伍建设，加强党建与检察业务深度融合

*不断深化党建工作。*坚持党要管党、从严治党，

结合党建工作、意识形态工作、政治教育工作同检察工作同部署、同落实,制定了2020年度精神文明建设和意识形态工作实施方案、干部作风建设整顿年实施方案,召开党建工作部署会议2次,召开“三会一课”共12次,支部书记讲党课4次,组织党员集中学习48次、理论中心组学习15次,按时开展双述工作、“政治体检”专题组织生活会,开展主题党日活动9次,积极参与创城活动55人次、辖区文明引导22人次。严格落实“党务公开”制度,全年共收缴党费6049元,投入党建活动经费3万余元。

加强纪律作风建设。贯彻落实《中共中央关于改进工作作风密切联系群众的规定》和“一岗双责”制度,坚持把党风廉政建设工作列入党组重要议事日程,组织召开党风廉政建设工作部署会2次,层层签订党风廉政建设责任书33份,谈心谈话50余人次,学习纪委等下发相关文件15次。严格执行民主集中制原则,研究三重一大事项37次,坚持做到一把手末位发言,认真贯彻《领导干部干预司法活动、插手具体案件处理的记录、通报和责任追究规定》《司法机关内部人员过问案件的记录和责任追究规定》《关于进一步规范司法人员与当事人、律师、特殊关系人、中介组织接触交往行为的若干规定》的有关要求,严格执行领导干部和司法内部人员违反规定干预司法活动,据实登记过问案件记录“月报告”上报制度,防止插手具体案件处理,确保司法机关依法独立公正行使职权。

加强自身业务素质建设。坚持党对检察工作的绝对领导,认真落实中央《关于新形势下加强政法队伍建设的意见》,以思想政治建设为中心,加强检察队伍司法理念、司法能力和司法作风建设,派出干警到苏州、国家检察官学院贵州分院、国家检察官学院河北分院等地参加跟岗学习及检察业务线上和线下培训、参加堆龙区各类知识培训20人次。

四、自觉接受人民监督,让检察权在阳光下运行

主动接受外部监督。始终把接受外部监督作为新时代检察工作发展的助推动力,通过开展“检察开放日”活动,邀请劳动者、人大代表、政协委员、人民监督员等走进检察机关,“零距离”感受和了解检察工作。一年来,制作了符合条件的案件电子卷宗106件,共计251卷12418页;通过“12309”中国检察网公开程序性信息112条,公开法律文书公开94份。审核律师注册申请1次,接受律师网上阅卷6件,申请变更(解除)强制措施7件、要求听取意见3件、申请会见1件,切实保障律师执业权利工作。

强化内部监督制约。严把涉案财物的“入口关”“流转关”“出口关”,切实加强对检察机关涉案财物的管理,形成信息登记、单据打印、流程管理、查询为一体的涉案财物管理机制,对涉案财物流转进行全过程监控,确保办案活动规范有序进行。

不断完善检察委员会工作机制。严格按照《人民检察院检察委员会议事和工作规则》,实现会议中检委会委员签到、讨论、表决的过程在系统中实时反馈并记录在案,切实推进司法责任制下检委会工作信息化、规范化、专业化建设。全年共提请议题48件,其中议案47件、议事1件,召开检委会会议33次、检委会学习会议5次。

不断提升检察办案质量。加强案件流程监管,不断降低“案—件比”。通过案件管理督导检察官强化责任意识、提升司法能力,努力把工作做到极致,避免不应有的程序空转。今年刑事检察“案—件比”为1 ∶1.59,相比去年1 ∶1.92,明显提高了办案质效。

各位代表,一年来,检察干警忠于使命,扎实履职,这些成绩的取得,得益于区委和上级院的正确领导,得益于区人大及其常委会依法监督,得益于区政府大力支持和区政协民主监督,得益于各位代表、各位委员、社会各界和广大人民群众的关心帮助。在此,我代表堆龙德庆区人民检察院表示衷心的感谢和崇高的敬意!

在肯定成绩的同时,我们也清醒地认识到检察工作仍存在一些不足:一是近年来由于改革叠加、法律修订,检察机关正处在职能调整、格局重塑的关键节点上,新的检察权运行模式尚未成熟定型,履职不平衡、不全面、不充分的问题仍然存在,“四大检察”“十大业务”还没有完全达到充分协调发展的要求,仍需努力;二是社会公众对公益诉讼的知晓度还不够高,公益诉讼的社会效果还没有充分显现；三是检察信息化和智慧检务建设需持续创新；四是加强队伍整体素能还达不到新时代检察发展的要求；对于这些问题，我们将高度重视、认真研究，并加以解决。

2021 年工作安排

2021 年是建党 100 周年、是“十四五”规划开局之年，是西藏和平解放 70 周年，也是我区全面建成小康社会向基本实现社会主义现代化迈进的关键时期。堆龙德庆区人民检察院将坚持以习近平新时代中国特色社会主义思想特别是法治思想为指导，深入学习贯彻党的十九大、十九届五中全会精神以及中央第七次西藏工作座谈会精神，贯彻落实区委、上级院各项决策部署，充分发挥检察机关在国家治理体系和治理能力现代化中的职能作用。坚持以人民为中心，全面强化法律监督，纵深推进司法改革，深入实施科技强检，着力建设过硬检察队伍，为我区群众提供更优质的检察服务，为我区实现跨越式发展和长治久安贡献检察力量。

一、坚持政治建设第一位，在提升法律监督能力、提高检务管理体系上用心用力

围绕学习贯彻习近平新时代中国特色社会主义思想特别是法治思想，增强“四个意识”、坚定“四个自信”、做到“两个维护”，确保检察工作沿着党指引的正确政治路线前进，推动四大检察、十大业务全面协调充分发展，优化检务管理机制，构建更加科学的办案质量指标评价管理体系，完善检察官业绩考核体系，健全检察权运行制约机制，不断夯实检察工作高质量发展基石，将堆龙德庆区人民检察院建设成为一支让党放心、群众满意的模范检察机关。

二、坚定不移当好公共利益代表，在捍卫绿水青山上用心用力

狠抓公益诉讼宣传，坚持绿水青山就是金山银山的理念，不断加强环境资源领域的检察监督，强化群众维护国家利益，社会公共利益，扩大群众对公益诉讼检察工作的知晓率和参与度，深入开展送法进社区、企业、学校、村组等活动、通过成立公益诉讼普法宣教工作组，搭建新媒体平台，采取线上线下释法解惑，依托“两微一端”等新媒体优势，开通公益诉讼专栏，将公益诉讼植入群众日常的生活同时，进一步畅通群众举报维权渠道，有效拓展案源线索，通过多方的共同努力，为公益诉讼工作具体实施营造良好的法治环境。

三、坚持锐意进取，在科技强检工作创新发展上用心用力

紧跟高检院信息化建设的步伐，逐步推进“科学化、智能化、人性化”智慧检务建设，实现统一业务应用系统 2.0 版作为推动“四大检察”全面协调发展的新时代科技办案工具。推进远程提讯、远程接访工作，通过检察专网、多媒体设备、计算机终端等，以可视化的方式讯问犯罪嫌疑人、告知诉讼权利、核实证据、查明案件事实，不断节约办案成本、提升办案效率，在疫情管控期间提供坚强的检察保障。通过“12309”检察服务中心形成集检察服务、检务公开、接受监督等功能于一体的检察服务平台，为群众提供一站式、全方位、智能化以及开放、动态的阳光检察服务，做到民有所呼、我有所应，不断完善便民服务措施，畅通群众诉求表达渠道，让老百姓更便捷、更简单、更及时的走进检察机关。

四、坚持以“做好、做实、做强、做优”推进检察工作，在彰显检察机关价值追求上用心用力

做好刑事检察，用好“捕诉一体”机制，强化刑事诉讼和刑事执行全流程检察监督；做实民事检察，着力在服判息诉和纠正错误裁判两端发力；做强行政检察，既维护司法公正、又促进依法行政；做优公益诉讼检察，充分维护国家和社会公共利益；加强职务犯罪检察业务，强化纪法衔接，共筑“防腐大堤”；加强未成年人检察工作，推进未成年人权益保护，使“四大检察”“十大业务”逐步达到充分协调发展的要求。

五、坚持以党的建设为统领，在推进党建工作与检察业务融合发展上用心用力

加强检察党建工作事关检察工作发展全局，是将检察制度优势转化为社会治理效能的根本性保障。推进新时代西藏检察工作转型创新高质量发展，需要我们聚焦新时代的历史方位和检察发展的时代要求，即正确把握检察工作发展在新时代向更高形态演进的趋势性特征，又准确把握新时代检察工作发展在我区的地方性和阶段性需求，做到每半年向区委常委及其政法委综合报告检察业务工作，并为党委政府决策提供参考。以高度的政治自觉、法治自觉、检察自觉，正确处理检察党建工作与检察业务关系、大局工作与检察工作的关系，深入细致地思考谋划加强检察党建工作。

六、坚持以检察专业体系建设为抓手，在提升检察队伍专业能力上用心用力

检察机关加强队伍素质建设，必须坚持以人为本，严格落实全面从严治党、全面从严治检主体责任，以思想政治建设为中心，加强检察队伍司法办案理念、司法执法能力和司法作风建设，以为解决干警实际问题为着力点，弘扬“工匠精神”，聚焦检察能力建设，利用专题讲座、教育培训、岗位练兵、“互联网＋党建工作”等载体，着力抓好干警学习教育常态化，努力培养一批精通检察业务、肯钻研、能力水平突出、善于办理疑难复杂案件的检察业务人才。

各位代表！新的一年里，堆龙德庆区人民检察院将更加紧密团结在以习近平同志为核心的党中央周围，以习近平新时代中国特色社会主义思想特别是法治思想为指导，全面贯彻党的十九大和十九届五中全会精神，不忘初心、凝聚力量、不断奋斗，坚决贯彻执行区委、上级检察院各项工作部署，为建设团结富裕文明和谐美丽的社会主义现代化新堆龙做出新的检察贡献！

名词解释

1. 四大检察：指刑事检察、民事检察、行政检察和公益诉讼检察。

2. 十大业务：指普通刑事犯罪检察业务、重大刑事犯罪检察业务、职务犯罪检察业务、经济金融犯罪检察业务、刑事执行和司法人员职务犯罪检察业务、民事检察业务、行政检察业务、公益诉讼检察业务、未成年人检察业务、控告申诉检察业务。

3. 社区矫正：是指针对被判处管制、宣告缓刑、裁定假释、暂予监外执行的这四类犯罪行为较轻的对象所实施的非监禁性矫正刑罚或考验。

4. 检察建议：是指人民检察院为促进法律正确实施、促进社会和谐稳定，在履行法律监督职能过程中，结合执法办案，建议有关单位完善制度，加强内部制约、监督，正确实施法律法规，完善社会管理、服务，预防和减少违法犯罪的一种重要方式。

5. 公益诉讼：指特定的国家机关和相关的团体和个人，根据法律的授权，对侵犯国家利益、社会公共利益或不特定的他人利益的行为，向法院提起诉讼，由法院依法追究相对人法律责任的诉讼活动。

6. 刑事执行检察监督：是指人民检察院依法对刑事执行机关的刑罚执行活动的合法性进行监督的制度和活动。

7. 捕诉一体：是指对公安机关移送的刑事案件，由受理案件的检察官，在法定权限范围内完成案件审查批捕、起诉，出庭公诉，履行立案监督、侦查监督、审判监督职责的一种办案制度。

8. 认罪认罚从宽制度：是指对犯罪嫌疑人、被告人自愿如实供述自己的罪行，对指控的犯罪事实没有异议，同意量刑建议并签署具结书的，依法从宽处理。

9. 羁押必要性审查：是指人民检察院依据《中华人民共和国刑事诉讼法》第九十三条规定，对被逮捕的犯罪嫌疑人、被告人有无羁押必要性进行审查，对不需要继续羁押的，建议办案机关予以释放或者变更强制措施的监督活动。

10. 检察听证：人民检察院对于符合条件的案件组织召开听证会，就事实认定、法律适用和案件处理等问题听取听证员和其他参加人意见的审查活动。

11. 司法救助：指检察院在办理案件过程中，对遭受犯罪侵害或者民事侵权，无法通过诉讼获得有效赔偿，生活面临急迫困难的当事人采取的辅助性救济措施。

堆龙德庆区人民法院工作报告

——在堆龙德庆区第二届人民代表大会第五次会议上

堆龙德庆区人民法院党组书记、代理院长　欧阳建川

（2021年1月8日）

2020年主要工作

2020年，我院坚持以习近平新时代中国特色社会主义思想为指导，在区委领导、区人大监督、区政府支持、区政协民主监督以及上级法院指导下，认真学习贯彻习近平法治思想，全面贯彻党的十九大、十九届二中、三中、四中、五中全会、中央第七次西藏工作座谈会、中央政法工作会议精神，按照区委二届五次、六次全会的重要部署，扎实落实区二届人大第四次会议决议，坚持以人民为中心的发展思想，坚持服务大局、司法为民、公正司法，善于化危为机，忠实履行宪法法律赋予的职责。受理案件5522件、审执结4525件，同比分别上升15.66％、17.47%，结案率为81.94%，收结案均创历史新高，审限内结案率达99.95%。其中，柳梧法庭受理案件665件，已超过拉萨其他两个基层法院受案总和。法官人均办案290件、同比提高21.33%，居全区法院第一、高于全国法院平均水平。

一、树立总体国家安全观，维护国家安全和社会稳定

助推平安堆龙建设。坚持依法服务大局，毫不动摇地将法院工作融入党委中心工作，在3月敏感时期、全国两会、中央第七次西藏工作座谈会等敏感节点，制定工作方案预案，排查风险隐患案件200余件、化解200余件，接待来信来访群众600余人次，成功化解涉诉信访案件11件。全力参与涉中腾公司、盛联驾校、柳梧万裕城等重点工作、重点事项的专项治理。全力参与社会面管控和维稳安保工作，累计出动干警1200余人次、车辆400余台次，投入经费20万余元。

深化扫黑除恶专项斗争。紧扣扫黑除恶三年目标任务，提高政治站位、强化政治担当，积极推动专项斗争向纵深发展。严格依法办案，对依法不符合涉黑涉恶情形的次某等三名被告，以强迫交易罪判处一年六个月及以下有期徒刑，该案的审结表明堆龙法院在区委坚强领导下，能够严守法律政策界限，为铲除黑恶势力滋生土壤，夯实党的执政基础作出了应有贡献。同时对审理过程中发现行业监管不规范问题，发出司法建议2条，做到以案促治、以案促建、以案普法。以“六清”行动为抓手，核查市中院转办线索7条，集中排查近年来审结的各类案件7031件，增强人民获得感、安全感、幸福感。

依法从严惩处刑事犯罪。充分发挥刑事审判惩治、震慑、预防、教育功能，受理各类刑事案件95件，审结92件，判处罪犯110人。审结交通肇事、危险驾驶、盗窃等多发性犯罪案件77件95人，审结诈骗、职务侵占、涉毒等案件15件15人，依法保障各族群众生命财产安全。坚持惩治犯罪与保障人权并重，指定辩护律师6人次，充分保障被告人诉讼权利。坚持宽严相济刑事政策，判处三年以上有期徒刑12人，对初犯、偶犯、未成年犯罪等情节较轻的58名被告人适用缓刑，充分发挥刑罚的教育感化挽救功能，保障人民安居乐业、社会安定有序。

二、贯彻新发展理念，全力服务保障经济高质量发展

*护航法治营商环境。*秉持“法治是最好营商环境”理念，重视发挥司法裁判对市场秩序的评价、规范作用，受理各类民商事案件3496件，审结2870件，结案标的5.67亿余元。倡导诚实守信规则，审结买卖合同、承揽合同等案件2258件。加大对股东权利的保护，审结股东出资、股权转让等涉公司案件35件。服务堆龙新城、经开区、柳梧新区建设，审结房地产、建设工程等纠纷案件83件。维护金融秩序，审结借款合同、民间借贷等纠纷案件305件。优化发展软环境，审结行政案件2件。

*推进诚信社会建设。*完善综合治理执行难工作大格局，健全执行工作长效机制，持续保持执行“3+1”核心指标高位运行，努力向切实解决执行难目标迈进，受理执行案件1876件，执结1509件，执结率80.44%，执结标的4.46亿余元。利用执行指挥平台，通过“总对总”“点对点”查控系统，查询案件1559件次、冻结款项5200万余元，司法拍卖成交56.31万元，发放案款2.35亿余元。严厉打击拒执行为，对65名被执行人实施布控，成功查获12人，依法拘留2人。加大失信惩戒力度，将637名被执行人纳入失信黑名单、限制高消费637人，使其“一处失信、处处受限”，促使90名被执行人主动履行了义务。以开展发挥执行职能、做好“六稳”工作落实“六保”任务专项执行行动为契机，强化“集中执行”“夜间执行”“假日执行”，执结案件194件，到位金额365万元。

*扛起普法宣传责任。*树牢“法治宣传也是办案、办案就是法治宣传”理念，车载科技流动法庭、驻村工作队、人民法庭深入异地扶贫安置点、社区居委会、寺庙、学校，结合新旧西藏对比、新旧西藏司法制度对比和社会主义核心价值观教育、“四讲四爱”“遵行四条标准、争做先进僧尼”等活动，利用藏汉双语，采取巡回审判、以案释法、普法讲座、模拟法庭、法院开放日、法律咨询等方式，开展法治宣传300余场次，受教育群众4万余人次，在全社会培育办事依法、遇事找法、解决问题用法、化解矛盾靠法的法治环境。

三、坚持以人民为中心的发展思想，不断深化司法为民实践

*服务疫情防控大局。*坚决贯彻习近平总书记关于打赢疫情防控阻击战的重要指示精神和区党委、市委、区委各项决策部署，在快速行动、扎实做好自身疫情防控的同时，组织成立防疫志愿服务队、防疫党员先锋队，抽派27名干警深入防疫一线排查住户1000余户、检查人员3000余人次，自发为群众捐赠防疫物资金额达1.35万元。疫情期间，充分运用智慧法院建设成果办理案件、化解纠纷，通过“移动微法院”“云上法庭”“三方庭审”等平台，提供立案、开庭、调解、送达等无接触式诉讼服务，努力克服疫情对审判执行工作带来的不利影响，网上立案454件、跨域立案49件，网上调解、开庭案件67件。

*积极投身基层社会治理现代化。*传承发扬新时代“枫桥经验”，推动纠纷解决机制、诉讼服务手段向一站式集成，努力让人民群众办理诉讼事务“只进一个门、最多跑一次”，初步建成“厅网线巡”相结合的司法服务体系，当场登记立案率达到95%、诉讼服务大厅接待群众2.6万余人次、12368诉讼服务热线提供服务4000余次、车载科技流动法庭巡回办案29件、人民法庭化解纠纷562件。健全诉讼与非诉讼衔接机制，将退休法官、特邀调解员、律师等具有解纷特长的第三方力量引入、整合到诉讼服务大厅，诉前调处各类矛盾纠纷253件，办结司法确认案件13件，委托调解4件。深化“分调裁审”机制改革，出台繁简分流标准、制定对接工作规范、配备速裁团队，努力实现繁简分流、轻重分道、快慢分离，适用速裁、简易程序审结案件1551件，分流繁案891件、简案1442件。

*强化民生权益司法保障。*牢牢把握改善民生、凝聚民心这个出发点，受理各类涉民生案件226件，审结189件。审结劳动争议、提供劳务者受害责任、交通事故责任纠纷等案件139件，最大化保护劳动者合法权益，帮助追回农民工“血汗钱”1313万余元。推进家事审判改革，审结婚姻、抚养等家事纠纷50件，强化对未成年人和妇女权益的保护。注重诉讼调解，调撤1237件、调撤率45.26%。坚持让

法律更有温度、让司法更有温情，为经济确有困难当事人缓减免案件30件、诉讼费17.71万元，发放执行救助金3.82万元，避免其因案返贫、因案致贫。实行网上缴退诉讼费，着力“让信息多跑路、让群众少跑腿”。

四、突出改革创新，夯实审判体系和审判能力现代化基础

*稳步推进司法体制改革。*完善审判权力运行机制，细化院庭长对“六类案件”监督的权力清单，做到了放权不放任、监督不越位。院庭长办案实现常态化，办结案件2307件，占结案总数的51%。优化法官结构，择优选升4名高级法官、按期晋升1名一级法官，补选员额法官7名，补录聘用制书记员3名。全面推进内设机构改革，设置合理、职责清晰、科学高效的管理体系日臻完善。积极探索审判辅助性事务社会化外包，将卷宗扫描、文书送达辅助性事务外包给第三方力量，确保干警集中精力提升解纷实效。

*深化“智慧法院”建设。*推进全流程网上办案系统应用，电子卷宗随案同步网上流转，办案全程网上留痕。加强司法大数据应用，质效数据实时生成，关联案件一键查询，有效支撑司法决策和案件裁判。持续深化阳光司法，网上公开裁判文书1535份、审判流程信息2900条、执行信息1559条，庭审直播479件、点击量达11.71万余人次，让公平正义经得起围观，让办案全过程成为全民共享的法治公开课。

五、以政治建设为统领，锻造过硬法院队伍

巩固深化主题教育成果，引导干警牢记初心使命、忠诚履职担当。认真落实《中国共产党政法工作条例》，把党的领导贯彻到人民法院工作各方面和全过程，认真接受区委巡察，开展作风建设整顿，狠抓整改落实，夯实全面从严治党主体责任，让暗箱操作没有空间，让司法腐败无法藏身。持续开展“全面加强政治建警、打造过硬法院队伍”专项教育整顿，部署开展“两教育一整治”活动，以扎实的学习自觉促进高度的政治自觉，切实做到真学真信真懂、入心入脑。一年来，党组理论学习中心组专题学习14次、政治轮训党员干警60人次。选送业务骨干22人次参加培训，组织干警120余人次参加最高人民法院《民法典》讲座专题授课。

各位代表，一年来，堆龙法院进一步完善接受人大监督工作机制，协助人大常委会开展专项调研，专题报告工作情况，并根据审议意见改进工作，积极邀请代表委员旁听庭审、见证执行。支持配合纪检监察机关对法院工作人员进行监督，促进公正廉洁司法。依法接受检察机关诉讼监督，检察长列席审委会2次、出庭支持公诉2次。落实人民陪审员法，117名人民陪审员参审案件662件；通过设立举报箱、举报电话、随案发放廉政监督卡等措施，主动接受当事人监督；积极运用微信微博公众号等加强司法宣传，让社会各界了解、参与和监督司法。

各位代表，堆龙法院人用汗水浇灌收获，以实干笃定前行，各项工作取得了新的发展进步，荣获全国法院一站式多元解纷体系建设先进单位，9名个人受到县级以上表彰。这是习近平新时代中国特色社会主义思想的科学指引，是区委坚强领导、区人大及其常委会有力监督，区政府、区政协及社会各界大力支持，人大代表、政协委员共同关心帮助的结果。在此，我代表堆龙德庆区人民法院表示衷心感谢，并致以崇高敬意！

在看到成绩的同时，我们也清醒认识到，法院工作还面临不少问题和困难：一是党建工作和审判工作的融合度不够；二是诉源治理的整体合力尚未形成，工作机制还不健全，工作保障有待提高；三是审判权运行监督制约机制有待进一步健全；四是一站式建设与群众期待还有差距，社会解纷力量的专业化水平尚需进一步提高，融入区域治理新格局能力有待提高；五是堆龙法院作为全国唯一一个“一院辖三区”人民法院，法官超负荷办案，“案多人少”矛盾十分突出，法官、司法辅助人员缺口大的问题亟待解决。对于这些困难和问题，我们将紧紧依靠党的领导，积极争取多方支持，切实采取有效措施，认真加以解决。

2021年工作安排

2021年是“十四五”规划开局之年、是第一个百年奋斗目标实现之年，也是中国共产党建党100周年，伟大的历史节点对人民法院工作提出了新的更高要求。堆龙法院将始终坚持以习近平新时代中国特色社会主义思想为指导，贯彻习近平法治思想，抓好稳定发展生态强边四件大事，以“努力让人民群众在每一个司法案件中感受到公平正义”为目标，坚持党对人民法院的绝对领导，坚持走中国特色社会主义法治道路，坚持新发展理念，坚持服务大局、司法为民、公正司法，依法履职尽责，为新时代堆龙长治久安和高质量发展提供有力的司法保障。

一是坚定不移强化理论武装，着力在加强党的建设上有新作为。把学习贯彻习近平新时代中国特色社会主义思想作为思想武装重中之重，同学习宣传贯彻十九届五中全会、中央第七次西藏工作座谈会精神贯通起来，推动法院干警在思想上、行动上与区委保持高度一致，不断增强“四个意识”、坚定“四个自信”、做到“两个维护”。坚持党对法院工作的绝对领导，深入贯彻《中国共产党政法工作条例》，严格执行请示报告报备制度，坚持把党的领导和依法独立公正行使审判权统一起来，把讲政治和讲法律统一起来，更好把党的领导优势转化为司法治理效能。坚持抓党建带队建促审判，以更严的要求、更高的标准、更实的举措推进党的思想、组织、纪律、作风和制度建设，推进党建工作与审判业务有机融合。

二是坚定不移维护社会稳定，着力在推动长治久安上有新作为。依法严惩各类严重暴力、多发性侵财以及危害食品药品安全犯罪，坚决维护人民群众生命财产安全。总结扫黑除恶专项斗争经验，固化制度，形成长效常治机制。持续加大执行工作，突出拒执罪打击力度，促进社会诚信建设。深度融入党委统一领导的社会治理体系，推进诉源治理，努力构建“多元调解”制度机制，促进区域社会治理现代化。大力开展民族团结宣传教育和民族团结进步创建活动，把加强民族团结作为战略性、基础性、长远性工作来做，坚持一视同仁、一断于法，依法妥善处理涉民族因素的案件，保证各民族平等享有权利、平等履行义务，确保民族事务治理在法治轨道上运行。落实好“六专四室”、警务指挥中心建设，保障审判工作有序运行。

三是坚定不移贯彻新发展理念，着力在推动高质量发展上有新作为。在常态化疫情防控中做好司法应对，精准服务好“六稳”工作、落实“六保”任务。以优化发展格局为切入点，积极营造公正透明、可预期的法治化营商环境。深化行政案件集中管辖，支持监督行政机关依法行政，助推法治政府建设。加大定点后续帮扶，强化扶贫领域违法犯罪行为惩治、矛盾纠纷化解，依法审理各类涉农纠纷，服务巩固脱贫攻坚成果同乡村振兴有效衔接。深入贯彻落实“两山”理念，加大乱开乱挖、乱排乱放等资源开发、环境污染、破坏生态违法犯罪行为的惩治力度，强化环境资源司法保护。

四是坚定不移保障人民权益，着力在践行司法为民上有新作为。依法审理涉及教育、医疗、婚姻等案件，加大依法治理欠薪问题力度，促进保障和改善民生。依托驻村工作队、人民法庭、车载科技流动法庭，发挥藏汉双语法官优势，加强与综治、信访、人民调解等力量协调配合，促进矛盾纠纷调处与基层治理深度融合。着眼于满足群众多元化司法需求，坚持把非诉纠纷解决机制挺在前面，围绕建设集约高效、多元解纷、便民利民、智慧精准、开放互动、交融共享的现代化诉讼服务体系，不断推进一站式多元解纷机制和诉讼服务中心建设，切实增强人民群众获得感。通过微信公众号、抖音等平台普及法律常识，及时向广大群众输送法治精神食粮。

五是坚定不移改革创新，着力在审判体系和审判能力现代化建设上有新作为。优化审判委员会人员组成，科学定位审委会职能，健全审委会运行机制，理顺合议庭与审判委员的关系，全面落实司法责任制。深化司法体制综合配套改革，加快完善审判权力制约监督体系，处理好有序放权与有效监督的关系。推动以审判为中心的刑事诉讼制度改革进一步深化，严格落实侦查人员、证人、鉴定人等出庭保障制度，有效发挥对侦查起诉的制约引导作用。充分利用司法公开“四大平台”，认真落实人民陪审员法，加强律师执业权利保障，让法官习惯于在受监督约束的环境下开展工作。

六是坚定不移推进从严治院，着力在锻造过硬队伍上有新作为。坚持革命化正规化专业化职业化方向，教育引导干警树立理想信念、坚守法治信仰、砥砺作风品行、增强履职本领，着力培养忠诚干净担当的高素质法院队伍。加强实践锻炼、专业训练，突出实战实用实效导向，切实提升干警法律政策运用能力、防控风险能力、群众工作能力、科技应用能力、舆论引导能力。抓好区委巡察二组巡察反馈问题的整改，针对巡察反馈的问题，认真对照检查，深刻剖析原因，以最坚决的态度、最有力的措施整改落实到位。严格执行中央八项规定，严格执行防止外部和内部人员干预过问司法“三个规定”等铁规禁令，以零容忍态度严惩司法腐败，以廉洁司法保障司法为民、公正司法。

各位代表，堆龙法院将更加紧密地团结在以习近平同志为核心的党中央周围，在区委坚强领导、区人大及其常委有力监督下，区政府的大力支持和区政协的民主监督下，按照本次大会决议，忠实履行宪法和法律赋予的职责，弘扬“伟大抗疫精神”“抗战精神”“老西藏精神”“两路精神”，落实缺氧不缺精神、艰苦不怕吃苦、海拔高境界更高的指示，增强能力、锤炼作风，为建设团结富裕文明和谐美丽的社会主义现代化堆龙德庆区、柳梧新区、拉萨经开区做出更大贡献。

名词解释

1. 执行“3+1”核心指标：有财产可供执行案件法定期限内实际执结率、执行案件执结率、无财产可供执行案件终本合格率、执行信访办结率。

2. 宽严相济刑事政策：是我国的基本刑事政策，贯穿于刑事立法、刑事司法和刑法执行全过程，是司法机关惩罚犯罪，预防犯罪，保护人民，保障人权，正确实施国家法律的指南，对于提高犯罪治理水平和治理能力发挥了极为重要的作用。落实认罪认罚从宽制度，应根据犯罪的具体情况，区分案件性质、情节和对社会的危害程度，实行区别对待，做到该宽则宽，当严则严，宽严相济，罚当其罪。

3. 厅网线巡：《最高人民法关于建设一站式多元解纷机制一站式诉讼服务中心的意见》提出打造“厅网线巡”为一体的诉讼服务中心，通过诉讼服务大厅、诉讼服务网、“12368”诉讼服务热线、巡回办理等多种渠道，为当事人提供一站通办、一网通办、一号通办、一次通办的诉讼服务。

4. 六类案件：涉及群体性纠纷，可能影响社会稳定的案件；疑难、复杂且有重大社会影响的案件；可能发生类案裁判冲突的案件；公安机关、检察机关、法院对案件处理存在重大意见分歧的案件；发回重审案件；反映法官可能存在违法审判行为的案件。

5. “总对总”“点对点”查询系统：“总对总”系统是由最高人民法院建立的网络查控系统，通过与公安部、民政部、自然资源部、交通运输部、人民银行等单位和银行业金融机构联网，可以查询被执行人全国范围内的不动产、存款、金融理财产品、车辆、证券等信息，基本实现对被执行人主要财产形式和相关信息的有效全覆盖。“点对点”系统是各高级人民法院在辖区内建设三级联网查控系统，实现对本辖区被执行人身份和财产信息的有效查控，形成对“总对总”网络查控的有力补充。

6. 六专四室：专用囚车、专用囚车库、专用羁押通道、专用电梯、专用座椅、专用卫生间、羁押室、监控室、警用装备室、枪弹室。

7. 六清行动：线索清仓、逃犯清零、案件清结、伞网清除、黑财清底、行业清源。

8. “六稳”工作、“六保”任务：“六稳”分别是稳就业、稳金融、稳外贸、稳外资、稳投资、稳预期工作；“六保”分别是保居民就业、保基本民生、保市场主体、保粮食能源安全、保产业供应链稳定、保基层运转。

9. 一院辖三区：堆龙法院受理来自堆龙德庆区、柳梧新区、拉萨经开区三个行政区域的各类民商事案件、刑事案件、行政案件、执行案件。

堆龙德庆区2020年国民经济和社会发展计划执行情况与2021年国民经济和社会发展计划(草案)的报告

——在堆龙德庆区第二届人民代表大会第五次会议上

堆龙德庆区发展和改革委员会

(2021年1月7日)

一、2020年国民经济和社会发展计划执行情况

2020年是极不平凡的一年,是决胜脱贫攻坚、全面建成小康社会关键之年。一年来,面对复杂严峻的内外环境和经济下行压力,全区上下坚持以习近平新时代中国特色社会主义思想为指导,深入贯彻落实党的十九大和十九届二中、三中、四中、五中全会精神以及中央第六次、第七次西藏工作座谈会精神,全面贯彻落实区委二届五次、六次全会精神,坚持稳中求进、进中求好、补齐短板工作总基调,坚持以供给侧结构性改革为主线,坚持新发展理念,推动高质量发展,统筹疫情防控和经济社会发展,扎实做好"六稳"工作、落实"六保"任务,按照年初区委经济工作会议确立的各项目标任务,奋力拼搏、锐意进取,经济发展取得新成效,发展质量实现新提升,三大攻坚战取得新进展,城乡建设得到新提高,民生福祉达到新水平,深化改革迈出新步伐,"十三五"规划预期目标顺利实现,迎来了即将全面建成小康社会的重大历史时刻。

(一)经济发展取得新成效。经济运行态势良好。预计,全年实现地区生产总值61.82亿元,同比增长7.7%;三次产业比重调整为3.58 : 49.42 : 47;完成规模以上工业增加值17.91亿元,同比下降1%,降幅较上半年收窄了13.7个百分点;完成全社会固定资产投资62.44亿元,同比增长12.6%;完成社会消费品零售总额12.02亿元,同比下降5%;完成一般公共预算收入10.42亿元;实现农牧民人均可支配收入19807元,同比增长13.1%;经济持续保持在合理区间运行,呈现出坚韧向好的发展态势。投资稳经济作用凸显。全年全区共计实施134个项目;其中稳投资重点项目71个,开复工率达80%以上,完成投资56.55亿元;市级10个重大项目全部开复工,完成投资27.49亿元。靶向发力招商引资项目20个,实际到位资金27.41亿元,同比增长20.55%,超额完成既定目标任务。从投资结构来看,国家投资稳步扩大,达到4.46亿元,完成本级财政预算投资6.58亿元,国家投资和财政投资两项占比达17%以上;企业混合投资支撑作用明显,占比达48%以上,民间投资增长55.8%,投资拉动作用明显。消费需求逐步扩大。"回顾村史谈变化、砥砺前行感党恩"扶贫产品推介会、"欢乐雪顿节·嗨购享补贴"惠民购物节活动、"宇妥文化旅游节"创意集市活动先后举办,发放230万元消费券,带动辖区40余家企业、合作社增收,拉动居民消费约500余万元,有力促进消费回补和潜力释放;鼓励商家参与拉萨市3000万元消费券消费活动,协同推进拉萨市净云电商电子商务示范县建设,"互联网+消费""美团"等商业新模式覆盖率大幅提升;消费降幅较上半年收窄6个百分点,逐步呈现回暖态势。

（二）发展质量实现新提升。净土健康引领作用显现。净土健康“三大”种植基地加快建立，完成蔬菜种植8056.8亩，蔬菜产量达7448.37万斤；以补齐产业链短板为着力点，推动青色麦田系列产品生产加工厂、天然饮用水等生产线加快开工建设，“古荣糌粑”地理标志品牌行业标准化整合进度加快，“万户百场十中心”“万吨乳业基地”建设持续推进，净土奶牛养殖厂即将建成，新增2个“极源领鲜”专营店，“种养加”一体、“产供销”联合的现代净土健康产业体系初步建立。全年完成有机青稞种植2000亩，高标准农田建设7000余亩，德庆、巴热等区域饲草种植面积不断扩大，高附加值经济作物市场供给能力稳步提升。全年完成春播面积4.7万余亩，机耕机播完成率均达到100%。预计完成粮食产量1.16万吨，其中青稞产量0.93万吨，牲畜出栏3.79万头（只），猪牛羊肉产量0.33万吨，奶产量1.06万吨，蛋产量144吨，带动第一产业增加值增长9.2%。工业经济持续提质增效。吉祥哈达、团久商贸、志成制氧等绿色实体工业项目加快推进，盘活园区低产低效企业6家，工业经济持续脱虚向实、提档升级；新型建筑建材企业库存滞销风险有效化解，促进满负荷生产，工业企业市场竞争力不断提升；引导西藏齐耀新能源、西藏宝业商砼等公司实现升规，西藏高争建材成功申报为拉萨市绿色发展试点企业。全年预计完成工业总产值8.34亿元，同比增长9.74%；完成工业销售产值8.35亿元，同比增长7.33%；实现工业税收4300万元，同比下降8.27%，带动第二产业增加值增长6.5%。文化旅游产业稳步恢复发展。“象雄美朵”文旅小镇开园运营，万亩花海、马术演艺中心、温泉酒店等新业态吸引力不断增强，藏医药康养温泉、德吉藏家民宿、黑帐篷等先后有序恢复营业，“玉妥文化旅游节”系列活动成功举办，“冬游西藏·一元游堆龙”活动扎实开展，游客消费潜力不断释放，旅游人次“含金量”不断提升，节庆消费增长引领作用显现。全年预计接待区内外游客153.07万人次，实现旅游收入4816.1万元，降幅持续收窄，带动第三产业增加值增长8.3%。

（三）三大攻坚战取得新进展。脱贫攻坚成果有效巩固。严格落实“四个不摘”要求，聚焦“两不愁、三保障”，系统推进“以业脱贫、以迁脱贫、以教脱贫、以补脱贫、以保脱贫、以助脱贫”六项举措，脱贫成果巩固拓展，建档立卡群众收入持续稳定在国家脱贫标准线以上，未出现返贫和新增贫困人口。全年整合涉农资金3.05亿元，实施了产业发展、生态岗位开发、就业培训、易地搬迁贴息等26个项目，完成投资2.8亿元。教育扶贫、健康扶贫等专项扶贫扎实开展，返贫致贫预警机制全面建立，稳定脱贫长效机制基本实现，圆满完成脱贫攻坚省际交叉考核任务。污染防治工作扎实推进。聚焦打好蓝天、碧水、净土保卫战精准发力，推动实现污染防治攻坚阶段性目标，中央环保督察举报案件办结率达100%，空气质量优良率达100%，辖区河流及饮用水水源地水质达标率达100%，土壤环境质量达到国家土壤检测标准。垃圾分类进万家活动深入实施，生活垃圾分类投放、分类收集、分类转运、分类处理体系初步构建。完成城市周边山体沟域完成生态公益林建设196.4亩，义务植树造林面积达500亩，西嘎山成为我区国土造林绿化先进典范。全年新创建自治区级生态村3个，实现自治区级创建全覆盖。防范化解重大风险稳慎有序。经济周期下行压力下，常态化开展重点领域风险监测评估，积极做好稳增长与防风险之间的平衡，落实2个抗疫特别国债项目资金1.8亿元，推动3个地方专项债重大项目资金23亿元列入中央和自治区计划。坚持“化存量、腾空间、防风险”，防范化解政府隐性债务风险，有效遏制隐性债务增量，清偿政府投资类项目无分歧欠款1187.5万元。财政支出结构持续优化，预算绩效管理进一步加强，全年完成地方一般预算支出26.39亿元，财政资金加杠杆与稳投资、稳预期、保就业、保民生、保市场、保运转等举措协调配合，财政资金精准补短板和民生兜底作用明显。民泰村镇银行等辖区内各类金融机构平稳健康运行，金融助力实体经济发展取得新进展，助推净土产业发展放款3.9亿元。市场物价平稳可控，居民消费价格指数增幅控制在2.5%左右。产业地产开发稳步推进，房地产市场运行平稳。

（四）城乡建设得到新提高。城市建设步伐加快。新城8条市政道路建成达到通行条件，新建成7条城市次干道，"三横四纵"骨干路网架构基本形成。那拉高速堆龙段正式通车运行。滨河路北岸市政工程、堆龙河两岸综合治理(下游)段工程、民族团结主题公园开工在即，滨河公园完成一期建设，建成通嘎公园等8个街旁公园。城市新增公租房1288套，南嘎、色玛2个新城搬迁安置点相继建成，波玛村等4个棚户区完成改造提升，新开工重萨、朗冲、恰卡等3个棚户区改造项目，城市宜居环境进一步提升。祥和御府、东嘎时代广场等11个房地产项目加快开工建设，建成哈达东嘎小区、佳禾世家等3个房地产项目。乡村振兴深入实施。坚持规划引领，创建8个乡村振兴示范村，完成5个村人居环境整治，"三改一整"完成442户示范户试点改造，村庄环境和生产生活条件明显改善，群众幸福指数大幅提高。设置农村生活垃圾分类集中暂存区225处，新建改建公共厕所46座，户用卫生厕所普及率达到98%左右。实施56处水源地饮水供水系统提升改造，农村地区季节性缺水问题全面解决，农村居民长期饮水安全得到有效保障。实施4G通信网络专项提升计划，网络通信强度、家庭宽带覆盖率达到100%。引导108家合作社规范化运营，4家合作社被评定为市级示范社，培育市级和国家级龙头企业各1家，实现村集体经济增长10%以上。

(五)民生福祉达到新水平。坚决打赢疫情防控阻击战。新型冠状病毒疫情暴发以来，全区上下众志成城、万众一心，坚持"外防输入、内防反弹"策略，以持续高压态势推进新冠疫情防控工作，6094名党员干部投身到战"疫"之中，累计筹措疫情防控物资和资金2.37亿元，构建起了全社会参与、全领域覆盖、全方位发力的联防联控格局，确保全区无一例确诊或疑似病例。在持续做好疫情防控的前提下，积极落实各类国家税费优惠政策，制定复工复产阶段性疫情防控措施，有序恢复经济运行和社会生活秩序，工业企业、建设工程、商贸服务业在全市率先复工复产，5月份实现应复尽复；"停课不停教、停课不停学"等线上教育教学实现全覆盖；大力推动"以保促稳、稳中求进"，为稳住经济的基本盘、兜住基本民生的底线发挥了促进作用。就业形势持续稳定。全面落实"一对一""一对多"结对帮扶机制，往届高校毕业生就业率达99.42%，应届高校毕业生就业率达99.81%；完成农牧区劳动力转移就业10631人，实现收入1.04亿元；建立10个农牧民转移就业基地，组织化转移就业3879人，实现收入4796万元。围绕"稳定经营收入、增加工资收入、保障转移收入、激活财产收入"策略，推动农村居民收入实现高位增长，高于全国平均水平，收入结构明显优化，财产性收入占比提高11.3个百分点，群众个人财富明显增长。教育事业全面发展。持续优化教育资源配置，全年新开工幼儿园3所，新增幼儿园1所，第二小学完成主体工程建设，区中学完成改扩建。"五个100%"工作全方位落实，"双师课堂"建设成果持续深化，信息化教育应用水平不断提升。实施受援两地"同课异构"形式教学，两地优质教育资源实现教师教学资源共享共建。教学质量评估体系不断完善，义务教育进一步向高位优质均衡发展，全区初中毛入学率110.84%，小学净入学率99.98%，义务教育九年巩固率达到100%，学前三年毛入园率达98.50%，超出目标任务近13个百分点。医疗卫生水平稳步提升。二级甲等医院综合楼开工建设，东嘎妇幼保健综合楼、古荣镇卫生院等项目建成投入使用。成功开通心电、影像远程医疗，构建起镇街卫生院、区人民医院、门头沟区医院"三级信息化"诊疗模式，医疗信息壁垒不断破解。分级诊疗制度不断完善，协议"先诊疗、后结算"三甲医院2家。深入推进优秀医务人员"双下沉"工作，实现镇街卫生院全覆盖，家庭医生签约服务维持在98%左右。文化服务供给不断加强。热玛庄园、加列庄园得到保护性修缮，文化文物保护成效显著。建成新时代精神文明实践站26个，成功举办农闲时节大型活动6场，"爱国卫生运动"等宣传活动深入开展，编排快板、相声、小品、歌舞等7个优秀文艺作品，演出72场次；大力开展"改革开放40周年·影响堆龙40人""最美人物"等典型评选活动；成功举办以"攻坚凯歌·逐梦小康"为主题的脱贫攻坚颁奖晚会，文化供给能力不断增强。社会保障体系不断完善。全民参保计划和

“五险统征”工作全面实施，覆盖城乡居民的基本养老、基本医疗、失业、工伤、生育等险种参保率达到100%。城乡社会救助、临时救助服务体系建设持续深化，城乡“低保”补助和“五保”供养标准不断动态调整。老年人、残疾人和孤残儿童等社会弱势群体权益依法受到维护，筹建老年人日间照料中心3个，惠及380位老人。慈善事业发展、志愿服务活动、“双拥”、优抚安置、婚姻登记管理、应急救灾体系建设深入推进。

（六）深化改革迈出新步伐。“放管服”改革持续深化。持续深化“一网通办”“最多跑一次”改革，优化营商环境，行政审批事项和公共服务事项办结率达99.9%，政务服务热线办结率达86.6%，群众回访满意率达98%。“互联网+政务”高效推进，网上办理三级以上标准达到100%。农村集体产权制度改革稳步推进。农村产权流转交易平台顺利融入全市运行，清产合资全面完成，村级组级建账落实到位，成员界定基本完成，股权量化稳步推进，农村产权和资源要素市场化加快推动。农村土地“三权分置”改革确权颁证工作取得实质性进展，宅基地确权登记工作稳步推进，相继完成古荣镇、马镇、德庆镇、羊达街道等3929户群众的颁证工作。减税降费效果明显。充分依靠党中央和区市提高宏观调控的前瞻性、针对性、有效性，积极贯彻落实国家各类减免政策，深入推进各项减税降费，切实做到应减尽减、应退尽退，全年减免各类税费1.06亿元，最大限度地释放企业利润空间，激发市场发展活力。

总体看，过去一年我区经济发展呈“逆势增长”“稳中向好”的局面。成绩的取得，最根本在于习近平总书记作为党中央的核心、全党的核心领航掌舵，根本在于以习近平同志为核心的党中央坚强领导，根本在于习近平新时代中国特色社会主义思想和总书记关于西藏工作的重要论述的科学指引，是党中央、区市党委政府关心关怀和北京市无私支援的结果，是区委区政府团结带领、区人大有效监督、区政协鼎力支持以及全区上下各族干部群众齐心协力、奋力拼搏的结果。

二、2021年经济社会发展形势

（一）当前面临的发展形势。2021年是建党100周年、西藏和平解放70周年，是实施“十四五”规划的开局之年，是全面贯彻落实党的十九届五中全会精神、中央第七次西藏工作座谈会精神、迈向我国现代化建设进程中具有特殊重要性的一年，全区经济社会发展既面临机遇也面临挑战，但经济稳中向好、长期向好的基本趋势没有改变，总体机遇大于挑战。

——在机遇方面。具有特殊政治优势。党中央历来高度重视西藏工作，亲切关怀西藏人民。党的十八大以来，以习近平同志为核心的党中央立足实际，着眼长远，为西藏工作把舵定向、谋篇布局，作出一系列重大决策部署，为经济社会发展指明了方向、提供了根本遵循、注入了强大动力。具有政策红利优势。中央第七次西藏工作座谈会制定的一系列特殊优惠政策为推动我区“四件大事”提供坚强保障，势必推进长治久安和高质量发展。具有发展基础优势。经济持续稳定发展，民生大幅改善，民族团结和睦，社会局势持续稳定，经济运行内在质量明显增强，不断积累支撑经济迈向高质量发展的有利条件。“十三五”规划指标完成情况良好，多项主要经济指标位居全市前列，为我区奠定了坚实的发展基础。

——在挑战方面。在肯定成绩的同时，必须清醒看到，疫情变化和外部环境存在诸多不确定性，经济形势仍然复杂严峻，我区经济恢复基础尚不牢固，复苏不稳定不平衡，经济下行压力加大。利用金融杠杆撬动投资项目建设难度加大，固定资产投资增速持续放缓。主导产业集聚效应不明显，支撑高质量发展的动力不足。城乡发展不均衡，农牧区生产生活方式依然落后。城乡基础设施建设与公共服务短板依然存在，制约经济社会健康稳定可持续发展的困难尚未有效解决。教育医疗等公共服务资源总量不足、分布不均。科技研发与人才支撑不足，已然成为创新驱动发展的瓶颈制约。随着转移性收入接近天花板，高质量就业面临一定压力。对此，我们应当坚持用系统、辩证、长远的眼光看待当前的困难、风险、挑战，保持战略定力，坚定发展信心，增强忧患意识，善于在复杂局面中抓住主要矛盾，树牢底线意识，坚持稳中求进，灵活应变化解各类风险挑战。

（二）总体要求和发展目标

——2021 年经济社会发展的总体要求。坚持以习近平新时代中国特色社会主义思想为指导，全面贯彻党的十九大和十九届二中、三中、四中、五中全会及中央经济工作会议、中央第七次西藏工作座谈会以及区党委九届九次全会、市委九届七次全会精神，全面贯彻总书记关于西藏工作的重要论述和新时代党的治藏方略，坚持稳中求进工作总基调，切实把“三个赋予、一个有利于”要求贯穿始终，立足新发展阶段、贯彻新发展理念、构建新发展格局，聚焦不平衡不充分的问题，坚持系统观念，以推动高质量发展为主题，以深化供给侧结构性改革为主线，以改革创新为根本动力，以满足人民日益增长的美好生活需要为根本目的，全力抓好稳定、发展、生态、强边四件大事，正确处理好“十三对关系”，巩固拓展疫情防控和经济社会发展成果，更好统筹发展和安全，继续做好“六稳”工作、落实“六保”任务，努力保持经济运行在合理区间，确保“十四五”开好局、起好步，以优异成绩庆祝建党 100 周年、西藏和平解放 70 周年。

——2021 年经济社会发展的主要预期目标。全区地区生产总值增长 9% 左右，规模以上工业增加值增长 12% 左右，全社会固定资产投资增长 5% 以上，社会消费品零售总额增长 12% 左右，一般公共预算收入增长 3% 左右，城乡居民人均可支配收入分别增长 10%、13% 左右。居民消费价格指数涨幅控制在 2.5% 左右。城镇调查失业率控制在 5.5% 左右，登记失业率控制在 3% 左右。能耗、碳排放强度和污染减排指标控制在国家核定范围内，城市空气质量优良天数比率保持在 98% 以上。

三、2021 年经济社会发展的主要任务和措施

2021 年经济工作要求高、难度大、任务重。实现 2021 年经济社会发展各项目标，要坚持稳字当头，坚持问题导向、目标导向、结果导向，继续扬优势、抓重点、补短板、强弱项，推动经济实现量的合理增长和质的稳步提升。坚持“以人民为中心”的发展理念，推动民生“十大实事”政策落到实处、掷地有声，不断提升人民群众获得感、幸福感、安全感。着力做好以下几方面工作。

（一）突出扩内需战略基点、畅通双循环，加快探索构建新发展格局。多措并举推动消费稳增长。建立线上线下多层次消费平台，谋划建设多功能城市商业综合体和高品质标杆消费点，积极推进电商经济、地摊经济和夜间经济等新兴消费业态，提升村居商业消费，着力增加高品质商品和服务供给，满足群众消费新需求。加快推进文体旅基础设施建设，扩大常规文化旅游活动规模，促进节庆消费。推动领峰国际智慧物流园尽早开园运营，最大限度发展限上零售批发，推动汽车、住房消费健康发展，实现社会消费品零售总额快速增长。以稳投资拓展发展空间。力争实施北环西延线等 130 余个项目，计划完成投资 70 亿元左右，其中力争扩大国家投资 7 亿元以上、落实本级投资 4 亿元、推动国企混合投资 47.6 亿元、撬动民间投资 11.4 亿元。全力确保 10 个市级重点项目全部开工建设。紧盯“十四五”时期国家和各级财政投资方向，争取地方专项债落地投资，优先将地方专项债项目资金安排到补齐城市基础设施短板上去，推动国家投资重点项目向提升教育医疗等高质量公共服务供给中去。积极谋划开放型经济。依托拉萨综合保税园区封关运营和陆港型国家级物流枢纽规划建设，有效发挥面向南亚开放重要通道和“一带一路”重要节点优势和区位优势，为促进外向经济发展打基础。强化东西部协作，充分利用北京援藏优势，持续深化两地经贸合作，实现教育医疗、消费扶贫、文化旅游、镇街管理、垃圾分类和精品民宿等多领域的精准对接，推动两地交流交往交融更加紧密。加大招商引资力度，坚持“走出去、引进来”战略，主动承接区域经济辐射和产业转移，确保招商引资实际到位资金达到 25 亿元以上。推动非公经济、实体经济、混合所有制经济发挥更大投资作用，加强兄弟县区合作交流，建立利益共享共赢机制。鼓励和引导各类企业实施数字产业化、产业数字化，加快形成数字经济与实体经济深度融合的新格局。

（二）推动经济发展质量变革、效率变革、动力变革，注力现代产业高质量发展。坚持把发展经济的着力点放在培育实体经济上，以净土健康产业为

基础、特色工业为支撑、现代服务业为主导，做优基础产业、做强支撑产业、做大主导产业，打造提升四大产业功能区，积极构建"1+3+4"现代产业结构，加快构建高质量现代产业体系。延伸净土健康产业链条。持续构建"种养加"一体、"产供销"联合的现代净土健康产业体系，推动净土健康产业向全产业链覆盖。提升现代农业"三大基地"产能赋能，加快6个"极源领鲜"专营店布点，提升农业产销一体化能力，实现蔬菜瓜果产量达2000万公斤以上，食用菌干品产量达0.75万公斤以上，藏红花产量达25公斤以上。大力发展净土健康"四品"，加速"堆龙净土"食品、饮品市场推广，确保高原青稞食品、十谷啤酒、天然饮用水等名优产品投产入市，拓展市场提高产品竞争力；以民族优秀文化技艺赋能，引导和支持传统民族手工艺中小企业开展产品创意设计、定向推广，鼓励雄巴拉曲等藏医药企业拓展高原藏医药产品展示和医技体验业务，确保净土健康产业销售收入翻一番。促进传统工业转型升级。强化工业园区招商落地，促进工业经济全面提档转型升级，实施7个低产低效企业盘活嫁接项目，推动年产3000吨级素食酥油生产升级改造、年加工1500吨黄豆生产线、年转化小麦1.5万吨和青稞1.2万吨复配专用粉食品深加工等项目投资建设，不断提升园区经济对工业经济的贡献率，力争园区工业总产值增长20%以上。以调优工业经济内部结构为着力点，着重培育一批新型规上企业，鼓励和支持企业开展以节能降耗为主的自主创新和技术改造，促进绿色建筑建材产业提质增效，大力构建服务型制造发展模式，推动高新技术产业化，提升工业经济支撑作用。培育发展现代服务业。强力推进商贸物流产业发展。积极培育新型服务业规模，不断提升线上服务业水平，协调推进各大市场建立统一结算平台，增强对经济增长的贡献。加快加快推进陆港型国家级物流枢纽规划编制工作，适时启动物流枢纽基地基础设施配套建设，加快推动"京东亚洲一号"项目投资落地，全力打造综合物流中枢和结算管理平台，着力提升物流产业对财税和经济总量的贡献率。促进文体旅产业融合发展，以成功创建AAAA级景区为引领，提升"象雄美朵"生态旅游文化产业园区配套服务功能，进一步丰富园区旅游业态，确保"七大主题"之一的儿童游乐园在"六一"儿童节之际开园营业。依托全域旅游规划，以楚布景区、邱桑景区2个基础设施投资建设为投资杠杆，持续加大对楚布沟、宇妥沟开发推介力度，优先推动楚布沟投资开发建设，促进宇妥沟具备开发合作的先决条件。促进独具城郊特点休闲文化、藏医药文旅、民族节庆和高原体育产业融合发展，积极推进"玉妥文化旅游节"品牌建设，持续扩大文化体育体验活动推介力度，积极争取与北京市门头沟展开国际徒步大会合作，以更加优质的文化旅游资源供给，增加本地游客消费数额，提升赴藏旅游"含金量"，引导民族文化节庆消费增长，力争全年接待区内外游客人数和旅游收入增长均达到22%左右。

（三）深入实施新型城镇化战略和乡村振兴战略，加快推进城乡协同高质量发展。提高城市整体建设管理水平。按照"一心一轴、东西贯通、南北延展"战略布局，进一步完善城市骨架体系，在全面建成堆龙新城市政道路的基础上，立足打造立体化城市空间，突出关键环节、关键节点、关键路线等互联互通基础设施建设，推动北环西延线工程、滨河路北岸市政工程、桑木大桥尽早开工建设，持续完善"三横四纵"骨干路网架构，力争全线打通拉青路城市主干道，加快乃加二路等城市次干道建设，进一步优化城市交通体系。加快堆龙河两岸综合整治工程建设，提升水生态空间品质、构建滨河景观长廊，依托城市水系实施"游步道"连通工程，建成滨河公园、民族团结主题公园等2个城市大型公园，新增3个街旁公园，新开工4个棚户区改造项目，启动一批老旧小区改造，强化城市高质量公共服务供给，提升城市精细化管理水平。精准对接生活性服务产业，稳步推动东嘎、乃琼、羊达等街道发展城市经济新业态。促进产业地产多元化发展，新开发8个房地产板块，不断提升城市承载能力。推进脱贫成果巩固与乡村振兴相衔接。持续推动城乡产业融合，打造城乡产业生态圈，延伸产业链条向乡村合理布局，促进扶贫产业、乡村振兴产业不断转化为新的乡村经济增长点。鼓励支持镇街道、村居与北京市门头沟区组成结对帮扶关系，建立“村居帮扶”新型城乡发展关系，在构建区域内循环格局中探索发展“飞地经济”。加快完成桑木村祥和苑等易地扶贫搬迁点卫生服务中心、村级活动场所建设。提高“美丽乡村、幸福家园”建设的群众参与度，推进乡村振兴示范村住房改造，完成邱桑村、嘎冲村等5个人居环境整治提升，新开工德庆村扎西康萨组、德庆村桑仓组等4个点人居环境整治项目，持续提升群众生产生活条件。实施饮水健康巩固提升工程，实现农牧民群众健康饮水全覆盖。推动农村公路提档升级，实施农村客运、公交站台、客运总站建设，不断提升客运服务质量，打通农村商贸流通最后“一公里”。

（四）深入践行“绿水青山就是金山银山”理念，加快推进美丽新堆龙建设。增强环境综合治理能力。持续开展全域旅游无垃圾行动，巩固和深化“河长制”工作成效。加快城市污水及配套排水管网等环保基础设施建设，提升生活垃圾处理设施信息化管理水平，不断增强城市污水垃圾处理能力。以庆祝建党100周年、西藏和平解放70周年为契机，强化重大区域、重点路段和重要节点环境综合整治，提升城乡整体风貌，巩固和拓展治理成果，大力营造城市新面貌、农村新景象、人民新风尚的节庆氛围。强化环境执法监管力度。以改善生态环境质量为核心，以“三大污染”突出问题整治为重点，巩固污染源治理成果，大力开展散乱污企业联合执法行动，加强对重点项目的后期监管及重点区域的精细化管控，长效化督促矿山、那拉高速实施生态保护恢复，不断健全空气质量、重点污染源监测监控体系，加强突发性污染事故预警和应急处置能力，提升环保管理信息化水平，始终保持环境执法的高压态势。积极开展生态文明创建。深化文明城市创建工作成果，推动绿色围城建设，实施城乡国土绿化、先造后补造林工程，巩固提升西嘎山国土绿化工作实验区成果，推动美丽堆龙建设持续深入开展。深入开展“自治区生态文明建设示范县区、镇街、村居”三级联建联创、提档升级，力争成功创建国家生态文明建设示范县，率先启动“绿水青山就是金山银山”实践创新基地建设。

（五）扎实推动共同富裕，加快构筑共建共治共享的美好家园。以更高质量就业促增收。千方百计稳定和扩大就业，坚持经济发展就业导向以及劳动者自主就业、市场调节就业、政府促进就业和鼓励就业的方针，促进经济增长与扩大就业相协调。积极引导群众转变就业创业思想观念，着力在搭建就业创业平台、拓宽就业渠道、提高就业能力上下功夫。紧盯“万千百和95”就业目标，推动农村劳动力转移1万人次以上，城镇新增就业1500人左右，促进建档立卡高校毕业生就业率达到100%，高校毕业生就业率保持在95%以上。推动教育高质量发展。全面贯彻落实党的教育方针，落实立德树人根本任务，加强社会主义核心价值观教育和思想政治教育，把爱国主义精神贯穿各级各类学校教育全过程，培养德智体美全面发展的社会主义接班人。以推动义务教育优质均衡发展、学前教育普惠普及，持续优化教育资源配置，实施人大附中幸福中学、区第二初级中心和第三小学建设，建成第二小学和5个幼儿园。以提升教学质量为目标，不断优化教师下乡轮岗制度，科学落实教师职称评价体系细则，建立综合评价教师导向。建立健全教育资源共享体系，继续对接北京门头沟优质学校对口帮扶乡村薄弱学校，引领城乡教育高质量协调发展。加快卫生健康现代化进程。创新医防协同机制，聚焦堆龙基本公共医疗难点，特别是在疫情防控工作中暴露出公共卫生短板，不断完善疾病预防控制体系和重大疫情防控体制机制，实施传染病医疗救治能力提升工程。着力健全优质高效整合型医疗卫生服务体系，保障和支持自治区医院尽早建成运营。加强优质医疗资源扩容和均衡布局，提升村卫生室规范化建设水平，扩大社区卫生服务中心覆盖率，全面提高基本医疗卫生服务均等化水平。积极推进二级甲等医院创建工作，建成区二级甲等医院综合楼，新增床位225张。大力发展智慧医疗，推动卫生健康数字化转型。深化医共体建设，健全现代医院管理制度和分级诊疗制度，规范发展社会办医。深入开展爱国卫生运动，普及全民应急救护知识和技能。健全高质量社会保障体系。健全社会保险制度，加快实现法定人员社保全覆盖。健全重大疾病医疗保险和救助、灵活就业人员社保制度和退役军人工作体系保障等制度,大力发展商业补充保险。完善社会救助制度,构建分层分类的新时代救助体系,加强支出型贫困救助,完善最低生活保障制度。新建区残疾人康复服务中心,提升改造特困人员集中供养服务中心。切实保障妇女儿童合法权益,健全老年人、残疾人关爱服务体系和设施,弘扬扶弱助残文明风尚,大力发展社会福利和慈善事业。依法强化疫情防控。坚持"外防输入、内防反弹"策略,毫不放松抓好新冠疫情联防联控各项工作,确保疫情不出现规模性输入和反弹。准确把握疫情防控和经济形势的阶段性变化,因时因势调整经济工作着力点和应对举措,建立与疫情防控相适应的经济社会运行秩序。坚持统筹疫情防控和经济发展工作方针,突出时间节点和阶段性环节,统筹推进 2021 年重点企业、重点工程、重点行业复工复产和返藏务工人员服务管理。

(六)推动有效市场和有为政府更好结合,加快构建充满活力的市场经济体制机制。持续深化农村改革。继续深化农村集体产权制度改革,大力发展新型农村合作经济,引导合作社规范健康发展,巩固提升村级集体经济"过百"成果,推动扶贫产业、乡村振兴产业资金向提升村级集体经济质量上注力,强化效益提升。纵深推进国有企业改革。强化党对区属国有企业的领导,稳步推进国有企业改革,促进国有企业经济效益和社会效益相统一,突出抓好国有企业主责主业,深入融入市场经济体系,提高国有企业经济效益,增强国有企业活力,强化国有资产监督管理,推动国有资本保值增值,提升国有经济竞争力。建立地方现代财税体制。深化财政预算管理制度改革,建立健全更加有利于城乡协调发展的激励奖补机制。进一步规范和健全政府债务管理,鼓励和协调金融支持实体经济发展。加大资金调控力度,更好发挥政府资金引领撬动作用,不断提升本级财政项目资金调配能力,强化绩效考核。完善落实减税降费工作机制,健全高质量税费征收管理体系。持续推动"放管服"改革。精简行政审批事项,优化政务服务流程,持续开展减证便民行动,持续推进"互联网 + 政务服务",对标"上海模式"探索推行"一窗受理、受审分离",持续提升窗口服务质量和效率,建立"接诉即办"机制,不断打造优质高效政务环境,实施行政服务便民中心工程建设。提升发展要素支撑。加大市级财政资金调拨力度,强化城市土地储备,协调化解重大项目建设资金压力,加快完成乃开 110 千伏高压入地工程,为推动新城新一轮开发建设注力。着力优化投资发展环境,配齐招商引资"筑巢引凤"的优惠政策和"保姆式"企业服务要素,努力化解制约产业发展的瓶颈,主动为企业"解忧纾困",提升工业园区供电保障能力,为现代产业高质量发展保驾护航。以稳定促发展,配齐要素,补足短板,推动城市治理体系和治理能力现代化提升,启动数字化城市管理指挥平台系统建设,探索创新"雪亮工程"和"平安城市"服务管理模式,实施东嘎街道派出所业务用房、"12309"检察服务中心、消防救援大队正规化建设项目,积极争取公安局案管中心、交警大队车管所及镇街司法所投资建设。

大事记

1月

2日 西藏自治区人大常委会组织西藏代表团、解放军武警部队代表团部分十三届全国人大代表一行到堆龙德庆区乃琼街道调研精准扶贫和医疗卫生工作开展情况。拉萨市人大常委会党组书记、主任云旦，堆龙德庆区人大常委会党组书记、主任武保林，区政府副区长达娃卓玛等陪同。

同日 堆龙德庆区召开2019年度“四讲四爱”群众教育实践活动总结表彰暨“回头讲”部署大会。区人大常委会党组书记、主任武保林等领导出席会议。

6日 堆龙德庆区召开2020年退休干部迎新春座谈会。区人大常委会党组书记、主任武保林，区政协党组书记、主席洛桑强巴及在岗全体县级干部与270余名退休干部参加活动。

6—10日 堆龙德庆区开展以深入学习宣传中共十九届四中全会精神为主题的——2020年“五下乡”宣传服务暨“四讲四爱”回头讲文艺宣讲活动在乃琼村文化广场举行，拉萨市委宣传部副部长拉珍出席活动。“五下乡”活动共开展文艺会演5场次，宣讲5场，受益人数达1万余人次。

15日 堆龙德庆区开展“三大节日”集中慰问活动，区人大常委会党组书记、主任武保林，区政协党组书记、主席洛桑强巴出席活动。全区环卫工人、城管执法人员、公益性岗位从业人员、后勤工作人员代表共100余人参加活动。

16日 堆龙德庆区人大常委会党组书记、主任武保林，区政协党组书记、主席洛桑强巴，走访慰问曾在堆龙德庆区担任“四套班子”负责人的退休老领导。

19日 堆龙德庆区召开“不忘初心、牢记使命”主题教育总结大会，拉萨市委第二巡回指导组副组长江文军、成员尼玛仓决出席会议，堆龙德庆区委副书记边旦主持会议。全区在岗县级领导，各镇（街道）、区直各单位、国有企业、“两新”组织主要负责人，各村（居）第一书记、工作队队长，各巡回指导组全体成员等共110余人参加会议。

同日 堆龙德庆区召开创先争优强基础惠民生活动第八批驻村工作总结表彰暨第九批驻村工作动员大会。

20日 为进一步深化开展“四讲四爱”群众教育实践活动，在堆龙德庆区古荣镇南巴村举行拉萨市2020年文化科技卫生法律爱国爱教宣传“五下乡”集中示范服务活动暨“我们的中国梦—文化进万家”活动启动仪式。拉萨市文明办、市文化局、市科技局、市司法局、市妇联、市妇幼保健医院、市书法家协会、市歌舞团及堆龙德庆区文明办、区司法局、区退役军人事务局、区市场监督管理局等20余家单位参加此次活动。

21日 堆龙德庆区新型冠状病毒感染肺炎疫情防控工作部署会在区食堂二楼召开，区政府副区长达娃卓玛主持会议，区委宣传部、发改委、住建局、卫健委、医保局、民政局、教育局、人民医院、疾控中心、各乡镇卫生院等部门负责人共20余人参加会议。会议介绍当前武汉等地新冠状肺炎疫情形势，传达国务院、自治区和拉萨市对新型冠状病毒感染的肺炎疫情防控工作电视电话会议精神和自治区、拉萨市部署要求。

同日　在春节、藏历新年来临之际，堆龙德庆区政协召开2020年春节、藏历新年座谈会，部分基层委员代表、驻会委员、履职较好委员代表及政协办工作人员30余人参加座谈会，区政协党组书记、主席洛桑强巴主持会议。

22日　堆龙德庆区工商联联系会员企业西藏雄巴拉曲神水藏药有限公司党支部开展免费“送医、送药”义诊活动。此次活动组织3名藏医专家、4名医护人员为206名孤寡老人免费提供价值6万余元的藏药。

29日　拉萨市委副书记、市长、城关区委书记果果一行先后到堆龙德庆区古荣巴热糌粑有限公司和古荣净土健康产业园，检查疫情防控期间市场价格秩序及物资供应保障情况。

2月

1日　堆龙德庆区召开2019年度述责述廉及现场质询评议会，拉萨市纪委常委、监委委员普布国庆到会指导工作。堆龙德庆区在岗县级领导，各镇（街道）党（工）委书记，纪委（纪工委）书记，各行政村第一书记，区直各部门负责人，区属国有企业负责人，“两代表一委员”和群众代表，各派驻（出）纪检监察组组长共120余人参加会议。

同日　堆龙德庆区市场监督管理局执法人员对东嘎农贸市场哄抬蔬菜价格的违法行为展开调查。经查，东嘎农贸批发市场内蔬菜销售商董某某销售某特定蔬菜，存在哄抬价格行为，违反《中华人民共和国价格法》第十四条第三款内容。根据《中华人民共和国突发事件应对法》第四十九条和《中华人民共和国价格法》第四十条规定，对当事人作出责令其停止违法行为，没收违法所得和罚款的行政处罚，有力维护市场价格秩序。

2日　拉萨市委副书记、市长、城关区委书记果果一行到堆龙德庆区东嘎街道检查指导新型冠状病毒感染的肺炎疫情防控工作开展情况。市委常委、纪委书记、监委主任王家民等领导陪同。

3日　西藏自治区党委常委、拉萨市委书记、市新型冠状病毒感染的肺炎疫情联防联控工作领导小组组长白玛旺堆，先后到堆龙德庆区东嘎街道东嘎村、桑木村辖区商户和居家隔离人员家中，督导检查村（居）居家隔离工作开展情况，并看望慰问奋战在基层一线的党员和村（居）干部。市委常委、纪委书记、监委主任王家民等陪同。

4日　堆龙德庆区政协委员、东嘎村党委书记江白和桑木村村民央宗，以个人名义自发提出“减免房租，共渡难关”倡议。

15日　拉萨市委副书记、市长、城关区委书记、市新冠肺炎疫情联防联控工作领导小组组长果果到堆龙德庆区堆龙玉泉生猪养殖场，实地调研、了解生猪养殖等情况，并要求堆龙德庆区不仅要帮助养殖场解决在养殖和销售中遇到的困难和问题，还要想方设法，积极培育养殖大户，壮大养殖规模，带动当地群众共同参与，实现就业增收。同时，他要求，养殖场要做好相关防疫工作，加强管理，科学养殖。

18日　西藏自治区党委常委、拉萨市委书记、市新型冠状病毒感染的肺炎疫情联防联控工作领导小组组长白玛旺堆一行在堆龙德庆区人民医院调研疫情防控工作。

截至19日　疫情期间，堆龙德庆区广大农牧民群众业主、村集体、企业累计减免2193间房屋租赁费用233.2114万元，其中群众业主累计减免1560间房屋租赁费用144.6144万元，村集体累计减免470间房屋租赁费用72.31万元，企业累计减免163间房屋租赁费用16.29万元。

21日　拉萨市委副书记、市长、城关区委书记果果一行在堆龙德庆区工业园区B区调研高原食品冷链中心项目工作。堆龙德庆区委领导及区净土公司、工业园区负责人陪同。

24日　全区最大食品冷链中心项目落户堆龙

德庆区。该中心位于堆龙德庆区羊达街道工业园区，占地面积5.66公顷，总投资3.9亿余元。

29日 堆龙德庆区委、区政府集中采购10吨牦牛肉、4.8吨清油作为后勤补给，援助奋战在战"疫"一线的北京市支援湖北医疗队的医务工作者们，并致以藏历新年祝福。

截至29日 新冠疫情发生以来，堆龙德庆区爱心企业（人士）以及广大农牧民群众、寺庙僧尼纷纷踊跃捐款捐物，累计捐款320.0045万元。

3月

6日 西藏军区副司令员昂旺索朗一行在堆龙德庆区调研基层人民武装建设工作。

7日 在疫情防控的关键时期，乃朗寺巴沃活佛再次将个人出资筹集的价值近11万元的200套医用防护服、200副护目镜、医用呼吸机（ZXH—550型号）1台、医用监护仪2台防疫物资和医疗设备，分别捐赠给西藏自治区藏医院和拉萨市应对疫情工作领导小组办公室。

9日 新冠疫情期间由堆龙德庆区商户马海龙、索朗扎西、窦玉珍、孙长凤等以个人的名义发出《争做堆龙好商户》的接力倡议。

4—10日 堆龙德庆区驻鸟巢工作组共分流管理流入人员4972人，其中经商和务工人员4839人，学生73人，公职人员60人。

12日 堆龙德庆区开展第一期义务植树活动，种植面积约30亩，共栽种河北杨、榆树等树种1100余株。

14日 拉萨市委常委、秘书长廖波一行到堆龙德庆区调研指导疫情防控和维护社会稳定工作。

14—15日 堆龙德庆区各寺管会（专职特派员）结合"遵行四条标准，争做先进僧尼"教育实践活动，组织驻寺干部、干警、寺庙僧尼利用2天的时间开展爱国卫生运动。活动中，大家拿起扫把，垃圾袋等劳动工具，发扬不怕脏、不怕累、不怕苦的精神，对寺庙及周边的卫生死角及废旧经幡进行清理。

16日 堆龙德庆区举行春耕仪式。本次春耕仪式主题为"春雷始鸣、万物复苏"，意在表达举国上下在以习近平同志为核心的党中央坚强领导下，众志成城全力阻击新冠病毒疫情战役取得良好成效，复产复工有序推进，社会经济发展迎来全面复苏。

17日 堆龙德庆区北京援藏工作领导小组办公室召开援藏项目推进会，会议由北京援藏工作领导小组办公室主任杨开颜主持。会议听取2020年援藏项目进展情况，包括项目设计方案、前置手续办理及评审工作推进情况。2020年，堆龙德庆区援藏项目建设主要涵盖产业扶贫、改善群众生产生活条件、基层组织和政权建设、基层精神文化及携手奔小康项目。

18日 堆龙德庆区开展对疫情一线环卫工人慰问工作，共看望慰问环卫工人226名，为50名困难环卫工人每人发放慰问金600元，共发放慰问金3万元；为176名环卫工人发放围巾、手套、保温饭盒等慰问品，共发放88双围巾手套、88套保温饭盒。

22日 拉萨市人社局党组书记彭丽华、副局长费彦红等一行到堆龙德庆区调研指导农牧民组织化转移就业工作。

同日 堆龙德庆区水利局开展"坚持节水优先，建设幸福河湖"世界水日主题宣传活动。区政协党组书记、主席、区河长制督查领导小组组长洛桑强巴，区政府副区长次旦朗杰出席活动。此次活动结合防疫部署要求，采取向各镇、街道统一发放宣传资料，再由镇、街道一级分发至各村组的形式，有限避免人员集中接触。此次活动共发放宣传资料1000余份，河长制宣传光盘、纸巾盒、环保袋、玻璃杯等宣传物品400余份。

24日 拉萨市政协党组副书记、副主席张勤，市政协社会科教文卫体委员会副主任旦巴达杰，市教育局副局长陈渠汇，市疾控中心，部分医卫界、教育界委员等一行到堆龙德庆区中学校调研指导工作。堆龙德庆区委常委、政府副区长李晓强，区教育局局长林芸、区疾控中心、区疫情办等部门主要负责人陪同。

同日 日喀则市城管局局长达兴带队一行到

堆龙德庆区祥和苑调研生活垃圾分类工作开展情况。拉萨市城管局局长赵铁岭、副局长龚小丽及堆龙德庆区分管领导陪同。

26日　在拉萨市委、市政府的统一组织和安排部署下,堆龙德庆区鸟巢分流工作组撤离鸟巢。

27日　西藏自治区政府副主席多吉次珠一行到堆龙德庆区东嘎街道桑木社区调研文艺演出队组建工作,自治区文化厅厅长晋美旺措、拉萨市政府副市长陆从福、拉萨市文化局局长拉巴旺堆、堆龙德庆区政府副区长罗俊峰等陪同。

同日　拉萨市委副书记、市长、城关区委书记果果一行在易地扶贫搬迁点——堆龙德庆区东嘎街道祥和苑社区,实地调研了解易地扶贫搬迁点群众生产生活情况。

28日　堆龙德庆区政协开展纪念西藏百万农奴解放61周年活动。活动首先进行“网上升国旗”仪式,参观“铭记历史开创未来——西藏百万农奴解放纪念馆网上展馆”,观看西藏题材爱国主义影片《红河谷》。随后召开纪念西藏百万农奴解放61周年座谈会,全区各界别政协委员代表结合自身经历和行业实际进行发言,讴歌新西藏发生的翻天覆地的伟大成就,表达对中国共产党、对中国特色社会主义制度、对伟大祖国的热爱。

29日　拉萨市堆龙德庆区二届纪委四次全会召开。会议以电视电话会议的形式召开,区委设主会场,各镇(街道)设分会场。会议充分肯定2019年堆龙德庆区全面从严治党取得的成绩,客观分析当前党风廉政建设和反腐败斗争依然严峻复杂的形势,深刻剖析全区党风廉政建设和反腐败工作存在的问题和面临的挑战。区委常委、纪委书记、监委主任尚志清主持会议。

31日　根据拉萨市新冠疫情联防联控指挥部紧急通知,堆龙德庆区迅速组建新的分流工作组进驻乃仓大酒店,继续开展堆龙返藏人员分流管理工作。

截至31日　堆龙德庆区自开展村史大讨论活动以来,累计整理村史图片464张,撰写村史31篇,建设村史馆1个,邀请“三老人员”、致富带头人等78人深入田间地头、寺庙、学校开展宣讲99场次,累计受教育党员群众达14609人。

4月

2日　堆龙德庆区召开2020年决战决胜脱贫攻坚动员部署会。会上充分肯定堆龙德庆区脱贫攻坚工作取得的成绩,系统分析当前工作中存在的薄弱环节,并就巩固脱贫攻坚成果、迎接全国脱贫攻坚普查等具体工作提出明确要求。

5日　拉萨市旅发局副局长郑同生一行到堆龙德庆区检查指导寺庙文物安全生产工作防范情况,重点对寺庙消防器材配备情况、消防器材运行情况,寺庙燃酥油灯、燃香等过程中的监管和值班情况,寺庙用火、用电安全情况,寺庙内部的线路是否正常情况等进行安全检查和隐患排查。

9日　西藏自治区退役军人事务厅党组副书记、厅长丁哲峰一行到堆龙德庆区检查指导退役军人事务局、退役军人服务中心(站)建设运行情况。自治区退役军人事务厅党组副书记、副厅长蔡静,拉萨市退役军人事务局党组副书记、局长仁乃旺堆,堆龙德庆区委副书记、组织部部长王满春等陪同。

10日　堆龙德庆区召开2020年党建暨意识形态工作会议。区人大常委会党组书记、主任武保林,区政协主席洛桑强巴及在岗所有县级领导出席会议,区委副书记、组织部部长王满春主持会议。各镇(街道)党(工)委书记、党建专职副书记、组织委员、宣传委员,各行业系统党(工)委书记,区(中)直机关单位党组织书记、国有企业党组织书记,各村(社区)党组织第一书记、书记,驻村工作队队长等共180余人参加会议。

同日　西藏自治区政协民族和宗教委员会副主任琼巴,自治区民委党组成员、副主任多布青带队调研组一行,先后到堆龙德庆区东嘎农贸批发市场、东嘎街道东嘎社区、羊达街道羊达社区、姜昆黄小勇希望小学等地调研民族团结创建工作,详细了解堆龙德庆区民族团结进步创建工作中的成功经验、问题和不足。拉萨市政协、市民委和堆龙德庆区有关领导及相关单位负责人陪同。

11日　西藏自治区纪委监委脱贫攻坚工作督导组组长扎西白珍一行到堆龙德庆区祥和苑社区督导考察易地搬迁点工作开展情况。

12日　西藏自治区党委常委、拉萨市委书记白玛旺堆一行到堆龙德庆区实地调研脱贫攻坚、人居环境、扶贫产业项目和堆龙新城建设工作。白玛旺堆对堆龙小康安居工程和农牧民人居环境整治工作取得的成效给予充分肯定,他指出:把推进脱贫攻坚与乡村振兴有效衔接作为全年工作的重中之重,站在增强“四个意识”、坚定“四个自信”、做到“两个维护”的高度,深入学习领会习近平总书记关于扶贫的重要论述及乡村振兴战略的重要论述,切实把思想认识统一到党中央和区党委的重要决策部署上来,把脱贫巩固摆在重中之重的突出位置,进一步坚定必胜信念,努力拼搏、扎实推进,确保同全国一道实现全面建成小康社会。

14日　西藏自治区生态环境厅厅长罗杰,拉萨市生态环境局党组副书记、局长格桑巴珠一行到堆龙德庆区乃琼街道办检查指导环保举报案件推进及石材加工厂搬迁工作。

同日　东嘎街道祥和苑社区召开易地搬迁户2019年产业分红大会,共155户155人搬迁户参会。此次分红大会共为当雄县公唐乡易地扶贫搬迁82人、堆龙德庆镇易地扶贫搬迁73人分红,以每户3500元的标准,共分红54.25万元。

16日　西藏自治区经信厅厅长王方红一行到堆龙德庆区辖区企业——西藏高争建材股份有限公司调研企业生产经营情况和安全生产工作。

同日　西藏自治区统计局局长索朗扎西一行到堆龙德庆区开展经济运行情况专题调研并召开座谈会。拉萨市统计局局长旺堆罗布,堆龙德庆区政府副区长次旦朗杰及相关单位负责人陪同。

17日　堆龙德庆区新时代文明实践中心返乡大学生志愿服务分队正式成立,全区478名在校大学生有了自己的“组织”。疫情防控期间,这些年轻的身影一直在疫情防控一线忙碌着,近百名大学生自发担任起“青春快递员”的职责,积极参与分流转运工作,并为集中医学观察、居家医学观察等人员提供体温检测、菜品食品药品代购代送等力所能及的服务。

21日　拉萨市政府副市长陆从福、市政府副秘书长张宁、市生态环境局局长格桑巴珠一行到堆龙德庆区调研环境保护工作。堆龙德庆区委常委、政府副区长李晓强及拉萨市生态环境局堆龙德庆区分局、东嘎街道办、羊达乡工业园区管委会等相关单位负责人陪同。

同日　西藏自治区住建厅副厅长李进忠一行到堆龙德庆区调研房地产、保障房领域复工复产工作。拉萨市住建局党组书记、副局长李嵘,堆龙德庆区政府副区长罗俊峰等陪同。

同日　堆龙德庆区召开扫黑除恶打非治乱专项斗争工作部署会议,区委副书记、扫黑除恶打非治乱专项斗争领导小组办公室主任边旦参加会议,区委常委、政法委书记、公安分局局长蒋学忠主持会议。会议传达学习中央政法委秘书长、全国扫黑办主任陈一新在全国扫黑办第九次主任会议上的讲话精神及《2020年堆龙德庆区扫黑除恶专项斗争工作要点》《中共拉萨市委组织部关于做好2020年全市软弱涣散基层党组织整顿工作的通知》文件精神。各单位负责人就本单位第一季度扫黑除恶专项斗争工作开展情况进行交流发言。

同日　堆龙德庆区组织召开2020年文化站(室)工作暨行政村文艺演出队工作部署会。区委常委、宣传部部长普旦出席会议,政府副区长罗俊峰主持会议。会议学习传达《关于全区组建行政村文艺演出队的意见》文件精神;罗俊峰为乃琼街道办颁发由文旅部授予的“2018—2020年度中国民间文化艺术之乡”荣誉证书及奖牌。

22日　西藏自治区政协常委、经济和人口资源环境委员会主任赤列多吉率调研组一行到堆龙德庆区调研精准扶贫产业项目后续发展工作。拉萨市政协经济资源环境农业农村委员会主任次仁桑玻,堆龙德庆区政协党组书记、主席洛桑强巴,县政协副主席靳小卉,县扶贫办相关负责人等陪同。

同日　区财政局组织开展堆龙德庆区2020年关于采购和补贴发放制度专题培训会,全区各预算单位负责人以及财务工作人员参加此次培训。

同日　拉萨圣地生态园林建设投资有限公司将价值10万元的565株苗木，捐赠给对口帮扶的堆龙德庆区马镇设兴村，并派人与村民一起在该村道路两侧种植苗木。

23日　拉萨市人大常委会党组书记、主任云丹，市人大常委会党组副书记、副主任达瓦率调研组一行，到堆龙德庆区围绕巩固提升脱贫攻坚成果、“三农”工作、人大工作开展调研。堆龙德庆区人大常委会党组书记、主任武保林及相关单位负责人陪同。

同日　堆龙德庆区召开2020年度教育工作会议，会议宣读堆龙德庆区教育系统2019年度“首届体育教师教学技能大赛”获奖名单和教育部2019年度“一师一优课一课一名师”活动县级先进集体和优秀个人名单，并为获奖单位和个人颁奖。

24日　堆龙德庆区召开抓党建促决战决胜脱贫攻坚及基层党建工作重点任务推进会。区委副书记、组织部部长王满春主持会议。会上，书面传达全国、自治区、拉萨市抓党建促决战决胜脱贫攻坚会议精神和中组部基层党建工作重点任务推进会会议精神。各镇（街道）就各自抓党建促决战决胜脱贫攻坚工作和第一季度基层党建重点任务推进情况作交流发言。各行业系统党（工）委和区直各有关单位负责人围绕2020年党建工作开展情况进行工作汇报。区委组织部负责人传达《中共堆龙德庆区委组织部关于做好抓党建促决战决胜脱贫攻坚工作的通知》。

26日　堆龙德庆区召开根治拖欠农民工工资领导小组2020年第一次会议。会议传达学习自治区根治拖欠农民工工资工作领导小组办公室关于印发《学习宣传贯彻〈保障农民工工资支付条例〉工作方案》的通知精神，明确《农民工工资支付条例》责任清单。堆龙德庆区财政局、住建局、水利局、交通运输局相关负责人结合各自工作职责作了交流发言。

27日　拉萨市委副书记、政法委书记、公安局党委书记马军一行到堆龙德庆区督战脱贫攻坚工作，重点就“百日行动”计划执行以及中央专项巡视反馈意见整改工作落实情况进行督导检查。拉萨市委政法委副书记付银昌，堆龙德庆区委常委、政府副区长李晓强，区委常委、政法委书记蒋学忠以及区扶贫办负责人陪同。

29日　堆龙德庆区组织8所中小学师生及家长通过抖音直播平台观看青少年网络保护系列“E路护航E路平安”启动仪式。

30日　拉萨市副市长张永林率调研组一行先后到堆龙德庆区中学、羊达中心小学食堂，现场听取学校负责人关于抓好食品安全的情况汇报，同时对学校食堂就餐场所及操作间环境卫生进行实地查看，详细了解食品进货渠道、食品留样和记录、厨具餐具消毒、食品原材料存储等有关情况。

同日　堆龙德庆区2020年“四讲四爱”群众教育实践活动启动仪式暨新时代文明实践中心志愿者服务队授旗仪式在东嘎街道桑木社区广场举行。拉萨市委宣传部副部长赵有鹏，堆龙德庆区委副书记、组织部部长王满春，区委常委、统战部部长普布斯曲，区委常委、宣传部部长普旦，区人大常委会副主任、羊达街道党工委书记刘军，区政府副区长旦巴罗布，区政协副主席、乃琼街道党工委书记尼玛等参加活动，学生代表、僧尼代表、国企职工代表及来自东嘎街道各社区的群众代表共140余人参加活动。

5月

4日　拉萨市2019—2020年度“青年五四奖章”、“两红两优”、疫情防控工作先进团组织和优秀个人表彰大会在堆龙德庆区新时代文明实践中心召开。拉萨市委常委、宣传部部长吴亚松，市政府副市长张永林等领导出席活动。会议由团市委书记王红杰主持，堆龙德庆区委副书记、组织部部长王满春致辞。

7日　拉萨市统计局局长旺堆罗布一行到堆龙德庆区专题调研第一季度农业经济运行情况。

13日　拉萨市政协党组成员、副主席达娃率调研组一行在堆龙德庆区就产业脱贫和易地扶贫搬迁工作进行调研。堆龙德庆区政协党组书记、主席洛桑强巴，区委常委、政府副区长李晓强及相关单位负责人陪同。

14日 堆龙德庆区委常委会班子召开脱贫攻坚专项巡视“回头看”反馈意见整改专题民主生活会，西藏自治区党委第三巡视组巡视干部杨树，拉萨市委组织部副部长、老干部局局长央金，市纪委监委第二纪检监察室纪检监察员拉巴桑珠到会指导。各镇（街道）、区委脱贫攻坚主体责任整改组负责人，中共十九大代表及“两代表一委员”、党员代表、群众代表列席此次会议。

15日 堆龙德庆区政府党组班子召开脱贫攻坚专项巡视“回头看”反馈意见整改专题民主生活会，区委常务副书记、区政府党组成员、常务副区长赵岩主持会议。会议传达学习习近平总书记关于扶贫工作重要论述，通报堆龙德庆区脱贫攻坚专项巡视反馈意见整改落实情况。赵岩代表堆龙德庆区政府党组班子作对照检查，并带头作个人对照检查，接受各位党组班子成员的批评。随后，其他班子成员逐一作对照检查，并开展批评与自我批评。

同日 堆龙德庆区召开2020年“扫黄打非”工作会议，区委常委、宣传部部长、区“扫黄打非”工作领导小组组长普旦出席会议，区政府副区长、区“扫黄打非”工作领导小组副组长罗俊峰主持会议，区“扫黄打非”工作领导小组成员单位以及辖区内京东物流、德邦物流、顺丰快递负责人等共40余人参加会议。

19日 西藏自治区人大常委会代选工委主任徐非一行在堆龙德庆区古荣镇调研人大换届选举工作。拉萨市人大常委会党组副书记、副主任达瓦，堆龙德庆区人大常委会党组书记、主任武保林及相关单位负责人陪同。

同日 西藏自治区政协常委、社会法制外事委员会党组书记、主任孙永平一行在堆龙德庆区开展加强和创新乡村（社区）社会治理调研工作。拉萨市政协经济资源环境农业农村委员会主任、党组成员次仁桑玻，堆龙德庆区政协党组书记、主席洛桑强巴，区委常委、政法委书记、公安分局局长蒋学忠及相关单位负责人陪同。

同日 拉萨市委农办主任、农业农村局党组书记崔勇刚一行在堆龙德庆区就“美丽乡村·幸福家园”整村推进试点工作开展情况进行调研。

20日 共青团堆龙德庆区委联合区妇联在祥和苑易地扶贫搬迁点举办“关爱青年妇女·助力脱贫攻坚”专题讲座。本次讲座特邀堆龙德庆区青少年活动中心老师拉巴曲宗授课。讲座结束后，团区委及区妇联向参加讲座的青年妇女发放《中华人民共和国婚姻法》《中华人民共和国反对家庭暴力法》等相关宣传材料。

21日 堆龙德庆区召开2020年食品安全工作联席会议。区委常务副书记、常务副区长赵岩对全区食品安全工作出安排部署。区委宣传部、发改委、卫健委及东嘎街道等20家食品安全成员单位负责人参加会议。会议传达学习《西藏自治区党政领导干部食品安全责任制实施细则》，明确落实食品安全党政同责的要求；通报堆龙德庆区2020年上半年食品安全工作开展情况并安排下半年重点工作；堆龙德庆区政府同各街道（镇）、区食品安全成员单位签订2020年度食品安全目标责任书。

26日 堆龙德庆区委宣传部联合相关单位在古荣镇荣玛高海拔生态搬迁点开展新时代文明实践“五下乡”宣传服务暨“四讲四爱”宣讲活动。活动现场，结合“五下乡”宣传服务暨“四讲四爱”宣讲等内容，设置司法、卫生、文化、交通、应急、扶贫、消防、广电、网信等宣传点，累计发放宣传物品1000余份。

29日 共青团堆龙德庆区教育系统工作委员会成立大会在堆龙德庆区教育局召开，共40余人参加会议。堆龙德庆区教育团工委设书记1名，副书记2名，委员5名。

31日 西藏自治区医疗保障局党组书记、副局长泽丽一行3人在堆龙德庆区调研指导医疗保障工作。拉萨市医保局党组书记尼玛普芝，市医保局党组副书记、局长贺剑，堆龙德庆区政府副区长达娃卓玛等陪同。

6月

2—4日 堆龙德庆区2020年人大代表第一

期履职能力提升培训班在东嘎社区开班。区人大常委会主任武保林，区人大常委会副主任马勇以及各镇街道（含柳梧街道）30名人大代表参加培训。

8日 由堆龙德庆区人民政府主办，区人力资源和社会保障局承办的堆龙德庆区2020年夏季就业增收专场招聘会成功举行。此次专场招聘会共有各类企业和用工单位44家，提供有效就业岗位1053个，进场求职人员达200余人，达成就业意向60人。

同日 堆龙德庆区组织召开扫黑除恶打非治乱专项斗争工作推进会。会议对全区扫黑除恶专项斗争工作进行再深化、再部署、再督促，确保压实责任，安排部署迎接中央特派督导专员督导检查准备工作。区委副书记、区扫黑除恶打非治乱专项斗争领导小组办公室主任边旦，区委常委、纪委书记、监委主任尚志清，区人民法院院长巴桑，区人民检察院检察长张军，各镇（街道）扫黑工作负责人、各成员单位负责人参加会议。区委常委、政法委书记、公安分局局长、区扫黑除恶打非治乱专项斗争领导小组办公室副主任蒋学忠主持会议。

8—10日 堆龙德庆区委统战部、区“两新”工委和工商联联合举办2020年非公企业党建工作培训班，旨在深入学习贯彻习近平新时代中国特色社会主义思想和中共十九届四中全会精神，贯彻落实全国两会精神，引导非公有制经济组织党组织书记牢固树立“四个意识”，坚定“四个自信”，不断提高党务工作能力和水平，发挥非公有制经济组织党组织的战斗堡垒作用和党员的先锋模范作用。

9日 堆龙德庆区举办2020年“格桑花”贫困妇女儿童救助基金发放仪式，根据各镇（街道）上报的46名被救助人员的病情程度，最终确定救助人员为40人，其中两癌患病人员13名，每人发放救助1万元；其他救助人员27人，按照病情程度进行不等救助，共发放救助资金214000元。

同日 堆龙德庆区档案馆开展以“档案见证小康路，聚焦扶贫决胜期”为主题的“国际档案日”宣传活动。区人大常委会党组书记、主任武保林出席活动，各单位主要负责人共100余人参加活动。

10日 堆龙德庆区食用农产品合格证首发启动仪式在农业农村局4楼会议室举行。区农业农村局、市场监管局、净土公司、东嘎农贸批发市场相关人员，各镇（街道）相关负责人、生产主体代表及区农技推广站、兽医站负责人等共40余人参加启动仪式。

10—24日 堆龙德庆区委党校联合区（中）直机关工委举办入党理论培训班，对全区各镇（街道）基层农牧民预备党员、机关及两新组织党工委组织的入党积极分子、发展对象进行理论培训。此次培训邀请西藏自治区党委讲师团成员、拉萨市委党校马列教研室主任巴桑卓玛作《党的性质、宗旨、指导思想》专题解读。

11日 堆龙德庆区召开2020年“四讲四爱”群众教育实践活动第一、二节点转段工作会议，会议由区委常委、宣传部部长普旦主持。此次会议全面总结2020年“四讲四爱”群众教育实践活动第一节点工作开展情况，分析当前存在的问题和困难，动员部署第二节点各项工作。

12日 堆龙德庆区人民法院就一起民间借贷纠纷申请监督案件召开听证会。听证会邀请人大代表、政协委员、人民监督员、区市两级院和其他县区院旁听人员等共27人参加。本次听证会由听证程序、听证员评议和公开答复3个程序组成。

19日 堆龙德庆区人民医院（二甲）综合楼项目开工建设。项目位于堆龙德庆区人民医院院内，东侧为团结路，南侧与北侧均规划有市政道路，总投资9952.81万元，其中中央预算内资金4500万元，本级财政资金5452.81万元，总建筑面积为22619.29平方米（含设备层），该项目包括门诊，妇科，儿科，住院等功能科室。

7月

1日 西藏自治区党委副书记、自治区主席齐扎拉，自治区党委常委、拉萨市委书记白玛旺堆一行，在堆龙德庆区象雄美朵文化旅游小镇马术演艺中心、林卡区、万亩花海、温泉度假酒店、主题游乐场等地，实地察看各活动场所的管理及项目施工进度情况，并对象雄美朵文化旅游小镇取得的成绩给予充分肯定。

同日　堆龙德庆区召开“重温入党誓词、决战脱贫攻坚、决胜全面小康”誓师大会。此次大会以庆祝中国共产党成立99周年为契机，全面贯彻落实中央、自治区、拉萨市党委关于决战脱贫攻坚的各项决策部署，结合三级书记抓扶贫的工作要求，在全区范围集中开展誓师活动，动员全区各级党组织、广大党员发挥战斗堡垒和先锋模范作用，向贫困亮剑，向小康进军，举全区之力攻坚克难决战决胜脱贫攻坚，确保如期完成脱贫攻坚目标任务。

同日　堆龙德庆区人大办、政协办党支部联合开展纪念建党99周年大会暨7月份主题党日活动。区人大常委会党组书记、主任武保林，区政协党组书记、主席洛桑强巴，区人大常委会党组成员、副主任次仁以普通党员身份参加活动。

6日　堆龙德庆区举行社会工作人才培育与创新研究基地揭牌仪式暨村（居）社会工作者转聘人员初任培训开班仪式。区委副书记、组织部部长王满春，西藏民族大学法学院副教授、博士刘红旭出席仪式，西藏民族大学社工项目团队、首批转聘村（居）社会工作者、堆龙德庆区村（居）社会工作者职业体系建设专班工作人员参加仪式。此次研究基地的挂牌成立是堆龙德庆区推进村（居）社会工作者职业体系建设的一项重要举措，为堆龙德庆区与西藏民族大学加强校地深度合作构建一个良好的平台，双方将以此次基地建立为契机，充分发挥高校、人才、科研等方面的优势，不断提升村（居）社会工作者职业体系建设水平。揭牌仪式后，举行村（居）社会工作者转聘人员初任培训开班仪式。

7日　堆龙德庆区人大常委会主任武保林、区人大常委会副主任次仁带队检查组对《中华人民共和国传染病防治法》在辖区的贯彻实施情况开展执法检查活动。检查组一行先后在区疾控中心、区中学等地，实地走访各科室、学生食堂，全面了解疫情防控举措、物资储备和人员队伍建设情况。

同日　堆龙德庆区召开2020年文明城市创建工作整改攻坚会。区委常务副书记、政府常务副区长赵岩主持会议。会上，区委副书记、组织部部长王满春通报2019年文明城市测评结果，区委常委、宣传部部长普旦安排部署堆龙德庆区2020年全国文明城市创建整改攻坚工作。

13日　西藏自治区政协党组成员、副主席王亚蔺一行在堆龙德庆区调研基层基本公共卫生服务能力建设情况。拉萨市政协党组成员、副主席达娃，市政协党组成员、秘书长邹玉明，堆龙德庆区政协党组书记、主席洛桑强巴，区政府副区长达娃卓玛及拉萨市卫健委、堆龙德庆区卫健委相关负责人陪同。

同日　堆龙德庆区民宗局联合区教育局、区藏语委办（编译局）、德庆镇中心小学开展学习宣传《西藏自治区民族团结进步模范区创建条例》暨民族团结“进学校”活动。

16日　堆龙德庆区直属机关工委召开2020年第一次全体（扩大）会议暨机关党建工作推进会。区（中）直机关各党组织书记及2020年新接收的中共预备党员等共计100余人参加会议。

17日　西藏自治区总工会党组成员、副主席边巴带队调研组一行在堆龙德庆区调研困难职工解困脱困工作。拉萨市总工会二级调研员洛桑占堆，堆龙德庆区委常委、宣传部部长普旦陪同。

同日　堆龙德庆区创城指挥部办公室组织召开堆龙德庆区全国文明城市创建工作征求意见座谈会。区委常委、宣传部部长、区创城指挥部办公室主任普旦出席会议，区人大常委会副主任、区创城工作第四督导组组长次仁主持会议。座谈会通报堆龙德庆区2020年创城工作情况，与会人员分别结合各自行业领域、属地实际情况进行交流，并对创城工作提出意见建议。

20日　堆龙德庆区委统战部会同工商联举办《中华人民共和国民法典》学习辅导讲座，邀请泰和泰（拉萨）律师事务所就民法典作专题辅导。堆龙德庆区委统战部、工商联、民营企业党支部党员代表共40余人参加。

同日　堆龙德庆区举办“回顾村史谈变化、砥砺前行感党恩”扶贫产品推介会。此次活动以村史讲堂、文艺演出和产品推介相结合的形式开展。此外，堆龙德庆区委、区政府发放50万元消费券，助力此次产品推介会。活动当天，堆龙德庆区40家本土企业和合作社在现场摆设摊位，销售额达30余万元。

22日　西藏自治区高校毕业生就业创业督查组一行在堆龙德庆区乃琼街道办检查指导高校毕业生就业创业工作。

28日　由西藏自治区高级人民法院牵头、拉萨中级人民法院、堆龙德庆区人民法院在堆龙德庆区易地搬迁点祥和苑社区开展全区三级法院以案释法巡回宣讲活动。

同日　堆龙德庆区举办“四条标准”“四讲四爱”教育实践活动知识竞赛，竞赛秉承“公平、公开、公正”的原则，采取现场答题的形式，通过必答题、抢答题等环节，以“四条标准”“四讲四爱”应知应会知识、民族团结、疫情防控、科技和消防安全常规知识等为内容展开问答。

8月

3日　国家发改委副主任、统计局局长宁吉喆一行在堆龙德庆区督导检查第七次全国人口普查工作。西藏自治区党委副书记、自治区主席齐扎拉，拉萨市委副书记王强等陪同。

4日　堆龙德庆区农业农村局为各镇（街道）发放2020年上半年重大动物疫病防控应急兽药及防控物资。此次共发放96种的应急兽药及防控物资，包括一次性注射剂4200支、75种治疗药品605箱、消毒药品231箱，治疗纱布、棉签、棉球、针头等30箱，一次性防护服350套、一次性口罩6000副、一次手套5000副。

月初　由中共中央机关刊《求是》主管主办的综合类新闻刊物《小康》杂志联合多个国家权威部门和专业机构评选的“百县榜单工程”之“2020中国最具安全感百佳县市”名单出炉，堆龙德庆作为拉萨市唯一入选的区县以93.29分的成绩上榜。

12日　堆龙德庆区政协党组书记、主席洛桑强巴带领部分政协委员在德庆镇、马镇、古荣镇和乃琼街道对二届四次会议提案办理情况进行专题视察，区政协办、区住建局、区水利局、区自然资源局等提案承办单位以及相关镇街、村委会负责人参加。

同日　堆龙德庆区人社局在东嘎街道南嘎社区举办2020年堆龙德庆区高校毕业生创业启动资金和市场主体各类补贴兑现仪式。此次兑现仪式共有2家企业、35名高校毕业生，其中向堆龙恒通水电气服务发展有限公司、拉萨市堆龙德庆区净土产业投资开发有限公司补贴资金共39万余元；向35名高校毕业生兑现创业启动资金奖励补贴共210万元；向6人发放创业场地租金及水电费14.4万元。

16日　堆龙德庆区召开2020年全国文明城市创建工作专题推进会。区委常务副书记、常务副区长赵岩主持会议，在岗全体县级领导出席会议。各镇（街道）党（工）委书记；东嘎、乃琼、羊达街道各村（居）党组织第一书记、书记；区（中）直各部门负责人；区中小学校长、区属国有企业、东嘎农贸批发市场、民泰村镇银行负责人共110余人参加会议。

同日　堆龙德庆区委常务副书记、政府常务副区长赵岩主持召开堆龙德庆区2020年安全生产暨信访工作专题会议。会议强调，安全生产和信访工作，责任重于泰山，事关社会稳定大局，贵在实干、重在落实。全区各级各部门要始终绷紧思想之弦，聚焦重点领域、严防重点对象、死守重点隐患，以讲政治的高度、负责任的态度，严格落实安全生产责任，持续强化信访工作措施，切实保障群众生命安全、维护人民群众利益，为全区社会和谐稳定、经济不断发展打下坚实的基础。

19—21日　以“欢乐雪顿节，嗨购享补贴”为主题的堆龙德庆区欢乐惠民购物节在象雄美朵景区广场开幕。此次活动堆龙德庆区委、区政府投入90万元消费券，以开展产业和消费扶贫为依托，深度挖掘堆龙德庆区本土特色产品，进一步提升堆龙特色产业知名度，拓宽销路，增加企业收入。

26日　中央宣传部、中央文明办召开推进学雷锋志愿服务工作电视电话会议，堆龙德庆区东嘎街道祥和苑社区上榜“最美志愿服务社区”。

28日　根据《农业农村部办公厅关于开展中国美丽休闲乡村推介活动的通知》，经地方推荐和专家审核，农业农村部拟推介北京市门头沟区清水镇梁家庄村等248个村落为2020年中国美丽休闲乡村，拉萨市堆龙德庆区乃琼街道波玛村入选。

9月

2日 北京市门头沟区委书记张力兵率代表团一行在堆龙德庆区对接携手奔小康工作。拉萨市委常委、常务副市长、北京援藏指挥部副指挥毛东军，拉萨市政府副市长、北京援藏指挥部副指挥史育斌，拉萨市政府副市长郑卫国，堆龙德庆区委相关领导全程陪同。

月初 文化和旅游部、国家发展改革委公布第二批全国乡村旅游重点村名单，堆龙德庆区乃琼街道办波玛村入选。

10日 “德吉藏家”易地搬迁旅游可持续发展项目举行2019—2020年度分红大会，这已是该项目运营以来举行的第四次分红大会。堆龙德庆区委常委杨蕾、堆龙德庆区域上和美乡村民俗文化旅游有限公司董事长李兆参加并主持本次分红大会。此次分红金额共33.75万元，受益群众包括波玛村易地搬迁的100户村民、409人，户均增收超3300元。

14—18日 江苏省盐城市统计局局长胥传广一行在堆龙德庆区调研指导统计工作。调研组一行先后在堆龙德庆区各镇（街道）、区统计局和西藏雄巴拉曲神水藏药有限公司等地通过听取工作汇报、查阅工作台账、现场交流等方式，详细了解堆龙德庆区统计人员配置、日常工作情况和第七次全国人口普查工作前期准备工作等情况并召开座谈会。拉萨市统计局局长旺堆罗布，堆龙德庆区委常务副书记、常务副区长赵岩参加座谈会。

16日 由拉萨市人力资源和社会保障局与堆龙德庆区联合主办的“拉萨市高校毕业生专场招聘会”在区人社局院内举行。此次专场招聘会经过前期的广泛宣传和认真筹备，共有34家企业提供591个岗位，来自各县（区）的100余名高校毕业生参加此次招聘会，收到求职简历95份，达成就业意向45人，为求职者发放宣传资料和宣传品共计100余份。

同日 西藏自治区扶贫办政策法规处三级调研员郭文杰一行在堆龙德庆区东嘎街道祥和苑社区调研易地扶贫搬迁工作，并对社区群众搬得出、稳得住、能融入、能致富面临的困难和问题进行分析研讨，为进一步做好扶贫搬迁后续扶持工作提出意见和建议。

19—22日 由中共堆龙德庆区委员会、堆龙德庆区人民政府主办的“药王故里藏戏之乡生态堆龙”2020堆龙玉妥文化旅游活动在堆龙德庆区象雄美朵文化旅游小镇开幕。此次活动包含开幕式、创意市集、藏药文化、糌粑文化、藏戏文化等文创体验区、藏药浴深度体验、马术表演、第六届楚布沟山地自行车竞速赛、最美阿吉拉姆评选、藏戏唱腔王评选大赛、各赛事颁奖典礼以及农民丰收节等内容。

20日 由中共堆龙德庆区委员会、堆龙德庆区人民政府主办，堆龙德庆区委宣传部、堆龙德庆区文化和旅游局承办的第六届楚布沟山地自行车竞速赛在堆龙德庆区象雄美朵文旅小镇举行。

21日 由北京市文联主办，北京援藏指挥部、拉萨市委宣传部、拉萨市文联协办的北京市文联“送欢乐下基层”文艺志愿服务拉萨行演出在堆龙德庆区古荣镇荣玛乡高海拔生态搬迁点举办。北京市文联活动交流部二级调研员廖挺，拉萨市委宣传部副部长董庚云，堆龙德庆区委常委、副区长杨蕾，区委常委、宣传部部长普旦与搬迁点群众一同观看演出。

22日 由中共拉萨市委员会、拉萨市人民政府主办，堆龙德庆区委员会、堆龙德庆区人民政府、市农业农村局承办的拉萨市中国农民丰收节庆祝活动在堆龙德庆区古荣镇加入村举办。

同日 北京市门头沟区城子小学7位专家教师示范课观摩活动在乃琼中心小学举行。堆龙德庆区教体局相关人员、堆龙德庆区7所学校相关学科教师共59人参加观摩。

23日 中国少年先锋队拉萨市堆龙德庆区第一次代表大会顺利召开。本次大会选举产生仁增多吉等15人为少先队拉萨市堆龙德庆区第一届工作委员会委员。一届一次全委会选举产生达瓦扎西、王丹丹2人为少工委主任，卓玛措同志为常务副主任（区总辅导员），平措、兰佳琪2人为副主任。本次少先队代表大会共有全区少先队员代表、少先队辅导员代表、少先队工作者代表80余人参加。

24日　堆龙德庆区妇联一届三次执委会召开。区委常委、宣传部部长普旦，区妇联相关负责人，区妇联一届执委，各镇（街道）及31个村（社区）妇联主席以及受表彰的先进集体、先进个人代表共60余人参加会议。

25日　拉萨市委常委、常务副市长毛东军一行在堆龙德庆区政务服务中心调研文明城市创建及运行情况，堆龙德庆区政府副区长罗俊峰等陪同。

28日　堆龙德庆区组织参加2020年度第二期培训班的全体政协委员，对辖区内部分重点项目和重大民生项目建设运营情况进行实地视察。

29日　堆龙德庆区委巡察工作领导小组召开巡察反馈意见整改不到位问题集中约谈暨巡察整改推进会议。区委常委、纪委书记、监委主任、巡察工作领导小组组长尚志清主持会议。

30日　堆龙德庆区古传民族手工业有限公司40余名残障人士亲手缝制巨型国旗，按照4号国旗标准放大70倍设计。国旗总长100.8米，宽67.2米，重达1.3吨，约6700平方米，最大五角星约400平方米。经过16个小时的长途运输，巨型国旗到达海拔5200米的珠峰大本营，西藏出入境边防检查总站珠峰边境派出所的20余名民警花费近6小时，将巨幅国旗展开固定，庆祝中华人民共和国成立71周年。

同日　堆龙德庆区人大常委会副主任马勇带领全区基层人大代表一行30余人，在堆龙净土公司就公司的发展历程、经营情况、产业布局等方面进行深入了解。随后，区人大代表一行分别对净土公司旗下藏泉实业、古荣产业园进行现场考察调研，净土公司相关负责人就青稞白酒的制作流程、市场销售，古荣产业园鲜切花种植、销售渠道以及产业带动情况进行详细的介绍。

10月

10日　由堆龙德庆区委宣传部主办、区新闻出版局承办的“我的书屋我的梦”农村儿童阅读实践活动暨图书捐赠活动在堆龙德庆区德庆镇中心小学举行。活动中，区委宣传部根据孩子的喜好，准备近2000册具有代表性、可读性的儿童书籍和藏语谚语图书。活动以“农家书屋”为平台，以农村少年儿童健康成长为内容，开展演讲、班会、经典诵读等活动，吸引少年儿童愿读书、读好书、善读书、会用书。

13日　堆龙德庆区教育局牵头主办的首届教师书法培训班之藏文书法培训班开班仪式在堆龙区中学藏文书法室举办。此次培训班邀请自治区书协会理事、拉萨市书协理事、自治区教育厅特邀讲师索朗旺久和自治区书法协会会员、拉萨市书写理事努对堆龙德庆区各中小学选派的50余名教师学员进行为期两个半小时的授课。

14日　堆龙德庆区政府、区人民武装部、区退役军人事务局组织人员一行带着立功受奖喜报和慰问金对辖区现役、退役军人进行逐一慰问。

17日　日喀则市萨迦县青少年活动中心的112名老师和同学们在堆龙德庆区青少年活动中心参观交流。活动中心教学负责人宗吉老师分批次带领萨迦县青少年活动中心师生参观堆龙德庆区青少年活动中心场馆设施及当天教学课程。

19日　西藏自治区宣讲团在堆龙德庆区开展中央第七次西藏工作座谈会精神宣讲报告会。在岗县级领导，各镇（街道）主要负责人，宣传委员，区直各单位副科级领导班子共100余人参加活动。自治区党委宣讲团成员、区党委副校长孙向军作宣讲报告会，孙向军教授围绕中央第七次西藏工作座谈会的重大意义；西藏工作取得的全方位进步、历史性成就；新时代党的治藏方略；新时代西藏工作的任务目标；习近平总书记关于西藏工作的决策部署五个方面全面系统解读中央第七次西藏工作座谈会重大现实意义和深远历史意义。

20日　拉萨市教育局党组书记樊锋旭带队基

础教育科、师资科、安全卫生办公室、督导室等科室负责人一行在堆龙德庆区中学、第二幼儿园、姜昆小学实地调研学校教育工作开展情况。堆龙德庆区政府副区长王考昌及区教体局等相关负责人陪同。

同日　堆龙德庆区2020年“四讲四爱”群众教育实践活动第三、第四节点转段会在区委党校培训教室召开。各镇(街道)、部门主要负责人,各村(居)宣传文化专干、学校负责人、国有企业负责人,农牧民宣讲员等共120余人参加此次会议。

16日　国新办组织中外记者脱贫攻坚新闻发布与主题采访西藏行活动在堆龙德庆区中学采访,了解教育扶贫等情况。

22日　西藏自治区政府副主席罗梅率领区直、拉萨市相关单位负责人一行,在拉萨市堆龙德庆区净土冷链有限公司和城投物流有限公司调研了解冷链企业建设情况,听取推进物流高质量发展建议,检查指导疫情防控相关工作。

23日　以“尊老爱老厚德仁爱”为主题的堆龙德庆区新时代文明实践活动之“我们的节日·重阳”在堆龙德庆区集中特困供养中心举行。拉萨市委宣传部三级调研员格桑卓玛、堆龙德庆区政府副区长次旦朗杰等相关领导出席活动。堆龙德庆区集中特困供养中心老人、区新时代文明实践中心志愿服务队、群众代表,以及媒体记者等300余人受邀来到现场共欢重阳佳节。活动中,新时代文明实践中心文艺志愿者为老人们呈现精彩的、喜闻乐见的文艺节目。活动结束后,新时代文明实践中心医疗志愿者们开展健康义诊活动,为老人听诊、测血压、健康检查,讲解健康知识,对常见病进行宣传预防指导。同时,新时代文明实践中心青年、西部计划志愿者分别开展清扫宿舍及大院志愿服务。

同日　堆龙德庆区双创办邀请创业导师吕华在龙创空间组织开展双创赋能培训活动——创业模拟舱。受训对象包括高校毕业生、退役军人、农牧民和意向创业青年等,共有49家初创企业组织人员参加此次培训。本次培训以提升创业者对商标、知识产权的认知为重点,增强创业者掌握和运用商标、知识产权的能力,依靠商标、知识产权优势增强市场竞争能力。

26日　堆龙德庆区召开干部大会,拉萨市委副书记、组织部部长庄红翔出席会议并宣布区党委和市委任职决定:石运本任堆龙德庆区委副书记、区政府党组书记、一级调研员,并提名为区长候选人。此次大会全体在岗县级领导,各镇(街道)党政正职,区直各单位主要负责人参加会议。

28日　团中央青年发展部下发《关于2020年全国大中专学生志愿者暑假“三下乡”社会实践活动的通报》,评选表彰2020年全国大中专学生志愿者暑期“三下乡”社会实践活动优秀集体和个人。共青团堆龙德庆区委获评优秀单位,西藏民大体育学院堆龙德庆区返家乡公益团获评优秀团队,堆龙德庆区大学生格桑(西藏民族大学)获评优秀个人。

同日　由堆龙德庆区委组织部组织各镇(街道)和示范点村(居)选派主要负责人,组成现场观摩学习小组在各党建示范点召开现场会,实地观摩基层党建重点工作和党建引领基层社会治理示范点创建工作。

31日　堆龙德庆区第七次全国人口普查领导小组办公室组织召开堆龙德庆区第七次全国人口普查登记动员大会暨第九期人口普查正式登记业务培训,区人普办主要负责人及工作人员、各街镇人普办主要负责人及工作人员、各级普查指导员共51人参加培训。

11月

2日　为期12天的堆龙德庆区藏传佛教代表界人士及宗教教职人员培训班开班,共有9名代表人士及33名宗教教职人员参加培训。

同日　北京援藏指挥部由规划发展部部长、拉萨市扶贫开发办公室副主任王宇翀和项目管理部部长、拉萨市发展和改革委员会副主任孙金成率领第三方咨询机构投资北京研究院各位专家一行,在堆龙德庆区开展北京对口支援西藏拉萨市“十三五”规划实施情况调研工作,堆龙德庆区委常务副书记、常务副区长赵岩,区委常委、副区长杨蕾和区发改委、区经信局、区城管局、区住建局、马镇等部门陪同调研。

4 日　中共拉萨市堆龙德庆区第二届委员会第六次全体会议召开。区委委员、候补委员出席会议。堆龙德庆区中共十九大代表，不是区委委员、候补委员的县级干部，区纪委委员和各镇（街道）、村（居）、寺管会、驻村工作队等负责人列席会议。会议传达学习中央第七次西藏工作座谈会精神、区党委九届八次全会精神和市委九届六次全会精神。会议审议通过《中共拉萨市堆龙德庆区委员会关于学习贯彻中央第七次西藏工作座谈会精神进一步推进堆龙德庆长治久安和高质量发展若干举措的意见》《中共拉萨市堆龙德庆区第二届委员会第六次全体会议决议》。

5—6 日　拉萨市委组织部副部长、老干局局长央金一行在堆龙德庆区羊达街道办评估验收基层党建示范点和巩固提升村工作开展情况并召开座谈会，堆龙德庆区委副书记、组织部部长王满春，区人大常委会副主任、街道党工委书记刘军陪同。

6 日　堆龙德庆区举办“学四史、践初心、跟党走”知识竞赛活动，来自镇（街道）、区（中）直机关和国有企业的 30 支代表队参加竞赛。经过一天的角逐，最终水利局荣获一等奖，马镇和乃琼街道荣获二等奖，农业农村和统战民宗、审计局联合队荣获三等奖。

同日　堆龙德庆区纪委监委组织召开纪检监察系统、巡察机构“身边人身边事”警示教育大会，区委常委、纪委书记、监委主任尚志清出席会议，堆龙德庆区在家的纪检监察干部、巡察干部共 60 人参加会议。

11 日　堆龙德庆区委副书记、区政府党组书记、区长候选人石运本一行先后在堆龙德庆区疫情防控指挥部、区疾控中心、区医院实地查看疫情防控工作落实情况，并听取相关负责人关于堆龙德庆区疫情防控体系建设、人员力量配备、重点工作开展、应急物资储备等情况介绍。

12 日　西藏自治区党委书记吴英杰深入堆龙德庆区古荣镇加入村，面对面向基层党员干部和农牧民群众宣讲中共十九届五中全会精神，并就乡村振兴、农村人居环境整治等工作进行调研。自治区党委常委、拉萨市委书记白玛旺堆，区党委常委、秘书长刘江等陪同。

23 日　由中共堆龙德庆区委、区人民政府主办，堆龙德庆区委宣传部、区脱贫攻坚指挥部、区文旅局承办的堆龙德庆区“攻坚凯歌逐梦小康”脱贫攻坚颁奖晚会在堆龙德庆区文化活动中心观演厅举行。自治区、拉萨市相关部门领导，西藏自治区 2020 年全区脱贫攻坚成效第三考核组相关领导，堆龙德庆区全体在岗县级领导等 300 余人参加活动。

27 日　堆龙德庆区组织召开全区党员干部警示教育大会。全体在家县级干部、全区副科级以上党员干部及普通党员干部代表 200 余人参加会议。会议由区委副书记、政府党组书记、区长候选人石运本主持。会上，通报自治区纪委监委《关于给予杜江开除党籍处分的决定》《关于给予杜江开除处分的决定》。会议要求，全区上下要以这次警示教育大会为契机，统筹处理好“刮骨疗毒”与“重整旗鼓”的关系，既要汲取教训、砥砺自省，又要重振士气、开足马力，认真落实党中央和区市党委的系列部署，坚持严的主基调，进一步增强廉洁自律的意识，进一步落实管党治党的责任，进一步营造团结奋进的风气，进一步树牢担当作为的导向，进一步提振干事创业的精神，持续全面净化政治生态，以全面从严治党新成效推动堆龙各项工作再上新台阶，为推进堆龙长治久安和高质量发展作出积极贡献。

30 日　堆龙德庆区“两新”行业组建群团组织动员部署会议召开。各镇（街道）群团工作负责人、区工商联主席、区总工会、区两新工委负责人、堆龙德庆区非公企业代表负责人近 80 人参加会议。会议以“统筹推进，共建双赢”为指导思想，坚持“党建带群团，群团促党建”，按照主动跟进、主动协调、主动服务，通过服务党建、服务企业、服务群团，不断提高两新组织群团组织的能力和水平，实现两新组织党的工作与群团工作齐头并进，为两新组织的快速健康发展提供有效服务为目标，向与会企业详细讲解在非公企业组建群团组织的重大意义。堆龙德庆区工商联、区总工会负责人围绕群团组织建设相关要求作了强调说明。

12月

1日 西藏自治区党委办公厅档案综合法规处处长黄雯霞一行在堆龙德庆区检查指导档案工作开展情况。拉萨市档案馆馆长桑荣瑞，堆龙德庆区委常委、区委办主任德吉央宗等陪同。

同日 堆龙德庆区召开迎接全国禁毒示范城市创建实地检查工作动员部署会，区委副书记边旦出席会议，区委常委、政法委书记、公安分局局长蒋学忠主持会议，区人民检察院党组书记、检察长候选人索朗旺庆，以及各镇（街道）综治分管领导、禁毒委各成员单位负责人参加会议。

2日 由共青团堆龙德庆区委联合区中学、疾控中心、区委政法委等单位举办2020年度堆龙德庆区"防艾，将爱进行到底"青少年防艾禁毒教育活动。

3—7日 堆龙德庆区10所中小学幼儿园于不同时间段开展"经典诵读—宪法诵读进校园"活动。

6日 堆龙德庆区教（体）局举行2020年度高级职称推荐工作会，50名参评教师参加推荐会并进行述职答辩。至此，堆龙德庆区圆满完成2020年高级职称基层推荐工作。

7日 拉萨市堆龙德庆区工商业联合会（总商会）一届一次会议暨总商会成立大会召开。西藏自治区工商联、拉萨市工商联以及堆龙德庆区委、区政府主要领导出席会议。区委常委、统战部部长普布斯曲，拉萨远大建材有限责任公司王炯分别主持会议。区工商联会员企业代表、区直相关单位代表、工商联全体干部职工共83人参加会议。

同日 堆龙德庆区委宣传部组织召开新时代文明实践中心（所、站）建设工作现场推进会。区委常委、宣传部部长普旦出席会议，各镇（街道）宣传委员，各村（居）宣传文化专干，文明办相关负责人等40人参加会议。

同日 堆龙善财福利综合服务有限公司在乃琼街道加木村举行扶贫爱心捐资仪式，活动为全村1049个村民每人捐资1000元，另外，为家中无劳动力、无经济收入的500余名特困人员再额外捐资800元，总共捐资150万元。据了解，自2016年至2020年，该公司已经连续5年为村民爱心捐资。

14日 由拉萨市委副书记、组织部部长庄红翔，市委副书记、常务副市长沈海斌，市委常委、常务副市长王念东，市政府副市长扎西白珍，各县（区）、市直相关部门主要领导组成的全市"美丽乡村·幸福家园"建设行动计划观摩团一行在堆龙德庆区加入村实地观摩指导工作。堆龙德庆区区委副书记、区长候选人石运本等陪同。

15日 2020年西藏拉萨市脱贫攻坚成效省际交叉考核工作座谈会在堆龙德庆区召开。拉萨市政府副市长扎西白珍出席会议。会上，观看堆龙德庆区扶贫工作纪实短片《历史注定的时间印记》，并听取堆龙德庆区脱贫攻坚成效汇报。

同日 堆龙德庆区2020—2021年农闲时节新时代文明实践十项活动启动仪式在马镇设兴村举行。西藏自治区文明办综合处副处长尼珍，拉萨市委宣传部副部长肖强伟，堆龙德庆区相关领导出席启动仪式。各镇（街道）宣传委员、各村（居）宣传文化专干、"十项活动"有关单位负责人、群众代表、农牧民宣讲员代表、僧尼代表、媒体记者等共500余人参加。启动仪式在区艺术团表演的开场舞《逐梦家园》中拉开序幕。

同日 为期11天的堆龙德庆区年轻干部履职能力提升班在北海市委党校综合楼举行结业仪式，来自全区各镇（街道）、区直各单位年轻干部共计39人顺利完成各项学习任务，圆满结业。

17日 西藏自治区副主席江白率调研组在堆龙德庆区调研周边山体生态修复和造林绿化工程建设情况。

18日 堆龙德庆区举办以"党的光辉照边疆·边疆人民心向党"为主题的2020年堆龙德庆区村级文艺队专场汇报演出活动。400余名农牧民群众现场参与会演。活动在德庆村文艺队带来的《扎西雪巴》中胜利拉开序幕。朗玛堆谐、锅庄、藏戏、小品等19个由各村级文艺队精心准备的节目轮番上演，给现场观众献上一场精美绝伦的视觉盛宴和一道道贴近生活的精神文化大餐。

21日　堆龙德庆区召开2020年度“四讲四爱”群众教育实践活动“回头讲”暨中共十九届五中全会精神宣讲培训会。区委常委、宣传部部长普旦出席会议并作示范宣讲授课，区委宣传部副部长杜军毅主持会议，各镇（街道）宣传委员、区委统战部、区教（体）局、区财政局（国资委）、区强基办及区委党校、区工会、团区委、区妇联等单位负责人、各寺管会主任、农牧民宣讲员、老干部志愿宣讲员共120余人参加会议。

22日　西藏自治区民族事务委员会同区党委宣传部、统战部组成的联合验收组在堆龙德庆区验收拉萨市申报全国民族团结进步示范市考核工作。堆龙德庆区委常委、统战部部长普布斯曲，区政府副区长次旦朗杰等相关负责人陪同。

同日　由中共拉萨市堆龙德庆区委员会、拉萨市堆龙德庆区人民政府主办，拉萨市堆龙德庆区“两创示范”办公室、共青团拉萨市堆龙德庆区委员会承办的堆龙德庆区第五届青年创新创业大赛决赛在堆龙德庆区创新创业中心圆满落幕。本届大赛以“堆龙好产品・创意秀出来”为主题，旨在通过大赛的形式，弘扬创业精神，营造创业氛围，促进全民创业有更大发展。大赛自12月11日正式启动，共有51个项目报名参赛，其中21个项目进入复赛，最终只有10个项目进入总决赛。经过激烈角逐，最终“妈永辣椒”项目以93.09分的好成绩，在本届大赛中摘得桂冠。

同日　堆龙德庆区召开村（社区）“两委”换届工作动员部署暨业务培训会。会议传达学习全国、自治区、拉萨市村（社区）“两委”换届工作电视电话会议精神，安排部署堆龙德庆区村（社区）“两委”换届工作，对相关工作人员进行业务培训。拉萨市委组织部副部长、老干部局局长、市村（社区）“两委”换届工作第二指导检查组副组长央金到会指导。堆龙德庆区委副书记、区政府党组书记、区长候选人石运本出席会议，区委副书记、组织部部长王满春主持会议。在岗县级领导，堆龙德庆区村（社区）“两委”换届工作领导小组和指导检查组全体成员，各镇（街道）党（工）委书记、党建专职副书记（组织委员），各村（社区）党组织第一书记（书记），共计100余人参加会议。

26日　在第十五届中国全面小康论坛上，拉萨市堆龙德庆区荣获“2020年度中国全面小康百佳示范县市”称号。

29日　堆龙德庆区城管局向109国道内餐饮企业派发厨余垃圾桶，并与各餐饮企业签订《堆龙德庆区厨余垃圾统一收集运输协议书》，此次共派发厨余垃圾桶75个。

面对突如其来的新冠肺炎疫情，全区上下闻令而动、积极作为，及时成立领导小组及其指挥部、10个专项工作组，全面打响气壮山河的疫情防控人民战争、总体战、阻击战。突出群防群控，创作并推送疫情防控宣传短片50余部，机关党员干部下沉到村（社区）开展工作，“红袖标”等基层群众参与防控。累计接收社会各界捐款捐物526.6万元，244名房东自主减免房租233万余元。

综 述

【概况】 堆龙德庆区位于西藏自治区首府拉萨市西北部，是拉萨的“西大门”。东与拉萨市城关区、林周县接壤，南与曲水县、山南贡嘎县毗邻，西与尼木县相结，北与当雄县紧连，整个县域呈“S”状，全区地势西北高、东南低，中间河谷宽阔，平均海拔3680米。地处北纬29° 26′ ~ 30° 39′ 、东经90° 27′ ~ 91° 01′ ，东西最大距离约80千米，南北最大距离约63千米，拉萨河从东部入境，折而向南出境，境内流程15千米。堆龙河从西北部经羊八井入境，呈西北—东南向切入，流至德庆后折而向南，过古荣后转西北—东南向流至东嘎汇入拉萨河，境内流程70千米。县内大小河流蕴藏着大量的水产、水能资源，其中水能资源的理论蕴藏量达193万千瓦，可开发量达140万千瓦。区内气候温和，属高原温带气候，平均气温在4℃以上。全区地域面积2413.06平方千米。距拉萨市10千米。

2019年9月19日，原东嘎镇、乃琼镇、羊达乡撤乡（镇）设街道办事处，原古荣乡、马乡、德庆乡撤乡设镇。2020年，全区辖3个街道办事处和3个镇，即乃琼街道办事处、东嘎街道办事处、羊达街道办事处、古荣镇、马镇、德庆镇；31个行政村，即乃琼街道办事处（乃琼社区、岗德林社区、贾热社区、加木村、波玛村），东嘎街道办事处（东嘎社区、南嘎社区、桑木社区、祥和苑社区），羊达街道办事处（羊达社区、通嘎社区、帮普村），古荣镇（古荣村、那嘎村、南巴村、巴热村、嘎冲村、加入村），马镇（马村、设兴村、措麦村、常木村、朗巴村、岗吉村），德庆镇（德庆村、顶嘎村、邦村、邱桑村、门堆村、昂嘎村），共138个村民小组，地域总面积2704.25平方千米，其中耕地面积49.4319平方千米，草场面积1634.3876平方千米。主要以农业为主，农业包括青稞、小麦、蚕豆、油菜籽等农作物，牧畜业包括饲养牦牛、山羊、绵羊为主。国家级野生保护动物有白唇鹿、马麝、藏原羚、黑颈鹤、胡兀鹫等，已经探明的矿产资源有石灰石、红土、煤、铁、铅、锌等。主要旅游景点有以楚布寺为龙头的楚布沟风景区，拥有小气候的柳梧尼玛塘自然保护区“邱桑温泉”“雄巴拉曲”等景点。

2020年，全区年末户籍人口51842人，年末常住人口70709人。全区共有党组织359个，党委25个（其中3个街道党工委），党总支22个，党支部292个，其中：机关党支部55个，离退休党支部4个，国企党支部4个，学校党支部10个，非公组织党支部44个，寺管会党支部7个，村（社区）党支部155个。

2020年，全区粮食作物播种面积2372.69公顷，其中小麦169.79公顷，青稞1794.24公顷，经济作物播种面积1700.45公顷。全区主要牲畜存栏数78417头（只、匹），其中，牛66116头、猪3063头、羊7557只、马1647匹、驴21头、骡13头、禽30464只。

2020年，全区农村公路共467.097千米，共有117条农村公路，其中县道2条55.188千米，乡道3条79.585千米，专用公路11条21.81千米，村道101条310.514千米。其中：沥青混凝土路面115.67千米，水泥混凝土路面120.591千米，砂石路面230.007千米，石质路面0.187千米，渣土路面

0.642 千米。6 个街(镇)、31 个行政村和 140 个自然组 120 条道路通畅,20 条道路通达。

【经济发展】 2020 年,全区实现地区生产总值 62.82 亿元,同比增长 7.7%,其中:第一产业 2.19 亿元,同比增长 8.1%;第二产业 34.02 亿元,同比增长 6.0%;第三产业 26.61 亿元,同比增长 3.2%。农村居民人均可支配收入 19746 元,同比增长 12.8%;一般公共预算收入完成 10.46 亿元,同比下降 13.03%;社会消费品零售总额 13.54 亿元,同比下降 4.7%;规模以上工业增加值 15.67 亿元,同比下降 2.7%;全社会固定资产投资同比增长 16.7%。

【全面打好疫情防控阻击战】 2020 年,面对突如其来的新冠肺炎疫情,全区上下闻令而动、积极作为,及时成立领导小组及其指挥部、10 个专项工作组,全面打响气壮山河的疫情防控人民战争、总体战、阻击战。建立“两排查四报告”工作机制,排查登记流入人口,实现人口管理全覆盖。筹措疫情防控资金,完成核酸检测实验室建设等重点工作。突出群防群控,创作并推送疫情防控宣传短片 50 余部。

【基层党建】 2020 年,堆龙德庆区完成 27 个党委(党组、党工委)、12 个区直机关党支部的调整优化,新设 18 个“两新”组织党组织,抓好“两新”组织党建指导员的选派、管理和使用工作。坚持党建引领基层社会治理,制定《加强城市基层党建工作十六条措施任务分解表》,实施 4 个村(居)党组织引领基层治理体系示范点建设,不断完善街道“大工委”、社区“大党委”工作模式。全面推进村(居)社会工作者职业体系建设试点,通过“转考招”三种途径将 161 名实绩突出、表现优秀的村(居)干部、高校毕业生纳入职业体系。深入开展“支部建设规范年”活动,完成 2 个村级活动场所标准化建设,整顿软弱涣散基层党组织 3 个、“中不溜”党组织 15 个。对 2019 年述职评议考核综合评价等次为“一般”的 6 名党组织书记进行约谈,建立 8 个“基层党建书记项目库”,从严压实管党治党“第一责任人”责任。

【正风肃纪】 2020 年,堆龙德庆区启动“作风建设整顿年”工作,常态化开展廉政警示教育,汲取“关键少数”严重违纪违法深刻教训,分 3 批次组织各级各部门领导班子到市廉政警示教育基地开展警示教育,进行集体廉政谈话。发挥巡察利剑作用,完成区委第 9 轮、10 轮常规巡察,对第 6、7 轮巡察整改情况开展回访督查。全年受理问题线索 43 件,立案审查 7 件,给予开除党籍和公职处分 1 人、开除党籍处分 2 人、党内警告处分 3 人、诫勉谈话 7 人。坚决抓好区党委巡视反馈问题整改及成果运用,2 项问题正在整改中,其余问题均完成整改或完成阶段性整改任务,健全完善制度机制 80 项。

【巩固脱贫成效】 2020 年,堆龙德庆区坚守“两不愁、三保障”标准,严格落实“四个不摘”要求,健全完善返贫致贫监测预警和帮扶机制,建成并投入使用 65 个饮用水安全巩固提升项目,劝返疑似辍学儿童 6 名,为 28 名残疾儿童开展送教上门。全年整合涉农资金 3.17 亿元,已拨付 2.8 亿元,拨付进度达 88.33%,产业扶贫对脱贫攻坚的贡献份额达 41.46%。依托产业发展、劳务输出、岗位开发、技能培训,实现有劳动力建档立卡群众就业 1539 人、就业率 89.1%,通过企业、市场就业 708 人、占 44.36%。2020 年,建档立卡群众人均可支配收入达 18349.29 元,比 2019 年增长 22.6%,比 2015 年增长 11 倍。

【教育事业】 2020 年,堆龙德庆区聚焦提升教育承载能力,坚持把本级收入 20% 投入到教育事业,启动区第二中学,第二、第三小学和第三、第四、第五幼儿园等项目建设,强化人大附中落地衔接保障,学校布局不断优化。聚焦提升教育质量水平,深化教学管理体制改革,“五个 100%”成果不断巩固,师资队伍建设明显加强,教学质量评估体系不断完善。2020 年,全区初中毛入学率达 113.75%,小学入学率达 100%,学前教育入园率达 97.8%。

【健康堆龙建设】 2020 年,堆龙德庆区深化“医共体”改革,以提升基层医疗卫生服务能力为核心,以分级诊疗制度建设为重点,以“医疗、医保、医药”联动为突破，初步实现人、财、物一体化管理使用。优化医疗资源布局，自治区医院基本完成主体建设，区人民医院二甲综合楼已完成总工程量40%，实施东嘎社区卫生服务中心、古荣镇卫生院、色玛集中安置点卫生服务站等重点项目建设，镇（街道）卫生服务中心、村（居）卫生服务站标准化建设加快推进。提升医疗服务水平，深化门头沟人民医院、区人民医院和各镇（街道）卫生服务中心的三方互联平台和远程影像系统运用，组建6个巡回诊疗责任团队全面覆盖各镇（街道）、村（居）开展诊疗指导服务，深入开展爱国卫生运动，全民健康体检率达92%。

【就业服务】 2020年，堆龙德庆区坚持把就业作为"六稳""六保"首要任务，开展就业技能培训1591人，开发就业岗位3483个，实现城镇新增就业1309人，城镇登记失业率控制在3%以内。成立农牧民转移就业基地10个，实现农牧区劳动力转移就业16031人，其中组织化转移就业3879人。持续抓好高校毕业生就业，往届高校毕业生就业率达99.8%，应届高校毕业生就业率达99.8%（其中，市场和企业就业率达73.9%）。

【完善社会保障体系】 2020年，堆龙德庆区全面规范社会救助，推进农村低保制度与扶贫相关政策有效衔接，严格落实低保动态管理制度，依规清退低保21户、73人，实现"应保尽保、应兜尽兜"。强化临时救助，为12名城乡困难群众兑现临时救助资金9.7万元。95名特困老人意愿集中供养率达100%，完成林琼岗、乃琼街道、古荣镇3个老年人日间照料中心项目主体建设。

【推进美丽堆龙建设】 2020年，堆龙德庆区严格落实环境保护"党政同责""一岗双责"和领导干部任期生态文明建设责任制，大力推行属地、行业、业主+环保督察"3+1"责任体系，中央环保督察督办案件58件均已全部办结。强化第二次全国污染源普查、生态保护红线划定工作成果运用，统筹规划国土利用、经济布局和区域发展，扎实开展能源和水资源消耗、建设用地等总量和强度双控行动。实现自治区级生态村（居）创建全覆盖，堆龙德庆区成功创建为自治区生态文明建设示范县（区）。

【公共文化服务】 2020年，堆龙德庆区巩固"国家公共文化服务体系示范区"创建成果，深入实施文化惠民工程，持续推动文化资源向基层倾斜，不断扩大公共文化服务活动场所开放率、覆盖率。全面推进"书香堆龙"工程三年行动计划，持续推进"书架进农家、进寺庙"，累计发放各类书籍9500余册。投入155万元启动资金完成31个村（居）文艺队组建工作，下派23名指导员，建立村级文艺队管理及绩效机制，推动村级文艺队由"从无到有"向"从有到好"转变。创作推出防疫藏语快板顺口溜、《医保好政策》、脱贫攻坚纪实片《历史注定的时间印迹》等10余部优秀文艺作品。

（雷　凤）

政 治

中共拉萨市堆龙德庆区委员会

【概况】 2020 年，在市委的坚强领导下，中共拉萨市堆龙德庆区委员会坚持以习近平新时代中国特色社会主义思想为指导，全面贯彻落实中共十九大，中共十九届二中、三中、四中、五中全会，中央第七次西藏工作座谈会精神，坚决贯彻新时代党的治藏方略，增强“四个意识”、坚定“四个自信”、做到“两个维护”，牢牢把握工作的着眼点、着力点、出发点、落脚点，正确处理好“十三对关系”，全面加强党的领导，团结带领全区各族干部群众凝心聚力决战决胜全面建成小康社会，各项事业不断迈出新步伐。

【全面打好疫情防控阻击战】 突出抓好组织领导。2020 年，堆龙德庆区认真贯彻落实中央和区市党委关于疫情防控各项部署要求，及时研究成立疫情防控领导小组及指挥部，下设 10 个专项组，先后召开领导小组会 13 次，应急响应期间每日召开调度会议，建立由区疾控中心、区人民医院分别牵头的预防控制体系和医疗救治体系。

突出抓好源头预防。落实“早发现、早报告、早隔离、早治疗”要求，推行流入人口“两排查（联户单元、公安派出所排查）、四报告（物业公司报告、房东报告、用人单位报告、流入人员自主报告）”机制，累计排查登记 39501 人，守住无确诊病例和疑似病例的底线。

突出抓好重点防控。健全及时发现、快速处置、精准管控的常态化防控机制，因时因势严格落实不同风险地区来拉人员隔离观察以及核酸检测的相关要求，累计隔离观察 33016 人；建立隔离人员“点单”、村（居）“接单”、“1+3”服务管理人员“送单”的服

2020年2月18日，西藏自治区党委常委、拉萨市委书记、市新型冠状病毒感染的肺炎疫情联防联控工作领导小组组长白玛旺堆一行在堆龙德庆区人民医院调研疫情防控工作

务管理模式，累计发放16.2万元生活保障物资。

突出抓好统筹兼顾。统筹疫情防控和经济社会发展，严格落实分区分级防控要求，及时推动100个重点项目和82家工业企业复工复产。动态研判疫情发展形势，多渠道筹措、采购、配备防疫物资，累计筹措疫情防控资金5492.48万元，本级财政投入892.48万元，有力确保疫情防控物资保障充足、生活物资供给平稳。

突出抓好力量凝聚。把抗击疫情作为加强爱国主义和民族团结教育的生动课堂，组织领导党政军警民集中会战。疫情期间198名机关党员干部下沉村（居）开展工作，4800余名"红袖标""双联户"等群防群治力量投入防控，辖区房东和商户联名发起《"减免房租、共渡难关"，做堆龙好房东》倡议，244名房东和商户为2200名租户共计减免房租233万余元，营造心往一处想、劲往一处使，团结一心、共克时艰的浓厚氛围。

2020年3月26日，国务院疫情防控工作指导组在堆龙德庆区医院调研，拉萨市委副书记、市长、城关区委书记果果（前排右二）等领导陪同

【坚决维护社会大局和谐稳定】深入开展反分裂斗争。2020年，堆龙德庆区围绕打好思想仗，持续深入开展以反分裂斗争应知应会法律知识为主的底线教育，以"听党话、跟党走"为主的感党恩教育，反分裂斗争基层基础不断夯实。围绕打好防范仗，完善"季部署、月调度、周研判"工作机制，突出抓好全年重大活动、重点时段、重要节点维稳防控，确保社会大局保持和谐稳定。

持续加强社会综合治理。以市域社会治理现代化试点工作为抓手，以党建引领基层社会治理，按照"一片区一网格、一网格多联户，一网格一党支部、一联户一党小组"的体系，重新划定148个基层网格、1382个联户单位，推行网格长和党支部书记"一肩挑"。健全矛盾纠纷排查调处机制，全年排查各类矛盾纠纷53起，均已办结；受理群众来信来访102件，办结94件。深化扫黑除恶打非治乱专项斗争，实现治安案件和刑事案件"双下降"。完善"以房管人、以证管人、以业安人"的流动人口服务管理机制，排查登记出租房11230间、流动人口60726人，登记办证率达96%。常态开展公共安全隐患排查治理，实现较大以上安全事故"零发生"。成功入选"2020中国最具安全感百佳县市"。

依法管理宗教事务。严格落实属地管理和领导干部联系寺庙僧尼责任，持续推进寺管会党组织标准化建设，不断压实区、镇（街道）、村（居）三级书记抓宗教工作的责任和寺管会党组织职责。依法加强宗教事务管理，严守"三个不增加"底线，对僧众进行有效引导，赢得僧众广泛支持，全年16场民俗宗教活动因疫情暂停举办15场，宗教民俗活动参与人数与上年相比大幅下降。深化"遵行四条标准、争做先进僧尼"教育实践活动，开展法律法规培训、爱国爱教演讲、"七次会"和十九届五中全会精神宣讲等教育实践活动199场次。

深化民族团结创建。巩固"全国民族团结创建示范区"成果，纵深推进民族团结进步创建进机关、进企业、进社区、进乡村、进学校、进连队、进宗教活动场所，持续开展共产党员民族团结先锋活动、共青团员民族团结闪光行动、少先队员民族团结"小手牵大手"活动，各族群众共居、共学、共事、共乐的社会氛围持续加深。

【持续推动经济高质量发展】2020年，全区净土健康产业壮大发展，推进古荣镇蔬菜瓜果、马镇食用菌和德庆镇藏药材“三大基地”提档升级，优化整合“散乱小”合作社，“藏地吉龙酸奶”“青色麦田”等净土健康品牌影响力不断提升，线上线下、区内区外销售渠道不断拓展。文化旅游融合发展，以《全域旅游发展规划》为引领，重点打造“象雄美朵”文化旅游小镇，德吉藏家民宿、游客接待中心、马术演艺中心、林卡休闲等项目建成并投入运营，成功举办“第一届玉妥文化旅游节”，堆龙日渐成为拉萨市近郊休闲旅游的“新名片”，全年共接待国内外游客153.07万人次，旅游总收入4816.1万元，同比下降13.74%。商贸物流产业加快发展，围绕“打造对外开放新高地和现代物流集聚区”的定位，东嘎时代广场商业综合体、西藏领峰物流园、自治区规模最大的高原食品冷链中心基本完成主体建设，现代商贸物流业集聚区建设步伐加快。绿色工业转型发展，围绕发展实体经济的方向定位，启动编制《工业园区产业规划修编》《工业园区企业转型升级方案》《工业园区循环经济改造方案》，持续推进工业园区A区脱虚向实，完成B区基础设施提升工作，健全县级干部联系服务企业机制，盘活园区低产低效企业6家，新培育规上企业1家。

新城建设步伐加快。强化规划引领，中心城区城市设计、综合管廊规划设计和道路交通规划设计加快推进。新城一期市政道路完成总工程量的88%，由滨河北路、堆龙大道等构成的“三横”和桑木路、通仁路等构成的“四纵”骨干路网架构初步形成。新城水系连通工程完成总工程量的45%，滨河公园（一期）完成总工程量的87%，民族团结公园、堆龙河综合治理工程项目加快推进。稳步推进产业地产开发，11个新城地产项目完工3个。扎实做好失地群众安置保障，色玛村、南嘎村搬迁安置小区项目已完成主体建设，年底实现搬迁入住。加大“城市病”治理，常态化开展市政基础设施管护和市容市貌整治，稳慎推进土地私自买卖、城区私搭乱建专项整治，“减存量、控增量”取得明显成效。

2020年7月1日，堆龙德庆区举行庆祝中国共产党成立99周年“七一”升国旗仪式

乡村振兴深入推进。坚持规划引领，完成总体方案、6个专项方案和20个村庄规划编制工作。把本级财政收入的10%投入乡村振兴，深入实施“美丽乡村、幸福家园”建设行动计划，扎实推进第一批8个示范村建设，在8个示范村配套产业项目13个。以全国农村人居环境整治示范县（区）创建为抓手，按照“面”上实施人居环境整治“十项行动”，“点”上实施基础设施建设“四化行动”，“户”上实施“三改一整”的模式系统推进农村人居环境整治，完成11个人居环境整治项目和442户示范户“三改一整”工作。

【持续保障和改善民生福祉】高质量巩固脱贫成效。2020年，堆龙德庆区坚守“两不愁、三保障”标准，严格落实“四个不摘”要求，健全完善返贫致贫监测预警和帮扶机制，建成并投入使用65个饮用水安全巩固提升项目，劝返疑似辍学儿童6名，为28名残疾儿童开展送教上门。全年整合涉农资金3.17亿元，已拨付2.8亿元，拨付进度达88.33%，产业扶贫对脱贫攻坚的贡献份额达41.46%。依托产业发展、劳务输出、岗位开发、技能培训，实现有劳动力建档立卡群众就业1539人、就业率89.1%，通过企业、市场就业708人、占44.36%。扎实开展消费扶贫行动，本级配套140万元消费券，举办扶贫产品推介会3次，带动扶贫产品销售金额达494万元。2020年，建档立卡群众人均可支配收入达18349.29元，比2019年增长22.6%，比2015年增长11倍。

推进基本公共教育提质扩容。聚焦提升教育承载能力，坚持把本级收入20%投入教育事业，启动区第二中学，第二、第三小学和第三、第四、第五幼儿园等项目建设，强化人大附中落地衔接保障，学校布局不断优化。聚焦提升教育质量水平，深化教学管理体制改革，“五个100%”成果不断巩固，师资队伍建设明显加强，教学质量评估体系不断完善。2020年，全区初中毛入学率达113.75%，小学入学率达100%，学前教育入园率达97.8%。

促进更充分更高质量就业。坚持把就业作为“六稳”“六保”首要任务，全年开展就业技能培训1591人，开发就业岗位3483个，实现城镇新增就业1309人，城镇登记失业率控制在3%以内。成立农牧民转移就业基地10个，实现农牧区劳动力转移就业16031人，其中组织化转移就业3879人。持续抓好高校毕业生就业，往届高校毕业生就业率达99.8%，应届高校毕业生就业率达99.8%（其中，市场和企业就业率达73.9%）。

持续推进健康堆龙建设。深化“医共体”改革，以提升基层医疗卫生服务能力为核心，以分级诊疗制度建设为重点，以“医疗、医保、医药”联动为突破，初步实现人、财、物一体化管理使用。优化医疗资源布局，自治区医院基本完成主体建设，区人民医院二甲综合楼已完成总工程量的40%，实施东嘎社区卫生服务中心、古荣镇卫生院、色玛集中安置点卫生服务站等重点项目建设，镇（街道）卫生服务中心、村（居）卫生服务站标准化建设加快推进。提升医疗服务水平，深化门头沟人民医院、区人民医院和各镇（街道）卫生服务中心的三方互联平台和远程影像系统运用，组建6个巡回诊疗责任团队全面覆盖各镇（街道）、村（居）开展诊疗指导服务，深入开展爱国卫生运动，全民健康体检率达92%。

不断完善社会保障体系。全面规范社会救助，推进农村低保制度与扶贫相关政策有效衔接，严格落实低保动态管理制度，依规清退低保21户、73人，实现“应保尽保、应兜尽兜”。强化临时救助，为12名城乡困难群众兑现临时救助资金9.7万元。95名特困老人意愿集中供养率达100%，完成林琼岗、乃琼街道、古荣镇3个老年人日间照料中心项目主体建设。

【推进美丽堆龙建设】 严守生态保护红线。2020年，堆龙德庆区严格落实环境保护“党政同责”“一岗双责”和领导干部任期生态文明建设责任制，大力推行属地、行业、业主+环保督察“3+1”责任体系，中央环保督察督

2020年11月4日，堆龙德庆区第二届委员会第六次全体会议召开，区委委员、候补委员出席会议。全区中共十九大代表，不是区委委员、候补委员的县级干部，区纪委委员和各镇（街道）、村（居）、寺管会、驻村工作队等负责人列席会议

2020年11月23日，由中共堆龙德庆区委、区人民政府主办，堆龙德庆区委宣传部、区脱贫攻坚指挥部、区文旅局承办的堆龙德庆区“攻坚凯歌 逐梦小康”脱贫攻坚颁奖晚会在堆龙德庆区文化活动中心观演厅举行。西藏自治区、拉萨市相关部门领导，西藏自治区2020年全区脱贫攻坚成效第三考核组相关领导，堆龙德庆区全体在岗县级领导等共300余人参加活动

办案件58件均已全部办结。强化第二次全国污染源普查、生态保护红线划定工作成果运用，统筹规划国土利用、经济布局和区域发展，扎实开展能源和水资源消耗、建设用地等总量和强度双控行动。实现自治区级生态村（居）创建全覆盖，堆龙德庆区成功创建为自治区生态文明建设示范县（区）。

持续加强综合防治。以创建全国生态文明建设示范县（区）为目标，深入推进“净土”“净水”“净空”和“静音”工程，完成8处采石场地质环境恢复治理工作，正在推进13处采石（取土）点、4处砂石料加工点环境恢复治理工作，完成植树造林850余亩，国土绿化覆盖率持续提升；深化“河长制”工作成效，扎实开展河道“乱占乱建、乱围乱堵、乱采乱挖、乱倒乱排”突出问题专项整治，辖区河流及饮用水水源地水质达标率100%；深化扬尘治理成效，规范运输车辆、建筑工地遮挡式低尘作业，空气质量优良率达到100%。扎实推进全域无垃圾三年行动计划，健全完善“户分类、村（居）收集、镇（街）转运、区处理”的垃圾收运和处理模式，初步实现城乡生活垃圾日产日清、分类回收处理。

强化环境执法监管。强化“三线一单”刚性约束，严格执行排污许可登记制度，79个行业、122家企事业单位已完成排污企业清理整顿工作。严格执行环境影响评价制度，加强生态环境监察力度，开展环境监察执法130余次、覆盖企业100余家，行政处罚企业10家、收缴罚金51.05万元，受理生态环境举报案件41件，办结率、满意率均达100%。

【凝聚各族群众思想和行动共识】

抓牢意识形态工作领导权。2020年，堆龙德庆区压实意识形态工作责任制落实，健全完善意识形态工作目标责任、双向述职等6项制度，把意识形态工作责任制落实情况纳入区委巡察。加强意识形态阵地建设管理，挂牌成立6个镇（街道）新时代文明实践所、26个村（居）新时代文明实践站。持续推进主流媒体、传统媒体和新媒体融合发展，区融媒体中心“三微一网一抖”平台的影响力持续扩大。

深化群众性精神文明创建。深入推进中共十九届五中全会和“中央第七次西藏工作座谈会”精神全覆盖学习宣讲，组建领导干部示范宣讲团、农牧民宣讲团、僧尼宣讲团、教师宣讲团、离退休干部志愿宣讲团等7支、389名宣讲队伍，累计开展各类宣讲活动1794场次、受众18万余人次。坚持用社会主义核心价值观引领各族群众的共同价值追求，持续深入推进“四讲四爱”群众教育实践活动和“农闲时节新时代文明实践十项活动”，推动新思想学习宣传更加深入，反分裂斗争群众基础更加扎实，健康文明氛围更加浓厚，勤劳致富愿望和能力更加提升，农牧民党员身份意识和作用发挥更加显现，基层组织引领能力更加凸显。

提升公共文化服务供给水平。巩固“国家公共文化服务体系示范区”创建成果，深入实施文化惠民工程，持续推动文化资源向基层倾斜，不断扩大公共文化服务活动场所开放率、覆盖率。全面推进“书香堆龙”工程三年行动计划，持续推进“书架进农家、进寺庙”，累计发放各类书籍9500余册。投入155万元启动资金完成31个村（居）文艺队组建工作，下派23名指导员，建立村级文艺队管理及绩效机制，推动村级文艺队由“从无到有”向“从有到好”转变。创作推出防疫藏语快板顺口溜、《医保好政策》、脱贫攻坚纪实片《历史注定的时间印迹》等10余部优秀文艺作品。

【持续推进全面从严治党走深走实】 坚持政治建设摆在首位。2020年，堆龙德庆区以“两个维护”为最高政治原则，把推动党中央、自治区、市党委决策部署落地落实作为检验忠诚的具体行动，建立健全上级决策部署任务分解、跟踪督办、考核问效的落实机制，以及县级干部牵头、专班推进、部门协作的责任体系。把政治纪律和政治规矩挺在前面，完善和落实民主集中制的各项制度，严格落实重大事项请示报告制度，严格执行新形势下党内政治生活若干准则，各级党组织广泛开展“重温入党志愿书”“党员政治生日”等活动130余场次、党员政治教育培训256期7652人次。

思想建设不断加强。以巩固提升“不忘初心、牢记使命”主题教育成果为契机，紧紧围绕学习贯彻习近平新时代中国特色社会主义思想这一主线，以学习贯彻中央第七次西藏工作座谈会精神、党中央重大决策及区市党委系列部署为重点内容，充分发挥区委常委会“领头雁”作用和区委党校主阵地作用，开展区委理论中心组学习12次、领导干部宣讲全覆盖，“流动党校”基层宣讲20余场次，实现科级以上干部“中央第七次西藏工作座谈会”和中共十九届五中全会精神培训全覆盖。

基层基础不断夯实。完成27个党委（党组、党工委）、12个区直机关党支部的调整优化，新设18个“两新”组织党组织，抓好“两新”组织党建指导员的选派、管理和使用工作。坚持党建引领基层社会治理，制定《加强城市基层党建工作十六条措施任务分解表》，实施4个村（居）党组织引领基层治理体系示范点建设，不断完善街道“大工委”、社区“大党委”工作模式。全面推进村（居）社会工作者职业体系建设试点，通过“转考招”三种途径将161名实绩突出、表现优秀的村（居）干部、高校毕业生纳入职业体系。深入开展“支部建设规范年”活动，完成2个村级活动场所标准化建设，整顿软弱涣散基层党组织3个、“中不溜”党组织15个。对2019年述职评议考核综合评价等次为“一般”的6名党组织书记进行约谈，建立8个“基层党建书记项目库”，从严压实管党治党“第一责任人”责任。

队伍建设更加优化。突出干部素质提升，开展针对性教育培训14期1800余人次。加强干部监督管理，对30名长期病假人员和68名借（抽）调干部进行分类处理，免去7人在区属国有企业中的兼任职务。围绕“五重五用”选人用人导向，对全区70家领导班子运行情况和班子成员履职情况进行分析研判，建立“五大类”专业型干部人才库200名、镇（街道）党政正职后备库30名。注重激励广大干部在疫情防控等急难险重任务和基层一线担当作为，考察识别优秀干部52名。严把党员发展关，举办入党积极分子、预备党员培训班3期254人。

正风肃纪深入推进。启动“作风建设整顿年”工作，常态化开展廉政警示教育，汲取“关键少数”严重违纪违法深刻教训，分3批次组织各级各部门领导班子到市廉政警示教育基地开展警示教育，进行集体廉政谈话。发挥巡察利剑作用，完成区委第9轮、10轮常规巡察，对第6、7轮巡察整改情况开展回访督查。全年受理问题线索43件，立案审查7件，给予开除党籍和公职处分1人、开除党籍处分2人、党内警告处分3人、诫勉谈话7人。坚决抓好区党委巡视反馈问题整改及成果运用，2项问题正在整改中，其余问题均完成整改或完成阶段性整改任务，健全完善制度机制80项。

（张顺滔）

【机构领导】

区委副书记、区长

石 运 本（10月任职）

区委副书记、常务副区长

赵 岩（北京援藏）

区委副书记

边 旦（藏族）

区委副书记、组织部部长

王 满 春(1 月任职)

区委常委、武装部政委

孙 振 立

区委常委、统战部部长

普布斯曲(藏族)

区委常委、区委办主任

德吉央宗(女,藏族)

区委常委,政府副区长

杨 蕾(援藏,7 月任职)

区委常委、纪委书记、监委主任

尚 志 清

区委常委、副区长

李 晓 强

刘 春 涛

区委常委、宣传部部长

普 旦(藏族)

区委常委、政法委书记、公安局局长

蒋 学 忠

办公室工作

【概况】 2020 年,在区委的坚强领导下,区委办公室团结带领干部职工紧紧围绕区委中心工作和年初工作计划,始终坚持以“建一流队伍、树一流形象、干一流工作、创一流业绩”为目标,以“五个坚持”为引领,立足“三提升”,做好“三服务”,积极发挥参谋助手、综合协调、督查落实等职能作用,较好地完成各项工作任务,为区委各项决策落实和各项工作开展打下良好基础。

【党的建设】 压紧压实工作责任。2020 年,区委办公室坚持把党建工作与办公室业务工作同安排、同部署、同落实,研究制定年度党建工作计划和责任清单,及时完成支部班子成员调整、补选工作,对支部委员工作职责进一步完善,做到既有分工又互相协作,推动形成齐抓共管的工作格局。

持续强化理论武装。认真落实区委关于巩固“不忘初心、牢记使命”主题教育成果的部署要求,紧紧围绕学习贯彻习近平新时代中国特色社会主义思想这一主线,严格落实“三会一课”制度,重点组织开展党纪党规、中央第七次西藏工作座谈会精神、中共十九届五中全会精神、区委二届五次、六次全会精神的学习,同时跟进中央、自治区、市党委以及区委重要会议文件精神的学习。

着力提升“两个功能”。围绕提升政治功能和服务功能,扎实推进党员“政治体检工作”,认真开展党员政治体检专题组织生活会,25 名党员政治体检“健康”率为 100%。严格落实党员“三包”要求,派出 8 名党员干部深入基层一线参加疫情防控工作,组织全办党员干部参加全国文明城市创建志愿服务活动 20 余场次,深入包村点乃琼社区和结对帮扶群众家中开展结对帮扶活动 10 余次,帮助解决困难问题 20 余项。严把党员“入口关”,着重从业务骨干中发展年轻党员干部,培养入党积极分子 2 名、发展党员 1 名。

始终坚持问题导向。认真开展干部作风整顿自查自纠,支部班子查摆出突出问题 5 条,支部党员干部查摆出“不愿为”突出问题 14 条、“不会为”突出问题 20 条,均已完成整改或取得阶段性成效。为切实抓好巡察反馈问题整改,对区委第九轮巡察反馈的 3 个方面 9 项问题和 3 条意见建议,制度 16 项细化整改措施,完成问题整改 8 项,建立完善制度机制 14 项,整改率为 90%。

【协调服务】 2020 年,区委办公

2020年2月6日,堆龙德庆区委办党支部开展疫情防控志愿活动

室坚持原则性与灵活性相结合，搞好县级领导之间的协调服务，建立健全区领导每日活动、每周工作安排，保障提升工作的科学化、规范化水平。不断加强与人大办、政府办、政协办之间协调沟通，建立完善四大办公室重点工作会商制度，形成以区委办牵头、区四大办公室整体联动、互相配合的服务机制。同时，积极抓好上下级之间协调，及时传达区委重大决策部署，及时反映基层意见和建议，确保政令畅通。

2020年7月8日，堆龙德庆区委办党支部开展文明创城活动

【办文办会】 2020年，区委办公室在办文上，坚持“精简、规范、优质”标准，严把报备、收发、阅办、归档等环节，进一步健全完善各项公文办理制度和流程，及时掌握文件去向，及时催办、督办，确保公文快速有序流转。根据《堆龙德庆区关于解决形式主义突出问题为基层减负的十项举措》内容，持续抓好会议精简、督查整合、改进作风各项工作。严格控制发文数量、规格和范围，2020年文件数量同比减少32%，全年收到各级来文1312件，传阅文件18368余次，下发公文296件。在办会上，以开短会、开小会、开有用的会议为原则，进一步压减会议数量、精简会议议程、缩短会议时间，2020年，高水平完成区委组织召开的共68余次会议的服务保障工作，其中区委常委会31次、区委专题会23次、书记专题会12次。协助其他单位筹办会议70余次，组织筹备领导调研25余次，累计保障“520”视频会议98次，保证区委决策事项及工作的贯彻落实和正常开展。对确定召开的重要会议，坚持做到提前准备、分工负责、层层把关，会前认真制定会务方案和工作流程，认真检查会务细节，力求不留空当死角，确保会场布置整洁庄严、会风会纪严肃认真、会议材料齐无差错，切实保障区委各项工作会议质量和效率。

【机要保密】 2020年，区委办公室积极推进机要密码及保密工作标准化、规范化建设，完善各项制度台账，规范文电运转程序，不断提高文电办理效率，共收发办理密码电报260份2386页，通过电子政务内网为全区各单位收发文件1万余份，全年完成12次全区应急密码通信演练。严格执行党政密码管理规定，确保密码设备绝对安全，密码通信绝对畅通。加强保密执法检查，强化保密“两识”教育，每季度对全区52家镇（街道）、区直各单位进行保密常规检查，全年未发生任何失泄密事件。同时，坚持规范办事，实行24小时值班、车辆管理等各项制度，坚持用制度管人、靠制度管事，确保各项工作运转协调高效。

【党史、档案工作】 2020年，区委办公室深入贯彻落实中央、区、市有关党史工作的决策部署，坚持正确方向，强化依法治志，认真做好全区地方党史资料收集整理工作，不断推进修志编纂工作规范化、制度化、标准化建设。全力做好全区档案工作，全面推进数字化档案馆建设，不断健全完善档案保密、管理、查阅、移交等制度，先后深入各镇（街道）、各单位开展形式多样的档案业务指导工作128次；共接收进馆文书档案4046件，实物档案113件，照片档案571张，利用360人次，借阅档案3201件。

【督促检查】 围绕大局抓督查。2020年,区委办公室紧紧围绕区委、区政府中心工作,重点任务抓督查、抓调度,建立重点工作专班推进制度,成立维稳工作专班、重点产业工作专班、脱贫攻坚巩固暨乡村振兴战略工作专班、精神文明建设和意识形态工作专班、精神文明建设和意识形态工作专班、生态文明工作专班、重点项目工作专班等10个重点工作专班,有力保障区委、区政府各项重点工作顺利推进。

围绕批示抓督查。按照“一事一办、专人负责、严格把关”原则,把领导交办和上级批办的事项作为阶段督查重点,及时做好分办、转办、催办工作,不让领导交办的工作在办公室延误,不让各种差错在办公室发生。2020年,先后下发《领导批示》108期、《督办通知》26次、《督查通报》10次、《督查专报》18期,真正做到事事有回音、件件有着落。

围绕制度抓督查。严格执行《马上就办工作制度》,严格落实“一事一档”要求,利用LED屏、微信等平台,及时对重大事项完成情况予以公示,实现对重大事项进行实时跟踪督办问效。

【突出文稿服务,做好决策参谋】 抓文稿当好“参谋手”。2020年,区委办公室坚持把文稿服务作为第一要务,牢固树立精品意识,对区委重要文稿,做到起草前深入调研、掌握实情;起草中仔细修改、斟字酌句;起草后严格审核、精益求精,确保各类文稿符合上级要求、体现区委意图、紧贴工作实际。

抓信息当好“千里眼”。坚持把信息工作摆在重要位置,改变以往习惯做法,跳出信息抓信息,积极采取约稿和调研相结合的办法,把捕捉信息的视角放在落实中央和区市党委及区委决策部署上,拓展到学习县区经验做法上,延伸到县域经济社会发展的方方面面上来,为区委决策部署提供参考,做到把准上情,吃透下情。2020年,共上报约稿信息19条、紧急信息13条、信息1201条、专报61条,信息被采用90余条。收到全区各级各部门上报各类信息621余条,整理采用88余条次,在全市6个县(区)信息计分中排名第三。

抓调研当好“实触角”。坚持把调研作为服务决策的重要途径,年初由区委政研室牵头,根据中央和区市党委的重大决策部署以及区委重点工作,拟定调研课题,广泛征求意见后,确定为当年重点调研课题,并印发至全区副科级以上实职干部,最终形成一批质量较高的调研报告。同时,注重从领导的讲话和关注的事情、基层工作报告中收集、捕捉具有普遍性的问题,开展专题调研,提供更多的具有超前性和可操作性的决策预案为区委领导发挥参谋助手作用。

(次仁德吉)

2020年11月2日,堆龙德庆区委办党支部召开专题组织生活会

【机构领导】

区委常委、区委办主任

德吉央宗(女,藏族)

区委办常务副主任

陈 俊 宇

区委办副主任

索朗扎西(藏族)

张 顺 滔

区委机要局局长

樊 晓 瑞

区委机要局副局长

唐 晓 颖(女,藏族)

区档案馆馆长

张　　毅(女)

区党史办负责人
巴　　桑(女,藏族)

堆龙德庆区人民代表大会

【概况】 年内,堆龙德庆区人大常委会坚持以习近平新时代中国特色社会主义思想为指导,坚决贯彻习近平总书记关于坚持和完善人民代表大会制度的重要思想,深入学习贯彻中共十九大和十九届二中、三中、四中、五中全会及中央第七次西藏工作座谈会精神,在中共堆龙德庆区委的坚强领导下,在拉萨市人大常委会的有力指导下,围绕区委中心、服务全区大局,紧扣人民群众重大关切,依法履行职责,积极担当作为。2020年,共召开常委会会议8次,听取和审议专项工作报告7项,开展专项视察5次、执法检查1次、专题询问1次、满意度测评1次,作出决议决定11项,依法任免地方国家机关工作人员15人次,组织宪法宣誓4次,配合上级人大视察调研13批次,接待其他市县区考察5批次,较好地完成区二届人大四次会议确定的各项任务,为促进堆龙经济社会发展和民主法治建设作出新的贡献。

2020年8月17日，堆龙德庆区人大常委会党组书记、主任武保林（前排左二）带队一行到区人民法院调研工作

【坚持党的全面领导】 以政治坚定践行“两个维护”。2020年,区人大常委会坚持把党的领导贯彻落实到人大工作的全过程各方面,保障党的路线方针政策和决策部署在堆龙得到全面贯彻和有效执行,确保党的主张同人民意志高度统一,以做好人大工作的具体行动和实际成效体现对总书记和党中央的绝对忠诚。

以行动自觉落实区委决策。始终坚持在区委领导下工作,全年就工作要点、代表补选等重大问题、重要事项及时向区委请示报告,并通过季度汇报形式保证区委掌握人大工作动态。充分发挥常委会党组把方向、管大局、保落实的作用,紧盯全区工作大局,加强与“一府一委两院”的沟通协调,统筹安排人大监督、决定、任免、代表等各项工作,积极参与疫情防控、维护国家安全、促进就业等工作,确保人大工作与区委工作目标同向、行动同步、同频共振。

以理论武装保持政治坚定。召开9次常委会党组会议、10次理论学习中心组会议,组织机关全体党员深入学习习近平总书记关于意识形态、生态文明、安全生产、脱贫攻坚、民族宗教等工作的重要讲话精神,学习贯彻十九届五中全会和中央第七次西藏工作座谈会精神,深刻认识坚持和完善人民代表大会制度在推进国家治理体系和治理能力现代化中的重要意义,从全局的高度把握形势、谋划工作、忠诚履职,确保机关党员干部始终在思想上政治上行动上与党中央保持高度一致。

【疫情防控】 2020年,面对突如其来的新冠肺炎疫情,区人大常委会坚决贯彻习近平总书记和中央、各级党委的决策部署,迅速行动,全力参与大战大考。按照区委安排部署,常委会领导班子成员定期深入一线督导调研,委派2名人大常委会副主任到城关区协助开展疫情防控工作,2名兼任镇(街)党(工)委书记的副主任带领镇(街)、村干部战斗在第一线奋战,持续深入摸排,落实隔离场所,加大宣传力度,以最严标准做好疫情防控工作。机关干部职工主动宣传解读疫情防控法律法规和政策措施，各级人大代表各负其责、各展所长，在各自的工作领域、各自的工作岗位上积极发挥人大代表先进模范作用，与全区人民齐心协力，共同抗击疫情，汇聚起人大抗疫的强大力量。

【增强监督实效】 聚焦脱贫攻坚。2020年，区人大常委会坚持以人民为中心，发挥人大职能作用，聚力推动脱贫攻坚工作深入实施。针对中央第三巡视组脱贫攻坚专项巡视“回头看”反馈意见，组织人大代表现场查看，详细了解整改落实情况，听取人大代表关于整改工作的意见建议。人大机关干部职工围绕扶贫政策和脱贫实际问题，积极当好政策“宣传员”，鼓励和引导贫困群众坚定脱贫信心，调动群众摆脱贫困、勤劳致富的主观能动性。

聚焦城市建设。充分发挥监督作用，积极参与全国文明城市创建工作，主要领导多次带领常委会组成人员、人大代表等到城市主要干道、商户门前、社区、背街小巷实地察看创建工作，积极协调有关部门进行联合整治，力促问题整改、富有成效。推进流浪犬监督管理工作，加强疫情期间流浪犬监督管理，协调督促流浪犬监督委员会成员单位做好流浪犬管理工作，听取有关工作汇报并提出指导性意见，城区和各镇（街）流浪犬数量明显减少。10月，常委会组织召开城市建设与管理工作专题询问会，采取“一问一答”的方式，由有关职能部门负责人当场回答人大代表询问，就城市规划建设、综合执法、交通安全、环境卫生、环保治理、市政管理、园林绿化、旅游发展等方面工作形成共鸣与共识，促进相关问题的有效解决与落实。

聚焦生态文明建设。2020年4月，组织部分人大常委会委员、基层人大代表视察全区生态文明建设工作情况，了解安全饮水、人居环境整治、山体修复、河道整治、棚户区改造等工作情况，并召开座谈会，就安全饮水、道路清洁、垃圾转运、生态恢复、环评审批等问题向有关部门提问，区生态环境分局、水利局、自然资源局、住建局等部门分管领导到会解答。视察结束后，常委会就人大常委会委员、人大代表关心关注的生态文明建设工作向有关部门发出工作询问函，要求有关部门予以书面答复。

2020年4月28日，堆龙德庆区人大常委会副主任次仁（左三）带领部分人大常委会委员、基层人大代表视察生态文明建设工作

聚焦传染病防治工作。2020年7月，成立执法检查组对《中华人民共和国传染病防治法》在堆龙德庆区的贯彻实施情况开展执法检查，切实发现并推动解决全区在传染病防治工作中存在的突出问题，保障人民群众身体健康和生命安全。检查前，检查组召开动员部署会，部署执法检查相关工作，统一思想、凝聚共识、明确任务，集体学习《中华人民共和国传染病防治法》解读视频，为高质量开展执法检查奠定坚实基础。检查期间，检查组看望慰问奋斗在防疫一线的工作人员，详细了解各项防疫措施落实情况、服务保障以及工作人员防护保障情况。组织人大代表到区疾控中心、区中学等地实地走访各科室、学生食堂，全面了解疫情防控举措、物资储备和人员队伍建设情况。在听取区人民政府关于《中华人民共和国传染病防治法》贯彻实施情况和疫情防控工作情况后，检查组现场提出意见建议10条，努力推动传染病防治工作全

面有效开展。

聚焦公正司法工作。2020年，先后组织人大常委会组成人员、基层人大代表到法检两院开展视察调研工作，听取两院工作情况报告，重点了解法院审判、执行工作和检察院“四大检察”“十大业务”，督促两院统筹优化审判检察资源，竭力缓解案多人少矛盾和人员事务性压力，开展好《中华人民共和国民法典》学习培训工作，确保法官、检察官准确理解和把握立法精神、最新要求，不断提高审判、检察工作的能力水平，维护社会公平正义和长治久安。

2020年1月3日，堆龙德庆区第二届人民代表大会第四次会议代表议案建议交办会召开

【代表工作】 创新代表培训方式。2020年，区人大常委会统筹考虑不同类型代表特点和履职需求，聚焦提升代表政治意识、履职能力，精准设计学习培训的内容和形式。针对基层一线群众代表，突出政治培训，邀请党校教师授课，重点学习中共十九届五中全会和中央第七次西藏工作座谈会精神，通过加强思想政治引领，确保代表履职保持正确政治方向，激发使命感责任感。针对常委会组成人员，突出履职培训，安排常委会领导上讲台，重点讲授习近平总书记关于坚持和完善人民代表大会制度重要思想内容、宪法、选举法及履职应知应会知识，吃透法规政策，掌握专业知识。全年常委会举办2期培训班，组织代表参加上级人大培训班（专题履职讲座）4期，培训学员80余人次，为代表高质量履职创造良好条件。

推动办好代表建议。严把代表议案建议质量关，在区二届人大四次会议召开前，引导代表聚焦人民群众特别关注的热点难点问题开展视察调研，为会议期间提出高质量的议案建议作充分准备，人代会召开后，及时翻译梳理代表在会上提出的议案建议，召开交办会，向区政府、柳梧新区管委会签订交办表，分别移交代表建议111件、8件，并就办理工作提出具体要求。4月，发文要求各镇（街道）人大随时掌握承办单位与代表见面答复与办理进度情况，每月将进展情况通报人大办，确保代表建议办理情况落到实处。6月、11月，2次开展办理情况视察，现场督查办理情况并召开推进会，及时提出办理问题和建议，有力地推动相关建议办理取得新成效。制定出台《堆龙德庆区人大常委会组成人员联系人大代表制度》《堆龙德庆区人大代表联系群众制度》，按照便捷、畅通、高效的原则，划定每名常委会组成人员固定联系3～5名人大代表，并下发通知要求常委会组成人员开展联系人大代表活动，动员各级人大代表积极参与到文明城市创建工作中来，建言献策，发挥表率作用。

【自身建设】 切实改进作风。2020年，区人大常委会落实全面从严治党主体责任，不断提升党风廉政建设水平，深刻汲取典型案例的教训，用身边事警醒身边人，发挥警示作用，强化党员干部遵纪守法意识，增强拒腐防变能力，深化以案为鉴、以案促改，推动全面从严治党向纵深发展。严格落实区委关于力戒形式主义为基层减负的具体措施，精文简会、提质增效，持之以恒纠“四风”、改作风，持续推动基层减负工作落到实处。认真学习贯彻《中国共产党纪律处分条例》等党内法规，严格执行新形势下党内政治生活若干准则，认真开展批评与自我批评，党内政治生活质量进一步提升。切实强化经常性廉政教育，拒腐防变的思想防线进一步牢实。

改进宣传报道。紧紧围绕深入学习宣传贯彻习近平新时代中国特色社会主义思想这个主题，严格落实意识形态责任制，致力宣传人大制度，讲好人大故事，扩大人大影响，服务全区经济社会发展大局。加强宣传策划和专题报道，推进人大宣传平台融合发展，不断提升宣传实效。2020年，在各级媒体刊登发布人大信息11篇，在自治区、拉萨市人大座谈会上交流经验做法4次，堆龙人大工作保持在全市各县（区）前列，影响力不断提升。

推进整体联动。县乡两级人大是一个有机整体，做好人大工作，离不开镇（街）人大的支持和配合，在工作中有效处理好上下级人大之间的法律监督关系、工作联系关系和业务指导关系，强化和推动日常工作的上下联系，重点工作的上下联动，代表活动的上下联合。通过召开交流会、上下联动开展视察、执法检查等方式，密切与镇（街）人大的联系，加强工作交流，总结推广各镇（街）创新做法和经验，形成工作合力，两级联动格局更加巩固、更富成效。

（程鹏斌）

【机构领导】

区人大常委会主任

武 保 林

区人大常委会副主任

次　　仁（藏族）

马　　勇

罗桑次仁（藏族）

刘　　军

堆龙德庆区出席西藏自治区第十一届人民代表大会代表一览表

表1

姓 名	性别	民族	工作单位及职务
石 运 本	男	汉族	堆龙德庆区委副书记、区长
唐 素 芳	女	汉族	姜昆希望小学校长
次　　珍	女	藏族	区城投公司会计
格桑卓嘎	女	藏族	古荣镇南巴村村委会主任
罗桑卓嘎	女	藏族	德庆镇德庆村党委书记

堆龙德庆区出席拉萨市第十一届人民代表大会代表一览表

表2

姓 名	性别	民族	工作单位及职务
石 运 本	男	汉族	堆龙德庆区委副书记、区长
武 保 林	男	汉族	堆龙德庆区人大常委会党组书记、主任
边　　旦	男	藏族	堆龙德庆区委副书记
达　　娃	男	藏族	德庆镇德庆村委会主任
旦　　增	男	藏族	马镇设兴村第一书记
达瓦桑布	男	藏族	柳梧街道柳梧村党委书记
唐 素 芳	女	汉族	姜昆希望小学校长
次仁措姆	女	藏族	堆龙德庆区人民医院医生

续表2

姓 名	性别	民族	工作单位及职务
洛桑金巴	男	藏族	远大公司董事长
琼 达	男	藏族	楚布寺僧人
巴桑罗布	男	藏族	乃琼街道色玛社区主任
阿 努	女	藏族	羊达街道通嘎社区主任
巴桑次仁	男	藏族	东嘎街道桑木社区主任
次 珍	女	藏族	区城投公司会计
旦 增	男	藏族	铁路护路队员

堆龙德庆区第二届人大常委会委员一览表

表3

姓 名	性别	民族	工作单位及职务
王满春	男	汉族	区委副书记、组织部部长
普 旦	男	藏族	区委常委、宣传部部长
刘长景	女	汉族	区人大办主任
欧珠平措	男	藏族	区人大办四级调研员
拉 珍	女	藏族	区工会主席
多吉旺堆	男	藏族	德庆镇党委副书记、人大主席
次 央	女	藏族	马镇党委副书记、人大主席
田德全	男	汉族	古荣镇党委副书记、人大主席
达瓦次仁	男	藏族	羊达街道党工委副书记、人大工委主任
普布卓玛	女	藏族	东嘎街道党工委副书记、人大工委主任
阿 奴	女	藏族	乃琼街道党工委副书记、人大工委主任
洛桑卓玛	女	藏族	柳梧街道党工委副书记、人大工委主任
秦 炜	男	汉族	博炜律师事务所主任
洛桑次成	男	藏族	古荣护路大队大队长
罗桑卓嘎	女	藏族	德庆镇德庆村党委书记
巴桑罗布	男	藏族	乃琼街道色马社区主任
巴 桑	女	藏族	区人民医院内科主任
强巴卓嘎	女	藏族	乃琼中心校校长

堆龙德庆区第二届人民代表大会代表一览表

表 4

姓　名	性别	民族	工作单位及职务
石运本	男	汉族	堆龙德庆区委副书记、区长
武保林	男	汉族	堆龙德庆区人大常委会党组书记、主任
赵　岩	男	汉族	堆龙德庆区委常务副书记、常务副区长
边　旦	男	藏族	堆龙德庆区委副书记
王满春	男	汉族	堆龙德庆区委副书记、组织部部长
孙振立	男	汉族	堆龙德庆区委常委、武装部政委
普布斯曲	男	藏族	堆龙德庆区委常委、统战部部长
德吉央宗	女	藏族	堆龙德庆区委常委、区委办主任
尚志清	男	汉族	堆龙德庆区委常委、纪委书记、监委主任
普　旦	男	藏族	堆龙德庆区委常委、宣传部部长
蒋学忠	男	汉族	堆龙德庆区委常委、公安局分局长
次　仁	男	藏族	堆龙德庆区人大常委会副主任
马　勇	男	汉族	堆龙德庆区人大常委会副主任
罗桑次仁	男	藏族	堆龙德庆人大常委会副主任、德庆镇党委书记
刘　军	男	汉族	堆龙德庆人大常委会副主任、羊达街道党工委书记
刘长景	女	汉族	堆龙德庆区人大办主任
胡仕梅	女	汉族	堆龙德庆区巡察办干部
拉　珍	女	藏族	堆龙德庆区工会主席
王丹丹	女	汉族	堆龙德庆区委宣传部副部长
秦　炜	男	汉族	博炜律师事务所主任
阿旺次仁	男	藏族	堆龙德庆区净土公司党委书记、董事长
旦增群培	男	藏族	堆龙德庆区信访局局长
洛桑次成	男	藏族	古荣护路大队大队长
洛　布	男	藏族	堆龙德庆区市场监管局局长
扎西朗杰	男	藏族	林琼岗退休支部书记
巴　桑	女	藏族	堆龙德庆区人民医院内科主任
格桑玉珍	女	藏族	堆龙德庆区德庆镇热果寺管会主任
扎西达瓦	男	藏族	堆龙德庆区委统战部干部

续表4

姓　名	性别	民族	工作单位及职务
强巴卓嘎	女	藏族	堆龙德庆区乃琼中心校校长
玉　措	女	藏族	堆龙德庆区农业农村局干部
索朗扎西	男	藏族	雄巴拉曲神水藏药有限公司常务副总经理
刘　波	男	汉族	堆龙德庆区水电气公司总经理
尼　玛	女	藏族	西藏堆龙人社局退休干部
多吉旺堆	男	藏族	德庆镇党委副书记、人大主席
达　娃	男	藏族	德庆镇德庆村党委副书记、村委会主任
罗桑卓嘎	女	藏族	德庆镇德庆村党委书记
阿旺旦增	男	藏族	德庆镇昂嘎村委会副主任
白　党	男	藏族	德庆镇邦村村民监督委员会主任
尼　玛	男	藏族	德庆镇邱桑村党总支副书记、村委会主任
索朗央金	女	藏族	德庆镇邱桑村村医
晋美贡布	男	藏族	顶嘎村委会副主任
扎　曲	男	藏族	德庆镇门堆村党总支副书记、村委会主任
阿旺晋巴	男	藏族	德庆镇邱桑寺管会常务副主任
达瓦次仁	男	藏族	马镇党委书记
次　央	女	藏族	马镇党委副书记、人大主席
顿珠多吉	男	藏族	区第五幼儿园园长
强巴云丹	男	藏族	马镇措麦村党总支副书记、村委会主任
拉　穷	男	藏族	马镇措麦村村民
次吉达娃	男	藏族	马镇设兴村党总支副书记、村委会主任
拉　巴	男	藏族	马镇岗吉村党总支书记
土旦次仁	男	藏族	马镇朗巴村党总支副书记、村委会主任
次仁旺姆	女	藏族	马镇朗巴村妇女主任
格桑顿珠	男	藏族	马镇常木村党总支副书记、村委会主任
德　庆	男	藏族	马镇马村党总支书记
巴桑次仁	男	藏族	楚布寺管委会党组书记、管委会主任
索朗曲珍	女	藏族	古荣镇党委书记

续表4

姓 名	性别	民族	工作单位及职务
欧珠平措	男	藏族	人大办四级调研员
田 德 全	男	汉族	古荣镇党委副书记、人大主席
旺 堆	男	藏族	古荣镇加入村党委书记
拉巴卓玛	女	藏族	古荣镇古荣村村民
拉巴次仁	男	藏族	古荣镇巴热村党总支副书记、村委会主任
拉巴次仁	男	藏族	古荣镇南巴村委会副主任、会计
巴 珠	男	藏族	古荣镇嘎冲村党委书记
嘎 松	男	藏族	古荣镇古荣村委会副主任
巴桑卓嘎	女	藏族	古荣镇嘎冲村村民监督委员会委员
索朗曲珍	女	藏族	古荣镇那嘎村村民
嘎玛扎西	男	藏族	古荣镇那嘎村党委书记
嘎玛晋美	男	藏族	楚布寺管委会委员
洛桑索朗	男	藏族	政协办四级调研员
达瓦次仁	男	藏族	羊达街道党工委副书记、人大工委主任
达 瓦	男	藏族	羊达街道羊达村委会委员
次旦多吉	男	藏族	羊达街道帮普村党总支书记
尼玛旺堆	男	藏族	羊达街道通嘎村委会副主任、治保主任
吴 穷	男	藏族	羊达街道通嘎村党总支书记
强巴卓嘎	女	藏族	羊达街道卫生院 羊达村村医
米玛普赤	女	藏族	羊达街道中心校教师
达 嘎	女	藏族	羊达街道中心校少先队辅导员
任 威	男	汉族	乃琼街道党委副书记镇长
琼 卓 玛	女	藏族	区委巡察一组组长
阿 奴	男	藏族	乃琼街道党工委副书记、人大工委主任
德吉卓嘎	女	藏族	乃琼街道中心小学教师
扎巴索朗	男	藏族	乃琼街道岗德林村党委副书记、团支部书记
次旦卓嘎	女	藏族	乃琼街道岗德林村二组 联户代表
扎 桑	女	藏族	乃琼街道乃琼村妇女主任

续表4

姓 名	性别	民族	工作单位及职务
扎巴旺旦	男	藏族	乃琼街道乃琼村民监督委员会委员
巴桑罗布	男	藏族	乃琼街道色玛村党总支副书记、村委会主任
罗 布	男	藏族	乃琼街道贾热村党总支副书记、村委会主任
阿旺金巴	男	藏族	觉木龙寺管会 副主任
次仁顿珠	男	藏族	乃琼街道加木村委会委员
索 朗	男	藏族	乃琼街道波玛村党委副书记、村委会主任
旦增平措	男	藏族	东嘎街道党委书记
普布卓玛	女	藏族	东嘎街道党委副书记、人大主席
格桑曲珍	女	藏族	东嘎街道干部
平 措	男	藏族	东嘎街道东嘎村委会副主任
边 巴	男	藏族	东嘎街道东嘎村委会委员
巴桑次仁	男	藏族	东嘎街道桑木村党委副书记、村委会主任
巴桑卓嘎	女	藏族	东嘎街道桑木村村委会妇女主任
尼玛次仁	男	藏族	东嘎街道南嘎村党委副书记五组组长
尼玛次仁	男	藏族	东嘎街道南嘎村党委委员、村委会副主任、
旦增尼玛	男	藏族	东嘎街道南嘎村党委副书记、村委会主任
王 龙 龙	男	汉族	柳梧街道党工委书记
洛桑卓玛	女	藏族	柳梧街道党工委副书记、人大工委主任
旦 巴	男	藏族	柳梧街道柳梧村民监督委员会主任
次旦平措	男	藏族	柳梧街道柳梧村党委副书记、村委会主任
索朗曲珍	女	藏族	柳梧街道卫生院副院长
拉 琼	男	藏族	柳梧街道达东村村民监督委员会委员、联户长
索 朗	男	藏族	柳梧街道德阳村 3 组组长

办公室工作

【概况】 年内，堆龙德庆区人大办公室以习近平新时代中国特色社会主义思想为指导，在区人大常委会的坚强领导下，紧扣区委中心工作，服务大局，服务基层，围绕《堆龙德庆区人大常委会2020年度工作要点》，加强组织领导，转变工作作风，提升工作效能，创新工作机制，认真贯彻落实区人大常委会的各项工作部署，积极发挥综合协调服务职能，以奋发有为的精神积极开展各项工作，为常委会全年工作的圆满完成作出积极贡献。

2020年7月1日，堆龙德庆区人大办党支部、政协办党支部联合开展纪念建党99周年大会暨七月份“主题党日”活动

【办文办会】 2020年，区人大办公室切实做好“三会”服务，保证常委会工作的正常开展。从文件的起草、会议程序的策划以及筹备安排等各方面入手，对每一项工作都进行具体的细化分工，通过明确责任，力求依法有序，做到细致周到。顺利完成区二届人大四次会议的有关筹备工作，精心筹备常委会议8次，主任会议13次。根据常委会年度工作重点，拟定2020年度工作要点和会议议题、视察、调研安排等，为全年各项工作的有效开展夯实基础。坚持在每次会议召开前及时发出通知，列出会议所需材料清单，认真准备会议材料，在装袋时做到逐一清点，减少会议文件材料出错。在人代会的筹备和服务工作中，按照大会筹备领导小组和大会秘书组的工作安排，先后就大会各项文字材料、会议安排等工作进行周密筹备和协调，保证大会各项程序依法顺利进行。

2020年8月27日，堆龙德庆区人大办公室顺利完成党支部换届选举工作

【沟通协调工作】 2020年，区人大办公室通过编发通知、会议部署等方式，及时有效地把常委会领导对人大工作和人大常委会机关工作的思路和要求，传达到全体机关干部职工，有效地调动机关干部职工的工作积极性和主动性。加强人大常委会与“一府一委两院”的沟通，对于人大及人大常委会做出的决议、决定和审议意见，及时准确地向“一府一委两院”通报，并跟踪了解、督导办理情况，向常委会及时反馈。协调办公室内部的关系，重新调整办公室人员的分工，促进机关工作

有序顺利开展。

【加强人大宣传工作】 2020年，区人大办公室牢牢把握正确舆论导向，坚持把人大宣传作为总结经验、创新思路、争创一流的重要途径，进一步加大人大工作和人大制度宣传的力度。狠抓人代会、人大常委会、主任会议以及视察调研工作的宣传报道工作，搜集、撰写材料在全区性微信公众号上发表，积极向市人大刊物《拉萨人大》投稿，加强工作经验在全市的总结交流，营造良好的宣传氛围。

（程鹏斌）

【机构领导】

区人大办公室主任

刘长景（女）

区人大办公室副主任

巴　桑（女，藏族）

程鹏斌（11月任）

2020年11月6日，堆龙德庆区委副书记、区长石运本（左二）到堆龙德庆区德吉藏家精品民宿考察

堆龙德庆区人民政府

【概况】 2020年，是堆龙德庆区发展进程中极不平凡的一年。面对严峻复杂的宏观经济形势、艰巨繁重的改革发展稳定任务，特别是新冠肺炎疫情的严重冲击，在自治区、拉萨市党委政府和堆龙德庆区委的坚强领导下，区政府坚持以习近平新时代中国特色社会主义思想为指导，全面贯彻习近平总书记关于西藏工作的重要论述和新时代党的治藏方略，坚持稳中求进，扎实做好“六稳”工作、全面落实“六保”任务，统筹推进稳增长、促改革、调结构、惠民生、防风险、保稳定等各项工作，有力促进国民经济延续稳定恢复态势，社会大局保持和谐稳定，荣获“2020年度中国全面小康百佳示范县市”。全年实现地区生产总值62.82亿元，同比增长7.7%。其中：第一产业2.19亿元，同比增长8.1%；第二产业34.02亿元，同比增长6%；第三产业26.61亿元，同比增长3.2%。农村居民人均可支配收入19746元，同比增长12.8%；一般公共预算收入完成10.46亿元，同比下降13.03%；社会消费品零售总额13.54亿元，同比下降4.7%；规模以上工业增加值15.67亿元，同比下降2.7%；全社会固定资产投资同比增长16.7%。

【抗疫斗争】 2020年，堆龙德庆区面对突如其来的新冠肺炎疫情，全区上下闻令而动、积极作为，及时成立领导小组及其指挥部、10个专项工作组，全面打响气壮山河的疫情防控人民战争、总体战、阻击战。建立“两排查四报告”工作机制，排查登记流入人口，实现人口管理全覆盖。突出群防群控，创作并推送疫情防控宣传短片50余部，机关党员干部下沉到村（社区）开展工作，“红袖标”等基层群众参与防控。累计接收社会各界捐款捐物526.6万元，244名房东自主减免房租233万余元。

【城乡融合】 2020年，堆龙德庆区有序实施134个基本建设项目，完成固定资产投资62.44亿元，城乡基础设施建设持续改善。投入3209.07万元，完成56处水源地饮水供水系统提升改造。新城“三横”“四纵”的骨干路网架构基本形成。那拉高速公路羊八井至拉萨段通车运行。全面推进生态宜居城市建设，建成滨河公园（一期）等8个公园，有序推进水系连通、堆龙河综合整治工程建设。完成3个新城地产项目建设，城区常住人口达到70709人。深入实施“美丽乡村·幸福家园”建设行动计划，探索建立“十项行动”“四化”“三改一整”工作路径，在8个示范村建成产业项目13个，完成442户“三改一整”示范户和11个人居环境整治项目建设、4个棚户区改造提升，户用卫生厕所普及率达到100%。深入推进通信网络工程建设，完成45个村组宽带资源扩容升级，区域通信信号强度平均提高6个百分点，宽带和流量资费分别同比降低15%、20%。快递服务站点、公交客运线路实现31个村（社区）全覆盖。

【产业发展】 2020年，堆龙德庆区净土健康产业链条日趋完备，建成投产饲草、藏红花、食用菌、藏（中）药材、蔬菜瓜果花卉等种植基地2万余亩。市场供给能力大幅提升，全年实现蔬菜总产量3724.185万公斤，约占全市商品蔬菜消费量的17.58%。工业经济持续向好，盘活低产低效企业6家，西藏吉祥哈达厂、藏地吉龙抗高反酸奶生产基地等重点项目投产在即。建立县级干部联系企业制度，积极帮助企业纾困解难，97家重点监测企业实现全部开复工，有效解决建筑建材类企业产品滞销问题，培育新增规模以上工业企业1家。商贸物流聚集区初具规模，拉萨综合保税区完成主体建设，领峰国际智慧物流园、高原食品冷链中心已启动商户签约。持续推动全域旅游、文旅融合发展，有序推进“象雄美朵”生态旅游文化产业园等景区规划建设，波玛村入选“第二批全国乡村旅游重点村名录”。积极探索线上实景互动体验游，成功举办首届“玉妥文化旅游节”。全年接待旅游人数153.07万人次、实现旅游收入4816.1万元。

【生态环境】 2020年，堆龙德庆区全力实施“净土”“净水”“净空”和“静音”工程，扎实开展能源和水资源消耗、建设用地等总量和强度双控行动。完成8处矿山地质环境修复治理工程建设。巩固提升消除“无树村”“无树户”工作成果，完成植树造林850余亩，森林草地覆盖率达到87%。持续深化“河长制”工作成效，建成并投入使用水质检测实验室，辖区河流及饮用水水源地水质达标率保持100%。投入1719.8万元用于支农防汛，完成4处堤防加固维修。强力开展扬尘污染防治专项行动，空气质量优良率达到100%。全年受理环境举报案件41件，办结率、满意率均达100%，先后行政处罚环境违规企业10家，收缴罚金51.05万元。有序推进第一批48宗“两违”问题整治和第二批13宗“两违”问题核定工作，“减存量、控增量”工作取得积极成效。深入推进城市管理行政执法体制改革，下沉派驻83名执法人员到基层一线开展工作。有序推进全域无垃圾三年行动计划，基本实现生活垃圾分类回收处理全域全覆盖。深入开展文明城市创建工作，城乡居民环保意识、文明素养大幅提升。自治区生态文明村（社区）创建实现全覆盖，扎实开展全国生态文明县（区）创建工作。

【民生保障】 2020年，堆龙德庆区聚焦百姓热点问题，圆满解决28户群众不动产权“办证难”的

2020年8月14日，堆龙德庆区委常务副书记、政府常务副区长赵岩陪同北京市委组织调研组到堆龙德庆区调研德吉藏家宴项目

历史遗留问题，完成色玛村、南嘎村搬迁安置小区项目主体建设。建立防返贫预警机制，实现建档立卡群众人均可支配收入达到18349.29元，同比增长22.6%。坚持把就业工作作为“六稳”“六保”之首，农牧区劳动力转移就业10631人、实现增收1.04亿元，高校毕业生就业率达到99.8%、低收入家庭的高校毕业生就业率达到100%。全面加强基层公共文化服务供给，村（社区）文化活动场所、文艺队实现全覆盖，开展各类宣传教育1794场次、文艺演出391场次，荣获“西藏自治区‘四讲四爱’群众教育实践活动先进集体”称号。26家文物保护单位实现安全“零事故”，马镇措麦村入选“西藏自治区非遗特色村”。全面促进教育公平优质发展，6351名本地学生、4950名外来户籍学生、132名三类残疾儿童，接受教育权利得到有效保障，师资力量和教育教学水平明显提升。深入实施健康堆龙建设，持续深化医共体建设成效，完成全民免费健康体检工作，家庭医生签约率达到100%。弱势群体实现“应保尽保、应救尽救”，全年报销医疗费用3244人次2635.16万元，兑现社保待遇资金3.59万人次1299.27万元、各类补贴救助资金9059人次2262.95万元。住房安全隐患实现动态清零。

2020年4月10日，堆龙德庆区委常委、副区长刘春涛（前排左二）实地调研堆龙德庆区工业园区部分企业重点在建项目和园区规划建设工作

【社会局势和谐稳定】 2020年，堆龙德庆区牢牢把握反分裂斗争主动权，开展各类应急演练38场次，圆满完成重大活动、重点时段、重要节点维稳防控工作。全面推进“网格化社会治理”和“双联户工作”深度融合。持续深化扫黑除恶打非治乱专项斗争。不断强化社会面严管严控，“雪亮工程”“智慧警务”“双评估”工作成效显著，立案查处刑事案件211起，刑事拘留12人，荣获“2020年度中国最具安全感百佳县市”称号。全年受理群众来信来访105件，涉及1229人次1.39亿元，办结率92.3%。排查调处矛盾纠纷52件，涉及1017人次5024.3万元，化解率94.3%。帮助413名农民工讨回工资491.7万元，结案率98%。有效落实安全生产责任制，排查整治道路安全隐患176处，安全生产事故、死亡人数分别同比下降26.6%、18%。广泛开展“七五”普法宣传，公共法律服务体系建设取得新成效。持续深化“民族团结进步模范创建”和“遵行四条标准、争做先进僧尼”教育实践活动成果，民族宗教事务管理规范有序，“五个认同”“三个离不开”思想更加深入人心。

【营商环境】 2020年，堆龙德庆区全面深化“放管服”改革，动态调整并依法公开30家单位2942项权责清单，26家单位939项政务服务事项实现网上办理，838项事项的办理时限、在法定时限要求的基础上进一步压减60%以上，各类申报材料同比减少24.77%。持续推进金融服务体系建设，金融机构年末存款余额59.05亿元、各类贷款余额26.66亿元，“三农”和小微企业（合作社）贷款余额约占总数的90%以上。5家创业创新平台运营管理良好，74家孵化企业实现收入6051万元，带动就业604人。全面推行“双随机一公开”行政检查，90家企业（合作社）、92家个体工商户被列入异常名录，受理消费者投诉举报

616件、帮助挽回经济损失500余万元。新增市场主体3382户，同比增长31.82%。招商引资项目实际到位资金27.41亿元，同比增长20.55%。成立工商业联合会，进一步拓宽政府联系非公有制经济人士的有效渠道。减免市场主体各类税费1.06亿元、社保费用822.93万元，争取抗疫特别国债直达资金2.24亿元，清偿政府投资类项目无分歧欠款1187.57万元。本级配套发放230万元消费券，拉动居民消费约500万元。

【受援合作】 2020年，堆龙德庆区与北京市门头沟区“携手奔小康”对口帮扶活动成效显著，落实援藏资金4880万元，教育、医疗人才“组团式”援藏纵深推进，建成医院互联平台和远程影像系统等重点项目，两地交往合作更加广泛、更加紧密。

【自身建设】 2020年，堆龙德庆区在做好保障民生福祉、推动经济发展、维护社会稳定等工作的同时，坚持刀刃向内，把从严治党要求贯穿政府工作各方面、全过程。全面贯彻落实区委决策部署，认真执行人大及其常委会决议决定，自觉把民主政治协商纳入决策程序，办理人大代表议案及意见建议111件、政协委员提案及意见建议59件。持续规范政府系统重大事项决策行为，重大决策事中事后评估机制不断健全。深入推进法治政府建设，全面完成规范性文件清理，重大事项合法性审查实现全覆盖。持续优化财政资源配置，全面清理和规范干部补助类资金发放、政府采购工作。持续强化审计监督，完成镇（街道）预算执行和其他财务收支等审计工作，以及“三公”经费等专项检查。深入推进政府系统党风廉政建设和反腐败斗争，全力支持配合纪委监委依法依规履行职责，深刻汲取违纪违法典型案件的惨痛教训，以案为鉴、以案促改，全面加强重点领域和关键环节廉政风险防控。

（郭 龙）

2020年9月21日，堆龙德庆区政府副区长罗俊峰在2020年堆龙玉妥文化旅游节上为最美阿吉拉姆颁奖

【机构领导】

区委副书记、政府党组书记、区长
石运本（10月任职）

区委常务副书记、政府、常务副区长
赵 岩（北京援藏）

区委常委、政府副区长
杨 蕾（北京援藏，7月任职）

区委常委、政府党组副书记、副区长
李晓强
刘春涛

区政府党组成员、政府副区长
张 川（北京援藏，7月免职）
张晓林（8月去世）
达娃卓玛（女，藏族）
罗俊峰
旦巴罗布（藏族）
次旦朗杰（藏族）
王考昌

办公室工作

【概况】 2020年，区政府办公室在区委、区政府的坚强领导下，坚持以习近平新时代中国特色社会主义思想为指导，全面贯彻中共十九届五中全会和中央第七次西藏工作座谈会精神，围绕区委、区政府中心工作和重大决策部署，坚持解放思想，与时俱进，求真务实，开拓创新，不断增强对工作的主动担当意识，积极发挥参谋助手、督导检查、综合协

2020年7月23日，堆龙德庆区政府办党支部党员志愿服务队开展打扫卫生活动

调和保障服务作用，有力推动政府各项工作不断向前发展，为全区经济社会又好又快发展作出积极贡献。

【党的建设】 提高站位，全面加强新时代思想建设。2020年，区政府办公室坚持把抓实抓牢思想建设作为一项全局性、基础性工作，组织全体党员干部认真学习《习近平谈治国理政》等一系列习近平新时代中国特色社会主义思想最新成果，深刻领悟中共十九届五中全会和中央第七次西藏工作座谈会精神。认真落实党组“三会一课”制度，全年累计召开支部党员大会5次、召开支部委员会会议8次、党组会议5次，开展专题学习会议26次，积极利用微信公众号、“学习强国”平台等开展自主学习，不断增强政治意识、大局意识、核心意识、看齐意识，增强对工作的主动担当意识。

多措并举，扎实推进党组织标准化建设。2020年7月，根据《中共拉萨市堆龙德庆区委员会关于调整设立堆龙德庆区人大常委会办公室等27家单位党组、党委、党工委的通知》要求，区政府办公室正式设立中共堆龙德庆区政府办公室机关党组，2020年年底，共有党员9名（县级领导2名、机关后勤服务中心2名）、预备党员1名，入党积极分子1名，调整8名县级干部至各行业部门党组织。严格按照有关规定按时收缴党费，累计收缴党费3462.05元，已全部上交区直机关工作委员会。积极开展“党员政治生日”活动，累计为9人次党员“送祝福”，有力推动党组织标准化建设再上新台阶。

围绕目标，创新开展党内政治生活。积极发挥党建促业务工作效能，累计举办各类学习、专题讲座等活动30余次，促进支部党建工作与业务工作两手抓、两促进。先后规范完成年度组织生活会、扎实开展党员“政治体检”活动、深入开展“不忘初心、牢记使命”主题教育活动，共查摆问题不足、收集意见建议近200条，并积极进行问题整改，在狠抓落实中，不断夯实政府机关党组党的建设工作。充分发挥党组战斗堡垒和党员先锋模范作用，积极开展帮扶共建活动，政府机关党组坚持每季度到帮扶村（古荣村）开展共建活动、指导工作、解决困难问题等工作，2020年累计落实民生实事13项。

【廉政建设】 强化责任落实，纵深推进全面从严治党。2020年，区政府办公室全面落实区委区政府关于推进党风廉政建设和反腐败工作的部署要求，持续构建“不敢腐、不能腐、不想腐”的工作机制。严格执行“三重一大”事项集体决策制度、主要领导末尾表态制度和领导干部重大事项报告制度，以建章立制促作风建设常态化、长效化，认真做好涵盖人、财、物、事等制度的“废、改、立”工作，累计修改完善党组织建设工作制度15项、具体工作制度18项、机关效能建设制度11项。严格落实精文简会规定，文件、会议数量总体保持稳定可控并呈同比下降趋势。

坚持履责尽职，高质量完成巡察反馈意见整改。2020年9月9日至10月28日，二届区委第十轮巡察三组对区政府办党支部（区政府机关党组）进行巡察，12月14日，巡察组向区政府机关党组反馈巡察意见，共涉及

4个方面10项19条问题。对此，区政府机关党组坚持主动认领、照单全收、诚恳接受，逐一分析问题产生的主观原因和客观因素，经广泛征求意见建议，充分讨论酝酿，政府机关党组会议（扩大会议）研究、区委巡察办审定，最终形成《关于二届区委第十轮巡察反馈意见的整改方案》，共制定整改措施77条，实现整改目标、措施、人员、时限“四个明确”。经过三个多月的努力整改，区政府机关党组圆满完成全部整改任务。

【业务工作】 扎实做好办文办会工作。2020年，区政府办公室紧紧围绕区政府中心工作和全区发展大局，不断激发党员和其他干部职工积极干事创业的信心和动力，努力在“紧”字上做文章，千方百计处理“工学矛盾”，办文办会水平得到进一步提升。全年累计起草会议讲话、工作报告和其他综合材料300余篇，制发文件66件；收集、撰写、上报各类政务信息960期，政务信息工作荣获全市第一名；承办政府常务会议、政府专题会议、区长办公会议、各类重点专项会议和各级电视电话会议100余次，承办政府党组党风廉政学习会、部署会13次；承接、受理、转办各类上级文件1000余份，较好地发挥综合协调服务和参谋辅政作用，有效地保证上级政策贯彻落实和区政府工作的高效运转。

稳步推进信息平台建设。2020年，区政府办公室进一步加强政府信息公开标准化、规范化管理，调整完善堆龙德庆区政务公开工作领导小组。充分发挥政府网站第一公开平台作用，及时完善政府信息公开指南、政府信息公开制度、法定公开内容、政府信息公开工作年度报告等4项内容，认真梳理并及时公开26个领域基层政务公开目录。

切实加强政府网站信息公开工作。2020年，区政府办公室信息公开工作聚焦社会关切，及时调整完善工作重心和举措，积极回应人民群众新期待，及时、准确、全面地向全社会公开政策文件、通知公告等信息1283条，其中：涉及疫情防控、民生保障、权责清单、资金兑现、乡村振兴、污染防治、创业创新政策，有效保障人民群众的参与权、监督权。

（苏广龙）

【机构领导】

主 任

巴桑罗布（藏族）

副主任

次仁拉姆（女，藏族）

郭 龙

次 啦（女，藏族）

中国人民政治协商会议堆龙德庆区委员会

【概况】 2020年，区政协及其常委会在堆龙德庆区委的坚强领导下，在拉萨市政协的精心指导下，在区人大、区政府以及社会各界的鼎力支持下，高举习近平新时代中国特色社会主义思想伟大旗帜，深入学习贯彻中共十九大和十九届二中、三中、四中、五中全会精神及中央第七次西藏工作座谈会精神，全面贯彻习近平总书记关于加强和改进人民政协工作的重要思想和中央、自治区、市党委政协工作会议精神，坚持团结和民主两大主题，聚焦区委、区政府中心工作，着力在建言资政和凝聚共识上双向发力，圆满完成二届四次会议确定的各项目标任务。

【常务委员会会议】 二届十六次常委会会议。2020年3月24日，政协第二届拉萨市堆龙德庆委员会常务委员会第16次会议在政协会议室召开，政协党组书记、主席洛桑强巴主持会议。会议应到常委17名，因事因病请假3人，实到14人，符合《中国人民政治协商会议章程》规定。会议传达学习《中共西藏自治区委员会关于新时代加强和改进西藏政协工作的实施意见》《习近平给西藏大学医学院2015级临床医学专业大学生的回信》《习近平总书记在北京考察新冠肺炎防控科研攻关工作时的重要讲话精神》《3月4日中共中央政治局常委会会议精神》《决战决胜脱贫攻坚座谈会精神》；会议通报新冠肺炎疫情防控期间政协委员履行职能情况；会议研究《政协堆龙德庆区委员会常务委员会2020年工作要点》《政协堆龙德庆区委员会常务委员会2020年协商工作计划》。

二届十七次常委会会议。2020年6月10日，政协第二届拉萨市堆龙德庆委员会常务委员会第17次会议在政协会议室召开，政协党组成员、副主席尼玛主持会议。会议应到常委17名，因事因病请假8人，实到9人，符合《政协章程》规定。会议书面学习全国“两会”精神，全文学习《中国人民政治协商会议全国委员会常务委员会工作报告》《习近平总书记在参加经济界联组会上的重要讲话》。

2020年8月12日，堆龙德庆区政协党组书记、主席洛桑强巴带领部分政协委员一行在德庆镇、马镇、古荣镇和乃琼街道对二届四次会议提案办理情况进行视察

二届十八次常委会会议。2020年8月5日，政协第二届拉萨市堆龙德庆委员会常务委员会第18次会议在政协会议室召开，政协党组书记、主席洛桑强巴主持会议。会议应到常委17名，因事因病请假8人，实到9人，符合政协章程规定。会议传达学习《习近平总书记在企业家座谈会上的重要讲话》《汪洋主席在西藏调研时的讲话》和自治区政协十一届常委会第十一次会议精神；听取“一府两院”上半年工作情况及下半年工作安排通报。

二届十九次常委会会议。2020年9月8日，政协第二届拉萨市堆龙德庆委员会常务委员会第19次会议在政协会议室召开，政协党组书记、主席洛桑强巴主持会议。会议应到常委17名，因事因病请假6人，实到11人，符合政协章程规定。会议集中观看《见证初心和使命的十一书》；传达学习《习近平谈治国理政》第三卷之“铸牢中华民族共同体意识”内容、习近平总书记在中央第七次西藏工作座谈会上的重要讲话精神、区党委第149次常委会（扩大）会议精神、《关于重申严禁党员干部信仰宗教或参与宗教活动纪律要求的通知》。

二届二十次常委会会议。2020年11月20日，政协第二届拉萨市堆龙德庆委员会常务委员会第20次会议在政协会议室召开，政协党组书记、主席洛桑强巴主持会议。会议应到常委17名，因事因病请假8人，实到9人，符合政协章程规定。会议全文传达学习《中国共产党第十九中央委员会第五次全体会议公报》《习近平总书记关于〈中共中央关于制定国民经济和社会发展第十四个五年规划和二〇三五年远景目标的建议〉的说明》《中共中央关于制定国民经济和社会发展第十四个五年规划和二〇三五年远景目标的建议》及吴英杰书记在加入村宣讲十九届五中全会精神时的重要讲话；书面印发学习习近平总书记在党外人士座谈会上的重要讲话、汪洋主席在全国政协地方工作经验交流会上的重要讲话、西藏自治区党委九届八次全会精神、拉萨市委九届六次全会精神和堆龙德庆区委二届六次全会精神。

二届二十一次常委会会议。2020年12月23日，政协第二届拉萨市堆龙德庆区委员会第21次常委会召开，政协党组书记、主席洛桑强巴主持会议。会议应到常务委员17名，因事因病请假4人，实到13人，符合政协章程规定。会议听取政协第二届拉萨市堆龙德庆区委员会第五次会次筹备情况汇报；会议审议并通过《中国人民政治协商会议第二届堆龙德庆区委员会第五次会议筹备方案（草案）》《政协第二届拉萨市堆龙德庆区委员会第五次会议议程（草案）》《政协第二届拉萨市堆龙德庆区委员会第五次会议日程（草案）》《政协第二届拉萨市堆龙德庆区委员会第五次会议秘书长建议名单》《政协第二届拉萨市堆龙德庆区委员会第五次会议提案审查小组建议名单》《政协第二届拉萨市堆龙德庆区委员会第五次会议主持人及作工作报告人建议名单》《政协第二届拉萨市堆龙德庆区委员会第五次会议列席名单》《政协第二届拉萨市堆龙德庆区委员会第五次会议界别委员分组讨论名单》《政协第二届拉萨市堆龙德庆区委员会常务委员会工作报告(草案)》。

【把牢政治方向,发挥引领作用】2020年,区政协坚持把政治建设摆在首位,以“两个维护”为最高政治原则和根本政治规矩,把不折不扣贯彻落实党中央重大决策、习近平总书记重要指示批示和区市党委、区委部署要求作为具体检验,充分发挥政协党组把方向、管大局、保落实的重要作用,坚持重要工作、重大事项由党组集体研究决定,重要工作主动汇报、重大事项及时请示、重要精神迅速传达,确保政协履职与区委、区政府中心工作同向同行、同频共振、同轴运转。同时深化理论武装,增强做好新形势下政协工作的政治定力和政治把握力,全年通过常委会、党组会、主席会等平台,召开专题学习会议15次,支部学习会20次。

【紧扣中心环节,精心组织协商】开展政协全委会协商。2020年,区政协紧紧围绕区委二届五次会议精神的决策部署,认真讨论“一府两院”工作报告、国民经济发展计划、财政工作报告,提出高质量提案40件、合理意见建议27条,以提案交办会的形式转交至区委、区政府,努力为全区顶层决策科学化、合理化提供参考依据;开展议政性协商。召开两次专题议政性协商会议,听取“一府两院”上半年及政府相关行业部门工作情况汇报,了解全区经济社会发展情况,重点项目建设、交通发展及生态环境保护等重点工作推进情况,找准双向发力的切入点和融合点,努力为全区经济高质量发展建真言、谋良策、出实招;开展专项工作协商。召开2020年“河长制”督查工作专题协商推进会,就进一步强化河长制督查工作,加强水系治理,恢复水系原貌进行协商讨论,提出意见建议;开展提案办理协商。组织提案人、提案承办单位、区委区政府督查室相关负责人就政协二届四次会议以来提案办理情况进行协商,听取各单位办理进度以及办理中存在的问题和困难,听取提案人和委员的意见建议,对提案办理工作进行再安排再部署,确保提案办理工作有序开展。

2020年1月6日,政协第二届拉萨市堆龙德庆区委员会第四次会议提案、意见建议交办会召开。区政协党组书记、主席洛桑强巴主持会议

【突出民主监督,提升履职成效】2020年,区政协组织“三级政协委员”代表,对滨河公园、堆龙新城及路网建设、色玛村搬迁安置点、象雄美朵文化旅游产业园区、东嘎街道西嘎山绿化项目等全区重点项目开展民主监督专项视察;组织委员对企业复工复产情况进行视察,了解企业防疫措施、员工返岗、原材料供应、生产经营等情况,为企业发展出谋划策;组织开展“河长制”“禁白”督查工作12次,开展全国文明城市创建整改督导检查30余次,下发整改通知单16份。召开委派第二批政协委员担任政府职能部门民主监督员工作部署会。听取第一批民主监督员工作开展情况汇报,总结经验,发现不足,部署工作。各民

2020年1月21日，在春节、藏历新年来临之际，堆龙德庆区政协在政协会议室召开2020年春节、藏历新年座谈会，部分基层委员代表、驻会委员、履职较好委员代表及政协办工作人员30余人参加座谈会，区政协党组书记、主席洛桑强巴主持会议

主监督小组通过定期深入所监督的单位了解工作开展情况、视察调研等方式，向受派单位口头提出意见建议12条。在各项民主监督视察工作中，区政协以政治协商角度和民主监督方式提出合理意见建议50余条。

【聚焦脱贫攻坚，积极建言献策】2020年，区政协组织各界别委员代表对德庆村、马村、加入村、波玛村、通嘎村落实中央第三巡视组脱贫攻坚专项巡视"回头看"反馈意见的整改情况进行视察监督，与各村第一书记、村"两委"班子成员、驻村工作队召开座谈，针对群众就业、产业发展等问题进行交流讨论，提出意见建议。党组班子成员按照区委要求分别对所联系的包村就脱贫攻坚专项巡视整改情况开展调研，并形成3篇调研报告，为区委决策提供参考依据。

【加大提案督办，促进办理实效】2020年，区政协及时召开提案交办会。政协全委会闭幕后，区政协严把时间节点，将涉及堆龙德庆区的36件提案、22条意见建议交办至区政府，涉及柳梧新区的4件提案、5件意见建议交办至柳梧新区管委会。开展提案办理专项视察。组织提案承办单位、提案协办单位、区委区政府督查室及政协委员代表，先后对德庆镇德庆村人居环境整治、马镇措麦村主干道路硬化、古荣镇那嘎村修建水渠、乃琼街道比西沟道路硬化、柳梧街道朗杰色康寺主殿维修、德阳村桑普组新建蓄水池等8件重点提案、11件意见建议进行视察，通过视察了解和掌握提案办理进度。提案答复率和满意率达到100%，办结率达到81%，真正做到让委员满意、让群众受益。

【积极投身抗疫，展现政协担当】2020年，区政协先后召开3次专题会议，传达学习中央、自治区、市党委及区委关于疫情防控的重要会议精神和工作要求。通过"堆龙德庆政协"微信公众平台发布《致堆龙德庆区全体政协委员的一封信》，号召全区各级政协委员和政协机关干部积极主动参与疫情防控各项工作。医卫界委员始终奋战在疫情防控第一线，工商界委员有序稳妥做好复工复产，教育界委员送教上门，宗教界委员主动暂停各类宗教活动，其他界别委员充分发挥自身政治优势、组织优势和密切联系群众的优势，参与卡点检查测温等工作，并向所联系的界别群众做好正面宣传、解疑释惑、稳定人心的工作。捐款捐物、减免房租。新冠肺炎疫情发生后，全区广大政协委员主动担当，积极捐款捐物达136万元，在奉献爱心的同时，还发出《"减免房租、共渡难关"，做堆龙好房东》的倡议，2020年年底，各界别委员共计减免出租房（门面房）租金543万元。在新冠肺炎疫情防控工作中，广大政协委员积极响应号召，主动投身抗疫，发扬关键时刻站得出来、危急时刻顶得上去的斗争精神，为夺取疫情防控阻击战贡献力量。

【发挥独特优势，促进和谐稳定】2020年，区政协主动承担维稳责任，坚决落实维稳措施。党组班子坚定不移地贯彻落实区市党委和区委关于维护社会稳定的重大决策部署，认真做好一线维稳带

2020年5月26日，堆龙德庆区政协在政协会议室召开委派第二批政协委员担任政府职能部门民主监督员安排部署会

班值班工作和维稳督导检查工作，在全国“两会”、萨嘎达瓦节、中秋节、国庆节及十九届五中全会等重要节点深入各镇(街道)、村组、寺庙、学校和企业开展督导检查50余次。党外副主席及党外委员也始终按照维稳工作没有局外人的要求，影响带动界别群众全力以赴推进全区民族团结、宗教和睦、社会稳定。主动承担疫情防控督导检查工作。按照区委的安排部署，政协党组成员深入各自联系包镇包村点开展新冠肺炎疫情防控督导检查工作，有力促进疫情防控工作的落实。深入开展宣传活动，筑牢共同思想基础。党组班子成员利用到基层调研、走访看望政协委员、慰问结对帮扶户、宣讲中央第七次西藏工作座谈会精神和十九届五中全会精神等契机，及时宣传党中央对西藏的特殊关怀和深切关爱，不断坚定广大农牧民群众感党恩、听党话、跟党走的信心决心，不断凝聚起维护社会稳定、促进社会和谐的强大合力。

【加强对外交往，深化联谊交流】

2020年，区政协共协助配合自治区、拉萨市政协开展新冠肺炎疫情防控工作、精准扶贫产业项目后续发展、基层基本公共卫生服务能力建设、民营企业发展中存在的困难和问题等各类专题调研9次。认真做好对外交流交往工作。2020年，共接待青海省海南藏族自治州、昌都市、那曲市、林芝市政协，以及洛扎县、萨迦县、米林县政协等9批次93人到堆龙的学习交流和参观考察等工作，进一步推介堆龙德庆区相关工作的成功经验和做法。

【坚持委员主体、强化委员担当】

2020年，区政协统筹安排56名政协委员列席区委各项会议及活动，扩大委员参与度，增强委员责任感。召开镇(街道)“政协委员之家”工作交流座谈会，围绕基层政协工作存在的困难和问题，以及进一步做好堆龙德庆区政协工作开展探讨交流，对促进基层政协工作起到互学互鉴作用。持续健全完善委员履职档案，激发委员履职热情和工作活

2020年12月15日，堆龙德庆区政协组织召开基层“政协委员之家”工作交流座谈会。各镇(街道)分管“委员之家”工作的人大主席、政协专干、政协委员参加会议

力。开展委员培训,提升委员能力。全年针对基层政协委员和机关政协委员开展2次专题履职培训,委员参训率达到100%。邀请拉萨市政协、区党校的专家老师以及相关职能部门的工作人员为委员授课。

【加强自身建设,提升服务水平】2020年,区政协以自治区党委巡视为契机,不断加强机关建设,积极开展作风建设整顿工作,弘扬说办就办、办就办好、真抓实干的优良工作作风。政协机关严格按照"会前认真筹备、会中强化服务、会后及时落实"的工作要求,精心组织各类会议,全年共召开全体会议1次、常委会会议6次、党组会10次、培训会2次、座谈会3次。撰写政协信息60期,党建信息25期。

(高振鑫)

【机构领导】

主 席

洛桑强巴(藏族)

副主席

巴桑朗杰(藏族)

尼 玛(藏族)

靳小卉(女,11月离任)

钦热洛追(藏族)

堆龙德庆区政协组织和委员数一览表

(截至2020年年底)

表5

项目 \ 级别	堆龙德庆区
组织数(个)	1
委员数(个)	88

政协第二届拉萨市堆龙德庆区委员会全体委员一览表(截至2020年年底)

表6

姓名	性别	民族	政治面貌	工作单位及职务	界别
洛桑强巴	男	藏族	中共党员	堆龙德庆区政协主席	中共界
尼玛	男	藏族	中共党员	堆龙德庆区政协副主席	中共界
巴桑朗杰	男	藏族	群众	堆龙德庆区政协副主席	宗教界
钦热洛追	男	藏族	群众	堆龙德庆区政协副主席	宗教界
普布斯曲	男	藏族	中共党员	堆龙德庆区委统战部部长	中共界
马玉华	女	回族	中共党员	堆龙德庆区应急管理局副局长	中共界
黄敏	女	汉族	中共党员	政协堆龙德庆区委员会办公室主任	中共界
平措扎西	男	藏族	中共党员	堆龙德庆区教体局副局长	中共界
陈传勇	男	仡佬族	中共党员	堆龙德庆区古荣镇党委副书记、镇长	中共界
格桑多布杰	男	藏族	中共党员	堆龙德庆区柳梧街道党工委副书记、街道办主任	中共界
贺进	男	汉族	中共党员	堆龙德庆区东嘎街道党工委副书记、街道办主任	群团界
拉巴曲珍	女	藏族	中共党员	堆龙德庆区团委书记	群团界
索朗次仁	男	藏族	中共党员	堆龙德庆区德庆镇副镇长	群团界
陈敏	男	汉族	中共党员	堆龙德庆区德庆镇党委副书记、镇长	群团界
强勇	男	藏族	中共党员	堆龙德庆区羊达街道党工委副书记、街道办主任	群团界
扎桑	女	藏族	群众	堆龙德庆区羊达街道通嘎社区居民	群团界

续表6

姓名	性别	民族	政治面貌	工作单位及职务	界别
索朗次仁	男	藏族	群众	堆龙德庆区德庆镇邦村二组组长	群团界
格桑卓玛	女	藏族	群众	堆龙德庆区马镇措麦村二组村民	群团界
旦增旺堆	男	藏族	中共党员	高天大队教导员	军警界
普布扎西	男	藏族	中共党员	堆龙德庆区公安分局副局长	军警界
马　钰	男	回族	中共党员	堆龙德庆区公安分局副局长	军警界
达　珍	女	藏族	中共党员	堆龙德庆区检察院副检察长	军警界
晓　央	女	藏族	中共党员	堆龙德庆区法院专职审委会委员	军警界
谭　凯	男	汉族	中共党员	区中队队长	军警界
拉巴顿珠	男	藏族	中共党员	堆龙德庆区司法局科员	军警界
罗　杰	男	藏族	群众	堆龙德庆区公安局干警	军警界
民　珠	男	藏族	中共党员	民众物业管理有限公司总经理	工商界
江　白	男	藏族	中共党员	堆龙德庆区东嘎街道东嘎社区农牧民建筑和运输合作社总经理	工商界
旦增莫朗	男	藏族	中共党员	堆龙德庆区乃琼街道沙石厂厂长	工商界
达瓦次仁	男	藏族	中共党员	堆龙德庆区古荣朗孜糌粑公司总经理	工商界
阿努巴珠	男	藏族	中共党员	堆龙善财福利有限公司总经理	工商界
王　虎	男	汉族	群众	拉萨拓坤源有限公司董事长	工商界
普布次仁	男	藏族	群众	远大建材公司总经理	工商界
杨　凯	男	汉族	群众	堆龙德庆区团结路川菜一家负责人	工商界
巴桑次仁	男	藏族	群众	圣香海螺总经理	工商界
姚　瑶	女	汉族	群众	成都捷龙贸易集团董事长	工商界
巴　桑	男	藏族	群众	古荣巴热糌粑公司总经理	工商界
巴桑次仁	男	藏族	群众	西藏萨拓信息科技有限公司	工商界
达瓦扎西	男	藏族	中共党员	堆龙德庆区教体局党组成员	教育界
次旦平措	男	藏族	中共党员	堆龙德庆区德庆镇中心校后勤主任	教育界
洛桑旦增	男	藏族	中共党员	堆龙德庆区一幼副书记、副园长	教育界
巴　桑	女	藏族	群众	堆龙德庆区中学教师	教育界
次旦拉姆	女	藏族	群众	堆龙德庆区教体局专技人员	教育界
索朗拉姆	女	藏族	群众	堆龙德庆区马镇中心幼儿园教师	教育界

续表6

姓名	性别	民族	政治面貌	工作单位及职务	界别
次仁央拉	女	藏族	群众	堆龙德庆区古荣镇小学教师	教育界
旦增桑珠	男	藏族	群众	堆龙德庆区羊达乡中心校教师	教育界
穷　　达	女	藏族	群众	堆龙德庆区姜昆希望小学副校长	教育界
仁　　增	男	藏族	群众	堆龙德庆区教体局	教育界
杨　　方	男	汉族	中共党员	堆龙德庆区农牧局副局长	农牧科技界
李鹏辉	男	汉族	中共党员	堆龙德庆区羊达街道农业设施园负责人	农牧科技界
达瓦桑布	男	藏族	中共党员	堆龙德庆区柳梧街道柳梧村党支部书记	农牧科技界
王定平	男	汉族	中共党员	堆龙德庆区马镇党委副书记、镇长	农牧科技界
白　　张	男	藏族	群众	堆龙德庆区柳梧街道德阳村村民	农牧科技界
次仁卓玛	女	藏族	群众	堆龙德庆区东嘎街道桑社区居民	农牧科技界
小达瓦	男	藏族	群众	堆龙德庆区羊达街道羊达社区4组组长	农牧科技界
嘎玛米久	男	藏族	群众	古荣镇那嘎村当孔农牧产品加工合作社负责人	农牧科技界
格　　桑	男	藏族	群众	堆龙德庆区马镇朗巴村一组组长	农牧科技界
洛桑坚才	男	藏族	群众	堆龙德庆区德庆镇昂嘎村二组村民	农牧科技界
李扎西	男	藏族	中共党员	堆龙德庆区医保局副局长	医卫界
旦巴旺久	男	藏族	群众	雄巴拉曲藏药厂	医卫界
次旦伦珠	男	藏族	群众	堆龙德庆区乃琼街道卫生所	医卫界
巴　　桑	女	藏族	群众	堆龙德庆区人民医院西医主治医师	医卫界
达　　瓦	男	藏族	群众	堆龙德庆区人民医院藏医科主任医师	医卫界
扎西央宗	女	藏族	群众	堆龙德庆区疾控防治中心妇保科医生	医卫界
白玛卓嘎	女	藏族	群众	堆龙德庆区马镇卫生院医务人员	医卫界
白　　央	女	藏族	群众	堆龙德庆区古荣镇卫生院医师	医卫界
旦正吉	女	藏族	群众	堆龙德庆区羊达街道卫生院藏医医师	医卫界
央　　宗	女	藏族	群众	政协堆龙德庆区委员会办公室驻会委员	民族爱国统战界
边　　巴	男	藏族	群众	堆龙德庆区德庆镇桑仓村村民	民族爱国统战界
米　　玛	女	藏族	群众	政协堆龙德庆区委员会办公室驻会委员	民族爱国统战界
罗　　培	男	藏族	群众	堆龙德庆区古荣镇那嘎村村民	民族爱国统战界
强巴旦达	男	藏族	群众	堆龙德庆区羊达街道通嘎社区	民族爱国统战界

续表6

姓名	性别	民族	政治面貌	工作单位及职务	界别
土 登	男	藏族	群众	堆龙德庆区东嘎街道南嘎社区	民族爱国统战界
仁 增	男	藏族	群众	堆龙德庆区东嘎街道东嘎社区二组组长	民族爱国统战界
多吉坚才	男	藏族	群众	堆龙德庆区楚布寺定居藏胞	民族爱国统战界
达 珍	女	藏族	群众	堆龙德庆区柳梧乡柳梧村三组村民	民族爱国统战界
贡确顿珠	男	藏族	群众	堆龙德庆区德庆镇邱桑村二组村民	民族爱国统战界
土登曲珍	女	藏族	群众	堆龙德庆区德庆镇其米龙寺管会常务副主任	宗教界
阿旺尼布	男	藏族	群众	堆龙德庆区马镇措麦寺管会常务副主任	宗教界
拉 杰	男	藏族	群众	堆龙德庆区德庆镇顶嘎寺管会副主任	宗教界
次 仁	男	藏族	群众	堆龙德庆区达扎寺寺管会副组长	宗教界
阿旺玉珍	男	藏族	群众	堆龙德庆区聂尼姑寺寺管会常务副组长	宗教界
拉 巴	男	藏族	群众	堆龙德庆区楚布寺寺管会副主任	宗教界
桑 珠	男	藏族	群众	热差寺管小组副主任	宗教界
桑 杰	男	藏族	群众	堆龙德庆区柳梧街道朗杰色康寺管会常务副组长	宗教界
阿旺洛桑	男	藏族	群众	堆龙德庆区柳梧街道白色寺管会常务副组长	宗教界
平措朗杰	男	藏族	群众	堆龙德庆区党木龙寺寺管会常务副主任	宗教界
米 玛	男	藏族	群众	堆龙德庆区乃朗寺管会常务副主任	宗教界

办公室工作

【概况】 年内，在堆龙德庆区委的坚强领导下，在堆龙德庆区政协党组的精心指导下，堆龙德庆区政协办以习近平新时代中国特色社会主义思想为指导，认真贯彻落实自治区、拉萨市和堆龙德庆区的决策部署，积极履行三大职能，主动服务全区中心工作，稳步推进各项工作任务，为推动全区经济社会发展做出积极贡献。2020年，区政协办公室共有8名工作人员，其中四级调研员1名，正科级干部2名（含1名二级主任科员），副科级干部2名，科员1名，驻会委员2名。

【坚定政治方向】 2020年，区政协办公室高举习近平新时代中国特色社会主义思想伟大旗帜，深入学习贯彻中共十九大和十九届二中、三中、四中、五中全会精神及中央第七次西藏工作座谈会精神，认真贯彻落实党中央、自治区党委和拉萨市委政协工作会议精神。始终如一坚持党对政协工作的领导，坚定不移把政协工作置于区委的坚强领导之下，坚持在区委和区政协党组领导下开展工作，牢固树立“四个意识”、始终坚定“四个自信”、坚决做到“两个维护”。始终如一坚持重大事项向区委报告制度，紧紧围绕区委决策部署谋划和开展工作，不折不扣贯彻落实区委各项部署要求，确保区政协办与区委政治上同向、思想上同心、步调上同频、工作上同步。

【参政议政精准建言】 参政议政是人民政协履行职能的重要形

2020年1月20日，堆龙德庆区政协办在包村点古荣镇加入村看望慰问结对帮扶户，送去了慰问品及慰问金

式，也是党政领导机关经常听取参加人民政协的各人民团体和各族各界人士的意见、建议，切实做好工作的有效方式。2020 年，区政协办始终按照“参政参到点子上，议政议到关键处”的要求，紧扣区委中心工作，积极参政议政，主动协商建言。紧紧围绕堆龙德庆区委二届五次全会和 2020 年堆龙德庆区委经济工作会议提出的目标任务，聚焦区委、区政府工作重点、群众生产生活难点、社会治理焦点，紧扣新冠疫情防控、维护社会稳定、决胜脱贫攻坚、生态文明建设、推进乡村振兴等方面，组织各界别政协委员开展视察协商，广集良策，着力促进决策优化。2020 年，区政协办先后对新冠疫情防控、企业复产复工、决胜脱贫攻坚等方面开展调研。全力配合自治区政协、拉萨市政协赴我区开展新冠疫情防控、精准扶贫产业项目后续发展、产业脱贫和易地扶贫搬迁、加强和创新乡村（社区）社会治理、克服“等靠要”思想，促进西藏经济社会可持续发展研究、基层基本公共卫生服务能力建设 6 批次调研活动。

【提案办理】 2020 年，区政协办公室始终以习近平总书记关于做好政协提案工作的重要指示精神为指导，把办理好、落实好委员提案工作作为促进决策民主化、科学化的重要渠道和支持政协委员履职尽责的重要渠道。2020 年年初，区政协办组织相关部门、政协常委及委员代表召开政协第二届拉萨市堆龙德庆区委员会第四次会议提案、意见建议交办会，将涉及堆龙德庆区的 36 件提案、23 条意见建议交办给区政府，涉及柳梧的 4 件提案、3 件意见建议交办给柳梧新区。5 月与区委区政府督查室以及各提案承办单位进行对接，详细了解提案意见建议办理情况、办理进度，并就提案办理中存在的困难以及如何高质量完成提案办理工作进行深入协商，确保二届四次会议提案、意见建议办理的结果让委员满意、让群众收益。

【民主监督】 民主监督作为政协三大职能之一，是加强社会主义协商民主的重要任务，也是推进国家治理体系和治理能力现代化的必然要求。2020 年，区政协办公室准确把握民主监督性质定位，将民主监督工作合力纳入全区工作大局，积极探索加强和改进民主监督工作新机制新方法的重要举措，综合运用民主监督、视察监督、提案监督、专项监督等形式，全力推动区委、区政府重大方针政策落到实处、发挥实效。持续发挥民主监督员的创新举措，继续委派委员担任政府部门民主监督员工作机制，向区住建局、区教体局、区城市管理和综合执法局等政府职能部门委派民主监督员，切实将民主监督工作向纵深推进。

【委员培训】 政协委员是政协工作的主体，组织政协委员学习和培训，既是政协组织的重要职责，也是政协委员的迫切愿望，更是加强委员队伍建设，提升政协履职实效的重要举措。2020 年，区政协办公室按照《政协堆龙德庆区委员会常务委员会 2020 年工作要点》和《堆龙德庆区 2020 年干部教育培训实施方案》要求，及时制定《堆龙德庆区政协 2020 年委员学习培训方案》，针对基层政协委员和机关政协委员开展2次专题履职培训，委员参训率达100%。邀请拉萨市政协、区党校的专家老师以及相关职能部门的工作人员为委员授课，培训内容涉及中央第七次西藏工作座谈会精神、政协业务知识、党的民族宗教政策、民法典、堆龙德庆区情区史等，在授课的基础上，组织委员实地参观考察，通过学习培训和参观视察相结合的方式，进一步提高委员履职水平和履职热情。

【机关党建】 2020年，区政协办公室认真领会全国政协系统党的建设工作座谈会和自治区政协系统党的建设工作座谈会精神，深入贯彻全国和自治区政协系统党建工作新部署、新决策，主动适应党建工作新形势、新要求，自觉肩负起实现党对人民政协领导的重大政治责任，以党的政治建设为统领，以组织建设为重点，积极探索政协党建工作新思路、新方法。持续加强政治理论学习，不断提高机关干部队伍素质。制定《堆龙德庆区政协2020年党建工作计划》《堆龙德庆区政协办2020年党支部学习计划》《堆龙德庆区政协办党支部2020年主题党日计划》等，并严格按照学习计划认真开展政治理论学习，不断筑牢干部职工政治理论水平基础。同时，始终坚持每周四为集中学习日，组织干部职工深入学习习近平新时代中国特色社会主义思想、习近平关于加强和改进人民政协工作的重要思想、中共十九大精神及二中、三中、四中、五中全会精神和中央第七次西藏工作座谈会精神等，努力在真学、真懂、真信、真用上下功夫，不断把政治理论学习引向深入。全年共开展集中学习41次，主题党日12次，书记讲党课4次，微党课1次，党员志愿服务活动4次；撰写政协信息60期，党建信息25期。

2020年7月8日，堆龙德庆区政协办组织部分政协委员代表和办公室全体党员到林周县党员党性爱国主义教育基地参观学习

【疫情防控积极献力】 2020年，新冠疫情发生以来，区政协办公室高度重视疫情防控工作，始终以习近平总书记关于疫情防控的重要指示精神为指导，认真贯彻落实区委、区政府关于打赢疫情阻击战的各项工作措施，时刻以主人翁的姿态积极投身到“战疫”中来，贡献政协智慧和力量。及时发布《致广大政协委员的一封信》，号召全区政协委员积极主动参与疫情防控、后勤保障、捐资捐物等工作。广大政协委员积极响号召，主动投身疫情防控阻击战，充分发挥自身界别优势，勇于承担社会责任，积极捐款捐物达136万元，在奉献爱心的同时，还发出《“减免房租、共渡难关”，做堆龙好房东》的倡议，至2020年年底，各界别委员共计减免出租房（门面房）租金543万元，为打赢防控战役贡献政协力量。疫情发生后，区政协办在人员少、任务重的情况下，主动参与到全区疫情防控各项工作中。区政协党组书记、主席洛桑强巴按照区委要求，每天深入德庆镇开展疫情防控督导指导工作，并先后深入6个行政村、4个寺庙、德庆公安检查站以及居家隔离人员家中检查防控措施是否落实到位，并将每天督导检查情况及时汇报至区疫情防控指挥部和区委主要领导；按照区委组织部下发《关于做好机关在职党员和干部到村（社区）报到工作的通知》要求，选派一名党员干部到东嘎

2020年7月8日，堆龙德庆区政协组织部分政协委员代表和办公室全体党员到林周县党员党性爱国主义教育基地参观学习

社区协助开展疫情摸排、宣传引导、居家隔离人员监管、网格化管理服务等各项疫情防控工作。此外，区政协办公室还定期赴包村加入村协助开展疫情防控工作，并为包村送去口罩、消毒液、橡胶手套和体温计等。

【脱贫攻坚全力而为】 2020年，区政协办公室树立久久为功意识，始终与区委、区政府风雨同舟、共担责任。主动将脱贫攻坚工作纳入重点工作之中，充分发挥民主协商优势，聚焦《堆龙德庆区决战决胜脱贫攻坚巩固提升"百日行动"》重点难点问题和重要环节，主动调查研究，开展民主监督，积极谏真言、献良策。组织中共、军警、教育、工商、农牧科技等界别委员代表对中央第三巡视组脱贫攻坚专项巡视"回头看"反馈意见的整改落实情况开展视察监督。同时定期开展结对帮扶工作，主动深入结对帮扶户家中进行走访，及时了解结对帮扶户生产生活、思想动态、需要解决的困难等，力所能及地提供帮助。并加强对结对帮扶户的思想引导工作，不断提高结对帮扶户感党恩意识和自主脱贫意识，切实推动结对帮扶户从"要我脱贫"向"我要脱贫"的转变，通过一系列帮扶措施，加之结对帮扶户的自我努力，区政协办公室10户结对帮扶户工作稳定、收入稳定，均已过上自给自足的小康生活，获得感和幸福感显著提升。

（高振鑫）

【机构领导】

政协办公室四级调研员

洛桑索朗（藏族，11月任）

主　任

黄　　敏（女）

副主任

央　　宗（女，藏族，11月任）

斯朗曲宗（女，藏族，11月任）

纪检监察

【概况】 中共堆龙德庆区纪律检查委员会和堆龙德庆区监察委员会合署办公，履行纪检、监察两项职责，实行一套工作机构，两个机关名称。2020年，堆龙德庆区纪委监委有纪委书记兼监委主任1名，副书记兼监委副主任2名，纪委常委2名（1名兼任监委委员），监委委员2名；副县级干部1名，正科级干部6名，副科级干部11名（1名为事业人员），科员3名，事业人员3名，工人1名。

【坚持政治引领，切实做到"两个维护"】 深化政治监督。2020年，区纪委监委聚焦习近平总书记重要指示批示精神、区市党委重要决策部署、区委区政府保障和改善民生、打好"三大攻坚战"等中心工作，强化跟进监督、精准监督、全程监督，累计开展各类监督检查100余次，下达监察建议12份，坚决做到决策部署到哪里，政治监督就跟进到哪里。

全力保障疫情防控。以高度政治责任感应对新冠肺炎疫情防控"大考"，第一时间制订督导检查工作方案，成立4个疫情防控专项检查组，聚焦疫情防控措施落实、物资管理、工作作风等，组织人员到镇（街）、村（社区）、企业等开展"六查"（1.查修身严不严，看是否做到加强党性修养，坚定理想信念，提升道德境界，追求高尚情操，自觉远离低级趣味，自觉抵制歪风邪气。2.查用权严不严，

2020年5月10日，堆龙德庆区委常委、纪委书记、监委主任尚志清（左一）在羊达街道通嘎社区调研督战脱贫攻坚工作

看是否做到坚持用权为民，按规则、按制度行使权力，把权力关进制度的笼子里，任何时候都不搞特权、不以权谋私。3. 查律己严不严，看是否做到心存敬畏、手握戒尺，慎独慎微、勤于自省，遵守党纪国法，为政清廉。4. 查谋事实不实，看是否做到从实际出发谋划事业和工作，使点子、政策、方案符合实际情况、符合客观规律、符合科学精神，不好高骛远，不脱离实际。5. 查创业实不实，看是否做到脚踏实地、真抓实干，敢于担当责任，勇于直面矛盾，善于解决问题，努力创造经得起实践、人民、历史检验的实绩。6. 查做人实不实，看是否做到对党、对组织、对人民、对同志忠诚老实，做老实人、说老实话、干老实事，襟怀坦白，公道正派，带头做焦裕禄式的好党员、好干部）80 余次，排查发现并督促整改问题 32 个；到 30 余家单位、企业围绕复工复产、稳定就业等关键环节、重要领域等工作，监督保障做好"六稳"工作、落实"六保"任务；严肃处置疫情防控措施落实不到位、疫情防控中不担当不作为乱作为等问题，点名通报 2 家单位、8 名干部，对 1 名违反疫情防控工作纪律人员立案审查，并给予党纪处分。

严明党的政治纪律和政治规矩。紧盯楚布"次曲""萨嘎达瓦"等重要宗教活动节点和场所，联合区委组织部等部门开展重点督查、突击检查和明察暗访，累计开展督查 90 余次，对 10 余名参与宗教迷信活动的农牧民党员进行教育引导；联合区委统战部、区民宗局等职能部门，对全区宗教场所违规"未批先建""批建不符"问题进行深入排查，及时纠正问题。

【持续传导压力，压实全面从严治党责任】 强化组织推动。2020 年，区纪委监委组织召开二届区纪委四次全会，对全区党风廉政建设和反腐败工作进行全面总结和安排部署；共 9 次提请区委常委会议研究解决党风廉政建设工作事宜。

细化责任分工。协助区委落实全面从严治党主体责任，贯彻落实《党委（党组）落实全面从严治党主体责任规定》，制定出台 4 份全面从严治党主体责任清单，细分监督责任工作要点，构建起简明、精密的"两个责任"（党委负主体责任，纪委负监督责任）体系。

强化同级监督。创新开展落实党风廉政建设责任制跟踪纪实工作，督促县级干部、镇（街）党政班子成员、区直部门和区属国有企业班子成员认真落实党风廉政建设责任。

深化述责述廉。选取 2 名区委常委会班子成员、5 名镇（街）、区直部门、国有企业党组织负责人向区委常委（扩大）会议述责述廉，延伸开展行政村（社区）党组织第一书记、书记、监督委员会主任代表向镇（街）党（工）委（扩大）会议现场述责述廉并接受评议质询工作；在东嘎街道、德庆镇、区教育系统、区公安系统试行开展领导班子成员向党（工）委扩大会议述责述廉及接受评议质询工作；对 22 名县级干部、48 名党组织书记进行书面质询。

开展好约谈工作。督促各级党组织实践运用"第一种形态"，落实全面从严治党主体责任和监督责任约谈工作，54 名党组织书记主动向区委主要领导、分管县级干部汇报落实2019年度全面从严治党主体责任情况并接受约谈，各镇（街）纪（工）委书记主动向区纪委书记汇报落实2019年度全面从严治党监督责任情况并接受约谈；各镇（街）、区直相关部门参照开展约谈工作，被约谈总人数达500余人次；各级党组织自行查处本单位违规违纪问题，给予行政处分3人。

【深化正风肃纪，持续将作风建设引向深入】 精准纠治节日“歪风”。2020年，区纪委监委坚持把作风建设作为全面从严治党的突破口，继续顶住老问题、关注新动向，建立“节前警示教育+节中明察暗访+节后总结分析”的纠治作风工作模式，紧盯“三大节日”、国庆、雪顿等重要节点，召开节前部署会5次，发布廉洁过节通知、提醒函8份，转发学习违反中央八项规定精神问题典型案例通报13起，开展督导检查70余次，严肃查处违反中央八项规定精神问题2起2人。

持续推进专项治理。大力开展不作为慢作为、文山会海等形式主义、官僚主义问题专项整治，及时约谈3名推进工作缓慢的单位主要负责人；开展“舌尖上的浪费”专项整治，把制止餐饮浪费作为纠治“四风”重要内容，成立专项督导检查组，采取明察和暗访的方式，在全区范围内开展专项督查20余次，发现并督促整改问题7条。

抓好警示教育。组织全区党员领导干部观看廉政警示教育片《全面从严治党在西藏——违纪违法案例（节选）》，教育引导党员领导干部算好自己人生“八笔账”（政治账、经济账、名誉账、家庭账、亲情账、自由账、健康账、得失账）；扎实开展杜江严重违纪违法案件“以案促改”工作，制订专项工作实施方案，组织召开全区干部警示教育大会；在全区范围内深入开展杜建强严重违纪违法案件“身边人身边事”警示教育工作。

2020年6月15日，堆龙德庆区委常委、纪委书记、监委主任尚志清在廉政教育基地进行集体廉政谈话

抓实廉政教育。区委主要领导先后3次主持召开廉政教育会，亲自对援藏干部人才开展集体约谈，受教育干部达500余人次；先后5批次组织全体在家县级领导、各镇（街）党政领导班子成员、各村（社区）党组织第一书记、书记、主任、监督委员会主任等300余人到拉萨市廉政警示教育基地参观学习，并分领域进行集体廉政谈话。

【聚焦监督主责，推动监督工作高质量发展】 强化选人用人监督。2020年，区纪委监委严格执行干部选拔任用条例，严格审查拟提拔、拟推荐为优秀先进的党员干部，严把选人用人关口，规范出具党风廉政意见回复函125期，涉及2848人次。

巩固主题教育成果。继续推进“不忘初心、牢记使命”主题教育专项整治工作，组织召开推进会3次，对牵头整治的4项29个问题进行“回头看”，听取牵头责任单位推进情况汇报。

护航决战决胜脱贫攻坚工作。扎实开展脱贫攻坚调研督战，先后3次组织召开落实中央第三巡视组脱贫攻坚专项巡视“回头看”反馈意见整改推进会，及时传达学习脱贫攻坚重要文件、会议精神，及时解决存在问题；制订扶贫领域专项监督检查方案，抽调精兵强将成立专项检查组，紧盯扶贫政策落实、扶贫项目推进等，

2020年7月2日，堆龙德庆区纪委监委机关党支部开展重温入党誓词主题党日活动

深入开展督查3批次，发现并督促整改问题12条；全年办理扶贫领域问题线索8件，立案2件，给予党纪处分1人。

助推扫黑除恶专项工作。准确把握扫黑除恶专项工作形势和任务，先后3次组织召开扫黑除恶专项斗争工作推进会，分析形势、研判问题、研究措施；联合政法委等部门，多渠道向广大干部群众宣传扫黑除恶知识，健全完善涉黑涉恶腐败问题线索立收立办和反馈机制，公布监督举报热线，拓宽信息渠道；组织开展联合督导检查工作10余次，发现并督促整改问题4条；坚决打赢扫黑除恶专项斗争"打伞破网"收官战，及时核查扫黑问题线索3件。

【坚决惩治腐败，巩固反腐败斗争压倒性胜利】 试行风险等级管控。2020年，区纪委监委制定《堆龙德庆区高风险领域廉政风险防范工作机制（试行）》，紧盯重大工程、重点领域、关键岗位，强化对权力集中、资金密集、资源富集的部门、行业的监督和动态管控，共办理涉及国企问题线索5件，立案3件，给予党纪处分1人。

拓宽问题线索来源。认真落实区纪委监委班子成员分片联系指导镇（街）纪（工）委工作制度，督促镇（街）纪检监察干部主动深入村（社区）"下访"，查找发现问题10个，其中被列为问题线索2个。

提升执纪审查调查能力。持续深化"走出去＋请进来"的能力培训模式，全年委派5名纪检监察干部到上级纪检监察部门跟案跟班培训，抽调5名镇（街）纪检监察干部到区纪委监委机关进行跟案培训，邀请自治区扶贫办、市纪委业务骨干进行专题授课。

保持惩治腐败高压态势。试行区纪委监委机关干部全员办案，探索镇（街）纪（工）委、派出监察室独立办案机制，狠抓办案措施，切实增强办案综合效果。全年办理问题线索62件，立案8件，给予开除党籍和公职处分1人、开除党籍处分2人、党内严重警告处分1人、党内警告处分6人、诫勉谈话8人。

【深化巡视巡察，充分发挥巡视巡察"利剑"作用】 抓好巡视整改任务。2020年，区纪委监委根据区委关于区党委巡视反馈意见整改措施任务分工，及时梳理牵头负责整改14项具体问题，制订整改工作方案，成立纪检监察系统整改工作领导小组，及时核查巡视交办问题线索4个、处置巡视反馈问题7个，对3名干部进行诫勉谈话，对6名干部进行约谈，对4名干部进行提醒谈话；以巡视整改为契机，制定出台《堆龙德庆区纪委监委问题线索综合分析研判会议制度（试行）》等内控制度4个。

监督助推巡视整改工作。制定全区巡视反馈问题整改工作监督检查工作方案和巡视整改工作进度一览表，成立专项监督检查组，对全区的整改任务实施挂图作战，组织开展专项检查4批次，发现并督促整改问题25个。

实现巡察全覆盖。及时启动第九、十轮区委巡察工作，先后对区委办、政府办、财政局等18家单位党组织进行巡察，发现问题90个，移交问题线索2件；配合当雄县完成对区公安分局、统战部交叉巡察工作。

做好巡察"后半篇文章"。强化巡察整改日常监督，联合区委组织部对区委六、七、八轮巡察整改情况开展回访督查，下发规范巡察整改通知书2份。

【强化自身建设，锻造过硬纪检监察队伍建设】 加强学习教育。2020年，区纪委监委以开展“纪检监察系统、巡察机构工作作风提升年”活动和“作风建设整顿年”为契机，多形式、多手段、多方位开展教育，组织纪检监察干部学习习近平新时代中国特色社会主义思想、中央纪委和区市纪委全会精神及党风廉政建设相关内容32次，交流发言54人次；大力推行纪检监察干部业务知识全员培训，安排委机关业务骨干开展经验交流，累计参与培训60余人次；推行“一月一考”制度，全年5次组织纪检监察干部闭卷测试《中国共产党纪律处分条例》《中国共产党纪律检查机关监督执纪工作规则》等党纪法规。

加强纪委监委机关党建。切实把党的政治建设融入纪检监察工作全过程和各方面，推动党建和业务深度融合，认真落实“三会一课”、民主评议党员、主题党日活动、谈心谈话等制度；紧紧围绕创建“一支部一品牌”要求，全力打造“书香党支部”品牌；全年开展“庆祝政治生日”、团队拓展训练、志愿服务活动等形式多样的主题党日活动12次。

加强作风建设。以强化作风建设作为加强纪检监察干部队伍建设的重要抓手，摆上重要日程，对照“纪检监察系统、巡察机构工作作风提升年”活动实施方案中“五查”和“区委作风整顿年”中“七个突出问题”表现，查摆出委机关领导班子问题3条，党员干部问题70余条。

加强自我监督。召开纪检监察系统述责述廉会和纪检监察干部大会，严格落实干部工作纪实周报制度，开展家访5人，及时掌握干部工作动态；深入排查纪检监察干部岗位廉政风险，梳理廉政风险点11个，制定防控措施24条，更新完善纪检监察干部廉政档案24份，严防“灯下黑”。

（旦月红）

【机构领导】

区委常委、纪委书记、监委主任

尚志清

区纪委副书记、监委副主任

尼玛玉珍（女，藏族）

李雅娟（女）

区纪委常委、监委委员

张峰玮（女，蒙古族）

区纪委常委

强巴扎西（藏族）

区监委委员

达　珍（女，藏族）

组织工作

【概况】 年内，在区委的坚强领导下，在市委组织部的精心指导下，区委组织部坚持以习近平新时代中国特色社会主义思想为指导，牢牢把握新时代党的建设总要求和组织路线，扎实推进组织人事编制老干部工作有序有效开展，为推动堆龙德庆区经济社会长治久安和高质量发展提供坚强组织保证。2020年，区委组织部有行政编制7个，实有工作人员9名，其中副县级1名，正科级2名，副科级1名。下设组织编制信息中心，有事业编制3个，实有工作人员4名。

【党建责任落实】 2020年，区委组织部抓好各级党（工）委书记抓基层党建述职评议考核工作，召开2020年全区党建暨意识形态工作会议和基层党建工作重点任务推进会，实施8个“党建书记项目”，实现对3个软弱涣散基层党组织、15个“中不溜”党组织的整顿升级。

【干部队伍建设】 完善干部素质培养体系。2020年，举办各类干部素质培养主题班次25期，累计培养各行业各系统干部人才2200余人次。发挥区委党校培训主阵地作用，切实抓好中共十九届五中全会和中央第七次西藏工作座谈会精神的贯彻落实，举办专题教育6期，累计培训各级干部500余人次。

完善干部选拔任用体系。突出政治素质考核，深入贯彻落实“干部选拔任用看党建”精神，开展选人用人专项检查问题整改，对区属国有企业违规兼职（任职）人员进行清理规范工作。着眼区乡领导班子换届，全年共提拔重用干部41名，其中来自基层一线、综治维稳、脱贫攻坚等领域的占48.8%。突出领导干部能上能下，建立健全《堆龙德庆区领导干部

2020年3月28日，堆龙德庆区委组织部开展“三老”人员走访慰问活动

能上能下实施办法（试行）》。

完善干部知事识人体系。突出在疫情防控一线考察识别干部，疫情防控期间共向上级部门推荐优秀党员干部16名，在抗疫一线发展党员对象18名；对表现不力的2家单位和9名干部在全区范围内进行通报批评，对1名干部给予党内警告处分。深入开展班子运行情况专题调研，组建党政综合、金融财税、工程项目、社会管理和科教文卫“五大类”专业型干部人才库200名，逐步提高干部队伍专业化水平

完善干部从严管理体系。重新修订完善《堆龙德庆区干部职工管理规定》，深入开展长期病假人员以及长期借调人员清理整顿工作。研究制定《堆龙德庆区作风建设实施意见》，将2020年明确为堆龙德庆区作风建设整顿年，深入开展作风建设整顿工作。

完善干部正向激励体系。广泛开展谈心谈话，切实掌握干部思想动态和诉求。充分发挥公务员职务与职级并行制度的激励优势，对54名优秀干部晋升职级，提振基层干部干事创业的积极性。

【基层党组织建设】 基层组织建设。2020年，全区共有党组织344个，其中党委28个（其中3个街道党工委），党总支22个，党支部294个（其中机关党支部55个，离退休党支部4个，国企党支部4个，学校党支部10个，非公组织党支部44个，寺管会党支部7个，卫生院党支部2个，村级党支部168个）。完成27家单位党组、党委、党工委的调整优化设置工作。加强搬迁点党组织建设，规范祥和苑社区党委下属党组织建设；加大基层党组织标准化建设力度，完成2个村级活动场所标准化建设；落实领导干部参与双重组织生活要求，建立各级党委（党组）领导干部基层党建联系点制度。

党员队伍建设。2020年年末，全区共有党员5661名，其中，农牧民党员3322名、少数民族党员4925名、非公经济组织党员344名，全年新发展党员147名。抓实党务工作者能力素质提升，开展党务基础知识培训1期，76名区（中）直机关、国有企业党组织党务工作者参训。创新开展党员“政治体检”工程，推动全区党员准确掌握自身“党性健康”状况，让其通过“政治体检”自觉找差距做提升。开展发展党员违规违纪专项排查以及农牧区党员违规信仰宗教问题排查工作，不断夯实党在基层的政治基础。

强化党建引领重大任务落实。深化抓党建促脱贫攻坚，继续保持镇（街道）党政正职和村（居）第一书记队伍稳定，组织开展“脱贫攻坚百日行动”巡回宣讲和“回顾村史谈变化、砥砺前行感党恩”助力脱贫攻坚系列活动。大力推进扫黑除恶专项斗争工作，召开扫黑除恶打非治乱专项斗争工作部署会和专项推进会，推动工作部署落实到位。

开展村（社区）“两委”换届前期准备工作。成立换届工作领导小组、指导检查组，配套组建工作专班，完成第一书记考核和村（社区）“两委”班子、村（居）务监督委员会成员评价以及村（社区）财务财产清查、村（社区）“两委”班子成员离任审查工作。通过逐村分析研判，在全区31个村（社区）中，确定11个放心村、18个一般村、2个重点难点村。2020年年底，初步人选区级联审和考察工作已完成，待通过市指导检查

组和区委常委会审定后，作为预备人选向各镇（街道）反馈。

【基层治理工作】 创新基层社会治理。2020年，堆龙德庆区建立以镇（街道）为核心、村（居）为主体、网格为基础、双联户为细胞的四级基层治理体系，动员社会各方面力量共同参与社区建设，扎实开展流动人口管理、“拆两违”、去蓝顶专项行动等，基层治理水平不断提升。落实市委组织部关于培育党建示范点有关决策部署，创建党组织引领基层社会治理示范点4个。持续抓好“组长村管、组财村管、组务村管”制度落实，切实强化村级党组织领导力。

有序推进村（居）社会工作者职业体系建设。建立由员额管理、准入机制、管理体系、岗位设置、待遇保障、考核管理、教育培训和退出淘汰机制构成的全链条机制，通过“转、考、招”三种准入途径，将160名实绩突出、表现优秀的村（居）干部、高校毕业生纳入职业体系，并加强培养锻炼。结合村（社区）“两委”换届，预期可实现村（社区）“两委”与社会工作者融合比例达50.2%。

推动党员“三包”常态长效。建立党员干部“三包”（包片、包户、包人）责任制，将党员“三包”工作与疫情防控、文明创城等进行有机结合，取得良好效果。严格落实党组织和党员收集报送社情民意信息工作制度，全年共搜集处理社情民意364条，已经处理完成352条，正在处理12条。

【巡视整改】 2020年，区委组织部按照周调度、月分析、阶段性汇报的机制，推动巡视整改工作走深走实，在巡视反馈的5个方面、19项问题、38个具体事例中，3项问题、15个具体事例已整改完成并长期坚持；16项问题、23个具体事例取得阶段性整改成效，正加快推进中。

2020年7月1日，堆龙德庆区举行庆祝中国共产党成立99周年“七一”升国旗仪式

【机构编制管理】 2020年，区委编办先后召开3次编委会议研究机构编制工作，规范完善区委编委工作规则和区委编办工作细则，制定2020年区委编办工作要点。全面开展事业单位网上登记管理，完成事业单位法人证书更换，为全区所有机关事业单位登记更换统一社会信用代码，并完成赋码工作。成立国库集中支付中心等6个股级部门下设事业机构，坚持把有限的机构编制资源用好用活。

【老干部工作】 2020年，区老干部局完成成都离退休党支部换届改选和南嘎支部、林琼岗支部升格；加强离退休干部思想政治建设，开展学习贯彻中共十九届四中全会、第七次西藏工作座谈会精神专题培训班2期，120名离退休党员干部参训；组织110名离退休党员干部赴红色教育基地林周彭波农场学习，全力做好离退休干部服务工作，全年慰问老干部441余人次，发放慰问金及物品价值53.21万元；充分发挥离退休党员干部作用，引导离退休干部积极参与疫情防控、文明创城、脱贫攻坚等重点工作，确保离退休党员干部离岗不离党、退休不褪色。

（索朗卓嘎）

【机构领导】

区委副书记、组织部部长、三级调研员

王 满 春（1月任区委副书

2020年7月6日，堆龙德庆区委组织部与西藏民族大学法学院联合为社会工作者人才培育与创新研究基地揭牌

记、4 月晋升为三级调研员）

常务副部长

平　　旺（藏族）

副部长、编制委员会办公室主任

邱 弋 桓

副部长、老干局局长

索娜央珍（女，藏族）

宣传工作

【概况】 年内，在区委的坚强领导下，在市委宣传部的有力指导下，堆龙德庆区精神文明建设和意识形态工作坚持以习近平新时代中国特色社会主义思想为指导，深入贯彻落实中共十九届五中全会和中央第七次西藏工作座谈会精神，深入贯彻落实区市宣传思想工作会议和宣传部长会议精神以及区委关于意识形态工作的决策部署，增强“四个意识”、坚定“四个自信”、做到“两个维护”，紧紧围绕发展、稳定、生态、强边四件大事，聚焦聚力“三大攻坚战”，坚持固本培元、守正创新，敢于担当、主动作为，自觉担负起“举旗帜、聚民心、育新人、兴文化、展形象”的使命任务，奋力开创宣传思想文化各项工作新局面。2020 年，区委宣传部有行政编制 6 名，其中副县级 1 名，正科 1 名、副科 2 名，普通干部 2 名。下属事业单位：精神文明办公室、互联网信息办公室、互联网评论中心、广播电视局和新闻出版局、电影管理站，事业编制 12 名（不含工勤和公益性岗位），实有人员 12 名。

【理论学习】 坚持以习近平新时代中国特色社会主义思想武装头脑。2020 年，区委宣传部深入学习贯彻习近平新时代中国特色社会主义思想，学习贯彻中共十九大和十九届二中、三中、四中、五中全会及中央第七次西藏工作座谈会精神，深入学习贯彻习近平总书记关于西藏工作重要论述和新时代党的治藏方略，坚决在思想上拥戴、在政治上信赖、在组织上忠诚、在行动上捍卫以习近平同志为核心的党中央，教育引导全区上下争做学习贯彻落实习近平新时代中国特色社会主义思想的表率。制定印发《堆龙德庆区委理论学习中心组 2020 年理论学习安排》《关于进一步规范各镇（街道）党委（党工委）理论学习中心组学习情况报告制度的通知》等文件，落实巡听旁听制度，采取集中传达、专题研讨、辅导报告、现场学习交流等教学方法，进一步加强和规范各级党组织理论学习中心组学习。全年区委理论学习中心组示范领学 13 次，其中，县级领导作交流发言 41 次，撰写理论文章 40 余篇，学习心得 300 余篇。各镇（街道）和区直部门累计开展专题学习 1000 余次；开展巡听旁听及中央第七次西藏工作座谈会精神专题理论知识测试 11 次，理论测试覆盖人数 100 余人。

充分发挥“学习强国”平台阵地作用。制定印发《关于开展“学习强国”学习平台管理和推广使用的通知》《关于开展“学习强国”学习平台普及再推广工作的通知》等文件。全区共成立 54 个下级学习管理组，学员总数达 2298 人，开展“学习强国”学习平台“学习之星”评比活动 2 次。

认真做好学习刊物征订发放工作。全年发放《中央民族工作会议精神学习辅导读本》《党的十九届四中全会决定学习辅导百问》《党的十九届五中全会精神学

2020年1月20日，拉萨市2020年文化科技卫生法律爱国爱教宣传“五下乡”集中示范服务活动暨“我们的中国梦—文化进万家”活动启动仪式在堆龙德庆区古荣镇南巴村举行。图为拉萨市文明办等相关单位共同设立宣传服务点，通过赠送春联和义诊等形式开展服务活动

习材料》等辅助学习资料300余册，订阅《人民日报》等党报党刊1万余册。

抓好巡视整改工作。聚焦自治区党委第三巡视组反馈意见，下发《关于进一步加强和规范各级党组织理论学习中心组学习的通知》《关于进一步规范各镇（街道）党（工）委理论学习中心组学习情况报告制度的通知》《关于开展2020年堆龙德庆区各级党组织理论学习中心组巡听旁听工作的通知》等文件，切实推动理论学习提质增效。研究制定《堆龙德庆区关于常委班子成员用习近平新时代中国特色社会主义思想推动工作不够的整改任务清单》，区委班子成员结合自身实际共查摆28个具体问题，列出43个整改措施，并严格要求期限整改。

【聚焦群众教育】 开展宣讲培训。举办为期2天的基层宣讲员培训班，参加人数130余人。举办堆龙德庆区“四讲四爱”群众教育实践活动示范宣讲培训会3次；先后选送3批共28名骨干宣讲员参加自治区和拉萨市农牧民宣讲员培训班，11月底，区“四讲四爱”活动办组织31名农牧民宣讲员至日喀则市参观考察。

突出精讲深学。制定《堆龙德庆区关于开展习近平新时代中国特色社会主义思想精讲深学活动实施方案》，从目标任务、宣讲内容、实施阶段、工作措施和工作要求五个方面进一步强化群众思想教育工作，深入学习宣讲习近平新时代中国特色社会主义思想等内容，切实推动党的创新理论“飞入寻常百姓人家”。

开展示范宣讲。区委宣传部部长、各镇（街道）党（工）委书记、宣传委员，31个村（居）第一书记、书记、宣传文化专干、驻村工作队队长共开展示范宣讲687场次。

开展田间地头宣讲。全年组织全区7支宣讲队伍共389名宣讲员累计开展宣讲1794场次，受众18万余人次。其中，93名农牧民宣讲员深入田间地头，深入扶贫搬迁点，深入村组、牧场、合作社、流动商铺等，开展走访式、围坐式等灵活多样的宣讲活动612场次。寺庙僧尼宣讲员、小小宣讲员、企业宣讲员等开展系列宣讲活动100余场次。进一步落实《堆龙德庆区关于“四讲四爱”基层宣讲员奖励激励实施办法（试行）》，向农牧民宣讲员兑现奖励资金33000元。

开展实践活动。第一节点以来，各镇（街道）开展习近平新时代中国特色社会主义精讲深学、“3·28”升国旗和国旗下讲话、讲村史谈变化、西藏百万农奴解放纪念馆网上展厅参观等各类实践活动186场次，覆盖人数10万余人。

营造浓厚氛围。上报市活动办信息147条，采用40条。全年先后在西藏电视台、拉萨电视台、拉萨日报、阳光西藏等主流媒体报道相关内容15条，学习强国APP平台刊发2条；策划制作《我是一名农牧民宣讲员2.0》第一、二节点宣讲画册和《我是一名农牧民宣讲员2.0》宣讲视频。根据农牧民群众的喜好和需求，订制“四讲四爱”书法作品160件和“四讲四爱”门帘46面，并分发至各镇（街道）、村（居）及餐馆、茶馆等人流聚集地。

开展中央第七次西藏工作座谈会精神专题宣讲。为在全区迅速掀起学习宣传贯彻中央第七次西藏工作座谈会精神热潮，推动会议精神在堆龙德庆区落地生根。全区县级领导、宣传部部长、各镇（街道）党（工）委书记、宣传委员，31个村（居）第一书记、书记、宣传文化专干、驻村工作队队长、党员结对及全区93名农牧民宣讲员，累计开展宣讲150余场次，覆盖1.4万余人，切实为推动新时代西藏长治久安和高质量发展，建设团结富裕文明和谐美丽的社会主义现代化新西藏堆龙篇章提供强大的精神动力和舆论支持。

【提升文明素养】 完善阵地建设，强化工作保障。2020年，区委宣传部召开新时代文明实践中心（所、站）建设工作现场推进会，进一步加强组织领导，形成工作合力。研究制定《堆龙德庆区新时代文明实践中心（所、站）建设工作细化方案》，成立堆龙德庆区新时代文明实践中心（所、站）建设工作指导小组，形成由区委领导担任新时代文明实践中心主任，镇（街道）党委书记担任所长，村（居）党组织第一书记担任站长的组织架构，构建“区新时代文明实践中心—镇（街道）新时代文明实践所—村（居）新时代文明实践站”三级组织体系，完成区新时代文明实践中心及其1个实践分中心、6个乡级实践所、26个村级实践站的三级志愿服务阵地和体系建设，进一步强化党委统筹、书记主抓、上下联动的工作格局。2020年年底，共组建志愿服务分队15支，人数达1.3万余人，全力构建中心广泛动员、各部门积极参与的“1+3+N”志愿服务体系。全年累计开展各类志愿服务活动120余次，惠及群众5万余人次，区财政每年列出专项预算经费250万元，用于新时代文明实践中心（所、站）建设运营和实践活动。

深化精神文明创建，强化实践活动成效。以“四讲四爱”群众教育实践活动、“五有五好”文明村镇创建活动为主要载体，将农闲时节新时代文明实践十项活动打造成品牌活动，结合实际、因地制宜，通过理论宣讲、文艺演出、政策宣传、志愿服务等丰富形式，深入开展各类融入群众生产生活、贴近群众需求、吸引群众参与的实践活动，在丰富广大群众农闲时节精神文化生活的同时，进一步弘扬主旋律、壮大正能量、提振精气神，淡化宗教消极影响，切实让争做“神圣国土守护者、幸福家园建设者”成为广大农牧民群众的思想自觉和行动自觉。全年累计开展社会主义核心价值观活动6场次，开展道德讲堂12场次；开展“五下乡”、农闲时节新时代文明实践十项活动等各类实践活动200余场次，惠及群众4万余人。制作发布新时代文明实践中心主题MV《闪亮的星》。抓好未成年人思想道德建设，与团区委联合开展“党的光辉照边疆，边疆少年心向党”关爱青少年系列活动7场次，覆盖人数700余人。

打好创城攻坚战，全面提升城市品位。研究制定《堆龙德庆区2020年全国文明城市创建整改攻坚工作方案》，成立以县级领导牵头的专项工作组，召开书记专题会、堆龙德庆区2020年文明城市创建工作整改攻坚会等各类协调部署会6次。制定下发《堆龙德庆区2020年文明城市创建三包（包片区、包街道、包小区）责任划分表》，将任务分解到各责任领导，确保各项工作有人抓、有人管，形成一级抓一级，层层抓落实的工

2020年3月16日，堆龙德庆区古荣镇加入村农民身穿节日盛装，载歌载舞迎来一年一度的春耕仪式

作推进机制，同时完成网上申报、实地考察、问卷调查等各项创城任务，营造全民动员、全民参与、争创全国文明城市的浓厚氛围。

【防疫宣传】 推出新媒产品，积极发挥正能量。2020年，疫情期间，区委宣传部依托“三微一网一抖”融媒平台，推出藏语快板顺口溜《村民们听好！》、公益动画片《疫情防控，从我做起》及《堆龙防“疫”24小时》《村里送货日记》《疫情当前，为堆龙好房东点赞！》等一系列精品力作，凝聚万众一心、众志成城共抗疫情的强大正能量。

突出防疫重点，灵活开展“微宣讲”。通过“新媒体+网格”“互联网+微宣讲”“互联网+微音频”等模式全方位、多角度开展宣讲活动，重点组织全区93名农牧民宣讲员开展防疫“微宣讲”。疫情期间，累计开展“微宣讲”733场次，覆盖10万余人次。

深挖选树战“疫”典型，讲好堆龙战“疫”故事。疫情防控期间，全区涌现出一批“堆龙好房东”，累计减免房租2600户，减免租金233万余元；响应“堆龙好商户”接力倡议企业达1012家；挖掘全区14个斗堡垒模范单位、14名党员先锋模范，积极推送全区疫情防控工作开展情况，宣传报道基层一线涌现出来的先进典型和亮点做法30余条，在全社会营造激发正能量、弘扬真善美的浓厚氛围。

【推动文化文艺繁荣】 加强文艺团队建设。2020年，堆龙德庆区已完成31个行政村文艺演出队伍组建工作，严格按照“九有”标准，进一步提升和完善村村文艺队建设，加强村村文艺队管理，下派区艺术团指导员23人，同时邀请本地知名文艺工作者为文艺队提供指导和作品创作，多渠道开展行政村文艺演出队文艺培训，切实推动“村村文艺队”科学、规范、活力运行，实现从无到有、从有到好的转变。

2020年8月25日，北京电视台记者采访团一行到堆龙德庆区开展媒体采风活动

做好经费保障工作。兑现区自治区财政厅、自治区强基惠民办和自治区组织部联合发放的补助资金5万元。严格按照每支行政村文艺队启动资金5万元的标准，兑现全区31支村村文艺队启动资金，共计155万元；建立健全村村文艺队管理及绩效机制，年底根据每个文艺队绩效发放自治区补助资金，切实推动农村文艺队蓬勃发展。

繁荣文艺创作。举办村级文艺队“文艺大比拼”活动，全区31支村级文艺队积极参与。组织村级文艺队积极参加“四讲四爱”群众教育实践活动、农闲时节新时代文明实践十项活动、“五下乡”等重要演出任务，全年共开展各类活动300场次，覆盖人数6万余人，开展脱贫攻坚主题文艺巡演活动18场次，覆盖人数5000余人。依托村村文艺队、民间艺术团、民间艺术家，推出《新年与防“疫”》《抗疫唐卡》《好房东》《传承》《医保好政策》《幸福小康路》表演唱及快板《小康堆龙》《舞蹈丰收》等文艺宣传作品20余个。

强化公共服务。堆龙德庆区民间艺术团完成年度下乡演出任务，累计开展60场次演出，惠及群众2万余人。举办首届广播电视技术人员技能提升培训班，51名基层操管人员接受理论培训与实践操作，开展业务技能比赛，全面提升数字放映工作质量。疫情防控期间，投入19.6万余元维修陈旧乡村大喇叭37个，新配备7

套。发放流动广播 12 个，投入资金 1 万余元；投入 32 万余元为寺庙僧舍更换高清电视机 192 台。完成全区（2014—2019 年）新增户排查工作，共发放 869 套直播卫星接收设备并完成安装调试工作。全年共放映电影 152 场次，受众达 6850 余人次。其中，在那曲高海拔、桑木祥和苑、波玛德吉藏家搬迁点开展电影放映活动 3 场次，覆盖人数 470 余人。

深入实施“书香堆龙”工程三年行动计划。制定印发《堆龙德庆区实施“书香堆龙”工程三年计划（2020—2022 年）的工作方案》，正在筹备规划堆龙图书馆项目。10 月 10 日，在堆龙德庆区德庆中心小学举办赠书仪式，捐赠图书 2000 余册。全年为各镇（街道）文化活动站发放图书 200 余类共 3000 余本。升级改造部分“农家书屋”，累计为全区“农家书屋”新增图书种类 96 类共 94 包图书。“世界读书日”期间，开展读书分享主题活动 20 余场次。结合“四讲四爱”开展“寺庙书屋”阅读活动 40 场次，覆盖人数 296 人，全年各“寺庙书屋”累计借阅图书 711 次。进一步深化措麦村“书架进农家工程”，开展流动书屋活动，推进乃琼村“书架进党家工程”。羊达街道投入资金 5 万元打造“机关干部书吧”，共有图书 300 余册；东嘎街道新时代文明实践所之“书香东嘎”已打造完成 80%，有各类图书 300 余册，已对外开放。东嘎街道“小个专”党支部文化读书园已打造完毕。

【坚守意识形态阵地】 强化组织领导，严格落实网络意识形态工作责任制。年初，区委宣传部制定印发意识形态工作要点，成立堆龙德庆区网络舆情应急处置工作领导小组和由区委常委、宣传部部长任书记的互联网党工委，制定完善意识形态工作目标责任、双向述职等六项制度；不断推动各项任务科学落地。成功举办堆龙德庆区 2020 年意识形态工作责任制专题培训班，镇（街道）宣传委员、文化中心主任，村（居）宣传文化专干等约 66 人参训。全年区委常委会专题听取意识形态领域工作汇报 2 次，召开精神文明建设和意识形态专班工作例会 8 次，召开政务新媒体管理工作会议 1 次，首次召开镇（街道）宣传委员和村（居）宣传专干述职评议会。对 6 个镇（街道）、45 家区直单位以及 6 所学校进行督导检查 2 次，并形成年终督导检查报告。

做好建章立制，进一步增强网络安全意识。为进一步依法依规管好思想理论阵地、新闻舆论阵地、公共文化阵地和精神文明建设阵地，研究制定《堆龙德庆网络舆情应急处置预案》《网评员奖励激励办法（试行）》《舆情转办制度》《舆情月报制度》《信息发布三审三校制度》《新媒体平台备案登记制度》，实行网络舆情月报制度和舆情转办制度，调整充实中共堆龙德庆区互联网工作委员会成员。充分利用网络宣传周等节点，开展网络“二十禁”等日常网络宣传进寺庙、进学校、进农村、进机关、进企业等宣传活动 30 场次，覆盖 1.5 万余人次，发放各类宣传单 13750 份，网络安全宣传手册 500 册；全年上报舆情月报 6 期，处理网络舆情案件 39 起（民生类 18 件、诉求类 11 件、举报类 10 件）。完成“2020 堆龙玉妥文化旅游节”及“第三届中国农民丰收节”的网上宣传工作，传播量 30 万 + 人次，首次在短视频平

2020年10月19日，中央第七次西藏工作座谈会精神自治区宣讲团到堆龙德庆区举办宣讲报告会

台上进行活动内容直播，反响良好；全年备案企业154家并指派党建指导员，每周抽查5个企业的党建工作情况，各级各部门开通51个新媒体平台（其中微信38个、微博3个、今日头条1个、抖音4个、其他5个），注销微信公众号6个。2020年，把意识形态责任制学习纳入党校年度培训计划当中，选派网信干部参加上级部门组织的培训8次。

深化“扫黄打非”，全力维护群众切身利益。召开堆龙德庆区2020年“扫黄打非”工作部署会，持续推进扫黄打非“清源、固边、净网、护苗、秋风”专项行动，净化文化市场、网络空间、出版领、娱乐场所、舆论环境。全年联合出动检查文化市场230人次，检查各经营单位182家。发放文化市场法制资料及“扫黄打非”各类宣传资料2700余份、宣传海报1000余张、宣传物品2100余个，处理互联网经营场所案件2起，行政处罚7000元，责令整改2家。联合整治游商摊贩2次，取缔无证商贩4家，没收违规光碟54张、U盘16个，端掉学校周边200米以内的娱乐场所。打造祥和苑“扫黄打非”主题社区。

2020年10月20日，堆龙德庆区2020年“四讲四爱”群众教育实践活动第三、第四节点转段会在区委党校培训教室召开。各镇（街道）、部门主要负责人，各村（居）宣传文化专干、学校负责人、国有企业负责人，农牧民宣讲员等共120余人参加会议

【抓实志智双扶】 推出深度追记作品。2020年，区委宣传部协同拉萨市电视台策划推出展现堆龙德庆区脱贫攻坚成果及亮点工程专题片；与西藏日报社合作策划推出《讲好堆龙脱贫攻坚故事》系列作品6个；在全区范围内挖掘“堆龙小康路上的勤劳人家”脱贫攻坚典型户，在区市媒体推送相关作品6个。

做好志智双扶工作。结合“四讲四爱”群众教育实践活动和“五有五好”文明村镇创建活动，开展脱贫攻坚主题宣讲活动500余场次，受众达5万余人次；宣传部长、镇（街道）村（居）两级书记、宣传委员、村（居）宣传文化专干带头宣讲36次，受众3500余人次；疫情期间开展扶贫政策及措施“微宣讲”共计125次，覆盖人数4000余人；结对帮扶干部及驻村工作队员、农牧民宣讲员入户宣讲共计4500余次；区委党校对全区31个村（居）的建档立卡群众进行脱贫攻坚专题巡回宣讲。

突出易地搬迁宣传引导。针对搬迁点开展“五下乡”宣传活动3场次，覆盖人数5000余人；开展示范宣讲6次，覆盖人数2000余人；安排巡回宣讲团开展宣讲活动3场次，覆盖人数2000余人；由司法局和宣传部牵头开展“法律下乡”活动；联合妇联和团区委开展“家庭恋爱观”主题讲座活动。

用好融媒体平台。推出《医保好政策》、小品《爱国卫生运动》等9个宣传作品；制作堆龙德庆区脱贫攻坚纪实片《历史注定的时间印迹》、《脱贫攻坚大典藏》画册和《小康之路姿势》图卷；开展“决战脱贫攻坚·决胜全面小康”主题网络作品有奖征集活动和“时光留影机·扶贫随手拍”摄影征集活动，征集相关作品139个。

讲好脱贫故事。成功举办全区脱贫攻坚颁奖晚会，表彰脱贫攻坚奋进奖、脱贫攻坚贡献奖、脱贫攻坚奉献奖以及脱贫攻坚组织创新奖等131个先进个人和35家先进集体。在堆龙发布推出“脱贫标兵”及“攻坚之星”“脱贫攻坚·看堆龙”系列脱贫攻坚典型案例31期，以群众喜闻乐见的方式展示身边榜样故事，发挥先进典型示范带动作用，激发贫困群众脱贫致富内生动力，展现近年来各项惠民利民政策实施后的大发展大变化，彰显脱贫攻坚历史贡献及伟大成就。全年《拉萨日报》《西藏日报》等主流媒体对堆龙德庆区脱贫攻坚报道62次。

（杨小梅　苏文华）

【机构领导】

区委常委、宣传部部长

普　旦（藏族）

常务副部长

米　玛（藏族）

副部长

段凤芝（女，11月离任）

杜军毅（11月任职）

王丹丹（女，11月任职）

王瑞芳（女，7月离任）

网评中心主任

索南央吉（女，藏族）

统战（民宗）工作

【概况】 2020年，堆龙德庆区统战系统以习近平新时代中国特色社会主义思想为指导，深入学习贯彻落实中共十九大和十九届四中、五中全会精神，中央第七次西藏工作座谈会精神，中央、区市统战民族宗教工作会议精神，牢牢把握统战民族宗教工作正确方向和时代使命，推动统战民族宗教工作创新发展，进一步开创全区统一战线工作新局。

【巩固和扩大统战爱国人士队伍】 完善党外干部和党外知识分子数据库工作。2020年，区委统战部对全区行政事业单位，全面进行党外干部和党外知识分子的摸底统计工作，经调查，全区有党外干部9名，党外知识分子130名，推荐到市级党外干部5名，党外知识分子21名。开展社会新阶层人士摸底调查工作。对全区社会新阶层人士进行全面的摸底调查，评选出17名堆龙德庆区社会新阶层人士，同时进一步更新、完善全区社会新阶层人士的档案和信息库。召开各族、各界代表人士座谈会。向党内外人士通报全区经济社会发展及社会局势稳定情况、区里重大决策事项，让各族、各界代表人士发表各自想法、看法，引导他们发挥积极作用，强化责任担当，推动统战事业创新发展。及时兑现全年党外爱国人士生活补贴，在“三大节日”期间，区委、区政府领导看望慰问党外爱国人士，并为他们送去慰问金。

【做好定居藏胞工作】 2020年，区委统战部积极对定居藏胞的教育、管理工作，宣传藏胞政策，注重对归国探访藏胞及境内亲属的宣传管理工作，从正面引导定居藏胞为堆龙德庆区的政治经济社会发展做出积极贡献，充分体现出党和政府对藏胞的关心重视，真正做到政治上严格要求、工作上重视支持、生活上关心照顾，使之真正成为反分裂斗争防线中的坚强堡垒。

【开展教育实践活动】 2020年，区委统战部结合“四讲四爱”群众教育实践活动，以“遵行四条标准争做先进僧尼”教育实践活动为契机，开展十九届五中全会和中央第七次西藏工作座谈会宣讲、

2020年4月24日，堆龙德庆区开展宗教领域《藏传佛教活佛转世制度》政策解读系列讲座

宗教领域“四条标准”“四讲四爱”教育实践活动知识竞赛、藏传佛教活佛转世政策集中宣传宣讲、以“风雨同舟、万众一心、共抗疫情”为主题的书法比赛及“升国旗唱国歌”“国旗下讲话”“送健康送知识送温暖”等活动。

2020年5月18日，堆龙德庆区委统战部召开2020年度宗教领域党风廉政和意识形态工作安排部署会

【创新寺庙管理】 寺庙法治宣传教育。2020年，区委统战部组织寺庙僧尼、工商界人士开展《中华人民共和国民法典》《中华人民共和国国家安全法》等专题宣讲，认真贯彻落实党的宗教政策，坚持宗教中国化方向，积极引导宗教与社会主义社会相适应。

非法宗教活动场管理。为杜绝非法临时宗教活动场所死灰复燃，在2020年穆斯林群众的传统节日闭斋节期间，按照“早研究、早部署、早管控”的原则，提前召开专题会议，研究部署“闭斋”期间各项工作。为杜绝设立非法临时宗教活动场，对辖区内有无擅自设立临时礼拜点进行全面排查，未出现临时礼拜点等非法临时宗教活动场的设立，做到“三不出”的工作目标。

网络通信活动“二十禁”宣传教育。各寺管会（专职特派员）先后多次组织寺庙僧尼以宣讲和讲座等形式开展《关于西藏自治区网络通信活动“二十禁”的通告》及《藏传佛教活佛转世》制度等宣传教育活动，同时与僧尼签订严守网络通信“二十禁”的责任书。

疫情防控。及时传达学习各级关于疫情防控工作的相关文件精神，制订《堆龙德庆区宗教领域新型冠状肺炎疫情工作方案》，向驻寺干部、寺庙僧尼宣传疫情防控知识，传达疫情防控工作有关会议精神和相关要求。1—8月，暂停举办14场大型宗教佛事活动，8月19日（藏历2020年6月30日）举行的觉木龙寺2020年夏季跳神宗教活动，按照区、市各级党委政府疫情防控工作的总体要求，控制活动规模，将活动时间由原有的一天压缩为半天。为做好寺庙恢复对外开放后疫情防控工作，为寺庙解决口罩6000个、橡胶手套1000盒、消毒液32桶、免洗手液90瓶、喷雾器6个、护目镜32个、体温枪15个、体温针40个、垃圾袋250包、酒精4瓶、隔离服57套、垃圾桶4个。寺庙僧尼踊跃为疫情防控工作捐款捐物，全区寺庙僧尼向疫区捐款51.182万元，所得款项已通过拉萨市佛协会捐给疫区。

落实利寺惠僧政策。认真落实僧尼免费体检工作，制订《堆龙德庆区2020年在编僧尼标准化健康体检工作实施方案》，体检率达100%，同时按时足额兑现寺管会（专职特派员）僧尼班子成员岗位补贴。

寺庙和寺管会项目建设。2020年，投资74.19万元维修巴普寺大殿和僧舍；投资93.72万元维修其美龙寺大殿；投资278.51万元新建寺布寺管委会消防勤务点项目；投资9万元为楚布寺安装集装箱体温监测房。

藏传佛教代表界人士及宗教教职人员培训。为切实落实好堆龙德庆区藏传佛教寺庙教职人员教育培训规划，举办为期12天的传佛教代表界人士及宗教教职人员培训班，共有9名代表人士及33名宗教教职人员参加，学员累计撰写心得体会40余篇，交流心得30余次，结业考试平均成绩达80分以上。

【活佛培养教育管理服务】 2020年，区委统战部高度重视对政府认定的2位活佛的培养教育管理服务，加大经费保障力度，每年从政府财政拨付专项资金200万元用于活佛的培养、教育、管理。严格聘选文化课老师及经师，按照《活佛安全保卫和培养教育方案》，抽调精兵强将建立活佛管理专班，严格执行24小时贴身保卫制度。同时，2位活佛积极响应拉萨市佛协倡议，带头向疫情区捐款3万元；另外巴沃活佛向拉萨市疫情指挥部、自治区藏医院和堆龙德庆区疫情防控指挥部捐赠价值20余万元的防控物资。

【民族团结进步】 2020年，区委统战部制定下发《堆龙德庆区学习宣传〈西藏自治区民族团结进步模范区创建条例〉工作方案》，在全区各领域掀起学习热潮。开展不同形式的民族团结宣传活动35场，悬挂横幅60条，设立咨询台2处，发放宣传资料和宣传品3500余份。开展丰富多彩的民族团结活动，在东嘎社会开展“春节藏历新年联欢会”文艺演出活动，4户民族团结模范家庭积极参与活动，并在活动中以合唱的形式讴歌民族大团结，展现全区上下团结友爱、同心同德、砥砺奋进的精神面貌。深入各学校开展以民族团结为主题的藏汉书法、绘画、知识抢答比赛，学生们积极参与，踊跃回答，活动期间发放标有民族团结主题宣讲标志的书包533个。结合“四讲四爱”“四条标准”教育实践活动，在寺庙开展民族团结知识竞赛活动，为参赛僧尼发放宣传品和竞赛奖品，活动氛围浓厚。新型冠状病毒感染的肺炎疫情发生期间，全区各族干部群众，众志成城、万众一心，面对疫情，全区寺庙僧尼、爱心企业和个体户在疫情期间的捐款捐物暖心举动，助力打赢疫情阻击战。

（任姝芳）

2020年7月31日，堆龙德庆区开展《中华人民共和国民法典》《西藏自治区民族团结进步模范区创建条例》进寺庙宣讲活动

【机构领导】

区委常委、统战部部长

　　普布斯曲（藏族）

区委统战部常务副部长

　　朗杰次成（藏族）

区委统战部副部长

　　任　姝　芳（女）

巡察工作

【概况】 2020年，区委巡察办深入贯彻落实十九届中央纪委四次全会和全国巡视工作会议精神，增强“四个意识”、坚定“四个自信”、做到“两个维护”，高质量推进巡察全覆盖，坚持“发现问题、形成震慑、推动改革、促进发展”，在巡察方式上做到交叉联动，在巡察问题上做到精准，在巡察成效上做到聚焦整改，在整改上巩固成果，为推进全区高质量发展提供坚强的政治保障。

【组织领导】 2020年，区委巡察办制定《2020年堆龙德庆区委巡察工作要点》，健全完善巡察内容清单，准确把握工作重点，科学谋划，强力推进。重新调整区委巡察工作领导小组组长、副组长，区委巡察工作领导小组严格履行组织实施责任，坚决按照区委的决策部署，推进巡察工作规范化建设，并围绕区委重点中心工作，力求巡察工作取得新突破。

【理论学习】 2020年，区委巡察办党支部充分发挥教育管理党员干部职能，深入学习巡视巡察理论知识，准确把握政治巡察内涵，严格落实“三会一课”制度，围绕巡察监督职能加强干部理论培养，组织巡察干部集中学习15次，深学细研习近平总书记关于巡视工作重要论述以及全国巡视工作会议和全国市县巡察工作推进会议精神，围绕中央巡视机构“讲师团”在西藏巡视指导督导专题培训会上的讲话精神开展研讨，深化对政治巡视定位的理解把握，深化对巡视工作方针的理解把握，深化对巡视整改落实的理解把握，深化对巡视工作战略格局的理解把握，深化对巡视工作规范化建设的理解把握。

【推进巡察全覆盖】 2020年，区委巡察办始终以“两个维护”为根本政治标准，对照习近平新时代中国特色社会主义思想，对照党章党规党纪，对照党的理论路线方针政策和党中央决策部署，对照被巡察党组织的职能责任和“三定”规定，摒弃以往不适用于基层实际的巡察监督内容，结合区直单位、镇（街道）以及村（居）职能任务，进一步健全完善巡察内容清单，紧紧围绕“三个聚焦”，重点了解巡视巡察、审计等各类监督发现问题整改落实情况，履行脱贫攻坚重大政治责任和疫情防控工作情况，农地非农化、私搭乱建和土地非法买卖情况，推动被巡察党组织举一反三、堵塞漏洞，深化改革、完善制度，推动工作。全年开展2轮常规巡察，组成6个巡察组（其中包含1个交叉巡察组）41名巡察干部对公安分局、统战部、区委办等18家单位党组织开展巡察工作，截至第十轮巡察结束已完成全覆盖任务。

【创新方式方法，提升巡察质量】 形成横向联动巡察体系。2020年，区委巡察办在巡察组中充实审计、财务、纪检干部，发挥各个监督资源的专业优势，根据问题特点，统筹监督力量，提升巡察质量。同时，按照市巡察工作安排，与其他县（区）形成横向交叉巡察，由当雄县交叉巡察公安局党委，通过交叉巡察，有效解决熟人社会监督难题，县（区）之间相互学习借鉴巡察经验做法，进行工作交流，取长补短，推动堆龙德庆区巡察工作做实做细做到位。

拓宽发现问题渠道。巡察重在发现问题，在发现问题上探索多渠道并行的措施，采取信访举报、审计监督发现、走访、谈话发现、微信平台举报等方式，把人员监督与智能监督相结合，把群众监督与专业监督相结合。聚焦权力、资金集中的重点领域、重点岗位、重点“关键人”，开展灵活机动的“点穴式”监督，奔着问题去，围绕发生问题的相关人员进行谈话。聚焦中央和区市党委以及区委重大决策部署落实情况进行重点巡察，聚焦中央和上级党委巡视巡察反馈问题整改情况开展监督检查。

深化组办联合。巡察办主任、副主任分别任组长、副组长进组开展巡察，起到传帮带的效果；安排巡察组组长和有巡察经验的巡察干部与新抽调参加巡察的干部开展座谈交流巡察工作经验，讲解巡察工作流程、切入点和方式方法等；巡察办支部和各临时党小组深度融合，探索“化整为零、化零为整”的方式开展组织生活，在家巡察干部按照分组分别参加各临时党小组学习，同时指导巡察工作，针对巡察组提出的疑问现场解答，推动各巡察组有序开

2020年9月10日，堆龙德庆区委常委、宣传部部长普旦对第十轮巡察干部开展意识形态领域专题培训

2020年4月21日，二届堆龙德庆区委第九轮巡察工作动员部署会召开

展工作。

【注重成果运用，增强整改实效】 2020年，强化成果运用、推动问题解决是巡察工作的落脚点和目的所在，区委巡察办在巡察成果运用上下功夫，推动巡察整改实现"双公开"，让巡察整改在阳光下进行，接受广大干部群众和社会监督，下发《关于进一步规范巡察整改工作的通知》，对巡察整改责任、整改程序、整改目标和整改要求作出规范，扎实做好巡察"后半篇文章"。全年开展2次回访督查，督查组重点围绕二届区委第六、七、八轮巡察反馈问题整改情况和巩固巡察整改成效方面存在的问题开展回访督查工作，二届区委第六、七、八轮巡察共向26家单位党组织反馈问题320个，截至督查结束，完成整改304个，整改率为95%，第六、七、八轮巡察反馈问题整改取得阶段性成效，但也发现被巡察单位存在对整改不重视、措施不具体、效果不明显等问题，区委巡察工作领导小组召开巡察反馈意见整改不到位问题集中约谈暨巡察整改推进会，对相关单位责任人进行约谈，并下发《区委巡察工作领导小组关于对区民政局、邱桑寺管委会、热果寺管委会三家单位巡察反馈意见整改不到位典型问题的通报》，要求被巡察单位引以为戒，高度重视，坚决抓好整改落实。

（李小红）

【机构领导】

区委巡察办主任

唐　玲（女）

区委巡察一组组长

琼卓玛（女，藏族，11月任职）

区委巡察二组组长

桑　旦（藏族）

区委巡察办副主任

扎西曲珍（女，藏族）

直属机关工作

【概况】 年内，堆龙德庆区直机关工委以习近平新时代中国特色社会主义思想为指导，全面贯彻落实中共十九大和十九届二中、三中、四中、五中全会及中央第七次西藏工作座谈会精神，贯彻落实习近平总书记在中央和国家机关党建工作会议上的重要讲话精神，不断增强"四个意识"、坚定"四个自信"、做到"两个维护"，当好"三个表率"，在区委的坚强领导下，坚持新时代党的建设总要求，始终坚持党要管党、从严治党的方针，以全面提升机关政治属性和党员干部综合素质为主线，围绕中心、服务大局，切实加强机关党的政治、思想、组织、制度、作风建设，有效提高机关党员的素质和工作效率，增强机关党组织的创造力、凝聚力和战斗力，充分发挥机关党组织在推动发展、服务群众、凝聚人心、促进和谐的先锋引领作用，为全区改革发展稳定各项事业提供坚强的组织保证。2020年，区直机关工委下属党组织58个，其中党总支3个（法院党总支、政法委党总支、卫健委党总支），党支部55个，有中共正式党员714名。

【压实主体责任】 层层压实责任，细化工作任务。2020年，堆龙德庆区直机关工委全面压紧夯实抓机关党建工作主体责任，共召开5次机关工委会书记会议、1次全体（扩大）会议，研究机关党建工作思路、发展党员、支部换届等工作。研究制定年度党建工作要点，针对要点内容逐项制订实施方案、细化工作措施。制定《堆龙德庆区（中）直机关党建工作责任清单》，将加强组织领导、主体责任落实、党组织建设、党内政治生活等6项内容分解为23个小项，进一步细化工作目标。机关各级党组织参照责任清单，结合各自党组织工作实际，及时梳理党建工作任务，按照“规定动作不走样，自选动作有创新”的原则，分层分类制定党建工作责任清单，层层传导压力，使机关党建工作有抓手、有目标、有计划，确保各项工作按计划有序推进。

2020年3月24日，堆龙德庆区委副书记，机关工委书记边旦（左三）主持召开2020年度堆龙德庆区直属机关工作委员会第一次工作会

落实调研制度，提升工作质量。对照“责任清单”、季度重点工作内容，对48个机关党组织开展季度党建工作调研，通过采用听取汇报、个别访谈、实地查看、对照记录、查阅资料等形式，全面了解机关党组织党建工作落实情况，特别是调研党的政治建设、党内政治生活、党员政治教育等方面落实情况，着力增强机关执行力，强化政治机关属性。

强化结果运用，营造争先创优氛围。坚持“找问题”与“找路子”并重，发挥季度调研“指挥棒”作用，对调研结果汇总分析，形成调研报告，研判问题原因，确定解决方案。推进“抓两头、促中间”工作，结合“精品支部”创建活动，为季度党建工作突出的党组织颁发“季度党建工作优秀党组织”流动红旗，发挥典型带动作用，营造争先创优氛围；强化对后进支部的分类指导，结合季度调研结果，深挖问题根源，找准病灶，补足弱项短板；注重对中间党组织的正向催化，搭建横向交流平台，引导各机关党组织借鉴彼此优秀做法，吸取经验教训，拓宽工作思路，进一步提升党建工作质量。

【思想理论武装】 带头加强思想武装。2020年，堆龙德庆区直机关工委把学习贯彻习近平新时代中国特色社会主义思想和中共十九大精神引向深入，以新思想持续武装头脑，采取党组织书记上党课、研讨交流、主题宣讲、集中学习及自主学习等方式，教育引导机关党员干部自觉主动学、及时跟进学、联系实际学、笃信笃行学，推动机关党员干部在真学真知、真做真改中学深学透。坚持把“不忘初心、牢记使命”作为加强党的建设的永恒课题和全体党员干部的终身课题，健全长效机制，对主题教育中查摆出的问题，举一反三，逐条逐项、一以贯之抓好整改，做好主题教育“下半篇”文章。

全面提升政治能力。有序推进党员干部政治教育活动，制订党员干部政治教育培训计划，注重政治历练，在贯彻落实党中央决策部署、应对重大斗争和突发事件、完成急难险重任务中提高政治能力。特别是面对新冠肺炎疫情挑战，各机关党组织把坚决贯彻落实党中央决策部署和习近平总书记重要指示批示精神，打赢疫情防控阻击战，作为践行“两个维护”、体现初心使命的“试金石”，作为创建模范机关的“磨刀石”。疫情防控期间，机关工委制作发放党员志愿者红袖标、旗子、防疫宣传册等，成立机关防疫志愿队，号召机关党员干部冲锋在前，148名区直机关党员主动下沉到情防控压力较大的村（居）报道，全面助力疫情防控，用实际行动让堡垒在一线筑牢，让党徽在一线闪亮，让党旗在一线飘扬。

增强理想信念。落实党员“三包”政策，围绕宣传引导、了解民意、服务群众等作用的发挥，不断加强与群众的联系，在朴实的群众教育中锻炼宗旨意识和为民情怀。不断丰富活动载体，在元旦、“3·28”百万农奴解放纪念日、清明节、“七一”等重要节点，组织党员开展“践行雷锋精神·志愿者在行动”“庆七·一重温入党志愿书”“读书会”“微党课”等活动，组织开展“主题党日”“政治生日”等活动800余场次，志愿服务活动50余次，将学习教育、为民服务等内容有机结合，广大机关党员干部的政治信仰和理想信念更加坚定，党内政治文化生活更加积极健康。

【党组织建设】 理顺党组织关系，优化党组织结构。2020年，堆龙德庆区直机关工委按照《中国共产党党和国家机关基层组织工作条例》有关规定，根据党组织隶属关系，通过工作群、电话通知等形式，对任期届满的党组织提前进行换届提醒，全面梳理换届选举工作的基本原则、范围时限、方式方法和注意事项，利用举办机关党组织党务干部培训班契机，开设换届选举主题课程，加强指导工作，完成35个党支部换届选举。对因人事调动、工作需要等原因需要调整支部委员的党支部，严格按照支部打请示机关工委召开书记办公会审批的程序进行，完成18个党支部委员调整补选工作。

推进标准化建设，落实党内基本制度。结合“支部建设规范年”活动，开展软弱涣散基层党组织整顿排查工作，加强党支部标准化建设，下发《堆龙德庆区县级干部规范和落实党员组织双重生活制度的通知》，健全机关党支部组织生活会监督管理办法，完善机关党建工作监督检查、考核评价、结果运用等机制。严格执行“三会一课”、组织生活会、谈心谈话、民主评议党员等基本制度，从严管理党员、严肃组织生活，党组织战斗堡垒作用进一步发挥。

强化基础保障工作。按照《堆龙德庆区(中)直机关各党组织党建活动经费使用办法(试行)》，实现党建活动经费管理规范化，全年共列支党建经费约21.4万元。严格落实党费收缴“四有”工作要求，实现党费收缴规范化，全年上缴党费共约13.1万元。

【党员教育管理】 开展党务工作者培训。2020年，堆龙德庆区直机关工委共组织76名党务干部参加党务基础知识培训班，全面提升机关党务工作者业务能力。严把党员发展入口。按照“控制总量、优化结构、提高质量、发挥作用”的方针，联合区委党校，组织150名学员参加入党理论培训班，引导发展对象和入党积极分子增强党性修养，坚定理想信念，共发展党员24人、吸收积极分子70人、按期转正30人。开展党员档案清查。进一步加强党员管理，开展发展党员违规违纪专项排查，组织人员对机关党员档案进行全面梳理，并向所在支部提出整改要求，确保党员档案材料完整、入党程序规范，审批流程严格、党员条件符合要求，完成900余名党员档案清查等党建流程再造工作，切实增强机关党员队伍的纯洁性、先进性。

（四郎卓玛）

2020年5月26日，堆龙德庆区直机关工委联合区纪委监委、区委组织部、区委党校举办2020年党务基础知识培训班

【机构领导】

书 记

边 旦(区委副书记,藏族,3 月离任)

王满春(区委副书记、组织部部长、3 月任职)

副书记

普布斯曲(区委常委、统战部部长,藏族,3 月离任)

德吉央宗(区委常委、区委办主任,女,藏族)

尚志清(区委常委、纪委书记、监察委员会主任,10 月离任)

李晓强(区委常委、政府党组副书记、副区长,3 月任职)

次 仁(区人大常委会党组成员、副主任,藏族,3 月离任)

马 勇(区人大常委会党组成员、副主任,3 月任职)

靳小卉(区政协党组成员、副主席,女,10 月离任)

专职副书记

斯朗曲宗(区委组织部四级主任科员、机关工委办公室主任,女,藏族,11 月离任)

党校

【概况】 年内,区委党校始终坚持以习近平新时代中国特色社会主义思想为指导,紧紧围绕区委、区政府中心工作,服务大局,以加强理论教育和党性教育为首要任务,以抓好教学改革、提高教学质量为重点,坚持“党校姓党、从严治校”根本原则,努力提升党校工作科学化水平,充分发挥党校理论阵地作用,在全区干部教育培训、党的理论政策巡回宣讲和科研工作中取得一定成绩,完成年初既定目标。2020 年,区委党校内设办公室、教研室、学员管理培训科 3 个部门,共有干部教职工 16 名,其中事业单位管理人员 2 名,专技人员 12 名(高级讲师 1 名,讲师 11 名),工人编制 1 名,公益性岗位 1 名。

【自身建设】 2020 年,区委党校为规范办学,切实把权利关进制度的笼子,研究制定一系列制度,出台制定《中共拉萨市堆龙德庆区委党校工作制度》,明确和完善党校各科室工作分工,落实分管责任,明确工作职责;制定《中共拉萨市堆龙德庆区委党校教务管理制度》,明确加强教师队伍建设的要求;制定《中共拉萨市堆龙德庆区委党校科研管理办法》和《中共拉萨市堆龙德庆区委党校春秋季学期和寒暑假实施办法》,并经区委常委会通过实施,这些制度的实施标志着区委党校在新形势下翻开规范化办学的新篇章。通过选派教师参加上级党校业务培训及到区外参加师资提升学习、开展实地调研、教学研讨等途径,提高教师能力素质,共参加各类培训 26 期,区内累计学习 61 天,区外累积学习 92 天,总学时达 1252 学时。

【党员培训】 2020 年,区委党校共举办各类主体班次 22 个,累积培训 2300 余人次;“流动党校”讲授各类党课 102 次,培训和辅导党员干部、农牧区群众达 1.7 万余人次;选送堆龙德庆区机关党员干部和村(居)干部共 98 人到内

2020年6月25日,堆龙德庆区委副书记王满春在区委党校主持召开集体廉政谈话会议

地学习。

【扶贫工作】 2020年,区委党校要求全校党员增强做好扶贫攻坚工作的责任感,进一步掌握扶贫对象基本情况,把建档立卡户作为扶贫攻坚的关键,开展结对帮扶入户5次,发放慰问品3000余元,并认真组织党员到村(居)报到,扎实有效地开展扶贫工作。组织党员干部深入乃琼街道岗德林村、波玛村18个结对帮扶户家中,准确详细摸底建档立卡贫户的退出,同时组织教师开展党的扶贫政策宣讲3场次,开展"脱贫攻坚百日行动"宣讲1次。扎实做好包村点党建联建和帮扶工作,在建党99周年之际,对包村点乃琼街道加木村15名困难党员开展慰问活动,送去慰问金4500元;与加木村党委共同开展党建联建互动活动,发放党建知识问答奖品价值5000元。

(泽花甲)

【机构领导】

校　长

朗　珍(女,藏族)

副校长

赵　鑫

支部书记

巴　珠(藏族)

堆龙德庆区创先争优强基础惠民生活动第九批驻村工作

2020年4月7日,堆龙德庆区强基办召开拉萨市"送教上门"第九批驻村工作队培训会

【概况】 2020年,根据中央、自治区党委和拉萨市委关于精准选派驻村工作队要求,堆龙德庆区委高度重视,坚持高位推进,加强统筹协调,选派124名优秀干部进驻31个村(居)开展工作,其中市级驻村工作队8支,成员32名;堆龙德庆区乡联合驻村工作队22支,成员88名;堆龙德庆区联合当雄县派驻工作队1支,成员4名。除7名驾驶员外,其余117名均为正式干部职工,其中中共党员(含预备党员)99名。

【学习宣传中共十九大精神】 2020年,各驻村工作队坚持把学习宣传中共十九大和十九届四中全会精神作为首要政治任务,充分发挥驻村工作队贴近基层、贴近群众的优势,紧密结合"四讲四爱"群众教育实践活动、"村史家史大讨论"村史讲堂等活动,以群众喜闻乐见的形式和通俗易懂的语言,广泛宣讲习近平新时代中国特色社会主义思想和习近平总书记治边稳藏重要论述在西藏的成功实践,深入宣讲中央第六、第七次西藏工作座谈会,特别是习近平总书记重要讲话精神,大力宣传自治区第九次党代会,区党委九届三次全会精神,带领广大农牧民群众读原文、学原著、悟原理,引导群众在新旧西藏对比中增强感党恩听党话跟党走的思想自觉和行动自觉,让群众进一步明白惠从何来、惠在何处、恩向谁报。第九批驻村工作队入驻以来,围绕中共十九大精神等累计开展学习210余场次,开展宣讲550余场次,开展"四讲四爱"群众教育实践活动1322次,开展"村史讲堂"活动156次,组织群众参观村史馆84次,开辟专题宣传栏131期,发放宣传材料2.1万余份,受教育群众14.2万余人次。

拉萨市应急管理局驻古荣镇南巴村工作队结合"四讲四爱"活动,围绕"红船精神"大力开展学习宣讲活动,从"红船精神"蕴藏的丰富内涵入手，带领村干部和群众深入了解党史，教育引导党员继承发扬革命传统、发挥好党员先锋模范作用。

堆龙德庆区驻东嘎街道祥和苑工作队将脱贫攻坚宣讲和“村史讲堂”有机结合，邀请乃琼社区宣讲员扎巴旺，围绕新旧西藏变化和脱贫攻坚政策及成果开展宣讲活动，教育引导群众更加清楚今天的幸福生活来之不易，在生活中自觉坚持党的领导。

【巩固脱贫攻坚成果】2020年，各驻村工作队坚持把巩固提升脱贫攻坚成果作为重中之重，积极配合区扶贫部门开展工作，强化学习脱贫攻坚有关知识，全面把握脱贫攻坚政策，精准掌握村情户情，在各派驻单位的帮助下，以深化结对帮扶工作为抓手，把扶贫和扶智、扶志紧密结合，着眼群众最关心的突出问题，大力宣传扶贫政策、认真制定帮扶措施、扎实开展技能培训、积极引导劳务输出，不断发展壮大村（居）扶贫产业，创新消费扶贫等脱贫攻坚工作方式方法，进一步提升村（居）“造血能力”，拓宽就业门路和增收渠道，持续推进贫困群众后续发展，有效巩固脱贫攻坚成果。第九批驻村工作队入驻以来，帮助村（居）“两委”制订实施年度脱贫计划31个，开展脱贫攻坚政策、勤劳致富教育等各类宣传教育活动370余场次，受教育群众1.8万余人次。结对帮扶建档立卡户333户1121人，开展帮扶活动360余次，帮助贫困群众研究制定帮扶措施91条，解决困难197个，组织开展贫困群众技能培训28次，帮助贫困群众转移就业149人。从各渠道争取扶贫项目22个，涉及资金8141.4万元。在开展消费扶贫行动中建立有效销售渠道8个，销售村（居）、农牧民生产的各类产品总额100余万元。

堆龙德庆区驻羊达街道通嘎社区工作队以“百日攻坚”为契机，根据实际情况总结出“四个知道一个跟上”工作方法，即知道住在哪里、在干什么、在想什么、需要什么，政策宣讲和思想工作要跟上，确保准确掌握贫困家庭的真实情况和现实需求。

拉萨市税务局驻德庆镇邦村工作队按照消费扶贫的要求，积极联系派驻单位开展活动，动员干部职工购买邦村生产的“藏式辣椒”4万余元，进一步扩大产品销路，有效带动村集体经济发展。

堆龙德庆区驻古荣镇嘎冲村工作队开展“四讲四爱”之“决胜小康、奋斗有我”百姓故事会，由1名致富带头人和3名在脱贫攻坚工作中表现突出和积极脱贫的贫困户，讲述自己的亲身经历，以及因为享受国家的好政策，自己和家人的生活发生的变化，如何过上幸福生活，以此活动教育引导群众梳理自力思想，激发自我发展，自我脱贫的内生动力。

【推进乡村振兴战略】2020年，各驻村工作队紧紧围绕“产业兴旺、生态宜居、乡风文明、治理有效、生活富裕”总要求，积极争取派驻单位和社会力量支持，进一步做好巩固脱贫攻坚成果和推进乡村振兴战略的衔接工作，指导帮助驻在村（居）理清发展思路、拓宽发展渠道、找准发展定位、挖掘资源禀赋、做好特色文章，推动村（居）经济高质量发展。着眼于提升群众整体素质水平，大力开展国家通用语言培训活动和就业创业政策宣讲活动，帮助群众更顺利的融入西藏社会发展进程。把生态文明建设摆在突出位置，在推进环境整治、建设美丽乡村上狠下功夫，引导群众牢固树立绿水青山就是金山银山的理念，为实现“农业强、农村美、农民富”的目标打下坚实基础。第九批驻村工作队入驻以来，帮助村（居）“两委”理清发展思路73条，制定、完善、实施经济发展规划58项，帮助所驻村（居）兴办集体经济实体7个，专业合作经济组织5个，实现转移就业40余人。开展建设美丽乡村等相关宣传活动470余场次，受教育群众1.4万余人次。宣传推广国家通用语言文字71场次，参与群众6400余人次。宣传教育和就业创业政策78场次、覆盖群众4000余人次，引导高校毕业生积极参与大众创业、万众创新92人。

堆龙德庆区驻东嘎街道东嘎社区工作队坚持生态优先、绿色发展之路，大力开展美丽乡村建设，引导群众以自愿投工投劳等方式支持社区发展，2020年年底，社区林地面积300余亩，森林覆盖率达80%。实现由“荒山”变“景区”的蜕变。

堆龙德庆区驻乃琼街道加木

2020年7月28日，堆龙德庆区委副书记、组织部部长王满春主持召开驻村工作队工作例会

村工作队在防汛工作期间充分发挥驻村工作队和党员的先锋模范作用，对村内地质灾害隐患点安排专人24小时进行监测预警，协调出动数辆挖掘机和车辆对部分滑坡、塌方的危险路段，对受损的房屋、水渠、河道及时进行维修整治，确保群众的生命财产安全。

拉萨市应急管理局驻古荣镇南巴村工作队结合实际需求，积极向派驻单位争取资金6万元，帮助修建南巴村值班室和便民服务大厅，极大地改善村内工作环境。

【维护基层社会和谐稳定】 2020年，各驻村工作队坚持把维护社会和谐稳定作为压倒一切的硬任务，认真落实区市各项维稳部署要求和措施，积极协助驻在村（居）强化维稳责任，细化维稳措施，加强网格化管理，紧紧围绕“三大群体”的教育引导和服务管理，全面掌握村情社情和群众思想动态，妥善排查化解矛盾纠纷和安全隐患，实现全年“三无”“三不出”。坚持以维护祖国统一、加强民族团结为着眼点和着力点，大力开展反分裂斗争教育，持续深化民族团结创建，深入开展马克思主义“五观”“两论”教育，让“五个认同”“三个离不开”的理念深植群众心中。第九批驻村工作队入驻以来，协助所驻村（居）制订维稳工作方案和应急预案178个，建立健全农牧区维稳工作机制97条，召开村情民意群众会议124场次，积极化解和妥善处理各类社会矛盾88件。组织开展反分裂斗争教育、民族宗教政策宣讲、民族团结进步创建、“村史讲堂”等活动460余场次，受教育群众2.7万余人次。

堆龙德庆区驻东嘎街道桑木社区工作队结合社区实际，制定出台《桑木社区私建领域管理办法》，成立专项领导小组，加强源头治理，严格审核建筑工地劳务合同及施工资质，协助签订私建领域各类劳务合同230余份，监督兑现工程款及工人工资235万余元，全面杜绝拖欠农民工工资的信访案件。

堆龙德庆区驻古荣镇嘎冲村工作队联合西藏政安防火知识宣传培训中心，开展以“火灾防控构筑铜墙铁壁，精准培训助力复工复产”为主题的消防安全教育培训活动，并对辖区内的拉康、商铺等重点部位进行消防专项检查，及时更换村委会及各组的消防器材，有效提高辖区群众消防安全防范意识和对消防技能的掌握，确保辖区平安稳定。

堆龙德庆区驻乃琼街道乃琼社区工作队配合村“两委”积极做好扫黑除恶打非治乱专项工作，重点对扫黑除恶打非治乱专项斗争工作进行全面部署，并及时听取相关工作汇报，利用普法宣传、党员政治教育、“四讲四爱”群众教育实践活动、党员大会、联户长会议、村民小组会议等多个契机做好宣传教育工作。

【筑牢基层组织基础】 2020年，各驻村工作队把加强党的政治建设摆在首要位置，着眼于提升基层党组织组织力、增强政治功能，结合“支部建设规范年”行动，全面加强基层党组织建设，着力推动全面从严治党走深走实，确保村（居）党组织充分发挥好全心全意为人民服务的坚强战斗堡垒作用。坚持把习近平新时代中国特色社会主义思想作为重点学习内容，不断巩固深化“不忘初心、牢记使命”主题教育成果，帮助村（居）党组织健全完善定期学习、集体议事、工作保障等制度，深入开展党员政治教育和科学文化教育，有效提升基层工作力量的整体素质和工作能力，进一步涵养风清气正的政治生态。突出抓好农牧民党员"身份"意识教育，教育引导基层党员充分发挥先锋模范作用，做好党员"三包"等制度落实，切实为群众办实事、解难题，同时规范发展党员程序、完善党员档案，认真抓好党员发展工作，确保基层党员队伍的纯洁性。第九批驻村工作队入驻以来，累计协助村（居）健全组织生活会、主题党日活动等规章制度68个。开展"不忘初心、牢记使命"主题教育活动112次，讲党课95次，参与党员2100余人次。组织"两学一做"学习教育210余次，举办党员培训班16期，为村（居）"两委"班子成员上文化课240余学时，上政策理论课340余学时。发展党员78人、预备党员107人、入党积极分子157人。

堆龙德庆区驻东嘎街道东嘎社区工作队着力开创党组织引领下的"一创两联、七化一解"社会治理体系新格局，打造社区"红色磁极"党建品牌，深度建设"红管家联盟会"机制，全力推进"绿化、美化、硬化、净化、文化、亮化、孵化"七化工程，社区服务水平得到显著提升，群众的获得感和幸福感明显增强。

堆龙德庆区驻古荣镇加入村工作队开展与村"两委"班子及村务监督委员会成员谈心谈话活动，落实村"两委"班子成员包组责任制，分解任务，通过交任务、压担子，增强责任意识，推进加入村的整体工作，同时积极完善《村干部后备人才库》，联合村"两委"班子、"1+3"专干召开专题会议，讨论决定14名年轻有为的后备干部，为选优配强村干部队伍奠定坚实的基础。

堆龙德庆区驻马镇措麦村工作队充分发挥党组织战斗堡垒作用和党员先锋模范作用，加强村级各类乡村治理工作队伍建设，成立完善环境卫生组、治安巡逻组、信访矛盾调解组、文艺表演组等，在涉及相关工作领域，能够做到第一时间有人负责，进一步推动乡村治理工作。

【基层精神文明建设】 2020年，各驻村工作队把加强基层精神文明建设作为一项重要任务，牢牢把握意识形态领域主动权，结合"四讲四爱"群众教育实践活动，充分发挥村村文艺队、农牧民宣讲员的作用，利用春节、藏历新年、"3・28"西藏百万农牧解放纪念日等重要节点，通过文体活动、网络平台等渠道载体，围绕革命传统、法律知识、文明引领、健康卫生、《中华人民共和国民法典》等内容深入开展宣传教育，协助村（居）结合实际健全完善村规民约，制定村规民约实施细则，引导群众自觉摒弃陈规陋习，把主要精力放在发展生产、改善生活上，树立科学健康文明的生活观念。第九批驻村工作队入驻以来，开展"四讲四爱"宣讲831场次，受教育群众6.4万余人次，开展"我心向党"群众文艺展演、"3・28"新旧西藏对比演讲、"创城"爱国卫生运动、"农民丰收节"活动等527场次，参与群众3.3万余人次。帮助村级组织健全村规民约31个，协助打击和整治打架斗殴、酗酒赌博11次、整治17人。宣传"厕所革命""两降一升"和包虫病、结核病、肝炎、风湿病、大骨节病等地方病综合防治工作101场次、覆盖群众4200余人次。深入开展"七五"普法特别是学习宣传宪法，组织群众学习、宣讲法律常识等活动78场次，受教育群众4700余人次。本地市驻村工作队在农牧民群众中广泛开展《中华人民共和国婚姻法》宣传教育活动104场次，受教育群众1.2万余人次。

堆龙德庆区驻乃琼街道加木村工作队积极开展"两降一升"统计工作，走访了解全村孕产妇及婴幼儿的相关信息，在入户统计的同时进行健康知识教育，让孕产妇树立住院分娩、优生优育的思想观念，最大限度地减少孕产妇及婴幼儿的死亡率。

堆龙德庆区驻马镇马村工作队围绕习近平总书记"坚决制止餐饮浪费行为，切实培养节约习惯，在全社会营造浪费可耻节约光荣的氛围"重要指示精神开展宣讲活动，并将"节约光荣"等内容纳入到村规民约中，引导广大群众形成合理点餐、文明用餐、使用公筷等文明节约的良好习惯。

拉萨市信访局驻东嘎街道南嘎社区工作队联合社区"两委"班子成员开展学习宣传道德模范先进事迹讲堂，充分发挥道德模范的引领示范和激励带动作用，让道德模范精神进一步在群众中成为一种时尚和追求，引领新的社会文明风尚。

【新冠疫情宣传和防控】 2020年新冠疫情发生以来，各驻村工作队在疫情防控中充分发挥贴近基层、贴近群众的优势，积极做好知识科普宣传、人员管理服务、公共场所消毒、复工复产等工作，团结广大群众共同打赢疫情防控阻击战。同时结合疫情防控宣讲工作，大力引导群众树牢正确的国家观和民族观，深刻认识到中华民族是命运共同体，在力所能及的范围内向同胞施以援手。疫情期间，协助村（居）“两委”班子、“1+3”专干针对疫情防控发放宣传材料2.4万余份、张贴宣传标语海报1.8万余份，签订防控承诺书9300余份。

拉萨市税务局驻羊达社区工作队在疫情期间联合社区居委会，为辖区内11家商户26间门面房减免租金3.3万余元，稳定商户情绪，为疫情防控工作顺利开展打下良好基础。

堆龙德庆区驻德庆镇昂嘎村工作队在疫情期间积极对接城投公司，在村委会设立物资销售点，开设蔬菜采购流动车，让群众足不出户就可以买到所需生活用品，得到群众积极配合和响应。

拉萨市政协办公厅驻巴热村工作队协助“村两委”、下沉干部及群众为武汉疫情捐款共计20685元，针对巴热村防疫的特殊情况，工作队额外捐款4500元，积极协调派驻单位在当时防疫物资匮乏的情况下，为村里购买酒精、消毒液、口罩等。

【派驻单位作用发挥】 2020年，各派驻单位积极配合强基办工作，选优配强干部投入驻村工作中来，在日常工作中做好驻村干部的坚强后盾，帮助工作队解决困难和问题，消除工作生活上的后顾之忧，推进各项工作顺利有序开展。全年各派驻单位党组（党委）班子成员看望慰问驻村干部140余次，开展安全意识教育210余次，41家派驻单位382名党员干部职工入户开展结对帮扶活动80余次。

拉萨市总工会驻德庆镇门堆村工作队针对群众在疫情期间无法外出务工导致收入下降的情况，主动向派驻单位申请资金6.4万余元，以每天150元的标准带动群众244人次播种饲草，在增加群众收入的同时满足村合作社对饲草的部分需求。结合“七一”党建活动，发挥派驻单位优势，于6月30日开展以“决胜全面小康、工会服务在基层”为主题的送医送药送温暖、送法律，送政策，送文化，送医送药活动，同时向村里20名党员每人发放1000元的慰问金，活动共涉及资金7.4万元。

（杨 凯）

【机构领导】

组 长

边 旦（区委副书记，藏族）

常务副组长

王满春（区委副书记、组织部部长）

副组长

李晓强（区委常委、政府副区长）

普 旦（区委常委、宣传部部长，藏族）

蒋学忠（区委常委、政法委书记、公安局长）

次旦朗杰（政府副区长，藏族）

靳小卉（区政协副主席，女）

主 任

王满春（区委副书记、组织部部长）

副主任

靳小卉（区政协副主席，女）

办公室负责人

樊晓瑞（区委机要局局长，女）

信访工作

【概况】 2006年成立堆龙德庆县信访办（属政府办下属机构），2008年成立堆龙德庆县信访局，2016年因撤县改区改为堆龙德庆区信访局。2020年，区信访局办公场所设立于堆龙德庆区行政服务中心院内，内设局长办公室、副局长办公室（群众接待室）、会议室（党员活动室）、办公室（群众工作部）、接访大厅、区长热线“接诉即办”指挥中心等部门，共有干部8名，信访专干7名。

【信访案件受理及矛盾纠纷协调处理】 2020年，区信访局共受理群众来信来访116件1310人次，涉及资金13993万元，已全部办结，办结率100%。五级矛盾纠纷排查调处中心排查调处矛盾纠纷58起，涉及1000余人，涉及资金

5000余万元，已全部化解，化解率100%。所有信访案件及矛盾纠纷中“双拖欠”事项占比50%以上，无涉及非法集资、融资等金融风险事项。

【信访组织建设】 2020年，区信访局根据工作需要、人事变动，及时对堆龙德庆区信访工作联席会议组成人员进行调整充实。区委、区政府主要领导、区信访工作联席会议召集人组织召开信访工作联席会议3次，安排部署信访工作并研究制定各类应急预案；组织召开信访工作专题会议6次，研究解决重点难点信访事项20余件；各责任主体单位分管县级领导及各责任主体单位主要负责人组织召开信访案件协调会100余次；区委、区政府相关领导前后多次对信访工作作出重要批示指示，确保信访工作的有序开展。

【疫情防控期间信访工作】 2020年，堆龙德庆区迅速成立以分管副区长为组长，区信访局局长为副组长的疫情期间信访工作领导小组；通过“堆龙发布”及时对外发布《堆龙德庆区信访局关于暂停接待群众来访的通知》，积极引导群众通过网上信访、书面信访及电话信访等无接触方式反映问题；要求全体信访干部高度重视疫情期间群众的信访诉求，凡是涉疫情的意见和诉求做到第一时间接收、上报、交办、调处和回访。全年区信访局未接到涉疫情信访案件。

【《信访条例》宣传活动】 2020年，在开展《信访条例》修订实施15周年宣传活动中，全区各镇（街道）、区直相关部门，通过利用电子显示屏、公共宣传栏、悬挂横幅等多种方式大力宣传《信访条例》等相关政策内容，同时区信访局组织相关部门深入开展《信访条例》宣传“进企业、进工地、进人流聚集处”活动，采取设立宣讲咨询台，发放宣传资料及宣传物品5000余份，接待群众咨询100余人次，使广大群众进一步加深了解和掌握《信访条例》，促进全面学法、知法、守法的自觉性和主动性。拉萨市信访局领导在堆龙德庆区开展纪念《信访条例》修订实施15周年专题讲座，进一步增强全区信访工作者对信访工作的认知，增强做好各项工作的业务素养，提振干事创业的“精、气、神”，达到预期效果。

【信访业务培训】 2020年，为全面贯彻落实区委、区政府信访工作总体要求，全面提升堆龙德庆区信访干部的综合业务素质和处理矛盾、解决问题的能力，更好地为党和政府分忧，为群众排忧解难，区信访局组织各镇（街道）、区直各信访工作联席成员单位信访专干、信访局全体工作人员，举办为期2天的“信访局《中华人民共和国民法典》及信访业务工作培训班”。通过培训学习，全区信访专干对信访工作任务职责以及相关法律知识、处理来信来访程序和方法、信访信息系统网上操作等知识有深刻的认识，为下一步信访工作打下坚实的基础。

【治理重复信访、化解积案专项工作】 2020年10月15日，根据自治区、拉萨市信访工作联席会议关于集中开展治理重复信访、化解积案专项工作的部署要求，堆龙德庆区组织召开2020第三次信访工作联席会议安排部署开展集中治理重复信访、化解积案专项工作，要

2020年1月22日，堆龙德庆区信访局党支部与羊达敬老院老人共度新春佳节

求15件重复信访案件(中央联席办交办5件、自治区信访工作联席办交办7件、拉萨市交办3件)的责任单位,切实按照《堆龙德庆区关于开展集中治理重复信访、化解积案专项工作和大督查大接访大调研大回访活动方案》要求做好各项工作,坚决做到问题不解决不撒手、矛盾不化解不收兵。2020年年底,15件重复信访案件已按照相关程序全部办理化解。

【维护建筑领域信访秩序】 2020年,为预防和依法解决私人建筑领域拖欠民工工资问题,维护农民工合法权益,构建和谐劳动关系,促进社会和谐稳定,区信访工作联席会议办公室联合区住建局、区人社局,结合全区实际拟定下发《拉萨市堆龙德庆区建筑领域(私人)管理通知》。年初,区基建工作领导小组将区信访局纳入成员单位,在建筑工程项目招投标前期提出意见建议,进一步从源头预防建筑工程领域拖欠民工工资信访事项的发生。

【制作微视频,展示信访新作为】 2020年,区信访局根据近年来工作开展情况,以"如何顺民心、守民意,让矛盾化解在基层,让感动绽放在心中"为主题,拍摄制作一部微视频,并被国家信访局采用发布在国家信访局微信公众号。

【开展"我要如何接访"大讨论】 2020年,为进一步提高堆龙德庆区信访业务规范化水平,区信访局组织召开"我要如何接访"大讨论活动。通过总结接访工作经验、业务工作上的自我剖析和研究讨论整改方案,进一步提高信访干部的自身业务水平和个人政治修养。

2020年8月14日,堆龙德庆区信访局联合相关部门开展法制宣传进工地活动

【基层信访工作】 2020年6月,为切实解决基层信访工作力量不足问题,进一步规范信访工作办理程序,有效运行网上信访信息系统,加强信访源头预防,力争将苗头性、倾向性、预警性问题消灭在萌芽状态,降低越级信访率和重复信访率,结合全区实际情况,区信访局购买信访专干服务岗位7个,并于2020年9月中旬向矛盾纠纷及信访事项多发、频发的东嘎街道、乃琼街道、羊达街道、古荣镇分别下派1名信访专干,其余专干为机动,平时在区信访局坐班,按照职责每月到马镇、德庆镇开展一次业务工作。

【窗口创建】 2020年,区信访局为深化人民满意窗口创建,推进党建引领"镇街吹哨、部门报到"和群众诉求"接诉即办"调度指挥中心工作落实落地,更好地发挥政府服务群众诉求"哨声源",将"接诉即办"工作作为执政思想、执政理念、执政方式和执政效果的一种特殊实践方式,确保群众诉求事项"件件有回音、事事有结果",真真做到服务平台"响应灵、服务灵、办事灵",切实提高群众诉求办理质量和效果,为群众办实事、解难题。

【强化涉事企业管理】 2020年,堆龙德庆区施工企业在项日实施过程中,发生民工上访讨薪事件,经协调拒不配合的,多次发生民工上访讨薪事件的,甚至出现越级访、集体访、群体性事件及个人极端事件的,为及时妥善处理信访事项,区信访工作联席会议办公室向同级住建部门发函,建议将其施工资质进行锁定,待所涉事项解决后，再建议住建部门予以解锁，切实取得良好效果，促进信访事项的有效化解。

（唐　菲）

【机构领导】

局　长

旦增群培（藏族）

行政审批和便民服务

2020年4月23日，堆龙德庆区行审局党支部召开二届堆龙德庆区委第九轮巡察二组巡察动员会

【概况】 2020年，堆龙德庆区行政审批和便民服务局按照守初心、担使命、找差距、抓落实的总要求，紧密结合优化营商环境重点工作，聚焦企业和群众关心关注的痛点难点堵点问题，特别是漠视群众利益问题，下功夫、想办法、出实招，为企业和群众解难题、办实事、促发展，持续擦亮堆龙政务服务品牌。

【"一网通办"专项行动】 2020年，区行政审批和便民服务局根据"应上尽上，全程网办"的原则，认领政务服务事项总数共939项，其中网上办理二级以上标准占比达到100%、三级以上标准达到100%、四级以上标准占比达到63.58%。通过加强事项规范化管理，持续开展政务服务平台办事指南规范梳理工作，逐项检查事项基本信息和有关要素，检查办件类型、事项编码、法定办结时限、承诺办结时限、办理地点、办理时间、联系电话等内容是否准确无误；检查提供材料名称、材料来源、数量要求、介质要求是否明确；检查办理流程的环节是否完备、内容是否翔实、到场次数是否明确。特别是要检查本部门上传的空表表格、样表是否规范。全年共签发电子证照212670件，监管数据录入55740件，好差评数据43266件，为完成2020年国务院网上政务服务能力评测任务打下坚实基础。

【开展"减证便民"专项行动】 2020年，区行政审批和便民服务局为加快转变政府职能，深化"放管服"改革，开展"减时限、减材料、减跑动"专项行动。组织26家政府单位登录政务服务平台，对670项政务服务事项的承诺时限、申报材料、跑动次数等进行全面自查，通过"精简、合并、共享、代替、取消、查验"等方式，将承诺时限在照法定时限的基础上缩减60%以上，申报材料从2737减少到2059项，全部事项平均跑动次数不超过1次。同时，对服务事项中要求办事群众提供相关部门开具证明材料和相关盖章环节进行自查梳理，以切实方便企业群众办事为出发点，提出保留、取消意见建议，在形成保留清单报政府审定后向社会公布接受群众监督，全年已梳理拟取消证明材料60项。

【开展服务提升专项行动】 2020年，区行政审批和便民服务局按照"两集中、两到位"的要求，利用政务服务中心现有条件，进一步优化窗口设置、人员配备及工作机制，争取更多事项进驻中心办理。新增设市监、医保等窗口，清理动物防疫条件合格证核发、农业植物及其产品调运检疫及植物检疫证书签发、动物及动物产品检疫合格证核发等确因条件限制无法在中心完成受理或办理的事项，避免群众"多头跑""多次跑"。2020年年底，已有19家单位入驻窗口办公，可办理139项行政许可和公共服务事项。针对办事群众反映的个别窗口工作人员态度不热情、服务不到位的问题，严格落实“好差评”制度，增加咨询引导服务人员，承诺并践行“群众事情没办好不下班，不让群众带着怨气离开，不让群众带着疑惑离开”的服务承诺，重点整治窗口不作为、慢作为、乱作为等方面的问题。通过强化窗口作风建设，进一步提高办事群众的体验感和获得感。全年区政务服务中心共受理行政审批事项57333件，办结57262件，办结率为99.9%。受理便民服务事项29123件，办结29123件，办结率为100%。

【开展减证放权专项行动】 2020年，区行政审批和便民服务局根据《西藏自治区行政权力和责任清单管理办法（试行）》规定，按照“职权法定”原则，通过“初审、联审、终审”三个环节，动态调整区级权责清单，权责清单涉及32个部门（单位）行政职权11类，共计2942项，其中：行政许可151项，行政处罚2117项，行政强制124项、行政征收8项、行政给付43项、行政检查201项、行政确认66项、行政奖励72项、行政裁决5项、其他类152项、公共服务3项，并已基本完成便民服务卡和办事指南的收集工作，将事项名称、设立依据、申报条件、申报材料、办理流程、收费依据及标准，联系电话等内容面向公众进行详细公示。

【疫情防控】 2020年，为有效减少人员聚集，阻断疫情传播，区便民服务中心积极推行“网上办”“自助办”，引导广大市民朋友尽量选择微信、支付宝、手机APP等“非接触式”途径咨询办理业务，为群众提供预约服务，共办理业务1609件。积极落实区委、区政府关于疫情防控安排部署，派出5名工作人员到街道、居民小区开展全覆盖、零遗漏排查，以实际行动和贴心服务赢得群众认可和理解，尽最大努力把疫情带来的负面影响降到最低。

（李倩倩）

【机构领导】

局 长

王栋栋

副局长

次仁玉珍（女，藏族，12月离任）

拉 珍（女，藏族，11月任职）

张楠楠（女，11月任职）

藏语言及编译工作

【概况】 年内，堆龙德庆区藏语委办（编译局）紧密团结和依靠全区各族干部群众，以习近平新时代中国特色社会主义思想为指导，坚持把学习使用、规范发展藏语言文字工作，作为学习、宣传、贯彻中共十九大、中央第七次西藏工作座谈会的生动实践，稳步推动藏语言文字工作科学发展，为堆龙德庆区经济社会长足发展和长治久安作出积极贡献。2020年11月，区藏语委办（编译局）实有人员8名，在编在岗8名，其中行政编制4名，事业编制4名。科级领导职数2名，中共党员6名。

【工作职责】 区藏语委办（编译局）承担宣传、贯彻、执行党和国家新时代少数民族语言文字工作方针、政策和法律，拟定全区藏才语文编译工作规划、年度计划并组织实施。负责指导、督查全区学习、使用和发展藏语文工作及社会使用藏语言文字的规范化工作。负责上级有关政策性、法规

2020年4月29日，西藏自治区藏语委办（编译局）、拉萨市藏语委办（编译局）相关人员组成普查组，在堆龙德庆区政府团结路检查沿线街面社会用字情况

性、政令性文件和区内各类重要文件、材料藏语文翻译校审工作。指导区内藏语文翻译业务，承担藏语文翻译业务人员的培训和藏语文新词术语推广工作。承办拉萨市堆龙德庆区委、人大、政府、政协交办的其他事项。

【业务工作】 2020年，区藏语委办（编译局）围绕区委、区政府中心工作，担负全区各类重要文件、会议材料、领导讲话稿翻译；两会政府工作报告、人大政协议案、提案办理情况报告的翻译，共翻译各类文件139份、会议材料59份，翻译量达31万字左右。年初两会翻译量达3多万字，翻译准确率达99.92%。承接各类大中小广告、横幅、宣传海报、各类宣传标语等翻译，共受理翻译各类横幅、招牌用字等共96条，翻译准确率达100%。6月28日，邀请区内外相关领域知名专家学者采用“专题讲座与自主学习”集中授课和“理论学习与互动交流”的方式举办第三期藏汉双语（翻译）培训班，参加培训人数83人。

【堆龙藏文微信公众平台】 2020年，区藏语委办（编译局）利用藏语文微信公众平台，及时发布党委政府的工作方针及相关政策，优化平台更新内容，把更多素材内容向农牧民群众倾斜，不断满足老百姓的需求，营造人人学习藏语文、关心藏语文的良好社会风气，打通服务群众最后一公里。藏语文微信公众平台全年总点击率达到6万余人次，其中，头条新闻阅读率达3426人次，单篇文章最高点击率达4012人次。

【书法评比活动】 2020年9月28日，区藏语委办（编译局）面向全区广大干部职工、学生、僧尼、企业员工组织开展以“祝福祖国·为堆龙添彩”为主题的藏汉书法评比活动。本次活动评审组共征集作品222件，其中藏文作品169件，汉文作品53件。获奖作品共44件，优秀奖作品8件。

【规范藏语文社会用字】 2020年，区藏语委办（编译局）在辖区范围内开展藏语文社会用字联合检查整治活动，共检查个体工商户3512家，公交站台103座，道路交通指示牌62个，机关企（事）业单位名称50家，其中对藏文不达标，没有使用藏汉语文字等突出问题，下达整改通知书139份。对存在问题的商户和门店下发整改通知单124份，并责令限期整改。4月29日，西藏自治区藏语委办（编译局）、拉萨市藏语委办（编译局）相关人员一行在堆龙德庆区开展藏语文社会用字普查工作，检查堆龙德庆区政府团结路沿线街面社会用字情况及堆龙文化活动中心艺术团双语节目编排情况，在堆龙德庆区象雄美朵生态旅游产业园区详细了解园区内的公共场所设施、招牌、广告等用字规范使用情况。

【藏语文传承与发展】 2020年，区藏语委办（编译局）为提高广大农牧民群众和干部职工对学习藏语和汉语的积极性，鼓励引导各民族形成互学、互助、互交的学习模式，进一步增强民族团结共同体意识，出版印刷《堆龙汉藏双语词汇对照100句》。《堆龙自然村名称与文化历史》编纂工作有序开展，主要收集行政村、寺庙、山川河流、名胜古迹等藏汉规范地名。通过探访老住户、查阅档案多种方法，对各行政村自然小组的标准藏文名称、地名含义、位置描述等详细情况进行核查并登记造册。截至2020年年底，共收集完成辖区内31个行政村（居）、160个自然组、330处名胜古迹、49坐拉康日追的藏文规范地名工作。

（多吉玉加）

【机构领导】

主　任

普央卓嘎（女，藏族）

副主任

央吉拉姆（女，藏族，11月任职）

地方志工作

【概况】 年内，在区委、区政府的正确领导下，在区、市地方志办公室的具体指导下，堆龙德庆区地方志办公室全体干部上下齐心、群策群力，以弘扬时代精神为主旋律，认真学习《地方志工作条例》和《西藏自治区贯彻落实〈全国地方志事业发展规划纲要（2015—2020年）的实施意见〉的通知》，秉承“修志问道、以启未来”之风尚，充分发挥地方志“资政、存史、教

2020年9月28日，堆龙德庆区藏语委办（编译局）面向全区广大干部职工、学生、僧尼、企业员工组织开展了以“祝福祖国·为堆龙添彩”为主题的藏汉书法评比活动。本次活动评审组共征集作品222件，其中藏文作品169件，汉文作品53件

化”之功能，经过全办干部的共同努力，圆满完成年度目标工作。

【加强学习交流，提高整体素质】 2020年，堆龙德庆区地方志办公室坚持工作与学习两手抓，加强政治理论和编纂业务知识的学习，努力提高政治素质和业务素质，确保志鉴正确的政治原则和政治方向，着力提高志鉴质量。一是进一步深入学习《地方志工作条例》和《全国地方志事业发展规划纲要（2015—2020年）》；二是学习党的路线方针政策、习近平系列讲话精神和第七次西藏工作座谈会精神；三是学习自治区、市和区委、区政府重要文件精神，积极参加区委办党支部集中学习，努力提高自身的理论素质，保持清醒的政治头脑；四是积极参加自治区、市地方志办公室举办的业务培训和学习；五是利用假期时间走出去，2020年8月19日至25日办公室前往阿里进行交流考察地情，进一步开拓编纂思路，提升编纂水平。

【《拉萨堆龙德庆年鉴（2020）》出版】 2020年3月，以区委区政府名义下发《堆龙德庆年鉴（2020）》编纂工作通知后，区地方志办公室积极组织人员收集各单位供稿资料，并开展纲目设计、细分条目、任务分解等工作。《堆龙德庆年鉴（2020）》先后调整修改图片28张，文字、表格修改1000余处，最终形成14个类目、80个分目、779个条目共60.4万字的终稿，并于2020年10月完成出版。同时完成《西藏年鉴（2020）》《拉萨年鉴（2020）》堆龙篇的入鉴资料供稿工作。

【一轮志书藏文版校稿工作】 2020年，区地方志办公室有序推进一轮志书藏文版（下册）的校稿工作，针对在志书中涉及的人名、地名的直译和意译上下功夫，特别是志书中重要篇章、专业术语、重点词汇上着重严格把关，以确保藏文志书的质量过关。

【党史工作】 2020年，区地方志办公室收集堆龙德庆区党代会会议材料；同时，按照市委党史研究室的要求，落实专人与区“四大家”办公室核对，积极完成《拉萨党史》堆龙部分党史大事记的报送工作。

【加大舆论宣传，推进志鉴开发利用】 2020年，区地方志办公室建立健全地方志宣传工作机制，以《堆龙德庆年鉴（2020）》《堆龙德庆县志（2001—2010）》等为载体，加大地方志工作的宣传力度，让社会各界加强对地方志工作认知度，从而也推动志书的开发利用。同时，积极向政界、企业界、文化界、工商界等各领域提供地情书籍，服务全区经济建设和社会各项事业建设，充分发挥地方志“存史、资政、教化”之功能。

（胡　玺）

【机构领导】

负责人

巴　桑（女，藏族）

人民团体

工 会

【概况】 年内，区总工会在区委、区政府、市总工会的正确领导下，以习近平新时代中国特色社会主义思想为指导，全面贯彻落实中共十九大和十九届三中、四中、五中全会精神，深入学习贯彻中共十九届五中全会精神和中央第七次西藏工作座谈会精神，以创建“忠诚型、有为型、贴心型、枢纽型、活力型”工会组织为目标，不断开创堆龙工运事业和工会工作新局面。

【职工思想引领】 2020 年，区总工会把职工思想政治工作作为工会工作的一项经常性、基础性工作，坚持不懈用习近平新时代中国特色社会主义思想教育职工，用社会主义核心价值观凝聚职工，用中华优秀传统美德浸润职工，团结引领职工群众听党话、跟党走。

强化理论学习。系统全面、深入准确地学习习近平新时代中国特色社会主义思想和中共十九大精神，深入学习贯彻中共十九届五中全会和中央第七次西藏工作座谈会精神，学习习近平总书记关于治边稳藏、工人阶级和工会工作的重要论述和全国总工会十七届三次执委会精神，自觉增强“四个意识”、坚定“四个自信”、做到“两个维护”。

加强职工群众爱国主义、民族团结和反分裂斗争教育。开展“综治宣传月”“民族团结月”等宣传活动，深入揭批十四世达赖和达赖集团的分裂本质，引导全区职工群众做“神圣国土守护者，幸福家园建设者”。

【建会入会工作】 2020 年，区总工会按照“哪里有职工，哪里就要有工会组织”的要求，以扩大工会组织覆盖面为抓手，以提升工会组织服务职工的能力和水平为切入点，以增强工会组织吸引力和凝聚力为着力点，积极推进工会

2020年7月16日，西藏自治区总工会副主席边巴（右三）一行在高天护路大队检查指导铁路护路联防工作及基层工会组织建设情况

组织建设，扩大工会组织覆盖面，延伸工会组织触角。

基层工会组织建会入会工作。以"两新组织"和"八大群体"建会入会工作为重点，扎实推进建会入会工作，分别在区水电气公司、西藏藏泉实业股份有限公司、区文旅局民间艺术团等70多家企业建立工会组织，共发展会员2500多人。

规范化管理会员会籍档案。全区各级工会组织深入落实"强基层、补短板、增活力"，形成分级管理、上下互动、上下融合联动的工会基层工作新格局，全面推进工会会员实名制信息采集工作，在推动工会组织和工会会员实名制登记录入工作中，注重会员证的配备、会员档案的建立、组织关系的转接。截至2020年9月，已完成3307名会员实名制信息录入。

2020年3月27日，堆龙德庆区总工会工作人员到乃琼镇色玛村搬迁安置建设宏发项目部送去防疫物资，助力企业复工复产

【服务职工群众】 2020年，区总工会坚持以职工为中心的工作导向，围绕职工群众最关心最直接最现实的利益问题，切实履行维护职工合法权益、竭诚服务职工群众的基本职责。

实施送温暖活动。区总工会先后在"三大节日""五一"等重要节点对坚守岗位的干部职工和劳模、企业困难职工等特定群体进行慰问，累计落实慰问资金达26万余元。

落实工会会员福利。根据《西藏自治区基层工会经费收支管理实施办法（试行）的通知》规定，积极推动工会会员集体福利发放工作，为2019年、2020年已缴纳工会会费会员的干部职工发放福利，发放资金104万元。

购买意外伤害保险。为全区机关、事业单位的在编在岗正式干部职工、公益性岗位工作人员、政府购买服务人员、村"两委"班子及村居监督委员会共3682人购买意外伤害保险，使干部职工的获得感进一步增强。

困难职工解困脱困工作。扎实推进城市困难职工解困脱困工作，做好城市困难职工解困脱困工作第三方评估，通过持续开展大病救助、生活救助、送温暖等活动，2020年6月全区建档立卡困难职工由2015年的26户缩减为9户，2020年年底已脱困8户，未脱困1户。

开展环卫工人疗（休）养活动。从区委、区政府关心、关爱全区广大环卫工的角度出发，经区委批准，区总工会深入开展"不忘初心跟党走、健康疗养感党恩"的疗养活动，于2020年11月22日至12月4日组织21名环卫工前往海南开展为期13天的疗养活动，进一步让广大环卫工共享改革开放发展成果，提升环卫工人的"幸福指数"。

【提升基层工会组织活力】 2020年，区总工会大力弘扬劳模精神、劳动精神和工匠精神，组织开展好拉萨市第二届劳动模范和先进工作者推荐评选工作，推荐评选堆龙善财福利综合有限公司董事长边巴为拉萨市第二届劳动模范，区疾控中心副主任次旦卓嘎为拉萨市第二届先进工作者。让劳动最光荣、劳动最崇高、劳动最伟大、劳动最美丽蔚然成风。

关心关爱抗"疫"一线人员。发挥好工会组织在新冠肺炎防控工作及常态化抗击疫情工作中的作用，关心关爱一线疫情防控人员，开展对6个镇（街道）、32个村委会、6个派出所、115个设卡点、鸟巢人员分流点、堆龙驻城关区疫情防控点抗“疫”一线工作人员的慰问工作，发放慰问金25.7万元。

有序参与疫情防控。为坚决打赢抗击疫情攻坚战，在防控工作中，堆龙德庆区工会有序参与疫情防控工作，坚决扛起和落实疫情防控政治责任。区总工会根据区委统一部署，抽调2人按要求下沉到镇（街道）一线、鸟巢人员分流点、乃仓大酒店，开展疫情防控工作。

助力企业复工复产。为助力企业复工复产，坚持正面主动发声，充分发挥“堆龙工会”公众号、工作群等平台作用，结合工作实际，向全区复产复工企业广大职工发出倡议，积极做好疫情防控下的企业复工复产工作。向复产复工企业职工送去口罩、消毒液、洗手液等防疫物品，发放《堆龙德庆区总工会致全区复产复工企业广大职工的倡议书》1000余份，在助力复工复产中共看望慰问企业职工代表48名、劳模代表4名。围绕区委、区政府工作，在雄巴拉曲神水藏药有限公司开展“消除事故隐患，筑牢安全防线”为主题的“安全生产拉萨行”技能竞赛活动，参与职工70余人。

（吴志勇）

【机构领导】

主　席

拉　　珍（女，藏族）

副主席

次仁玉珍（女，藏族）

共青团

【概况】 2020年，共青团堆龙德庆区委全面贯彻落实中共十九大和十九届二中、三中、四中、五中全会及中央第七次西藏工作座谈会精神，深入学习贯彻习近平新时代中国特色社会主义思想和习近平总书记关于青年工作的重要论述，贯彻落实党中央、自治区、拉萨市及区委关于群团工作的部署，不断增强“四个意识”、坚定“四个自信”、做到“两个维护”，紧紧围绕区委、区政府中心工作，充分发挥好党的助手和后备军作用，团结带领各族青年为全面建设社会主义现代化新堆龙贡献青春力量。

【党支部自身建设】 2020年，团区委党支部严格落实《中国共产党和国家机关基层组织工作条例》和《中国共产党支部工作条例》，建立健全党建工作责任制，履行好党支部书记“党建第一责任人”责任和班子成员“一岗双责”责任，全面推进党的政治建设、思想建设、组织建设、作风建设、纪律建设，把制度建设贯穿其中，深入推进反腐败斗争，不断提高党的建设质量。全年共召开党建工作专题部署会4次，开展集中学习60余次，开展主题党日活动11次，党支部书记讲党课4次，支部党员干部职工脱产学习2次，召开组织生活会1次，全体党员干部政治教育培训学习均达到32个学时。

【助力脱贫攻坚】 2020年，团区委组织开展1期“梦想树微心愿”公益活动，为50余名异地扶贫搬迁点少先队员圆梦；5月，联合区妇联在2个易地扶贫搬迁点举办“关爱青年妇女，助力脱贫攻坚”专题讲座，听取讲座人数达200余人；联系拉萨市青年企业家为

2020年11月19日至21日，共青团堆龙德庆区委员会组织全区26名优秀创业青年和致富带头人在林芝市开展交流考察活动

1户贫困户捐款，捐款资金3万元；6月，组织堆龙德庆区新时代文明实践中心返乡大学生志愿服务队近60名成员参与以“志智双扶提精神、百日攻坚大宣讲”为主题的入户宣传活动，对堆龙所有建档立卡群众共1247户4261人进行入户宣讲；11月，争取北京市门头沟区共青团助力脱贫扶持资金2万元，用于中学优秀贫困学生团员奖励。

【推进共青团改革】 2020年，按照中央党的群团工作会议精神和中央《关于加强和改进党的群团工作的意见》《共青团中央改革方案》以及《共青团西藏自治区委员会改革方案》《拉萨市共青团改革方案》等文件要求，为全面推进堆龙德庆区共青团改革工作，团区委制定《拉萨市堆龙德庆区共青团改革方案》，提请常委会研究通过，以区委名义正式下发。

【基层团组织标准化建设】 4月，团区委组织开展全区基层团组织规范化建设交叉检查，持续深入推进全区基层团组织规范化建设；8月，举办堆龙德庆区第二期青年马克思主义培养工程，全区各级团干部、优秀青年、返乡大学生100余人参训；对接北京市门头沟团区委，组织堆龙德庆区42名基层团干参加团干部线上培训班，提升业务水平能力；11月，全区31个村(居)团组织陆续召开村居团组织书记述职评议会。

【少先队工作】 2020年9月21日，中国少年先锋队拉萨市堆龙德庆区第一次代表大会顺利召开。共青团拉萨市委员会书记助理(第九批江苏援藏干部)唐大军，拉萨市教育局四级调研员陈立，堆龙德庆区委副书记、组织部部长王满春，区委常委、宣传部部长普旦，区政府副区长罗俊峰，区检察院检察长张军亲切接见与会代表，并参观少先队工作展板，对少先队工作表示肯定。本次大会选举产生仁增多吉等15人为少先队拉萨市堆龙德庆区第一届工作委员会委员。一届一次全委会选举产生达瓦扎西、王丹丹2人为少工委主任，卓玛措为常务副主任(区总辅导员)，平措、兰佳琪2人为副主任。本次少先队代表大会共有全区少先队员代表、少先队辅导员代表、少先队工作者代表80余人参加。会议期间，召开1次大会预备会、2次主席团会议。

【组织引导返乡大学生】 2020年2月，在疫情防控中，团区委动员返乡大学生组建一支69名“青春快递员”专项志愿者队伍，积极参与分流转运工作，并为集中隔离、居家隔离、企业隔离人员提供体温检测、菜品食品药品代购代送及力所能及的服务；4月，吸收500余名返乡大学生，成立堆龙德庆区新时代文明实践中心返乡大学生志愿服务分队；8月，联合企业组织大学生与创业青年举办首届“青创杯”足球赛，更好地促进大学生与创业青年之间的交流、交往；全年组织返乡大学生志愿者开展“青实践·大手牵小手助力乡村少年宫”等各项志愿服务活动20余次。

【青少年权益保护和预防犯罪工作】 11月，联合相关预青成员单位举办8场“党的光辉照边疆，边疆少年心向党”关爱青少年系列活动，开展6场模拟法庭活动并邀请青少年活动中心老师进行青春自护宣讲教育，发放价值7万余元的爱心物品，覆盖青少年800名；12月，联合相关单位开展“防艾，将爱进行到底”青少年防艾禁毒活动，发放1000余份防艾及禁毒宣传手册，覆盖学生800余名。

【服务青少年】 2020年，区青少年活动中心由区委、区政府投入财政资金232万元，免费为全区青少年提供高质量课外服务。共开设课程29种，覆盖青少年6000余名。

【服务就业创业】 8月，团区委组织举办拉萨市第六届青年创新创业堆龙德庆区海选赛，从7个参赛项目中推选出6个优质项目参加拉萨市决赛，其中2名分别获得拉萨市级二等奖、三等奖，并获得7万元奖金；11月，组织堆龙德庆区26名优秀创业青年及致富带头人到林芝市开展考察交流活动；12月，联合区双创办举办以“堆龙好产品·创意秀出来”为主题的第五届堆龙德庆区创新创业大赛，吸引51家本土企业参赛，21个项目进入复赛，10个项目获得最终奖项，发放扶持资金19万元；对接团市委，组织堆龙德庆区

1 名创业青年前往南京市参加电商培训，4 名创业青年到北京参加访学暨青创项目展销交流活动。

【西部计划志愿者服务】 2020 年，堆龙德庆区新招募西部计划志愿者 16 名，共有西部计划志愿者 24 名。全年共开展走访及谈心谈话活动 4 次、安全消防讲座及排查活动 1 次、健康卫生讲座 1 次、志愿服务活动 40 余次。

（德吉白珍）

【机构领导】

书　记

拉巴曲珍（女，藏族）

副书记

王 丹 丹（女，10 月离任）

德吉白珍（女，藏族，10月任职）

妇　联

【概况】 年内，区妇联在区委、区政府的坚强领导下，在上级妇联组织的精心指导和大力支持下，以习近平新时代中国特色社会主义思想为指导，正确贯彻落实中共十九大精神和《堆龙德庆区妇女儿童 2016—2020 年发展规划》，以服务大局、服务基层、服务社会为主题，扎实开展妇女儿童各项工作。2020 年，区妇联共有编制 3 个，实有工作人员 6 名，其中主席 1 名、副主席 1 名、四级主任科员 2 名、工人 1 名、公益性岗位人员 1 名。

【政治理论学习】 2020 年，区妇联党支部以集中学习为契机，组织干部职工重点对中共十九大、十九届历次全会、中央第七次西藏工作座谈会精神及习近平新时代中国特色社会主义思想进行集中学习，紧紧围绕区委、区政府中心工作，认真贯彻落实区委经济工作会议、党风廉政建设、政法工作会议精神及上级业务部门的相关文件精神，共开展集中学习 40 余次，撰写心得体会 10 余篇。

【区妇联一届三次执委会】 9 月 24 日，堆龙德庆区妇联一届三次执委会召开。区委常委、宣传部部长普旦，区妇联相关负责人，区妇联一届执委，各镇（街道）及 31 个村（社区）妇联主席以及受表彰的先进集体、先进个人代表共 60 余人参加会议。会议由区政府副区长罗俊峰主持。会议传达学习习近平总书记在中央第七次西藏工作座谈会上的重要讲话精神，全国妇联十二届二次执委会、西藏自治区妇联十届四次执委会以及拉萨市妇联第十届三次执委会议精神。区妇联负责人作了题为《团结拼搏攻坚克难围绕中心服务大局在全面建成小康社会中彰显巾帼风采》执委会工作报告；会议对获得目标考核先进集体及“三八红旗手”先进个人代表进行颁奖，受表彰先进个人包括最美家庭 30 人、“三八红旗手” 10 人、巾帼建功标兵 5 人及优秀基层妇联主席 6 人。

【“六稳”“六保”工作】 2020 年，区妇联开展“巾帼关爱·暖冬行动”暨“三大”节日慰问活动，共为堆龙德庆区 62 名贫困母亲及残疾儿童送去 6.2 万元慰问资金。配合西藏卓番林文化股份有限公司、拉萨市妇联在荣玛乡易地搬迁点，组织 30 名妇女举办为期 30 天的妇女手工艺品技能培训。积极参与堆龙德庆区 2020 年夏季“春风行动”招聘会，为招聘人员

2020年5月6日，拉萨市妇联副主席和继香（前排左一）在堆龙德庆区东嘎镇祥和苑妇女手工编织合作社调研

2020年9月28日，堆龙德庆区妇儿工委办在区政府民族会议室召开2020年妇儿工委联席会议

发放宣传资料并提供咨询服务。全区31个村（居）妇联积极开展巾帼夜校培训，对基层妇女进行文化、法律法规、“四讲四爱”、技能等知识等培训，全区4200余名农村妇女参与到夜校培训中，培训场次达860余次。

【疫情防控】 新冠疫情发生后，区妇联第一时间将相关要求及防控知识转发到妇女姐妹群，要求各级妇联组织按上级妇联要求，围绕区委、区政府部署，落实好组织妇女、宣传妇女的职责，积极主动作为，配合相关部门做好疫情防疫工作。全区各级妇联组织积极响应区委、区政府的号召，组织辖区妇女群众参与到疫情的宣传防控中来。区妇联投入5万余元资金购买84消毒液500桶，发放到区直各部门、6个镇（街道）、31个村（居）及那曲荣玛高海拔生态搬迁点。在第110个“三八”国际劳动妇女节之际，为人民医院内科专家、公安民警、新闻工作者、城管等人员送去节日的慰问，为各阶层妇女送去节日慰问金共3万元。

【维权宣传】 2020年，区妇联以“五下乡”、“3·28”百万农奴解放日综治宣传月等各种活动为载体，开展妇女儿童维权宣传活动12次，发放《中华人民共和国妇女权益保障法》《中华人民共和国婚姻法》《中华人民共和国未成年人保护法》《中华人民共和国反家庭暴力法》《妇女两癌防治宣传手册》等维权知识宣传手册4500余份，并提供法律、政策、心理咨询等帮助。通过“婚姻家庭纠纷调解室”“妇女儿童维权岗”“妇女儿童维权合议庭”，共接待、下访、回访、调处妇女儿童来信来访4件，主要涉及婚姻家庭，信访调解率达100%。举办“关爱青年妇女·助力脱贫攻坚”专题宣讲，联合团区委在荣玛乡搬迁点和祥和苑社区搬迁点举办“关爱青年妇女·助力脱贫攻坚”专题讲座，240余名青年妇女参加活动。

【巾帼志愿服务】 2020年，区妇联组织妇联干部职工积极参与义务植树、绿化家园的活动，为堆龙绿水青山贡献自己的一分力量。在“6·5”世界环境日当日，全区各级妇联积极组织辖区巾帼志愿者，开展“美丽中国·我是行动者”为主题的环境卫生大扫除活动，共开展巾帼志愿活动220余次，参与人数达5100人次。创城工作中，区妇联干部职工积极参与创城活动，为广大人民群众营造一个干净、整洁、卫生的生产生活环境。

【巾帼关爱活动】 开展“情暖六一·关爱小朋友”慰问活动，为2所幼儿园231名小朋友们送去价值2.3万余元的学习用品和生活用品。开展巾帼关爱，助推巾帼脱贫活动，为全区40名贫困妇女儿童发放2020年“格桑花”救助基金，按照病情程度进行不等救助，共发放救助资金21.4万元。在尼姑寺开展“送健康·送知识·送温暖”活动，为尼众讲解常见病预防、妇科两癌预防及“遵循四条标准、争做爱国爱教先进尼姑”相关知识，为辖区3座尼姑寺的多名尼姑送去价值2.3万余元的日常卫生用品。投入9400余元为包村47名70岁以上老人发放每人200元标准的母亲日常生活用品为。投入9000元购置爱心毛线50公斤，召集区域内爱心妈妈编织爱心毛衣76件，将爱心毛衣发放到德庆镇邦村双语幼儿园26名孩子手中。由区妇联主办，区文明办、区总工会、团区委协办的“相约七夕·情满堆龙”青年鹊桥联谊会在区文化活动中心六楼举办，区直各部门、企事业单位近70名单身男女青年参加活动。

【非公企业妇联组织建设】2020年12月，区妇联分别在西藏领峰农副产品经营管理有限公司、西藏航洲实业有限公司、拉萨康达汽贸有限公司、西藏堆龙民泰村镇银行、堆龙区巾帼建筑施工地、拉萨市粟海商贸有限公司等70余家非公企业挂牌建立妇联组织，全力推进非公企业领域中妇联组织的建立，开启堆龙德庆区新发展格局下“她时代”的新篇章。此次非公企业妇联组织的组建采用“四一批”方案，即：酝酿一批，成熟一批，组织一批，发展一批模式，有针对性地在堆龙德庆区范围内为广大妇女群众“安家建业”。此次挂牌不仅填补堆龙德庆区非公领域无妇联组织的空白，还为非公企业认真学习贯彻落实中共十九届五中全会的路线方针政策，坚决听党话、跟党走，为“党建带妇建、妇建促党建”提供重要的政治基础和组织保证。

（巴　片）

【机构领导】

主　席

胡仕梅（女，11月离任）

马立玲（女，11月任职）

副主席

巴　片（女，藏族）

工商联

【概况】2020年，堆龙德庆区工商业联合会核定行政人员3个，实有干部4名、公益性岗位2名、志愿者1名。全区工商联会员企业共有75家，其中建筑业12家、食品业9家、特色产业8家、加工业19家、销售业7家、种养殖业10家、运输业3家、信息服务业5家、其他2家，注册资金共54690万元，已成立党组织的企业有17家。

【抗击疫情】2020年，新冠疫情发生以来，区工商联在做好服务民营企业疫情防控和复工复产物资筹备工作的同时紧抓意识形态防控，做好舆情引导工作，利用堆龙发布、工商联工作微信通知群等渠道发出倡议，引导民营企业掌握防疫知识，切实履行社会责任，全力配合、主动参与疫情防控工作，做到坚决不传谣、不信谣，自觉抵制虚假疫情消息。及时在工商联会员企业微信工作群中公布企业捐赠情况，在抗击疫情中捐赠物资及资金共178.415万元，其中捐资累计达150.725万元，捐物价值27.69万元。

【非公企业党建】1月3日，区工商联组织召开新经济组织企业党建工作述职评议会。3月，组织企业79名非公企业党员和工商联全体干部职工开展义务全区植树造林活动，进一步增进工商联与辖区企业之间的沟通与协作。6月8日，堆龙德庆区委统战部、区“两新”工委和工商联共同举

2020年12月7日，拉萨市堆龙德庆区工商业联合会（总商会）一届一次会议暨总商会成立大会召开，西藏自治区工商联、拉萨市工商联以及堆龙德庆区委、区政府主要领导出席会议。堆龙德庆区委常委、统战部部长普布斯曲，拉萨远大建材有限责任公司王炯分别主持会议。区工商联会员企业代表、区直相关单位代表、工商联全体干部职工共83人参加会议

办堆龙德庆区2020年非公经济会员企业党建工作培训班。区委常委、统战部部长、民营经济工作领导小组副组长普布斯曲，拉萨市工商联党组成员、副主席、北京援藏干部戴维，堆龙德庆区民政局局长、区“两新”工委副书记仓决卓玛出席会议，21家企业支部的35名书记、副书记及党务工作者参加会议。此次培训为期3天，采取集中辅导的方式进行，集中深入学习中共十九届四中全会精神，重点学习关于党的建设、思想建设、党建带团建等相关方面的内容，提高非公企业党务工作者政策水平、履职能力和创新能力以党建工作促进企业发展。全年区工商联从会员企业中发展入党积极分子27人、党员16人。

2020年12月7日，西藏自治区工商联党组成员、副主席巴桑多吉（右），拉萨市工商联党组书记、一级调研员公保太共同为堆龙德庆区工商业联合会（总商会）揭牌

【宣传培训】 2020年4月15日是第五个全民国家安全教育日，根据中共堆龙德庆区委员会国家安全委员会《关于印发〈堆龙德庆区2020年全民国家安全教育日宣传活动工作方案〉的通知》精神，区工商联结合新冠肺炎疫情防控工作实际，减少人员聚集，对辖区内非公经济会员企业进行在线宣传《中华人民共和国民法典》专题讲座，邀请泰和泰（拉萨）律师事务所高级合伙人孙兆强律师就《中华人民共和国民法典》与大家生活较紧密的相关内容进行辅导学习。为了保护好市场主体，激发市场主体活力，弘扬企业家精神，推动企业发挥更大作用实现更大发展，按照上级业务部门的要求，区工商联组织辖区民营会员企业开展学习《习近平总书记在民营企业家座谈会上重要讲话》《全国民营企业统战工作会议》精神，得到各会员企业的积极响应。

11月23日，为宣传新时代党的治藏方略，弘扬新时代企业家精神，提升堆龙德庆区年轻一代民营经济人士企业经营管理能力堆龙德庆区工商联举行专题学习会，组织辖区近40家民营企业集中学习中央第七次西藏工作座谈会精神。此次专题学习会特邀拉萨市讲师团成员、市委党校高级讲师陈乐，以“党的光辉照边疆・边疆人民心向党”为主题，围绕学习领会好“中央第七次西藏工作座谈会的重大意义”“西藏工作取得的全方位进步、历史性成就”“新时代党的治藏方略”“新时代西藏工作的任务目标”“习近平总书记关于西藏工作的决策部署”等几个方面内容，用通俗易懂的语言和群众乐于接受的形式，融合理论与实践，对中央第七次西藏工作座谈会精神进行全面系统、深入浅出的分析解读。与会人员纷纷表示，此次宣讲脉络清晰、讲解透彻，既把握总体又突出重点，既有历史纵深又有理论高度，对于深入贯彻落实中央第七次西藏工作座谈会精神和习近平总书记关于涉藏工作的重要论述、一系列重要指示批示精神，对更好推进实施新时代党的治藏方略具有很强的针对性和指导性。

12月22日，由区人社局主办、西藏巾帼家政培训有限公司承办、堆龙德庆区工商联、堆龙德庆吉雄谷（直播事业部）协办，共组织33家企业在堆龙经开区博达路美豪酒店8楼会议室举行“网络营销师”技能培训动员会。

【壮大工商联会员企业】 2020年5月29日，区工商联按照相关要求向拉萨市工商联积极推荐自治区脱贫攻坚集体企业1家、先进个人1名；向拉萨市推荐龙头民营企业候选企业3家。6月18日，向区委统战部推荐党外知识分子6人、符合条件的新社会阶层人士2人，向区委组织部推荐西藏雄巴拉曲神水藏药有限公司党支部书记索朗白吉为两新组织党员教育师资，并报送相关资料。

【成立堆龙德庆区工商联(总商会)】 2020年12月7日，按照《拉萨市工商业联合会(总商会)关于加强和改进会员工作的意见》的通知要求，及时对接相关部门，规范商会成立流程，完善商会成立相关资料，顺利召开堆龙德庆区工商联(总商会)一届一次会议暨总商会成立大会。会议审议并通过《堆龙德庆区工商业联合会(总商会)成立筹备工作报告》《堆龙德庆区工商业联合会(总商会)章程》《堆龙德庆区工商业联合会(总商会)会费标准及管理办法》《堆龙德庆区工商业联合会(总商会)成立大会选举办法》；选举产生拉萨市堆龙德庆区工商业联合会(总商会)第一届班子成员。会上宣读《堆龙德庆区民政局关于准予成立堆龙德庆区工商业联合会(总商会)的批复》；堆龙德庆区人大常委会党组成员、副主任马勇宣读堆龙德庆区工商业联合会(总商会)第一届成员名单；西藏自治区工商联党组成员、副主席巴桑多吉，拉萨市工商联党组书记、一级调研员公保太为拉萨市堆龙德庆区工商业联合会(总商会)揭牌，标志着堆龙德庆区工商联(总商会)正式成立，保质保量完成各县(区)商会建设全覆盖任务。西藏自治区工商联、拉萨市工商联以及堆龙德庆区委、区政府主要领导出席会议。区委常委、统战部部长普布斯曲，拉萨远大建材有限责任公司王炯分别主持会议。区工商联会员企业代表、区直相关单位代表、工商联全体干部职工共83人参加会议。

（德吉白珍）

【机构领导】

主　席

达瓦次仁(藏族，4月退休)

段　凤　芝(女，11月任职)

副主席

普布次仁(藏族，5—10月主持工作)

军 事

人民武装

【概况】 2020年，在区委、区政府以及各部门的关心帮助和正确指导下，区人武部党委深入学习贯彻“两会”精神、十九届五中全会精神和中央西藏工作第七次座谈会精神，认真落实军区十届三次和警备区党委六届三次全体扩大会议精神，积极响应上级号召，突出军事斗争准备和国防后备力量建设，守住安全稳定这条底线，大力加强思想作风建设，深入开展好群众工作和双拥工作，扎实打基础，反复抓落实，单位全面建设有序展开，扎实推进，成效明显。

【坚持聚焦举旗铸魂，夯实信仰根基】 2020年，区人武部坚持用习近平新时代中国特色社会主义思想和强军思想定向统领、凝魂聚力、谋篇抓建，雷打不动落实理论学习制度，紧贴思想实际抓实主题教育，严格组织生活净化思想灵魂，党的创新理论已然成为官兵的精神旗帜、行动指南。

突出抓好讲话精神学习。把学习宣传贯彻习近平关于强军兴军重要思想渗透工作的方方面面，全面更新规范营院和民兵训练基地政治文化环境，通过拉横幅、制作展板、开展知识竞赛等活动，大力营造浓厚氛围。深刻学习领会“两会”精神，特别是习主席在十三届全国人大三次会议出席解放军和武警部队代表团全体会议时的重要讲话精神以及《军队基层建设纲要》精神，紧盯强军目标、立足结合融合、扭住实践落点，不断强化号令意识、责任意识、作为意识，官兵强军兴军、担当尽责的激情动力持续激发。

深入贯彻军委主席负责制。始终坚持把全面深入贯彻军委主席负责制作为“最高政治任务、最高政治要求、最高政治纪律”来定位，以“天条铁律”“第一规矩”的政治站位、鲜明的政治态度和坚定的行动自觉，高端摆位、大事大抓、强势推进。认真对表强军

2020年1月，堆龙德庆区人武部组织民兵开展军事训练

思想、对照上级要求、对接使命任务，踩实动员部署、学习辅导、专题教育、形势分析、整改推进等环节，大力推动全面深入贯彻军委主席负责制走深走细走实。

狠抓思想政治教育。专题研究部署“传承红色基因、担当强军重任”主题深化思想政治教育和党员政治教育，严密组织专题学习，广泛开展“做新时代雷锋传人、砺能打仗热血尖兵”主题演讲、“模范践行习主席强军思想、做新时代习主席好战士”主题实践活动，官兵政治信仰更加坚定。针对和平时期容易滋生的“到了人武部、安家又落户”的享乐思想和“身在岗位、激情下岗”的松懈情绪，坚持把弘扬“老西藏精神”作为常抓不懈的课题，教育引导官兵“把荣誉视作生命、把困难踩在脚下、把责任举过头顶”。

2020年7月31日，堆龙德庆区人武部组织民兵参加“八一”军事体育运动会，图为民兵正在搬运弹药箱

【军事训练】 2020年，区人武部依据新的军事训练大纲，严格落实训练制度，狠抓军事训练落实，努力提高部队战斗力。常态开展形势战备教育和职能使命教育，深入开展“和平积弊大起底大扫除”活动和“根除和平病、听令上战场”教育整训，大力纠治“二八现象”、破除“和平积习”，鲜明立起人武部以军为战的根本导向。严格落实党委军事训练形势分析制度和考核制度，对军事训练工作进行细致的分析，及时总结存在的不足，制定相应的改进措施，确保军事训练得到有力落实。

加强军事训练。在训练过程中，克服以往训练中存在的短板和不足，注重从实战出发，从基础动作入手，严抠细训，把人员的军事基础打扎实，组织专武干部参加警备区统一组织的轮训，进一步打牢官兵民兵的军事理论基础，7月、10月分2批次依托堆龙德庆区民兵训练基地组织应急民兵进行道路抢修、维稳处突、实弹射击等课目训练，成效显著，得到上级和区领导的一致好评。

落实战备制度。根据任务、驻地社情的变化，认真学习贯彻《中国人民解放军战备工作条例》精神，及时修订完善各类方案预案30余份，规范完善各类战备物资，组织开展针对性战备演练，扎实做好战备拉动前各项准备，确保一声令下，部队能拉得出，跟得上，完得成。加强战备演练，努力提高部队的应急维稳处突能力。

【固牢安全稳定底线】 2020年，区人武部进一步抓好本部和基层人武部各类登统计和库室规范，形成按纲抓建的科学管理模式。坚持定期分析安全形势和预防犯罪工作形势，查找单位管理中存在的薄弱环节以及部队出现的倾向性问题，及时分析出现问题的原因，找出解决的具体办法。针对驻地特点，加强对纪律条令和相关规定的学习，讲清违纪带来的严重后果，严格落实责任制，不断增强干部、骨干的责任心。落实好干部住库、查铺查哨等制度，堵塞管理工作中的漏洞。落实谈心交心制度，切实掌握人员思想动态，及时发现问题，及时解决。特别紧盯“人车枪弹密、黄赌酒油网、水火气电毒”等重点，深入开展重大安全隐患整治等活动，确保单位绝对安全稳定。

【征兵工作】 2020年3—9月，区人武部以区（市）两级征兵工作会议精神为指导，坚持实事求是、问题导向的原则，严格按照征兵工作计划和征集流程，严把征兵各个关口，积极协调地方公安、教体、人社、卫生、退役军人事务局等职能部门抽调人员组成征兵办领导小组，筹划安排征兵工作会议。开展征集初检、体检、政审、役前训练等具体工作，主动邀请地方纪委监督征兵流程，确保征兵过程公平、公正、公开，为部队输送多名合格兵员，有效确保兵员质量，圆满完成年度征兵工作。

【国防动员特色品牌建设】 2020年，区人武部在推动落实创建县（区）级国防动员工作品牌特色工作上，以习近平强军思想为指导，以提高民兵备战打仗水平为目标，加强民兵军事训练保障工作，共投入资金建成集训练、教学、生活、培训、种植、娱乐等“六位一体”的综合性民兵训练基地，力争把堆龙德庆区民兵训练基地打造成全国县（区）级一流民兵训练基地样板。

（吴应聪 武广成）

武警堆龙德庆中队

【概况】 中队组建于1977年6月，2005年5月，原拉萨市支队与第一支队合并为拉萨市支队（旅级）后，系拉萨市支队六大队堆龙德庆县中队，主要担负堆龙德庆县看守所看守勤务和各类临时勤务。2016年，随着堆龙德庆县撤县设区，更名为武警堆龙德庆区中队。2018年1月，依据军委新体制，中队正式更名为武警堆龙德庆中队。

2020年，中队坚持以习近平新时代中国特色社会思想为指导，深入学习贯彻习近平强军思想和三级党委扩大会议精神，在上级党委的坚强领导下，在机关业务部门精准指导下，围绕“对照先进牌子，打造先进里子”的思路，确立“抓经常，打基础，厚底蕴，争先进”的年度建设目标，全体官兵勠力同心、积极进取、奋力拼搏，转变作风、提升标准、狠抓落实，中队建设稳中有进、稳中向好。

【坚定政治信念】 2020年，中队坚持把学习贯彻习近平新时代中国特色社会主义思想和习近平强军思想摆在首位，以“两个纲要”和《军委主席负责制学习读本》等为基本教材，引导官兵将“四个意识”、“四个自信”融入工作实践中，自觉做到“两个维护”，坚决贯彻军委主席负责制。积极营造学思践悟浓厚氛围，使学习党的创新理论成为官兵的行动自觉，广泛开展分享“我最爱习主席一句话”活动，进一步打牢官兵“三个绝对”（绝对忠诚、绝对纯洁、绝对可靠）的政治底色。

2020年，中队党支部班子成员调整后，坚持把搞好团结摆在班子建设的前沿位置来抓，坚持在生活上互管、工作上互帮、作风上互纠、思想上互通，班子成员能够心往一处想，劲往一处使，正副书记互相交心通气，委员互相协调支持，支部战斗堡垒作用有效发挥、“三个能力”（增强解决自身问题的能力、领导单位全面建设的能力和带领官兵遂行任何作战的能力）有效增强。注重发挥官兵特长，打造“一队一品”，成立兴趣小组，丰富官兵“八小时之外业余生活”。军人委员会充分发挥“三大民主”（政治民主、经济民主、军事民主）、组织开展“武警春蕾计划”捐款、文体骨干培养、民主建队恳谈会等活动，在问卷调查、伙食满意度、入党考学、“争红星”

2020年11月14日，武警堆龙德庆中队官兵开展武装巡逻，把保证固定执勤目标绝对安全、万无一失的要求落到实处

评比等活动中畅通民主渠道，发挥纽带作用。

【军事训练】 2020年，中队牢固树立“练兵备战”理念，严格军事训练“八落实”［人员、内容、时间、质量、弹药、摩托（飞行）小时、教练员、场地］，并结合中队应急班担负任务实际，把实战化训练作为根本，充分利用营区场地资源优势，坚持落实好应急班每天不少于6小时训练，坚持中午、晚上开饭前半小时器械训练，不断打牢官兵体能素质基础。落实“日训、周测、月考、季评”制度，建立完善官兵训练档案，树立训练有功、训练有为、训练有位鲜明导向，把军事训练成绩作为立功受奖、入党考学、晋选士官和骨干选拔的重要参考依据，激发官兵参训热情，部队战斗力进一步提升。

【班子建设】 2020年，中队党支部牢固树立“事业第一、集体第一、士兵第一”理念，在“两学一做”学习教育活动中，一直坚持主官带头、支委示范、党员挂牌宣誓、支部公开承诺的做法，干部每月住一次班、上一次哨、帮一次厨、为战士过一次生日的传统一直在延续，党员干部自觉站排头、上一线、打头阵的良好形象，带动和影响中队官兵。

【固定勤务】 2020年，中队担负堆龙德庆区公安局看守所的看守勤务，始终把固定目标执勤作为经常性执勤工作的重心，坚持以人为本，依靠规范的部署、完善的设施，达到正规执勤秩序、确保目标安全，努力推动执勤工作科学发展、安全发展、创新发展。坚持防范、约束、处置紧密结合的原则，加大“防逃、制逃、追逃”研究和演练，进一步完善中队各类执勤方案，做到合理布兵，科学组勤，严密组织，坚决把保证固定执勤目标绝对安全、万无一失的要求落到实处。

【临时勤务】 2020年，中队圆满完成楚布寺、乃朗寺现场警戒等安全保卫任务，维护朝拜秩序。参与每周升旗护卫活动，为维护堆龙德庆区的安全稳定做出积极贡献。

【双拥工作】 2020年，中队结合任务实际，广泛开展“共讲党恩跟党走、共促团结反分裂、共建文明树新风、共谋发展惠民生、共抓党建固根基、共创平安保稳定”维稳群众工作“六共”活动，积极配合区委、区政府及区中直相关部门搞好拥政爱民教育、国防教育。同时，中队注重加强对党委、政府、用兵单位、共建单位、友邻单位的走访慰问，进一步密切警政警民关系。不定期举行党政军警民座谈会，邀请地方政府、用兵单位、友邻单位和营区周边普通群众进行座谈，积极汇报部队建设情况，征求对部队建设的意见和建议，形成改进意见和措施，促进拥政爱民工作健康协调发展。

（刘 翔）

法　　治

政法委及综治

【年度综述】　年内，区委政法委坚持以近平新时代中国特色社会主义思想为指导，深入贯彻落实中共十九大和十九届二中、三中、四中、五中全会精神，深入贯彻习近平总书记在中央政法工作会议上的讲话精神和中央第七次西藏工作座谈会精神，特别是“治国必治边、治边先稳藏”的重要战略思想和“努力实现西藏持续稳定、长期稳定、全面稳定”的重要指示，增强“四个意识”、坚定“四个自信”、做到“两个维护”，深入贯彻习近平法治思想和新时代党的治藏方略，以维稳为主线，深化社会综合治理，稳步推进网格化、双联户服务管理工作，强化铁路护路联防工作，有力实现社会治安秩序持续好转，各族群众安居乐业、社会大局安定和谐。

【平安建设】　2020 年，堆龙德庆区党政主要领导高度重视平安建设（综治）、铁路护路联防工作，及时研究解决工作中的热点、难点问题，把平安堆龙建设工作纳入党委、政府重要议事日程，主要领导多次听取部署平安建设工作，区委常委会研究部署平安建设工作 2 次涉及议题 2 项，区政府常务会研究部署平安建设工作 7 次涉及议题 10 项。加大经费保障力度，召开 2020 年平安建设（综治工作）、铁路护路联防暨政法工作会议，认真总结 2019 年度全区政法综治工作，安排部署 2020 年平安建设和政法工作，表彰 2019 年度平安建设（综治工作）、铁路护路联防工作中表现突出的集体、个人、政法干警。

【综治宣传】　2020 年，区委政法委利用三月综治宣传月、六月综治宣传周、“9・16” 平安西藏宣传日、禁毒日、国家安全日等宣传节点，大力宣传平安建设、“双联户”、扫黑除恶打非治乱、禁毒等工作，共悬挂横幅 150 多条，摆放展板

2020年1月22日，西藏自治区党委政法委副秘书长次仁扎西到高天护路大队检查指导工作，亲切慰问专职护路联防队员

30多幅，发放藏汉两种文字的各种宣传单、宣传册、宣传物资等，受教育群众达5万余人次，共投入宣传资金6.1万余元，为全区社会治安综合治理、平安建设各项工作措施的落实起到积极的推动作用。全年开展铁路护路宣传活动42次，其间悬挂横幅14幅，发放宣传资料0.87万余份，发放宣传物品0.53万余份。3个护路大队大门外侧LED显示屏滚动播放宣传标语260余天。

2020年4月9日，召开堆龙德庆区平安建设（综治工作）、铁路护路联防暨政法工作会议

【网格化工作】 2020年，堆龙德庆区针对辖区内住宅小区增多，管理触角延伸不够的实际情况，进一步细化网格划分工作，在网格内企事业单位、商业小区等管理上，配备联络员，形成网格格长+网格联络员（联户长）+户的管理模式，切实强化工作的针对性和操作性，进一步推进网格化管理服务工作。

【双联户工作】 2020年，区委政法委紧紧围绕共创平安和谐、共同增收致富、共建美丽家园工作职责任务，将城镇网格化管理延伸、拓展，充分调动和发挥农牧民群众主体作用，不断把创建活动引向深入，有力地提升基层社会治理能力、夯实平安创建基础、促进群众增收致富，取得显著成效。全年共安排专项工作经费80万元用于发放先进奖励、开展全年工作，发放绩效及误工补助资金426.58万元，同时，对各镇（街道）配套相应工作经费，区级财政对每个镇（街道）下发双联户经费预算10万元。进一步加强对联户长工作保障，下发红马甲、羽绒执勤服装各400套，共投入资金24.9万元。举办培训2次，参与人数180余人次，各镇（街道）组织培训12次，参与人数1300余人，做到轮训一遍。

【扫黑除恶工作】 2020年，区委政法委将扫黑除恶工作引向常态化，持续做好宣传推进工作，按照自治区和拉萨市扫黑办工作要求，结合堆龙德庆区实际工作，紧紧围绕疫情防控任务，细化措施、压实责任，共计发放各类宣传册6万余本，宣传袋1万余个，并向群众发放宣传品，参与活动群众达4万余人次；持续做好针对反馈问题整改工作，在深入研究分析中央扫黑除恶第13督导组督导“回头看”反馈问题的同时，结合工作实际，对标对表，进一步明确各成员单位责任分工，强化使命担当；行业整治动真除患，针对“十大重点行业领域”突出问题，协调有关成员单位，分类研究行业整治方案，分行业部署实施专项整治行动，完善规范管理、重点监控登记制度，堵塞管理漏洞；根据区、市扫黑办部署要求，对反复举报线索和上级转办线索，充分发挥法律顾问团的作用，逐条分析研判并建立档案，2020年年底堆龙德庆区所有线索全部核查完毕，实现对存量线索清仓。

【铁路护路联防】 2020年，堆龙德庆区党政主要领导高度重视铁路护路联防工作，并作为“平安堆龙”建设的重要内容，坚持与全区综治维稳工作“四同步”，大力支持铁路护路联防工作，确保护路工作在全区上下时时有人管、事事有人管，全年铁路护路联防本级资金投入达1621.28万余元。逐步提高专职护路队员的特殊岗位补贴，护路队员的本级财政补贴已达到2667元/月·人，解决护路大队、中队旱厕与浴室改扩建建设，莫嘎护路大队诺路1中队昂嘎班营房建设项目，投入资金303.37万元；解决队员服装采购资金和波玛中队打井资金30.11万元；投入专职护路队员雇主责任保险23.85万元。“三大节日”期间，区“四大家”领导慰问一线专职护路队员，为每名队员发放慰问1000元。2020年，堆龙德庆区铁路护路联防工作中总投入人力12.19万余人次，出动车辆0.84万余台次，车辆巡线里程41.5万余公里，徒步巡逻0.89万余次，徒步巡逻里程8.1万余公里，排除铁路安全隐患51起，成功制止人员上道7次13人，排查可疑人员595次883人，排查可疑车辆514次736台，清理沿线闲杂人员717次1157人，清理沿线停靠车辆705次1108台，迎送朝佛磕头人员5次31人，清理牲畜374次1580头（只匹）。

（格桑曲珍）

【机构领导】

区委常委、政法委书记、公安局局长

蒋学忠

政法委常务副书记

管 兵

政法委副书记

巴 桑（藏族，11月离任）

西绕加措（藏族）

格桑曲珍（女，藏族，11月任职）

公 安

【概况】 年内，拉萨市公安局堆龙德庆分局在堆龙德庆区委、区政府的正确领导和拉萨市公安局各业务部门的精心指导下，坚持“稳定压倒一切”的思想，以确保春节、藏历新年、萨嘎达瓦、拉萨雪顿节、国庆节等重要时段安全为中心工作，圆满完成各重要节点各项勤务安保工作，进一步建立健全维稳工作机制，全面加强对重点人员管控，严厉打击各类刑事犯罪活动，积极开展疫情防控各项工作，全力以赴防风险、保安全、护稳定，圆满完成全年目标任务。

【开展严打整治斗争】 狠抓多发性侵财犯罪侦破工作。2020年，堆龙德庆分局按照“更快的破大案、更多的破小案、更好的控发案”的要求，坚持打防结合，标本兼治，突出重点，重点加大对“两抢”（抢劫、抢夺）、“一盗”（盗窃）等多发性犯罪的防范打击力度，始终保持对刑事犯罪的高压态势，切实打出声势、打出警威。同时，在案件高发时段，加大巡防的密度和频率，采取伏击守候和内部防控等多种措施，实行对重点地区（地段）、重点时段的有效控制。深入持久的开展严打整治斗争，加大打击力度，维护社会稳定，全年共受理立案刑事案件211起，破获现案32起。抓获犯罪嫌疑人39人，取保候审27人，刑事拘留12人，逮捕6人。

开展“盗抢骗”“打黑除恶”“打击电信网络诈骗”等专项行动。结合“百万警进千万家”活动，开展防范电信网络诈骗宣传活动，其间，签订《堆龙德庆分局（派出所）2020年度辖区企事业单位（居民）防范电信网络诈骗责任书》30992份，发放宣传单57023份，在重要场所开展宣传20次，进企业进行专题讲座16次，受教育群众78011人。

继续深化“破案追逃”机制，大力开展追逃工作。在日常工作

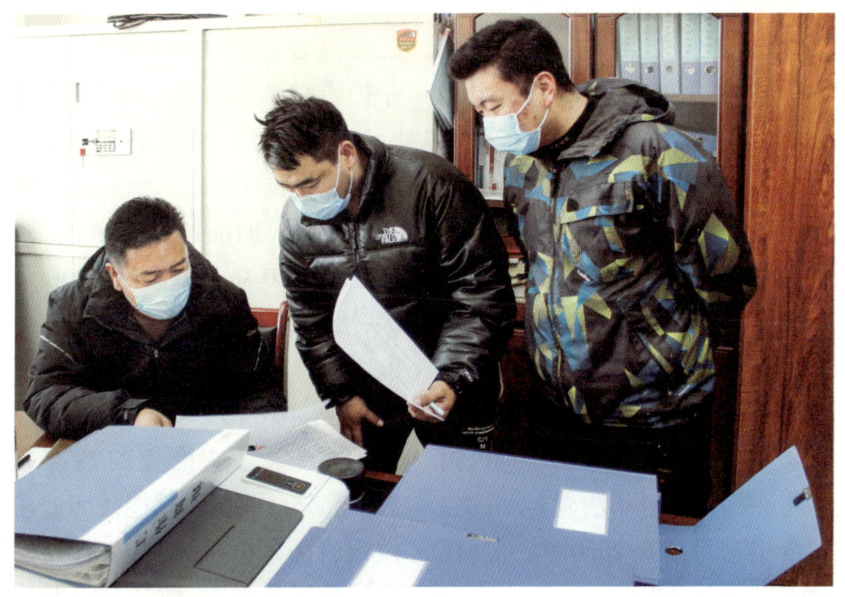

2020年2月20日，拉萨市公安局党委委员、副局长扎西平措（左一）到堆龙德庆区分局检查指导抗击疫情阶段国保业务工作

2020年4月30日，拉萨市公安局堆龙德庆分局召开2020年公安工作会议

中，注重把预防逃犯产生、上网追逃和日常抓捕有机结合，加大追逃力度，积极开展"网上追逃""跨区域追逃"、"协作追逃"工作，2020年共挂网上在逃人员8名（抓获6名、2名在逃）。

开展扫黑除恶、打非治乱专项斗争工作。协同国土、住建、市场监管、城管、交通、文化等部门开展联合执法85次，出动执法人员3970余人次，治安重点区域清理整治30余处，查获卖淫嫖娼案件20起、行政处罚57人；查获赌博案件40起处罚243人，全部作出行政处罚并没收赌资、赌具；查获吸毒案件2起，行政处罚3人移交禁毒支队1人；打击运输车队一起、行政拘留4人，打击扰乱公共秩序村民2人；捣毁黑作坊3家，依法取缔非法教育培训机构2处；集中整治非法营运46次。全年共清理清查2800次，开展夜检夜查460余次。

【社会面严管严控】 2020年，堆龙德庆分局治安大队、各派出所及便民警务站不断加强对旅馆、招待所、娱乐场所、网吧、洗浴中心、流动暂住人口、出租房屋、重点单位、重点目标、流动人员、三无人员、云游僧尼以及"洋面孔、生面孔"的清查整治工作力度，并对辖区重点目标进行24小时巡逻检查。共对各单位、企事业进行监督检查1200余次，铁路守护点检查176次、宾馆（招待所）2300家次、网吧1900家次、娱乐场所1800家次、洗浴场所2100余次、加油站560余次、施工工地820余次、仓库1200余次、出租房950家次。清查流动人口11.3万余人，办理临时居住登记卡30184人，办理临时居住证16507人。从检查的情况来看大部分行业场所都能按照要求做到值班人员在岗在位，各监控设施都运转正常，做到实名制登记，各消防器具都运转正常。同时，按照"以房管人、以业管人"分类管理和动态管理的要求，切实提高流动人口和出租房屋的登记率和人户一致率，做到"底数清，情况明"。

【民爆物品安全管理】 2020年，堆龙德庆分局治安大队与各派出所严格依照《民爆物品管理规定》的规定，对辖区所有涉爆单位进行规范管理，实行专人管理、专人负责制度，采用追踪卡登记制防止民爆物品的流失。为预防和减少涉爆案件和事故的发生，实行分级负责和属地管理相结合的原则，坚持严打、严防、严管、严治，组织各涉爆点工作人员进行安全教育，预防重特大爆炸事故的发生。全年共审批炸药327255公斤，导爆管288700发，混装炸药633.88吨。

【加注散装油管理】 2020年，堆龙德庆分局为进一步提高辖区散装油品管理工作水平，扎实推进"平安堆龙、和谐堆龙"建设，确保辖区"三不出"（大事不出，中事不出，小事也不出）总体目标得以实现，为切实推行实名制加油，加强散装成品油管理，消除治安和消防隐患，严格按照"谁主管、谁负责、谁受益、谁负责、谁登记、谁负责、谁加油、谁负责"的原则，做好实名制登记加油和零散品销售管理及加油站安全管理工作。全年治安大队、各派出所共审批柴油1647500公升。

【流浪犬清理整治】 2020年，堆

龙德庆分局治安大队牵头继续联合各乡镇、各派出所及村委会，为辖区养狗的群众发放宣传册，宣传规范养犬、文明养犬、爱心养犬，做到自家的犬自己管理，为饲养犬只办理犬证，不让犬只成为流浪犬。全年共抓捕流浪犬2663只，已全部送养拉萨市流浪犬收容收养中心。

【户口办理】 2020年，堆龙德庆分局严格按照市局要求认真开展户口登记管理专项清理整顿工作要求，各派出所组织户籍民警通过人口信息系统数据逐户逐人进行摸排。采取深入单位、乡村进行入户调查，做到“单位不漏户、每户不漏人”。对于申请更正存在错误的户口登记项目立即核实、纠正。2020年年末，辖区户籍人口为18860户、51812人。全年办理身份证3437张，新生上户51人，重户注销21人，市外迁入524人，迁出市外395人，市内迁入5人，市内迁出29人。

【寄递物流投放点工作】 2020年，堆龙德庆分局为进一步强化物流、寄递业日常治安监管，维护物流寄递行业治安秩序，从调查摸底、监督指导、严厉查处等方面入手，积极采取有效措施强力推动寄递物品100%先验视、后封箱，寄递物流100%实名制，邮件、快件100%通过X光机安检制度，进一步规范辖区物流快递行业经营秩序，不断筑牢辖区寄递业安全防控阵地，从源头上确保物流寄递行业健康发展。2020年年底，全区共有物流59家，寄递业6家，打字复印店42家，期间共检查920家次。

【道路交通整治】 2020年，堆龙德庆分局交警大队接各类道路交通事故3976起、财损3921起，死亡事故7起，伤人事故48起，立案29起，正在办理4起，取保候审24人，移送起诉21起。

查处道路交通违法行为。继续加大路面巡查、严查严扣力度，共查处违法行为40768起，其中非现场处罚37866起、现场处罚2902起，处罚金额6793405元，教育879人次。查处醉酒驾驶21起、无证83起、行政拘留9人，吊销驾驶证23起，移送起诉15起。

巡逻检查和夜间设卡检查。开展夜查整治共106次，检查车辆7050余辆车；开展路检路查56次，共检查车辆6300辆；开展巡逻730余次。

非法营运整治。联合拉萨市交通综合执法支队开展整治非法营运整治工作14次，共检查车辆3900余辆，查处非法营运车辆17起。

道路安全隐患排查。对辖区109、318国道路段和辖区乡镇路段、城区路段开展道路交通安全隐患排查工作，共排查处各类安全隐患176处，并将各类隐患上报。

隐患清零。按照自治区公安厅交管局和交警支队的统一安排部署，堆龙德庆分局持续深入开展排查重点车辆及驾驶人安全隐患工作，确保“两客一危一货”及农村面包车检验率、报废率增加，切实清除安全隐患，全年受理报废车辆共27辆，其中大车9辆，小车18辆。

“平安交通百日会战”和“减量控大”相关工作。为认真贯彻落实“平安交通百日会战”“减量控大”“文明交通拉萨行”活动，

2020年5月18日，拉萨市公安局堆龙德庆分局组织召开全国“两会”和“萨嘎达瓦”宗教活动前期维稳安保工作部署会

2020年7月10日，拉萨市公安局堆龙德庆区分局警务实战教官在林周县公安局参观警务实战训练

在辖区重点路段开展“一盔一带”安全防护宣传整治行动共100余次，依法查纠摩托车、电动车自行车骑乘人员不配戴安全头盔、过往汽车驾乘人员不使用安全带的违法行为，累计纠正违法行为4500余人，教育群众3500余人。

【校车及校车驾驶人管理】 2020年，针对中小学放假、开学、校车接送学生频繁这一特点，交警大队民警深入辖区校车单位，积极开展宣传工作，并对辖区校车和校车驾驶人资质进行再审再查，排查逾期未检验、未报废、驾驶人资质不符等情况，并与其单位签订安全责任书，确保校车行车安全。

【车辆管理所业务】 2020年，区车辆管理所办理相关车驾管业务3710起，其中驾驶证审验750起，驾驶证换证879起，行驶证六年免检1050个，行驶证换证360起，驾驶员人像采集671起。

【护城河检查站职能作用】 2020年，德庆检查站继续认真履行“护城河检查站”工作职能和社会责任，按照“五逢一快”（逢人必查、逢车必查、逢物必查、逢疑必查、逢液必查、快速通行）的工作要求及一人一证、人证相符的工作原则，对人、车、物进行严格检查，同时继续加大对重点地区来拉人员信息审查、登记、移交工作，对日常检查中发现有问题及时请示汇报，形成“一事一请、重点问题立即汇报”的工作模式，切实的从源头上消除“潜入型”“输出型”维稳隐患。2020年，德庆检查站共检查车辆828681辆，检查人员1472844名，邻省藏区到拉萨人员9488人，查扣5罐可燃压缩气罐，查处交通违法行为157起，查扣散装柴油17起共248公升，查控1名一级临控人员，协助城关区扫黑办抓获2名涉黑嫌疑人。

【案件审核】 2020年，堆龙德庆分局坚持以事实为依据、以法律为准绳，严把案件事实关、证据关、时限关、程序关、法律适用关和裁量关，严格各项法律审核，共审核各类案件78件。

【法制宣传】 2020年，堆龙德庆分局执法监督大队、刑警、治安、扫黑办、派出所等部门结合“法律八进”“谁执法谁普法”普法要求，深入辖区各行各业开展宣传活动，深入学校、乡村、人员聚集的地方开展法制宣传，共开展法制宣传5次，受教育群众达1800余人，发放宣传单3000余份。

【“政治建警，从严治警”教育整顿】

2020年，根据《拉萨市公安局堆龙德庆分局“坚持政治建警全面从严治警”教育整顿实施方案》，堆龙德庆分局收集各部门谈心谈话151份，上报教育整顿专项简报6份，组织民警观看坚持政治建警，全面从严治警教育整顿宣传片等及警示教育片9次，认真学习《习近平总书记在中央第七次西藏工作座谈会上的重要讲话精神》《十九届五中全会全体会议公报》，收集各部门各类学习心得体会550余份。

【大练兵教育训练】 2020年，根据《拉萨市公安局堆龙德庆分局2019—2022年全警实战大练兵工作方案》，共开展政治练兵22次，实战练兵7次，先后共组织18人

2020年8月，拉萨市公安局堆龙德庆区公安分局组织干警在市公安局廉政教育基地参观学习并合影留念

参加自治区公安厅组织的“司晋督”培训班，有效提升全局民（辅）警能力、业务素质。

【居家隔离人员服务工作】 2020年1—3月，堆龙德庆分局政工监察室登记返藏民（辅）警67人，测量居家隔离人员体温123次。

【“110”接处警正规化建设】 2020年，堆龙德庆分局指挥中心进一步落实“110”接处警制度，提高民警“110”接处警质量和服务态度，确保“110”在接处警中不发生“冷、硬、横、推”现象，确保不发生有损“110”窗口形象的问题。全年利用“三台合一”接处警系统，共接警13542起（有效警13239起，无效警303起）。

【强化信息建设及日常维护】 2020年，堆龙德庆分局信通科充分发挥职能作用，共保障各部门电视电话会议210余次、指挥部视频调度830余次，搬迁、安装公安专网计算机24台次，为局直各部门、各派出所提供技术支持140余次，网络安全检查11次，安装宾馆、出租房社会信息采集系统201家、维护120余次，完成卫星电话点名10次。

（王亿波）

【机构领导】

区委常委、政法委书记、公安局党委书记、局长

蒋 学 忠

党委副书记、政委

白玛多吉（藏族）

党委委员、副局长

普布扎西（藏族）

党委委员、副局长、刑警大队队长

洛 旦（藏族）

党委委员、副局长、乃琼街道派出所所长

马 钰（回族）

局党委委员、纪委书记

马 霞（女）

检 察

【概况】 2020年，堆龙德庆区人民检察院在区委和上级检察院的坚强领导下，在区人大及其常委会的有力监督下，在区政府的大力支持和区政协的民主监督及社会各界的关心帮助下，坚持以习近平新时代中国特色社会主义思想特别是法治思想为指引，全面贯彻中共十九届五中全会及中央第七次西藏工作座谈会精神，全面贯彻全国全区全市检察长会议精神，切实增强“四个意识”、坚定“四个自信”、做到“两个维护”，把“讲政治、顾大局、谋发展、重自强”要求落实到位，立足检察职能，进一步深化司法体制改革，深入开展扫黑除恶专项斗争，各项工作取得新进展。

【疫情防控】 2020年，堆龙德庆区人民检察院坚决服从区委统一部署，以高度的政治自觉、法治自觉、检察自觉坚定地站在疫情防控第一线，严格疫情联防联控措施落实落细落地，严肃疫情防控司法环境，有力推动疫情防控和司法办案两手抓两不误。抽派14名干警到社区、车站，对进藏人员开展42天的信息采集、体温检测、摸底调查等工作，向疫情重灾区捐款3.28万元，发放献爱心免费口罩1万余个。对本辖区中小学进行全面的疫情防控安全检查，重点检查食品安全、环境卫生、餐具消毒、学生就餐等方面的情况，力求把防疫措施做细、落实，切实

2020年6月9日，堆龙德庆区人民检察院在五楼多媒体室举行检察听证会，并邀请人大代表、政协委员、人民监督员、侦查人员以及案件双方当事人参加听证

保障疫情期间学生就餐安全。积极履行检察公益职责，对辖区农贸市场、超市、诊所、药店、村卫生院、卫生室以及个体工商户等开展监督检查，发现线索2件，依法督促行政机关没收非法分装生产的物品和违法所得金额。

【维护社会秩序稳定】 2020年，堆龙德庆区人民检察院积极参与社会稳控工作，投入驻村、驻加油站等值班备勤274人次、出动车辆186车辆次。加强单位内安保工作，坚持24小时值班备勤达527人次，确保维稳责任落实，实现“三无、三不出”工作目标。

【有效参与社会治理】 2020年，堆龙德庆区人民检察院积极拓展司法为民渠道，提升检察服务水平，精心打造“12309”检察服务中心，让人民群众更好地享受“一站式”服务。全年共受理申诉类案件10件10人，其中检察长接访2件2人，落实重大疑难复杂案件检察长包案制，化解社会矛盾，进一步提升“群众信访件件有回复”工作质效，维护群众合法权益，不断增强人民群众的获得感、幸福感、安全感。

【普法宣传】 2020年，堆龙德庆区人民检察院做好各类法制宣传活动，广泛普及法律法规，结合“五下乡”、综治宣传月、“9·16”平安西藏宣传日、宪法宣传日、扫黑除恶、公益诉讼等主题开展法制宣传活动10次，共派出干警56人次，发放藏汉双语各类宣传资料3000余份，投入经费10万余元，解答群众咨询500余人次，受教育群众达3万余人次。

【严厉打击刑事犯罪】 2020年，堆龙德庆区人民检察院共办理刑事案件145件，其中办理提请批准逮捕案件52件64人，批准逮捕28件29人，不批准逮捕24件35人，不批准复议1件2人，无错捕、错不捕案件。办理审查起诉案件93件114人，提起公诉77件90人、不起诉16件24人，开庭审理并作出有罪判决77件，有罪判决生效率100%。适用“认罪认罚从宽制度”案件75件，适用率80%。

【刑事诉讼监督】 2020年，堆龙德庆区人民检察院认真落实重大敏感案件快速反应和提前介入机制，保障及时、精准打击犯罪，提前介入案件4件，提出适时介入法律意见34条；立案监督案件4件，发出《要求说明不立案理由通知书》3份；制发《检察建议书》5份，发出《侦查活动监督通知书》3份；向侦查机关发出《逮捕案件继续侦查取证意见书》28份、《不批准逮捕案件补充侦查提纲》24份；羁押必要性审查，改变强制措施2人；审判活动监督2件；不起诉案件公开听证1次。与区公安分局、市场监督管理局建立行政执法与刑事司法衔接机制，部署食品药品“四个最严”专项行动，对一起生产、销售伪劣产品案件线索依法立案监督，并已立案；为服务“六稳”“六保”护航民营企业发展，与区工商联会签《关于加强检察机关与工商联沟通联系共同服务保障民营经济发展的工作意见》，联合市场监督管理部门对辖区内驰名商标企业开展实地调研，以慎捕慎诉的办案理念，对3名涉嫌犯罪的民营企业家分别作出不批准逮捕、不起诉的决定，提出适用缓刑建议，确保民营企业的正常生产经营活动。

【刑事执行检察监督】 2020年，堆龙德庆区人民检察院全面开展对刑罚执行、暂予监外执行（社区矫正）、刑事强制措施执行和财产刑执行的检察监督。全年对看守所进行日常监督、重大节日和重要时期开展安全防范检查15次，召开狱情分析会1次，在押人员谈心谈话11次。疫情期间，全力配合看守所封闭式防控管理工作，通过"日通报"电话非接触式手段开展日常监督工作。加强社区矫正检察监督，对47名社区服刑人员电话回访60人次、面对面谈话20人次，对司法局、司法所社区矫正执法活动监督检查15次，口头纠正存在的问题1次。对法院财产刑执行检察监督5次。

【民事行政诉讼监督】 2020年，堆龙德庆区人民检察院依法审查办理民事监督案件11件，提请抗诉1件，其中办理民事生效裁判、调解书监督案件4件，对依法作出不支持监督申请案件1件，举办西藏自治区首例民事检察公开听证会，实现"零"突破，被最高人民检察院通报表扬；办理民事审判活动监督案件4件，制发检察建议2件，人民法院采纳检察建议并回复检察机关。办理民事支持起诉案件2件，有力保障弱势群体的合法权益，取得良好的法律效果和社会效果。

【公益诉讼检察监督】 2020年，堆龙德庆区人民检察院将公益诉讼工作列为党组重要议事内容，作为"一把手"工程推进。依职权共发现公益诉讼案件线索66件，立案41件，向行政机关发出诉前检察建议18份，已整改回复15份。通过食品药品"四个最严"专项行动，对辖区餐饮、商店、药店、诊所等80余家个体工商户进行全面摸排，发现线索13件，依法督促行政机关整改12家，行政处罚2家。结合拉萨市创建文明城市活动，依法督促行政机关清理生活垃圾12余吨，建筑垃圾200余吨，清理水渠垃圾4吨。

2020年7月16日，堆龙德庆区人民检察院干警在东嘎路开展创建文明城市活动

【依法履行未成年人检察工作职责】 2020年，堆龙德庆区人民检察院坚持"教育、感化、挽救"方针和"教育为主，惩罚为辅"的未检工作原则，持续推动未检工作全面发展。全年共办理未检案件3件4人，其中审查起诉2件3人，作出不起诉决定1件1人；提前介入侦查1件2人，提出适时介入法律意见9条；全面积极与犯罪嫌疑人、被害人沟通交流，主持双方达成刑事和解1件，做到案结事了人和；3名员额检察官担任姜昆黄小勇希望小学法制副校长，开展"法制进校园"活动3次，法制教育覆盖学生数达160余人次，发放1万余元学习用品；深入开展青少年法制教育宣传、进行关于校园安全问题的问卷调查工作2次，开展校园周边100米内向未成年人销售香烟情况的检查，将发现的行政公益诉讼线索移交拉萨市人民检察院。

【自身业务素质建设】 2020年，堆龙德庆区人民检察院坚持党对检察工作的绝对领导，认真落实中央《关于新形势下加强政法队伍建设的意见》，以思想政治建设为中心，加强检察队伍司法理念、司法能力和司法作风建设，派出

2020年10月26日，堆龙德庆区人民检察院开展检察开放日活动

干警到苏州、国家检察官学院贵州分院、国家检察官学院河北分院等地参加跟岗学习及检察业务线上和线下培训、参加堆龙区各类知识培训20人次。

【主动接受外部监督】 2020年，堆龙德庆区人民检察院始终把接受外部监督作为新时代检察工作发展的助推动力，通过开展“检察开放日”活动，邀请劳动者、人大代表、政协委员、人民监督员等走进检察机关，“零距离”感受和了解检察工作。全年制作符合条件的案件电子卷宗106件，共计251卷12418页；通过“12309”中国检察网公开程序性信息112条，公开法律文书公开94份。审核律师注册申请1次，接受律师网上阅卷6件，申请变更(解除)强制措施7件、要求听取意见3件、申请会见1件，切实保障律师执业权利工作。

【完善检察委员会工作机制】 2020年，堆龙德庆区人民检察院严格按照《人民检察院检察委员会议事和工作规则》，实现会议中检委会委员签到、讨论、表决的过程在系统中实时反馈并记录在案，切实推进司法责任制下检委会工作信息化、规范化、专业化建设。全年共提请议题48件，其中议案47件、议事1件，召开检委会会议33次、检委会学习会议5次。

（普布次仁）

【机构领导】

党组书记、检察长

张　军(11月离任)

索朗旺庆(藏族，11月任职)

党组成员、副检察长

达　珍(女，藏族)

伊金娟(女)

次仁卓玛(女，藏族)

党组成员

仓　珍(女，藏族)

法院

【概况】 年内，堆龙德庆区人民坚持以习近平新时代中国特色社会主义思想为指导，在区委领导、区人大监督、区政府支持、区政协民主监督以及上级法院指导下，认真学习贯彻习近平法治思想，全面贯彻中共十九大和十九届二中、三中、四中、五中全会及中央第七次西藏工作座谈会、中央政法工作会议精神，按照区委二届五次、六次全会的重要部署，扎实落实区二届人大第四次会议决议，坚持以人民为中心的发展思想，坚持服务大局、司法为民、公正司法，善于化危为机，忠实履行宪法法律赋予的职责。

2020年，堆龙德庆区人民法院内设10个科室，下设4个人民法庭。共有政法专项编制65个，实有干警67名，中共党员61名。正职院长1名(副处级)，副院长4名、挂职副院长2名。员额法官19名，司法辅助人员22名，司法行政人员12名，司法警察9名，工勤人员5名。

2020年，区法院共受理案件5522件、审执结4525件，同比分别上升15.66%、17.47%，结案率为81.94%，收结案均创历史新高，审限内结案率达99.95%。其中，柳梧法庭受理案件665件，已超过拉萨其他2个基层法院受案总和。法官人均办案290件，同比增长21.33%，居全区法院第一，高于全国法院平均水平。

【助推平安堆龙建设】 2020年，区法院坚持依法服务大局，毫不动摇地将法院工作融入党委中心工作，在全国“两会”、中央第七次西藏工作座谈会等重要节点，制订工作方案预案，排查风险隐患案件200余件、化解200余件，接待来信来访群众600余人次，成功化解涉诉信访案件11件。全力参与涉中腾公司、盛联驾校、柳梧万裕城等重点工作、重点事项的专项治理。全力参与社会面管控和维稳安保工作，共出动干警1200余人次、车辆400余台次。

【深化扫黑除恶专项斗争】 2020年，区法院紧扣扫黑除恶三年目标任务，提高政治站位、强化政治担当，积极推动专项斗争向纵深发展。严格依法办案，对依法不符合涉黑涉恶情形的次某等3名被告，以强迫交易罪判处一年六个月及以下有期徒刑，为铲除黑恶势力滋生土壤，夯实党的执政基础作出应有贡献。同时对审理过程中发现行业监管不规范问题，发出司法建议2条，做到以案促治、以案促建、以案普法。以“六清”（线索清仓、逃犯清零、案件清结、伞网清除、黑财清底、行业清源）行动为抓手，核查市中院转办线索7条，集中排查近年来审结的各类案件7031件，增强人民获得感、安全感、幸福感。

【依法从严惩处刑事犯罪】 2020年，区法院充分发挥刑事审判惩治、震慑、预防、教育功能，受理各类刑事案件95件，审结92件，判处罪犯110人。审结交通肇事、危险驾驶、盗窃等多发性犯罪案件77件95人，审结诈骗、职务侵占、涉毒等案件15件15人，依法保障各族群众生命财产安全。坚持惩治犯罪与保障人权并重，指定辩护律师6人次，充分保障被告人诉讼权利。坚持宽严相济刑事政策，判处三年以上有期徒刑12人，对初犯、偶犯、未成年犯罪等情节较轻的58名被告人适用缓刑，充分发挥刑罚的教育感化挽救功能，保障人民安居乐业、社会安定有序。

2020年3月21日，堆龙德庆区人民法院应用“移动微法院”开庭审理案件，提供无接触式诉讼服务

【护航法治营商环境】 2020年，区法院秉持“法治是最好营商环境”理念，重视发挥司法裁判对市场秩序的评价、规范作用，受理各类民商事案件3496件，审结2870件，结案标的5.67亿余元。倡导诚实守信规则，审结买卖合同、承揽合同等案件2258件。加大对股东权利的保护，审结股东出资、股权转让等涉公司案件35件。服务堆龙新城、经开区、柳梧新区建设，审结房地产、建设工程等纠纷案件83件。维护金融秩序，审结借款合同、民间借贷等纠纷案件305件。优化发展软环境，审结行政案件2件。

【推进诚信社会建设】 2020年，区法院完善综合治理执行难工作大格局，健全执行工作长效机制，持续保持执行“3+1”核心指标高位运行，努力向切实解决执行难目标迈进，受理执行案件1876件，执结1509件，执结率80.44%，执结标的4.46亿余元。利用执行指挥平台，通过“总对总”“点对点”查控系统，查询案件1559件次、冻结款项5200万余元，司法拍卖成交56.31万元，发放案款2.35亿余元。严厉打击拒执行为，对65名被执行人实施布控，成功查获12人，依法拘留2人。加大失信惩戒力度，将637名被执行人

2020年7月28日，堆龙德庆区人民法院在祥和苑社区开展全区三级法院法官讲法以案释法巡回法治宣讲活动，图为文艺会演

纳入失信黑名单，限制高消费637人，使其“一处失信、处处受限”，促使90名被执行人主动履行义务。强化“集中执行”“夜间执行”“假日执行”，执结案件194件，到位金额365万元。

【普法宣传】 2020年，区法院树牢“法治宣传也是办案、办案就是法治宣传”理念，车载科技流动法庭、驻村工作队、人民法庭深入异地扶贫安置点、社区居委会、寺庙、学校，结合新旧西藏对比、新旧西藏司法制度对比和社会主义核心价值观教育、“四讲四爱”、“遵行四条标准、争做先进僧尼”等活动，利用藏语和汉语，采取巡回审判、以案释法、普法讲座、模拟法庭、法院开放日、法律咨询等方式，开展法治宣传300余场次，受教育群众4万余人次，在全社会培育办事依法、遇事找法、解决问题用法、化解矛盾靠法的法治环境。

【服务疫情防控大局】 2020年，区法院坚决贯彻习近平总书记关于打赢疫情防控阻击战的重要指示精神和区党委、市委、区委各项决策部署，在快速行动、扎实做好自身疫情防控的同时，组织成立防疫志愿服务队、防疫党员先锋队，抽派27名干警深入防疫一线排查住户1000余户、检查人员3000余人次，自发为群众捐赠防疫物资金额达1.35万元。疫情期间，充分运用智慧法院建设成果办理案件、化解纠纷，通过“移动微法院”“云上法庭”“三方庭审”等平台，提供立案、开庭、调解、送达等无接触式诉讼服务，努力克服疫情对审判执行工作带来的不利影响，网上立案454件、跨域立案49件，网上调解、开庭案件67件。

【基层社会治理】 2020年，区法院传承发扬新时代“枫桥经验”，推动纠纷解决机制、诉讼服务手段向一站式集成，努力让人民群众办理诉讼事务“只进一个门、最多跑一次”，初步建成“厅网线巡”相结合的司法服务体系，当场登记立案率达95%、诉讼服务大厅接待群众2.6万余人次、12368诉讼服务热线提供服务4000余次、车载科技流动法庭巡回办案29件、人民法庭化解纠纷562件。健全诉讼与非诉讼衔接机制，将退休法官、特邀调解员、律师等具有解纷特长的第三方力量引入、整合到诉讼服务大厅，诉前调处各类矛盾纠纷253件，办结司法确认案件13件，委托调解4件。深化“分调裁审”机制改革，出台繁简分流标准、制定对接工作规范、配备速裁团队，努力实现繁简分流、轻重分道、快慢分离，适用速裁、简易程序审结案件1551件，分流繁案891件、简案1442件。

【民生权益司法保障】 2020年，区法院牢牢把握改善民生、凝聚民心这个出发点，受理各类涉民生案件226件，审结189件。审结劳动争议、提供劳务者受害责任、交通事故责任纠纷等案件139件，最大化保护劳动者合法权益，帮助追回农民工“血汗钱”1313万余元。推进家事审判改革，审结婚姻、抚养等家事纠纷50件，强化对未成年人和妇女权益的保护。注重诉讼调解，调撤1237件、调撤率45.26%。坚持让法律更有温度、让司法更有温情，为经济确有困难当事人缓减免案件30件、诉讼费17.71万元，发放执行救助金3.82万元，避免其因案返贫、因案致贫。实行网上缴退诉讼费，着力“让信息多跑路、让群众少跑腿”。

【推进司法体制改革】 2020年，区法院完善审判权力运行机制，细化院庭长对“六类案件”监督的权力清单，做到放权不放任、监督不越位。院庭长办案实现常态化，办结案件2307件，占结案总数的51%。优化法官结构，择优选升4名高级法官、按期晋升1名一级法官，补选员额法官7名，补录聘用制书记员3名。全面推进内设机构改革，设置合理、职责清晰、科学高效的管理体系日臻完善。积极探索审判辅助性事务社会化外包，将卷宗扫描、文书送达辅助性事务外包给第三方力量，确保干警集中精力提升解纷实效。

【“智慧法院”建设】 2020年，区法院推进全流程网上办案系统应用，电子卷宗随案同步网上流转，办案全程网上留痕。加强司法大数据应用，质效数据实时生成，关联案件一键查询，有效支撑司法决策和案件裁判。持续深化阳光司法，网上公开裁判文书1535份、审判流程信息2900条、执行信息1559条，庭审直播479件、点击量达11.71万余人次，让公平正义经得起围观，让办案全过程成为全民共享的法治公开课。

【队伍建设】 2020年，区法院巩固深化主题教育成果，引导干警牢记初心使命、忠诚履职担当。认真落实《中国共产党政法工作条例》，把党的领导贯彻到人民法院工作各方面和全过程，认真接受区委巡察，开展作风建设整顿，狠抓整改落实，夯实全面从严治党主体责任，让暗箱操作没有空间，让司法腐败无法藏身。持续开展“全面加强政治建警、打造过硬法院队伍”专项教育整顿，部署开展“两教育一整治”活动，以扎实的学习自觉促进高度的政治自觉，切实做到真学真信真懂、入心入脑。全年党组理论学习中心组专题学习14次、政治轮训党员干警60人次，选送业务骨干22人次参加培训，组织干警120余人次参加最高人民法院《中华人民共和国民法典》讲座专题授课。

2020年9月14日，堆龙德庆区法院召开二届区委第十轮巡察二组巡察区人民法院党组进驻动员会

【自觉接受监督】 2020年，区法院进一步完善接受人大监督工作机制，协助人大常委会开展专项调研，专题报告工作情况，并根据审议意见改进工作，积极邀请代表委员旁听庭审、见证执行。支持配合纪检监察机关对法院工作人员进行监督，促进公正廉洁司法。依法接受检察机关诉讼监督，检察长列席审委会2次、出庭支持公诉2次。落实人民陪审员法，117名人民陪审员参审案件662件；通过设立举报箱、举报电话、随案发放廉政监督卡等措施，主动接受当事人监督；积极运用微信微博公众号等加强司法宣传，让社会各界了解、参与和监督司法。

（王 欣）

【机构领导】

党组书记、院长

巴 桑（藏族，11月离任）

欧阳建川（11月任职）

党组成员、副院长

慕艳梅（女，5月离任）

洛桑达吉（藏族）

达瓦次仁（藏族）

米玛次仁（藏族）

阿旺单增（藏族，挂职，2月离任）

曹永超（挂职，2月离任）

司法行政

【概况】 2020年，堆龙德庆区司法行政工作在堆龙德庆区委和上级司法机关的坚强领导下，在区政府的大力支持下，在区人大、政协的民主监督和社区各界的广泛帮助下，扎实开展各项业务工作，充分发挥法律保障职能，不断强化各项司法行政工作，继续解放思想，坚持改革创新，在司法行政工作上取得新进展。

【法制宣传教育】 2020年，区普法办结合堆龙德庆区广大群众涉及面较多及群众关心关切的法律法规方面的问题，专门将精心制作的普法动漫视频在全区所有区、镇（街）线路公交车上进行循环播放，在群众长时间乘坐公交车过程中普及法律知识。创建“法治堆龙”公众平台，详细添加并不断优化更新各单位办事流程及权责清单，方便群众足不出户就能了解各单位的工作职能。舆论宣传引导工作中，充分运用城市公益宣传点打造法制宣传新平台，利用多种传输媒介，在109国道古荣段设立“七五”普法大型公益广告牌，在全区各镇（街）、村（社区）主要路口及干部职工周转房小区内增设法制宣传展板，形成较为完善的普法宣传体系。进一步优化普法宣传队伍人才结构，在对全区各级普法宣传队伍工作开展情况进行检查后，及时调整充实学校法治副校长、法治辅导员、“三官”普法讲师团、高僧大德普法讲师团等宣传队伍，为各领域普法工作奠定坚实的基础。

【贯彻落实民法典宣传工作】《中华人民共和国民法典》是中华人民共和国成立以来第一部以“法典”命名的法律，是新时代中国社会主义法治建设的重大成果。民法典在中国特色社会主义法律体系中具有重要地位，是一部固根本、稳预期、利长远的基础性法律。为广泛开展民法典学习宣传教育工作，保证民法典有效实施，推进法治政府建设，区局于2020年7月14日结合工作实际，专门制定并发放《堆龙德庆区关于全面开展〈中华人民共和国民法典〉普法宣传工作实施方案》，将民法典的宣传普及纳入各级各部门日常工作学习中。同时在“堆龙发布”“法治堆龙”等平台开设“学习民法典”专题专栏。具有民法典所属法律条文执法权限的单位部门，严格按照“谁执法谁普法”普法责任制，推送相关图文，扩大宣传影响。

【人民调解】 2020年，堆龙德庆区人民调解工作已形成以镇（街道）司法所为枢纽，村调委会为基础，镇（街道）、村调委会为骨干，其他调委会为补充的人民调解组织网络体系。全区共有人民调解组织42个，其中乡级人民调解委员会6个，村一级人民调解委员会31个，专行业性人民调解组织5个。

【特殊人群的管理】 抓基础，建立健全安置帮教工作保障机制。2020年，堆龙德庆区建立健全全区、镇（街）、村三级刑释解教人员安置帮教工作领导组织，调整充实领导小组及其办公室成员，镇（街）安置帮教领导小组组长均由镇（街）镇长、主任担任。各级安置帮教领导小组定期召开会议，研究解决安置帮教工作中的重点和难点问题，全面提高各成员单

2020年9月21日，堆龙德庆区开展2020年度全区人民调解员业务培训班

位的工作联动机制，更好地开展安置帮教工作；全区6个镇(街)都均已建立安置帮教工作机构，配有专门工作人员，日常安置帮教工作正稳步推进中；区刑释解教人员安置帮教领导小组制定相关工作机制，明确公安、司法等部门的职责，各部门紧密配合，资源信息共享，形成齐抓共管的良好工作局面；组织各镇(街)司法所就安置帮教工作、档案管理等业务进行培训，提高他们的工作能力和业务水平。

抓衔接、认真落实安置帮教措施。督促指导各镇(街)司法所建立《刑释解教人员花名册》和《刑释解教人员安置帮教工作谈话笔录》，确保接收的每名刑释解教人员回归社会后，及时签订《安置帮教协议书》，建立个人谈话记录，登记个人档案资料，对其跟踪帮教；定期不定期地对辖区内的刑满释放人员进行回访，对其进行法律法规、惠民政策的宣传工作，并补充完善刑释解教人员的档案，切实做到情况明、底数清，数据更新及时；积极探索切实有效帮教方法，运用爱心感化、心理矫正、典型引导等多种方法，努力增强帮教实效。

【法律援助】 2020年，区司法局法律援助中心共受理案件125件，受益人数105人，其中受理刑事附带民事类案件1件；受理民事类案件123件。已结案37件，案件总涉案标的429.1905万元，为当事人挽回经济损失157.8315万元。

有效制止家庭暴力案件2起，维护弱势妇女的合法权益。

接受法律咨询275件，代写各类法律文书65余份，审查各类合同14份。

在做好法律援助案件办理的基础上，开通妇女、青少年维权岗，设置妇女儿童、农民工案件办理快速通道，方便弱势群体第一时间能够得到法律援助。积极配合信访、劳动监察等部门办理信访、劳动转办案件，消除矛盾纠纷维护社会稳定。为政府重大决策提供法律意见，积极帮助各镇(街)、各单位审核合同协议，进一步拓宽法律援助范围，为全区经济社会发展贡献力量。

(德金措姆)

【机构领导】

局 长

庹 超

副局长

米 玛(女，藏族)

副局长

仇力晖

国家安全

【概况】 年内，在区市党委、政府和堆龙德庆区委、区政府的坚强领导下和上级业务部门精心指导下，区委国安办深入学习贯彻习近平新时代中国特色社会主义思想，深入学习贯彻中共十九届五中全会精神和中央第七次西藏工作座谈会精神，增强“四个意识”、坚定“四个自信”、做到“两个维护”，牢固树立总体国家安全观，在维稳防控和疫情防控双重压力下，完成各项既定任务，全力确保全区持续和谐稳定做出贡献。2020年，区委国家办核定编制5个，实有人数6名。

【党的建设】 2020年，区委国安办党支部通过集中学习和自主学习相结合的方式，以专题学习会、主题党日、观看警示教育影片、参观红色革命基地、“一支部一品牌”活动及“三会一课”等形式，深入学习习近平新时代中国特色社会主义思想，学习宣传贯彻中共十九届五中全会精神和中央第七次西藏工作座谈会精神，特别是总书记关于治边稳藏重要论述和党的新时代治藏方略，坚持把政治建设摆在首位，始终坚决做到“两个维护”，自觉在思想上政治上行动上同以习近平同志为核心的党中央保持高度一致。全年共召开党建工作专题部署会4次，开展集中学习49次，召开支部大会12次、组织生活会1次，开展主题党日活动12次、书记讲党课4次，先后6次深入包村点马镇措麦村开展政策宣讲和慰问活动，认真推进包村点和党建联系点的指导工作。制定细化廉政风险点，主要负责同志履行第一责任人责任，班子履行“一岗双责”，扎实做好巡察整改工作，对反馈的4个方面9个问题制定整改措施9项，完成问题整改9个，建立完善制度6个；严格执行“三重一大”制度，在“三大”节日等易出现廉政问题的节点，及时召开部署会，开展廉政学习20余次，采取观看警

2020年7月16日，堆龙德庆区委国家安全委员会办公室开展主题党日活动

示教育片、参观廉政教育基地等形式，进一步筑牢思想防线。

【维护国家安全和社会稳定】 2020年，落实季部署、月调度、周研判机制，区委、区政府主要领导多次组织召开专题会议，作出指示批示，分阶段、分节点、分领域进行安排部署，全年组织召开会议21次。细化完善“1+6”片区指挥体系，明确片区责任，下放指挥权限，切实形成权责清晰的指挥体系。加强措施落实情况督导检查，细化片区督导制度，形成“片区＋专项”的督导模式，共督导检查单位900余家次，确保各项措施落实落地。

【宣传培训】 2020年，扎实开展“4·15”全民国家安全教育日宣传活动，采取线上答题、入户宣讲、集中宣讲等形式，广泛开展宣传，发放以《中华人民共和国国家安全法》《中华人民共和国反间谍法》等为主要内容的藏汉双语宣传资料6万余份，悬挂横幅200余条，张贴海报1700余份，有效提高各族干部群众维护国家安全的意识。组织各镇（街道）国家安全工作负责人、各村第一书记或综治专干、涉稳部门负责人、教育系统国家安全负责人及宗教领域、政法委铁路护路骨干联防队员90人，开展以《中华人民共和国国家安全法》、防范化解重大风险、社会稳定风险评估等为主要内容的专题培训，进一步提升基层和行业部门工作人员对国家安全工作的认识和业务能力。

【防范化解重大风险】 2020年，建立《拉萨市堆龙德庆区2020年防范化解重大风险工作方案》制度，形成常态化各镇（街道）、各领域化解组每月汇总上报、区国安指挥部每季度分析通报、区委每半年研判部署，重要节点定期分析研判工作机制，有效防范和全力化解重大风险隐患，进一步减少不稳定因素。机制建立后，区委召开研判部署会1次，区国安指挥部召开分析通报2次。

【社会稳定风险评估】 2020年，严格按照实施细则，对重大决策重大项目重大活动一律开展社会稳定风险评估，对3项重大决策、53项重大项目和1项重大活动进行稳评复核，做到“应评尽评”，从源头上预防社会矛盾和不稳定因素。

（次旺卓玛）

【机构领导】

主　任

管　兵（11月离任）

巴　桑（藏族，11月任职）

副主任

加永旺扎（藏族，11月离任）

旦增坚才（藏族，11月任职）

经济管理

发展和改革

【概况】 2020年，面对复杂严峻的内外环境和经济下行压力，堆龙德庆区上下坚持以习近平新时代中国特色社会主义思想为指导，深入贯彻落实中共十九大和十九届二中、三中、四中、五中全会精神以及中央第六次、第七次西藏工作座谈会精神，全面贯彻落实区委二届五次、六次全会精神，坚持稳中求进、进中求好、补齐短板工作总基调，坚持以供给侧结构性改革为主线，坚持新发展理念，推动高质量发展，统筹疫情防控和经济社会发展，按照年初区委经济工作会议确立的各项目标任务，奋力拼搏、锐意进取，经济发展取得新成效，发展质量实现新提升，三大攻坚战取得新进展，城乡建设得到新提高，民生福祉达到新水平，"十三五"规划预期目标顺利实现。2020年，区发展和改革委员会（粮食和物资储备局）实有工作人员共15名，其中行政编制12名，工人3名。

2020年11月12日至18日，堆龙德庆区召开"十四五"规划编制征求意见系列座谈会

【经济运行态势良好】 2020年，堆龙德庆区实现地区生产总值62.82亿元，同比增长7.7%，其中：第一产业2.19亿元，同比增长8.1%；第二产业34.02亿元，同比增长6.0%；第三产业26.61亿元，同比增长3.2%。农村居民人均可支配收入19746元，同比增长12.8%。全社会固定资产投资同比增长16.7%。一般公共预算收入完成10.46亿元，同比下降13.03%。完成社会消费品零售总额13.54亿元，同比下降4.7%。经济持续保持在合理区间运行，呈现出坚韧向好的发展态势。

【投资稳经济】 2020年，堆龙德庆区共实施134个投资项目，其中稳投资重点项目71个，开复工率达80%以上，完成投资56.55亿元；市级10个重大项目全部开复工，完成投资27.49亿元；靶向发力招商引资项目20个，实际到位资金27.41亿元，同比增长

20.55%，超额完成既定目标任务。从投资结构来看，国家投资稳步扩大，达到4.46亿元，完成本级财政预算投资6.58亿元，国家投资和财政投资两项占比达17%以上；企业混合投资支撑作用明显，占比达48%以上，民间投资增长55.8%，投资拉动作用明显。

【净土健康产业】 2020年，堆龙德庆区净土健康“三大”种植基地加快建立，完成蔬菜种植8056.8亩，蔬菜产量达3724.185万公斤；以补齐产业链短板为着力点，推动青色麦田系列产品生产加工厂、天然饮用水等生产线加快开工建设，“古荣糌粑”地理标志品牌行业标准化整合进度加快，“万户百场十中心”“万吨乳业基地”建设持续推进，净土奶牛养殖场即将建成，新增2个“极源领鲜”专营店，“种养加”一体、“产供销”联合的现代净土健康产业体系初步建立。全年完成有机青稞种植2000亩，高标准农田建设7000余亩，德庆、巴热等区域饲草种植面积不断扩大，高附加值经济作物市场供给能力稳步提升。全年粮食产量0.965万吨，同比减少0.98%；油料产量638.27吨，同比增加10.06%；蔬菜及食用菌产量3.72万吨，同比减少24.84%；药材产量0.01吨，同比减少50%。

【工业经济】 2020年，堆龙德庆区吉祥哈达、团久商贸、志成制氧等绿色实体工业项目加快推进，盘活园区低产低效企业6家，工业经济持续脱虚向实、提档升级；新型建筑建材企业库存滞销风险有效化解，促进满负荷生产，工业企业市场竞争力不断提升；引导西藏齐耀新能源、西藏宝业商砼等公司实现升规，西藏高争建材成功申报为拉萨市绿色发展试点企业。全年规模以上工业增加值完成15.67亿元，同比下降2.7%。

【文化旅游产业】 2020年，堆龙德庆区“象雄美朵”文旅小镇开园运营，万亩花海、马术演艺中心、温泉酒店等新业态吸引力不断增强，藏医药康养温泉、德吉藏家民宿、黑帐篷等先后有序恢复营业，“玉妥文化旅游节”系列活动成功举办，“冬游西藏·一元游堆龙”活动扎实开展，游客消费潜力不断释放，旅游人次“含金量”不断提升，节庆消费增长引领作用显现。全年共接待国内外游客153.07万人次，旅游总收入4816.1万元，同比下降13.74%。

【巩固脱贫攻坚成果】 2020年，堆龙德庆区严格落实“四个不摘”要求，聚焦“两不愁、三保障”，系统推进“以业脱贫、以迁脱贫、以教脱贫、以补脱贫、以保脱贫、以助脱贫”六项举措，脱贫成果巩固拓展，建档立卡群众收入持续稳定在国家脱贫标准线以上，未出现返贫和新增贫困人口。全年整合涉农资金3.05亿元，实施产业发展、生态岗位开发、就业培训、易地搬迁贴息等26个项目，完成投资2.8亿元。

【防范化解重大风险】 2020年，堆龙德庆区常态化开展重点领域风险监测评估，积极做好稳增长与防风险之间的平衡，落实2个抗疫特别国债项目资金1.8亿元，推动3个地方专项债重大项目资金23亿元列入中央和自治区计划。坚持“化存量、腾空间、防风险”，防范化解政府隐性债务风险，有效遏制隐性债务增量，清偿政府

2020年3月12日，堆龙德庆区发改委组织党员干部参加义务植树活动

投资类项目无分歧欠款1187.5万元。财政支出结构持续优化，预算绩效管理进一步加强，全年完成地方一般预算支出一般公共预算支出294354万元，财政资金加杠杆与稳投资、稳预期、保就业、保民生、保市场、保运转等举措协调配合，财政资金精准补短板和民生兜底作用明显。民泰村镇银行等辖区内各类金融机构平稳健康运行，金融助力实体经济发展取得新进展，助推净土产业发展放款3.9亿元。市场物价平稳可控，居民消费价格指数增幅控制在2.5%左右。产业地产开发稳步推进，房地产市场运行平稳。

【城市建设】 2020年，堆龙德庆区新城8条市政道路建成达到通行条件，新建成7条城市次干道，“三横四纵”骨干路网架构基本形成。那拉高速堆龙段正式通车运行。滨河路北岸市政工程、堆龙河两岸综合治理（下游）段工程、民族团结主题公园开工在即，滨河公园完成一期建设，建成通嘎公园等8个街旁公园。城市新增公租房1288套，南嘎、色玛2个新城搬迁安置点相继建成，波玛村等4个棚户区完成改造提升，新开工重萨、朗冲、恰卡等3个棚户区改造项目，城市宜居环境进一步提升。祥和御府、东嘎时代广场等11个房地产项目加快开工建设，建成哈达东嘎小区、佳禾世家等3个房地产项目。

【乡村振兴】 2020年，堆龙德庆区坚持规划引领，创建8个乡村振兴示范村，完成5个村人居环境整治，“三改一整”完成442户示范户试点改造，村庄环境和生产生活条件明显改善，群众幸福指数大幅提高。设置农村生活垃圾分类集中暂存区225处，新建改建公共厕所46座，户用卫生厕所普及率达98%左右。实施56处水源地饮水供水系统提升改造，农村地区季节性缺水问题全面解决，农村居民长期饮水安全得到有效保障。

【援藏项目】 2020年，以指挥部党委“闭环工程、种子工程、组团工程、携手工程、振兴工程”五大工程为指导，堆龙德庆区争取北京市级援藏资金4700万元，共实施堆龙德庆区饮水供水系统提升改造民生工程、马镇马村基层组织政权（京藏连心文化广场）组织振兴工程等12个项目，资金全部拨到堆龙德庆区财政，到位率100%。组织召开7次援藏领导小组会，深入项目现场进行调度，协调业主单位统筹抓好各项环节。12个援藏项目开工率达100%，完工率达100%，验收率达92%，资金支出率达85%以上。

【民生福祉】 坚决打赢疫情防控阻击战。2020年，堆龙德庆区上下众志成城、万众一心，坚持“外防输入、内防反弹”策略，以持续高压态势推进新冠疫情防控工作，在持续做好疫情防控的前提下，积极落实各类国家税费优惠政策，制定复工复产阶段性疫情防控措施，有序恢复经济运行和社会生活秩序，工业企业、建设工程、商贸服务业在全市率先复工复产，5月份实现应复尽复，大力推动“以保促稳、稳中求进”，为稳住经济的基本盘、兜住基本民生的底线发挥促进作用。

教育事业全面发展。持续优化教育资源配置，全年新开工幼儿园3所，新增幼儿园1所，第二小学完成主体工程建设，区中学完成改扩建。

医疗卫生水平稳步提升。二级甲等医院综合楼开工建设，东嘎妇幼保健综合楼、古荣镇卫生院等项目建成投入使用。

社会保障体系不断完善。老年人、残疾人和孤残儿童等社会弱势群体权益依法受到维护，筹建老年人日间照料中心3个，惠及380位老人。慈善事业发展、志愿服务活动、应急救灾体系建设深入推进。

【深化改革】 “放管服”改革持续深化。2020年，堆龙德庆区持续深化“一网通办”“最多跑一次”改革，优化营商环境，行政审批事项和公共服务事项办结率达99.9%，政务服务热线办结率达86.6%，群众回访满意率达98%。“互联网+政务”高效推进，网上办理三级以上标准达100%。

减税降费效果明显。充分依靠党中央和区市提高宏观调控的前瞻性、针对性、有效性，积极贯彻落实国家各类减免政策，深入推进各项减税降费，切实做到应减尽减、应退尽退，全年减免各类税费1.06亿元，最大限度地释放企业利润空间，激发市场发展活力。

（德吉卓嘎）

【机构领导】

主 任

杨开颜

副主任

伊 苏（藏族）

陈 晨（援藏干部）

财 政

【概况】 年内，堆龙德庆区财政局在区委、区政府的坚强领导下，在区人大的依法监督和区政协的民主监督下，全面落实区委、区政府决策部署，增强“四个意识”、坚定“四个自信”、做到“两个维护”，紧扣全面建成小康社会总目标，聚焦社会主要矛盾和特殊矛盾，坚持以人民为中心的发展思想，坚持稳中求进、进中求好、补齐短板总基调，统筹推进稳增长、促改革、调结构、惠民生、防风险各项工作，不断保障和改善民生，持续推进美丽堆龙建设。2020年，区财政局下设国库预算科、国库集中支付中心、采购办、国资委、办公室5个科室，共有干部职工15名。

【一般公共预算收支情况】 2020年，全区一般公共预算总财力为31991万元，其中一般公共预算收入完成104647万元，同比减少13.03%，为预算的106.78%。上级补助收入为165866万元，同比减少13.98%。一般公共预算支出294354万元，同比减少16.18%。

【政府性基金预算收支情况】 2020年，全区政府性基金预算收支总财力为27439万元，其中政府性基金预算收入176万元，同比减少99.87%。上级补助收入为27263万元，同比增加24723万元。政府性基金预算支出27439万元，同比减少80.29%。

【国有资本经营预算收支情况】 2020年，全区国有资本经营预算总财力为305万元，其中国有资本经营预算收入294万元，同比增长100%。上级补助收入为11万元，同比增长100%。国有资本经营预算支出216万元，同比增长100%。国有资本经营预算调出资金89万元，同比增长100%。

【全力支持打赢新冠肺炎疫情防控阻击战】 2020年，区财政局第一时间落实各级党委、政府关于做好新冠肺炎疫情工作的各项指示精神和政策，积极主动与相关部门对接，了解防控工作经费的需求，做好支持疫情防控等各项工作。

强化资金保障工作。落实疫情防控资金8665万余元，其中本级4000万元，用于医疗救治、疫情防控人员补助、设备和防控物资等各项疫情防控保障工作。

优化资金拨付流程。按照急事急办、特事特办的原则，及时下达新冠肺炎疫情防控所需资金，协助做好物资储备和分发工作。

开通绿色采购通道。以满足疫情防控工作为首要目标，建立采购“绿色通道”，优先向复工复产企业直接采购、优先向区内企业采购、优先采购当地农副产品。

强化资金监管。重点关注与疫情防控有关的临时性工作补助、物资采购等有关财政资金的审核、拨付、管理使用等工作，加

2020年2月4日，堆龙德庆区财政局组织干部职工积极参加搬运规整防控物资活动

2020年2月5日，堆龙德庆区财政局开展志愿服务活动——免费发放口罩

强疫情防控财政资金监管。

【支持打赢三大攻坚战】 坚决打赢脱贫攻坚战。2020年，全区共统筹整合脱贫攻坚资金33123万元（其中中央5689万元、自治区6427万元、拉萨市6607万元、本级14400万元），主要用于生产发展、生态岗位补助、培训就业等，为决战决胜脱贫攻坚战打下坚实基础；坚决打赢污染防治攻坚战。2020年，落实生态文明建设专项资金8184万元，主要用于生态文明建设、垃圾分类、污水处理、全区国土绿化、城市周边安全饮水提升等工程；坚决打赢防范化解重大风险攻坚战。加强对政府债务的统计，摸清债务底数，稳妥处置地方政府债务，有序化解存量隐性债务。

【千方百计保就业】 2020年，区财政局及时兑现就业创业补助资金738万元，全面落实高校毕业生就业创业政策。落实“双创”资金3773万元，支持净土健康、文化旅游、民族手工艺品开发等，进一步提高双创服务水平，落实生态岗位补助资金787万元，支持农牧民技能培训和农牧民转移就业，实现就业人员意愿与市场需求相结合。

【促进教育均衡发展】 2020年，全区投入教育事业资金34314万元，其中本级财政投入26859万元。包括投入1200万元支持学前、小学、初中教育发展；投入3750万元用于教研教改、教师业务提升、培训、职称评定、岗位津贴等支出；落实“三包”经费及营养改善专项资金4002万元，发放非义务教育阶段学生资助金592万元；投入6899万元开工建设第三、第四、第五、第六幼儿园以及第二小学等。

【合理安排卫生健康支出】 2020年，全区投入资金12105万元用于医疗卫生事业发展，其中包括落实城乡医疗救助145万元；落实合作医疗大病统筹补充资金680万元；落实超大额医疗保险135万元；落实基本和重大公共卫生等专项资金329万元；落实545万元继续实施全民健康体检；投入4959万元实施二甲医院综合楼建设、核酸检测实验室、应急物资储备建设、古荣镇卫生院标准化改扩建、色玛卫生服务站建设等，推进县域紧密型医共体建设。

【本级财政基建投资】 2020年，区财政局为落实国家关于加强基础设施领域补短板力度相关文件精神，聚焦关键领域和薄弱环节，进一步完善基础设施和公共服务，本级财政基建投资达2亿元。

【落实社会保障资金】 2020年，区财政局落实社会保障资金9917万元。持续完善社会救助体系建设，落实残疾人生活补贴85万元；落实城乡最低生活保障资金418万元；落实特困老人供养金50万元。

【生态环境保护投入】 2020年，区财政局投入节能环保资金2416万元，强化生态安全屏障建设，突出支持大气、水、土壤三大领域的污染防治工作，开展色玛村、加木村自治区级生态村创建，广泛开展“禁白”和环境综合整治。落实环卫工人工资及保险3218万元，安排全区国土绿化工作经费298

万元。安排乡村振兴资金12000万元，投入资金8384万元续建东嘎村、嘎冲村一、三组、德庆村人居环境整治项目。投入14293万元实施8个示范村基础设施建设及“三改一整”等相关工作。落实生活垃圾分类智能回收桶站建设、生活垃圾收运车等经费2614万元。投入精准扶贫新增岗位环保监督员及保险资金54.3万元。

【多措并举保市场主体】 2020年，区财政局不折不扣落实更大规模减税降费政策，及时兑现疫情防控涉企财税扶持政策，中小微企业减税降费效果明显。进一步优化营商环境，全年减税降费10609万元，切实减轻实体经济负担。安排中央直达资金4437万元为在疫情中停业、歇业企业、个体工商户给予扶持，降低企业、个体商户运行成本，有效激发市场主体的活力。

【确保产业链供应链稳定运行】 2020年，区财政局贯彻区委、区政府“发放消费券，推动复工复产、复商复市，扩大居民消费”决策部署，落实资金185万元发放消费券，刺激消费需求。

【提高基本保障能力】 2020年，全区年初一般公共预算总财力273071万元，其中“三保”预算安排143247万元，占比52.46%。全年压减一般性支出10%以上，除重点刚性项目外，其他项目支出均纳入压减范围，统筹资金兜实兜牢“三保”底线。

【保障维稳经费支出】 2020年，区财政局投入扫黑除恶专项行动开展经费50万元，落实“先进双联户”绩效、奖励、表彰、补助资金740万元，落实专职护路联防队员各项补贴资金1231万元。投入资金2052万元，新建看守所、诉讼服务中心。

【夯实基层组织基础】 2020年，区财政局以提升基层党组织组织力为重点，落实党建经费403万元开展镇（街道）、村（居）、机关党建工作。为驻村工作队和下沉干部提供保障经费1464万元，使基层社会管理和服务能力得到进一步提高，党的凝聚力、向心力明显提高，基层“战斗堡垒”作用发挥明显。

【财政改革】 持续推进预决算公开改革。2020年，区财政局按照“全面规范、公开透明”的预决算信息公开管理要求，全区预决算公开单位达55家，做到预决算公开全覆盖。

完善财政预算管理。积极探索将绩效管理的要求与全区实际相结合，不断完善预算绩效管理机制，为切实提高财政资金效益，增强预算执行有效性，起草《堆龙德庆区关于全面推进预算绩效管理实施意见》《堆龙德庆区预算绩效管理办法（试行）》等7项绩效管理相关制度。为规范财政工作、加强资金监督管理，提高资金的使用效益、严格落实中央八项规定，起草《拉萨市堆龙德庆区一般公共预算资金管理暂行规定》《堆龙德庆区关于规范各项补助类资金发放的实施方案》等制度。

国库集中支付改革。严格执行国库集中支付制度，加强财政财务监督管理，减少单位现金支付结算，提高公务支出透明度，全面推行政府直补资金“一卡通”。2020年，通过“一卡通”发放惠农资金2905万元，有效确保惠农

2020年6月19日，堆龙德庆区财政局举办一般公共预算资金管理暂行办法培训会

政策落实到实处，保证资金使用安全。

政府采购监督管理。规范政府采购程序，完善政府采购制度，起草《堆龙德庆区政府采购管理细则（暂行）》。增加政府采购预算价格审核程序，全年共收到各预算单位报送预算审核金额共23441万元，审减资金1240万元。全年共完成278个采购项目，政府采购资金支出20676万元。为进一步规范全区预算单位个人借款行为，清理行政事业单位干部职工个人借款长期不还资金471万元，清理人数57人，清理完成率100%。

严控“三公”经费支出。牢固树立过紧日子的思想，严格执行中央八项规定，精打细算、厉行节约，全区“三公”经费支出53.11与万元，同比下降31.13%。

（格桑德吉　杜　曾）

【机构领导】

局　长

许　毅

副局长

格桑德吉（女，藏族）

田玉玲（女）

岗组达娃（女，藏族）

审　计

【概况】 2020年，区审计局在区委、区政府和拉萨市审计局的坚强领导下，紧紧围绕工作大局，坚持以习近平新时代中国特色社会主义思想为指导，深入学习贯彻中共十九大和十九届二中、三中、四中、五中全会精神，认真落实中央和各级党委审计委员会会议和各级审计工作会议精神，认真履行审计监督职责。

2020年6月15日，东嘎街道办事处召开2019年度预算执行和其他财务收支情况审计进点会议

【重要会议】 2020年9月15日，堆龙德庆区委审计委员会召开第二次会议，区委审计委员会委员及相关部门负责人出席会议。会议传达学习1月1日习近平总书记对审计工作作出的重要指示和2019年12月18日李克强总理在听取国家审计署工作汇报时的讲话精神，传达西藏自治区党委审计委员会第三次会议精神和拉萨市委审计委员会第二次会议精神。听取区审计局负责人关于2019年审计工作情况和2020年度审计项目计划的汇报。

会议指出，2019年区审计局认真贯彻落实党中央和区市党委，以及区委关于审计工作的部署要求，围绕中心、服务大局，履职尽责、担当作为，将审计工作融入全区经济社会发展大局，为全区经济社会持续健康发展作出积极的贡献。在总结肯定成绩的同时，也要清醒地看到，全区审计工作还存在一些差距和不足。区委审计委员会和审计部门务必高度重视、切实认清形势、坚持问题导向，认真研究审计工作中的难点堵点，进一步发挥审计工作的优势和特长。

会议强调，审计是党和国家监督体系的重要组成部分，是宪法确立的一项重要制度安排，也是党和国家治理体系的重要内容。区委审计委员会和审计部门要依法履行审计监督职责，提高审计监督效能，继续发挥审计在服务堆龙经济社会健康发展中的监督作用，为全面建成小康社会和“十三五”规划圆满收官提供有力保障。

会议要求，审计工作涉及民生、政治、经济等多个领域，事关社会发展大局，全区上下要对标对表中央和区市党委审计委员会的决策部署和区委工作要求，不断强化领导责任，健全体制机制，着力提升审计工作整体效能。

【审计工作】 2020年，区审计局紧紧围绕区委、区政府中心工作，坚持问题导向，科学制订审计项目计划，立足审计主业，认真履行审计职能，共完成交办工作2项、专项检查6项，开展预算执行和其他财务收支审计1项、区直单位和区属国有企业主要负责人经济责任审计2项，配合区纪委开展专项工作1项。

【队伍建设】 牢牢把握“审计机关首先是政治机关”的定位。2020年，区审计局旗帜鲜明地把拥护党的领导贯穿到审计工作始终，以讲政治的高度谋划审计工作，确保区委、区政府中心工作部署到哪里，审计工作就跟进到哪里，使审计成果充分体现区委、区政府要求；以讲政治的要求开展审计工作，对审计发现的每一个问题和疑点线索，敢于质疑，一查到底，做到应审尽审、凡审必严，更好肩负起对国家财产和人民利益的守护责任，以讲政治的视角审视审计工作，加强审计工作统筹，优化审计资源配置，拓展审计监督广度和深度。

始终保持清正廉洁的政治本色。坚持“严”字当头、“实”字着力、“廉”字打底，持续深化廉政教育，深入开展以党章党规党纪为主的纪律教育和警示教育，全面集中开展党章党规党纪专题学习教育26次，其中开展反分裂教育5次，及时传达学习区市、本级纪委监委下发的典型案例通报12次，及时传达市委、市纪委监委和区委、区纪委监委廉洁过节方面文件精神和要求9次，并开展廉洁过节提醒教育。发挥好身边典型案例的教育和警示作用，以铁的担当、铁的本领、铁的作风、铁的制度，实现依法审计、文明审计、廉洁审计，保障审计工作方向明确、重点突出、问题精准、服务高效。

2020年8月29日，堆龙德庆区审计局党支部与加木村党委联合开展结对共建主题党日活动

审计队伍专业化建设。以增强专业能力为抓手，多措并举，不断提升干部政治本领和专业本领。通过以考代训、以训促学、以学促审，采取集中讲、个人学、老带新、送出去等多种方式全方位开展干部培训，将审计业务学习融入党员政治教育中，全年开展集中学习22次，党支部书记讲党课4次，党员志愿服务活动33次，专题组织生活会1次，观看专题教育片3次，参观爱国主义教育基地1次。

（李焕妤）

【机构领导】

局 长

白玛曲珍（女，藏族）

副局长

李 焕 妤（女）

张 梦 竹（女）

自然资源

【概况】 年内，拉萨市堆龙德庆区自然资源局按照区委、区政府的统一部署要求，深入贯彻中共十九大、十九届历次会议和第七次西藏工作座谈会精神及习近平总书记系列讲话精神，高度重视，精神策划，周密部署，扎实工作，采取一系列措施，抓学习、抓制度、抓落实，把改进工作作风、优化服务环境作为推进自然资源管理工作发展的一个重要落脚点，扎实开展政治教育活动，切实转变工作作风，强化“服务发展，保护资源、维护权益”责任意识，主动担当、克难而进，各项工作取得一定的成效。2020年，堆龙德庆区自然资源局共有在编干部职工19名，其中局长1名，副局长3名，执法大队队长1名，二级主任科员1名，四级主任科员4名，科员2名，事业编制5名（不动产登记中心主任1名），工人2名。

2020年4月8日，拉萨市副市长扎西白珍（左二）、市林业和草原局党组书记次达（左一）在堆龙德庆区调研2020年重点区域公益林建设项目

【落实最严格耕地保护制度】2020年，堆龙德庆区耕地保有量为92475亩，永久基本农田保护责任为78616.15亩。开展永久基本农田划定和补划整改工作，全面核实永久基本农田，找准划定不实、违法占用等问题，梳理问题清单，提出分类处置意见，编制整改补划方案，进一步加强和改进永久基本农田保护工作，巩固划定成果，提高监管水平，确保永久基本农田划定准确整改到位。以土地日宣传活动为契机，派出3个宣传小组（2个固定组，1个流动组），分别到乃琼镇岗德林村、东嘎农贸市场以及上3个镇进行宣传，此次宣传活动共发放宣传海报共1600余份，发放宣传手册3500余份，发放宣传礼品1020余件，悬挂宣传横幅25幅，引导群众节约集约、合理合法用地，切实提高保护耕地资源，注重生态文明的理念。

【土地征收】2020年按程序组织挂牌公告并登报公告1次，共招拍挂土地3宗土地，成交2宗土地，1宗流拍，成交金额共1257.32万元。完成部队1102工程项目涉及的土地补偿及地上附着物的补偿资金兑现工作。完成堆龙德庆区政府储备项目（古荣镇综合运输服务站工程项目）的土地征收工作及补偿资金兑现工作。完成拉萨市环氧乙烷灭菌场用地土地储备项目的土地征收及补偿资金兑现工作。完成堆龙德庆区政府储备项目（贾热社区228.5亩）的土地征收工作及补偿资金兑现工作。完成武装部民兵训练基地项目的土地征收工作及补偿资金兑现工作。完成政府储备用地（莫嘎护路大队诺路一中队昂嘎班用地项目）的土地征收工作及补偿资金兑现工作。

【基础业务】2020年，区自然资源局严格执行土地登记发证制度，坚持做到“三严”（严格政策界限、严审用地来源、严格规范操作），不断夯实基础业务，各项业务有序开展。全年共办理各类权证1737件，其中不动产登记证明629件，不动产证书958件（数目不等是由于开发商首次登记不发证书和证明）。严格审评项目用地手续，项目用地预审4件，用地初审1件、用地复函104件，为全区建设项目顺利实施提供保障。完成堆龙德庆区农村宅基地确权登记颁证工作，共计发证3929本（其中古荣镇1368宗、马镇1118宗、德庆镇1280宗、羊达乡帮普村163宗），并完成马镇、古荣镇、德庆镇、羊达街道、乃琼街道（3个村）3个镇2个街道24个行政村（居）农村集体土地所有权确权登记颁证外业测绘调查及数据确认工作，涉及集体土地411宗，面积120.19平方公里。

【矿产管理】2020年，堆龙德庆区共有金属矿类自治自然资源厅发证矿业权14个（其中已设金属采矿权1个、非金属采矿权1个），已设探矿权12个；非金属矿类砂、石、黏土采矿权16个。按照上级部门对非煤矿山安全生产的各项部署，区自然资源局高度重视日常安全生产检查工作，全年对非煤矿山日常检查42次，严格检查施工现场和生产经营现场的安全管理，严禁赶工期、抢进度，对达不到安全生产条件的，该关停的关停，该曝光的曝光，该整改的整改，有效防范和坚决遏制较大以上安全事故发生，努力减少一般安全事故发生，切实维护好人民群众生命财产安全。

【规划工作】 2020年，区自然资源局组织编制《堆龙德庆区国土空间总体规划》《堆龙德庆区中心城区城市设计》《堆龙德庆区综合交通规划》《堆龙德庆区综合管廊规划》《堆龙德庆区绿地系统规划》《堆龙德庆区加油加气站布点规划》《古荣镇镇域国土空间规划》《德庆镇镇域国土空间规划》《马镇镇域国土空间规划》等规划。村庄规划方面持续推进"美丽乡村·幸福家园"乡村振兴战略行动计划，不断推动乡村振兴提档升级，全区境内包括控规范围内的居委会共计30个村庄，其中已完成的村庄规划编制工作包含10个村庄，小城镇规划包含3个村庄，香雄美朵旅游产业园区包含1个村庄，剩下需要独立编制完成的村庄规划有16个。正在编制的为乃琼街道加木村，羊达街道帮普村，古荣镇嘎冲村、加入村、南巴村，马镇岗吉村、设兴村，德庆镇邱桑村共8个村庄的规划编制工作，初步成果已编制完成，等待区政府审议。

【执法监察】 2020年，区自然资源局加大土地执法巡查力度，严格落实执法监察责任制，共开展土地执法巡查500余次，土地执法卫片图斑总量共883宗，违法用地图斑358宗，军事用地图斑64宗，其他用地图班64宗。为进一步落实市委、市政府和区委、区政府关于对"两违"工作处置的安排部署，维护法制公平正义，实现遏制增量、消化存量的要求，按照依法打击、安全可控、组织有序、处置果断的原则，于2020年6月在东嘎街道桑木村境内强制拆除2宗违法建筑，全程留存影像。

根据环保督查反馈意见整改措施通知要求，前期水利部门对堆龙河采挖砂石的摸排情况，涉及区自然资源局整改的砂石料加工厂为8处，其中羊达乡羊达村扶贫砂石料厂及乃琼镇色玛村巴桑旺堆砂石料厂已完成拆除工作。经调查核实，涉及的6家非法运营砂石料厂（其中1家为砖厂），存在非法租赁、买卖集体土地，未经批准私自改变土地性质及用途等违法行为，区自然资源局按照部门工作职能，对涉及的6家砂石料厂，下达《责令停止违法行为通知书》《行政处罚告知书》《行政处罚听证告知书》《行政处罚决定书》等法律文书，并要求其在收到《行政处罚决定书》起15日内，拆除在非法占用土地上新建的建筑物和其他设施，恢复土地原状。2020年年底，6家非法经营砂石料厂中"马乡岗吉村砂石料厂"已拆除机器设备，只剩下部分砂石料未处理，其余的5家未按照《行政处罚决定书》要求进行整改，要求涉及的各镇（街道）按照属地管

2020年6月18日，堆龙德庆区东嘎街道、宣传部、政法委、城市综合执法局、住建局、公安局、应急管理局、自然资源局、信访局、区医院、护路办、后勤服务中心等单位联合开展违建拆除工作

2020年6月25日，堆龙德庆区自然资源局开展“6·25”土地宣传日活动

理原则，结合堆龙德庆区关于“两违”工作要求，制订依法强制拆除违法建设方案，并报区委区政府审批，按照审批要求，进行整改。2020 年，“12345” 市政服务热线举报案件 36 个，为妥善解决矛盾纠纷，及时安排工作人员对案件进行核查，全部合理诉求均通过回复并及时向投诉人进行反馈。

【中央环保督查案件办理】 2020 年，区自然资源局严格按照《中央环保督查反馈问题整改任务分解表》的相关要求，积极开展区内 23 处采石采砂场地质环境恢复治理工作。根据摸排调查有 2 处采石采砂场已完成恢复治理工作，2 处采石采砂场转为政府储备地和部队征用地。2020 年，共完成 6 处地质环境生态恢复治理工作，启动 13 处地质环境生态恢复治理工作。

【国土绿化】 2020 年，区自然资源局积极推进无树村、无树户的消除工作，完成 1851 户无树户消除工作；依托生态文明村建设工作，着力打造措麦村、加入村、巴热村、嘎冲村、帮普村、波玛村村等 6 个生态文明村造林绿化工作，重点实施巴热村生态文明广场造林工作；完成西嘎山、绿色围城、加入村查布沟等重点区域造林绿化工作；组织开展 196.4 亩防沙治沙项目，实施 2 万余株义务植树工作，义务植树面积 500 余亩；投入 270 余万元支持各镇（街道）和村（居）委会自行组织植树造林工作。积极推进原生物种保护工作，要求各村生态公益林管护员明确职责，严防属地煨桑采摘行为，特别是要抓常抓细天然野生杜鹃、爬地柏等原料的原地保护力度，从源头上杜绝采摘行为。

【精准扶贫】 2020 年，区自然资源局将地灾防治工作和扶贫攻坚工作有机结合，对辖区 30 个精准扶贫村排查出的 129 处（其中泥石流灾害点 101 处，崩塌灾害点 13 处，滑坡地质灾害点 7 处，不稳定斜坡灾害点 6 处，河岸崩塌灾害点 2 处。建议纳入治理工程的点有 8 处，其中紧迫点 5 处，较紧迫点 3 处）地质灾害安全隐患、重要隐患点设立警戒标志，划定危险区，制定防灾预案，通过发放“两卡”（防灾明白卡、避险明白卡）及落实地灾监测员等防灾减灾措施，实施以地灾防治为基础的精准扶贫。结合部门职能，要求汛期地质灾害隐患较严重的羊达街道、德庆镇、马镇、古荣镇各安排 1 名建档立卡贫困户担任“地质灾害群测群防员”，2020 年 5 月与群测群防员签订岗位补偿责任书，补助标准每人每年补贴 3000 元。

【生态岗位补偿】 2020 年，按照《西藏自治区脱贫攻坚指挥部生态补偿组关于印发进一步规范生态补偿脱贫攻坚岗位管理的工作的通知》和《西藏自治区脱贫攻坚指挥部关于进一步规范生态补偿岗位管理工作的补偿通知》文件精神，堆龙德庆区生态岗位确定人数为 2257 人，每人每年 3500 元，按照资金兑现要求，每半年兑现一次。6 月 22 日已兑现上半年补偿资金 394.975 万元，11 月 2 日已兑现下半年补偿资金 392 万元。全年兑现补偿资金 786.975 万元。

（罗昌宁）

【机构领导】

局　长

扎　　多（藏族）

副局长

阿旺旦增（藏族）

潘 文 红

达娃扎西（藏族）

执法大队队长

索朗旺堆（藏族，11 月任职）

不动产登记中心主任

达瓦拉宗（女，藏族）

统 计

【概况】 2020 年，在堆龙德庆区委、区政府的坚强领导下，在拉萨市统计局的关心帮助下，区统计局以贯彻十九大和十九届四中、五中全会及中央第七次西藏工作座谈会精神为核心，以统计体制改革为契机，按照《拉萨市统计基层基础规范化建设工作实施方案》文件精神，紧紧围绕文件要求，组成以区统计局为牵头的各乡镇及相关单位联合的统计工作领导小组，进一步加强基层统计建设，不断加强统计工作基础，规范和完善统计法治建设。

【经济指标完成情况】 2020 年，全区实现地区生产总值 62.82 亿元，同比增长 7.7%，其中：第一产业 2.19 亿元，同比增长 8.1%；第二产业 34.02 亿元，同比增长 6.0%；第三产业 26.61 亿元，同比增长 3.2%。农村居民人均可支配收入 19746 元，同比增长 12.8%；一般公共预算收入完成 10.46 亿元，同比下降 13.03%；社会消费品零售总额 13.54 亿元，同比下降 4.7%；规模以上工业增加值 15.67 亿元，同比下降 2.7%；全社会固定资产投资同比增长 16.7%。

【防范和惩治统计造假弄虚作假主体责任】 2020 年，区统计局深入贯彻落实《关于深化统计管理体制改革提高统计数据真实性的意见》精神，按照《防范和惩治统计造假、弄虚作假督查工作规定》及《关于深化统计管理体制改革提高统计数据真实性的意见》要求，高度重视统计数据的真实性和准确性，制订《开展防范和惩治统计造假、弄虚作假专项行动工作的方案》，主动开展自我净化工作，对农业、工业、贸易、服务业、固定资产投资等各领域开展专项行动。特别是为防范部门和领导干部干预统计数据和弄虚作假，把统计防范和惩治统计造假弄虚作假工作专门列入党课教育，组织全区领导干部学习《中华人民共和国统计法》及相关规章制度，开展统计联席会议制度，确保政府统计工作正常有序开展。全年区理论中心组组织学习党中央、国务院关于统计工作的决策部署文件精神 2 次，组织乡村级领导干部学习法律法规 3 次，每季度开展一次政府统计工作联席会议，领导干部学习统计腐败案例 1 次。

【统计调查落实】 2020 年，堆龙德庆区已形成区、各镇（街道）、村三级统计调查网络环境，及时对基本单位名录库进行动态维护和管理，同时积极参加拉萨市统计局业务及技能培训。建立三级报表报送责任倒查制度，确保报表有责可追、有任可查。严格按照上级部门要求，全区联网直报企业已全部实现自主申报，不存在代报现象，并及时进行报表催报、审核、验收工作。对日常报表的内容及格式进行严格把控，特别对网络安全构成威胁的光盘、U 盘等进行严格管控，涉密电脑

2020年7月28日，堆龙德庆区委常务副书记、政府常务副区长赵岩（中）听取各镇（街道）统计、经济核算工作报告

2020年10月9日，堆龙德庆区举办第七次全国人口普查工作摸底登记动员大会暨知识竞赛

不随便使用外来或不明光盘和U盘。为认真把控每一个报表的准确性，建立重要数据质量评估办法，定期开展数据评估工作，对数据进行审核。

【统计服务】 2020年，区统计局严格遵守政府信息发布条例、相关保密机制、管理制度，局务信息由区政府统一发布在"堆龙发布"及门户网站，并及时更新信息内容。《2019年堆龙德庆区统计年鉴》《社会经济基本情况》及《领导手册》已于年中全部编制完成，并对所有区（中）直机关、企业进行发放，且为推动无纸化办公开发二维码年鉴，获取信息更简单、更快捷。为全面加强统计部门分析预判能力，定期分析每个季度全区经济运行情况，开展每月不少于一次的分析报告和一年不少于一次的统计公报，切实提升全区经济的预判能力和统计社会公信力。

【统计法制建设】 2020年，区统计局以第七次全国人口普查为契机，大力宣传《中华人民共和国统计法》《人口普查条例》，利用国家法定宣传日，下基层到各镇（街道）开展《中华人民共和国统计法》宣传，面对面深入讲解统计知识和统计法律法规，进一步扩大统计法制宣传面和知晓面，同时利用法制宣传月、宪法日、法制宣传日等契机，持续集中开展宣传活动，制作老百姓实用的印有统计法宣传标语的宣传用具（宣传笔、一次性纸杯、围裙、纸巾），发放到各镇（街道）。全年共开展《中华人民共和国统计法》宣传活动6次，开展人口普查宣传5次，发放宣传册2000余份、宣传用品2000余份。

【统计管理】 2020年，区统计局依托政务服务网站建立统计调查项目管理办法及程序、统计调查项目管理制度，及时对调查项目进行审批管理，全面建立县级统计管理制度。按照"一统一档、一档双管"的原则，建立健全各镇（街道）及企业的统计台账，并严格遵循统计台账管理相关办法及档案管理办法，实行"纸电"同存的方式，实行短期部门存、长期档案馆存档进行妥善保存资料。建立健全各镇（街道）统计人员花名册，及时对各镇（街道）企业统计人员开展业务培训，发放培训资料，下发《堆龙德庆区统计局关于开展防范和惩罚统计造假、弄虚作假专项行动工作的方案》，指导各镇（街道）规范统计工作，防止统计造假、弄虚作假。

【七次全国人口普查工作】 2020年10月11日，堆龙德庆区第七次全国人口普查摸底工作已经从全面展开。截至2020年12月31日，全区常住人口91065人、126396户。

区人普办按照《第七次全国人口普查方案》《第七次全国人口普查摸底工作细则》及国务院人口普查办公室的相关工作要求，结合堆龙德庆区实际，将摸底工作分为两个阶段，第一阶段对全区户籍人口、常住人口进行摸底登记，第二阶段对漏登的户籍人口、常住人口进行补充登记。

根据《拉萨市第七次全国人口普查领导小组办公室关于做好第七次全国人口普查指导员和普查员选聘、培训工作的通知》，对350余名"两员"开展6次集中培训、20余次现场指导，同时区人普办组织各镇（街道）人普办完成"两员"

保密协议的签订工作，确保普查对象信息保密不外泄。

在人普工作群中进行日报工作制度，要求各级人普办将每天工作情况包括日完成上报数量和次日工作计划进行汇报，由区人普办进行汇总，然后每周五将本周普查工作情况以简报形式上报主要领导和上级部门。

区人普办工作人员到政府周转房、规划路干部职工周转房专门设点，开展人口普查宣传及自主填报指导工作。截至11月6日，共计3747户完成自主填报。8月2日，国家发改委副主任、统计局局长宁吉喆一行在堆龙德庆区调研指导工作，对全区第七次全国人口普查工作给予充分肯定。

（强巴云旦）

【机构领导】

局　长

强巴云旦（藏族）

副局长

陆　丽　丽（女）

经济和信息化

【概况】 2020年，在区委、区政府的正确领导下，在上级业务部门的精心指导下，区经济和信息化局主动适应经济发展新常态，以转变经济发展方式为主线，深入贯彻新理念，加快培育新动能，切实转化新优势，全力打造新亮点，顺利推进各项工作迈上新台阶，为堆龙德庆区经济社会发展再铸辉煌。2020年，区经信局内设商务局、招商引资局，实有工作人员11名。

2020年4月16日，西藏自治区经信厅厅长王方红（右三）一行在堆龙德庆区辖区企业——西藏高争建材股份有限公司调研企业生产经营情况和安全生产工作

【工业经济】 2020年，堆龙德庆区完成工业总产值431585.83万元，同比下降3.84%；完成工业销售产值502197.28万元，同比下降17.54%；实现工业税收31058.19万元，同比下降2.53%。全区规上工业增加值增速为-2.7%（可比价）。新入规的企业为西藏经开投新型建材有限公司。

【商务工作】 2020年，新冠疫情对堆龙德庆区经济发展造成一定冲击，消费总量明显下降，为促进消费回补和潜力释放，堆龙德庆区于7月、8月、9月分别举办“回顾村史谈变化、砥砺前行感党恩”扶贫产品推介会、“欢乐雪顿节，嗨购享补贴”惠民购物节活动、“玉妥文化旅游节”创意集市活动，带动辖区40余家企业、合作社增收，拉动居民消费500余万元。

【招商引资】 2020年，堆龙德庆区共接待区内外客商90余人，招商引资项目数20个，其中续建7个、新建13个，项目实际到位资金27.41亿元，同比增长20.55%，完成目标任务的101.52%，完成固定资产投入26.22亿元。解决就业212人，其中大学生2人，堆龙德庆区户籍69人。通过招商对接，西藏天赐源实业有限公司与四川省酒业集团有限责任公司达成合作，双方在堆龙德庆区成立合资公司，合作开展高原生态（保健）酒项目。同时为帮助企业解决招工难题，收集统计西藏云边藏秘酒业有限公司用工需求，联合区人社局组织开展企业招工专项活动，真正为企业办实事办好事，促进招商企业不断发展壮大。

2020年8月18日，在拉萨雪顿节招商引资推介会上，堆龙德庆区共签约项目4个，涉及资金12.1539亿元。其中正式上台签约项目有2个，为拉萨市城投房地产开发集团有限公司总投资8亿元的堆龙新城万达广场项目、西藏金谷农业高科有限公司总投资0.8539亿元的年转化小麦1.5万吨（青稞1.2万吨）复配专用粉及食品深加工项目。被列为成果的项目有2个，为拉萨鑫龙房地产开发有限公司总投资2.7亿元的世源大厦项目、拉萨市银峰工贸有限公司总投资0.6亿元的螺旋焊管项目。

【产销一体化精准对接】 2020年，区经济和信息化局对辖区部分建筑建材企业及产品进行收集，按照“就地取材，堆龙企业优先考虑”的原则，联合发改、统计、财政、住建等相关部门组织企业召开产销对接会，有效解决部分企业的库存滞销问题。

【农牧区碘盐推广】 2020年，堆龙德庆区完成农牧区碘盐配送236868.5千克，农牧区碘盐覆盖率达100%。

【抗击疫情】 2020年，区经济和信息化局为进一步做好新冠疫情防控工作，定期组织人员到企业做好疫情防控指导工作，要求企业人员及时配备口罩、消毒液、耳温枪等防疫物资，对往来人员做好体温检测登记，切实落实好疫情防控相关工作要求。新冠肺炎疫情期间，对东嘎农副产品批发市场每日蔬菜、肉类供应情况进行监测，对市场在销售的进口冷冻海鲜进行检查，与堆龙净土公司对接，及时掌握村级蔬菜、肉类供应情况。

（小次央）

【机构领导】

局　长

刘　强

副局长

德　吉（女，藏族）

隗合欣

段喜娟（女，11月任职）

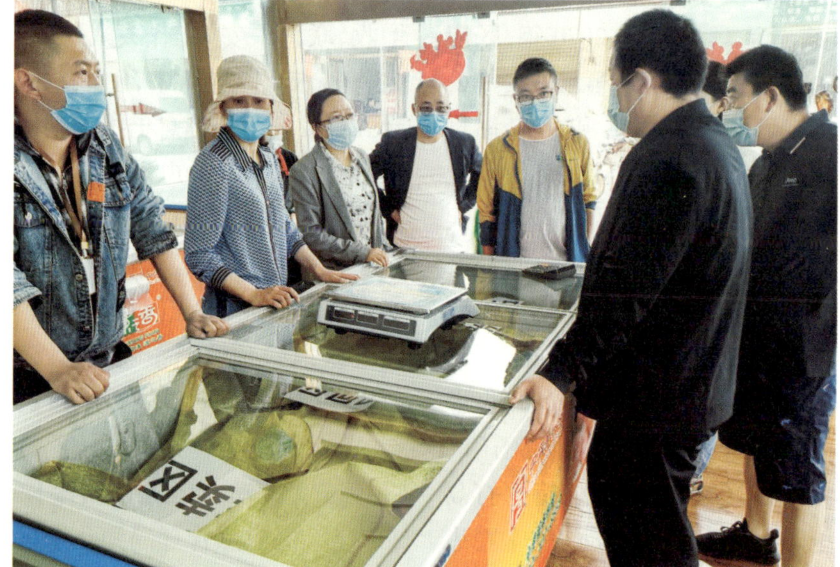

2020年6月20日，拉萨市商务局局长谢玉梅（左三）在堆龙德庆区高原食品冷链中心检查疫情防控情况

应急管理

【概况】 年内，区应急管理局在区委、区政府的正确领导下，在上级业务部门的关心指导下，认真贯彻落实习近平总书记系列重要讲话精神，全面落实国务院、自治区、拉萨市对应急管理工作的部署，以落实安全生产“党政同责、一岗双责”和企业主体责任为抓手，以预防和减少事故为核心，深化安全生产工作改革创新，严格安全生产监管措施，为全区经济社会持续快速发展提供良好的安全生产环境。2020年，区应急管理局编制人员5名，实有工作人员12名，其中行政编制5名，事业编制1名，工人4名，公益性2名。

【夯实安全生产工作基础】 生产安全总体情况。2020年，区应急管理局联合区民宗局、生态环境分局、自然资源局、市场监督管理局、综合执法局、教体局、治安大队、消防救援大队及各镇（街道）进行专项检查共12次，主要针对危化规上企业、非煤矿山、工矿商贸、烟花爆竹、建筑领域、宗教领域、学校及其他人员密集场所进行隐患排查，同时配合拉萨市应急管理局聘请的第三方安平公司对辖区14家规模以上工贸企业进行安全隐患排查。2020年，全区共发生各类安全生产事故11起，同比下降26.6%，死亡9人，同比下降18%，其中道路交通事故8起，同比下降37.5%，没有发生较大及以上生产安全事故。

2020年3月30日，堆龙德庆区应急管理局组织召开全区危化品安全生产工作部署会

安全生产形势分析。从事故起数看，全区安全生产形势总体保持平稳，但交通运输行业仍是事故高发行业，道路交通安全形势较为严峻。

【组织领导】 2020 年，堆龙德庆区严格按照“党政同责、一岗双责、齐抓共管”和“管行业必须管安全、管业务必须管安全、管生产经营必须管安全”的工作要求，将安全生产工作纳入经济社会发展考核评价指标体系、党政领导干部选拔任用考核体系以及精神文明、党风廉政建设、社会管理综合治理考核体系，层层压实责任，加大责任追究力度，严格实行监督问责和“一票否决制”，全面理清区委、区政府和 41 个区直单位、6 个镇（街道）、31 个行政村的安全生产监管职责，有力促进安全生产工作的全面部署和具体落实，有效解决各级各部门之间责任虚化、职能交叉等突出问题，积极构建全社会齐抓共管的安全生产大格局。制定出台《堆龙德庆区安全生产大检查、大排查、大整治专项行动工作方案》等一系列文件，积极构建“党委统一领导、行政机关依法监管、企业全面负责、群众积极参与、社会支持监督”的安全生产工作格局，不断增强政府安全生产公信力和执行力。

【排查治理隐患】 2020 年，区应急管理局 2 次聘请第三方安平公司专家对辖区危化领域、仓储物流领域、建筑施工、工矿商贸行业和人员密集场所开展安全生产大检查、大排查、大整治专项行动，并以敢于较真、敢于碰硬的态度，采取“不发通知、不听汇报、不用陪同接待、不做表面文章、不做虚假事情，直奔基层、直插现场”的方式开展检查，始终保持严打高压态势，以“三级联动”安全隐患排查工作为抓手，对多个行业领域进行专项整治。特别是敏感节点和节假日期间，执法人员加强危化领域安全监管，出动检查人员 260 余人次，排查治理安全隐患 320 余处，共打掉 2 处非法储存经营危险化学品窝点，上缴行政罚款 29 万元。

【预防安全事故，健全监管机制】 2020 年，区应急管理局建立完善决策咨询专家库，不断完善风险评估和论证等安全防范机制建设，确保政府决策、项目建设等重点工作，始终牢牢坚守安全生产底线。依托产业发展总体规划布局，健全完善工业园区基础设施，全面掌握重点企业安全生产基本情况，积极构建监管部门与企业之间“实时监管、安全隐患排查治理与验收销账”的安全生产闭合监管机制，有力推动企业园区化、集聚化安全健康发展。积极发挥示范企业典型引领作用，全面推行全区矿山和危险化学品行业安全生产标准化建设工作。大力实行网格化管理、“双联户”（联户增收、联户平安）工作模式，健全完善区、镇（街道）、村、组、联户单元五级安全隐患信息上报处理体系，全区 1.57 万余户居民共划分 81 个网格 1324 个联户单元，实现常住人口、流动居住人口全覆盖，实现重点行业、重点区域、重点企业安全风险预警全覆盖，有效防范重特大生产安全事故。

【加强应急联动，健全应急指挥】 2020 年，区应急管理局强化全区应急联动机制建设，健全完善各类应急救援方（预）案和应急处置

2020年6月4日，堆龙德庆区安委办组织召开第一季度安全生产工作总结暨第二季度安全生产工作部署会

考核制度，启动实施“智慧堆龙”项目规划建设，不断健全应急指挥、安全生产重点领域防控等智慧安防系统，提高对各类事故、灾害、疫情、案件和突发事件的防范和处理能力。积极发挥基层群防群治组织作用，完成民兵整组工作，健全群防群治“四护队”、区级应急队伍、乡（镇）应急队伍等群防群治力量。针对油品泄漏、地质灾害等重特大安全事故，开展应急综合演练6次，有力提升应急救援实战能力和忧患意识。严格落实24小时领导干部带班值班制度，建立完善区、镇（街道）视频通信系统，有力提升应急救援快速反应能力。

【普及安全知识，培养安全意识】2020年，区应急管理局以“安全生产月”为契机，通过开展应急演练、安全培训、安全生产宣传咨询日等活动，发放有关消防、旅游、劳务、电力、道路交通、用气安全、安全生产法等各类的宣传资料8000余册，雨伞、帽子、毛巾等宣传物品2000余件。

（付江满）

【机构领导】

局　长

唐　靓

副局长

马玉华（女，回族）

邱宝良

消防救援

【概况】2020年，堆龙德庆区消防救援大队在总队、支队两级党委和区委、区政府的坚强领导下，不断增强“四个意识”、坚定“四个自信”、做到“两个维护”，把“对党忠诚、纪律严明、赴汤蹈火、竭诚为民”十六字镌刻于心，奋勇争先、攻坚克难，以实现队伍高度稳定、确保火灾形势稳定、维护社会局势稳定为目标，不断提升队伍防范化解重大消防安全风险和及时应对处置各类灾害事故的能力和水平，推动消防工作和队伍建设科学持续发展，确保火灾形势持续平稳。

【班子建设】2020年，大队党委始终把班子建设置于突出位置，坚持以过硬班子带过硬队伍，以一流队伍创一流业绩的理念，不断加强党委班子自身建设、党委驾驭全局的领率能力。结合人员变动情况，及时对大队党委、金珠西路消防救援站党支部进行调整充实，为遂行好各项急难险重任务奠定坚实组织保障。突出抓好重点环节、重点时段的管控，将安全工作纳入经常性管理之中，形成秩序正规的队伍管理格局，全年未发生一起安全责任事故。

【灭火救援】2020年，大队对标“全灾种、大应急”应急救援新形势，按照总队、支队部署要求，紧贴实战开展全员岗位大练兵活动，开展易燃易爆、车辆交通事故处置、文物古建筑火灾扑救、远距离供水、高层建筑、大型综合体、隧道事故处置、水域灾害救援、危险化学品处置技术等各类操法训练，切实提升队伍应急救援综合能力。全年大队接警242起，出动车辆284台次，出动人员1051人，参加抢险救援12起，社会救助7起，火灾扑救12起，抢救被困人员9人，抢救财产损失1.5万元。开展“六熟悉”72次、实战演练68次，参加社会面常态化执勤211次，完成各类重大活动、重要节点等的消防安全保卫任务及多起急难险重的灭火救援任务。

【火灾防控】 2020年，大队加强与住建、文旅、民宗、应急、市场监管、公安等部门的联防联治，坚持专项检查、随机抽查、“零点”夜查相结合，深入开展冬春火灾防控、消防车通道专项整治、夏季消防安全检查等专项整治行动，全面加强对易燃易爆场所、人员密集场所、文物保护单位、旅游行业、居民社区、建设工程施工工地、仓储物流场所、商业综合、“三合一”场所的火灾隐患综合治理。协调政府邀请第三方机构对辖区易燃易爆、危化品场所进行全面风险评估和落实隐患整改工作。按照总队、支队部署要求，坚持“预防为主，防消结合”方针，持续排查整治火灾隐患，成立专项整治领导小组，先后开展仓储物流、寺庙文物建筑、高层建筑、学校等多次专项检查。全年大队共检查社会单位568家，发现火灾隐患或违法行为28处，督促整改隐患或违法行为28处，下发责令改正通知书18份，下发行政处罚决定书1份，罚款3万元，下发公众聚集场所使用投入营业前消防安全检查合格证36份。

【宣传教育】 2020年，大队认真谋划、精心组织，以“防灾减灾日”“科普宣传日”“五下乡”“开学第一课”“复工复产”“119消防宣传月”为契机，组织人员深入乡镇、企业、厂房、学校、农村开展有针对性的消防安全宣传活动。同时，依托辖区电子显示屏、微信公众号等媒介平台拓展宣传阵地，刊播消防知识，在社会面营造“全民参与、防治火灾”的良好局面。同时，按照年度消防宣传教育培训推进表，上门为机关、团体、企事业单位开展培训86次，分阶段、分层次组织村“两委”干部、派出所民警、消防安全责任人和管理人、高层建筑物业人员和寺庙僧尼等不同群体开展集中培训30余次。全年累计培训人数达3000余人，发放宣传资料2万余份，接受咨询650余次。

2020年9月22日，堆龙德庆区消防救援大队指战员开展车祸抢险救援

【约谈评议】 2020年，大队召开消防安全重点单位约谈会2次，同时，结合辖区重点难点工作邀请支队、政府领导分别召开易燃易爆、仓储物流、寺庙文物建筑专题约谈会，督促重点单位落实消防安全主体责任，牢固筑立社会面火灾防护网。

【疫情防控】 2020年，大队结合疫情形式及辖区部分重点单位、重点场所未营业的现状，通过上门检查医院、发热门诊、隔离观察点（酒店）、微信视频联系和单位自查自改的方式，开展展消防监督检查和定点抽查。利用手机微信群向辖区消防安全重点单位、物业小区，消防安全责任人、管理人推送消防常识、防火知识及风险警示。要求单位每日对内部消防安全设施是否有效、消防控制室是否有人员值班、用火用电是否规范等情况开展自主检查巡查，并将检查情况实时记录，每日进行反馈，切实做到辖区单位消防安全“心中明、底数清”。全力做好经济技术开发区西藏甘露医疗器械股份有限公司一次性医用口罩生产车间投入生产过程的事前介入、事中事后消防安全监管工作，加大对坎巴嘎布等医用酒精、消毒液、消毒纸巾生产加工企业的日常监督指导工作，确保疫

2020年8月14日，堆龙德庆区消防救援大队指战员在北京西路高争水泥厂附近开展水域救援

情防控期间和复工复产节段辖区火灾形势持续稳定。

（诺布旺堆）

【机构领导】

党委书记、代理政治教导员

罗布桑珠（藏族，3 月任职）

党委副书记、大队长

洛桑朗卡（藏族）

税　务

【概况】 2020 年，堆龙德庆区税务局始终以党建为引领，坚定四个意识，增强四个自信，不忘初心，牢记使命，以党建引领全局税收中心工作，继续加强党的组织建设和思想建设、作风建设，充分发挥基层党组织的战斗堡垒作用和共产党员的先锋模范作用，积极探索工作新思路，不断实践工作新途径，着力开创工作新局面。2020 年，堆龙区税务局有在编干部 25 名，人员成分由公益性、外聘、后勤保障、社保征收人员组成。

【非接触式办税】 2020 年初，新冠疫情来袭，堆龙德庆区着力解决纳税人在发票代开过程中的“痛点”“堵点”“难点”，继推出发票“线上申领，线下配送”业务后，发票代开业务从线下走到线上，发票代开流程缩短到几分钟，真正实现快捷办理。自 2020 年 3 月 17 日推出该功能后，仅 2 天时间就办理 5 笔自助发票代开业务，业务涵盖商品销售、劳务费用、房屋租赁费用等，涉及金额 40 余万元。新上线的这一功能，不仅让广大纳税人享受到便民办税的好处与便捷，同时也缓解疫情期间办税服务厅窗口人员的工作压力和传播风险。

【风险管控】 2020 年，堆龙德庆区个体工商户定期定额核定户数共 2414 户，在纳税人填写的“双定”调查工作底稿的内容或个别不确定情况下，下户核定经营状况，开展核定定额工作，及时告知纳税人核定结果，且每周在纳税服务大厅展板上进行公示。根据《西藏自治区环境保护谁核定征收管理办法》规定，根据各行业分不同的核定要求，2020 年全区环境保护税核定 8 户，增值税专用发票审批户数 671 户，审批前期进行实地核查户数 43 户，注销 248 户，查补税款 171.46 万元；变更登记检查 173 户，查补税款 2284.11 万元，征收滞纳金 0.05 万元；协查案件 17 起，查补税 7.77 万元，罚款及滞纳金 16.46 万元。

【减税降费】 2020 年疫情期间，堆龙德庆区交通运输等三大行业共减免税款金额 169.25 万元，涉及纳税人 14 户；疫情防控捐赠税前扣除优惠减免金额 1.36 万元，涉及纳税人 2 户；支持个体工商户复工复业减免增值税金额 9996.97 万元，涉及纳税人 2353 户；小微微利企业所得税缓交政策缓交金额 618.44 万元，涉及纳税人 299 户，个体工商户个人所得税缓交政策 38.78 万元，涉及纳税人 154 户；2019 年年中出台政策在 2020 年翘尾新增减税降费金额 5782.43 万元，涉及纳税人 1311 户。

【纳税服务】 2020 年，堆龙德庆区纳税人 17373 户，其中个体工商户 11558 户，企业 5815 户。全年办理税务登记 35925 户，代开发票8389份，价税合计金额2437634317.66元，其中增值税专用发票3682份，增值税普通发票4757份，开具外管证（跨区域涉税事项报告）365份，报验外出经营活动管理证明408份。全年办税大厅业务服务人次71887人，业务办理次数63898笔，新办户3592户（企业1111户，个体2481户），认定一般纳税人408户，发票发售18130户，数量514156份。分流等候10780余人次，发放各类宣传视频18次、宣传手册8068册。增值税网络申报数据达37091条，企业所得税申报数据达21829条，印花税网络申报数据42613条，个人所得税网络申报数据8320条，24小时自助办税服务终端发票发售14117户，发票份数341896份。

【疫情防控】 堆龙德庆区税务局成立"党员疫情防控义务宣传队"，及时开展"党员疫情防控义务宣传队"的各项工作。同时，扩大范围，做好全面摸排工作，重点对返藏人员严格实行14天居家隔离，并严格监控、监测，确保防控刚性要求落实到位。做好防疫保障工作对办公区域及食堂进行全面消毒，安排专人，每天对办税服务厅、食堂、电梯、会议室、卫生间等公共区域定时消毒，确保不留一处细菌滋生的卫生死角，从源头上杜绝病菌的产生和蔓延，最大程度降低疫情传播扩散风险。同时，为做好新型冠状病毒肺炎疫情期间的应急应对工作，坚持"涉税事、线上办、非必须、不窗口"的原则，解决纳税人疫情期间的增值税专用发票的需求，急纳税人所需，办纳税人所急。主动了解分析疫情期间所需增值税专用发票的行业，并筛选纳税等级为A、B级纳税人数据。全面支持物资供应，对疫情期间涉及的行业制订应急方案，加快批票进程，缩短批票时限。

【助力脱贫攻坚】 2020年，堆龙德庆区税务局为进一步巩固脱贫攻坚成效，组织税务干部到古荣乡嘎冲村开展走访慰问活动，与村委会主任就精准扶贫工作进行交流，双方共同探讨脱贫致富方法，并针对帮扶村民的发展情况提出脱贫措施和建议。慰问小组成员为该村困难户送去大米、食用油、棉被羽绒外套等生活用品，并以拉家常的方式详细了解困难户的生产生活情况及存在的困难和问题，鼓励他们坚定信心，继续拓宽致富门路。

（张　琴）

【机构领导】

局　长

扎西次仁（藏族）

副局长

尊珠江村（藏族）

达娃卓嘎（女，藏族）

纪检组长

朵　堆（女，藏族）

2020年1月1日，堆龙德庆区税务局党支部举办辞旧迎新主题党日活动

市场监督管理

【概况】 年内，堆龙德庆区市场监督管理局始终坚持以习近平新时代中国特色社会主义思想和中共十九大精神为指导，按照区委、区政府和拉萨市市场监管局部署要求，以市场消费安全为中心，全面依法履行职责，以强有力的举措抓实抓好"优服务、强监管、守安全、稳队伍"，统筹兼顾、狠抓落实，在困难中进取，在创新中前进，积极主动服务区域经济社会

2020年5月7日，堆龙德庆区食品药品稽查队工作人员对第四高级中学进行校园食品安全检查

发展。2020 年，区市场监督管理局共有干部职工 27 名，外派人员 8 名。

【肩抗疫重责，保市场稳定】 2020 年，疫情发生以来，区市场监督管理局按照区委、区政府工作安排部署和要求，加强组织领导，成立疫情防控领导小组，召集全体干部，取消春节假期，及时投入到市场监管一线，当起区疫情防控工作的排头兵。行动中紧紧围绕保供稳价、消费安全目标，采取“执法检查、宣传动员、提醒告诫、主动承诺、投诉受理、协调供应”的方式，全局动员、全勤上岗，对市场开展多方面、全方位、无死角监管，确保市场监管领域各项防控措施落地生根。

【营造良好营商环境】 创造良好的办事环境。2020 年，区市场监督管理局设立分类办事窗口，公布咨询电话，方便群众办事，窗口备齐所办事项的办事指南、申请表格及范本，对注册登记事项还在申请书中列明所需的材料目录。优化程序，实现提速增效。通过简化手续、改造流程、授权到位、特事特办、急事快办等措施，承诺办结时限，再次提高窗口办事速度，设立登记由法定的 5 个工作日缩短至 3 个工作日办结。2020 年，全区新注册登记企业 1033 户，注册资金 1095691.6 万元，同比增长 61.41%、88.29%；个体工商户 2349 户，同比增长 2.22%，注册资金 39602.5 万元，同比减少 13.01%；名称预核准 2329 户，注销登记 756 户，迁入 87 户，迁出 104 户。办理食品经营许可证 758 家，其中流通 241 家，餐饮 509 家，食堂 8 家。零售药店受理 7 家，办证 5 家、待办 2 家、变更 9 家。

【有序推进复工复产】 2020 年 2 月 21 日起，在做好疫情防控工作的前提下，堆龙德庆区分批、逐步恢复经营场所营业，与群众生产生活联系不紧密的行业暂缓营业。复工复产工作严格按照区域划分分片推进，所有恢复营业的经营场所，必须严格落实各项防控措施，确保安全恢复营业，同时加强督导检查，做到可以营业的门店安全营业，不能营业的门店决不开门，并实行夜间巡查制。截至 4 月 8 日，已恢复营业个体经营户 3440 余户。

【严厉打击市场不法行为】 2020 年，区市场监督管理局加大市场检查力度，重点从蔬菜、粮油等生活必需品、疫情防护用品、药品、非法制售口罩等入手，开展防护产品专项检查，检查经营户 40 余家。

要求市场主办方积极组织货源，在保质量、保稳价的前提下保障市场供应。要求市场主体明码标价、公开价格承诺，严厉打击囤积居奇、哄抬物价等行为。2020 年，共查处立案 18 起，其中，查处价格违法案件 3 起，共罚款 5045 元；超经营范围案件 2 起，共罚款 2400 元；商标侵权案件 9 起，共罚款 47102 元；药品立案 2 起、罚款 12000 元；无证经营食品立案 2 起，罚款 1 万元。

严厉打击野生动物非法交易和非法活禽交易行为，打击线上交易不法行为。对辖区内农贸市场、超市、餐饮服务企业进行拉网式检查，重点查看是否有野生动物销售、宰杀情况，是否有利用野生动物作为食材用于餐饮，检查

2020年7月1日，堆龙德庆区市场监督管理局举办庆祝中国共产党成立99周年合唱比赛

餐饮菜单是否有野味经营项目，关停活禽交易和宰杀摊点32家。

推行集中办案制度，探索完善监管机制，加强监管执法力度，开展重点领域市场监管执法，着力解决社会关注和群众关切的热点问题，努力维护公平竞争的市场秩序。吊销连续2年未报送年报、税务信息异常企业90户，个体工商户92户。

【"双随机、一公开"监管工作】 2020年，区市场监督管理局深入贯彻落实国务院《优化营商环境条例》，双随机定项抽查共346户，抽查任务分别为特种设备使用单位监督抽查、检验检测机构抽查、餐饮服务监督抽查、食品生产监督抽查。

【年报公示】 2020年，堆龙德庆区应年报企业4415户，已年报4168户，年报率为94%；农民专业合作社应年报162户，已年报150户，年报率为93%。个体工商户应年报11679户，已年报5603户，年报率为48%。

【商标数量稳步增长】 2020年，区市场监督管理局严格落实商标"四书五进"指导制，开展商标行政指导8次。对辖区"楚布寺""甲嘎琼果"2个申报工作实行"一对一"跟踪服务，帮助企业准备申报相关材料。按照"培育一批，申报一批，储备一批"的发展思路，充分发挥商标在经济发展中的重要作用，提高堆龙德庆区企业产品的知名度和市场竞争力。截至2020年年底，堆龙区商标注册数量达1111件，拥有驰名商标2件，著名商标9件。

【保障食品药品安全】 2020年，区市场监督管理局开展食品生产、销售、餐饮环节的食品安全日常监管，日常监督1600余家，有效整改食品安全问题500余件，下达监督意见书164份；开展药品、医疗器械经营、使用单位质量安全日常监管，共监督药品经营使用单位250余家次，有效整改药品质量安全问题60余件，下达监督意见书50份；依据《化妆品卫生监督条例》，对化妆品零售环节进行摸底调查和基本信息采集工作，同时开展化妆品质量监督检查，共监督检查化妆品经营、使用店70余家次，400多个品种，下达监督意见书20余份。

随着疫情防控形势向好，区中、小学陆续复课，为确保开学后学校师生饮食安全，共检查中、小学、村级幼儿园食堂47家、校园周边食品经营户65家，餐饮服务单位52家。签订学校食堂食品安全责任书47份，下达监督意见书60份，有效整改食品安全问题77条。

【特种设备安全监管】 2020年，区市场监督管理局为确保疫情期间及节日期间特种设备安全运行，集中组织开展特种设备安全检查36次，检查特种设备247台/次，重点检查企业"三落实、两有证、一检验"机制的贯彻落实情况，严格落实企业安全主体责任，坚决遏制特种设备安全事故发生，确保全区特种设备安全运行，保障区域百姓的生命安全。

【受理投诉举报】 2020年，区市场监督管理局加强投诉举报受理和转办，共处理"12345"政府热线64件，办结率为100%；收到"12315"消费热线投诉337件，举报215件，办结率为100%。为消费者挽回经济损失500余万元。

（央　吉）

【机构领导】

局　长

洛　布（藏族）

副局长

谯　莉（女）

尼玛江才（藏族）

洛桑卓嘎（女，藏族）

堆龙德庆区城市建设投资经营有限责任公司

【概况】 2020年，堆龙德庆区城市建设投资经营有限责任公司紧紧围绕堆龙德庆区中长期发展规划战略目标，认真贯彻落实以“开拓、创新、效率、团结”为核心的公司经营理念，以完善机构、顺畅流程、健全制度等工作入手，扎实推进各项工作稳步向前。

【经济运行情况】 2020年，公司总资产6396.21545万元，总利润45.25万元。较2019年总资产7127.17万元，同比增长-7.3%，较2019年利润-24.45万元，增加20.8万元。

【代建项目】 2020年，公司承接代建项目12个（其中6个已完工，6个正在施工），涉及代建管理费用168.04万元，已拨付代建管理费用40.458万元。

【已完工项目】 堆龙德庆区堆龙曲马乡防洪堤水毁修复工程项目（古堡桥到波玛老桥段）。该项目概算总投资283.36万元，于2019年6月1日开工，2020年年底已完成工程总量的100%。

楚布寺天葬台基础建设项目。该项目概算总投资393.89万元，合同金额344.83万元，涉及代建管理费用6.9万元，于2019年6月27日开工，2020年8月18日已完工验收，完成工程总量的100%。

堆龙德庆区东嘎镇机关食堂建设项目。该项目概算总投资241.26万元，合同金额180.01万元，涉及代建管理费用4.06万元，于2019年10月1日开工，2020年年底已完成工程总量的100%。

羊达乡通嘎村八处地质环境恢复治理工程项目。该项目合同金额816.63万元，涉及代建管理费用3.38万元，于2019年12月6日开工，2020年年底已完成工程总量的100%。

拉萨市堆龙德庆县堆龙曲东嘎镇古荣乡防洪水毁修复工程项目。该项目概算总投资730.13万元，合同金额726.2559万元，于2020年4月21日开工，2020年年底已完成工程总量的100%。

堆龙德庆区城区防洪堤二期水毁修复工程项目。该项目概算总投资1757.38万元，合同金额1745.3528万元，于2020年4月21日开工，2020年年底已完成工程总量的100%。

【在建项目】 拉萨市堆龙德庆区古荣乡老年人日间照料中心项目。该项目概算总投资495.86万元，合同金额397.86万元，涉及代建管理费用8.77万元，于2020年4月1日开工，2020年年底已完成工程总量的90%，工程主体已完成。

堆龙德庆区德庆乡脱贫小康安居工程附属设施配套项目。该项目概算总投资2089.02万元，合同金额1839.706万元，涉及代建

2020年3月12日，堆龙德庆区城投公司组织党员干部参加全区义务植树活动

管理费用32.61万元，于2020年8月15日开工，已完成工程总量的90%。

拉萨市堆龙德庆区第三幼儿园建设项目。该项目概算总投资2238.15万元，合同金额1978.9605万元，涉及代建管理费用34.66万元，于2020年9月1日开工，2020年年底工程主体已完成，已完成工程总量的70%。

拉萨市堆龙德庆区第四幼儿园建设项目。该项目概算总投资2100万元，合同金额1870.5268万元，涉及代建管理费用32.77万元，于2020年9月1日开工，2020年年底工程主体已完成，已完成工程总量的70%。

13处地质环境恢复治理工程项目。该项目概算总投资1327.52万元，涉及代建管理费用23.19万元，于2020年11月8日开工，2020年年底工程主体已完成，已完成工程总量的75%。

堆龙德庆区堆龙大道与柳东路人行天桥新建工程项目。该项目概算总投资2007.11万元，合同金额1751.06万元，涉及代建管理费用21.7万元，于2020年11月15日开工，2020年年底已完成工程总量的70%。

【自营项目】 2017年9月12日，位于羊达乡通嘎村工业园区（原通嘎砂场）砂石料场项目完成设备安装，进行试运行，2017年9月13日正式投产。2020年12月，公司正式与羊达乡通嘎村委会签订合作协议，进一步实施项目封闭、绿化、修围墙等建设，2020年年底

2020年9月30日，堆龙德庆区城投公司组织干部职工观看爱国主义教育片《夺冠》

设备评估工作正在进行。

位于乃琼镇贾热村（堆龙河南侧）砂石料场项目，公司与贾热村委会协商并签署租赁协议，贾热村委会同意租给公司160.14亩地，作为该砂石料场用地及该砂石料场生产及设备维修等工作。公司与嘎玛砂石场达成协议，负责砂石场安全生产、设备购买及安装、维修，其中设备安装、设备封闭式、围墙围挡（绿色围挡）、变压器、给排水设施工作、设置监控系统、测速设备、员工住宿、称重地磅设施等已于2020年8月全部完成。

位于乃琼镇岗德林村（旭瑞度假村后面）原有砂石料场项目，该砂石料场负责人与公司协商后无法与公司合作，公司继续与岗德林村委会协商，在旭瑞度假村附近选址一块地，后因土地规划等原因无法实施建设工作，已报堆龙德庆区农开办变更选址。

【劳务支出情况】 2020年，瑞吉劳务公司相关工程项目劳务支出费用共577.930364万元；城开建筑公司相关工程项目劳务支出费用共383.28995万元。

（程小菊）

【机构领导】

总经理

汪　吉（藏族）

副总经理

拉　加（藏族）

杜晓颖

堆龙德庆区净土产业投资开发有限公司

【概况】 年内，堆龙净土公司认真贯彻落实中共十九届五中全会和中央第七次西藏座谈会精神，秉承“保护好世界最后一方净土，让人民群众共享净土健康产业发展成果”的初心和使命，遵循创新—协调—绿色—开放—共享的发展

理念，紧紧围绕“一核两带、三区三园、六沟多点”的净土健康产业发展空间布局及发展战略，依托堆龙德庆区净土健康产业资源及区位优势，以调整产业结构、农牧民增收致富为目标，不断提升企业发展质量，增强企业实力，较好地完成既定的各项任务指标。2020年，公司总资产达8.27亿元，营业收入1243.13万元。

【项目建设】 德庆藏红花种植基地建设项目。该项目位于古荣乡加入村，总投资为1180.99万元，2020年将99栋温室升级改造后用于藏红花种植，项目自投入运营后，解决27名当地农牧民实现长期就业问题，同时将以分红的形式带动当地村集体经济不断发展。

藏中药材种植基地。该基地位于德庆镇邱桑村、古荣镇嘎仲村，总投资为1700万元，种植芍药、大黄等藏中药材约1200亩。

马镇农业产业园食用菌扶贫产业化生产项目。该项目位于堆龙德庆区马镇净土健康农业产业园区内，总投资为1300万元，将现有温室其中65栋进行改（扩）建后用于食用菌种植，项目前期建设已完成。

奶牛养殖中心项目。该项目位于古荣镇巴热村，总投资1.9亿元，处于引进奶牛中。

古荣有机蔬菜、瓜果、花卉千栋温室种植基地建设项目。该项目位于古荣镇加入村、嘎仲村，占地面积2100余亩，总投资约2.3亿余元，分六期打造，规划建设632栋高效日光温室，其中一期、二期、三期、四期共449栋已投入使用，五期堆龙德庆区净土农业示范园（二期）145栋，前置手续已办结，施工方已进场施工，六期已纳入2021年产业扶贫项目计划。

青稞白酒项目。该项目位于堆龙德庆区工业园区A区，2019年9月13日，公司通过司法拍卖斥资2018万元，取得藏泉实业23.57%股份，同期主导公司恢复生产经营工作，2020年年底已完成清香型青稞白酒技术改造。

2020年9月30日，堆龙德庆区人大常委会副主任马勇带领基层人大代表一行30余人在堆龙净土公司考察调研

青色麦田系列产品加工项目。项目选址位于工业园区A区原牦牛王公司，总投资7000余万元，“青色麦田”青稞制品系公司自有品牌，创建于2015年，产品包括青稞桃酥、曲奇、鲜花饼等5大类13个品种。前期生产加工以内地代工为主，为实现生产加工本土化、运营管理自主化，在区扶贫办大力协助下将该项目纳入2020年产业扶贫项目实施计划，正在办理项目前置手续。

乳制品加工厂项目。该项目位于堆龙德庆区工业园区A区，总投资1.6亿余元，采用先进生产技术，整合堆龙德庆区养殖中心、养殖小区等奶源，建设日产70吨灭菌乳、发酵乳、高端酸奶为主导产品的规模化乳制品加工厂。2020年年底，已完成总工程量的66%。

高原冷链中心项目。该项目位于堆龙德庆区羊达工业园B区，占地84.94亩，总投资4.86亿元，项目分两期开发，一期总投资3.83亿元，已完成总工程量的90%；二期规划投资1.03亿元，处于项目前置手续办理中。

天然饮用水项目。项目位于羊达街道帮普村，投资估算7149.88万元，为推动区天然饮用水产业发展，净土公司先后注册拉萨山泉、冈底斯、拉萨冰泉等多个饮用水品牌。

青稞啤酒项目。该项目选址

2020年9月30日，堆龙德庆区人大常委会副主任马勇带领基层人大代表一行30余人在堆龙净土公司大棚温室查看蔬菜长势

位于东嘎街道桑木村，占地面积70余亩，投资估算1.7亿元。为填补拉萨精酿啤酒规模化生产的空白，净土公司自2019年起通过与内地啤酒生产厂家磋商，拟组建专业公司共同建设堆龙德庆区规模化、体验式的青稞精酿啤酒加工厂。

极源领鲜精品生活超市项目。该项目位于西藏自治区拉萨市城关区江苏东路河坝林公园B1（建筑面积3300平方米），总投资2300余万元。

【投融资工作】 2020年，公司的信用等级再次等到提升，多举措对接农发行、西藏银行、中国农业银行等各金融机构，争取企业贷款业务。同时，积极与区扶贫办、发改委等职能部门协商，争取产业扶贫国投资金32202.074万元，产业扶贫融资贷款10087万元，援藏资金300万元。

（次仁卓玛）

【机构领导】

党支部书记、董事长

阿旺次仁（藏族）

副董事长、总经理

次　旺（藏族）

堆龙德庆区龙跃恒通水电气服务发展有限公司

【概况】 年内，在区委、区政府和国资委的大力支持和帮助指导下，公司紧紧围绕堆龙德庆区中长期发展战略规划目标，认真贯彻落实以“开拓、创新、效率、团结”为核心的公司经营理念，以完善机构、顺畅流程、健全制度等工作入手，扎实推进各项工作稳步进行，全力保障城镇居民生产和生活用水用电。2020年，公司下设党建办公室、综合办公室、收费室、财务部、人力资源部、工程部、安装抢修部以及水厂等部门，共有员工56名。主要承担供水管网新建与维护、自来水销售服务、电力设施维护、代缴电费服务等职能。

【党建工作】 2020年，公司党支部严格落实党风廉政建设主体责任及“一岗双责”职责，充分发挥“第一责任人”作用，切实将推动党风廉政建设工作落到实处。同时，完善廉政风险防控制度建设，对重大的资金安排、专项资金使用、重大项目审批、物资采购等重点领域和关键环节进行重点风险排查，切实做到早发现、早提醒、早处置。全年公司开展党风廉政学习6次，警示教育典型案例2次，书记讲党课4次。

【业务工作】 2020年，恢复东嘎水厂运营生产，全区总供水总量达629万立方米，开展日常抢修滴漏、爆管等各类管网问题185次，覆盖管网长度30公里，新装智能水表51户。

【项目建设】 2020年，公司突出重点，有计划、有针对地对重点项目进行推进落实，完成堆龙德庆区饮水供水系统提升改造工程，在上三镇新建38处水源地，涵盖人群5574户、19877人；下三街新建18处水源，涵盖人群6586户、19937人口。推进“一户一表”项目，新建高压线路7.74公里，新建低压线路86公里，新建电杆922根，新增配变8座，拆除原有配变7座，维修改造原有配变66座，拆除及安装户表14597套。

（唐　伟）

2020年4月16日，堆龙德庆区龙跃恒通水电气服务发展有限公司党支部召开“不忘初心、牢记使命”组织生活会

【机构领导】

总经理

刘　波

副总经理

郑　军

次仁多吉（藏族）

堆龙德庆区龙腾国有资产投资运营有限公司

【概况】 年内，公司在区委、区政府的关心关怀下，在区国资委的正确指导下，以习近平新时代中国特色社会主义思想、中央第七次西藏工作座谈会，中共十九届四中、五中全会为指引，齐心协力、迎难而上，坚持创新、协调、绿色、开放、共享的新发展理念，圆满完成各项工作任务，确保国有资产保值增值，为企业长远稳健发展奠定坚实基础。2020年年末，公司及各子公司员工人数共141人，资产总额为2亿元以上。旗下正常运营的全资子公司3家，控股公司1家。

【西藏龙行福运租赁服务有限公司】 2020年，按照区委、区政府关于公车改革相关要求，租赁公司依法依规进行车辆采购，淘汰安全隐患较大的老旧车辆，严格按照各机关单位车辆配置需求配备固定租赁车辆。全年采购新车87辆，完成旧车更换84辆，收回各单位老旧车辆，对于部分问题车辆启动评估拍卖工作，完成部分老旧车辆拍卖工作。

【西藏龙源人力资源有限责任公司】 2020年，公司积极协调指导龙源人力公司推进政府购买服务项目，加强与区人社局、采购办和用人单位的沟通交流，提交政府会议并通过《政府购买人员（高校毕业生）主体单位和工资待遇》的方案，为政府购买服务输出服务人员300余人，解决德庆镇农牧民转移就业607人，成功举办2场大型招聘会，成功推荐就业52人。

【堆龙德庆区公交运营有限公司】

2020年，公司共开通15条班线，线路总长度达788公里左右，（运行最长线路80公里、最短线路15公里），客运车辆从德庆镇沿着109国道到725油库站每隔半

2020年3月24日，堆龙德庆区龙腾公司党支部开展主题党日活动

小时往返运行，始终坚持1元票价，日均52班次以上、日均客运量400余人，20台新能源农村客运车运营全年无休。同时严格按照区交通局要求，增加公交车及运行班线，进一步便利辖区群众出行，解决出行难问题。

【堆龙德庆区捷龙龙福机动车检测有限公司】 2020年，公司旗下机动车安全术检测线投入运营以来，多次组织召开安全技术、业务流程、服务意识等的培训，致力于向客户提供优质的机动车综合检测服务，按程序按标准执行好每一项检测，带笑脸带真诚服务好每一位客户。全年车辆检测台次达1.8万辆以上。

（次仁拉姆）

【机构领导】

总经理

骆 翰 墨

副总经理

巴桑桑珠（藏族）

久美旺修（藏族，11月离任）

象雄美朵生态旅游文化产业园区管委会

【概况】 为加快推进产业园开发建设进程，助推实施乡村振兴战略，巩固提升产业促脱贫攻坚成效，2018年9月堆龙德庆区成立象雄美朵生态旅游文化产业园区管委会。2020年7月，设立机构，正科级建制，为堆龙德庆区人民政府派出机构，核定行政编制3名，科级领导职数2名（一正一副），管委会下设事业单位综合服务中心，副科级建制，核定事业编制5名，副科级领导职数2名。

【重点项目建设】 2020年，园区管委会积极与区直相关部门、驻园企业沟通，始终把项目建设运营作为主责主业，全力推进园区重点项目建设，不断完善园区功能业态和公共服务水平。2020年8月，象雄美朵文旅小镇游客接待中心、马术演艺中心、万亩花海、温泉酒店等项目建成并投入运营；万亩花海提升改造项目完成1100万元投资建设，园区二号桥、配电工程、卫生服务站建设3个项目已完成选址、设计等前期工作；在园区成功举办堆龙德庆区“欢度雪顿节、嗨购享补贴”欢乐惠民购物节、玉妥文化旅游节、楚布沟山地自行车越野赛，进一步扩大园区知名度和品牌影响力，打造广大市民游客假日好去处、近郊旅游目的地，2020年园区共接待游客15万余人次。

【持续推动群众增收致富】 2020年，园区管委会始终将园区发展与群众增收致富、巩固脱贫攻坚和乡村振兴有效衔接，积极与项目建设单位、运营企业协调机械租赁、劳务输出、就业岗位等工作。全年完成劳务输出2万余人次，劳务增收400余万元，机械增收1500万元。为群众解决就业岗位168人（其中荣玛搬迁点148人），驻园企业为就业群众支付工资800万余元，德吉藏家产业分红33万元。同时，协调拉萨永矗文化旅游开发有限公司于2020年2月兑现2019年土地流转金762万元，劳务工资250万元。

（旦巴雅杰）

【机构领导】

主 任

旦巴雅杰（藏族，11月任职）

2020年8月19日，“欢度雪顿节、嗨购享补贴”欢乐惠民购物节现场

2020年8月15日，象雄美朵景区开业仪式

副主任

韩　露（11月任职）

工业园区管理

【概况】 2020年，堆龙德庆区工业园区在区委、区政府的坚强领导下，坚持以习近平新时代中国特色社会主义思想为指导，深入贯彻落实中共十九大和十九届二中、三中、四中、五中全会精神，坚决贯彻落实党中央、国务院决策部署和区市、堆龙总体工作安排要求，坚定不移地做好疫情防控工作，坚持新发展理念，紧紧围绕发展实体经济目标要求，园区企业化危为机，保持园区经济社会持续健康发展的良好态势。2020年年底，园区正式入驻企业58家，其中新型建筑建材类28家，高原健康及民族产品22家，医药类2家，仓储物流4家，其他类2家。

【经济运行保持良好态势】 2020年，园区管委会严格执行“保姆式”企业服务，在上半年园区经济持续负增长的压力下，强化惠企政策宣传贯彻落实，积极为企业纾困解难，全面推进企业复产达效，下半年园区经济实现正增长的良好态势。2020年，园区共实现工业总产值8.45亿元，同比增长11.14%；实现工业增加值3.71亿元，同比增长14.32%，其中规上增加值1.25亿元，同比增长13.28%；完成工业销售产值8.41亿元，同比增长8.01%；完成工业税收4375.24万元，同比下降6.66%（受疫情期间国家减税降税影响，所有具体数据以统计口径数据为准）。实现招商引资实际到位资金9.15亿元，完成目标任务的101.8%。新增规模以上企业1家。带动就业823人，其中，农牧民就业人数283人，西藏户籍大学生80人。

【疫情防控】 2020年，园区管委会统筹疫情防控和经济社会发展，一手抓防控，一手抓生产，因时因势调整工作着力点和应对举措，创新工作方式，传达落实相关会议精神，结合党员“三包”要求，建立“包保企业—跟踪服务—责任到人”的责任体系，变管理为服务，抓实“开工前、生产中、复产后”三个关键环节，严把开工前“报备”，切实筑牢园区疫情防控“墙”；协助企业购买医用口罩、红外线体温枪、消毒液等防疫物资，确保企业如期复工复产；积极落实中央、区市各项惠企政策，加速园区企业复产复工，根据区委区政府统一安排部署，及时拨付国家直达资金，降低企业受疫情影响，确保企业高质高效发展，充分发挥园区经济主战场作用。2020年，园区流入人员共1840人。

【园区低效企业盘活】 2020年，园区管委会为避免造成园区土地资源浪费，集约利用园区土地，园区管委会多次与部分企业负责人沟通、商谈，通过嫁接、合作等方式，成功盘活园区低产低效6家企业，即鑫旺、银峰、圣云、普仁仓、珠穆拉瑞、正源，涉及面积125亩，已通过入园项目联席会议研究，保障园区企业复产达效。同时，加速推进园区2宗闲置土地盘活利用进度。

【企业调研】 2020年，园区管委会负责人陪同区委、区政府主要领导多次到园区各企业了解生产经营、产品研发、消防安全、环保、

堆龙德庆区工业园区管委会大门外景

疫情防控、项目建设进度及企业需求与面临的困难等情况。针对调研中各企业反馈的困难问题，如希望能推荐纳入储备库，参与政府项目或大型工程招投标竞争，进一步提高企业产量和产值问题，经向区委、区政府反馈后，领导高度重视，按照“就地取材，堆龙企业优先考虑”的原则，如实填写堆龙德庆区本地建筑建材企业产品推荐表，召开产品推介会。

【环保、安全生产工作】 2020 年，园区管委会加强落实安全生产和环保责任制，定期不定期督促企业重视安全生产和环保工作，共开展大排查 10 余次，与园区企业签订安全生产、环境保护、门前三包等责任书 100 余份，开展安全生产、环境保护专题培训 1 次，利用“6·5”环境保护日、安全生产月、“法律进企业”等宣传活动，发放宣传册 1000 余册，全年无安全生产事故、污染环境等事件发生。全面推进创建文明城市整改落实工作，组织召开专题部署会议，印发《关于堆龙德庆区工业园区做好近期环境整治工作的紧急通知》，对园区辖内 109 国道沿线企业墙体张贴公益广告宣传，并组织园区企业党员开展文明指导志愿服务及环境整治活动。

【打造“保姆式”服务】 2020 年，园区管委会始终树立服务理念，积极发挥政府与企业间的桥梁纽带作用，鼓励企业积极参与展示活动，借助各类平台打响企业品牌；不定期组织人员到企业调研，及时协调解决企业存在的困难，主动解决涉企信访事件，全年接受信访事件及矛盾纠纷事件 10 余次，协调解决拖欠农民工工资 100 余万元；全面推行办事公开制度，利用园区企业微信群、党务政务公开栏、财务公开栏，对办事流程、服务企业事项的相关政策、文件、法规进行及时公示，接受监督。

【“两新”企业党建工作】 2020 年，园区管委会积极开展“基层党组织品牌创建”“基层组织年建设”“党员志愿者服务”等活动，充分发挥工业园区“两新”统筹职能，7 月底经区委批准，成立工业园区（物流园区）党工委。指导新成立企业党支部 5 个，发展党员 11 名、积极分子 16 名，切实壮大“两新”党组织队伍，“两新”党组织覆盖率达 45.94%。

（欧阳小月）

【机构领导】

主　任

次旦罗布（藏族）

副主任

顿珠拉久（藏族）

欧阳小月（女）

社会事业

民 政

【概况】 年内，在区委、区政府的坚强领导下，在上级业务部门的关心和指导下以及各街道（镇）党委政府和区直机关单位的积极配合下，堆龙德庆区民政局坚持“民政为民、民政爱民”的工作宗旨，以保稳定、促发展为根本目标，狠抓重点，突出亮点，扎实开展社会救助、基层政权建设、社会福利、勘界地名等工作，发挥民政在构建和谐社会中的基础作用，落实民权、改善民生的各项要求，经过努力，重点工作进展顺利，各项业务协调发展。2020 年，区民政局下设特困人员集中供养服务中心、居民家庭经济状况核对中心、残疾人联合会等部门，共有行政编制 4 名，事业编制 8 名，公益性岗位 3 名，工人 1 名，政府购买特困人员集中供养服务中心护理人员、技术人员等 19 名。

2020年7月1日，堆龙德庆区民政局在残疾人综合服务中心举办“七一”党建助残活动

【完善社会救助体系】 加强政策衔接工作，做到“应保尽保”。2020 年，区民政局切实加强农村低保制度与扶贫政策的有效衔接，明确兜底保障助力脱贫攻坚各项工作任务，严格落实低保动态管理制度、“单人户”施保政策和保障对象登记备案制度，确保符合条件的困难群众“应保尽保、应兜尽兜”。2020 年，全区共有城镇低保户 385 户 404 人，农村低保 66 户 174 人，共发放低保资金 464.76 万元，其中农村发放低保资金 46.8 万元，城镇发放低保金资金 417.96 万元。

加强低保整顿工作，实现“应退尽退”。低保工作严格审批程序，按章办事，实行规范化操作，加强低保档案管理及档案归档工作，为低保工作信息化建设奠定基础。全年清退农村低保 31 人，并予以公示，公示期内无任何不稳定因素。

加强临时救助工作，筑牢社会救助“安全网”。进一步规范临时救助工作，对低保边缘困难群众和因突发性灾害、重大疾病等造成生活暂时困难的群众实施临时社会救助,缓解城乡困难群众的临时生活困难问题,使符合条件的困难群众得到及时救助。全年临时救助城乡困难群众28人,兑现临时救助资金22.46万元。

【社会福利事业】 养老服务工作。2020年,堆龙德庆区有1名百岁老人,特困集中供养85人,分散特困人员40人,共发放供养金49.74万元。

婚姻登记工作。2020年,共办理结婚登记837对,办理离婚登记185对,补办结婚登记134对,登记合格率达100%。同时,利用《中华人民共和国民法典》颁布契机,组织全局工作人员学习《中华人民共和国民法典》中有关婚姻登记规定的通知精神,并将理论学习结合工作实,落到实处。

流浪乞讨工作。在重要节点对辖区内的活动场所进行巡查,共救助劝返流浪乞讨人员16名,通过协同各职能部门,积极沟通拉萨市救助站工作人员,为流浪乞讨人员进行救助,并按照救助管理流程进行登记备案工作。

社会组织工作。依法依规登记社会组织,把好审批登记关,全区共登记各类社会组织4家,未发现非法、违规的社会组织。面对新冠肺炎疫情,区民政局对接收的每一笔捐款资金都进行详细认真核对、登记,并及时上报疫情防控指挥部,准确地把捐赠资金转给武汉市新冠肺炎防控接受捐款专户。此次捐款共440.45万元,其中向武汉捐赠资金267.94万元;向堆龙德庆区捐赠款172.51万元,捐给堆龙的172.51万元中购买疫情物资使用资金125.38万元,结余47.13万元(其中包含利息984.39元)。

天葬殡葬工作。进一步规范天葬事务管理工作,组织工作人到辖区3处天葬台定期不定期检查解天葬工作。在"三大节日"期间,及时对辖区内西山殡仪馆工作人员和天葬师进行慰问,并送去慰问品及慰问金。进一步加大天葬台基础设施建设,为天葬传统文化的传承提供保障。截至年底,三处天葬台部分道路、网围栏等附属设施的维修工作正在稳步推进中。

残疾人"两项补贴"工作。加强数据衔接,形成常态机制,开展动态管理,做到精准识别、应补尽补、应退即退。共为符合条件的困难残疾人131人和重度护理残疾人454人发放补贴资金84.93万元。

事实无人扶养服务工作。成立以党组书记、局长为组长、班子成员为成员的关爱留守儿童领导小组,定期召开会议,制定措施,安排帮扶工作,确保特殊群体学生健康快乐地成长。展开"留守儿童"情况调查,对他们的学习、生活、心理、安全、健康状况进行调查登记,了解"留守儿童"的生存状况和成长需求,建立"留守儿童"档案。2020年年底,全区事实无人抚养儿童7人,发放生活补助资金5.04万元。留守儿童27人。

【基层政权建设和社区治理】 推动社会治理工作。2020年,区民政局深入学习协商民主工作的重要意义、工作理念、工作原则、组织框架和工作流程;帮助基层组织减负增效,对超出基层职责范围和造成基层负担过重的各类服务事项、上墙制度等进行全面清理。全面助力"村改居"工作顺利开展,组织人员乃琼街道岗德林

2020年9月9日,堆龙德庆区民政局在特困人员集中供养服务中心举办庆祝重阳节活动

2020年9月30日，堆龙德庆区民政局在特困人员集中供养服务中心组织开展“迎中秋，庆十一”主题党日活动

村、色玛村、贾热村对“村改居”前后相关政策变化情况进行讲解和全面摸底排查工作。2020年6月，经二届区政府第66次党组会议、二届区委第75次常委会议研究，同意设立岗德林居民委员会、贾热居民委员会、色玛居民委员会。至此，堆龙德庆区符合“村改居”条件的村全部改为社区居委会。

行政区划与地名工作。对堆龙德庆区—城关区位于旧乡村公路南侧2号界桩及堆龙德庆区—曲水县4号双面简易界桩进行原位更新工作，为今后边界管理和创建平安边界工作打下更加坚实的基础。完成与城关区签订平安边界和谐友好协议书，完成对“上古壹号小区”“东嘎康达大厦小区”“东嘎一品小区”“东嘎林琼岗生态公园”“中科花苑小区”等12个小区与项目进行命名。对“世源大厦”“东嘎一品”“中科花苑小区”“嘎吉林大厦”“中国石油运输有限公司西藏分公司”等6家单位的门牌号发放工作。

【残疾人事业发展】 第二代残疾人证的核发和管理。2020年，区残联严格贯彻办证流程，紧密团结、分工协作，不断创新工作方式，做到情况清、底子明、及时报。

残疾人无障碍改造。配合拉萨市残疾人联合会开展无障碍需求调查工作，以家庭为重点，扩大无障碍建设覆盖面，方便更多残疾人吃住出行。推动残疾人服务设施无障碍标准试行，为全区残疾人配置9个煤气泄漏报警发生装置和28个盲人语音电饭煲。

康复服务。持续开展残疾人精准康复服务行动，积极联系拉萨市残疾人联合会配置感觉统合训练辅助器具1套、马桶增高器5个、前臂支撑拐10个、护理轮椅5个、功能轮椅15个、轮椅桌5个、助推轮椅20个、脑瘫轮椅5个、儿童助行器5个、肘拐1个、手杖凳5个、手杖14个、防褥疮床垫10个、儿童轮椅5个。

残疾人创业就业。积极为周边残疾人和群众提供服务和技术，带动残疾人实现脱贫致富；拉萨市残疾就业服务中心为辖区古荣镇朗孜糌粑有限公司提供扶持项目资金35万元。

“全国助残日”活动。围绕第三十次全国助残日“脱贫攻坚决胜小康”活动主题，在区残疾人综合服务中心开展“党建+助残”活动，由羊达街道贡培糌粑加工合作社为全区20名建档立卡户和贫困残疾人爱心捐款12000元，同时积极组织协调羊达街道卫生院医生、区残疾人项目扶持对象旦增盲人按摩中心、西藏咔哒嘎布盲人文化发展有限公司为此次活动进行康复理疗演示和励志演讲并献上精彩文艺演出。

【居民家庭经济状况核对】 2020年4月，西藏自治区申请救助居民家庭经济状况核对信息平台正式建成，核对平台对申请救助对象经济状况的核对内容包括家庭收入、家庭财产和家庭基本情况，涉及家庭成员户籍状况、婚姻状况、死亡情况、车辆拥有、房屋拥有以及银行存款、保险购买等近20余项信息。2020年5月，堆龙德庆区居民家庭经济状况核对中心共核对辖区4842人，其中城市居民低保对象核对405人，农村低保救助对象核对170人，建档立卡户4136人，低收入群130人，临时救助核对10人。

【项目建设】 2020年，堆龙德庆

区3处老年人日间照料中心项目(林琼岗、乃琼镇、古荣乡)建设规模及内容均为新建1200平方米房屋,包括老年人生活服务用房、保健康复用房、娱乐用房、辅助用房以及附属设施,2020年年底项目已完工,处于结算审核中。建成投入使用后将为城乡老年生活提供极大便利,也将大大解放当地照顾老年人的年轻劳动力,让老百姓可以全心投入生产中去,同时老年人民生保障能力也得到提升。3处天葬台项目(顶嘎、楚布寺、其美龙)建设内容及规模均为丧葬用房、天葬台道路、网围栏等附属设施,2020年年底项目已完工,处于结算审核中。

(卓呷群措)

【机构领导】

局 长

仓决卓玛(女,藏族)

副局长

拉巴次旦(藏族)

则 比(女,藏族,11月离任)

武 雅 文(女,11月任职)

堆龙德庆区行政区划一览表

表7

行政区划代码:540103000　　驻地:东嘎街道办事处团结路1号

行政区划名称	行政区划代码	驻地	自治组织	
			数量(个)	村居名称
东嘎街道办事处	540103002	南嘎	4	南嘎社区居、东嘎社区、桑木社区、祥和苑社区
乃琼街道办事处	540103003	岗德林	7	岗德林社区、色玛社区、贾热社区、乃琼社区、德吉康萨社区、加木村、波玛村
羊达街道办事处	540103004	羊达	3	羊达社区、通嘎社区、帮普村
柳梧街道办事处	540103005	桑达	5	桑达村、柳梧村、德阳村、达东村、康乐社区
古荣镇	540103102	古荣	6	古荣村、朗巴村、巴热村、那嘎村、加入村、嘎冲村
马镇	540103103	马村	6	马村、朗巴村、常木村、措麦村、岗吉村、设兴村、
德庆镇	540103104	德庆	6	德庆村、昂嘎村、邱桑村、顶嘎村、门堆村、邦村
4个街道办、3个镇、12个居委会、25个村委会(不含柳梧11个居委会21个村委会)				

人力资源和社会保障

【概况】 年内,堆龙德庆区人社局始终以深入贯彻落实中共十九大和十九届四中、五中全会及中央第七次西藏工作座谈会精神为主线,牢牢把握"六稳""六保"决策部署,在区委、区政府的坚强领导下,全面落实惠民政策,不断将各项工作深入推进。2020年,堆龙德庆区编委会研究决定设立堆龙德庆区劳动就业保障服务中心,为堆龙德庆区人力资源和社会保障局所属事业单位,核定事业编制3名(主任1名)。

【劳动力转移就业】 2020年,堆龙德庆区共实现农牧区劳动力转移就业10631人(其中区外就业102人,跨地市就业411人),实现收入1.03亿元,组织化转移就业3879人,实现收入4796万元。农牧民转移就业培训1591人,开发就业岗位3483个,实现城镇新增就业1309人,城镇登记失业率控制在3%以内。2020年,共实名制登记应届堆龙德庆区户籍高校毕业生540名,已就业539人,并已全部落实"一对一""一对多"结对帮扶工作机制,学生及其家长走访率达100%。实名制登记往届高校毕业生1726人,已就业

1713人（建档立卡户176人已全部实现就业），失业10人，未就业3人，就业率达99%。

【社会保障】 2020年，堆龙德庆区共征缴社会保险929.44万元，涉及辖区企业单位72家，参保人数1096人，其中征收养老保险267.6万元；失业保险15.35万元；工伤保险1332.23万元。城乡居民参保人数2.56万人，其中16～59岁正常缴费人数2.09万人，60岁以上待遇领取人数4751人。本年度缴费人数15208人，缴费金额336.44万元。一次性工伤待遇领取人员共33人，发放工伤待遇372.09万元。工伤长期待遇领取人员共16人，发放待遇63.8万元。

根据国务院关于应对新型冠状病毒感染肺炎疫情的阶段性减免企业社保费、医保费和缓缴住房公积金的相关政策要求，全年共计减免822.93万元，其中养老保险减免476.23万元，失业保险减免金14.93万元，工伤保险减免206.06万元（2月后工伤保险全免），医疗保险减免118.25万元，生育保险减免7.46万元。

【工资福利和专技工作】 2020年，区人社局完成133名中初级和3名高级人员的职称评聘。对标落实机关事业单位工作人员和全区工人工资调整，完成全区2020年431名事业单位工作人员及125名工人工资职务、职称、浮动、固定等各项变动。兑现去世人员一次性抚恤金丧葬费共112.43万元，办理6名工人的退休手续。

【维护劳动者合法权益】 2020年，区劳动保障监察大队共为307名民工讨回工资343.76万元，共受理案件92件，办结案件92件，结案率达100%，其中群众投诉举报案件91件，已办结90件，正在办理1件；“12345”转办案件125件，已办结120件；信访转办案件7件，已办结7件；市长信箱转办案件1件，已办结1件；现场协调处理案件9件。对37家用人单位下达整改指令书，督促收缴83家用工单位缴纳民工工资保证金21832.6万元，涉及民工8956人；督促收缴83家用工单位缴纳工伤保险1649.3万元，涉及民工9100人；督促98家用工单位办理劳动用工备案，与民工签订劳动合同4668份。进行法律法规宣传8次，发放各类宣传手册2300余册。

2020年8月12日，堆龙德庆区人社局在东嘎街道南嘎社区举办2020年堆龙德庆区高校毕业生创业启动资金和市场主体各类补贴兑现仪式

【乡村振兴】 2020年4月7日，区人社局组织开展堆龙德庆区就业创业政策宣讲员专题培训，进一步提高宣讲员就业创业政策知晓率，建立健全“区、街道（镇）、村（居）”三级宣传工作长效机制，确保解决农牧民群众和高校毕业生宣传工作“最后一公里”的问题，保障各项就业工作高效有序运转。2020年，堆龙德庆区共有政策宣讲员120余人，为全区6000余人次的农牧民群众和高校毕业生答疑解惑。全年在各村（居）开展以厨师、装挖机等形式的培训共11期，涉及人数481人次，成立农牧民转移就业基地10个。

【民生工作】 2020年，区人社局以创业带动就业，促进新兴产业发展，共兑现各项补贴517.04万元，其中为77人兑现创业启动资金441万元，为14家创业企业兑现场地费及水电费33.6万元，为2家（净土和水电气）企业兑现企业就业、社保、人员生活补贴42.44万元。

2020年7月1日，堆龙德庆区人社局组织党员干部开展庆祝建党99周年活动

制定《拉萨市堆龙德庆区农民工工资应急周转金管理办法》《拉萨市堆龙德庆区劳动关系领域案件转办实施意见》，设立1000万元的农民工资周转金，妥善解决被拖欠农民工的临时生活困难及完善健全拖欠农民工工资案件转办协调机制，切实保障农民工合法权益。

充分发掘辖区内外国有企业、小微企业、民营企业等适合农牧民及高校毕业生的就业岗位，积极收集筛选岗位和用工信息，及时开展转移就业工作。2020年，共开发就业岗位3483个，开发政府购买岗位405个。

（旦增卓玛）

【机构领导】

局　长

王保峰

副局长

文　兵

次　吉（女，藏族）

退役军人事务

【概况】 2019年5月30日，堆龙德庆区退役军人事务局挂牌成立，位于区政府2号楼1楼，下设区退役军人服务中心1个、乡村级退役军人服务站12个。实有编制人数5名（其中服务中心事业编2名）。2020年，在自治区退役军人事务厅、拉萨市退役军人事务局的精心指导下，在区委、区政府的正确领导下，紧紧围绕提升优抚综合保障能力、落实退役士兵安置改革政策、扶持退役士兵就业创业、推进优抚对象数据更新管理、做好退役军人服务保障等职能定位，务实推进各项工作，各项工作进展顺利。

【完善服务保障体系】 2020年，区退役军人事务局按照有机构、有编制、有人员、有经费、有保障的“五有”标准要求，有序推进区、镇（街道）、村（居）服务中心（站）退役军人服务保障体系建设，投入资金完善和规范退役军人服务中心（站）的规范化建设。为提升军人、退役军人服务保障工作，为全区20余家服务窗口发放军人、退役军人优先提示牌379个，形成横向到边、纵向到底，上下贯通、全面覆盖的退役军人服务保障体系。制作拍摄退役军人服务中心、东嘎街道退役军人服务站宣传视频，上报退役军人事务厅。2020年，区退役军人服务中心荣获自治区级“优秀示范型退役军人服务中心”称号，东嘎街道退役军人服务站荣获自治区级“优秀示范型退役军人服务站”称号。2人荣获“西藏自治区示范型退役军人服务中心（站）党员示范岗”“岗位标兵”称号。

【聚焦主责主业】 2020年，区退役军人事务局完善信息数据，抓好退役军人信息采集，不断完善资料信息和一人一档工作，通过不断完善和修正退役军人及优抚对象基本信息，为全面摸清堆龙德庆区退役军人情况底数，实施精细化管理、精细化服务奠定基础。抓好服务保障，以各镇（街道）、区直各部门为单位，明确责任人，做好服务保障工作，部分镇（街道）还主动制作退役军人亲情联系卡，向辖区内退役军人提供咨询、政策解答和就业创业等更加贴心的服务。及时兑现各类资金，发放2020年重点优抚对象定期抚恤金，报销重点优抚对象住院费、医药费、护理费。期间，

"四大家"领导看望慰问重点优抚对象、退役军人,前往驻区武警中队、区消防救援大队和区武装部看望慰问驻区官兵。吊唁慰问因病去世的退役军人家属,为家属人送去组织的关怀和温暖,感谢退役老兵曾经为党、为国家、为人民做出的贡献。开展现役军人荣誉宣传表彰,为现役军人家属送去立功受奖喜报,让军人家属感到光荣,让官兵感到温暖,提升辖区军人及家属尊崇感、荣誉感,进一步激发广大群众爱国拥军的热情,提高优秀青年参军入伍报效祖国的积极性,营造"一人参军全家光荣"的社会氛围,为全面实现新时代强军梦打下坚实基础。做好接收安置,全区按要求接收军转干部,为转业军转干部办理相关手续和谈心谈话,让其尽快转变角色投入新的工作岗位,及时兑现2019年退役士兵一次性经济补助和义务兵家庭优待金。提供就业岗位,鼓励退役军人就业创业复学,提高退役军人的就业创业率,组织退役军人参加招聘会4次,联合双创办组织部分退役军人参加创业培训。9月25日,以退役军人为骨干,党员为主体,广泛吸收优秀社会青年,发挥大工委成员单位资源优势的公益性社会组织,成立东嘎先锋集结号应急救援志愿队,为今后辖区内的应急救援提供保障。

【学习宣传】 2020年,为深入学习宣传中共十九届四中和五中全会、中央第七次西藏工作座谈会精神,区退役军人事务局利用"五下乡"、宣传日、禁毒宣传日等节点,开展法律知识的学习宣传、政策解读。通过悬挂横幅,发放宣传资料、设立政策咨询点等方式对优待抚恤、2020年春季征兵和时代楷模老英雄张富清"退役不褪色,转业不转志"的先进典型方面的内容进行宣传,通过宣传和发掘,涌现出疫情期间默默奉献的最美退役军人、铁路护路最美退役军人、双拥模范先进个人,体现退役军人"退役不褪色"的本色。

【双拥工作】 2020年,区退役军人事务局开展2020年应征青年光荣入伍和秋季退役的士兵欢送仪式,向入伍军人和退役军人送去慰问金和慰问品,希望应征青年他们能够好好珍惜来之不易的机会,在部队安心服役,扎根军营,建功立业,感谢退役军人在服役期间,为堆龙经济发展、社会稳定、民生保障、民族团结、环境保护、扶贫帮困、抢险救灾等方面做出的重要贡献,展示人民军队为人民的良好形象。看望慰问烈士遗属、因公牺牲军人遗属、病故军人遗属、伤残军人等重点优抚对象,送去节日的问候和良好的祝愿以及慰问金。

【结对帮扶】 2020年,区退役军人事务局根据驻村需要,选派1名优秀干部到包村点协助村两委开展各项工作,在"三大节日"期间组织人员包村点马镇岗吉村开展节前慰问活动。疫情防控工作开展期间,向村"两委"和驻村工作队送去防护用品,为共同抗疫贡献力量。结合主题党日活动看望慰问困难党员,为5名困难党员送去价值1500元的慰问物品。同时,开展各项惠民政策的宣传,引导村民积极向上、崇尚科学,追求文明进步,淡

2020年4月9日,西藏自治区退役军人事务厅党组副书记、厅长丁哲(右二)一行在堆龙德庆区检查指导退役军人事务局、退役军人服务中心(站)建设运行情况。堆龙德庆区委副书记、组织部部长王满春(右三)等陪同

化宗教消极影响，拓宽就业致富增收渠道，为包村点各项工作建言献策。

【疫情防控】 2020年，区退役军人事务局为切实做好新型冠状病毒感染的肺炎疫情防控工作，和各镇（街道）通过微信视频等方式组织党员干部、退役军人学习相关文件精神，根据疫情防控指挥部工作安排，派出3名干部职工到拉萨市、城关区等地深入一线开展返藏人员分流、排查登记、居家隔离等疫情防控工作。各镇（街道）退役军人参加辖区内疫情防控工作，协助排查隔离人员、政策宣传、为群众服务等工作，其间涌现出次仁、久美多吉、巴桑等优秀退役军人，发扬“退伍不褪色、永远跟党走”的本色，为共同打赢疫情防控阻击战，贡献自己力量。

（徐万宝）

【机构领导】

局　长

次仁吉宗，（女，藏族）

副局长

陈道明

卫生健康

【概况】 2020年，面对突如其来的严重疫情，堆龙德庆区严格落实中央和区市党委政府的决策部署，按照“坚定信心、同舟共济、科学防治、精准施策”的总要求，坚持把人民群众生命安全和身体健康放在第一位，带领全区各族干部群众团结一心、众志成城、共抗疫情，为坚决打赢疫情防控人民战争、总体战、阻击战奠定坚实基础。2020年，堆龙德庆区卫健委有编制5个，实有工作人员11名；下属机构有区医院、疾病控制中心、6个乡（镇）卫生院、29个村卫生室，全区卫生系统共有工作人员334名。

【健康扶贫】 2020年，堆龙德庆区卫健委坚持把健康扶贫工作作为首要政治任务和核心工作，组织召开堆龙德庆区卫生系统脱贫攻坚“百日行动”动员部署会，先后5次召开专题会听取卫生系统突出问题整改进度。持续开展大病专项救治，将贫困人口大病专项救治病种扩大到27类38种，对救治对象全部建立救治台账，并组织扶贫专干在全国健康扶贫动态管理系统进行网络直报。做实贫困人口家庭医生签约服务，重点加强高血压、糖尿病、结核病、重症精神病等4类重点慢病患者规范管理与健康服务，建立“三位一体”慢病防控机制，实现慢性病防、治、管整体融合发展。2020年底，全区建档管理有高血压患者1937名、二型糖尿病161名、精神病患者66名，重点慢病规范管理率、签约率均达100%。

【医共体建设】 2020年，堆龙德庆区卫健委积极筹建医共体财务核算中心，组织专人起草财务核算中心账户设置、财会人员组成、工作运行等3个方案，已提请区政府研究。建立县域医共体中心药库，为6个镇街卫生院统一采购配送药品耗材，有效保障药品耗材供应。积极推进医共体信息化建设，在推进自治区智慧医疗项目、拉萨市健康云项目的基础上，积极争取计划外援藏项目资金支持，顺利开通和北京门头沟区医院、阜外医院互通的远程心电平台，投入援藏资金55万元实施远程影像会诊项目，建立门头沟医院、堆龙人民医院和各镇街卫生院的三方互联平台和远程影像系统，将门头沟医院优质影像诊断服务能力向基层乡镇延伸，已通过验收并投入使用。实施乡村医生远程培训能力建设项目，在6个镇街卫生院设置继教学习站，和区人民医院实现影像信息互通，该项目正在按区采购办的采购程序进行。全力推动优质医疗资源下沉，先后调整7名临床医生下沉到镇街卫生院坐诊服务，由“百姓求医”向“医生送医”转变，区乡两级医疗机构的总诊疗量、门急诊人次、出院人次数逐年增长。

【基层巡回诊疗】 2020年，组建由区人民医院医生牵头组成的6个巡回诊疗责任团队共117人，负责6个镇（街道）、24个行政村、7个社区的基层巡回诊疗工作。同时组织医院专家团队深入各镇街卫生院开展诊疗指导、传授规范化管理经验，为全区广大农牧民群众提供疾病诊疗、健康教育、义诊巡诊等服务。全年为乡级医务人员业务培训和现场指导12次，组织流动医疗小分队深入镇

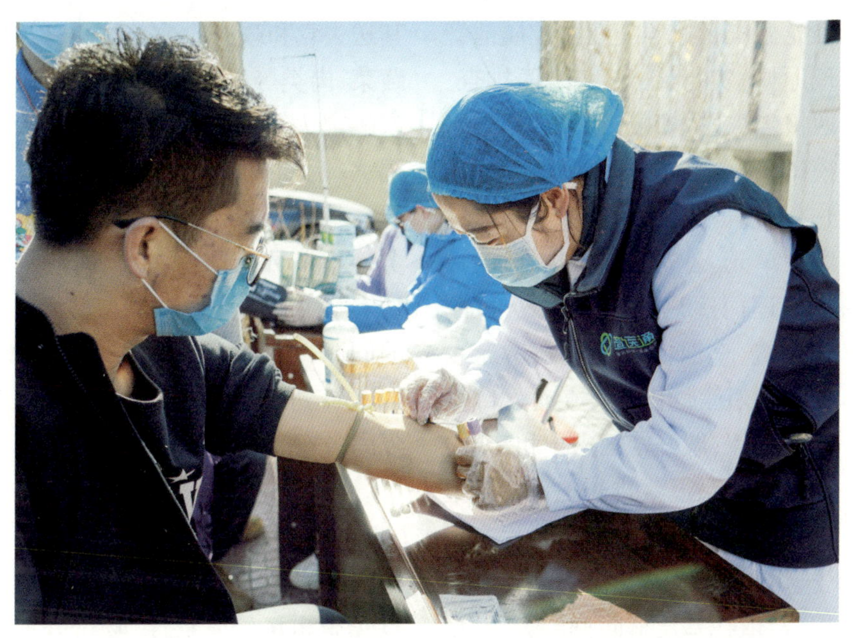

2020年2月17日，堆龙德庆区人民医院医务人员在乃琼镇开展义诊活动

街、村居开展义诊巡诊50余次，为广大农牧民送医送药价值5万余元。

【健康筛查干预】 2020年，堆龙德庆区卫健委组织医护人员进村、进社区、进寺庙开展全民健康体检工作，提供涵盖内科、外科、妇科以及血液、B超等项目的检查，全民健康体检已完成39414人，体检率达95%。同步开展疾病种类分析梳理工作，实行“三个一批”分类管理救治，做到确诊病人应治尽治。组织实施国家免费孕前优生健康检查和出生缺陷干预检查项目，完成免费孕前优生优育检查407对，完成率达90%。完成出生缺陷检查218对，完成率达100%。继续免费开展育龄妇女“两癌”筛查工作，已完成10496人初步筛查，初筛HPV阳性230人，乳腺异常18人。科学应对秋冬季节疫情防控，实施重大民生工程项目，本级财政投入18万元，对辖区65岁以上区属户籍居民及农牧民、离退休干部职工等免费接种流感疫苗，阻断流感等聚集性疫情的发生，保障广大老年人群的身体健康。加强疫情网络直报系统监控和重点传染病监测工作，及时报告学校水痘疫情、手足口病疫情，为乃琼中心校师生应急接种水痘疫苗，为荣玛搬迁点6月龄至5岁儿童接种手足口病疫苗。

【卫生基础设施建设】 2020年，区人民医院二甲综合楼建设项目，总投资9952.81万元，总建筑面积22619.29平方米，3月15日正式进场开工建设，已完成总工程量的35%。新建东嘎社区卫生服务中心妇幼保健综合楼建设项目，总投资1853.12万元，4月23日完成招投标工作，该项目主体工程已经完成。古荣镇卫生院标准化改扩建项目，总投资607.89万元，已完成主体建设的98%。色玛村集中安置点卫生服务站建设项目，总投资372.6万元，2019年已完成主体建设，2020年11月已交付使用。坚持把易地扶贫搬迁点村卫生室建设纳入全区项目总盘子，优先支持搬迁点村卫生建设，新建德吉藏家卫生服务站建设项目，总投资399.88万元，已办理概算批复。荣玛搬迁点卫生服务中心建设项目，总投资360万元，正在重新深化方案。深入推进疾控中心实验室能力建设，投入162万余元建设水质检测实验室，2020年7月通过验收并交付使。投入399.24万元建设PCR核酸检测实验室，已完成实验室标准化建设和设备采购。

【科学有效处置新冠疫情】 2020年，区委、区政府高度重视，自疫情开始各级领导干部特别是主要领导干部坚持冲到一线、靠前指挥。区委先后组织召开13次常委会议、调度会议和4次常务会议进行专题研究，组织各方力量积极开展疫情防控工作，下发领导批示24份，及时协调解决疫情防控工作中遇到的问题和困难。建立由区疾控中心、区人民医院分别牵头的预防控制体系、医疗救治体系，疫情防控各项工作有力有序开展。区人民医院作为定点隔离医学观察点，规范医疗救治程序，建立留观人员监测预警、隔离、救治、转运等流程，规范开展体温监测、取血采样、咽拭子采集、消杀等工作。

【发扬担当奉献精神】 2020年，

堆龙德庆区充分发挥各级党组织战斗堡垒作用和广大党员干部先锋模范作用，充分依托公安检查站、派出所、驻村工作队、村干部、“双联户”等群防群治力量，累计调配6094名党员干部参与疫情防控工作，形成联防联控、群防群控、群防群治的组织工作体系。辖区房东自发带头减免租户租金，并联名发起《“减免房租、共渡难关”，做堆龙好房东》的倡议，在全社会引起强烈反响，244名好房东为2200户租户减免房租233万余元。积极响应党委、政府号召，坚持心往一处想、劲往一处使，心系湖北、心系武汉，纷纷捐款捐物，充分展现堆龙各族群众与全国一道共抗疫情的信心决心，表达堆龙各族群众齐心协力、共抗疫情的真挚情谊。累计接收社会各界捐款426.6万元、捐赠物资价值100余万元。

【落实群防群控措施】 2020年，堆龙德庆区按照疫情防控属地管理原则，实行流入人口“两排查、四报告”工作机制，逐家逐户上门摸排，建立工作台账，确保不漏一户、不漏一人。“两排查”即通过联户单元、公安派出所排查，联户单元逐门逐户开展地毯式、拉网式排查，全面摸排登记新增返乡人员，辖区派出所以流动人口排查为重点，做好辖区内出租房、门面房等人员返藏排查工作；“四报告”即通过物业公司报告、房东报告、用人单位报告、流入人员自主报告，依托基层群防群治力量，动态摸排管理辖区内住户、租户、企业等外地返乡人员。

【隔离人员服务管理】 2020年，在居家隔离人员入住之初，堆龙德庆区组织人员第一时间为其免费提供必需生活物资；定期组织县级干部、隔离服务人员、志愿服务队走访慰问观察人员，及时了解他们的思想动态、生活困难，为其送去党和政府的关心关怀以及蔬菜、肉类等生活物资，真正让居家隔离人员对堆龙有归属感、幸福感；后期按照居家隔离人员“点单”、村（居）“接单”的“1+3”服务管理人员“跑腿”的工作模式，切实解决服务群众“最后一公里”的问题；每日按照隔离人员总数的15%进行督导抽查，确保居家隔离措施落地见效。

2020年3月，堆龙德庆区疫情防控人员在辖区内对公共交通工具进行消杀

【强化物资保供】 2020年，堆龙德庆区组织执法人员对辖区内重点集贸市场经营秩序、物价开展监管，严肃查处市场个别菜商、药店哄抬价格行为。组织水电气公司对机关单位、居民小区、水厂等水电设施设备开展检修工作，确保居民水、电、气全部保持正常供应。加强食品安全监管，全面停止活禽交易和宰杀，深入农贸市场、超市、餐饮服务单位等场所开展食品药品质量安全检查880余家次，下达监督意见书130余份，有效整改食品药品质量安全问题250余件。积极研判疫情发展和全区疫情防控需求，多渠道筹集、采购、配备医疗防疫物资，全面增强医疗救治能力。全年累计筹措疫情防控资金23692.48万元，其中国家、自治区直达资金22537万元，本级财政投资1062.28万元。为积极妥善应对秋冬季疫情防控，堆龙德庆区投入资金1282万余元，陆续完成PCR核酸检测实验室（已完成）、负压救护车采购、测温通道、防疫物资储备等工作。

2020年年底，全区库存N95口罩2029个、KN90口罩1576个、

2020年4月，堆龙德庆区疫情防控人员在东嘎农贸市场进行全方位消杀

医用口罩10.17万个、医用外科口罩6.51万个、防护面屏680个、护目镜215副、防护服1146套、隔离服597套、电子温度计117个、水银温度计5929支、84消毒液3000余升、75%酒精117.5升、95%酒精6.5升等物资。

【严格病例报告】 2020年，堆龙德庆区建立“1个专项工作组+1个区疾控中心+N个基层医疗卫生单位”疫情预防控制体系，先后4次召开疫情分析研判会，对全区风险形势开展分析研判。实行24小时全天候运行机制，严格落实“日报告、零报告”制度，畅通信息收集报送渠道，动态掌握辖区疫情监测信息。

【做好留观人员管理】 2020年，堆龙德庆区规范设立预检分诊室、发热门诊、隔离病房、留观病房，全力开展体温监测和人员排查工作，及时对重点疫区进藏人员采取分类管理，收诊密切接触人员。建立留观人员监测预警、隔离、救治、转运等流程，按照发热病人就诊、放射科影像检查、检验科标本采集运送、药剂科发药配送、院感科环境消杀等规范流程，对医学隔离观察人员开展每日体温监测、取血采样、咽拭子采集、消杀等工作。密切接触者一旦发现有发热或不明原因肺炎症状，由专用车辆立即转运至市级定点医院进行专业治疗。严格落实医院感染防控措施，禁止外来车辆和外来人员出入，每天实行院区无死角环境消杀等措施，全面防止交叉感染。

【严明防疫纪律】 2020年，堆龙德庆区紧紧围绕“疫情防控工作部署到哪里，监督检查就跟进到哪里”的要求，印发《关于严肃新型冠状病毒肺炎疫情防控工作纪律的通知》《关于开展疫情防控工作督导检查工作方案》，及时成立疫情防控工作督导检查组、执纪问责组和重点工作组，对辖区内各单位各部门疫情防控措施落实情况进行督导检查，及时发现问题不足，改进工作方式方法，引导农牧民群众自觉主动参与疫情防控工作，形成上下联动、合理监督、全民参与的工作格局。对疫情防控工作中违规违纪问题严肃处理，为疫情防控提供坚强纪法保障。全年累计下发情况通报4期，通报处分干部9人。

【强化舆论宣传引导】 2020年，堆龙德庆区充分发挥宣传思想主阵地和舆论引导主力军作用，牢牢抓住宣传教育和舆论引导两项重点工作，牢牢抓住“统一思想、凝聚力量”这一中心环节，借助堆龙“三微一网一抖”融媒平台，通过“新媒体+网格”“互联网+微宣讲”“互联网+微音频”等模式，先后推出藏语快板顺口溜《村民们听好！》、公益动画片《疫情防控，从我做起》、防“疫”主题MV《寒冬过后必将春暖花开》、小品《防疫与新年》等脍炙人口的新媒体作品，迅速在线上线下掀起“一片堆龙声音”热潮。全年累计发布推出自主创作新媒体作品50余个，点击阅读量累计达1000万人次以上；开展各类“微宣讲”733场次，受众10万余人次。

【统筹疫情防控和经济发展工作】 2020年，堆龙德庆区严格落实分区分级防控工作要求，围绕企业项目开（复）工前期准备工作、企业项目开（复）工后管理服务等重点环节，制定14项企业项目开（复）工各阶段疫情防控工作任务，明确企业项目开（复）工流程，落实企业项目复工复产申报、审核制度。截至2020年年底，82家工业企业已全部复工，100个项目已复工，为积极应对新型冠状病毒感染肺炎疫情对农牧民群众收入的影响，提升农牧产品品牌效应，促进消费，缓冲疫情对经济造成的冲击，投入240万元消费券补贴资金，举办以"回顾村史谈变化、砥砺前行感党恩""欢乐雪顿节、嗨购享补贴""玉妥文化旅游节"为主题的堆龙德庆区欢乐惠民购物节活动，既提升农牧民群众的购买力，又带动全区50余家本土企业和合作社实现销售农副产品500余万元，激发市场消费活力，降低农牧民群众现金支出。

（德吉曲宗）

【机构领导】

主 任

李 宁

副主任

李扎西（藏族，11月离任）

余 强

白玛曲珍（女，藏族，11月任职）

堆龙德庆区疾病预防控制中心

【概况】 2020年，堆龙德庆区疾病控制中心坚持以习近平新时代中国特色社会主义思想为指引，进一步加强党的作风建设，认真贯彻执行党的路线方针政策，全面落实自治区卫健委疾控工作要点，扎实推进新冠肺炎疫情常态化防控工作，全区无重大传染病疫情暴发和突发公共卫生事件发生，为维护社会安定、保障人民身体健康夯实基础。

【助力精准扶贫】 2020年，中心认真按照区委、区政府的要求，每年均选派2名组织协调能力强、工作经验丰富的职工到帮扶村进行帮扶工作，积极引导帮扶村进行基础设施、产业建设，同时发挥专业优势，利用基本公共卫生服务项目及相关政策，指导基层医疗机构为高血压、糖尿病和65岁以上老年人提供健康管理，实施有效的健康干预行为，提升农村贫困户养成健康的生活方式和行为习惯，增强群众健康意识，从源头遏制因病致贫、因病返贫。

【传染病疫情信息报告管理】 2020年1月1日至11月30日，堆龙德庆区网络直报及电话共报告法定传染病甲、乙两类12种、共363例，总发病率为549.97/十万，与上年同期（489例）相比下降25.76%，无甲类传染病报告。丙类传染病5种87例，总发病率为131.81/十万，发病数与上年同期（297例）相比下降70.71%。无死亡病例。

【新冠疫情防控】 2020年年初，疫情发生以来，中心以高度的政治责任感和使命感迅速投身战斗，建立24小时全天候运行机制，实时动态开展疫情防控工作，并及时协助其他单位开展相关工作，为疫情防控提供强有力的技术支持。中心24名干部发起自愿捐款，共计捐款7800元。3月16日，区疾控中心主任向巴泽登在堆龙德庆区教育局开展新冠肺炎疫情防控消毒操作技术培训，堆龙德庆区中小学、幼儿园（含各中心幼儿园）分管安全卫生副校长、后勤主任、消毒操作员，以及教体局安卫办工作人员等参加培

2020年10月20日，堆龙德庆区疾控中心工作人员在德庆镇开展乙肝监测工作

训。培训分为消毒知识及操作过程讲解、消毒操作技术答疑、食堂等重点区域消毒事宜3个环节展开。从消毒人员防护、消毒药片、消毒液配比、消毒方法及废弃口罩处理、场所通风以及外防输入等方面进行详细讲解。培训强调，学校是人员密集场所，为做好疫情防控工作，各学校要对教室、办公室、食堂、宿舍等场所每天通风2次以上，每次不少于30分钟，隔天全校范围消毒1次，教室和宿舍要做到错时消毒。

2020年10月26日，堆龙德庆区疾控中心工作人员在羊达街道办事处开展控烟监测工作

【防疫创新】 2020年，中心为切实降低各类传染病的蔓延及爆发，保障特定人群的身心健康，经与上级部门沟通协调，区财政共投入资金95万元，用于购置水痘、手足口、流感疫苗。全年德庆镇小学接种水痘疫苗512针次、乃琼街道小学接种水痘疫苗782针次、希望小学接种水痘疫苗586针次、堆龙德庆区小学接种水痘疫苗583针次、荣玛搬迁点托幼、散居儿童接种手足口疫苗234针次。区财政预算流感疫苗经费18万元，对辖区65岁以上户籍居民及农牧民、机关、事业单位退休干部职工免费接种流感疫苗，包括辖区异地扶贫搬迁点及荣玛乡高海拔搬迁点，老人在自愿接情况下共接种1071针次。

【艾滋病防治】 2020年，中心首次随访率达100%，CD4及病毒载量检测、随访同步跟进，对辖区内城镇居民、流动人口、从业人员干预2033人次，发放宣传材料1125份，发放安全套5250盒。

【结核病防治】 2020年，中心初诊患者登记86例，随访病人172人次，确诊患者43例，确诊病人均落实免费治疗。

【免疫规划】 计划免疫工作。2020年，中心按照免疫规划工作要求，完成对辖区内适龄儿童各类免费疫苗的接种工作，在安全注射的基础上确保免疫规划接种率达到上级部门的要求，对辖区内适龄儿童共应种11848针次、实种11747针次，接种率达99.14%针次。

疫苗与冷链管理工作。严格按照《疫苗储存和运输管理规范》，做到时时监测及时记录，并按时做好疫苗出入登记工作，检查疫苗有无过期，检查并记录冷链运转情况，定期除霜，保证疫苗贮存质量。

AEFI和AFP病例主动搜索工作。根据上级要求，每月调查（AFP、麻疹）病例3次，发现AFP疑似疑似病例1例，按规范采集标本并及时上报。全区有5例因接种异常反应，中心免疫规划科在第一时间内收集有关调查资料并及时上报上级业务部门，要求接种单位定期随访。

【慢性病综合防控】 重点人群管理。2020年，全区65岁以上常住居民老年人健康管理率100%，Ⅱ型糖尿病规范管理人数162人，高血压规范管理人数1937人。

创建自治区级“慢性病综合防控示范区”。根据项目实施需求，本级财政投入配套项目经费30万元，进一步提高城乡居民健康水平，降低人群慢性病危险因素水平。

严重精神障碍疾病管理。进一步健全严重精神障碍患者的防治体系，完善登记造册工作，做到“底数清，情况明”，共开展随访

3960人次，并完成严重精神障碍患者的建档管理工作，建档率达100%。同时，为提高广大群众对精神疾病的认识，减少社会对精神障碍患者的歧视，开展一系列的宣传教育活动。

【碘缺乏病防治】 居民食用盐抽样。2020年，中心按照《2020年拉萨市地方病防治监测方案》相关要求，开展碘营养监测工作，对堆龙德庆区所辖镇（街道办事处）按东、西、南、北、中划分5个抽样片区，共抽取15户居民食用盐300份，盐样中合格碘盐300份，碘盐食用率为99%，碘盐合格率为100%。

2016—2020年重点人群碘营养监测。在开展碘盐监测随机抽样监测的同时开展孕妇尿碘监测，共采集妇女尿样302份，由市疾控中心地方病科负责检验；2017年采用触诊方法调查400名8～10岁儿童甲状腺，触诊法评价儿童甲状腺肿大率为2%。

针对2017年堆龙德庆区个别学校甲状腺肿大发生率较高的情况，2019年由自治区、拉萨市、堆龙区疾病预防中心的有关专业技术人员利用2天时间，在堆龙德庆区5个乡镇中心小学的8～10岁201名学生（男女各占一半）进行碘缺乏病复检工作（内容包括甲状腺触诊、B超检查、身高体重、采集尿液等），通过复检数据调查分析，发现学生的碘营养状况得到改善，肿大率为0.5%。

【饮茶型地氟病】 2019年饮茶型地氟病流行现状调查。此次筛查活动覆盖全区6个镇（街道办事处）30个行政村，氟骨症病情调查对象为26周岁以上所有常住成人居民，共筛查21192余人（调查结果正在录入中），其中符合氟骨症临床症状和（或）体征轻度771人、中度262人、重度75人，全区X线应拍片人数为365人，实际拍片人数为283人（含新增28人）。人群茶氟摄入情况调查每村随机抽取10户家庭，入户调查登记每户家庭成员基本情况及砖茶饮用情况，并采集砖茶样品共300份。

饮茶型地氟病健康教育工作。为引导堆龙德庆区干部、群众形成良好的健康饮茶习惯，全面推广健康茶工作，普及饮茶型地氟病防治知识，提高人群对高氟砖茶危害的认识，自觉抵制高氟茶，目标人群开展饮茶型地氟病健康教育工作，共张贴宣传海报320张，发放宣传单368张、折页21421册，开设专题宣传栏32栏，张贴悬挂标语48条，开展咨询活动51次，专业人员培训76人，受教育人数29421人。

【克山病防治】 2018年，根据方案要求在古荣村选择10户（生活条件好、中、差）家庭收集不同种类粮样30份，采集不同年龄段发样30份，以调查村为中心，在距离村居住地边界500米以外的农田中随机采集10份土壤样。2019年，在古荣镇和羊达街道开展线索调查、组织疑似病例进行临床查体、十二导联心电图描记等工作，此次监测工作中，共调查古荣镇67例、羊达街道20例疑似心肌病病例，对66例进行临床查体和、十二导联心电图描记（已存底）。

【公共卫生】 学校卫生工作。2020年，中心对2017名学生的近视、龋齿、肥胖、营养不良、脊柱弯曲异常等常见病及青春期发育

2020年10月30日，堆龙德庆区疾控中心防疫人员在古荣镇荣玛搬迁点开展手足口疫苗接种工作

情况进行监测，为评估学生群体健康及身体发育水平提供科学依据。

生活饮用水监测。共计采集75份枯水、丰水水样2期，其中城市饮用水18份、农村生活饮用水57份（5份复检水样），城市监测水样18份，理化指标合格18份，理化指标合格率100%，微生物指标合格4份，合格率为78%；农村集中式供水监测水样52份，理化指标合格50份，合格率为98%，微生物指标合格21份，合格率为40%。

职业卫生。初步建立健全职业卫生工作机制，职业病危害因素监测任务完成率达100%。开展职业健康检查，联合区人民医院对辖区内200名职业病危害接触者进行职业健康检查，所有检查报告已完成报送和录入工作。

公共场所监测。办理公共卫生许可证58家，累计审核各类单位297家，现场量化审核率为100%。出动卫生监督员369人次、执法车辆94台次，针对监督检查发现的问题，下达《卫生监督意见书》138份。

个体诊所监督检查。检查23家个体诊所93次，出动监督员191人次、车辆72台次。检查发现部分个体医疗机构未按要求做到医疗废物分类收集、贮存和处置，存在医疗废物与生活垃圾混放现象，针对现场发现的问题下达卫生监督意见书76份，并予以现场指导，同时要求限期整改。

【检验检测】 2019—2020年，为建设“分子生物学实验室”“水质检测实验室”“艾滋病初筛实验室”，中心共投入资金805.74万元（上级配套资金43万元，本级人民政府配套762.74万元）。同时，不断完善县级应具备的检验检测设备，提升检验人员工作能力，年度实验室使用率达50%以上。

2020年10月28日，堆龙德庆区疾控中心防疫人员到乃琼幼儿园开展学校开展传染病排查工作

【全民健康教育】 2020年，中心以创建“健康堆龙”“健康促进示范区”“慢病示范区”“艾滋病示范区”建设为依托，加强全民健康教育，倡导健康有益的行为方式。经调查，2020年辖区居民健康知识知晓率达85%以上，居民健康行为形成率达50%以上，居民健康素养水平达21.3%。

【基础设施建设】 “十三五”期间，中心争取基础设施建设资金935.74万元，其中中央资金240万元，地方配套695.74万元，项目建设已完成，并于2020年12月底投入使用。

【规范农村孕产妇住院分娩补助项目】 2020年，中心动员各乡镇卫生院不断加大对项目的宣传力度，使党的这项惠民政策家喻户晓，努力提高全区项目补助兑现率。全年堆龙德庆区农牧区住院分娩产妇432人，享受补助产妇365人，补助兑现资金45万余元。

【阻断艾滋病母婴传播】 2020年，中心按照自治区（预防艾滋病母婴传播工作实施方案）的相关要求，建立“逢孕必检”的工作机制。并因地制宜的紧紧围绕所有孕产妇及婚前保健人群等目标人群，提供自愿咨询与自愿检测服务。2020年，辖区孕产妇HIV免费咨询428次，HIV检测428人，阳性患者0人。

【农村孕产妇增补叶酸预防神经管缺陷项目】 2020年,中心为全区278名早孕妇女发放叶酸片510盒。对全区6～36个月儿童发放儿童营养包3612盒,领取人数5145人。

【两癌筛查】 2020年,中心对全区35～64岁妇女进行两癌筛查工作,HPV筛查人数7547人,其中HPV初筛阳性725人,TCT复查人数526人。

【妇幼保健】 2020年,全区孕产妇总数607人,建卡数607人,建卡率为100%。产妇数428人,分娩总数432人,双胎数4对,活产数426人,其中男婴227人,女婴199人。接受系统管理产妇人数419人,接受早检的产妇数419人,产妇产后访视428人,住院分娩428人。全区高危产妇筛选出194人,中重度高危孕产妇人数0人,高危产妇住院分娩194人,孕产妇死亡数为0。

2020年,全区0～7岁儿童体检工作:0～7岁儿童人数3777人,儿童体检人数3629人,体检率为96%。5岁以下儿童人数3129人、儿童体检数2953人、体检率为94.37%。3岁以下儿童人数1961人、儿童体检数1857人、体检率为94.69%。0～6岁儿童视力检查人数3972人。5岁以下儿童血红蛋白检测人数为2962人,贫血患病人数57人。

（索朗旺堆）

【机构领导】

主　任

向巴泽登（藏族,11月离任）

次旦卓嘎（女,藏族,11月任职）

副主任

格桑平措（藏族）

次仁央金（女,藏族）

疾控中心中级职称以上人员一览表

表8

姓名	性别	民族	工作单位	批准单位	批准时间
向巴泽登	男	藏族	堆龙德庆区疾控中心	西藏自治区人社厅	2001年8月
次仁拉加	男	藏族	堆龙德庆区疾控中心	拉萨市人社厅	2018年5月
尼玛卓嘎	女	藏族	堆龙德庆区疾控中心	西藏自治区人社厅	2009年9月
兰　岚	女	回族	堆龙德庆区疾控中心	西藏自治区人社厅	2012年9月
次德吉	女	藏族	堆龙德庆区疾控中心	拉萨市人社厅	2019年12月

堆龙德庆区人民医院

【概况】 2020年,堆龙德庆区人民医院在区委、区政府的高度重视和上级卫生主管部门的关心支持及正确领导下,以习近平新时代中国特色社会主义思想为指导,加快县乡一体化建设提升县乡医疗卫生服务能力和运行效率,更好为人民群众提供优质、高效、价廉的医疗卫生服务,加快推进"健康堆龙"建设,切实解决人民群众"看病难、看病贵"等重大民生问题。同时,坚持"预防为主、防治结合、依法科学、分级分类"的疫情防控原则,全面落实各项防控措施,全力做好新冠肺炎疫情常态化防控工作,较好地完成全年各项工作。

堆龙德庆区人民医院（以下简称"区医院"）是一家非营利性公立医院,始建于1961年,是一所集医疗、保健、预防为一体的基层二级乙等综合医院、全区医疗保险定点医院及新型农村合作医疗定点医院。2013年11月区医院搬迁至新址,医院占地面积33335平方米,建筑面积5705.17平方米,共有开放床位68张。全院设有21个科室,在职职工130名,其中在编职工84名、外聘人员37名、其他人员9名。

【新冠病毒感染肺炎疫情防控工作】 2020年年初，新冠病毒感染肺炎疫情突然来袭，市、区各级医疗机构进入紧急备战状态。1月23日，堆龙德庆区人民医院被拉萨市指定为新型冠状病毒感染肺炎定点医学留观医院，为进一步做好市、区疫情防控工作，有效控制疫情，立即成立以院党支部书记、院长为组长的疫情防控领导小组，并召开新冠肺炎疫情防控部署会议，抽调骨干力量组建医疗救治专家组、后勤医疗物资保障组、药品供应储备组、感控消杀组、信息网络组、安全保卫组、对外协调组、督导检查组8个专项小组，研究部署医院防治新冠肺炎疫情策略、措施、预案、流程等，积极推进新冠肺炎疫情防控各项工作。在住院楼及感染科病区共设立4个隔离病区，仅用3天时间完成隔离病区"三区两通道"布局改造，全面开启堆龙德庆区新冠肺炎疫情防控工作。

2020年1月30日，西藏自治区第三人民医院专家在堆龙德庆区人民医院指导疫情防控工作

新冠病毒传染性强，医疗机构面临防控任务重、风险高，区医院组织召开秋冬季疫情防控专项工作部署会议，再强调再部署疫情防控重点工作，吸取青岛新冠疫情事件教训，再次梳理预检分诊、各科室就诊流程、制度，对高风险科室，如预检分诊、发热门诊、放射科、隔离病区工作人员单独培训，要求全员掌握个人防护及消毒方法。

为提高医护人员对新型冠状病毒感染肺炎的诊疗能力和防控水平，切实做好医院的疫情防控工作，医院积极组织新冠肺炎相关知识培训。全年医务科组织培训20余次，院感科组织培训20余次，护理部组织培训60余次，主要培训内容包括国家卫健委发布新冠肺炎诊疗方案1～8版、新冠肺炎防控方案1～7版、手卫生规范、医疗废物的处置、护理规范等，为医院规范开展新型冠状病毒感染的肺炎的防控工作奠定坚实基础。

疫情期间，区医院疫情防控各专项小组24小时轮流值守，各司其职，预检分诊组严把进院第一关，分诊分流患者，直面风险；院感消杀组对院内各区域的物表、空气每日进行全面消杀，最大限度降低院内交叉感染风险；医疗救治组接诊隔离观察人员，奋战在"抗疫"一线，全力抗击疫情；后勤物资保障组精心准备为隔离人员提供每日营养餐及基本生活物资保障；解除居家隔离专家组对居家隔离人员进行健康评估，对符合解除隔离条件的人员出具解除居家隔离证明；外勤组驻扎柳梧检查站及各指定酒店，对外来人员进行体体温监测、健康评估，坚决遏制疫情蔓延势头。

【医疗业务工作】 2020年，全院门、急诊病人量为4279人次，住院人次440人（其中医学隔离人员128人）。医院感染病例发生，器械消毒合格率100%，紫外线强度监测合格率100%。共上报传染病7例（网络直报），其中：甲、乙流1例、水痘1例、手足口5例。制定《新冠肺炎医疗废物管理应急处理预案》指导新冠相关医废收集及处置工作，全年医院无医疗废物泄漏事件发生，医废回收及处置率100%。完成全院性护理操作10次和理论培训考核4次，护理理论授课15次，穿脱防护服培训4次，咽拭子培训3次，手卫生培训6次，护理人员培训率达98%。组织召开4次药事管理委员会议，药品由堆龙德庆区中心药库集中采购，通过中心药库严格的制度管理，确保全区各镇（街道）卫生院及村卫生室能够及时用药。投入资金100.3万元新增口腔CT、牙科椅、拍片机等设施设备，投入169.6万元为微生物实验室配备全自动血培养仪、全自动药敏检定仪、二氧化碳培养箱、生物安全柜等设备，投入273.3万元为内窥镜诊疗中心配备胃肠镜主机、胃镜、肠镜、超声波清洗机等设施设备，投入278.1万元为手术室、产房、妇产科进行改造并购买设备，投入232.3万元新增新冠疫情防控应急设施设备新增移动DR、移动测温通道、平照紫外线消毒器等，9月收到中央公共卫生体系建设和重大疫情防控救治体系建设补助资金268.1万元。

【完成各项民生项目】 2020年5月，堆龙德庆区全民健康体检、妇女“两癌”筛查、儿童先心病筛查等惠民项目启动，截至11月5日，全民健康体检应检人数40158人，实检人数35626人；妇女“两癌”筛查应筛查人数10496人，实际筛查人数10496人，完成率100%，其中HPV阳性230人，乳腺异常18人；儿童先心病筛查已筛查7103人；唇腭裂已筛查35626人；先天性髋关节发育不良已筛查36928人，确诊1人。

积极推进县乡医疗联合体“优质服务基层行”和建档立卡贫困人口人员一对一健康服务帮扶工作，跟踪了解患者病情，及时提出救治意见。全年共开展二轮“一对一”扶贫健康巡诊活动，由医院一对一救治医生详细询问各自救治对象基本信息及病情，填写“堆龙德庆区建档立卡贫困人口健康服务一对一帮扶卡”。同时，通过测量血压、血糖等常规体检服务，了解帮扶人员的病史和身体情况，对他们的病情进行初步筛查、诊断和治疗，并免费发放药品，告知用法用量，共计发放药品50种、价值1万元。

为了深入开展送医、送药活动，宣传贯彻落实中共十九大会议精神，以实际行动践行“不忘初心牢记使命”主题教育，根据区委、区政府的指示精神，医院组织骨干人员和援藏医生以及部分党员干部，组成医疗小分队，为全区四镇两个街道办事处一线执勤点、驻村点、驻寺点、护路点、派出所维稳工作人员及各行政村村民开展2轮医疗巡诊工作（送医、送药、送温暖活动），共开展100余次义诊活动，为近4000人次进行免费诊疗，发放120多种藏、西药，并指导服药，总价值近8万元，得到全区一线维稳工作人员和广大老百姓的一致好评。为实际解决三县福利院老人们的健康问题，区医院藏医科医生于每周三到三县福利院进行固定会诊，共会诊30次诊疗1240人次，免费为老人们送医送药，得到福利院老人们的一致好评。落实医疗救治机制，确保异地搬迁生计保障，全面落实执行先诊疗后结算的政策，为异地搬迁中身患疾病的人员进行医疗救治，不因疾病影响异地搬迁的正常工作开展，确保搬迁户“搬得称心、住得安心”。

【医疗援藏】 区医院是拉萨市定点隔离医院，在此次疫情期间担负着非常重要的任务。感染控制是传染病防治中的重中之重，对此援藏医疗队积极梳理流程、完善疫情期间的感控、护理工作制

2020年2月1日，堆龙德庆区人民医院全院党员干部在党支部书记的带领下重温入党誓词，并书写了“防控疫情，党员先行”决心书

度，重新指导划分隔离病房区域，修订感控制度150余条，修订护理制度73条，完成护理技术操作培训12项，使之更加科学、规范、安全。疫情期间对全院职工进行新冠肺炎的相关培训，对院内感染的案例进行分析，从中发现问题，并及时改进。为确保院内防控安全，援藏医疗队借助7S管理工具，进行全院整改，使院内环境质量大大改善，安全性显著提高。为确保消毒效果和安全，还对医院消杀组消毒液浓度进行准确性测量，制订标准化方案。同时还下工地对居家隔离人员进行现场防疫指导，确保居家隔离人员安全。9月初，北京市门头沟区援藏项目——远程心电和远程影像的开通，意味着藏区人民身在西藏，也可以享受到北京先进的医疗资源，同时线上会诊交流也能提高当地医务人员的技术水平。2020年年底，消化内镜中心的建设经布局规划，已完成施工，内镜仪器设备已到位。

（索吉娜）

【机构领导】

书记、院长

泽　　多（藏族）

副院长

拉巴顿珠（藏族）

米　　明（女，藏族）

毛　　卫

吴桂芹（北京援藏，8月任职）

堆龙德庆区人民医院中级职称以上人员一览表

表9

等级	职称	姓名	性别	民族	工作单位	职务名称	批准单位	批准时间
副高级5人	副主任医师	泽　　多	男	藏族	堆龙德庆区人民医院	院长（副高）	自治区人社厅	2018年11月
	副主任药师	陈　　玮	女	汉族	堆龙德庆区人民医院	副主任药师（副高）	自治区人社厅	2017年6月
	副主任医师	尼玛仓决	女	藏族	堆龙德庆区人民医院	副主任医师（副高）	自治区人社厅	2018年1月
	副主任医师	吴仕华	男	汉族	堆龙德庆区人民医院	副主任医师（副高）	西藏自治区卫生健康委员会	2019年5月
	副主任医师	张相梅	女	汉族	堆龙德庆区人民医院	副主任医师（副高）	中共西藏自治区卫生健康委党组	2020年6月
中级22人	主治医师15人	巴　　桑	女	藏族	堆龙德庆区人民医院	主治医师（中级）	拉萨市人社局	2004年7月
		次　　旺	男	藏族	堆龙德庆区人民医院	主治医师（中级）	拉萨市人社局	2008年1月
		巴　　珠	女	藏族	堆龙德庆区人民医院	主治医师（中级）	拉萨市人社局	2009年3月
		次仁措姆	女	藏族	堆龙德庆区人民医院	副院长（中级）	拉萨市人社局	2009年7月
		张　　琮	男	藏族	堆龙德庆区人民医院	主治医师（中级）	拉萨市人社局	2009年9月
		夏　　晖	男	汉族	堆龙德庆区人民医院	主治医师（中级）	拉萨市人社局	2010年9月
		王仕会	女	汉族	堆龙德庆区人民医院	主治医师（中级）	拉萨市人社局	2010年9月
		德吉卓嘎	女	藏族	堆龙德庆区人民医院	主管护师（中级）	拉萨市人社局	2011年12月
		白玛措姆	女	藏族	堆龙德庆区人民医院	主治医师（中级）	拉萨市人社局	2012年11月
		巴　　桑	女	藏族	堆龙德庆区人民医院	主治医师（中级）	拉萨市人社局	2013年7月
		达　　瓦	男	藏族	堆龙德庆区人民医院	主治医师（中级）	拉萨市人社局	2014年1月

续表 9

等级	职称	姓名	性别	民族	工作单位	职务名称	批准单位	批准时间
中级 22 人	主治医师 15 人	拉巴顿珠	男	藏族	堆龙德庆区人民医院	主治医师（中级）	拉萨市人社局	2017 年 6 月
		毛　卫	男	汉族	堆龙德庆区人民医院	副院长（中级）	拉萨市人社局	2017 年 6 月
		葛　军	男	汉族	堆龙德庆区人民医院	主治医师（中级）	拉萨市人社局	2017 年 6 月
		拉　珍	女	藏族	堆龙德庆区人民医院	主治医师（中级）	拉萨市人社局	2017 年 6 月
	主管护师 4 人	白玛旺姆	女	藏族	堆龙德庆区人民医院	主管技师（中级）	拉萨市人社局	2017 年 6 月
		索朗拉姆	女	藏族	堆龙德庆区人民医院	主治医师（中级）	拉萨市人社局	2017 年 6 月
		白　波	男	汉族	堆龙德庆区人民医院	主管护师（中级）	拉萨市人社局	2017 年 8 月
		尼珍拉	女	藏族	堆龙德庆区人民医院	主治医师（中级）	拉萨市人社局	2017 年 8 月
	主管药师 1 人	央　金	女	藏族	堆龙德庆区人民医院	主管护师（中级）	拉萨市人社局	2018 年 5 月
	主管技师 2 人	强央曲珍	女	藏族	堆龙德庆区人民医院	主管护师（中级）	拉萨市人社局	2019 年 4 月
		拉姆次仁	女	藏族	堆龙德庆区人民医院	主管护师（中级）	拉萨市人社局	2020 年 1 月

医疗保障

【概况】 2020 年，堆龙德庆区医疗参保人数共 42627 人，其中建档立卡 6044 人、标准人群 31898 人、城乡最低生活保障 634 人、重度残疾 236 人、特困供养 38 人、重点优抚对象 1 人、孤儿 11 人、其他困难人员 2 人、“6065” 人员 3625 人、僧尼（区、市、县）90 人、重残儿童 2 人、低收入家庭成员 46 人，基本实现参保全覆盖。

【医保中心成立】 2020 年 8 月 12 日，堆龙德庆区医疗保障服务中心成立，为区医保局所属事业单位，股级建制，核定事业编制 3 名（主任 1 名），编制职数 3 人。

【城乡医保整合】 2020 年，堆龙德庆区开展城乡医保整合工作，由市级统筹建立统一信息平台，全区享受“一站式”结算人次 3765 人，总医疗费用 42992655.06 万元，统筹基金支付 29502446.48 万元。大病保险支付人数 398 人、支付金额 3508383.01 万元；医疗

2020年5月27日，西藏自治区医疗保障局党组书记、副局长泽丽（中）一行在堆龙德庆区调研医保相关工作

救助支付人数551人、支付金额1005704.8万元；建档立卡户结算425人次，总费用4928762.9万元，统筹基金支付3595338.57万元；大病保险支付人数39人、支付金额585697.37万元；医疗救助支付人数425人，支付金额673365.22万元。

【大病补充保险和超大额补充保险】 2020年，区委、区政府在参保群众享有医疗保险、大病保险和医疗救助的基础上，预算拨付135万元用于购买人民群众超大额补充医疗保险资金（30元/人·年），最高可赔付30万/人·年，确保低收入家庭看得起病、吃得起药，人民群众幸福感安全感获得感不断提升。

【医疗救助】 2020年，堆龙德庆区普通医疗救助重特大疾病医疗救助年度基金封顶25万元，其中建档立卡人员普通医疗救助重特大医疗救助年度基金封顶提高到30万元。

【贫困人口参保财政补贴】 2020年，根据《拉萨市人民政府关于印发〈拉萨市城乡居民基本医疗保险实施办法（试行）〉的通知》第三章基金筹集要求，区医保局高度关注重点人群医疗保障工作，全区建档立卡参保财政补贴1167930元、城乡最低生活保障参保财政补贴145750元、重度残疾参保财政补贴52750元、特困供养参保财政补贴11000元、重点优抚对象参保财政补贴190元、孤儿参保财政补贴2750元、“6065”人员参保财政补贴867250元、僧尼（区、市、县）参保财政补贴9437.5元，全部得到参保缴费的代缴，代缴金额达225.71万元。

（代艳平）

【机构领导】

党组书记、局长

张淑娟（女）

党组成员、副局长

李扎西（藏族，10月任职）

党组成员、副局长

尼玛拉吉（女，藏族）

文化和旅游

【概况】 年内，堆龙德庆区文化和旅游局在区委、区政府的坚强领导下，在上级部门的关心支持下，始终坚持以习近平新时代中国特色特色社会主义思想为指引，牢固增强“四个意识”、坚定“四个自信”、坚决做到“两个维护”，深入贯彻落实中共十九大和十九届二中、三中、四中、五中全会精神及中央第六、第七次西藏工作座谈会精神，紧紧围绕区委、区政府中心工作，勇于创新、奋力进取，不断推动堆龙文旅事业繁荣发展。2020年，区文旅局内设综合办、财务科、市场科、产业推进科、非遗办、文物科、旅游行管科，共有干部职工24名，其中行政岗位11名，专技人员7名，工人编制1名，政府购买1名，公益性岗位4名。

【文旅产业发展】 2020年，堆龙德庆区文旅工作坚持以将西藏作为“重要世界旅游目的地”、拉萨市创建“国际文化旅游城市”战略定位为引领，依托自身优势资源，努力把文旅产业发展作为活一方经济、富一方百姓的朝阳产业，作为带动和串联沟域经济发展的重要抓手，确立“整体性布局、差异化发展”的文旅产业发展新思路，编制完成《“十三五”旅游规划》《全域旅游发展规划（2017—2030年）》《宇妥沟、楚布沟等沟域专项规划》《楚布沟景区概念性规划》，探索开展全域旅游示范区创建工作，培育一批近郊休闲、民俗体验、旅游购物等多元化旅游产品，成功打造一批具有市场竞争力的精品民宿、康疗保健等堆龙文旅品牌，逐步形成以象雄美朵生态旅游文化产业园为中心，连接楚布沟、宇妥沟等沟域近郊休闲旅游和乡村民俗文化旅游的发展体系，通过串点成线的方式，有序推动由“景点旅游”向“全域旅游”的转变升级。

【公共文化】 文化惠民工程深入推进。2020年，区文旅局充分发挥意识形态主阵地优势，结合脱贫攻坚、乡村振兴等基层文化建设需求，以满足广大群众精神文化生活需要为抓手，逐步淡化宗教消极影响，引导群众过好今生幸福生活。全区1个文化活动中心、6个镇（街）文化活动站、31个村级文化活动室全面实行免费开放；借助“3·28”百万农奴解放纪念日、藏历新年、望果节、雪顿节、建党99周年等各类节庆活动，积极开展辅导服务、文艺演出、趣味娱乐等培训50余次，累计开展文化惠民演出391场次，带动受益群众7万余人次。

村级文艺队组建工作扎实开展。按照“一村一文艺演出队”创建工作要求，堆龙德庆区在原有10支藏戏队的基础上，拨付专项启动资金155万元，按照“9有”组建标准，新建村级文艺演出队21支，村级文艺队实现全覆盖。

“书香堆龙”工程推进有序。以文化活动中心为载体，全力克服疫情带来的不利影响，积极开展全民健身、全民阅读、基层送书等活动。全年为6个镇(街)文化活动站新增、补发书籍228种、3300余本。电子图书阅览室公共藏书达30余种、2万余册，三级文化活动场所累计接待群众2万余人次。

艺术创作日益繁荣。坚持将宣传党的路线、方针、政策作为节目创作的活力导向，当好党的“巧喉舌”，传播好党的“好声音”；以玉妥沟文化旅游节、区“攻坚凯歌逐梦小康”脱贫攻坚颁奖晚会、“不忘初心、牢记使命”等活动内容为载体，积极开展文艺作品创编工作。2020年，区艺术团成功创编《村民们，听好》《好政策》《新年与防控》《父女》《好房东》《堆龙幸福路》等优秀作品13部。

“厕所革命”扎实开展。以创建文明城市活动为契机，截至2020年11月，全区规划建设公共厕所56座，其中完成拉萨市录入全国旅游厕所管理系统厕所名录11座，申报完成旅游厕所保洁生态补偿脱贫岗位4个。

【文化遗产保护】 文物保护工作。2020年，堆龙德庆区累计列入自治区、县(区)级文物保护单位名录26处，同时完成86处文物保护点卫星定位工作，不断加强直龙寺遗址等野外保护工作，及时组织野外看护人员进行专项培训，野外文物保护能力和水平不断提升。

2020年1月25日，堆龙德庆区举办以“奋斗新时代 梦圆小康年”为主题的春节藏历新年大联欢活动，图为活动文艺演出现场

非物质文化遗产工作。觉木隆藏戏、古荣糌粑技艺、望果节等20个优秀文化遗产被列入各级非物质文化遗产名录；以挖掘宇妥沟人文历史资源为契机，多次邀请专家组对藏医鼻祖宇妥宁玛·云丹贡布人物整体形象进行论证设计，全力助推藏医药文化传播和发展。

“非遗+脱贫”事业。注重精神激励与物质丰富有机结合，全力推进“非遗+扶贫就业”工坊创建工作，完成非遗扶贫就业工坊1家(日姆勉唐派唐卡农牧民专业合作社非遗扶贫就业工坊)。

【市场培育监管】 行业市场监管。2020年，区文旅局为进一步提升辖区文旅市场监管实效，探索试行多部门联动执法机制，会同区卫健委、公安局、市场监督管理局、应急管理局等有关部门扎实开展重点领域的安全隐患、扫黑除恶、疫情防控等排查治理专项行动。共召开文旅市场经营业主会议4次，开展文化旅游专项检查430余次，检查涉文涉旅企业、景区(点)284家次，办理案件5起；取缔无证经营歌舞娱乐场所1家、非法销售音像制品游商1家，收缴各类非法音像制品287张，行政处罚500元；取缔无证下载歌曲点2个，行政处罚100元；查处变更地址未备案的互联网上网服务营业场所1家，行政处罚1000元；处理文化市场举报案件

2020年7月1日，堆龙德庆区文化和旅游局组织演出队伍在德庆镇举办庆祝中国共产党成立99周年文艺会演

2起。

文化市场行政审批自查自纠。受理文化市场各项行政许可申请31件，办结歌舞娱乐场所11家，变更歌舞娱乐经营场所2家，更换新版歌舞娱乐场所娱乐经营许可证11家、受理变更互联网上网服务场所网络文化经营许可证19家。

【行业复苏发展】 强化服务助力项目复工。2020年，区文旅局以文化旅游基础设施和公共文化服务设施建设为重要抓手，突出线上教育引导、线下督导检查，压紧压实疫情防控文旅责任，不断加大文旅项目监督和管理力度。2020年，新建、续建项目共7个，累计完成投资5441.73万元。其中东嘎镇热玛庄园文物保护修缮工程、乃琼镇加列庄园保护性修缮工程、楚布玫瑰园配套设施建设项目、圣地香都文化旅游景区基础设施建设项目已基本完工并交付使用；德吉藏家“旅游+”项目建设工作有序推进；药王谷景区建设项目、楚布沟景区建设项目即将进场。

打造平台助力市场复产。坚持以区内市场为主体，区内区外市场融合发展，借助“圣洁拉萨·健康之旅”美丽乡村游启动仪式等推介平台，以玉妥文化旅游节等系列活动为载体，不断推进文旅产业由集散型向综合型转换。依托堆龙德庆区文旅节庆活动，积极打造糌粑、藏香、牦牛酸奶、藏香水等堆龙特色产品展销平台，协同区经信局争取政府补贴资金180万元，开展“欢乐雪顿节嗨购享补贴”购物展销和玉妥文化旅游节创业集市活动，为辖区50余家文旅企业提振发展信心，拉动文旅消费约500万元，进一步激发市民消费热情，助力堆龙经济快速复苏。2020年，助力德吉藏家累计接待游客2.4万余人次，实现营业收入200万余元；助力象雄美朵文旅小镇9月累计接待游客1.9万余人次，实现营业收入80万余元。

文旅产品开发有序推进。注册完成“邱桑”“玉妥”等旅游资源保护性商标12项，研发具有藏地文化特色的旅游产品——藏药小钟表、藏医小唐卡等24种。

文旅活动品牌日益唱响。整合“楚布沟山地自行车竞速赛、古荣糌粑文化节、觉木隆藏戏文化节、药王谷养生沐浴节”等活动资源，成功举办首届堆龙德庆区“玉妥”旅游文化节，现场参与群众1.5万人次，在“两微一抖”平台上曝光率达6637.9万余次，央视第5套节目对第六届楚布沟山地越野赛进行报道，“玉妥”文化品牌推向全国，堆龙文旅活动的知名度和影响力持续提升。

推进文化产业示范基地申报工作。全年成功申报完成市级文化产业示范基地（园区）2个、县（区）级文化产业示范基地（园区）5个。

【就业增收】 2020年，受新冠肺炎疫情影响，堆龙德庆区共接待旅游153.07万人次，旅游带动收入4816.1万元。

依托“西藏人游西藏·拉萨人游拉萨”等优惠政策活动，积极对接堆龙旅游特点，有序推动实施“冬游西藏·一元游堆龙”活动。受疫情影响，“一元游”活动期间，助力“德吉藏家”累计接待游客1000余人次，带动增收9.5万元。

积极实施文旅市场“回暖”计划，积极开展应对疫情“保市场主

2020年12月18日，堆龙德庆区举办以“党的光辉照边疆·边疆人民心向党”为主题的2020年堆龙德庆区村级文艺队专场汇报演出活动，图为农牧民群众参与会演

体”资金兑现活动，及时为辖区景区（点）、宾馆、酒店、招待所等60余家企业纾困解难，累计兑现专项补贴资金111.2万元。

助力脱贫攻坚成效持续提升。2019年下半年至2020年上半年期间，通过德吉藏家带动波玛村易地搬迁100户409名易地搬迁群众累计分红33.76万元，户均增收超3300元。2020年，旅游产业带动当地累计分红23余万元；助力波玛5组组集体经济增收20余万元；助力邱桑温泉景点累计接待游客2.6万余人次，带动村级集体经济增收102.5万余元。依托重点项目建设运营，协同象雄美朵产业园区管委会、拉萨市永矗文旅开发有限公司新增旅游就业岗位200个，岗位月工资3000元到3500元不等，带动当地工资性增收934.68万元；转移当地劳动力4800余人次，短期劳务增收200万元。

（朱翔宇）

【机构领导】

局　长

朗珍曲尼（女，藏族）

副局长

朱志霞（女，11月离任）

丹增旺求（藏族，11月离任）

则　比（女，藏族，11月任职）

胡永红（11月任职）

文化和旅游局中级职称以上人员一览表

表10

姓名	性别	工作单位	专业技术职务名称	批准单位	批准时间	职称
贡桑顿珠	男	堆龙德庆区文旅局	国家三级演职人员	西藏自治区文化厅	2008年10月	中级

农业农村

【概况】 年内，堆龙德庆区农业农村局始终站在以人为本、关注民生的角度，深入贯彻落实“三农”改革精神，狠抓“乡村振兴”、农村改革、结构调整、产业发展、科技投入、项目建设等工作，圆满完成全年各项目标任务。区农业农村局内设行政办公室、财务办公室、科技办公室、兽医站、农技推广站、农工办、农机站、清产核资办（临时成立的工作专班）等部门科室，共有在职干部职工36名，其中行政编制7名，工人6名（含净土公司3名），事业编制专业技术人员23名。2020年，全区农业总产值4.24亿元，增速9.7%，其中，农业产值1.73亿元，林业产值0.09亿元，牧业产值2.4亿元，农林牧渔服务业产值0.02亿元。农林牧渔业增加值2.21亿元，增速9.3%，其中，农业增加值0.83亿元，林业增加值0.04亿元，牧业增加值1.33亿元，农林牧渔服务业增加值0.01亿元。

【乡村振兴】 2020年，堆龙德庆区落实完成7100亩高标准农田建设项目、3200 亩(新建面积1200 亩,复种面积 2000 亩)本级人工种草建设项目,其中本级人工种草建设项目种植期间带动当地群众 45 人,带动收入达 13.5 万元,带动本地机械 12 台(拖拉机、运输车),机械费用收入达 12 万元。

着力推进“美丽乡村、幸福家园”建设,完成总体方案、6 个专项方案和 8 个村庄的规划编制工作,实现镇(街道)、村庄规划全覆盖。聚焦产业振兴,为示范村配套产业项目 13 个,已完工 8 个,正在有序推进 5 个。全面实施人居环境集中连片整治,嘎冲村、德庆村、加入村、邱桑村、设兴村 5 个人居环境整治项目分别完成总工程量的 65%、85%、60%、50%、70%,东嘎街道嘎东重萨、羊达街道浪冲、乃琼街道恰卡等棚户区改造项目分别完成总工程量的 55%、57%、17%,农户“三改一整”计划已完成 280 余户示范户试点改造,户用卫生厕所普及率达 80%。

开展垃圾分类工作,深化“户分类、村收集、镇转运、区处理”四级垃圾清运模式,合理配备分类垃圾桶、电动分类收集三轮车、电动分类保洁三轮车,设置分类暂存区、智能可回收物回收设施,建成可利用回收物品积分兑换超市 10 家,实现行政村生活垃圾分类工作全覆盖。引入专业的第三方公司,实行专业化、规范化管理,对全区的可回收物进行定时清运、定点清运。

【农业工作】 加快推进全区高产高效创建田、良种繁育基地、新品种推广、有机示范点推广、设施农业园区等项目,为全力推进供给侧改革打下坚实基础。2020 年,全区完成春播面积 47122 亩,机耕、机播完成率均达 100%,其中:粮食播种面积 33000 亩(完成指标任务 89.2%),经济作物播种面积 11022 亩。共实施绿色高产高效创建田 35000 亩(完成指标任务 100%),测土配方施肥面积为 35000 亩;良种推广面积 29100 亩,良种繁育田面积 3585 亩;调运种子 450.9 万吨、化肥 817.5 吨(与上年相比减少 682.5 吨,减少约 45.5%)、农药 3 吨(较上年无变化),积造农家肥 16.5 万吨;完成秋收面积 32600 亩,机收完成率均达到 100%;完成冬播面积 942 亩。全年粮食总产量 9649.53 吨,其中青稞产量 7139.39 吨;完成蔬菜种植面积 10860 亩,产量为 37241.83 吨。持续推进马镇马村 2000 亩有机青稞种植工作,组织净土公司收购马镇马村有机青稞 7.7 万公斤,单价 2.5 元 / 公斤。积极开展以无公害农产品、绿色食品、有机食品、农产品地理标志保护产品为主要内容的“三品一标”认证,1 项地理标志产品通过认证。

2020年2月3日,堆龙德庆区农业农村局组织人员在包村点、驻村点发放防疫物资

【地标产品】 堆龙德庆糌粑是当地有名特产。堆龙德庆糌粑有数百年历史,曾作为贡品专门供应达赖喇嘛、西藏地方政府官员以及贵族。堆龙德庆糌粑的加工工艺流程主要包括清洗、火炒、脱皮、精选、水磨 5 个步骤。制作时先用开水把青稞烫洗干净,趁热装入口袋,捂置 20 分钟左右,随后进行炒制,炒后再进行脱皮。精选即除去石子等杂质,待冷却后用传统水磨磨粉。堆龙德庆糌粑为灰白色,粉末状,色泽均匀一致,具有独特的青稞麦香味,口感香甜。

2004 年,古荣乡青稞播种面

2020年9月22日，在2020年拉萨市第三届“中国农民丰收节”上，堆龙德庆区古荣镇加入村全程机械化作业，让秋收跑出了“加速度”，成为秋季农业生产的一道风景

积8200亩，为堆龙德庆区重要的产粮区之一。拉萨市区约有30多家糌粑食品专卖店，年销售量在60万千克左右，其中85%以上的店面是由堆龙德庆区农民自行开办。2014年，堆龙德庆糌粑龙头企业带动周边310户农户从事糌粑生产加工，年户均增收达到3.7万元，帮助248户贫困户实现脱贫。

【畜牧业工作】2020年末，全区牲畜存栏10.2769万头（只、匹），全年完成出栏3.7927万头（只、匹），指标完成率达63.09%，新生仔畜1.855万头（只），成活率达98.7%，成畜死亡率控制在1.26%；猪牛羊肉总产0.33万吨，禽肉产量437吨，奶产量1.64万吨，禽蛋总产144吨。

重大动物疫病防控工作。召开春秋防疫工作动员部署会，层层签订责任书，规范和完善免疫建档立卡工作，在全面普查掌握畜禽存栏情况下，落实集中免疫制度，坚持“七不漏”方针，完成畜禽免疫37.9502万头（只、匹），牲畜免疫密度达100%，无重大疫情发生。

黄牛改良工作。全年完成黄改冻配2500头，去势公牛560头。在德庆、马镇、古荣镇、羊达街道开展牦牛（犏牛）经济杂交配种工作，配种任务300头，实际配种352头，配种完成率达100%，兑现牦牛经济杂交补助资金37.815万元。

动物监督执法。组织人员到堆龙德庆区范围内的种养殖基地、农贸市场、农资店各销售农药、种子、化肥、兽药门面定期与不定期检查，全力打击假冒伪劣农资，严肃查处乱涨价等违法行为。2020年，全区共计开展非洲猪瘟疫情生猪及其产品落地检疫165次、检疫产品933.8654万吨；开展非洲猪瘟核酸检测430份（检测结果均为阴性），检疫合格证安全率达90%以上；联合执法出动62次，养殖场专项整治27次（非洲猪瘟疫情排查）；检查饲料、兽药经营32次；产地检疫438次，开具电子检疫票438张；累计出动执法车辆158车次，出动动物卫生监督执法人员305人次：通过高频率、全方位的检查执法严厉打击违反畜产品安全的不法行为，有效保障全区畜产品质量安全，促进畜牧业健康发展，全年辖区内没有发生一起农畜产品质量安全事故。

包虫病防治。组织召开家犬投药及新生羔羊免疫工作动员大会，进一步规范家犬投药剂量、新生羔羊免疫剂量、药物保存等技术操作。2020年，完成家犬驱虫投药12次，累计完成6.5148万只家犬驱虫投药，驱虫覆盖率达100%。同时完成0.4968万只家养犬狂犬病免疫接种及0.208万只新生羔羊免疫接种工作，免疫率达100%。顺利完成包虫病监测工作，共采集血清样本438份，犬粪样本320份；解剖样本羊100只、牛20头。从支农资金中投入20万元，购置驱虫药、疫苗、稀释液、犬只免疫证书、办理犬只证电脑设备、口罩、手套、防护服等各类防护物资及宣传资料，下发至各镇（街道）。

【科普服务】2020年，堆龙德庆区持续营造重科学、讲科学、学科学、用科学的良好社会风尚，组建一只有16名“三区”科技人才的科普教育志愿服务团队，在全区范围内开展科普志愿服务活动，确保科普宣传工作到位。

【建立草原生态保护补助奖励机制】 2020年，堆龙德庆区草原总面积250.40万亩，可利用草原面积245.16万亩。人工种草及农副产品载畜量6.46万个绵羊单位，可利用天然草原载畜量23.38万个绵羊单位。全区草畜平衡载畜量29.84万个绵羊单位，可利用草原载畜量标准（亩/绵羊单位）10.59个绵羊单位。2020年，全区牲畜存栏为15.56万个绵羊单位，牲畜保持在平衡点以下，共发放草畜平衡奖励资金367.74万元。

【合作社发展】 2020年，全区共有农牧民专业合作社165家（其中包括国家级示范社3家，自治区级示范社5家、市级示范社14家），其中运营规范合作社30家、运营一般合作社92家、未运营合作社43家。申报评定市级示范社的合作社共4家，其中有2家合作社被成功评为市级示范社。引导企业和合作社开展三品一标认证工作，完成11个有机品种认证，其中取得4个认证证书、7个转换证书，2个地理标志认证产品。同时，青色麦田系列产品加工项目、古荣有机蔬菜、瓜果、花卉种植基地等6个净土健康产业项目有序推进，在北京市设立高原净土健康产品展销店，区内外销售渠道不断拓展。

（邓　杰）

【机构领导】

局　长

旦增久乃（藏族）

副局长

禹新娟（女）

罗布珠扎（藏族）

央吉拉姆（女，藏族，11月离任）

旦增曲珍（女，藏族，11月任职）

堆龙德庆区农业农村局事业单位中级职称（含中级）以上人员一览表

表10

姓名	性别	籍贯	政治面貌	民族	工作单位	专业技术职务名称	批准单位	批准时间
归桑旺姆	女	拉萨	中共党员	藏族	堆龙德庆区农业农村局	农艺师	拉萨市人社局	2016年8月
玉　措	女	拉萨	中共党员	藏族	堆龙德庆区农业农村局	兽医师	拉萨市人社局	2016年8月
索朗卓嘎	女	拉萨	中共党员	藏族	堆龙德庆区农业农村局	兽医师	拉萨市人社局	2016年8月
普布扎西	男	拉萨	中共党员	藏族	堆龙德庆区农业农村局	农艺师	拉萨市人社局	2016年11月
达娃卓玛	女	日喀则	中共党员	藏族	堆龙德庆区农业农村局	兽医师	拉萨市人社局	2016年8月
干　旭	男	四川	中共党员	藏族	堆龙德庆区农业农村局	林业工程师	拉萨市人社局	2014年1月
次旦平措	男	拉萨	中共党员	藏族	堆龙德庆区农业农村局	农艺师	山南市人社局	2017年10月
邓　杰	女	湖北荆州	群众	汉族	堆龙德庆区农业农村局	农艺师	拉萨市人社局	2020年10月
仁青卓玛	女	西藏昌都	中共党员	藏族	堆龙德庆区农业农村局	农艺师	拉萨市人社局	2021年3月
桑　姆	女	拉萨	中共党员	藏族	堆龙德庆区农业农村局	农艺师	拉萨市人社局	2021年3月
益西拉宗	女	拉萨	中共党员	藏族	堆龙德庆区农业农村局	兽医师	拉萨市人社局	2021年3月

扶贫开发

【概况】 堆龙德庆区坚持把脱贫攻坚作为头等大事和第一民生工程，全面贯彻落实“六个精准”和“五个一批”要求，紧紧围绕“两不愁、三保障”标准，紧盯建档立卡户精准发力、兼顾边缘户同步提升、统筹各族群众共同发展，将“扶真贫、真扶贫、真脱贫”要求贯穿脱贫攻坚战全过程，2016—2020年累计投入本级财政资金4.27亿元，系统推进“以业脱贫、以迁脱贫、以教脱贫、以补脱贫、以保脱贫、以助脱贫”六项举措。2017年年底达到脱贫标准，2018年以“0.17%的贫困发生率、99.35%的群众满意度、无建档立卡户错评漏评和错退”的成绩通过国家脱贫摘帽验收，正式宣布摘帽。2020年9月，建档立卡群众人均可支配收入达18349.3元，比2015年年末增长11倍，贫困发生率从2015年的10.8%降为零，脱贫攻坚工作在拉萨市考核中连续3年综合评价为“好”，为如期全面建成小康社会打下坚实基础。

【坚持以党的建设为引领】 增强脱贫攻坚政治责任。坚持以习近平总书记关于扶贫开发的重要论述为指引，发挥区委常委会“领头雁”作用和区委党校主阵地作用，依托党委（党组）理论学习中心组和各级党组织“三会一课”，常态化开展习近平总书记关于扶贫工作的系列重要讲话和重要指示批示精神的学习研讨和专题培训，及时跟进学习中央和区市党委关于脱贫攻坚各项决策部署，结合实际研究制定具体贯彻落实措施。2016—2020年，区委、区政府专题研究部署脱贫攻坚工作73次（2020年专题研究部署19次），开展学习研讨和专题培训43场次（2020年学习研讨和专题培训11场次）。结合扶贫干部能力短板、知识弱项，精准开展靶向培训，先后组织实施5期抓党建促脱贫攻坚专题培训班，6期村干部专题培训班，每年组织40名村（居）致富带头人到对口援藏单位开展致富带富能力培训，每年围绕精准扶贫、强基惠民等内容对新任驻村干部进行培训。

压实脱贫攻坚主体责任。压实三级书记“第一责任”，及时成立和调整充实扶贫开发工作领导小组、脱贫攻坚指挥部、6个专项推进组、脱贫成效巩固领导小组等组织领导机构，把抓党建促脱贫纳入党建考核、领导班子考核和年度绩效考核的重要内容，构建区委、区政府主责主推，人大、政协党组协同发力、镇（街道）党（工）委主抓落实、村（居）党组织具体落实的责任体系。实行县级干部包镇（街道）村（居）、区直单位包村（居）、普通党员干部包户的分包机制，形成以上率下、齐抓共管、全员参与的良好局面，为打赢脱贫攻坚战提供坚强组织保障。2020年深入学习贯彻习近平总书记在决战决胜脱贫攻坚座谈会上的重要讲话精神，先后召开全区决战决胜脱贫攻坚动员部署会、“重温入党誓词、决战脱贫攻坚、决胜全面小康誓师大会”，对决战决胜脱贫攻坚作出安排部署，动员各级党组织、广大党员发挥战斗堡垒和先锋模范作用，向贫困决战，向小康进军，在全区上下形成众志成城、决战决胜的攻坚氛围。

建强脱贫攻坚骨干队伍。严

2020年7月15日，堆龙德庆区举办“回顾村史谈变化、砥砺前行感党恩”扶贫产品推介会，此次活动以村史讲堂、文艺演出和产品推介相结合的形式开展

2020年8月19日至21日，以“欢乐雪顿节，嗨购享补贴”为主题的堆龙德庆区欢乐惠民购物节在象雄美朵景区广场开幕

格落实脱贫攻坚期内保持党政正职稳定、第一书记和驻村工作队全覆盖等规定要求，2016 年以来，对 3 名优秀镇（街道）党（工）委书记在不调整岗位的前提下提任上一级领导职务，对 7 名镇（街道）正职晋升职级。结合 2016 年镇（街道）换届择优选配一批政治素养高、工作能力强、扶贫思路清、责任担当实的干部进入领导班子，党政正职全部实现一藏一汉配备，班子结构更加优化，整体功能进一步增强。结合村（居）“两委”换届工作，把敢担当、能干事、会做群众工作、善抓脱贫攻坚的人选配进村（居）“两委”班子。2017 年村（居）“两委”班子换届后，202 名“两委”班子成员中党员比例达 100%，初中及以上学历比上届提高 66.9%，高中以上学历 24 人，占 11.8%；致富带头人、技术能手、外出务工经商人员、复员退伍军人、优秀联户长进入村（居）“两委”53 名，占 26.3%。2019 年，全面启动村（居）社会工作者职业体系建设试点，通过“转、考、招”三种准入途径，将 90 名实绩突出、表现优秀的村（居）干部、高校毕业生纳入职业体系，村（居）干部队伍年龄结构不断优化、能力素质显著提升。5 年来，累计择优选派 608 名干部驻村，124 名“1+3”专干下沉村（居）开展工作，有力夯实基层一线扶贫工作力量。注重激励广大党员干部在脱贫攻坚一线担当作为，储备村级后备干部 331 人、致富带头人 88 人、党员致富带头人 72 人。坚持在脱贫攻坚一线培养锻炼、考察识别、选拔任用干部，5 年来提拔使用扶贫领域和基层一线干部 142 人，占干部提拔使用总数的 27.68%。

打造脱贫攻坚战斗堡垒。围绕强化基本组织、基本队伍、基本活动、基本制度、基本能力、基本保障建设，全面推进基层党组织标准化建设，着力发挥基层党组织在脱贫攻坚中的政治引领作用。持续扩大党的组织和工作覆盖，在网格、联户单元中建立党小组 1309 个，易地搬迁安置点党组织全覆盖。本级财政投入 1.2 亿元，完成 30 个村级组织活动场所标准化建设和 14 个偏远自然组活动场所建设。持续推进软弱涣散基层党组织整顿排查工作，5 年来先后整顿转化软弱涣散村级党组织 22 个。全面推行党员“三包”工作，通过建体系、划网格、找党员、见群众，全区 5540 名党员联系辖区群众，促进党员“三包”同精准扶贫工作深度融合。建立健全村干部待遇稳步增长机制，村“两委”薪酬平均达到 4.32 万元/年，研究制定《村（居）干部业绩考核奖励办法》和《离任村干部生活补助实施办法》，有效激发村干部脱贫攻坚、干事创业的热情。

凝聚脱贫攻坚工作合力。统筹全区各级各部门力量，尽锐出战、合力攻坚，30 名县级干部、47 家区直单位定点帮扶 31 个村（居），1012 名干部职工与建档立卡群众结对帮扶全覆盖，持续开展教育引导、政策宣传、就业帮扶三项重点工作。深化东西部扶贫协作，加强与对口援藏单位北京市门头沟区的精准对接，每年签订携手奔小康行动框架协议，12 个镇（街道）、4 个村（社区）、2 个行业部门、6 所学校、2 家医院建立“一对一”结对帮扶关系，门头沟区 8 名党政干部和 8 名医生赴堆龙德庆区援藏。5 年来，累计投入 1.53 亿元援藏资金实施德吉康萨易地扶贫搬迁安置等 26 个援藏项目；累计受赠专项资金146万元，用于解决堆龙德庆区建档立卡群众就业及偏远乡村医疗设备提升等。

【激发脱贫攻坚内生动力】 2016—2020年，堆龙德庆区坚持既注重“富口袋”，更注重“富脑袋”，统筹推进建档立卡群众脱贫致富愿望和能力“双提升”，持续推动由“要我脱贫”向“我要脱贫”转变。

扶贫坚持扶志先行。以“四讲四爱”群众教育实践活动、“新时代文明实践十项活动”为抓手，以区融媒体中心、区新时代文明实践中心、6个镇（街道）新时代文明实践所和26个村（居）新时代文明实践站等为阵地，持续开展群众思想、文化、道德、法律和感党恩教育。坚持寓教于乐，组建31个村（居）文艺队、下派23名指导员，丰富开展生产技能大比拼、返乡大学生学习交流、美化乡村环境、文艺大比拼等形式多样、贴近群众的实践活动。创作推出《幸福新时代》《医保好政策》及脱贫攻坚纪实片《历史注定的时间印迹》等10余部优秀文艺作品。不断丰富群众精神文化需求，教育引导群众转变“等靠要”思想，牢固树立勤劳致富意识，淡化宗教消极影响。深入挖掘群众不等不靠、自力更生、艰苦奋斗、勤劳致富的先进典型，大力开展“改革开放40周年·影响堆龙40人”“最美人物”等典型评选活动；成功举办以“攻坚凯歌逐梦小康”为主题的脱贫攻坚颁奖晚会，隆重表彰2016年以来堆龙德庆区脱贫攻坚领域树得起、叫得响、推得开的166名先进单位、作出突出贡献的基层一线干部和企业、合作社法人以及勤劳致富的建档立卡群众，用榜样力量激发干部群众脱贫信心和斗志，形成劳动光荣、就业光荣、脱贫光荣的鲜明导向，营造“比学赶超”浓厚氛围，激发建档立卡群众依靠奋斗创造幸福生活的主观能动性。

扶贫坚持扶智为要。坚持把发展教育作为阻断贫困代际传递的重要途径，严格执行《西藏自治区建档立卡贫困家庭子女接受高等教育实施免费教育补助政策管理办法》，学费、住宿费、书本费予以全额资助，生活费按3000元标准予以补助。5年来，累计兑现教育补助金1117人次、333.68万元，累计补助建档立卡家庭高校毕业生563名（其中，帮助333名建档立卡家庭高校毕业生顺利完成学业，持续做好230名正在就读的建档立卡家庭大学生的帮扶）。围绕让建档立卡群众成为有本领、懂技术、肯实干的劳动者，持续开展“定岗、订单、定向”就业技能培训。5年来，累计开展就业技能培训30余期、2870余人次，通过培训稳定转移就业率达50%以上。研究制定《建档立卡贫困户和低收入家庭就业脱贫激励机制》，对与企业签订1年以上劳动合同协议且稳定就业的自主就业人员每月奖励400元，对通过政府对接企业实现就业人员每月奖励200元。2017—2019年，累计兑现就业奖励资金484人次、131.48万元。

【产业扶贫】 2016—2020年，堆龙德庆区坚持将产业扶贫作为稳定脱贫的根本之策，围绕“产业强区”战略，通过壮大发展主导产业，培育发展新产业，持续增强产业吸纳就业能力。

充分发挥主导产业带动作用。围绕“五大主导”产业发展，培育发展实体经济，加快推进综合物流保税园区、领峰智慧物流园建设，大力发展以服务城市大宗商品交易为主的钢材集散交易中心、工程机械商贸城等实体经济，让群众在工程项目建设、企业运营、产业发展中实现稳定就业、持续增收。壮大发展村集体经济，实行县级干部包村发展村集体经济责任制，实现村集体经济企业全覆盖。2020年年底，31个村（居）集体经济年收入均达100万元以上，其中2个村（居）集体经济收入达500万元以上、5个村（居）集体经济收入达1000万元以上。

充分发挥扶贫产业促进作用。把扶贫产业发展融入“五大主导”产业中，强化扶贫产业项目前期调研论证和规划设计。健全扶贫产业项目运营管理体制，对农牧民合作社、村集体经济类扶贫产业项目推行第三方代理记账模式；对所有扶贫产业项目建立涵盖绩效目标、绩效监控、绩效评价、结果应用的绩效管理机制。聘请专业公司开展扶贫产业项目投入政策性审查、绩效评估，完善利益联结机制，不断增强扶贫项目产业带动能力。5年来，累计投资19.06亿元实施96个扶贫产业项目，通过就业、分红、土地流转、原材料采购等方式带动贫困人口实现收益8424万元。其中：提供就业岗位1546个，发放工资3930万元；分红4594人，资金3193万元；流转土地（草场）1.1万亩，带动增收989万元；订单收购原材料带动增收312万元，带动村集体增收1062.25万元。2016—2018年整合涉农资金4.64亿元，资金拨付率达100%，2019年整合涉农资金2.37亿元，资金拨付率达99.44%（剩余未拨付资金为项目质保金），2020年财政扶贫专项资金2.9亿元，截至2020年年底已拨付2.78亿元，拨付进度95.8%。经评估，产业扶贫对脱贫攻坚贡献份额达41.46%，建档立卡群众人均产业扶贫收益累计达19714.48元。

充分发挥金融扶贫助推作用。建立扶贫产业项目风险抵押贷款机制，扶贫产业贷款与贫困群众就业分红利益衔接机制，精准实施一批产业扶贫金融贷款、精准扶贫贴息贷款、精准扶贫小额贷款等金融政策。5年来，为846户建档立卡群众按照1.08%利率实施融资贷款3578.95万元；与金融机构合作，为53个扶贫产业项目（企业）融资6.39亿元。

【促进就业】 2016—2020年，堆龙德庆区树牢就业是最大的民生理念，通过产业发展、劳务输出、岗位开发、技能培训等举措，多渠道多形式促进建档立卡群众就业。

产业吸纳促就业。依托净土健康、文化旅游、绿色工业、商贸物流等主导产业发展，通过区属国有企业、“上三镇”净土健康产业园、“象雄美朵”生态旅游文化产业园、工业园区等重点产业发展，实现542名建档立卡群众就业，月均增收3000余元。

劳务输出促就业。结合“四业工程”，依托青藏铁路格尔木至拉萨段扩能改造、拉林铁路机务段、G6高速等国家重点项目建设，5年来累计实现建档立卡群众劳动力转移就业779人次、实现增收750.87万元。

开发岗位促就业。结合城市化、城镇化建设管理需求，开发公共服务岗位实现732名建档立卡群众就业，月均增收2500元以上。严格落实以补岗位政策要求，累计安排12475人次建档立卡群众及边缘户上岗，发放以补资金4169.575万元。

鼓励自主就业。有效引导建档立卡群众转变就业观念，加大就业激励力度，强化劳动技能培训精准度，实现322名建档立卡群众通过市场自主就业。截至2020年年底，堆龙德庆区1726名有劳动能力的建档立卡群众实现就业1596人，占比92.46%。其中，通过市场、企业以及合作社就业864人，占比54.14%，62名建档立卡户大学生实现100%就业。

【易地搬迁】 2016—2020年，堆龙德庆区始终将易地搬迁与城市化、城镇化发展统一谋划，统筹产业布局、公共服务能力配套，确保搬迁群众既能安居，更能乐业。

注重“搬得出”。结合工业园区、“象雄美朵”生态旅游文化产业园、经开区等产业布局，因地制宜、科学规划，完成桑木社区、波玛村、经开区3处易地搬迁安置点建设和那曲高海拔生态搬迁工作，实现堆龙德庆区840户、3112名建档立卡群众，当雄县550户、2326名建档立卡群众，以及那曲市262户、1102名极高海拔生态搬迁群众及时搬迁入住。

注重“留得住”。充分发挥搬迁点党组织组织群众、宣传群众、凝聚群众、服务群众的作用，加强搬迁群众的服务管理，及时排查化解各类矛盾纠纷和风险隐患、丰富开展群众性文艺活动，妥善解决搬迁群众生产生活和907名易地搬迁群众子女入学问题，实现搬迁群众与当地群众的有效融入。

注重“能致富”。持之以恒解决好搬迁点基础设施、公共服务、产业发展配套，为搬迁安置点配套产业项目13个，强化搬迁群众就近就便就业服务保障，为搬迁群众提供就业岗位580个，实现有劳动力搬迁群众每户至少1人就业。

【以成果巩固为根本，推进与乡村振兴有效衔接】 2016—2020年，堆龙德庆区建立健全脱贫攻坚长效机制，科学谋划脱贫攻坚与乡村振兴有效衔接，高质量巩固脱贫攻坚成果。

坚决防止返贫致贫。严格落实“四个不摘”要求，研究制定《关于构建防返贫致贫预警机制实施办法》，保持脱贫攻坚形成的组织指挥体系、政策保障体系、基层组织体系和全社会参与机制稳定,精准分析脱贫人口返贫风险、边缘人口致贫风险,对89户脱贫不稳定户和边缘易致贫户分门别类制定帮扶措施,对3户有返贫风险的建档立卡群众及时采取有效帮扶措施。按照自治区和拉萨市的挂牌督战方案,严格实行堆龙德庆区扶贫开发工作领导小组较真碰硬"督"、各级各部门凝心聚力"战",高质量完成各项督战内容。

紧盯"两不愁、三保障"标准,常态化开展建档立卡群众安全饮水、义务教育、基本医疗、住房安全排查。本级投入资金3810.81万元,建成并投入使用65个饮用水安全巩固提升项目,完成90处水源点、农饮工程点、学校、寺庙等供水工程点的水质检测,水质全面达标,供水基础设施管理运行良好。5年来劝返疑似辍学儿童6名,为28名三类残疾儿童开展送教上门活动,双语幼儿园建设和薄弱学校改造均已完成,全区中小学和幼儿园师资力量均衡配置情况达到国家要求。研究制定《农牧区合作医疗核销、报销、商业保险赔付及精准扶贫医疗救助实施政策》,为全区城乡居民购买30万元超大额补充医疗保险,建成医保信息系统平台,所有建档立卡群众均全部实现"先诊疗后付费""一站式"结算。5年来,累计为建档立卡户1031人次报销医疗费用870.26万元,大病救治59人,重病兜底11人,慢病签约292人。全面落实符合条件的37户、86名建档立卡群众基本养老保险、最低生活保障等社会保障兜底政策,5年来共计发放低保资金1450万元。

大力实施"美丽乡村·幸福家园"建设行动。把乡村振兴作为巩固拓展脱贫成果的有力抓手,深入实施以"美丽乡村·幸福家园"建设行动为核心内容的乡村振兴战略。坚持规划引领,完成总体方案、6个专项方案和城市规划区外20个村庄规划编制工作。以"五大振兴"为路径,坚持示范推进,集中资源力量,将每年财政收入的10%投向乡村振兴,按照试点先行、分批实施、逐年推进的思路,扎实推进8个示范村建设,在8个示范村实施产业项目13个,系统推进人居环境整治,按照"面"上实施乡村人居环境整治"十项行动","点"上实施基础设施建设"四化行动","户"上实施"三改一整"的模式,完成人居环境整治项目11个,扎实推进农村产权制度改革,完成30个村(居)、140个村民小组清产核资及成员界定工作。

不断完善基层公共服务体系。全面推进乡村基础设施提档升级,行政村道路通畅率、自然组道路通达率均达100%,农村电网、宽带、4G移动通信、广播电视、邮政服务改造升级全覆盖。建立覆盖各村(居)的6条"一元通"公交线路,为广大农牧民群众提供便利的出行条件。着力办好人民满意的教育,围绕幼儿教育普惠普及、义务教育优质均衡的目标,坚持每年把20%本级财政收入投入到教育事业,积极推进人大附中拉萨幸福学校落地衔接,加快推进区第二中学,第二、第三小学,第三、第四、第五、第六幼儿园等项目建设,巩固深化"五个100%"成果,不断提升教育教学质量水平。加快健康堆龙建设,启动医共体改革,组建医共体管委会,挂牌成立区紧密型县域医共体,制定《关于加强卫生健康系统党建工作推进医共体工作实施方案》。优化医疗资源布局,全力服务保障好自治区医院建设,顺利完成区人民医院创二乙工作,全面推进区人民医院二级甲等综合楼建设、镇(街道)卫生服务中心、村(居)卫生服务站标准化建设。建成门头沟区人民医院、区人民医院和各镇(街道)卫生院的三方互联平台和远程影像系统,基层医疗卫生服务能力水平持续提升。

积极克服新冠疫情冲击影响。认真落实疫情防控的各项部署要求,统筹疫情防控和经济社会发展,重点做好建档立卡群众和边缘户劳动力外出务工和稳岗就业工作,研究制定《堆龙德庆区新冠疫情防控期间设立贫困人口增收岗位方案》,安排255名建档立卡和边缘户群众担任"基层疫情防控岗位",月工资1500元。研究制定《统筹推进疫情防控和经济社会发展"六保"工作若干举措》,推动各类扶贫产业项目及时复工复产。扎实推进消费扶贫工作,积极参加北京市门头沟区举办的消费扶贫特色产品推介会、自治区举办的产业扶贫成果展,举办3次以"消费扶贫"为主题的促销会，本级投入 140 万元用于发放代金券，50 余家本土企业和合作社积极参与。同时，积极探索实施“互联网＋消费扶贫”新模式，扶贫分管领导带头开展“直播带货”1 次。2020 年，通过消费扶贫行动带动扶贫产品销售金额达 494 万元。

【作风建设】 2016—2020 年，堆龙德庆区始终把全面从严治党要求贯穿脱贫攻坚全过程，扎实推进各类巡视巡察和监督检查反馈问题整改，持续开展扶贫领域腐败和作风问题治理，为打赢脱贫攻坚战提供坚强保证。

持续改进工作作风。严格落实“脱贫工作务实、脱贫过程扎实、脱贫结果真实”的要求，大力弘扬“精真深实”的工作作风，持续开展形式主义、官僚主义突出问题整治，研究制定《解决形式主义突出问题为基层减负十条举措》，2020 年脱贫攻坚领域各类会议文件与 2018 年同比减少 21%、督导检查和报表填报同比下降 50%。全面推行一线工作法，建立完善县级干部包村（居）、一般党员干部包户责任体系，做到“工作在一线落实、问题在一线解决、成效在一线体现、干部在一线选拔、典型在一线树立、经验在一线总结”，推动脱贫攻坚责任落实、政策落实、工作落实。

狠抓反馈问题整改。脱贫攻坚启动以来，堆龙德庆区共收到各级巡视和审计反馈问题整改任务 101 项，2020 年 99 项已完成整改并长期坚持，2 项正在整改中。其中：中央脱贫攻坚专项巡视反馈问题 26 项，已全部完成整改并长期坚持；中央脱贫攻坚专项巡视“回头看”反馈问题 21 项，已全部完成整改并长期坚持；中央脱贫攻坚省际交叉成效考核反馈问题 19 项，已全部完成整改并长期坚持；国家审计署反馈问题 15 项，已完成整改并长期坚持 13 项，正在整改 2 项；自治区党委巡视反馈扶贫领域问题 20 项，已全部完成整改并长期坚持。5 年来，堆龙德庆区共收到各级督导检查问题整改任务 347 项，已全部完成整改并长期坚持。

强化扶贫领域监督执纪。聚焦责任落实不到位、工作措施不精准、资金管理使用不规范、工作作风不扎实等突出问题，常态化开展明察暗访，持续加强监督执纪问责。5 年来，共受理扶贫领域问题线索 25 件，其中上级转办 10 件，本级查办 15 件。2020 年年底，已办结 23 件、正在核查 2 件，给予党内严重警告 1 人、党内警告 4 人、诫勉谈话 6 人、约谈 23 人。

（黄　尧）

【机构领导】

主　任

杨　炜

副主任

拉巴普赤（藏族）

四郎平措（藏族）

水　利

【概况】 年内，堆龙德庆区水利局学习贯彻中共十九届五中全会精神和中央第七次西藏工作座谈会精神和区、市重要文件精神，围绕水利基础设施建设、防汛抗旱、全面推行河长制、保障农村饮水安全、实现农牧民增收、编制“十四五”规划等各项重点工作，不断提高干部职工及群众的水利工程管护意识，着力搞好生态环

2020年7月15日，西藏自治区水利厅工作考核组在堆龙德庆区水利局开展质量考核工作

境建设，狠抓防汛抗旱、灾后重建、饮水安全、水土保持、行政执法、党风廉政以及河（湖）长制等各项工作，对标对表，攻坚克难，稳步推进。区水利局内设有行政办公室、财务办公室、水政办公室、建管办公室、水利普查办公室、农水办公室、河长制办公室、党建办公室、扫黑除恶办公室、防汛值班室等部门。2020年，有在职干部20名，其中正科级1名，副科级6名，行政编制8名（1名为长期病假），事业编制11名，政府购买服务人员1名。中共党员19人。

【防汛抗旱】 2020年汛期，堆龙德庆区全面落实各级防汛责任制，认真执行24小时值班、险情及时报送等制度，及时排查解决防汛安全隐患和山洪灾情，均未造成人员伤亡，全年共落实救生衣200件，编织袋27万条，铅丝笼43000平方米、铁丝31吨，雨鞋雨衣400套、探照灯1组、墩袋100个、抽水泵10台，手电筒50个。

【农村饮水安全】 2020年，堆龙德庆区共实施3个安全饮水工程，确保辖区农牧民群众、学校师生、寺庙僧尼等群体的饮水安全，缓解部分冬季饮水安全问题。为确保全区农村安全饮水工程将实现建得好、管得好，形成长效机制，区水利局制定农村安全饮水工程“三项制度”，待提交区委、区政府审议后实施。

【“河长制”工作】 2020年，堆龙德庆区共落实河长制专项经费864万元，主要用于制作河长制宣传资料及宣传物品和编制方案、发放护河护堤员工资等。按照上级行业部门要求，重点完善河长制公示牌，调整充实河长制领导小组。编制《拉萨市堆龙德庆区河湖管理范围划定实施方案》和《拉萨市堆龙德庆区河湖岸线保护与利用规划实施方案》，并录制《碧水映蓝天》宣传歌曲。结合各类重要宣传日，开展相应主题宣传活动10余次。

【续建项目】 2020年，堆龙德庆区水利续建项目共4个，总投资17389.13万元，分别为马乡朗巴村防洪工程，总投资1655.83万元，工程已完工并自验；堆龙德庆区汤古沟水土流失综合治理工程，总投资863万元，工程已完工待验收；堆龙德庆区偏嘎水库工程，总投资3122万元，工程已完工60%；堆龙德庆区城区水系连通工程，总投资11748.3万元，工程因存在设计变更，已完工35%。

【新开工项目】 2020年，堆龙德庆区水利新开工项目共5个，总投资为6780.27万元，分别为拉萨市堆龙德庆区马乡常木村防洪工程总投资1993.1万元，工程已完工待验收；拉萨市堆龙德庆区羊达乡帮古沟水土流失综合治理工程，总投资976.36万元，工程已完工80%；堆龙德庆区饮水供水系统提升改造工程，总投资1599.23万元，工程已完工待验收；堆龙德庆区城市周边安全饮水巩固提升工程，总投资1609.84万元，工程已完工待验收；拉萨市堆龙德庆区寺庙供水工程总投资601.74万元，工程已完工50%。

【“十四五”规划编制情况】 2020年，堆龙德庆区编制完成《拉萨市堆龙德庆区“十四五”农村供水保障规划报告》《拉萨市堆龙德庆区“十四五”水利发展规划》《西藏堆龙曲流域综合规划》，待区委、区政府审议后实施。

（汪晓青）

【机构领导】

局　长

拉巴卓玛（女，藏族）

副局长

谢　远　晋

格桑德吉（女，藏族，11月任职）

教育体育

【概况】 2020年，堆龙德庆区三镇三街道有初级中学1所，完全小学7所，区级幼儿园2所，镇（街道）级幼儿园5所，行政村（居）级幼儿园29所，另有经开小学1所、民办幼儿园2所。全区在校（园）中小学生、幼儿10302名，其中初中生2188名、小学生5631名、在园幼儿3483名，全区中、小学及幼儿园外来户籍学生4950人，占全区在校生的43.8%。全区在编专任教师人数903名，其中正高级教师1名、高级教师62名（副高级职称）、一级教师319名（中级职称），教师学历合格率达

2020年4月26日，拉萨市政府副市长张永林（中）在堆龙德庆区调研学校食品卫生安全工作

100%。堆龙德庆区残疾儿童119人，其中随班就读91人（学前12人，小学52人，初中27人），送教上门28人（小学15人，初中13人），残疾儿童入学率为100%。

【义务教育】2020年，全区初中在校生2188人（非堆龙户籍759人），初中毛入学率110.84%；小学在校生5631人（非堆龙户籍2285人）；小学净入学率99.98%。全区义务九年巩固率达100%。区中学七年级招生884人，同比上学年招生数增加49.83%，其中外来户籍学生362人，占新招七年级学生总数的40.95%；小学一年级招生1109人，同比上学年招生数增加16.85%，其中外来户籍学生502人，占招新一年级学生总数的44.47%。义务教育阶段适龄儿童就近就便入学原则得到进一步落实。

【学前教育】2020年，堆龙德庆区各幼儿园在园幼儿共3483人（其中非堆龙户籍1906人），学前三年毛入园率达98.5%，超出拉萨市所定学前三年毛入园率达到85%以上目标近13个百分点。2020年，计划开建的幼儿园全部动工建设，按照保质保量保进度的要求，区第五幼儿园于2020年秋季学期招生，各项工作步入正轨。区第三、第四、第六幼儿园正在建设之中。区教育局批准举办“小太阳幼儿园”“宝宝乐园幼儿园”等2所民办幼儿园，已发放办学许可证，并对其实施学龄前儿童保教规范化工作予以监管。同时，对“拉萨城投大地幼儿园”进行考察评估。

【德育工作】2020年，全区各学校健全家庭、学校、政府、社会协同育人机制，开展青少年学生“小手拉大手”活动，理性对待宗教、减少宗教消费，过好当下幸福生活。在思政队伍、思政资源建设上以主题“班队会”“四讲四爱”主题宣讲为载体，持续推进习近平新时代中国特色社会主义思想进教材、进课堂、进头脑。以德育教育为抓手，深入推进理想信念教育、爱国主义教育、民族团结教育、“老西藏”“两路”精神教育、文明礼仪教育、心理健康教育、生态文明教育和法治教育等主题教育活动，引导师生感党恩、爱核心，忠诚于党，自觉维护祖国统一、加强民族团结，旗帜鲜明反对分裂，坚决抵制宗教渗透，进一步增强学校思想政治教育针对性、实效性和时代感。

【教学质量提升】2020年，全区799名小学毕业生中11名考入内地西藏初中班（校），另有7名从区小学毕业回原籍考入内地西藏班（校）。2区中学参加中考学生702名，其中拉萨市当雄县、尼木县，昌都芒康县、贡觉县，那曲尼玛县荣玛乡，易地搬迁学生共65名，拉萨市儿童福利院学生37名，平均考分378.56分，排名七县区第一。持续使用并发挥电子阅卷系统的作用，所有统一质量监测考试均能够通过电子阅卷系统来完成。

【教研工作】2020年，为进一步丰富堆龙德庆区校园文化生活，培养学生的创新精神和实践能力，结合各学校实际情况，在羊达中心小学、堆龙德庆区小学等4所学校开展“彩虹课堂”兴趣课进校园项目，共计授课540课时，直接受益学生将达300余人。开展中小学思政课教师“大练兵”及建设精品课堂活动，利用“周五讲堂”平台，为全区教师提供一个良好的交流、培训平台，以师德师风、教学五环节、五个100%、教材改革、教学质量提升策略、新的教育教学观、党建开展等为讲堂主题，提高教师课堂教学能力、教研能力与教研水平。

【师资队伍建设】 2020年，根据全区整体教育工作开展需要，区教育体育局安排12名老师到堆龙偏远学校轮岗交流3年，调整34名教师工作单位，以平衡学科师资结构，优化管理团队。全年共分到66名乡村幼教和29名自治区公招和7名免费定向师范教师，接收堆龙区外教师28名，教师不足问题得到解决。全年32名教师通过高级教师评审，94名教师通过二级教师评审，组织765位一线教师参加“一考三评”，全区教师年度业务培训人均学时达到60学时以上。引导新入职教师积极考取教师资格证，共有41名教师获得与任教学科相符的从教资格。

【教育信息化】 2020年，堆龙德庆区共有计算机教室10间，交互式白板169套，录播教室7间，各校均配备阅卷及教学质量监测平台，各中小学均配备传统实验室和虚拟实验室，各功能教室设施完备。全区8所中小学及36所幼儿园都接入拉萨教育城域网。8所中小学及14所幼儿园监控设备均安装完毕并接入到堆龙德庆区监控管理平台，安排专项资金将22所村级幼儿园安装视频监控。在拉萨云平台注册教师838人，注册率达100%，学生信息导入7102人，学生信息导入率达100%，共上传教学资源250个，藏文资源上传78个，藏文优课资源共上传106个。马镇中心小学与拉萨市实验小学通过拉萨市教育云平台实现双师课堂，向全市直播示范课。

【以教脱贫】 2020年，堆龙德庆区充分发挥教育部门在精准扶贫、精准脱贫工作中的作用，结合教育工作实际，全面落实教育惠民政策，坚持教育经费、资源、师资分配向农牧区和薄弱学校倾斜，使农牧区幼儿能够享受到高质量的学前教育和义务教育。高度重视精准扶贫搬迁户适龄青少年儿童入学入园工作，满足其就近就便、免试免测入学入园的需求。认真兑现“农村低保”类建档立卡免费教育补助政策，圆满完成大学生奖励、资助以及援藏地初高中、中职贫困家庭学生生活补助等资金发放工作。有效落实国家、自治区和拉萨市精准脱贫攻坚收官之战各项任务。切实做好教育脱贫工作，在巩固脱贫攻坚义务教育控辍保学工作成果的同时，兑现1369名在读大学生资助金592万余元。

【教育援藏】 2020年，堆龙德庆区与门头沟对接网络培训37人（人均60学时），双方通过手拉手活动带来现代教育的最前沿知识，带来北京市教育的先进经验、先进理念。北京市先进的教育理念、成功的教学改革经验、科学的教育方法、成熟的学校管理模式的推广和运用，使堆龙德庆区的办学水平和教育教学质量得到快速提高，特别是在推进学科专业建设、构建有效课堂等方面，促进

2020年3月27日，西藏自治区教育厅援藏地西藏班（校）管理中心主任次旦玉珍一行4人在堆龙德庆区中学调研指导新冠肺炎疫情防控及2020年春季开学工作

2020年9月21日，北京市门头沟区教委专家一行在堆龙德庆区开展2020年教育对口支援工作座谈会，图为与堆龙德庆区教育系统教职工合影留念

堆龙德庆区教师业务素质和教学能力的提升，增进京藏两地之间的情谊，促进堆龙德庆区各学校发展内涵。

【安全卫生】 2020年，全区各学校专职保安人员协同学校成立护校队、巡防队、处突队开展工作，扎实开展扫黑除恶打非治乱专项斗争工作，加强校园矛盾纠纷、安全隐患的排查和处理，加大对“校园欺凌”事件整治力度。协调区疾控中心积极开展包虫病、禽流感防控工作，组织学校开展城市“清洁日”“环境日”主题活动。各值班人员严格执行既定戒备等级的带班值班制度，确保24小时岗上有人，进一步维护教育系统持续和谐稳定的良好局面。完成校车年审手续和保险手续，完成易地搬迁点学生接送公交车协调事项，安全有序地接送区辖学校学生。

【体育工作】 2020年，全区各学校利用新分、调入、轮岗等多种渠道，配备专职体育老师，按照课程标准上好体育与健康课，保证体育课规范化训练。开展阳光体育运动，以跳绳、篮球、乒乓球、呼啦圈、踢毽子、广播操队列、队形比赛、冬季长跑等活动保证学生每天有一小时体育活动时间（含体育课）。通过举办春秋季学校运动会等形式，激发学生参与体育锻炼的热情。各校根据师资优势及学生喜好，培育篮球、乒乓球、健美操等特色体育项目，形成“全面发展、各有特色”的体育工作格局。大力发展校园足球，举办校园足球联赛。

【基建项目】 2020年，堆龙德庆区教育系统实施6个续建项目和9个新建项目，其中区中学扩建项目、区中学综合楼建设项目、区中学教辅用房、波玛幼儿园扩建项目、区第五幼儿园等5个项目已竣工并交付使用。区第二小学建设项目已开工建设，已完成工程量的60%；区第二初级中学项目可研、初设已评审，待下达概批后招标；区第三小学项目可研、初设已评审，待下达概批后招标；区第三、四、六幼儿园项目已开工建设，已完成工程量的50%。堆龙德庆区第二小学建设项目工程已完成工程量的70%；堆龙德庆区区第二初级中学建设项目于年底开工建设；堆龙德庆区第三小学建设项目于年底开工建设；堆龙德庆区第三幼儿园建设项目、堆龙德庆区第四建设项目、堆龙德庆区第六幼儿园建设项目已完成工程量的60%；乃琼中心小学教师宿舍项目已委托区住建局建设，年底开工建设；古荣中心小学学生宿舍建设项目已开工建设，已完成工程量的20%。同时，积极协助推进拉萨市教改办牵头实施的人大附中拉萨幸福学校建设项目。

【教育经费保障】 2020年，堆龙德庆区为保障学校教育事业经费正常运转，区政府本级财政投入教育事业经费达2.6亿余元。区教体局落实拉萨市财政局、教育局相关文件精神，根据上年度财务执行和决算情况，本着教育公平的原则，依据区域内义务教育均衡发展要求，将经费预算到校，实行校财局管、统筹安排，坚持经费向办学条件不足、教育设备薄弱的学校倾斜，进一步解决区内教育资源不均衡现象。落实各乡镇校车运行补贴，分2次将补贴经费足额划拨到各乡镇，保证学生上下学接送。

（赵东来）

【机构领导】

党组书记

达瓦扎西（藏族）

局 长

林 芸（女）

副局长

平措扎西（藏族）

索朗多吉（藏族）

堆龙德庆区教育系统2020年度中级职称及以上人员一览表

表11

姓名	性别	工作单位	专业技术职务名称	批准单位	批准时间
加 雷	女	堆龙德庆区羊达中心小学	副高级	西藏自治区教育厅	2020年7月
江白加措	男	堆龙德庆区羊达中心小学	副高级	西藏自治区教育厅	2020年7月
次旦平措	男	堆龙德庆区羊达中心小学	副高级	西藏自治区教育厅	2020年7月
李 军	男	堆龙德庆区羊达中心小学	副高级	西藏自治区教育厅	2018年6月
央 珍	女	堆龙德庆区羊达中心小学	副高级	西藏自治区教育厅	2019年6月
小尼珍	女	堆龙德庆区羊达中心小学	一级教师	那曲地区人社局	2014年1月
索朗次仁	男	堆龙德庆区羊达中心小学	一级教师	拉萨市教育局	2007年4月
拉 珍	女	堆龙德庆区羊达中心小学	一级教师	拉萨市教育局	2009年5月
白玛德吉	女	堆龙德庆区羊达中心小学	一级教师	拉萨市教育局	2012年5月
达 瓦	女	堆龙德庆区羊达中心小学	一级教师	拉萨市教育局	2012年5月
达 嘎	女	堆龙德庆区羊达中心小学	一级教师	拉萨市教育局	2015年12月
仓木啦	女	堆龙德庆区羊达中心小学	一级教师	拉萨市教育局	2009年5月
尼 珍	女	堆龙德庆区羊达中心小学	一级教师	拉萨市教育局	2017年6月
达 娃	女	堆龙德庆区羊达中心小学	一级教师	拉萨市教育局	2019年1月
旺 久	男	堆龙德庆区羊达中心小学	一级教师	拉萨市教育局	2017年12月
米玛普赤	女	堆龙德庆区羊达中心小学	一级教师	拉萨市教育局	2013年5月
斯朗曲珍	女	堆龙德庆区羊达中心小学	一级教师	拉萨市教育局	2014年5月
桑旦白玛	女	堆龙德庆区羊达中心小学	一级教师	那曲人社局	2014年1月
林 婕	女	堆龙德庆区羊达中心小学	一级教师	那曲人社局	2017年8月
罗 琼	男	堆龙德庆区羊达中心小学	一级教师	日喀则市教育局	2009年11月
欧 梅	女	堆龙德庆区羊达中心小学	一级教师	拉萨市教育局	2017年12月
巴 蓉	女	堆龙德庆区羊达中心小学	一级教师	拉萨市教育局	2017年12月

续表11

姓名	性别	工作单位	专业技术职务名称	批准单位	批准时间
德吉央宗	女	堆龙德庆区羊达中心小学	一级教师	拉萨市教育局	2015年12月
白玛曲尼	女	堆龙德庆区第二双语幼儿园	高级教师	西藏自治区人力资源和社会保障厅	2020年7月
索朗查果	女	堆龙德庆区第二双语幼儿园	一级教师	拉萨市人力资源和社会保障局	2015年12月
边巴卓玛	女	堆龙德庆区第二双语幼儿园	一级教师	拉萨市人力资源和社会保障局	2008年5月
白玛西落	女	堆龙德庆区第二双语幼儿园	一级教师	拉萨市人力资源和社会保障局	2015年12月
马红霞	女	堆龙德庆区第二双语幼儿园	一级教师	拉萨市人力资源和社会保障局	2019年1月
拉姆次仁	女	堆龙德庆区第二双语幼儿园	一级教师	拉萨市人力资源和社会保障局	2019年1月
扎西旺堆	男	拉萨经开小学	中级职称	拉萨市人力资源与社会保障局	2017年12月
尼玛次仁	男	拉萨经开小学	中级职称	拉萨市人力资源与社会保障局	2017年12月
其美卓嘎	女	拉萨经开小学	中级职称	拉萨市人力资源与社会保障局	2020年3月
达嘎	男	拉萨经开小学	中级职称	那曲地区人力资源与社会保障局	2017年8月
努努	男	拉萨经开小学	中级职称	拉萨市人力资源与社会保障局	2016年7月
洛桑旦增	男	堆龙德庆区第一双语幼儿园	一级教师	拉萨市教育局	2017年12月
谭振霞	女	堆龙德庆区第一双语幼儿园	一级教师	拉萨市人力资源和社会保障局	2019年1月
琼达	男	堆龙德庆区第一双语幼儿园	一级教师	拉萨市人力资源和社会保障局	2010年5月
玉珍	女	堆龙德庆区第一双语幼儿园	一级教师	拉萨市人力资源和社会保障局	2015年12月
达娃	女	堆龙德庆区第一双语幼儿园	一级教师	拉萨市人力资源和社会保障局	2009年5月
拉巴卓玛	女	堆龙德庆区第一双语幼儿园	一级教师	堆龙德庆区第一双语幼儿园	2012年5月
强巴卓嘎	女	乃琼中心小学	中级教师	拉萨市教育局	2006年5月
普布多吉	男	乃琼中心小学	中级教师	拉萨市教育局	2015年12月
晋美达瓦	男	乃琼中心小学	中级教师	拉萨市教育局	2010年5月
次尼	女	乃琼中心小学	中级教师	拉萨市教育局	2013年5月
措吉	女	乃琼中心小学	中级教师	拉萨市教育局	2017年12月
次仁央宗	女	乃琼中心小学	中级教师	拉萨市教育局	2018年12月
小尼珍	女	乃琼中心小学	中级职称	拉萨市教育局	2017年12月
宋德军	男	乃琼中心小学	中级职称	拉萨市教体局	2012年5月

续表11

姓名	性别	工作单位	专业技术职务名称	批准单位	批准时间
大尼珍	女	乃琼中心小学	中级职称	拉萨市教育局	2012年5月
大德吉卓嘎	女	乃琼中心小学	中级职称	昌都市教育局	2008年3月
巴桑央宗	女	乃琼中心小学	中级教师	拉萨市教育局	2020年3月
冲　多	女	乃琼中心小学	中级教师	拉萨市教育局	2012年5月
旦增欧珠	男	乃琼中心小学	中级教师	拉萨市教育局	2018年12月
扎　桑	女	乃琼中心小学	中级教师	拉萨市教育局	2015年12月
边　珍	女	乃琼中心小学	中级教师	日喀则人社局	2013年8月
米　玛	女	乃琼中心小学	中级教师	拉萨市教育局	2015年12月
罗　吉	女	乃琼中心小学	中级教师	拉萨市教育局	2007年4月
次仁平措	男	乃琼中心小学	中级教师	昌都人社局	2013年8月
坚　才	男	乃琼中心小学	中级教师	拉萨市教育局	2012年5月
次仁占堆	男	乃琼中心小学	中级教师	拉萨市教育局	2011年5月
小德吉卓嘎	女	乃琼中心小学	中级教师	拉萨市教育局	2017年4月
大次仁卓玛	女	乃琼中心小学	中级教师	拉萨市教育局	2017年12月
边巴卓玛	女	乃琼中心小学	中级教师	拉萨市教育局	2011年5月
拉　珍	女	乃琼中心小学	中级教师	那曲地区人社局	2014年12月
史　磊	男	乃琼中心小学	中级教师	那曲市人社	2017年8月
达瓦卓玛	女	乃琼中心小学	中级教师	拉萨市教育局	2014年5月
旺　东	男	乃琼中心小学	中级教师	拉萨市教体局	2008年5月
班　珍	女	乃琼中心小学	中级教师	拉萨市教育局	2013年5月
巴　央	女	乃琼中心小学	中级教师	拉萨市教育局	2017年4月
尼玛卓玛	女	乃琼中心小学	中级教师	拉萨市教育局	2017年12月
拉　巴	男	乃琼中心小学	中级教师	拉萨市教育局	2017年12月
阿旺益西	男	乃琼中心小学	中级教师	拉萨市教育局	2017年12月
次吉达瓦	男	乃琼中心小学	中级教师	拉萨市教育局	2012年5月
旺堆尼玛	男	乃琼中心小学	中级教师	拉萨市教育局	2012年5月
次仁央金	男	乃琼中心小学	中级教师	拉萨市教育局	2015年12月
宗　吉	女	乃琼中心小学	中级教师	拉萨市教育局	2012年5月

续表11

姓名	性别	工作单位	专业技术职务名称	批准单位	批准时间
达娃央金	女	乃琼中心小学	高级教师	西藏自治区教育厅	2017年7月
边巴次仁	男	乃琼中心小学	高级教师	西藏自治区教育厅	2019年6月
索朗德吉	女	乃琼中心小学	高级教师	西藏自治区教育厅	2019年6月
巴桑卓玛	女	乃琼中心小学	高级教师	西藏自治区教育厅	2020年7月
次德吉	女	乃琼中心小学	高级教师	西藏自治区教育厅	2020年7月
顿珠罗杰	男	拉萨市堆龙德庆区德庆中心小学	一级教师	拉萨市人社局	2019年1月
旦增甘登	男	拉萨市堆龙德庆区德庆中心小学	一级教师	那曲市人社局	2017年10月
祁静	女	拉萨市堆龙德庆区德庆中心小学	一级教师	拉萨市人设局	2017年12月
达杰	男	拉萨市堆龙德庆区德庆中心小学	一级教师	拉萨市人社局	2011年5月
次仁曲旦	男	拉萨市堆龙德庆区德庆中心小学	一级教师	那曲市人社局	2013年3月
索朗曲珍	女	拉萨市堆龙德庆区德庆中心幼儿园	一级教师	拉萨市人社局	2020年3月
索朗德吉	女	拉萨市堆龙德庆区德庆中心小学	一级教师	昌都市人社局	2012年10月
平措	男	拉萨市堆龙德庆区德庆中心小学	高级教师	西藏自治区教育厅	2020年7月
赤列索朗	女	拉萨市堆龙德庆区德庆中心小学	一级教师	拉萨市人社局	2020年3月
土旦	男	拉萨市堆龙德庆区德庆中心小学	一级教师	拉萨市人社局	2017年12月
米玛次仁	男	拉萨市堆龙德庆区德庆中心小学	一级教师	林芝市人社局	2012年12月
巴桑旦增	男	拉萨市堆龙德庆区德庆中心小学	一级教师	拉萨市人社局	2010年5月
达娃次旦	男	拉萨市堆龙德庆区德庆中心小学	一级教师	拉萨市人社局	2017年12月
格桑德吉	女	堆龙德庆区第五双语幼儿园	一级教师	拉萨市人力资源和社会保障局	2016年7月
顿珠多吉	男	堆龙德庆区第五双语幼儿园	一级教师	拉萨市人力资源和社会保障局	2015年12月
达瓦卓玛	女	堆龙德庆区第五双语幼儿园	一级教师	拉萨市人力资源和社会保障局	2013年5月
巴桑	女	堆龙德庆区第五双语幼儿园	一级教师	拉萨市人力资源和社会保障局	2014年5月
翁永平	女	堆龙德庆区第五双语幼儿园	一级教师	拉萨市人力资源和社会保障局	2016年7月
闫烁	女	堆龙德庆区古荣镇中心小学	一级教师	昌都市人社局	2013年10月
德吉赤来	女	堆龙德庆区古荣镇中心小学	一级教师	拉萨市教育局	2020年3月
加措	男	堆龙德庆区古荣镇中心小学	一级教师	拉萨市教育局	2017年5月
扎西元旦	男	堆龙德庆区古荣镇中心小学	一级教师	拉萨市教育局	2017年5月
巴桑	女	堆龙德庆区古荣镇中心小学	一级教师	拉萨市教育局	2017年5月

续表11

姓名	性别	工作单位	专业技术职务名称	批准单位	批准时间
米　玛	男	堆龙德庆区古荣镇中心小学	一级教师	拉萨市教育局	2007年4月
平措德吉	女	堆龙德庆区古荣镇中心小学	一级教师	拉萨市教育局	2007年4月
卓　玛	女	堆龙德庆区古荣镇中心小学	一级教师	拉萨市教育局	2017年12月
央　珍	女	堆龙德庆区古荣镇中心小学	一级教师	拉萨市教育局	2013年5月
坚　宗	女	堆龙德庆区古荣镇中心小学	一级教师	拉萨市教育局	2017年12月
普　布	女	堆龙德庆区古荣镇中心小学	高级	西藏自治区教育厅	2020年7月
米玛旺堆	男	堆龙德庆区古荣镇中心小学	高级	西藏自治区教育厅	2020年7月
巴桑次仁	男	堆龙德庆区古荣镇中心小学	高级	西藏自治区教育厅	2020年7月
洛　追	男	堆龙德庆区古荣镇中心小学	高级	西藏自治区教育厅	2020年7月
旦增曲然	男	堆龙德庆区古荣镇中心小学	一级教师	拉萨市人社局	2014年5月
次仁曲宗	女	堆龙德庆区古荣镇中心小学	一级教师	拉萨市人社局	2019年1月
白玛卓嘎	女	堆龙德庆区古荣镇中心小学	一级教师	拉萨市人社局	2019年1月
吉安卓玛	女	堆龙德庆区古荣镇中心小学	一级教师	拉萨市人社局	2019年1月
塔措卓玛	女	堆龙德庆区古荣镇中心小学	一级教师	拉萨市教育局	2020年3月
索朗次仁	男	堆龙德庆区古荣镇中心小学	一级教师	拉萨市教育局	2016年7月
尼玛卓玛	女	堆龙德庆区古荣镇中心小学	一级教师	拉萨市教育局	2015年12月
格桑次仁	男	堆龙德庆区古荣镇中心小学	一级教师	昌都市人力资源和社会保障局	2013年10月
边　巴	男	堆龙德庆区古荣镇中心小学	一级教师	拉萨市教体局	2007年4月
白玛玉珍	女	拉萨市堆龙德庆区中学	一级教师	拉萨市人社局	2017年12月
次仁措姆	女	拉萨市堆龙德庆区中学	一级教师	拉萨市人社局	2005年3月
晋美多吉	男	拉萨市堆龙德庆区中学	一级教师	拉萨市人社局	2016年7月
袁金红	女	拉萨市堆龙德庆区中学	高级教师	自治区人社局	2013年1月
佟福鼎	男	拉萨市堆龙德庆区中学	高级教师	自治区人社局	2019年7月
扎西曲珍	女	拉萨市堆龙德庆区中学	一级教师	拉萨市人社局	2016年1月
米　玛	女	拉萨市堆龙德庆区中学	一级教师	拉萨市人社局	2017年12月
普布仓决	女	拉萨市堆龙德庆区中学	一级教师	拉萨市人社局	2017年4月
石　达	男	拉萨市堆龙德庆区中学	一级教师	拉萨市人社局	2010年5月
莫春燕	女	拉萨市堆龙德庆区中学	高级教师	自治区人社局	2020年7月

续表11

姓名	性别	工作单位	专业技术职务名称	批准单位	批准时间
次仁央啦	女	拉萨市堆龙德庆区中学	一级教师	拉萨市人社局	2007年4月
土登央金	女	拉萨市堆龙德庆区中学	一级教师	拉萨市人社局	2015年12月
米　　玛	男	拉萨市堆龙德庆区中学	高级教师	自治区人社局	2013年4月
巴桑拉姆	女	拉萨市堆龙德庆区中学	一级教师	拉萨市人社局	2014年5月
韩庆龄	女	拉萨市堆龙德庆区中学	高级教师	自治区人社局	2020年7月
扎西央宗	女	拉萨市堆龙德庆区中学	一级教师	拉萨市人社局	2007年4月
朱艳美	女	拉萨市堆龙德庆区中学	正高级教师	自治区人社局	2018年6月
涂　　卉	女	拉萨市堆龙德庆区中学	高级教师	自治区人社局	2018年6月
普布卓玛	女	拉萨市堆龙德庆区中学	一级教师	拉萨市人社局	2007年4月
彭正强	男	拉萨市堆龙德庆区中学	一级教师	拉萨市人社局	2016年7月
曲　　吉	女	拉萨市堆龙德庆区中学	一级教师	拉萨市人社局	2014年5月
李迎春	女	拉萨市堆龙德庆区中学	高级教师	自治区人社局	2018年6月
贺红侠	女	拉萨市堆龙德庆区中学	高级教师	自治区人社局	2014年11月
普　　琼	男	拉萨市堆龙德庆区中学	一级教师	拉萨市人社局	2007年4月
索　　次	男	拉萨市堆龙德庆区中学	一级教师	拉萨市人社局	2007年4月
珠　　扎	男	拉萨市堆龙德庆区中学	高级教师	自治区人社局	2014年11月
巴　　珍	女	拉萨市堆龙德庆区中学	高级教师	自治区人社局	2016年1月
次　　吉	女	拉萨市堆龙德庆区中学	一级教师	拉萨市人社局	2008年5月
普布仓曲	女	拉萨市堆龙德庆区中学	一级教师	拉萨市人社局	2008年9月
王　　芳	女	拉萨市堆龙德庆区中学	高级教师	自治区人社局	2016年12月
扎　　桑	女	拉萨市堆龙德庆区中学	一级教师	拉萨市人社局	2019年1月
次仁曲宗	女	拉萨市堆龙德庆区中学	一级教师	拉萨市人社局	2017年12月
李雪优	女	拉萨市堆龙德庆区中学	一级教师	拉萨市人社局	2008年12月
王成林	男	拉萨市堆龙德庆区中学	高级教师	自治区人社局	2012年12月
央　　珍	女	拉萨市堆龙德庆区中学	一级教师	拉萨市人社局	2008年3月
普布琼达	女	拉萨市堆龙德庆区中学	一级教师	拉萨市人社局	2006年4月
龙　　宗	女	拉萨市堆龙德庆区中学	一级教师	拉萨市人社局	2008年5月
白红梅	女	拉萨市堆龙德庆区中学	高级教师	自治区人社局	2020年7月

续表11

姓名	性别	工作单位	专业技术职务名称	批准单位	批准时间
高　波	女	拉萨市堆龙德庆区中学	一级教师	拉萨市人社局	2016年7月
索朗卓嘎	女	拉萨市堆龙德庆区中学	一级教师	拉萨市人社局	2014年5月
德吉卓嘎	女	拉萨市堆龙德庆区中学	一级教师	拉萨市人社局	2015年12月
次仁白玛	女	拉萨市堆龙德庆区中学	高级教师	自治区人社局	2016年1月
王　霞	女	拉萨市堆龙德庆区中学	一级教师	拉萨市人社局	2015年12月
元旦卓玛	女	拉萨市堆龙德庆区中学	高级教师	自治区人社局	2019年7月
房明娟	女	拉萨市堆龙德庆区中学	高级教师	自治区人社局	2014年11月
白玛更吉	女	拉萨市堆龙德庆区中学	一级教师	拉萨市人社局	2019年1月
徐　丽	女	拉萨市堆龙德庆区中学	高级教师	自治区人社局	2014年11月
扎　西	男	拉萨市堆龙德庆区中学	一级教师	拉萨市人社局	2014年5月
尼玛卓玛	女	拉萨市堆龙德庆区中学	一级教师	拉萨市人社局	2010年5月
赵有萍	女	拉萨市堆龙德庆区中学	一级教师	拉萨市人社局	2015年12月
平措德吉	女	拉萨市堆龙德庆区中学	一级教师	拉萨市人社局	2016年7月
次仁央拉	女	拉萨市堆龙德庆区中学	一级教师	拉萨市人社局	2015年12月
巴　桑	女	拉萨市堆龙德庆区中学	一级教师	拉萨市人社局	2009年5月
王书清	男	拉萨市堆龙德庆区中学	高级教师	自治区人社局	2016年1月
泽仁扎西	男	拉萨市堆龙德庆区中学	一级教师	拉萨市人社局	2020年3月
赖　丽	女	拉萨市堆龙德庆区中学	一级教师	拉萨市人社局	2020年3月
格桑达瓦	男	拉萨市堆龙德庆区中学	一级教师	拉萨市人社局	2009年5月
张　洋	女	拉萨市堆龙德庆区中学	高级教师	自治区人社局	2014年11月
次拉姆	女	拉萨市堆龙德庆区中学	高级教师	自治区人社局	2018年6月
王　磷	女	拉萨市堆龙德庆区中学	一级教师	拉萨市人社局	2015年12月
索朗白珍	女	拉萨市堆龙德庆区中学	高级教师	自治区人社局	2013年9月
陈新龙	男	拉萨市堆龙德庆区中学	一级教师	拉萨市人社局	2013年5月
边巴卓玛	女	拉萨市堆龙德庆区中学	一级教师	拉萨市人社局	2014年5月
扎　西	男	拉萨市堆龙德庆区中学	一级教师	拉萨市人社局	2011年9月

续表11

姓名	性别	工作单位	专业技术职务名称	批准单位	批准时间
仓　决	女	拉萨市堆龙德庆区中学	一级教师	拉萨市人社局	2017年12月
央　吉	女	拉萨市堆龙德庆区中学	高级教师	自治区人社局	2020年7月
卓　嘎	女	拉萨市堆龙德庆区中学	一级教师	拉萨市人社局	2007年8月
段　昭	女	拉萨市堆龙德庆区中学	一级教师	拉萨市人社局	2020年3月
洪　飞	女	拉萨市堆龙德庆区中学	一级教师	拉萨市人社局	2013年5月
阿　奴	女	拉萨市堆龙德庆区中学	一级教师	拉萨市人社局	2015年12月
赵吉明	男	拉萨市堆龙德庆区中学	一级教师	拉萨市人社局	2011年5月
王　萍	女	拉萨市堆龙德庆区中学	高级教师	自治区人社局	2018年6月
胡燕梅	女	拉萨市堆龙德庆区中学	高级教师	自治区人社局	2018年6月
格桑仁增	男	拉萨市堆龙德庆区中学	一级教师	拉萨市人社局	2019年1月
德　吉	女	拉萨市堆龙德庆区中学	一级教师	拉萨市人社局	2016年7月
普布德吉	女	拉萨市堆龙德庆区中学	一级教师	拉萨市人社局	2015年12月
薛富春	男	拉萨市堆龙德庆区中学	一级教师	拉萨市人社局	2012年9月
尼　珠	女	拉萨市堆龙德庆区中学	一级教师	拉萨市人社局	2017年4月
益西曲珍	女	拉萨市堆龙德庆区中学	一级教师	拉萨市人社局	2017年12月
丹巴杰参	男	拉萨市堆龙德庆区中学	一级教师	拉萨市人社局	2016年7月
卓　嘎	女	拉萨市堆龙德庆区中学	一级教师	拉萨市人社局	2016年7月
次珠啦	女	拉萨市堆龙德庆区中学	高级教师	自治区人社局	2020年7月
卓玛群宗	女	拉萨市堆龙德庆区中学	一级教师	拉萨市人社局	2020年3月
欧珠央宗	女	拉萨市堆龙德庆区中学	一级教师	拉萨市人社局	2017年12月
尼玛卓嘎	女	拉萨市堆龙德庆区中学	一级教师	拉萨市人社局	2019年1月
格桑曲珍	女	拉萨市堆龙德庆区中学	一级教师	拉萨市人社局	2016年7月
谭阿路	女	拉萨市堆龙德庆区中学	一级教师	拉萨市人社局	2020年3月
桑旦卓玛	女	拉萨市堆龙德庆区中学	一级教师	拉萨市人社局	2020年3月
游艳梅	女	拉萨市堆龙德庆区中学	一级教师	拉萨市人社局	2012年9月
马　明	男	拉萨市堆龙德庆区中学	一级教师	拉萨市人社局	2011年5月
谢　娜	女	拉萨市堆龙德庆区中学	一级教师	拉萨市人社局	2013年5月
赵菲菲	女	拉萨市堆龙德庆区中学	一级教师	拉萨市人社局	2017年12月

续表11

姓名	性别	工作单位	专业技术职务名称	批准单位	批准时间
胡耀华	男	拉萨市堆龙德庆区中学	一级教师	拉萨市人社局	2015年12月
次仁措旺	女	拉萨市堆龙德庆区中学	一级教师	拉萨市人社局	2012年9月
尼玛罗布	男	拉萨市堆龙德庆区中学	一级教师	拉萨市人社局	2013年8月
朗杰卓嘎	女	拉萨市堆龙德庆区中学	一级教师	拉萨市人社局	2012年5月
布穷	男	拉萨市堆龙德庆区中学	一级教师	拉萨市人社局	2014年12月
索朗次仁	男	拉萨市堆龙德庆区中学	一级教师	拉萨市人社局	2014年1月
扎西顿珠	男	拉萨市堆龙德庆区中学	一级教师	拉萨市人社局	2015年11月
郭岚	女	拉萨市堆龙德庆区中学	一级教师	拉萨市人社局	2012年9月
边珍	女	拉萨市堆龙德庆区中学	一级教师	拉萨市人社局	2010年7月
白玛央吉	女	拉萨市堆龙德庆区中学	一级教师	拉萨市人社局	2020年3月
格桑德吉	女	拉萨市堆龙德庆区中学	一级教师	拉萨市人社局	2014年1月
尼玛吉	女	拉萨市堆龙德庆区中学	一级教师	拉萨市人社局	2015年12月
琼达	女	拉萨市堆龙德庆区中学	一级教师	拉萨市人社局	2015年12月
洛松朗措	女	拉萨市堆龙德庆区中学	一级教师	拉萨市人社局	2015年12月
蒲利君	女	拉萨市堆龙德庆区中学	一级教师	拉萨市人社局	2014年12月
白玛次仁	男	堆龙德庆区小学	高级教师	西藏自治区人力资源和社会保障厅	2019年6月
巴桑卓嘎	女	堆龙德庆区小学	高级教师	西藏自治区人力资源和社会保障厅	2016年12月
强珍	女	堆龙德庆区小学	一级教师	拉萨市人力资源和社会保障局	2007年4月
边巴卓玛	女	堆龙德庆区小学	一级教师	拉萨市人力资源和社会保障局	2007年4月
古扎	男	堆龙德庆区小学	高级教师	西藏自治区人力资源和社会保障厅	2015年12月
扎桑	女	堆龙德庆区小学	一级教师	拉萨市人力资源和社会保障局	2009年5月
尼玛次仁	男	堆龙德庆区小学	一级教师	拉萨市人力资源和社会保障局	2012年5月
玉珍	女	堆龙德庆区小学	一级教师	拉萨市人力资源和社会保障局	2010年5月
旦增罗布	男	堆龙德庆区小学	一级教师	拉萨市人力资源和社会保障局	2011年5月
丹增卓玛	女	堆龙德庆区小学	一级教师	拉萨市人力资源和社会保障局	2009年5月
米玛仓决	女	堆龙德庆区小学	一级教师	拉萨市人力资源和社会保障局	2008年5月

续表11

姓名	性别	工作单位	专业技术职务名称	批准单位	批准时间
白玛卓嘎	女	堆龙德庆区小学	一级教师	拉萨市人力资源和社会保障局	2012 年 5 月
尼玛片多	女	堆龙德庆区小学	一级教师	拉萨市人力资源和社会保障局	2014 年 5 月
曲尼旺姆	女	堆龙德庆区小学	一级教师	拉萨市人力资源和社会保障局	2009 年 5 月
普　珍	女	堆龙德庆区小学	高级教师	西藏自治区人力资源和社会保障厅	2015 年 12 月
洛桑曲珍	女	堆龙德庆区小学	一级教师	拉萨市人力资源和社会保障局	2014 年 5 月
周　峰	男	堆龙德庆区小学	一级教师	拉萨市人力资源和社会保障局	2009 年 5 月
西　洛	男	堆龙德庆区小学	一级教师	拉萨市人力资源和社会保障局	2010 年 5 月
边　巴	男	堆龙德庆区小学	高级教师	西藏自治区人力资源和社会保障厅	2018 年 6 月
次旦卓嘎	女	堆龙德庆区小学	一级教师	拉萨市人力资源和社会保障局	2012 年 5 月
拉巴次仁	男	堆龙德庆区小学	一级教师	拉萨市人力资源和社会保障局	2015 年 12 月
张文文	女	堆龙德庆区小学	高级教师	西藏自治区人力资源和社会保障厅	2020 年 7 月
拉巴多杰	男	堆龙德庆区小学	一级教师	拉萨市人力资源和社会保障局	2017 年 12 月
普　琼	男	堆龙德庆区小学	一级教师	拉萨市人力资源和社会保障局	2009 年 5 月
普布占堆	男	堆龙德庆区小学	一级教师	拉萨市人力资源和社会保障局	2012 年 5 月
达　娃	女	堆龙德庆区小学	高级教师	西藏自治区人力资源和社会保障厅	2020 年 7 月
达娃曲珍	女	堆龙德庆区小学	一级教师	拉萨市人力资源和社会保障局	2017 年 12 月
边巴次仁	男	堆龙德庆区小学	一级教师	拉萨市人力资源和社会保障局	2017 年 4 月
哈吉娜	女	堆龙德庆区小学	一级教师	拉萨市人力资源和社会保障局	2011 年 5 月
仓　琼	女	堆龙德庆区小学	一级教师	拉萨市人力资源和社会保障局	2014 年 5 月
次仁玉珍	女	堆龙德庆区小学	一级教师	拉萨市人力资源和社会保障局	2018 年 12 月
次旦央宗	女	堆龙德庆区小学	一级教师	拉萨市人力资源和社会保障局	2013 年 5 月
穷　吉	女	堆龙德庆区小学	一级教师	拉萨市人力资源和社会保障局	2011 年 5 月
格桑曲珍	女	堆龙德庆区小学	一级教师	拉萨市人力资源和社会保障局	2020 年 3 月
扎西次仁	男	堆龙德庆区小学	一级教师	拉萨市人力资源和社会保障局	2006 年 4 月
欧　珠	男	堆龙德庆区小学	一级教师	拉萨市人力资源和社会保障局	2007 年 9 月
德吉央珍	女	堆龙德庆区小学	一级教师	拉萨市人力资源和社会保障局	2012 年 5 月

续表11

姓名	性别	工作单位	专业技术职务名称	批准单位	批准时间
强　桑	女	堆龙德庆区小学	一级教师	拉萨市人力资源和社会保障局	2012年5月
德　吉	女	堆龙德庆区小学	一级教师	拉萨市人力资源和社会保障局	2009年5月
吴晓玉	女	堆龙德庆区小学	一级教师	拉萨市人力资源和社会保障局	2015年12月
边巴卓嘎	女	堆龙德庆区小学	一级教师	拉萨市人力资源和社会保障局	2013年5月
拉巴次仁	男	堆龙德庆区小学	一级教师	拉萨市人力资源和社会保障局	2017年12月
唐　红	女	堆龙德庆区小学	一级教师	拉萨市人力资源和社会保障局	2017年12月
达　珍	女	堆龙德庆区小学	一级教师	拉萨市人力资源和社会保障局	2011年5月
仓　决	女	堆龙德庆区小学	一级教师	拉萨市人力资源和社会保障局	2013年5月
尼　玛	女	堆龙德庆区小学	一级教师	拉萨市人力资源和社会保障局	2014年5月
旦增平措	男	堆龙德庆区小学	一级教师	拉萨市人力资源和社会保障局	2007年4月
多吉旺堆	男	堆龙德庆区小学	一级教师	拉萨市人力资源和社会保障局	2015年12月
尼　普	女	堆龙德庆区小学	一级教师	拉萨市人力资源和社会保障局	2015年7月
格　桑	女	堆龙德庆区小学	一级教师	拉萨市人力资源和社会保障局	2017年12月
次旦央宗	女	堆龙德庆区小学	一级教师	拉萨市人力资源和社会保障局	2014年5月
次仁央拉	女	堆龙德庆区小学	一级教师	拉萨市人力资源和社会保障局	2016年7月
赤　尼	女	堆龙德庆区小学	一级教师	拉萨市人力资源和社会保障局	2006年4月
尼玛旦增	男	堆龙德庆区小学	高级教师	西藏自治区人力资源和社会保障厅	2020年7月
白觉措	女	堆龙德庆区小学	高级教师	西藏自治区人力资源和社会保障厅	2018年6月
贡觉坚才	男	堆龙德庆区小学	一级教师	拉萨市人力资源和社会保障局	2019年1月
尼玛曲珍	女	堆龙德庆区小学	一级教师	拉萨市人力资源和社会保障局	2012年9月
洛桑益西	男	堆龙德庆区小学	一级教师	拉萨市人力资源和社会保障局	2014年10月
次旦旺久	男	堆龙德庆区小学	一级教师	拉萨市人力资源和社会保障局	2018年12月
米玛次仁	男	堆龙德庆区小学	一级教师	拉萨市人力资源和社会保障局	2014年12月
小索朗	男	堆龙德庆区姜昆黄小勇希望小学	副高级	西藏自治区人力资源和社会保障厅	2020年7月
边巴卓玛	女	堆龙德庆区姜昆黄小勇希望小学	副高级	西藏自治区人力资源和社会保障厅	2020年7月
巴桑卓玛	女	堆龙德庆区姜昆黄小勇希望小学	副高级	西藏自治区人力资源和社会保障厅	2018年6月

续表11

姓名	性别	工作单位	专业技术职务名称	批准单位	批准时间
德吉拉珍	女	堆龙德庆区姜昆黄小勇希望小学	一级教师	拉萨市人力资源社会保障局	2014 年 5 月
唐素芳	女	堆龙德庆区姜昆黄小勇希望小学	一级教师	拉萨市人力资源社会保障局	2015 年 12 月
小仓决	女	堆龙德庆区姜昆黄小勇希望小学	一级教师	拉萨市人力资源社会保障局	2010 年 5 月
穷达	女	堆龙德庆区姜昆黄小勇希望小学	一级教师	拉萨市人力资源社会保障局	2009 年 5 月
次仁	男	堆龙德庆区姜昆黄小勇希望小学	一级教师	拉萨市人力资源社会保障局	2009 年 5 月
德庆央宗	女	堆龙德庆区姜昆黄小勇希望小学	一级教师	拉萨市人力资源社会保障局	2009 年 5 月
多吉次仁	男	堆龙德庆区姜昆黄小勇希望小学	一级教师	拉萨市人力资源社会保障局	2011 年 5 月
拉姆次仁	女	堆龙德庆区姜昆黄小勇希望小学	一级教师	拉萨市人力资源社会保障局	2017 年 4 月
旦增曲扎	男	堆龙德庆区姜昆黄小勇希望小学	一级教师	拉萨市人力资源社会保障局	2011 年 5 月
边巴卓玛	女	堆龙德庆区姜昆黄小勇希望小学	一级教师	拉萨市人力资源社会保障局	2012 年 5 月
贾智慧	女	堆龙德庆区姜昆黄小勇希望小学	一级教师	拉萨市人力资源社会保障局	2017 年 12 月
旦增旺姆	女	堆龙德庆区姜昆黄小勇希望小学	一级教师	拉萨市人力资源社会保障局	2016 年 7 月
次仁旺堆	男	堆龙德庆区姜昆黄小勇希望小学	一级教师	拉萨市人力资源社会保障局	2010 年 5 月
尼玛卓嘎	女	堆龙德庆区姜昆黄小勇希望小学	一级教师	那曲地区人力资源社会保障局	2011 年 11 月
洛桑曲珍	女	堆龙德庆区姜昆黄小勇希望小学	一级教师	拉萨市人力资源社会保障局	2012 年 5 月
张秀花	女	堆龙德庆区姜昆黄小勇希望小学	一级教师	拉萨市人力资源社会保障局	2015 年 12 月
色珍	女	堆龙德庆区姜昆黄小勇希望小学	一级教师	拉萨市人力资源社会保障局	2013 年 5 月
白玛卓嘎	女	堆龙德庆区姜昆黄小勇希望小学	一级教师	拉萨市人力资源社会保障局	2013 年 5 月
央金	女	堆龙德庆区姜昆黄小勇希望小学	一级教师	日喀则地区人力资源社会保障局	2011 年 11 月
扎西卓玛	女	堆龙德庆区姜昆黄小勇希望小学	一级教师	那曲地区人力资源社会保障局	2013 年 6 月
巴桑卓嘎	女	堆龙德庆区姜昆黄小勇希望小学	一级教师	拉萨市人力资源社会保障局	2014 年 5 月
大旦珍	女	堆龙德庆区姜昆黄小勇希望小学	一级教师	拉萨市人力资源社会保障局	2015 年 12 月
宗巴	女	堆龙德庆区姜昆黄小勇希望小学	一级教师	拉萨市人力资源社会保障局	2018 年 12 月
米玛布知	女	堆龙德庆区姜昆黄小勇希望小学	一级教师	拉萨市人力资源社会保障局	2017 年 4 月
尼珍	女	堆龙德庆区姜昆黄小勇希望小学	一级教师	拉萨市人力资源社会保障局	2018 年 12 月
殷臣秀	女	堆龙德庆区姜昆黄小勇希望小学	一级教师	拉萨市人力资源社会保障局	2016 年 7 月

续表11

姓名	性别	工作单位	专业技术职务名称	批准单位	批准时间
大仓决	女	堆龙德庆区姜昆黄小勇希望小学	一级教师	拉萨市人力资源社会保障局	2011年5月
米玛次仁	女	堆龙德庆区姜昆黄小勇希望小学	一级教师	拉萨市人力资源社会保障局	2008年5月
兰佳琪	女	堆龙德庆区姜昆黄小勇希望小学	一级教师	拉萨市人力资源社会保障局	2020年3月
大索朗	男	堆龙德庆区姜昆黄小勇希望小学	一级教师	拉萨市人力资源社会保障局	2009年5月
小旦珍	女	堆龙德庆区姜昆黄小勇希望小学	一级教师	拉萨市人力资源社会保障局	2017年4月
霍娟	女	堆龙德庆区姜昆黄小勇希望小学	一级教师	那曲地区人力资源社会保障局	2017年8月
查斯	男	堆龙德庆区姜昆黄小勇希望小学	一级教师	拉萨市人力资源社会保障局	2017年12月
德吉曲珍	女	堆龙德庆区姜昆黄小勇希望小学	一级教师	那曲地区人力资源社会保障局	2014年4月
益西白玛	女	堆龙德庆区姜昆黄小勇希望小学	一级教师	拉萨市人力资源社会保障局	2015年12月
扎西德吉	女	堆龙德庆区姜昆黄小勇希望小学	一级教师	拉萨市人力资源社会保障局	2014年5月
阿旺拉姆	女	堆龙德庆区姜昆黄小勇希望小学	一级教师	山南市人力资源社会保障局	2017年1月
次旦拉姆	女	堆龙德庆区教育体育局	中级	拉萨市人社局	2012年5月
贾惠芳	女	堆龙德庆区教育体育局	副高	自治区教育厅	2020年7月
朱鸿	男	堆龙德庆区教育体育局	中级	拉萨市教育局	2012年5月
仁增	男	堆龙德庆区教育体育局	高级	教育体育局	2015年
珠扎	男	堆龙德庆区教育体育局	高级	教育体育局	2014年
央金	女	堆龙德庆区教育体育局	高级	教育体育局	2018年
尼玛卓玛	女	堆龙德庆区教育体育局	中级	教育体育局	2017年
尼玛次仁	男	堆龙德庆区教育局	高级	自治区教育厅	2017年
旦增念扎	男	堆龙德庆区教育体育局	中级	拉萨市教育局	2006年
丹巴杰参	男	堆龙德庆区教育体育局	中级	拉萨市教育局	2016年
郑文玉	男	堆龙德庆区教育体育局	中级	山南教体局	2011.06
泽丁卓玛	女	堆龙德庆区教育局	中级	拉萨市教育局	2017年
德吉群措	女	堆龙德庆区教育局	中级	拉萨市教育局	2019年
卓玛措	女	堆龙德庆区教育局	中级	拉萨市教育局	2008年
益西旦增	男	堆龙德庆区教育局	高级	自治区教育厅	2018年

续表11

姓名	性别	工作单位	专业技术职务名称	批准单位	批准时间
达　珍	女	堆龙德庆区教育局	高级	自治区教育厅	2018年
张　洪	男	堆龙德庆区教育局	高级	自治区教育厅	2020年
央　金	女	堆龙德庆区教育局	高级	自治区教育厅	2018年
赵东来	男	堆龙德庆区教育体育局	副高	自治区教育厅	2020年7月
李占宏	男	堆龙德庆区教育体育局	副高	自治区教育厅	2020年7月
达瓦扎西	男	堆龙德庆区教育体育局	一级教师	拉萨市教育局	2009年5月
达瓦次仁	男	堆龙德庆区马镇中心小学	副高级教师	西藏教育厅	2020年11月
边巴卓玛	女	堆龙德庆区马镇中心小学	副高级教师	西藏教育厅	2020年11月
阿旺索朗	男	堆龙德庆区马镇中心小学	一级教师	拉萨市教育局	2020年5月
白玛央宗	女	堆龙德庆区马镇中心小学	一级教师	拉萨市教育局	2020年5月
尼玛次仁	男	堆龙德庆区马镇中心小学	一级教师	拉萨市教育局	2020年5月
索朗曲珍	男	堆龙德庆区马镇中心小学	一级教师	拉萨市教育局	2013年5月
旦增列谢	男	堆龙德庆区马镇中心小学	一级教师	拉萨市教育局	2015年12月
贾　亮	男	堆龙德庆区马镇中心小学	一级教师	拉萨市教育局	2017年5月
普　穷	男	堆龙德庆区马镇中心小学	一级教师	拉萨市教育局	2020年5月
拉　巴	男	堆龙德庆区马镇中心小学	一级教师	拉萨市教育局	2013年11月
央　宗	男	堆龙德庆区马镇中心小学	一级教师	拉萨市教育局	2017年12月

拉萨市堆龙德庆区中学

【概况】 2020年，堆龙德庆区中学在区委、区政府及区教体局的正确领导下，坚持以毛泽东思想、邓小平理论、“三个代表”重要思想、科学发展观以及习近平新时代中国特色社会主义思想在内的科学理论体系为指导，认真贯彻落实中共十九大、十九届五中全会及中央第七次西藏工作座谈精神和习近平总书提出的争做“四有好老师”精神，积极推进党的各项方针政策，把教学成绩放到学校工作重中之重的位置，深入落实基层党建工作责任制和党风廉政建设责任制，积极开展“四讲四爱”群众教育活动，着眼于为学生终身发展奠基，秉承扬帆起航、启志明理的人文精神，恪守团结、尚学、拼搏、和谐的校风，坚持以“四抓”（抓疫情防控、抓管理规范、抓队伍建设、抓学生德育）为重要支点，围绕体魄强健、人格健全、懂得感恩、学会求知的育人目标，加强教师队伍建设，以课堂转型为契机，以校园文化建设为载体，努力提高教学质量，力创平安学校、和谐校园。

【班子建设】 2020年，区中学在区委、区政府和区教体局的高度重视下，班子建设以勤政、廉洁、务实、高效为目标，积极进取、务实肯干、团结协作，通过抓疫情防疫工作建设、抓强化学习促思想建设，抓效能建设促工作作风等途径，努力建设工作务实高效、服务师生发展的领导班子。

【开岗位大练兵活动】2020年，区中学为提高教师的课堂教学水平，提升课堂教学质量，以抓教学细节入手，安排学科组开展集体备课、一课多讲、一课多备、同课异构等多形式的课堂教学活动。如与“城乡结对”学校市三中联手举办联合教研活动，与柳梧中学、尼木县中学联合开展数学、物理提升策略研究。每学期都要集中教师进行自我反思、全面总结、提炼经验。教管处、年级组组织对期末试卷、月考，从分析考点、出卷、改卷到试卷分析，让老师认真反思，查漏补缺，研究对策，增强实效。利用现代化的教学手段，通过举办微课大赛、赛课评比、教学资源库建设、一考三评等活动有效地支持全校教研教改工作的健康发展。拉萨市教研所安世林等6位专家到学校开展蹲点教研指导活动、北京市门头沟区京师实验中学4位专家蹲点指导教学、区教体局“三科工作室”联合学校共同开展历史与语文的跨学科教研活动，通过研、培、导、练、赛等多种形式，提升教师专业成长，为教育教学质量的提升创造有利条件。通过研、培、导、练、赛等多种形式，提升教师专业成长，为教育教学质量的提升创造有利条件。创造一切条件，遴选教师参加校本培训及各级、各种形式的培训，并对培训及时总结、消化、推广，以达到通过培训工作切实提高教师师德素养、业务能力，推动学校教育教学工作的总体提升的总要目的，全年参加各类培训达30多人次。

2020年2月28日，堆龙德庆区政府副区长罗俊峰（左二）一行4人到区中学校检查“防疫”和基建工作

【参与易地搬迁精准扶贫】2020年，按照自治区、拉萨市、堆龙德庆区委精准扶贫相关会议精神，在区教育体育局的安排部署下，先后有拉萨市当雄县、拉萨市尼木县、那曲市尼玛县荣玛乡、昌都市芒康县、昌都市贡觉县的精准扶贫易地搬迁家庭户的学生255名。其中当雄县就读学生124名（七年级65名，八年级22名，九年级37名）；尼木县就读学生34名（七年级7名，八年级13名，九年级14名）；那曲市尼玛县荣玛乡就读学生69名（七年级20名，八年级23名，九年级26名）；昌都市芒康县就读学生16名（七年级6名，八年级5名，九年级5名）；昌都市贡觉就读学生12名（七年级4名，八年级5名，九年级3名）。另还有本区域内搬迁学生43名，合计易地搬迁学生298名，占全校学生人数的13.62%。学校从学生学习、教师教学、课后辅导、兴趣培养等方面对学生进行教育，通过党员“一对一”结对帮扶活动、到家慰问、座谈会、单独开设花式篮球兴趣班、开设文化课补习基础班、心理疏导、送教下乡等活动，推动教育精准扶贫工作。

【疫情防控】2020年，自新型冠病毒肺炎疫情发生以来，区中学严格按照堆龙德庆区应对新型冠状病毒感染肺炎疫情工作指挥部的安排部署，全面加强校园疫情防控工作，第一时间制订学校疫情防控方案，强化校园值班值守，向全校师生加强宣传引导，并积极投身此次疫情防控阻击战中，以最严格的科学防控措施，维护师生群众健康安全。成立疫情防控领导小组，通过微信群及时宣传防疫知识；组织线上教学、开展“疫情无情送书有爱”活动、组织党员教师开展“送教到家”、赠手机、送流量暖心包活动、积极开展师生活动轨迹去向排查、落实居家隔离措施，开展爱国卫生运动，对厕所、门卫室、校门口、教室、宿舍、功能房、食堂、运动场馆、图书馆等处进行统一消毒，放学、开学严格实行分批、分时返校，就餐采用错时错峰、单面就座，三个年级按照三个批次就餐，做到无交叉，筑牢校园安全。

【师德师风建设】 2020年，区中学通过广播、黑板报、标语、展板、简报、学习手册、学生问卷调查等形式开展师德师风教育活动，引导教师不仅重言传，更要重身教，时时处处体现为人师表。同时，多次组织广大教师认真学习《中华人民共和国教师法》《中华人民共和国教育法》《中小学教师职业道德规范》《教育部关于加强和改进师德建设的意见》等法律法规，通过政治学习、业务学习、开展读书活动等载体，增强广大教师的法制观念，提高广大教师的职业道德素质，力促教师在提高政治素质、思想素养上求实效，在转变教育理念、提高教育教学质量上求实效，在服务学生、服务家长、服务社会上求实效，在为人师表、树立良好形象上求实效，在促进学校发展、争先创优上求实效。

【课堂教学】 2020年疫情期间，区中学积极开展“停课不停学”的线上教学工作。学校要求全体教师树立“面向全体、全面发展、主动发展”的教学思想，努力做到“把眼光盯在质量上，把功夫下在备课上，把基础放在个人素质提高上，把关键放在教学方法的改革上，把目标放在全体学生的进步和提升上，把效果显现在40分钟的课堂上”，保证教学工作扎实有效。

在常规管理工作中，充分发挥教学管理处的作用，定计划、定措施，展开竞争，在课堂教学、作业指导、成绩考查、专业发展等方面对教学工作进行量化考核。以抓教学细节入手，规范教学教研常规工作，着力打造高效课堂，做好推门听课、集体备课、一课多讲、同课异构等多形式课堂教学活动，坚持面向教育教学实践、切实解决实际问题，以如何使学生日日有进步为着眼点，筹建课题，大兴研究之举，积极找对策，转变教学理念，抓好教学环节，集中教师进行自我反思、全面总结、提炼经验。各类考试结束后，组织教师对试卷成绩进行分析，认真反思，查漏补缺，研究对策，增强实效。

【拓展教育教学空间】 2020年，区中学以形式多样的活动为载体，激发学生学习兴趣，充分发挥现有教育资源的作用，学校的图书室、体育场(馆)、实验室等场所向学生开放，有组织、有计划地为学生安排丰富多彩的科技、文艺、体育等活动，让学生在实践中发展，在体验中成长；强化德育实践环节，利用清明节、“五四”青年节、“一二九”爱国运动、民族团结月、法制进校园、模拟法庭、新生军训、卫生安全教育等活动，加强新生思想政治建设；每年召开不少于3次的家长会，加强家庭教育、社会教育，引导家长树立正确的教育观，促学生文明养成、自我管理有长足的发展。2020年，组织线上参观西藏百万农奴解放纪念馆，在区团委安排下，学校100多名学生参加堆龙德庆区人民法院举办的“青春与普法共舞，成长与法治同行”模拟法庭活动，参加拉萨市消防救援特勤大队三站“119消防宣传日”队站开放活动。寒假期间学校组织16名学生在到

2020年3月8日，堆龙德庆区中学举行“西藏民主改革61周年纪念日”升旗仪式

南京参加“雪域同心,圆梦金陵”西部公益游学活动。

【民族团结教育】 抓舆论宣传。2020年,区中学充分利用横幅、宣传标语、黑板报、校园广播等宣传工具,在校园内加大宣传力度,广泛宣传党的民族政策,宣传民族团结教育的重要性,使广大师生在自觉与不自觉中受到民族团结的教育,营造和谐民族氛围;学习民族理论政策。为更好地解和掌握民族理论政策、民族法律法规和民族基本知识,组织全体师生,深入学习《中华人民共和国民族区域自治法》《拉萨市民族团结进步条例》等法律法规;民族团结教育进教材。将民族团结教育列入教学计划,各任课教师依照任教学科特点在课堂上对学生渗透民族团结教育、爱国主义教育、人格塑造等教育,做到在教案中有体现,在课堂上有落实,切实保证教学时间、教学质量和教学效果。利用民族团结教育月、重大节日、纪念日等契机组织开展丰富多彩的活动,加强各族师生之间的文化交流,促进民族团结,如开展民族团结月活动、民族团结演讲比赛等,同时将藏民族的民族舞穿插到学生课间操中,并开发为校本课程,以这种“春风化雨、润物无声”的方式,增进民族文化的交流与融合,增强学生的民族团结意识。

(赵忠良)

【机构领导】

党支部书记

扎西旺堆(藏族,9月离任)

校　长

王书清

副校长

朱艳美(女)

巴　珍(女,藏族,5月任职)

堆龙德庆区中学中级以上职称人员一览表

表12

姓名	性别	民族	学历	参加工作时间	专业技术职务	批准时间
白玛玉珍	女	藏族	本科	2008年7月1日	一级教师	2017年12月
次仁措姆	女	藏族	本科	1996年9月1日	一级教师	2005年3月
晋美多吉	男	藏族	本科	1996年7月1日	一级教师	2016年7月
袁金红	女	汉族	本科	2000年7月1日	高级教师	2013年1月
佟福鼎	男	汉族	本科	2004年7月1日	高级教师	2019年7月
扎西曲珍	女	藏族	本科	2008年7月1日	一级教师	2016年1月
米　玛	女	藏族	本科	2009年7月1日	一级教师	2017年12月
普布仓决	女	藏族	本科	1999年7月1日	一级教师	2017年4月
石　达	男	藏族	本科	1996年7月1日	一级教师	2010年5月
莫春燕	女	汉族	本科	2004年7月1日	高级教师	2020年7月
次仁央啦	女	藏族	本科	1995年7月1日	一级教师	2007年4月
土登央金	女	藏族	本科	2003年7月1日	一级教师	2015年12月
米　玛	男	藏族	本科	1996年7月1日	高级教师	2013年4月
巴桑拉姆	女	藏族	本科	2007年7月1日	一级教师	2014年5月
韩庆龄	女	汉族	本科	1997年7月1日	高级教师	2020年7月
扎西央宗	女	藏族	本科	1994年7月1日	一级教师	2007年4月

续表12

姓名	性别	民族	学历	参加工作时间	专业技术职务	批准时间
朱艳美	女	汉族	本科	1998年7月1日	正高级教师	2018年6月
涂 卉	女	汉族	本科	2001年7月1日	高级教师	2018年6月
普布卓玛	女	藏族	本科	1995年7月1日	一级教师	2007年4月
彭正强	男	汉族	本科	2009年7月1日	一级教师	2016年7月
曲 吉	女	藏族	本科	2000年7月1日	一级教师	2014年5月
李迎春	女	汉族	本科	2001年7月1日	高级教师	2018年6月
贺红侠	女	汉族	本科	1993年7月1日	高级教师	2014年11月
普 琼	男	藏族	本科	1995年7月1日	一级教师	2007年4月
索 次	男	藏族	本科	1995年7月1日	一级教师	2007年4月
珠 扎	男	藏族	本科	1999年7月1日	高级教师	2014年11月
巴 珍	女	藏族	本科	1994年7月1日	高级教师	2016年1月
次 吉	女	藏族	本科	1993年7月1日	一级教师	2008年5月
普布仓曲	女	藏族	本科	2001年7月1日	一级教师	2008年9月
王 芳	女	汉族	本科	2001年7月1日	高级教师	2016年12月
扎 桑	女	藏族	本科	2007年7月1日	一级教师	2019年1月
次仁曲宗	女	藏族	本科	2007年7月1日	一级教师	2017年12月
李雪优	女	汉族	本科	2005年7月1日	一级教师	2008年12月
王成林	男	汉族	本科	2000年7月1日	高级教师	2012年12月
央 珍	女	藏族	本科	1996年7月1日	一级教师	2008年3月
普布琼达	女	藏族	本科	1998年7月1日	一级教师	2006年4月
龙 宗	女	藏族	本科	1994年7月1日	一级教师	2008年5月
白红梅	女	藏族	本科	1997年7月1日	高级教师	2020年7月
高 波	女	汉族	本科	2005年7月1日	一级教师	2016年7月
索朗卓嘎	女	藏族	本科	2001年7月1日	一级教师	2014年5月
德吉卓嘎	女	藏族	本科	1998年7月1日	一级教师	2015年12月
次仁白玛	女	藏族	本科	1999年7月1日	高级教师	2016年1月
王 霞	女	汉族	本科	1998年7月1日	一级教师	2015年12月
元旦卓玛	女	藏族	本科	2002年7月1日	高级教师	2019年7月
房明娟	女	汉族	本科	1999年7月1日	高级教师	2014年11月
白玛更吉	女	藏族	本科	2005年7月1日	一级教师	2019年1月

续表12

姓名	性别	民族	学历	参加工作时间	专业技术职务	批准时间
徐　丽	女	汉族	本科	1999年7月1日	高级教师	2014年11月
扎　西	男	藏族	本科	1995年7月1日	一级教师	2014年5月
尼玛卓玛	女	藏族	本科	1993年7月1日	一级教师	2010年5月
赵有萍	女	汉族	本科	2004年7月1日	一级教师	2015年12月
平措德吉	女	藏族	本科	2009年7月1日	一级教师	2016年7月
次仁央拉	女	藏族	本科	2005年7月1日	一级教师	2015年12月
巴　桑	女	藏族	本科	1994年7月1日	一级教师	2009年5月
王书清	男	汉族	本科	2000年7月1日	高级教师	2016年1月
泽仁扎西	男	藏族	本科	1996年9月1日	一级教师	2020年3月
赖　丽	女	汉族	本科	2003年7月1日	一级教师	2020年3月
格桑达瓦	男	藏族	本科	1991年4月1日	一级教师	2009年5月
张　洋	女	汉族	本科	2000年7月1日	高级教师	2014年11月
次拉姆	女	藏族	本科	2004年7月1日	高级教师	2018年6月
王　磷	女	汉族	本科	2001年7月1日	一级教师	2015年12月
索朗白珍	女	藏族	本科	1996年7月1日	高级教师	2013年9月
陈新龙	男	汉族	本科	2001年7月1日	一级教师	2013年5月
边巴卓玛	女	藏族	本科	2007年7月1日	一级教师	2014年5月
扎　西	男	藏族	本科	2005年7月1日	一级教师	2011年9月
仓　决	女	藏族	本科	2005年7月1日	一级教师	2017年12月
央　吉	女	藏族	本科	2006年7月1日	高级教师	2020年7月
卓　嘎	女	藏族	本科	1996年7月1日	一级教师	2007年8月
段　昭	女	藏族	硕士	2010年7月1日	一级教师	2020年3月
洪　飞	女	汉族	本科	2001年7月1日	一级教师	2013年5月
阿　奴	女	藏族	本科	2003年7月1日	一级教师	2015年12月
赵吉明	男	汉族	硕士	2001年7月1日	一级教师	2011年5月
王　萍	女	汉族	本科	2004年7月1日	高级教师	2018年6月
胡燕梅	女	汉族	本科	2004年7月1日	高级教师	2018年6月
格桑仁增	男	藏族	本科	1999年7月1日	一级教师	2019年1月
德　吉	女	藏族	本科	2007年7月1日	一级教师	2016年7月
普布德吉	女	藏族	本科	2007年7月1日	一级教师	2015年12月

续表12

姓名	性别	民族	学历	参加工作时间	专业技术职务	批准时间
薛富春	男	汉族	本科	2001年7月1日	一级教师	2012年9月
尼　珠	女	藏族	本科	2007年7月1日	一级教师	2017年4月
益西曲珍	女	藏族	本科	2006年8月1日	一级教师	2017年12月
丹巴杰参	男	藏族	本科	2007年7月1日	一级教师	2016年7月
卓　嘎	女	藏族	本科	2007年7月1日	一级教师	2016年7月
次珠啦	女	藏族	本科	2004年7月1日	高级教师	2020年7月
卓玛群宗	女	藏族	本科	2013年7月1日	一级教师	2020年3月
欧珠央宗	女	藏族	本科	2008年7月1日	一级教师	2017年12月
尼玛卓嘎	女	藏族	本科	2010年7月1日	一级教师	2019年1月
格桑曲珍	女	藏族	本科	2007年7月1日	一级教师	2016年7月
谭阿路	女	土家	本科	2013年12月1日	一级教师	2020年3月
桑旦卓玛	女	藏族	本科	2013年12月1日	一级教师	2020年3月
游艳梅	女	汉族	本科	2002年7月1日	一级教师	2012年9月
马　明	男	汉族	本科	2004年8月1日	一级教师	2011年5月
谢　娜	女	汉族	本科	2003年8月1日	一级教师	2013年5月
赵菲菲	女	汉族	本科	2011年7月1日	一级教师	2017年12月
胡耀华	男	汉族	本科	2007年7月1日	一级教师	2015年12月
次仁措旺	女	藏族	本科	2006年7月1日	一级教师	2012年9月
尼玛罗布	男	藏族	本科	2004年7月1日	一级教师	2013年8月
朗杰卓嘎	女	藏族	本科	2001年7月1日	一级教师	2012年5月
布　穷	男	藏族	本科	2007年7月1日	一级教师	2014年12月
索朗次仁	男	藏族	本科	2007年7月1日	一级教师	2014年1月
扎西顿珠	男	藏族	本科	2006年8月1日	一级教师	2015年11月
郭　岚	女	汉族	本科	2005年7月1日	一级教师	2012年9月
边　珍	女	藏族	本科	2010年7月1日	一级教师	2010年7月
白玛央吉	女	藏族	本科	2011年8月1日	一级教师	2020年3月
格桑德吉	女	藏族	本科	2007年7月	一级教师	2014年1月
尼玛吉	女	藏族	本科	2009年7月	一级教师	2015年12月
琼　达	女	藏族	本科	2009年7月	一级教师	2015年12月
洛松朗措	女	藏族	本科	2006年7月	一级教师	2015年12月
蒲利君	女	汉族	本科	2006年7月	一级教师	2014年12月

城市建设·环保

住房和城乡建设

【概况】 2020年,在区委、区政府和上级业务主管部门的坚强领导下,堆龙德庆区住房和城乡建设局团结带领全局干部职工,坚持以习近平新时代中国特色社会主义思想为指导,深入贯彻落实中共十九大、十九届历次全会及中央第七次西藏工作座谈会精神,贯彻落实习近平总书记在中央统筹推进新冠肺炎疫情防控和经济社会发展工作部署会上的重要讲话精神,贯彻落实区委二届五次全会暨区委经济工作会议精神,按照各级推进复工复产复学、全面有序恢复生产经营秩序的系列部署要求,努力做到疫情防控和经济社会发展两手抓、两不误、两促进,在坚定不移地做好疫情防控工作的同时,坚持以人民为中心的发展思想,坚持稳中求进、进中求好、补齐短板工作总基调,坚持新发展理念,坚持推动高质量发展,统筹推进各项工作,保持经济社会持续健康发展的良好态势。

2020年2月17日，堆龙德庆区住建局开展项目复工疫情防控检查

【项目建设管理】 基建项目稳步推进。2020年,区住建局对照固定资产投资建设项目计划总表、重点项目计划表安排,新建滨河公园(一期、二期)、乃琼小学人行天桥、祥和苑便民超市等32个固定资产投资项目,续建堆龙新城市政工程、2019年组级活动场所、2019年人居环境整治及棚户区改造等12个固定资产投资项目,2020年固定资产投资项目开工率达95%以上。实施完成公园类、市政道路类、农村公路类、人居环境类、城市道路和绿化提升类、民兵训练基地附属类、城市维护类等7类共计74个零星项目,总投资15471.97余万元。

新城建设进展明显。新城市政路网建设项目已完成总工程量的88%。同时,新城周边的桑木路、桑木2路、羊达路、浪康4路、滨河南路等道路建设项目已完工,有力构建“三横”“四纵”路网架构。新城搬迁安置项目已完成主体建设，正在实施附属配套设施建设。综合小区、哈达东嘎小区、佳禾世家等3个房地产项目已完工，祥和御府、东嘎时代广场、香雪西苑、东嘎国际、嘎吉林大厦、上谷壹号等6个房地产项目已分别完成总工程量的75%、85%、88%、92%、60%、25%。万达广场片区工布花园、雅砻花园2个房地产项目，分别完成总工程量的65%、60%，其余建设项目正在开展前期工作。市城投7块地块均已开工建设、有序推进。

公园建设。建成通嘎公园、浪冲公园、贾热村湿地公园、人社局街旁公园、达扎公园、824户街旁公园、岗德林村街旁公园等7个城市公园。滨河公园建设项目一期工程已完成，二期工程已完成总工程量的20%；团结公园已进入招投标环节。

【民生改善】 助力脱贫攻坚。2020年，区住建局编制《堆龙德庆区易地扶贫搬迁旧房处置办法》，与51户搬迁户签订《堆龙德庆区易地扶贫搬迁旧房拆除及搬迁补偿方案》并完成旧房腾退拆除复绿及搬迁补偿兑现资金核算。祥和苑搬迁安置点便民超市、文化健身场地、老年活动中心3个附属项目已完工；卫生服务中心、村级活动场所2个项目均已完成80%以上；幼儿园建设项目已完成初设评审，正在协商土地事宜。完成门堆村、那拉高速、其美龙等149套搬迁任务。

致力乡村振兴。完成德庆村、嘎冲村一三组2个点人居环境整治续建项目，邱桑村、嘎冲村二四五组、设兴村一二组、加入村三四组、波玛村一四组等5个点人居环境整治项目均已完成总投资70%以上。完成波玛村、马村、措麦村、加入村等4个棚户区改造续建项目，重萨、朗冲、恰卡等3个棚户区改造项目均已完成总投资60%以上。稳步实施以改厕所、改厨房、改房间、整理院落为主要内容的“三改一整”工作，进一步改善村庄人居环境。

聚力城市文明健康。对建筑工地进行专项检查，统筹施工工地按要求设置围挡、展示公益广告，切实做好施工扬尘污染防治和施工噪声治理。辖区内各公交路线沿线均已设置完成公交站台，完成所有公交站台玻璃安装。督促辖区内各小区设置轮椅通道、扶手或缘石坡道等无障碍设施，小区内展示公益广告。围绕施工工地安全生产、施工扬尘防治、疫情防控、扫黑除恶等开展督查检查，持续抓好建筑领域安全文明施工。强力推进环保督察问题整改，所有问题均已整改完成并销号。

搭力农牧民增收。全区已有47个农牧民施工企业（队）办理农牧民施工资质。将政府投资400万元以下的工程项目交由项目所在地具备承接能力的农牧民施工企业（队）实施。20余个工程项目使用当地农牧民工500人左右，农牧民工劳务收入达1500余万元；投入挖机、装载机、运输车等机械用工700辆左右，机械收入达1600余万元。70余个零星项目使用当地农牧民工和机械，项目总投资达1亿余元。从农牧民施工企业（队）选派63名当地农牧民工进行七大工种以岗代训，从39个农牧民施工企业（队）选派近300名当地农牧民工进行施工八大员培训。

2020年4月2日，堆龙德庆区住建局组织党员干部开展义务植树劳动

2020年8月25日，堆龙德庆区住建局局长金咪在波玛村现场调度人居环境整治项目

【服务质量加强】 2020年，区住建局持续深化“放管服”改革，加快推进经济社会发展、提升经济发展质，共梳理权责清单事项40项，召开9次局务会，议定事项落实率100%。办理投诉举报公单133起，答复率、办结率均为100%，群众满意度达100%。保质保量完成人大代表建议、政协委员提案办理的任务分解、协调及督促，共计答复办理28项，其中人大代表建议18项，政协委员提案10项，答复率为100%。不断完善细化内控管理制度，持续开展集中整治不作为慢作为、文山会海等形式主义、官僚主义突出问题自查，2020年文件目标任务35个，会议目标任务9个，实际发文8个，全年减幅达30%以上，实际召开会议0次，全年减幅100%。

【建筑市场监管】 房产物业监管日趋规范。2020年，区住建局断加强工作监管和指导，物业企业专业水平不断提高，经营理念不断转变，管理方式不断创新，服务意识不断提升等。全面完成堆龙德庆区房屋普查工作，完成房屋买卖、抵押、赠予、继承等各类房屋交易720余件。完成全区124套廉租房及340套公租房人员、房源、配给的录入及上线。完成党政办公用房年度信息统计报告。

建筑市场稳中向好。新增工程质量监督备案项目27个，建筑面积16.9131万平方米，总造价6.2175亿元。疫情期间，共办理项目开复工申请27个。常态化开展施工工地各类专项检查，复工复产检查项目20余个，下发检查整改单11份；扬尘污染防治检查项目30余个，下发责令整改单66份，停工整改单6份，处罚通知单3份；消防、塔吊检查项目30余个，下发检查整改单60份，停工通知单16份。文明城市创建检查项目20余个，下发责令整改单23份，停工整改单3份；违章建筑检查项目10个，下发违章建筑停工整改单10份；安全生产检查项目30余个，累计100余次，下发责令整改单80余份，停工通知单19份。推进建筑工人实名制管理，组织召开堆龙德庆区建筑工地实名制管理及落实《保障农民工工资支付条例》工作会议，分发操作手册和宣传资料，督促未落实实名制管理工作的单位进行整改。开展违法分包检查、实名制管理检查等工作，促进建筑市场稳定发展。

【疫情防控】 2020年，区住建局安排专人对辖区内工程项目开复工、值班安排情况、疫情防控措施落实等情况等进行摸排检查。分期分批、有序抓好建筑领域疫情防控、建材供应、医用物资、生活必需品等各环节工作。采取“1个方案、2个检查、8个表格”的工作模式，成立4个专门工作小组，有序开展返藏务工人员隔离管理、信息采集、接送联络、隔离动态监管、隔离措施落实等工作。充分发挥基层党组织战斗堡垒作用，组织农牧民施工单位向武汉疫区捐款76余万元，组织支部党员和单位非党员干部职工捐款5400元。

（程　博）

【机构领导】

局　长

金　咪（藏族）

安居办主任

洛　旦（藏族）

副局长

许 广 进

云旦朗杰(藏族)

生态环境保护

【概况】 2020年,在区委、区政府的坚强领导和悉心指导下,拉萨市生态环境局堆龙德庆区分局牢固树立绿色发展理念,认真贯彻中央、区、市重大决策部署,坚持以巩固和提升环境质量为核心,以配合中央环境保护督察工作和做好环境问题整改为主线,把坚决打好污染防治攻坚战作为决胜全面建成小康社会的三大攻坚战之一,凝心聚力、攻坚克难,开拓进取、真抓实干,满足人民日益增长的优美生态环境需求,以高度的政治觉悟,充分认识当前和今后一个时期抓好生态文明建设和环境保护的重大意义,切实增强责任感和使命感,坚定信心、团结一致,取得较为明显的工作成效。根据《拉萨市空气质量监测季报》数据显示,2019年10月至2020年9月,堆龙德庆区空气质量有效监测天数303天,优160天,良143天,优良率100%。

【坚决打赢疫情防控攻坚战】 2020年,拉萨市生态环境局堆龙德庆区分局积极配合疫情防控工作,抽调7名党员干部下沉至堆龙德庆区各社区及城关区基层,协助开展疫情排查工作。

【中央环境保护督查反馈问题整改】 2020年3月14日,堆龙德庆区召开“环保督察整改工作推进会”,确保第一轮中央环保督察成果巩固不反弹,并做好迎接第二轮中央环保督察准备工作。2020年年底,全区环保督察督办案件58件,已全部办结完成,案件办结率100%。对于中央环保督察唯一反馈“工业园区无污水处理厂”问题,污水处理厂已完成环保专项验收及市政府摘牌工作,并提交自治区人民政府进行摘牌。

【三大污染攻坚战】 2020年,拉萨市生态环境局堆龙德庆区分局与辖区7家土壤重点管控企业签订《2020年土壤污染防治工作目标责任书》;制订《堆龙德庆区扬尘污染专项整治工作督查方案》,并成立专项督察小组,督导检查建筑工地和主干道企业100(家)次,对各职能部门下达督办单18份,上报“每日一报”18期,现场复核58次,提请政府常务会审议并通过《堆龙德庆区扬尘污染防治百日攻坚行动实施方案》,并将扬尘治理作为常态化工作继续开展;制订《2020年四大考试期间控制考场周边噪声污染工作实施方案》,并组织人员到拉萨市第四高级中学开展为期3天的噪声污染防治工作。

【固定污染源排污许可清理整顿】 根据《国务院办公厅关于印发控制污染物排放许可制实施方案的通知》《生态环境部办公厅关于做好固定污染源排污许可清理整顿和2020年排污许可证登记工作的通知》等文件要求,堆龙德庆区生态环境分局开展“2020年固定污染源排污许可清理整顿工

2020年6月5日是第49个世界环境日,为进一步增强公众的环境保护意识,推动社会各界积极参与生态文明建设,营造人人关心环保、支持环保、参与环保的浓厚氛围,堆龙德庆区紧紧围绕“美丽中国,我是行动者”主题开展形式多样的生态环境保护宣传教育活动

2020年6月5日，拉萨市生态环境局堆龙德庆区分局开展环保宣传进社区活动

作”。根据《固定污染源排污许可分类管理名录（2019年版）》堆龙德庆区排污企事业单位涉及112个行业、共512家企业，实行排污许可重点管理、简化管理和登记管理。自2020年3月12日开始，对全区企业开展清理整顿及申报工作，核实512家企业有无办理排污许可证，是否为实体企业，是否应发排污许可证，疫情期间企业是否开工事项，并与企业一对一进行现场视频连线指导填报排污许可证申请表、排污登记表。截至4月22日，全区申领并取得排污许可证的33个行业，102家排污企事业单位已完成固定污染源清理整顿，其中登记管理类已全部完成排污登记，此次清理整顿工作排查出永久关闭类企业2家，无实体企业类3家，仅销售企业2家，禁止核发类21家。根据要求，剩余79个行业、410家企业于9月30日前完成排污许可证登记。

【推进生态文明建设】 2020年初，拉萨市生态环境局堆龙德庆区分局在东嘎街道祥和苑社区、乃琼街道德吉康萨社区两个村开展生态创建工作，实现自治区级生态创建全覆盖；开展西藏自治区“三线一单”（生态保护红线、环境质量底线、资源利用上线和生态环境准入清单）编制工作，经召开专题会并2次征求各职能部门意见后，已将区域调整情况进行上报；8月，堆龙德庆区全面启动西藏自治区生态文明建设示范县及国家级生态文明建设示范县创建工作；10月28日，召开创建国家生态文明建设示范县工作会议，扎实推进堆龙德庆区创建国家生态文明建设示范县相关工作。

【生态环境监察】 2020年，拉萨市生态环境局堆龙德庆区分局开展环境监察执法行动130余次，检查企业100余家，严格处理各类环境举报案件，共接到生态环境举报案件41件，处理办结41件，办结率、回复率、满意率均达100%，行政处罚环境违规企业10家、收缴罚金51.05万元。

【亮点工作】 2020年，拉萨市生态环境局堆龙德庆区分局开展“6·5”世界环境日、“环保七进”（进校园、进寺庙、进企业、进部队、进机关、进医院、进乡村）等宣传活动，共制作生态环境保护宣传横幅120余条，发放环保宣传手册5万余册、环保袋4万余个、笔记本500本、宣传物品1万余件，投入资金10万余元。邀请生态环境部中国生态文明研究促进会执行副会长李庆瑞到堆龙德庆区作“生态文明建设专题讲座”，有力提升全区广大干部职工对生态文明建设工作的理解认识。

（贡嘎平措）

【机构领导】

局　长

旦增卓玛（女，藏族）

副局长

仁青江村（藏族）

城市管理和综合执法

【概况】 年内，堆龙德庆区城市管理和综合执法局在区委、区政府的正确领导下，在市城管局的精心指导下，紧紧围绕“深化改革、完善机制、综合治理、加快建设”这一目标，积极探索和推进城市管理新模式，不断加强城管执法队伍自身建设，全面提升城市综合管理水平，较好地完成本年度的各项任务。2020年1月，区住建局将环卫工人管理工作移交到区城市管理和综合执法局。

【创建文明城市】 2020年8月24日，堆龙德庆区创建文明城市以来，区城市管理和综合执法局对全区的路面、公交站台、人行道护栏、道路隔离栏、标识标线进行摸排整改，并对主次干道两侧生活、建筑垃圾进行清理，共修复路面4处、公交站台4个，修复团结路、东嘎东路、东嘎西路、风貌改造示范街、人和路人行道护栏、道路隔离栏等。

创城期间，清扫保洁人员每天连续作业达16个小时，早饭和午饭都是在路段上解决，对每段路都进行重复清扫，直到达标为止。为确保垃圾日产日清，针对垃圾箱布局和状况进行全面调整，尽量缩短垃圾清运里程和时间，认真受理市民关于垃圾车有味投诉，解决垃圾压缩车撒漏问题，避免二次污染。为提高全区机械化作业水平，针对环卫作业车辆不足和部分车辆老化等问题，及时调整作业时间，科学调派机械车辆，形成机械作业和人工作业相结合的模式，为创城工作提供坚强的服务保障，得到群众的一致好评。

公厕管理坚持早7点至晚10点开放时间，实行“专人负责”制，将服务标准和考勤表张贴上墙，安排专人每天监察公厕卫生状况、开放时间和设备情况，发现问题及时解决、及时维修，切实为市民提供清新整洁的如厕环境。升级改造公厕7座，坚持每天巡查3次，整改公共厕所设备损坏、水电不通等问题，接收并开放“厕所革命”53座，极大地方便群众，优化人居环境。

全区范围内原有的果皮箱已全部更换完，共采购果皮箱200个，防止垃圾乱扔乱丢现象。制作垃圾分类标识1000个，明确垃圾具体倒放位置，确保垃圾分类到位，保障可回收垃圾的循环利用。张贴生活垃圾分类横幅200个，提升居民对生活垃圾的共识，使群众积极参与到垃圾分类工作当中。提高商户对“门前四包”的认识，让各商户负责清洁自家门口的乱堆、乱放现象，共制作“门前四包”公示牌5000块，全面实行“门前四包”责任制。

在“爱国卫生运动”中，对各自负责的路段和背街小巷的卫生做全面的清扫和清洗，每天安排3辆洒水车、清扫车，2辆斗子车和2辆5吨压缩车，出动200人次。

为保证环卫工作量，通过区政府同意补充招聘环卫工人141人，同时结合路段实际情况及时补充各路段紧缺人员，满足空缺岗位的要求，降低对正常工作运行的不良影响。

【市容市貌治理】 2020年，区城市管理和综合执法局加大出店经营专项整治，坚持教育与处罚相结合，科学合理地制定单元网格管理模式，健全监督机制。针对流动商贩屡禁不止的情况，根据实际情况，划分重点路段进行定点值守，严格整治学校、农贸市场等重点区域的流动商贩。在辖区内排查违规设立的户外广告，对未经审批、占用公共用地、存在安全隐患的户外广告进行规范，对城市牛皮癣、乱涂乱画进行全面

2020年1月3日，堆龙德庆区召开环卫工人动员部署会，会议强调要合理调配保洁人员和清运车辆，加大薄弱环节治理力度，落实环卫领域安全生产责任，强化安全管理措施，坚决预防遏制安全生产事故发生

清理。开通举报热线,畅通举报途径,在接受“12345”政府热线举报案件的同时开通城管24小时举报热线,有效提高群众参与度。全年劝诫出店经营、占道经营5829起,处罚26起,处罚金额5200元;劝离流动商贩469余起,处罚21起,处罚金额4200元;处罚乱倒垃圾13起,处罚金额7600元;处罚乱倒建筑垃圾8起,处罚金额12200元;处罚焚烧垃圾3起,处罚金额600元;处罚乱堆乱放2起,处罚金额400元,已全部上缴国库。处理噪音扰民15起,拆除破旧横幅279条、违规广告286块,清除城市牛皮癣2570处。拆除主干道沿线违规搭建的“蓝顶棚”共14个,接办“12345”举报案件74件,城管局电话举报案件21件。办理行政审批25项,其中临时占道审批14个,道路开挖审批9个,道路指示牌审批2个。

【治理扬尘污染】 2020年,区城市管理和综合执法局为防止渣土运输车辆在运输过程中出现道路扬尘、遗撒污染,在辖区4个车辆限高架处设立货运车辆防遗撒、滴漏检查点,形成长效机制,有效改善城区环境质量,同时在晚上8点至凌晨4点开展夜间巡查,不定时协同交警大队、住建局、环保局、交通局进行联合执法,对辖区过往运输车辆逐一检查,共检查运输车辆8193辆,共处罚车辆未密闭运输295起,处罚金额102600元;车辆道路遗撒57起。处罚金额57500元,已全部上缴国库。

【整治违停车辆】 2020年,区城市管理和综合执法局联合在城区范围内对乱停乱放的车辆进行整治,联合执法本着宣传教育和处罚相结合的原则,对沿街占道违停行为进行教育劝导,同时对长期乱停乱放、屡教不改,不配合治理工作的车辆,一律按照相关法律予以处罚,有力规范道路的安全畅通。全年联合交警共计清理乱停乱放的大型货车12274辆。

【垃圾分类】 2020年,堆龙德庆区生活垃圾分类工作共投资2614.2625万元,用于生活垃圾分类暂存区和垃圾车辆及设施设备的采购。堆龙德庆区生活垃圾暂存区(由区城管局建设,投资407.35万元),共225座,其中开放式生活垃圾暂存区145座,密闭式生活垃圾暂存区80座。

生活垃圾分类各类设施车辆(由净土公司采购,投资2206.9125万元),其中:分类三轮两桶保洁车250辆和分类三轮四桶收集车共计85辆,3T其他垃圾收集车12辆、9T其他垃圾转运车4辆、厨余垃圾转运车9辆、240升U形中间脚踏垃圾桶2865个。

2020年,设置全区公共机构、下三街共225处生活垃圾分类集中暂存区,配备环卫三轮保洁车和村居三轮四桶收集车共335辆,3吨其他垃圾收集车12辆,9吨其他垃圾转运车4辆,厨余垃圾转运车9辆,设置可回收物智能回收设施60台,张贴果皮箱分类标识733份,覆盖131个党政机关、57家学校、12家医院、21家寺庙、35个村居、145个村组,全区党政机关和村组、各类机构实现垃圾分类全覆盖。

【部门联动协作执】 2020年,区城市管理和综合执法局根据区城市管理工作专题会议精神,成立行政执法小组,设立24小时专项举报电话(0891–6552900),安排24小时值班人员,严格按照“即转即办”的要求,扎实开展综合执法受理转办工作,真正从法律层面梳理解决完善本单位的执法事项和执法程序,使得执法主体明确,推动执法工作科学化、法制化,做到早发现,早预防。全年共转办案件12件,派员协助相关单位联合执法17次。

【罚没收入】 2020年,区城市管理和综合执法局行政处罚共426起,处罚金额192300元,所有罚没收入已上缴国库。

(贡觉卓嘎)

【机构领导】

局 长

普次伦珠(藏族)

副局长

土登群培(藏族)

赵 金 亮(7月任职)

杨 恒(11月任职)

交通·通信

交通运输

【概况】 2020年，堆龙德庆区交通运输工作在区委、区政府的正确领导和自治区、市交通运输主管部门的大力支持下，以习近平新时代中国特色社会主义思想为指导，全面贯彻中共十九大和十九届二中、三中、四中全会及中央经济工作会精神，落实全国和全区交通运输工作会议精神，立足堆龙德庆区交通发展实际，围绕既定任务，加快交通基础设施建设，紧扣“巩固、增强、提升、畅通”八字方针总要求，巩固深化全国“四好农村路”示范县创建成果，加快推进农村公路建设、提升各级农村公路管理养护水平，推进城乡交通运输一体化发展，为堆龙德庆区域经济高质量发展提供坚实的交通基础保障。

【主要职责】（一）贯彻执行国家、自治区、拉萨市有关交通运输工作的方针政策和法律法规。拟订并监督实施全区公路、水利行业规划、政策和标准。承担涉及全区综合运输体系的规划工作，会同有关部门编制综合交通体系规划，指导交通运输枢纽规划和管理。参与拟订全区物流业发展战略和规划。指导公路、水路行业有关体制机制改革。

（二）承担全区公路、水路运输市场监管责任。组织拟订全区公路、水路运输有关政策、准入制度、技术标准和运营规范并监督实施。指导城乡客运及有关设施规划和管理工作，指导出租汽车行业管理工作。负责公路、水路对外交流合作相关事宜。

（三）承担全区水上交通安全监督管理责任。负责水上交通管制、船舶及相关水上设施检验、登记和防治污染及危险品运输监督管理等工作。负责船员管理有关工作。负责通航水域水上交通安全事故、船舶及相关水上设施污染事故的应急处理，依法组织或参与事故调查处理工作。

2020年5月11日，堆龙德庆区交通运输局运输管理所协同拉萨市运管处执法人员开展非法营运车辆联合整治工作

（四）负责提出全区公路、水路固定资产投资规模及方向、财政性资产安排建议。按照规定权限审批、审核规划内及年度计划规模内公路、水路固定资产投资项目。监督实施公路、水路有关规费政策，提出有关财政、土地、价格等政策建议。

（五）承担公路、水路建设市场监管责任。拟订公路、水路工程建设相关政策、制度、技术标准并监督实施。组织协调公路、水路有关重点工程建设和工程质量、安全生产监督管理工作。承担区（国省干线公路除外）和乡村公路的管理和维护，指导全区交通运输基础设施的管理和维护。

（六）承担公路、水路行业安全生产和应急管理工作。按规定组织协调国家重点物资和紧急客货运输，负责全区（国省干线公路除外）和乡村路网运行监测和协调。

（七）承担全区交通运输信息化建设，监测分析运行情况，开展相关统计工作，发布有关信息。指导全区公路、水路行业环境保护和节能减排工作。

（八）统筹协调和监督指导交通运输综合行政执法和队伍建设有关工作。

（九）承担渔业船舶检验监督管理和行业指导等工作。

（十）参与开展城市综合交通和拥堵治理有关工作。

（十一）完成区委、区政府交办的其他任务。

2020年11月25日，堆龙德庆区交通运输局开展农村公路施工质量检查工作

【农村公路年报核查】 堆龙德庆区农村公路通车总里程由2019年405公里增加到2020年的493公里，其中县道新增14.22公里，乡道新增3.866公里，专用公路新增19.998公里，村道新增49.953公里，桥梁新增16座。2020年年底，全区31个建制村（居委会）通畅率达100%，140个自然组中已通畅120个，通畅率达85%，堆龙德庆区农村公路自然组通畅率遥遥领先全区平均指标。2020年年底，全区有客运线路15条，纯电动客运车20辆，对比2019年新增3条公交线路，优化2条客运线路，全区乡镇、建制村通客车率达100%。

【非法营运车辆专项整治】 2020年，堆龙德庆区交通运输局共检查车辆900余辆，查处非法营运车辆16起（均移交市交通综合执法支队处理），查处交通违法行为9起，驱离教育疑似非法营运车辆30余起。通过联合整治，有效遏制未经许可擅自从事道路运输经营的违法行为。

【业务办理】 2020年，堆龙德庆区政务服务大厅交通运输局服务窗口办理事项共25项，增设网上办理事项9项，有效落实政府放管服改革，实现“一门、一次、一网”办理，让群众最多跑一趟，大大缩减群众办事流程。

【上级领导调研】 2020年5月，拉萨市交通运输局副局长周智勇带队一行在堆龙德庆区开展全市交通专项规划编制和课题研究现场调研。调研组首先在区政府召开座谈会，由堆龙德庆区交通局负责人汇报辖区交通发展情况。随后调研组一行实地调研109国道至那嘎村道路（路面扩建规划）、古荣镇那嘎村八组至当雄县格达乡羊易村县道规划、高速波玛村匝道接西环线立交规划、堆龙德庆区公交和客运总站规划等现场。调研组要求区交通局和相关单位将其余未踏勘的相关规划资料一并上报调研组，进一步将堆龙德庆区交通规划纳入市交通运输专项规划中。

【道路运输安全生产应急大演练】 2020年6月，由西藏道路运输管理局、拉萨市交通运输局、拉萨市道路运输管理局主办的“2020年西藏拉萨道路运输安全生产应急大演练”在堆龙德庆区举行。演练中，拉萨市政、文旅、建筑、交通、能源等单位按照既定方案，现场模拟班线车被困、客运站反恐防暴救援、公交车遭遇精神病患者、出租车碰撞、旅游车侧翻、旅游车着火、驾驶技能比拼等7项科目应急救援实操演练场景。

【申报“十四五”项目计划】 2020年，堆龙德庆区交通运输局积极上报市局及堆龙德庆区发改委，“十四五”计划储备实施交通建设项目6类，总投资40亿元，其中包括4条县道（古荣乡至当雄格达乡羊易、邦村至林周春堆乡、加木至曲水南木沟、羊达乡帮普至林周卡孜乡董村），1条109国道堆龙德庆区过境段，1座那拉控制性工程德庆镇互通立交桥，19条98公里自然村公路通畅以及8条43公里公路改扩建提升项目和1座公交客运总站。

（单珍卓嘎）

【机构领导】

局　长

江　　央（藏族）

副局长

陈　　鹏

单珍卓嘎（女，藏族）

运管所所长

莫　　泽

电　信

【概况】 中国电信堆龙德庆区分公司位于堆龙德庆区青藏路25号，主要服务区域堆龙德庆区（包括开发区、人和汽贸城）3个镇3个街道办事处。2020年，分公司有员工55名，其中党员5名、管理岗位3名，城区有营业网点9家，镇级有营业网点3家。2020年年底，全区村级光缆通达率99%，4G基站达188个，覆盖全区镇（街道）28个行政村，4G网络覆盖率达98%以上，为广大企业和群众提供安全可靠、快速便捷的网络服务。

【通信服务】 2020年，分公司提出创建“平安乡村”工作任务，进一步强化智慧社区、智慧医疗、智慧校园、智慧寺庙、智慧环保、明厨亮灶、智慧水务建设工作，提升堆龙德庆区电子政务服务平台，深化“互联网+政务服务”，充分运用信息化手段解决企业和群众办事难问题，实现对公众政务的一站式服务。2020年年底，分公司对镇政府和企业、老百姓家安装监控“天翼看家”（监控）1083部，其中：乃琼镇724部、马镇56部、古荣镇69部、羊达镇72部、东嘎镇162部，通过推进“天翼看家”监控安装的实施，实现全时段、全方位、全覆盖监控，形成以信息化建设为支撑的数字城管、数字公安格局，促进全区平安村居的创建工作。

2020年，分公司落实提速降费工作，持续做好通信业务扶贫、携号转网工作，实现中小企业宽带平均资费降低15%，移动网络流量平均资费降低20%。辖区所

2020年3月16日，中国电信堆龙德庆区电信分公司为学生上网课新建传输光缆线路

有家庭百兆宽带已实现普及，并推进千兆小区建设，实现全区高速光纤宽带网络覆盖，城区家庭宽带普及率达100%。

【抗击疫情】 2020年年初，受突如其来的新冠肺炎疫情影响，堆龙德庆区学生在家上网课遇到很大难处，老百姓反应有18个村组电信信号不好，无法正常上网课，分公司立即组织应急保通小组，安排到堆龙德庆区各行政村新建宽带资源，通过半个多月时间的奋战，解决750户的宽带资源新建任务，助力偏远农村小孩上课难题，有序恢复老百姓生产生活秩序。

【优质服务】 2020年，分公司强化服务考核力度，提高客户服务感知，完善客户关怀体系，提升用户满意度，深化服务承诺，诚信服务用户，业务服务标准达标率为98%，未出现过越级投诉、群体性投诉、重大投诉、媒体曝光问题。

（索朗罗布）

【机构领导】

经　理

索朗罗布（藏族）

副经理

刘树忠

经理助理

格桑次仁（藏族）

移　动

【概况】 年内，中国移动通信集团西藏有限公司拉萨堆龙德庆区分公司结合政府部门工作会精神，结合西藏公司及拉萨分公司工作要求，深入学习贯彻习近平新时代中国特色社会主义思想，以“质量达标合格行动”主题实践活动为契机，以加强党的建设为统领，执行网格化管理，以构建基于规模的价值经营体系和高效协同的组织运营体系为路径，面向建设区内一流企业，为堆龙区域提供一流通信及信息化服务。

堆龙德庆区中国移动公司营业楼外景

堆龙德庆区移动分公司位于堆龙德庆区团结路24号，辖区市场范围覆盖3个街道、3个镇。2020年，共有员工20人，城区下设4家合作厅店、6个（街道）镇各设1家移动服务站、辖区内有渠道代理点20余家、服务堆龙德庆区全量用户及集团客户。

【网络建设情况】 2020年，区移动分公司累计建站规模达到逻辑基站总数500余个，完成区（镇）乡村级4G网络覆盖。开展堆龙5G专项网络建设工作，2020年累计在堆龙德庆区建设5G基站119个，率先完成堆龙德庆主城区域5G全量覆盖。启动千村光网项目，实现农村家庭宽带覆盖提升，完成行政村光网100%覆盖。持续开展网络优化工作，提升用户网络感知，针对异地搬迁户，扶贫小区等加大网络建设力度，优化整治高负荷处理情况400余处，干扰处理情况204处。对31个行政村及周边自然村开展天面调整、信号优化等，切实提升区域网络覆盖情况，网络MR（信号强度）指标提升6PP。同时，开展网络结构调整及传输资源扩容工作，完成各乡镇级传输资源扩容，提升区域用户网络感知。

【市场服务】 2020年，区移动分公司共为区域5万余户用户提供通信服务，为1万余户用户提供家庭宽带接入服务，为257家政企单位、4000 多户政企用户提供通信及信息化服务。

（宋棫萱）

【机构领导】

总经理

余　凤（女，4 月任职）

副经理

旦增旺堆（藏族）

邮　政

【概况】 年内，中国邮政堆龙德庆区分公司在区委、区政府的领导、关心、支持下，以习近平新时代中国特色社会主义思想为指导，深入贯彻落实中共十九大和十九届二中、三中、四中全会精神。按照区、市两级分公司的安排部署，深化转型，加快创新，全体干部职工心往一处想，劲往一处使，紧紧围绕年初市分公司所确定的方针目标，向管理要效益，以服务求创新，调动一切积极因素，迎难而上促发展，努力完成市公司下达的各项工作任务，为分公司步入良性循环奠定坚实的基础。

2020 年，分公司有 7 个网点（包括城区和乡邮网点），其中自营 1 个（堆龙本部营业厅）；有 10 名合同工、2 名劳务工、3 名乡邮投递，7 名城区投递外包人员，4 名乡邮营业员；全区共有邮路 12 条，其中城市投递 9 条（包裹投递和党报党刊投递），乡邮投递 3 条，分别为波玛村—门堆村邮路里程 291 公里，柳梧村—朗杰林寺邮路里程 142.7 公里，羊达街道—乃琼村邮路里程 136.7 公里；投递车辆 8 台、揽投车辆 1 台、投递电动车 5 台。辖区内民营快递企业 16 家（顺丰、京东、申通、中通快递公司等）。

【经营指标完成情况】 2020 年，分公司完成业务收入 370.6 万元，其中包快业务收入 141 万元，函件业务收入 0.89 万元，报刊发行业务收入 101 万元，集邮业务收入 14.8 万元，增值业务收入 28.1 万元，分销业务收入 65.4 万元，普包业务收入 8.9 万元，商品销售收入 10.6 万元。

【邮政普遍服务】 2020 年，分公司按照区、市两级公司和邮政管理局各个检查组的要求，不断改进工作，提升服务质量，尤其是投递服务质量和窗口服务，全力保障全国两会、新冠疫情防控等重要时期邮政服务工作。按照“五个百分百”的工作要求，全力确保邮件收寄安全生产。加大对乡镇网点的检查指导力度，提高乡镇网点运营质量。着力提高对工单工作回复成功率，认真学习上级下发的工单回复模板，及时、规范、妥善地处理和解决工单，工单质量在逐步向好。加强邮政服务礼仪规范的学习，通过集中学习、晨会演练等，掌握服务礼仪，提升窗口服务形象。

（次旦久美）

【机构领导】

局　长

达姆卓玛（女，藏族）

副局长

次旦久美（藏族）

2020年3月26日，中国邮政堆龙德庆区分公司开展党建学习活动

金 融

农行堆龙德庆区支行

【概况】 年内，农行堆龙德庆区支行在区委、区政府的关心支持、区分行党委和拉萨分行党委的正确领导以及全体员工共同努力下，以习近平新时代中国特色社会主义思想为指引，全面贯彻落实中共十九大报告精神，充分发挥金融服务主力军作用，全面落实中央赋予堆龙德庆区的优惠金融政策，党建和业务经营齐驱并进，始终高度重视服务“三农”和金融扶贫工作，持续加大信贷投入，进一步提升服务“三农”能力，着力在真抓实干上下功夫，坚守服务“三农”初心，勇担助力脱贫攻坚使命，积极助推堆龙德庆区“三农”发展和脱贫攻坚。

【经营情况】 2020年年末，农行堆龙德庆区支行各项存款余额为525313万元，其中对公存款378783万元，较年初增加14119.9万元，储蓄存款146529万元，较年初增加19300.6万元；各项贷款余额153891万元，其中对公贷款44713万元，较年初增加2855.8万元，个人贷款余额109178万元，较年初增加19584.5万元。

【助力“三农”工作】 2020年，为顺应农业农村数字化发展新趋势，农行堆龙德庆区支行把实施互联网金融服务“三农”作为全行一号工程，利用好上线的互联网金融服务“三农”平台，如“惠农e贷”“惠农e付”“惠农e商”三大服务体系，将金融科技和服务“三农”深度融合，不断扩大农业银行“三农”金融服务覆盖面和渗透率。通过中国农业银行掌银、网银、微信等多个渠道为堆龙净土发展有限公司开通扶贫商城，帮助堆龙净土公司推广销售青稞鲜花饼、青稞桃酥饼两大特色产品，助推消费扶贫。

充分发挥国家队和主力军作用，持续降低农村地区信贷利率，减免涉农业务收费，平抑农村金

2020年6月12日，中国农行西藏分行党委书记、行长林庆一行在农行堆龙德庆区支行调研指导工作

融市场价格，助力农村信用环境持续改善提升。在辖内所有行政村设立助农服务点，辖内43个惠农通服务点中的3个服务点达到星级标准，38个服务点达到有效服务点标准，进一步满足农牧民小额取款、查询、转账等金融服务，真正实现金融服务到家，足不出村。

加大“四卡”贷款投放力度，将钻石卡评定工作作为常态化工作，在风险可控、合规经营的原则下，进一步加大钻石卡贷款证颁证面和贷款投放力度，将符合条件的行政村适时评定为“钻石卡村”，所辖乃琼营业所成功创建拉萨分行首个“钻石卡”村。

【助力精准扶贫】 2020年，农行堆龙德庆区支行积极对接区扶贫办，及时了解建档立卡贫困户的准确信息，加强对贷款对象的精准识别，共为585户建档立卡户发放贷款3568万元。经支行上下共同努力，农户不良贷款实现“双降”，不良贷款绝对额比2019年减少102万元。发放产业扶贫贷款4100万元，有效推动扶贫地区经济发展，并为建档立卡贫困户解决就业问题。共接收昌都三岩片区易地扶贫搬迁户档案资料共101户，其中芒康县72户，贡觉县29户，并对其中87户发放农户贷款315.7万元，贷款覆盖率达86%。

（罗芳蕾）

【机构领导】

行　长

索朗罗布（藏族，12月离任）

尼玛旦增（藏族，12月任职）

副行长

索朗罗布（藏族）

韦 章 明（12月任职）

白 贵 花（女，12月任职）

中国邮政储蓄银行堆龙德庆区支行

【概况】 2020年，中国邮政储蓄银行堆龙德庆区支行始终坚持“以客户为中心，产品为导向”的经营原则，秉承“根植百姓，服务大众”的经营理念，全面贯彻落实区分行党委及堆龙德庆区委、区政府的基本要求，立足当地实际，认真履行社会责任，积极为当地广大群众提供优良的金融服务。

【存款完成情况】 2020年年末，支行各项存款时点余额6.82亿元，其中个人储蓄存款时点为3.31亿元，较年初新增-633万元，新增日均余额2160万元，完成年度计划180%；公司存款时点余额3.51亿元，较年初增长1.57亿元，完成全年新增计划301%。

【贷款完成情况】 2020年年末，支行各类贷款结余7.15亿元，累计投放贷款金额3.42亿元，净增1.1亿元，其中小额贷款净增5433万元，完成年计划进度104%（不良率0.82%）；消费贷款净增5600万元，完成年计划进度140%（不良率0.37%）；总体贷款不良贷款率0.83%，总体资产质量情况维持较好水平。

【金融宣传】 2020年，支行在银行网点开展“防范电信、网络诈骗宣传活动”“消费者权益保护宣传活动”“金融消费者权益日活动”“打击和防范经济犯罪宣传日活动”“珍爱信用宣传活动”“如何鉴别假币宣传活动”等活动10余场，帮助区内广大群众了解身

中国邮政储蓄堆龙德庆区支行外景

边的金融风险。

【亮点工作】 2020年11月,为更好落实“普惠金融,服务百姓”经营理念,支行完成区内羊达乡街道通嘎村整村信用村准入工作以及首批31户信用户准入。积极与区扶贫办协调,针对2017年发放的11户产业扶贫小额贷款落实贷款回收工作,截至11月累计回收贷款三期,回收贷款本金731万元。根据《邮储银行西藏区分行“百行进万企”工作方案》相关要求,采取电话回访、宣传册发放及现场走访企业的方式进行宣传,发放宣传册80余份,走访企业12家,累计收回有效调查问卷8份。

（索朗达瓦）

【机构领导】

行　长

张广住

西藏堆龙民泰村镇银行股份有限公司

【概况】 2018年4月26日,西藏堆龙民泰村镇银行股份有限公司（简称西藏堆龙民泰村镇银行）正式挂牌成立,是浙江民泰商业银行主发起设立的第10家村镇银行,也是拉萨市首家村镇银行,位于拉萨市堆龙德庆区堆龙大道95号,设风险管理部、综合管理部、运营财务部、业务管理部、内审合规部5个职能部门及总行营业部、羊达、乃琼、古荣、马乡、德庆6家分支机构,共有工作人员91名。

2020年10月25日，西藏堆龙民泰村镇银行派队参加东嘎镇街道秋季运动会

【业务指标】 2020年,西藏堆龙民泰村镇银行存款总额54301.67万元,其中对公存款25855.62万元,储蓄存款余额为28446.05万元;各项贷款余额41080.47万元,共2135笔,其中农户贷款1800笔,余额25024.25万元,小微企业贷款72笔,余额9924.38万元;非农户个体工商户及小微企业主贷款34笔,余额2925.5万元。

【“三农”、扶贫工作】 2020年,西藏堆龙民泰村镇银行坚持以农户和小微企业为客户主体,做到坚守定位有力,将民泰服务“三农”和小微的业务模式做深做透,共发放贷款1247笔2.59亿元,其中小微企业贷款43笔5345万元,农户贷款1061笔1.65亿元。截至2020年年底,扶贫贷款余额2495万元,共14笔,其中涉及农牧民专业合作社贷款9笔,共1325万元。

（普布次仁）

【机构领导】

行　长

姜伯勤

副行长

程铭杰

李　涛

乡（镇）概况

东嘎街道办事处

【概况】 2020年，东嘎街道办事处在区委、区政府的坚强领导下，以习近平新时代中国特色社会主义思想为指导，紧紧围绕年初制定的目标任务，主动适应把握发展新常态，积极顺应满足群众新期盼，全力以赴，狠抓落实，实现街道社会和谐稳定、经济持续健康发展的目标。东嘎街道位于青藏公路与拉贡公路交会处，距离拉萨市区仅12公里，是堆龙德庆区驻地街道，也是堆龙德庆区乃至整个拉萨市的西门户，地理位置极其重要。东嘎街道总面积10平方公里，下辖4个社区、22个居民小组，总户数3311户，常住人口10383人，其中劳动力5610人。街道机关共有干部职工83名，其中行政编制47名，事业编制19名，工人4名，乡村振兴专干5名、政府购买性岗位6名、社区便民服务大厅办事员2名。社区“两委”班子36名，监督委员成员14名。街道设党组织30个，其中党工委1个，党委4个，党支部25个，党员总数为666人，其中农牧民党员621人。

【党建工作】 基层党组织建设。2020年，东嘎街道党工委制定党建工作责任清单，将城市党建、党建引领基层治理、软弱涣散基层党组织整顿、“支部建设规范年”活动等作为全年党建重点项目工程，共组织召开街道党工委会议24次，对基层党建工作进行安排部署，层层落实管党治党责任，党的领导和党的建设得到全面加强。以调整优化南嘎社区“两委”班子队伍为突破口，进一步建强社区干部队伍，主要领导亲自指挥、现场督战，组织开展“两违”拆除集中整治行动，对南嘎社区5个点进行拆除，确保“蓝顶”整治工作顺利完成。在广大党员及群众中广泛开展满意度测评工作，自测及市委组织部满意度测评均达98%以上。

2020年6月30日，东嘎街道小个专党支部举办助力脱贫会暨主题党日活动

2020年4月26日，东嘎街道办事处召开2020年基层党组织建设暨党风廉政及意识形态安排部署会

党员干部思想政治建设。制订2020年度东嘎街道党工委理论学习中心组学习计划，创新中心组学习方式方法，重点围绕《习近平谈治国理政》第三卷、中共十九届五中全会精神和中央第七次西藏工作座谈会精神，分专题、分节点进行集中学习研讨，共开展理论学习中心组集中学习研讨17次，知识理论测试2次，研讨发言人数50余人。以党员“政治体检”为载体，按照党员个人自检、党员互检、群众评检、支部会检、建立党员“政治体检”档案的步骤，查找并梳理党员在党性修养方面存在的突出问题。通过谈话、入户等方式全面排查党员信仰宗教问题，全体党员签订“党员不信仰宗教、更不能传播发展宗教”承诺书，有力增强广大干部群众感党恩听党话跟党走的信心和决心。同时，按照党员发展五个阶段25个步骤严格排查违规入党问题，全面整治党员党籍。

党建引领基层治理提质增效。整合辖区企事业单位资源建立东嘎街道社区“大工委”“大党委”议事协调机制，将城市党建与网格化管理深度融合，巩固和深化“街道—社区—网格—双联户”综合治理体系，持续扩大“两个覆盖”，选派干部担任“两新”党组织指导员，努力实现维稳无盲区、无死角。以东嘎社区为试点打造党建引领基层社会治理示范点，围绕“党建+网格”体系建设，健全“大支委”协调议事机制，打造“社区党委+小区物业业主”党群联盟和“社区党委+企业商户户主”居商联盟的“动力主轴”，在各网格党支部建设党群联动组，在各商住小区建设党群驿站，组织“小个专”党支部成立“先锋集结号”应急救援队，组织各方力量组建7星志愿服务队，切实加强流动人口的管理和服务，实现党建工作与社区自治、社区管理和商住小区管理的融合，并在堆龙德庆区党建引领基层社会治理示范点现场会中得到第一名的好成绩。

推进党员“三包”工作，坚决打赢疫情防控阻击战。始终坚持把群众生命安全和身体健康放在第一位，积极探索党员“三包”工作新途径、新方法，坚决打赢疫情防控阻击战。以东嘎社区为全区试点，打造“三级联动”精准包片（街道班子包社区、社区班子包网格、组级班子和下沉干部包片区）。在疫情防控阻击战中，街道各级党组织、广大党员干部及群众充分发挥基层党组织战斗堡垒作用和党员先锋模范作用，坚守一线、冲锋在前。街道681名党员干部及148名区直单位下沉干部按照包片包户包人要求联系服务群众，建立“党员志愿服务小分队”“入户排查组”“基层治理组”等“十组联动”机制，开展居家服务、人员排查等工作。广大党员、干部及群众踊跃捐款15.924万元、减免房租83.822万元支持疫情防控工作，用实际行动践行初心和使命，彰显党员干部的新担当新作为。

【意识形态领域建设】 2020年，东嘎街道党工委依托各级书记、农牧民宣讲员等群体广泛开展宣讲，突出对习近平新时代中国特色社会主义思想、全面建成小康社会、决胜脱贫攻坚、中央第七次西藏工作座谈会、中共十九届四中和五中全会、战“疫”等内容分类分层宣讲，通过领读、讨论、点评、提问、测试等互动体验方式，引导广大群众在交流中加深理解、引起共鸣。同时，在“规定动作”的基础上，紧紧围绕区委、区政府脱贫攻坚、创建文明城市、土地整治、垃圾分类等重点工作，结合“四讲四爱”群众教育实践活动，进行广泛宣讲。全年开展各类宣讲1100余场次，其中微宣讲800余场次，各级书记示范宣讲30余场次，受众人数达2万余人次。打造新型主流媒体和现代传播体系，充分发挥“东嘎之窗”公众号、“东嘎街道”抖音号等载体，提升主流思想到达率、阅读率、点赞率、转发率，其中“东嘎之窗”公众号发布各类信息722条，“东嘎街道”抖音号发布22条抖音，点赞1222次。

【产业振兴】 2020年，东嘎街道办事处重点产业转型项目7项：1.康达检测站50亩开发项目。2.东嘎社区3、4、5组土地项目开发，该宗地已办理土地证、土地出让合同、规划许可证。3.拉贡路37亩土地开发项目，该宗地为东嘎社区三、四、五组集体经济发展用地，已办理土地出让手续。4.街道对面22.3亩商业用地的项目。5.南嘎钢材市场土地开发项目，已形成初步转型方案。6.桑木社区老村委会土地开发项目，投资4600余万元（扶贫产业资金），前期EPC程序已完成。7.祥和苑社区便民超市项目，已投入使用。

【民生保障】 2020年，东嘎街道办事处农村低保清退1户3人，新增1户2人。新增特困人员1人，共有特困人员9人，其中集中供养的2人，分散供养7人。新型农村养老保险参保人数为2102人，缴费金额428200元，参保率达97%。60岁以上享受养老保险人数为911人，养老保险发放率达100%。做好临时救助工作，共救助各类困难家庭3户，发放临时救助资金28042元。进行医疗救助41人次，救发放助金额139962.115元。

2020年6月24日，东嘎街道办事处组织党员干部在廉政教育基地开展上半年党风廉政警示教育活动暨纪检监察系统作风提升年学习参观活动

【教育工作】 2020年，东嘎街道办事处制订“控辍保学”工作实施方案和领导小组，依法保障适龄儿童、青少年接受义务教育的权利和履行接受教育的义务。组织人员进村入户彻底清查辍学儿童，街道小学阶段学生就读率达100%，初中阶段年学生就读率达100%，无辍学情况发生。做好教育扶贫工作，共发放2019—2020学年困难户、农户大学生资助资金838808.92元，覆盖街道3个社区共175名（其中包括27名免补专业学生）困难户、农户大学生。

【生态文明建设】 2020年，东嘎街道办事处针对原西郊电厂环境、辖区沿街背巷及辖区河道环境问题，形成长效检查突击工作机制，开展检查12次，突击清理环境卫生48次，投入环卫人力958人次，投入资金76640元。以消除“无树村、无树户”植树造林活动为契机，组织干部职工及农牧民群众200余人次到桑木村铁器电焊市场后山体、嘎洞沟水泥厂后山体及西嘎山开展义务植树活动，种植经济林作物和树苗1.5万余株。在辖区范围内实施生活垃圾分类，以辖区内党政机关单位、医院、学校、各社区及企事业单位为示范点，以点带面，有序推进，逐步形成全街道覆盖。配备配齐设施设备，为街道辖区4个社区23个居民小组建设垃圾分类暂存区112个，为东嘎社区、南嘎社区、桑木社区群众每户配备

18升其他垃圾、厨余垃圾、灰土垃圾桶，共配发1946套，为祥和苑社区每2户配备一套室内垃圾分类垃圾桶，设施设备配备基本完成。

【住房保障】 2020年5月，东嘎街道办事处对在辖区内所有公房使用情况进行统计，并制成图文表格。同时完成所有住房统计工作，共录入15754户（其中桑木居委会5257户，南嘎居委会7822户，东嘎居委会2675户）。对辖区内7户房屋存在安全隐患的住房进行修缮，已达到住房安全保障标准。

【卫生工作】 2020年，东嘎街道办事处加强基层公共卫生服务，全面推进健康教育，落实家庭医生签约制度，截至2020年10月，签约人数达8107人，签约率达98%，随访率达90%。参检人数达3746人（其中女性两癌筛查达1448人、桑木幼儿园学生225人）。街道城乡居民医疗参保人数7588人，参保率达93%。完成住院报销164人，报销金额1685746.42元。特殊门诊报销36人，报销金额106801.63元。顺利完成30对育龄夫妇参加国家免费孕前优检项目和18个出生缺陷项目检查工作。

【创业就业】 2020年，东嘎街道办事处应届毕业生115人，其中已就业109人，未就业6人。组织高校毕业生参加招聘活动，对应届及往届高校未就业毕业生进行多次走访入户工作，倾听他们的需求，并及时反馈给区人社局。全年“四业工程”农牧民劳动力转移就业人数为1802人。

2020年10月19日至21日，东嘎街道办事处开展党员政治教育暨入党积极分子培训（主要为小个专党支部）

【持续巩固脱贫成果】 经过前期组织全街道干部职工、下沉干部、驻村工作队、社区“两委”班子成员和各社区组长开展高质量的摸底工作，7月20日至8月5日，东嘎街道配合普查组顺利完成脱贫攻坚普查工作，再次检验脱贫成果。按照“既不降低标准，也不吊高胃口”的要求，为有效防止返贫，东嘎街道特制定《东嘎街道返贫预警机制》《东嘎街道防返贫分级预警机制》，完善贫困人口“即时出现、即时纳入、即时帮扶、即时脱贫”工作制度，稳定实现贫困人口“两不愁、三保障”，确保东嘎街道脱贫攻坚目标圆满完成。对照中央脱贫攻坚专项巡视“回头看”反馈的3类9项21个问题，研究制订《东嘎街道关于中央第三巡视组脱贫攻坚专项巡视“回头看”反馈意见的整改方案》，共认领整改任务18个，不涉及3个，制定45项整改措施，任务完成（见效）率达100%。安排以补岗位134个，兑现工资46.9万元。

【政府自身建设】 2020年，东嘎街道办事处严格落实街道办议事规则，坚持民主集中制，完善“三重一大”事项集体决策机制，确保行政决策的民主性和科学性。全年共召开街道办会议19次，采购会议8次，并形成会议纪要。共受理前来办理的各类事项2637项，其中：综合证明类2250件，民政服务类187件，医疗卫生162件，社会综合治理类38件。开具本级证明53项，均做到“件件有记录，项项有落实”，办结率达100%。

【扫黑禁毒工作】 2020年，东嘎街道办事处为全面清除黑恶势力滋生土壤，着力夯实“扫黑除恶”专项斗争基础，进一步优化社会环境，维护社会和谐稳定，促使群众安全感、满意度明显提升。调整充实扫黑除恶打非治乱专项斗争工作领导小组，召开动员部署会议3次，细化工作任务。组织人员深入辖区认真摸排，将摸排出的违规违建、市场乱象现场进行督导整改。加大宣传力度，通过悬挂横幅，播放LED显示屏，张贴海报等形式进行宣传15次，累计发放各类宣传资料2000余份、悬挂横幅40余幅。

【双联户工作】 2020年，东嘎街道办事处细化网格措施，周密安排部署，下辖4个社区划分网格22个，配齐配强网格员815名，确保不落一栋楼、不漏一个商户，真正做到网格全覆盖。加强组织领导，全面压实“网格化”工作责任。调整充实“网格化”工作领导小组，共召开网格部署、推进会议10次，听取各社区网格工作进展，明确领导小组、社区、网格长、网格员工作职责、任务，确定专人负责。不断扩大工作覆盖面，建立健全“网格化”工作组织体系。将“网格化”工作与维稳责任片区的职责要求、“两委”班子成员、社区警务室民警有机融入组织体系中，确保在每一级管理中都发挥主导作用。加强指导，建立健全“网格化”工作监督考核机制。按照关于开展“网格化”工作的要求，结合自身实际，加强指导，到各社区督导考核网格化工作5次，落实监督考核机制，细化奖惩措施。

（李　阳）

【机构领导】

党工委书记

旦增平措（藏族）

党工委副书记、街道办主任

贺　　进

党工委副书记、人大工委主任

普布卓玛（藏族）

党工委副书记

马 立 玲（女，10月离任）

钟　　晋（女，10月任职）

党工委副书记、街道派出所所长

朱 久 年

党工委委员、武装部部长、南嘎社区党委第一书记

强巴次仁（藏族）

党工委委员、纪工委书记

王 晓 慧（女）

党工委委员、组织委员

罗布曲桑（藏族）

党工委委员、宣传委员

宋　　宇（5月离任）

刘 延 斌（藏族，10月任职）

副主任

尼 玛 仓（女，藏族）

普布多吉（藏族）

扎西次仁（藏族，10月离任）

德吉白珍（女，藏族，10月任职）

2020年11月3日，东嘎街道办事处组织环卫工人清理河道

乃琼街道办事处

【概况】 乃琼街道位于堆龙德庆城区以南，北隔堆龙河，西部与古荣镇相邻，南部与曲水县连接，东临109国道，距城区2公里，距拉萨市中心约12公里，平均海拔3600米，辖区总面积256平方公里。下设岗德林、乃琼、色玛、加木、波玛、贾热6个行政村（社区）和37个村（居）民小组，2020年，全街道总人口3579户10115人。

【基层党建工作】 抓思想建设，打造学习型党组织。2020年，乃琼街道党工委组织党员认真学习贯彻十九届五中全会、中央第七次

2020年5月4日，乃琼街道开展第五届“青春阳光杯”五四演讲比赛

西藏座谈会精神等6次，并开展网上知识竞赛、现场答题等活动7次；参加堆龙德庆区“学四史、践初心、跟党走”知识竞赛并取得二等奖的优异成绩；建设职工阅览图书室，涵盖党建、科技、人文、历史等各类书籍1000余本，让街道干部职工学习和工作有机结合，在不断学习中，挖掘自身潜力，提高综合素质；建立完善党员三包政策，将面对面帮扶延伸至两新企业和流动群众，13名机关党员与企业进行结对子，联系帮扶20余次；强化党员党规党纪和案例学习，严明政治纪律和政治规矩，签订党员不信教承诺书35份；结合全区作风建设整顿年活动，进一步提高机关作风效能，通过自己找、同事帮的方式查摆问题19条，针对网上作风建设测评提出的“上班三心二意、玩忽职守”等问题进行集中整顿，突击检查上班情况2次。

抓组织建设，建设创新型党组织。规范会议流程，每次会议和党课都会做到提前准备，提高会议效率。全年共召开党员大会5次，支委会12次，书记讲党课6次；通过开展党员政治体检专题组织生活会，进一步强化机关党员干部立足本职、服务群众的理念意识；强化活动阵地，针对机关干部长期无专用活动室情况，从街道党建经费出资6万元建设街道机关党员活动室；创新开展活动，结合“五四”青年节、“十一”国庆节、重阳节等节日创新开展演讲比赛、红歌大赛、老党员座谈会等主题党日活动12次。

抓教育建设，打造亲民型党组织。拓展思想政治教育阵地，顺利挂牌乃琼街道党校，举办2期专题培训，受训组党支部书记、入党积极分子、妇女党员共150人；结合支部建设规范年和党员政治体检工作，开展优秀党组织典型推荐、党员签订不信教承诺书、重温入党志愿书和专题组织生活系列活动，确定不合格党员5名；按照《拉萨市关于加强城市基层党建工作十六条措施》要求，结合乃琼街道实际，建立“大工委”议事协调机制，成立“小个专”党支部，按照应建尽建及两个覆盖要求，成立同顺工贸有限公司党支部，接收国企退休职工党员46名。

抓基础建设，打造实干型党组织。充分发挥基层党组织战斗堡垒作用，加强对“组长村管、组财村管、组务村管”落实情况和村级“四议两公开”履行情况的监督管理，对村级党组织进行业务指导14次；5名村“两委”通过转聘形式、2名基层干部通过考聘形式成为村（居）社会工作者；积极探索波玛·象雄美朵基层治理示范点建设，着力构建以街道为核心、村（居）为主体、网格为基础、双联户为细胞的四级基层治理体系，实现基层治理网络和党建网络深度融合；在原有村级活动场所基础上，乃琼社区利用援藏项目提升精神文明实践效果，加木村利用321凝心聚力项目提升村委会凝聚力，波玛村完善搬迁群众与本地群众的融合、标准化组级活动场所；坚持“四个一”整顿措施，做好岗德林社区党组织软弱涣散整改销号工作。

【党风廉政建设】 抓常抓细作风建设，筑牢筑实思想根基。2020年，乃琼街道制定《2020年乃琼街道干部作风提升年活动方案》，开展作风检查6次，提出整改12条。认真落实中央八项规定及其精神实施细则，细化内容和标准，严格控制文件数量，严格限制会议规模。结合“不忘初心、牢记使命”主题教育，着力解决党员干部自身问题，特别是思想层面的问题，通过开展谈心谈话、组织各办公室工作交流，解决一批群众关心的热点难点堵点问题。全年召开党员政治教育学习会12期，组织党员干部参与线上政治答题90余人次。

约谈提醒敲响警钟，学习教育筑牢思想。召开党风廉政建设专题部署会议2次，听取街道班子成员、各村（居）党组织第一书记、书记党风廉政和反腐败工作汇报4次，先后约谈班子成员、各村（社区）第一书记、书记、主任等重点岗位人员36人次，开展谈心谈话20余人次，对辖区参与“转经”的6名农牧民党员开展定期约谈，对新任的街道党工委委员、人大工委主任、岗德林第一书记阿奴和党工委委员、纪工委书记、监察室主任扎西玉珍开展任前廉政谈话。重视全体党员干部思想政治教育。共召开党风廉政建设专题学习会14次，重点学习十九届五中全会精神、中央第七次西藏工作座谈会精神，组织书记讲廉政党课2次，开展教育培训4次，召开重要节点教育8次，观看警示教育片4场，学习通报各级违纪违法典型案件14件，开展用身边事教育身边人1次。

监督检查提出整改，八项规定落实到位。下半年组织街道财务、班子成员、各村（社区）党组织开展落实中央八规规定及其实施细则精神自查自纠工作，检查中未发现各类违纪问题。组织街道纪工委联合街道财务所对下辖6个村（社区）村干部务工补贴发放事宜开展专项检查，最终发现问题并提出整改建议2项。紧盯重点节点，对“升学宴”、“谢师宴”、节日期间违规使用公车、违规收礼等“四风”突出问题开展检查10余次，检查中未发现干部违纪问题。此外，全年开展督导检查党风廉政建设责任制落实情况10余次，提出整改意见5条，开展疫情防控监督检查6次，深挖群众身边的涉黑涉恶腐败线索排查3次，扶贫领域检查5次并召开专项推进会4次，提出整改14条，组织街道上下协力完成色玛社区安置房项目建设及交房工作、抗洪清淤工作、觉木龙寺夏季跳神及展佛活动安保工作等重大疑难险重工作30余项。

2020年7月13日，乃琼街道举行街道党校成立暨第一期培训班开班仪式

巡视整改立行立改，整改成果见底见效。根据2020年自治区党委第三巡视组针对乃琼街道提出的反馈意见，街道党工委及时召开巡视反馈问题的专题整改会议，会上研究细化出问题解决方案，确定1项牵头负责整改问题，12项配合整改问题，牵头整改问题已完成整改，12项配合整改问题中有关街道纪工委“三转”不到位、扶贫领域监督检查内容不全面等2个问题，已经按照要求配合好上级部门落实整改，现已达到整改效果。

多措并举净化风气，氛围浓厚搞好换届。按照区委组织部关于《中共堆龙德庆区委组织部关于做好2021年全区村（社区）“两委”换届选举前期准备工作的通知》要求，制定《乃琼街道村（社区）“两委”换届风气监督工作方案》；按照堆龙德庆区纪委监委、区换届办关于做好换届选举的风气监督工作，在街道、各村（社区）张贴换届公告，公布举报渠道，并设立换届风气监督举报箱，未发现问题线索；组织各村（社区）纪检监督委员会主任和委员召开乃琼街道召开村（社区）“两委”换届风气监督工作会议，对严肃换届工作纪律提出要求；为积极营造良好的换届氛围，努力营造风清气正的换届环境，投入2.8万余元制作换届宣传用品，宣传用品已下发至各村（社区）。

2020年7月22日，乃琼街道党工委召开理论中心组第九次学习（扩大）会

【意识形态】 防控疫情、凝聚一心。2020年，面对突如其来的新冠肺炎疫情，乃琼街道积极组织党员干部、村两委班子、党员、联户长走村入户，并利用微信公众号、手机微信群、横幅标语、宣传海报、宣传栏、广播喇叭等方式，全方位宣传疫情防控知识。全年发放张贴防疫宣传海报2200余张、横幅150余条，宣传册7000余本，宣传单页6000余张，腾飞乃琼公众号发送疫情相关信息77条。开展疫情防控知识、四讲四爱微宣讲22次、受众1700余人。

抓好学习，提高认识。召开理论中心组学习12次，撰写心得体会40余篇，围绕学习主题30人次进行发言。同时，以构建新时代文明实践阵地为抓手，街道新时代文明实践所整修完成并投入使用，波玛村、加木村新时代文明实践站投入使用，并逐步开展新时代文明实践活动。

精心组织、做好宣讲。街道高度重视“四讲四爱”群众教育实践活动，把宣讲教育作为一项重大的政治任务，及时制定工作方案，有计划地组织开展各项宣讲，突出做好十九届五中全会、中央第七次西藏工作座谈会精神及脱贫攻坚成效、文明城市创建等重点内容的宣讲宣传，同时严明宣讲纪律，标准宣讲导向，统一宣讲口径，扎扎实实开展好“四讲四爱”群众教育实践活动宣讲。2020年，全街道累计开展各类宣讲活动357次，受益农牧民群众15500人次。

文明创建、有你有我。通过制作张贴文明城市宣传标语喷绘、大力宣传文明城市创建意义和重要性，通过环境卫生专项整治、违规占道经营专项整治、交通秩序专项整治、文明城市宣讲教育等措施，扎实开展全国文明城市创建工作，弘扬社会主义核心价值观。全年共发放文明城市创建海报600张，制作标语横幅100幅，制作张贴喷绘800平方米；开展环境卫生专项整治12次，参与人数12000人次，清扫垃圾90吨，开展城市管理专项整治80次，清理200次违规占道经营行为。

【人大监督】 2020年，乃琼街道人大工委积极组织人大代表开展调研视察活动10余次，并组织市、区人大代表对各村（居）、企事业单位、学校开展疫情防控人员管控工作开展情况进行视察。同时，听取街道办关于脱贫攻坚、生态环境等重点工作开展情况。通过视察、检查等活动，充分发挥代表监督职能，履职尽责服务民生。

【安全生产】 2020年，乃琼街道对辖区285家仓库及停车场的安全生产、消防设施设备、线路安全、环境卫生等情况进行全面检查，对其中58家仓库及汽修厂（大型停车场）现场下发整改通知书，勒令限期整改。与区应急管理局联合执法，对检查中发现的一家违法生产乙炔的工厂，处以查封仓库、没收所有生产品及工具。

【双联户工作】 2020年，乃琼街

道组织各村（社区）第一书记、书记、治保主任、综治专干，联户代表、网格联络员400余人参加由街道办组织的平安建设综合业务培训班，特别邀请区委政法委相关领导专门授课，开展扫黑除恶专题培训和宣讲。全年共化解矛盾纠纷100余起，排查解决安全隐患60余起，帮扶弱势群体解决困难20余次，开展环境卫生整治60余次。

2020年9月30日，乃琼街道开展“初心杯”红歌比赛

【平安创建】 矛盾纠纷排查。2020年，乃琼街道共排查矛盾纠纷36次，排查出群体性纠纷4件，调处各类纠纷82件。群众上访96次（包括初访及重复访），其中已成功调解95起，调处率为99%，1起正在逐步调处中。

宣传教育引导。坚持充分利用LED屏、横幅、宣传海报、四讲四爱宣讲等方式发放扫黑除恶公告、相关海报、宣传册共11000余份，发放各类抽纸盒、环保袋、毛巾等宣传品1000余份，组织开展排查摸底工作20余次，在主干道路和各村（社区）显著位置悬挂横幅90余幅，设置举报箱，公开举报电话，畅通信息渠道。

【经济发展】 2020年，乃琼街道完成地区生产总值8.5亿元，同比增长30.2%；实现社会消费品零售总额2.65亿元，同比增长22.7%；村（居）民人均可支配收入达2.43万元。成立劳务输出务工联队6个，劳务输出5294人。依托辖区内现有41家农牧民专业合作社，实现创收收入390万元，吸纳农村富余劳动力120人。6个村（社区）组集体经济收入达5200万元，均已实现100万元以上，其中乃琼社区、波玛村组集体经济实现2000万元以上。

【疫情防控】 2020年，乃琼街道成立11个工作领导小组，明确责任，切实把各项工作做实做细做到位。召开疫情防控工作分析会19次，全街道5.8万人次投入疫情防控工作，切实做到“外防输入、内防反弹”，为打赢疫情防控阻击战提供组织保障。全年街道共流入区外返藏人员14352人，辖区内企业、个体工商户全部已实现复产复工，疫情防控工作取得阶段性胜利，已进入常态化管理工作。

【脱贫攻坚】 2020年，乃琼街道继续做好建档立卡群众和低收入群体就业、增收工作，依托“香雄美朵”生态旅游文化园、德吉藏家、高争水泥厂、堆龙善财福利综合有限公司等产业，以“就业＋分红”方式，拓宽贫困群众增收渠道。同时，结合城镇治理服务需求，带动248名劳动力贫困群众就业，就业率达85.6%。全街道192户566名贫困户均已脱贫，并实现1户1人就业。已通过“一卡通”的形式兑现完48个生态补偿岗位资金。

【生态治理】 2020年，乃琼街道积极开展人居环境整治和“三改一整”工作，配合区城市管理综合执法局对波玛路乃琼社区和318国道岗德林社区沿线私搭乱建蓝顶棚进行拆除和清理，对乃琼社区、贾热社区雄普支流上游沿线河滩、波玛路那曲高中段两侧渠道进行集中清理，清运各类垃圾1150吨。按照中央环境保护督察案件整改有关要求，已责令辖区内26家石材加工厂进行搬迁整治，共拆卸各类大小机械设备188

台，拆除各类活动板房、砖房、钢结构厂房 2659 平方米，搬离各类石材成品及原料 33520 余吨。

【防汛抗洪】 2020 年，乃琼街道调整完善防汛工作领导小组，召开工作部署会议，开展督导检查 20 余次。先后投入资金 80 余万元，及时购置防汛应急物资，并向各村（居）及时发放，并在汛期之前抢修加木村水渠，对波玛村河堤加固、排洪渠安装网盖、雄巴普渠段河道进行清淤及修缮。

【为民办实事项目】 2020 年，乃琼街道贾热社区铁路建设失地农民就业安置中心建设项目总投资 7703.7 万元，已完成可研评审；波玛村德吉藏家（易地搬迁点）基层组织政权项目，总投资 150 万元，已完成工程量的 90%；波玛村德吉藏家（易地搬迁点）基层精神文化项目，总投资 40 万元，并完成终验；乃琼街道基层政权项目已投入使用；投资 394 万元的波玛村发展村集体经济产业项目已验收；色玛社区群众安置房总投资 5.5 亿元，总建设房屋 1163 套，建筑面积约为 25 万平方米；乃琼社区公寓式安置住房 2.2 亿元，总建房屋 828 间，建筑面积约为 12.95 平方米；色玛社区基层政权建设项目正在有序推进；岗德林社区基层政权建设项目已完工；贾热社区基层政权建设项目已完成终验。

【便民服务】 2020 年，乃琼街道服务大厅共设置 6 个服务窗口，涵盖民生、综治、民政、综合、社会保障、邮政业务等与群众紧密联系的服务项目。全年共办理户口类证明审批 322 件，车辆类证明审批 585 件，边境通行证证明审批 469 件，其他各类证明审批 572 件，涉农保险 125 件，信访案件 69 件，民政申请残疾证 20 件，城乡居民养老保险 60 岁老人新纳入 97 件，合作医疗报销 131 件，所有事项均按时办结，办结率达 100%。

【食药安全】 2020 年，乃琼街道在辖区内开展专项检查 4 次，日常随机检查 50 余次，共检查学校、工地、企业、个体工商户、卫生医疗机构等 650 余家、1100 余次。对过期、“三无”、“五毛”等不合格食品做下架处理 5 次，处理商品 210 余件，通知 26 家经营主体办理食品经营许可证等相关证件，对卫生不达标、违规使用食品添加剂的餐饮企业进行批评教育、限期整改 40 余次。要求疫情防控措施不到位的经营主体立即整改 490 余次。

【卫生健康】 2020 年，乃琼街道开展全民体检工作，分为全民健康体检及妇女两癌筛查，共体检 8858 人，体检率为 91%。全年参加医保总人数 10017 人，合作医疗住院报销 101 人，报销金额 95.78 万元。全街道孕产妇免费体检率、住院分娩率实现两个 100%。

【惠民资金兑现】 2020 年，乃琼街道用惠民补贴“一卡通”及时兑现城乡居民的基本养老、基本医疗、低保资金、残疾人补贴、农牧民家庭困难学生资助金、高龄老人健康补贴草畜平衡奖励等一系列政策惠民资金达 1106.6413 万元，其中兑现社会救助、卫生报销等政策性补贴 306.63 万元，城乡居民的基本养老保险 136.512 万元，草原生态补助资金 40.35 万元，失地保障金 623.14 万元。

2020年10月22日，乃琼街道深入开展中央第七次西藏工作座谈会精神宣讲活动

【就业创业】 2020年，乃琼街道加强与区域内企业沟通协调，高争水泥厂、西货站、香雄美朵产业园区等企业吸纳就业带动1680人。应届高校毕业已实行一对一岗位对接，明确67名干部结对141名高校毕业生，开展帮扶120次，岗位对接257次，就业率达97.9%。参加自治区、拉萨市、堆龙德庆区高校毕业生和农牧民增收专场招聘会360余人，就业280人。加大培训力度，提升街道失地农牧民群众在市场中的竞争力，引导农牧民向市民转型。争取装挖机、厨师、电工等培训岗位400个。

【城市管理】 2020年，乃琼街道共清除“城市牛皮癣”12600余处，累计劝导乱停乱放车辆3210余辆，协助区住建局规划停车位547个，清理占道经营3160余处，开具罚单13起，暂扣物品13件，对未覆盖运输，遗撒滴漏等违规运输车辆进行巡查整治，累计处罚违规运输车辆171辆，开具现场检查笔录171份，暂扣车辆行驶证171个，抓获偷倒乱倒垃圾9起，开具现场检查笔录9份，暂扣车辆行驶证9个。

（高 轩）

【机构领导】

党工委书记

尼 玛（藏族）

党工委副书记、街道办主任

任 威

党工委副书记、派出所所长

马 钰（回族）

党工委副书记、人大工委主任

琼卓玛（女，藏族，7月离任）

阿 奴（藏族，7月任职）

党工委副书记

刘 敏（女）

党工委委员、人武部长

巴 珠（藏族）

党工委委员、纪工委书记、监察室主任

格桑德吉（女，藏族，10月离任）

扎西玉珍（女，藏族，10月任职）

党工委委员、组织委员

其美卓嘎（女，藏族，12月离任）

党工委委员、宣传委员

赵天恩

街道办副主任

巴 桑（藏族，乃琼社区第一书记）

米 珍（女，藏族）

王妤玮（女）

羊达街道办事处

【概况】 随着堆龙城镇化进程的不断推进，2019年9月19日撤乡设立羊达街道。羊达街道距拉萨市中心17公里，国土总面积119.7平方公里，耕地面积2589亩、草场面积131349.8亩、林地面积1785亩。辖3个行政村（居），12个村民小组（网格）、92个联户单元。2020年，街道办总人口1407户4267人，其中劳动力2316人（女性997人），党员干部职工62人（行政编制40名，事业编制13名，工人9名）。为拓宽街道城市党建工作领域，实现党建工作全覆盖，2019年12月26日，羊达街道“大工委”正式成立，共有基层党组织33个（其中街道党工委1个、社区党委1个、党总支2个、基层党支部29个），共有中共党员418名（其中：干部党员41名、农牧民党员249名，其他为“大工委”成员单位党员）；共有建档立卡贫困户119户387人，边缘户4户12人。三老人员29人，低保户11户31人（其中建档立卡低保户8户19人），五保户9户10人（其中分散供养1户1人，集中供养8户9人）。2020年应届高校毕业生59人（其中建档立卡贫困户9人），已全部实现就业。辖区内有1所中心小学、3所幼儿园；1座街道文化服务活动中心、3座新时代文明实践所（站）、3所农家书屋；1座寺庙（2名僧人）、3座拉康；1所街道卫生服务中心、2个村（居）级卫生医务室、1个街道兽医站、6名兽医；1个县级工业园区，1个现代设施农业园区。街道办农牧民人均可支配收入24050.26元，较上年同比增速13%，建档立卡群众人均可支配收入19867.78元，较上年同比增长7.4%。

【基层党建】 坚定理想信念。2020年，羊达街道办事处深入贯彻学习习近平总书记最新重要指示批示精神，严明反分裂斗争纪律，教育引导街道全体干部群众以高度的思想自觉、政治自觉、行动自觉践行“两个维护”。2020年，理论中心组学习18次，党工委会学习31次，支部党员大会学习18次，举办主题党日活动12次。深入开展“党员不信仰宗教、不参加

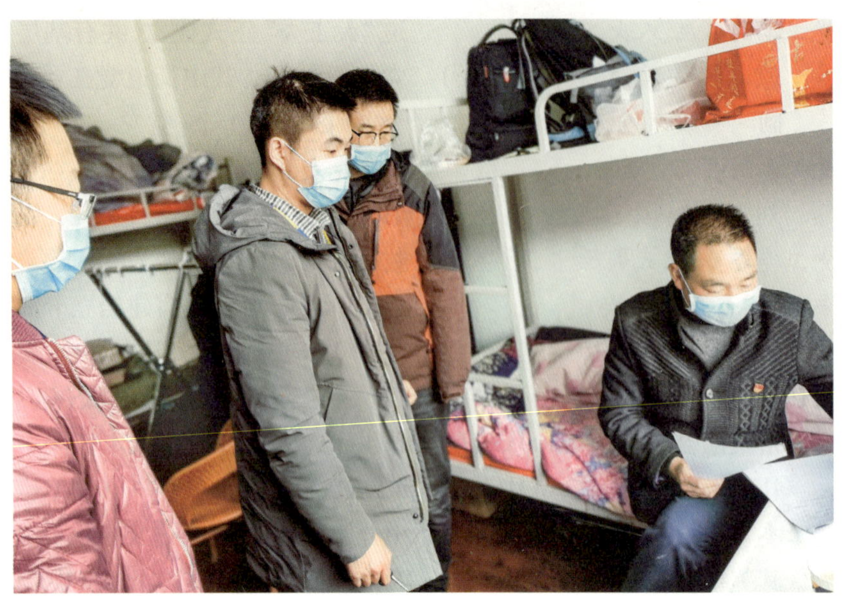

2020年3月2日，堆龙德庆区人大常委会副主任、街道党工委书记刘军（右一）入户走访新冠肺炎居家隔离情况

宗教”活动，按照户户走到、摸清底数的原则，经排查，在农牧民党员中未发现有信仰宗教人员，签订党员不信仰宗教承诺书295份，并进行公开公示。

强化党建引领基层治理。羊达街道党工委将“基层党建网、居民服务网、社会治理网、文明创建网”进行有效融合，推动“四网合一”工作模式，织密“社区—网格—党员”的红色网格，每个网格配备党支部书记和网格长，搭建“支部书记和网格长现场办理”“与村（社区）‘两委’协调解决”“街道层面统筹协调”多层级基层治理模式；立足于构建“商圈党支部+商户党员”的党建联盟和利益共同体，有效实现社企共建的基层社会治理目标，按照“集聚商圈属地抓”的原则，成立西藏领峰航龙钢铁物流党总支（下设2个党支部），成立西藏领峰智慧物流园有限公司党总支（下设3个党支部），开辟商圈和党建“社企融合”发展的新路径；将通嘎社区“两治四和”主题公园融入“老西藏精神”、“两路”精神、“五史”、落实十九届五中全会和中央第七次西藏工作座谈会精神等党建元素，形成集思想教育、休闲健身、文化传承、党建科普、形象展示、陶冶情操于一体的党建主题公园，让党建融入居民群众的“生活圈”，有效淡化宗教消极影响，引导群众过好今生幸福生活。

开展党员“三包”工作。按照《拉萨市党员包片包户包人工作实施方案》，结合羊达街道城乡接合部的实际，构建形成街道班子成员包村（居）、企业、园区、合作社+村（居）班子成员包网格+党员包居民的“三包”工作体系。418名党员共包12个网格、1407户4267人、237家企业、5家“大工委”兼职委员单位、889家个体工商、11家合作社、59名应届大学生、31名非党员职工、11000名非户籍常住人口。经常性利用“党旗在党家”，线上线下居民“点单”、街道“派单”、党员“接单”、组织“晒单”的党员“三包”服务工作，指定专人负责收集社情民意，全年共搜集社情民意77条，解决化解71条，正在协调解决6条，办结率达92%以上。

抓党建促脱贫攻坚。街道党政一把手有40余个工作日用于开展扶贫工作，召开专题会议14次。在决胜全面建成小康社会、决战脱贫攻坚之年，为增强全体干部群众决战决胜脱贫攻坚的责任感、紧迫感，始终保持总攻状态，从严从实抓好各项工作，及时召开“吹响冲锋号，决战脱贫攻坚、决胜全面小康”誓师大会，启动“决战脱贫攻坚、决胜全面小康”倒计时。同时，在街道119户贫困户家庭中开展“环境卫生大扫除大比拼”活动，推动物质文明和精神文明同步提升。

抓好党风廉政建设。结合街道实际，制订党风廉政建设方案和计划，进一步调整充实领导小组，街道党工委书记与街道党政班子成员、各村（社区）第一书记签订《2020年党风廉政建设责任书》，与村（居）务监督主任签订《2020年村（居）务监督委员会目标责任书》，层层压实责任、层层传达压力，全年组织召开党风廉政专题会11次，听取街道班子成员党风廉政建设和反腐败工作开展情况2次，街道党工委书记为街道干部上廉政党课暨廉政提醒谈话2次，同时组织开展各级书记谈心谈话及班子成员集中约谈会15人次；认真学习贯彻十九届中央纪委第四次全会精神、自治区九届纪委第五次全会精神、拉萨市九届纪委第五次全会精神和堆龙德庆区二届纪委第四次全会精神，及时传达学习自治区纪委关于扶贫领域腐败和作风问题典型案例和关于违规违纪问题的通报，集中观看警示教育片——信仰之失、贪欲之害及围猎之祸，举行“党风廉政建设”知识竞赛，开展清明、“五一”、端午、国庆节前安排部署暨严明纪律专题会议，引导街道全体党员干部严于律己、洁身自好、一身正气，筑牢廉洁从政的思想根基；经常性地特别是在国家法定节假日前后，以明察暗访的方式开展公车使用、干部在岗在位、维稳值班带班等情况进行监督检查，做到早发现、早教育、早提醒、早预防，对辖区内扶贫产业项目进行9次监督检查，并对检查中发现的问题，及时要求项目经营主体单位按照相关要求进行整改。

2020年4月3日，堆龙德庆区人大常委会副主任、街道党工委书记刘军安排部署决战决胜脱贫攻坚“百日行动”工作

【意识形态工作】 不断加强意识形态建设。2020年，羊达街道办事处依托羊达新时代讲习所及“农牧民夜校”“农牧民国家通用语言补习班”“巾帼夜校”“实用技术培训班”等学习载体开展新思想学习，学习习近平新时代中国特色社会主义思想、宪法、法律法规、实用技能、国家通用语言等相关内容，共完成180余课时学习。积极开展“四讲四爱”群众教育宣传活动，各村（居）农牧民宣讲员和驻寺、驻村、下沉干部利用微信群宣讲、广播站宣讲、录制小视频宣讲、入户宣讲等方式，用群众身边看得见、摸得着的发展变化，用新旧西藏对比的方法进行示范宣讲5次，多方教育引导广大群众坚定感党恩、听党话、跟党走的决心和信心，进一步筑牢中华民族共同体意识。

不断巩固意识形态主流阵地。通过在显著位置悬挂横幅、利用LED电子屏、宣传栏、广播站宣讲、录制小视频、微信公众号、微信群等线上线下渠道，不间断更新宣传内容。全年开展各类线下宣讲活动190场次，微宣讲110余场次，派出宣讲员190余人次、受众群众2.2万余人次，张贴各类宣传海报（告知书）4000余张，利用LED宣传200余次，发布公众号信息240余条。

大力开展新时代文明实践活动。将脱贫攻坚和“四讲四爱”群众教育实践活动、农闲时节新时代文明实践十项活动充分结合起来，根据群众喜好及当前主流思想，开展以“保护绿水青山·共建生态帮普”“大手牵小手·快乐学习赢在寒假”“深入学习党的十九届四中全会精神助力脱贫攻坚”为主题系列活动，举办妇女年花制作技能培训、预防和减少青少年违法犯罪知识竞赛、建党99周年系列活动、西藏百万农奴解放61周年系列庆祝（升国旗唱国歌，祖国在心中、我与国旗同框，参观村级爱国主义教育基地和村史馆，观看纪念西藏百万农奴解放61周年系列节目和西藏百万农奴解放纪念馆网上展馆等）、“点赞我的国”大家讲、“我们的节日·重阳节”等系列丰富多彩的活动，开展系列志愿服务活动等90余次，受众达7000余人次。

【农林牧业协调发展】 2020年，羊达街道总播种面积2144.7亩，其中粮食作物面积为1499.73亩，经济作物面积645.15亩。调运化肥尿素30.7吨、二胺5.45吨，小麦良种（山冬7号）0.679万公斤。落实上级部门关于开展包虫病防治工作指示精神，共实施11次家犬驱虫，数量达6457只，送去犬粪采样30份。做好重大动物疫病防控工作，免疫牲畜总头数为2999头（只、羽），其中牦牛1596头、黄牛812头、绵山224只、山羊300只、猪67头，确保免疫密度达到100%，有效杜绝春季牲畜疫病发生。积极实施国土绿化工程，街道按照适地适树的原则，积极调运苗木植树造林387.45亩2560株（柳树、柏树、松树等），通过指定专人负责浇水、扶正、整修树盘等措施，树木成活率和保存率得到显著提高。依法依规推进农村产权制度改革，2020年共核实1384户4345人，确定农村集体经济组织成员4001人，确定试点村帮普村2个集体经济组织只设成员股（人口股），不设集体股，并申请实行五年一次的股权动态管理。

2020年5月30日，区人大常委会副主任、街道党工委书记刘军与班子成员、各级书记交心谈心（集中约谈会）

【农牧民增收】 稳定运输车队收入。2020年，羊达街道办事处及时与辖区内堆龙二小、那曲、阿里干部职工退休基地及堆龙净土——高原冷链项目工地进行对接，实现街道务工连队——羊达社区车队所有车辆（运输车、挖机、装载车共300余辆）、技工人员200余人在其工地作业，羊达车队增收1500多万元，人均增收7万元左右。通嘎运输车队利用河道清淤、城投领峰项目开工等时机，累计实现130余人就近就便自主就业，车队增收1900余万元，人均增收15万余元。

助力企业复工复产。为克服疫情带来的不利影响，采取有力举措，积极与辖区企业对接用工需求，与藏地吉龙农业开发有限公司对接6名务工群众，与堆龙净土——藏泉酒业公司对接2名群众、1名大学生，与建筑工地对接羊达社区2名务工人员，助力企业复工复产。通过开展厨师培训和特色种植业培训、举办“巾帼夜校”借助区位优势对接用工需求、激励群众自主就业等方式，实现2020年辖区农牧民劳动力就业1811人次。

发展优势特色产业。大力发展特色种植业，积极与净土公司协调，为帮普村100户群众发放高产新品种的艾玛岗土豆种子2万公斤，现在产量为2000公斤/亩，可实现增收4000元/亩。同时大力发展生态旅游，鼓励农牧民群众在沟域河边搭建帐篷，现有18户54名村民积极参与搭建帐篷100余顶，每户增收1.8万元左右。通嘎社区落实“绿水青山就是金山银山”的理念，从林芝市引进花椒、核桃、苹果等苗木，大面积种植经济林木600余亩，开发护林员岗位，解决6名群众就业。

集体经济分红保障收入。羊达社区兑现集体经济分红429万元、受众965人；通嘎社区兑现集体经济分红270.588万元，受众996人；帮普村兑现集体经济分红37.76万元，受众570人；扶贫产业项目锦龙商砼委街道建档办卡贫困户60人扶贫分红21万元，华丰农业有限公司项目为全区建档立卡贫困户140人分红49万元，堆龙德庆县乃琼财康石材农民专业合作社分红40万元（其中向通嘎社区群众分红6万元），通嘎农牧民建筑施工合作社2019年向区扶贫办上缴4.2万元用于产业分红，同时年初在疫情期间向武汉疫情捐款5万元。

【民生事业】 统筹做好社会保

障。2020年，经核查，羊达街道办事处低保户共计11户31人（其中建档立卡低保户8户19人）。落实70周岁以上老人健康补助和百岁寿星长寿补助发放管理工作，全街道有70岁以上老人147人（其中70～79岁106人、80～89岁40人、90岁以上老人1人）。街道现有残疾人164人，全年办理残疾证40个，发放助听器1个、轮椅1个，协助区民政局统一通过“一卡通”发放残疾人两项补助，高质量完成残疾人信息系统录入工作。积极做好社保缴纳和领取工作，完成1701人（涉及资金34.29万元）社保缴纳及60岁以上的531人养老保险发放工作。

实现大学生100%就业。通过全面摸底了解大学生就业意愿、干部一对一或多对一进行联系指导、推介就业动态信息、鼓励自主创业、开发创业岗位等方式，促进大学生就业创业。2020年应届高校毕业生59名（其中建档立卡贫困户9名）全部实现就业。

关心关爱教育事业。通过举办“六一”儿童节、教师节表彰、更换校车坐垫套、宣传大学生资助办法、大手牵小手补习班、开展“预防青少年违法犯罪”专题知识讲座等方式关心关爱教育事业，涉及资金7万余元。积极落实教育资助资金，全年共兑现2019—2020学年贫困户、农户大学生120人，涉及资金53.902628万元。认真抓好控辍保学各项工作，2020年年底街道0～15岁共计1067人，其中6～15岁661人，送教上门4人（每月2次），建档立卡户学生共计102人，残疾学生17人，没有适龄儿童辍学情况。

食品药品监管落实到位。通过日常监督的方式对辖区食品经营单位、学校食堂、企业饭堂、门诊、药店等进行食品药品安全大检查13次，确保食品药品安全、从业人员符合标准。对容易藏匿黑作坊的区域进行重点检查4次，对发现的不合格4家豆腐加工厂（羊达社区达江组万事达仓储库房内）进行联合执法，联合区市场监管局销毁不合格的豆腐制品，责令限期整改。

提升医疗卫生服务水平。健全街道78名孕产妇档案，实现一人一档，免费提供叶酸，实时跟踪待产情况，做到产妇管理率100%；街道0～6岁儿童435人，体检率、建卡率均达到100%。积极为街道适龄儿童接种疫苗，应种1249次、实种1249次，接种率100%。全面做好慢病管理，为街道慢性病建档立卡226人（其中精神病11人、高血压205人、糖尿病10人），每季度对每名建档立卡人员随访2～3次。继续做好家庭医生签约服务和村医管理工作，实现签约1407户4267人，签约率100%。落实城乡居民医疗保险服务，参保率达100%。开展巡回医疗5次，诊疗309人次。2020年，藏药、西药共提药6次，提药总金额67.29843万元，累计诊疗6853人次。

2020年3月28日，羊达街道开展纪念西藏百万农奴解放61周年系列活动

【生态文明建设】 保护国土资源。2020年，羊达街道办事处主动作为，针对违建图斑和土地管理工作先后召开4次专题会议，参会人员包括辖区70余家企业和个体，为更好地开展拆除违建和土地管理工作奠定良好的基础。按照年度目标任务，拆除辖区违建图斑2个，拆除新增违建4宗，强制拆除“两违”5宗（黄刚砂场、强盛预制砖厂、羊达家具厂、

建希钢构、看山广告），累计拆除蓝顶建筑7000余平方米，拆除水泥砖混建筑12间，面积约350平方米，拆除临时性活动板房25间，面积300余平方米。积极联合区自然资源局组织村（居）、组、综合执法人员、第三方测量公司等开展"农村乱占耕地建房"前期摸排工作，2020年年底已完成羊达社区普布其组片区60余家的摸排测量。

推进环境整治。加大环保宣传，推进环境整治，累计发放环境保护宣传册1万余份、绿色环保袋1500余个，横幅宣传20余条。向辖区内各村（居）、学校、卫生院、派出所等累计发放20升室内分类垃圾桶402个，发放100升楼层分类垃圾桶123个。设立密闭式分类垃圾集中暂存区16个，同时为街道群众发放厨余垃圾桶、灰土垃圾桶、其他垃圾桶共计1413套4275个，让垃圾分类理念不断深入人心。及时协调区直部门对分类垃圾进行清运，平均每周清运2～3次，累计清运分类垃圾约160余吨，有效解决群众处置生活垃圾的困扰。

推进创建国家文明城市。提高思想认识，强化责任担当，先后召开推进会6次、现场会10次，查摆存在问题20余条，并提出切实可行的整改办法。通过发放宣传海报、张贴宣传标语、执法车流动宣传的方式，全面增强创城舆论氛围，提高群众的知晓率和参与率。解决街道车辆乱停乱放问题，规划5处临时停车场，可容纳1000余辆汽车停放。制作临时

2020年7月10日，羊达街道启动脱贫攻坚倒计时牌

停车场引导图，交通执法部门积极参与引导，引导500余辆车次、800余人，真正实现车辆和行人规范出行、车辆有序停放。组织各村（居）、志愿服务队、街道干部职工等开展爱国卫生运动，共出动2500余人次，对辖区内主次干道、背街小巷、企业周边、绿化带垃圾及城市"牛皮癣"等进行全面清理，清理垃圾60余吨，清理"牛皮癣"3000余处。

【完成脱贫攻坚】 聚焦问题整改，高质量完成脱贫攻坚。2020年，羊达街道建档立卡贫困户119户387人，占总人口的9.11%，边缘户4户12人（其中羊达社区1户3人，通嘎社区2户5人，帮普村1户4人）。2020年，建档立卡贫困户人均纯收入达到19867.78元。建档立卡贫困户中共有劳动力187人、弱劳动力及半劳动力32人，实现就业186人。基本实现76户易地扶贫搬迁户中"一户一人就业"的目标，积极兑现16名在校贫困大学生免费教育资金及48个以补岗位工资16.8万元（3500元/年·人），通过"一卡通"形式差额发放10户28人的低保金，按照以助脱贫有关政策，对建档立卡贫困户医疗救助费用实行区、市、县、乡分级实报实销。针对中央巡视"回头看"、自治区2020年脱贫攻坚成效考核、拉萨市脱贫攻坚成效考核、拉萨市普查等各级检查反馈问题，主动认领工作任务、明确责任部门，划定整改时限，除2个小项整改任务需要长期坚持外，已顺利完成省际交叉验收考核工作。

【排查化解矛盾纠纷】 2020年，羊达街道共排查各类纠纷45起，涉及资金333.099万元，已成功调解30起，帮助68名农民工追回工资115.2985万元，其余15起或因一方当事人不在场，或因双方分歧太大无法达成一致意见，调

解不成功，街道已引导当事人通过法律途径解决。

（付月美）

【机构领导】

区人大常委会副主任、街道党工委书记

刘　　军

党工委副书记、街道办事处主任

强　　勇（藏族）

党工委副书记、人大工委主席

洛桑索朗（藏族，11月离任）

达瓦次仁（藏族，11月任职）

党工委副书记

王 亚 娟（女）

党工委副书记、派出所所长

刘 继 元

党工委委员、组织委员、羊达村第一书记

仁旦卓玛（女，藏族）

党工委委员、纪工委书记、监察室主任

索朗拉吉（女，藏族）

党工委委员、人武部部长，政法委员

李 鹏 辉（11月任职）

党工委委员、宣传委员

钟　　晋（女，11月离任）

党工委委员、宣传委员

罗　　欢（女，11月任职）

街道办副主任

拉　　珍（女，藏族，11月离任）

扎西罗登（藏族）

洛桑央金（女，藏族，11月任职）

张 海 堂

古荣镇

【概况】 古荣镇地处青藏铁路及109国道沿线，距离堆龙城区22公里，总面积764.79平方公里，其中耕地面积16179.6亩，草场面积13.45万亩。全镇下设6个行政村、32个村民小组，总户数1900户，总人口6749人，其中纯牧民173户、425人。2020年，全镇生产总值达1.13亿元，其中第一产业收入达3656万元（农业收入1674.48万元，牧业收入1934.71万元，林业收入46.81万元），第二产业收入达2115.20万元，第三产业收入达6825.68万元。农牧民人均纯收入达15960.54元，农村居民人均可支配收入增长13%。

【党的建设】 2020年，古荣镇党委坚持用中国特色社会主义理论体系武装头脑，深入学习贯彻中共十九大和十九届四中、五中全会精神，始终把政治建设摆在首位，做到“两个维护”。持续加强思想建设，巩固“不忘初心、牢记使命”主题教育成果。深入开展“支部建设规范年”活动，整顿提升4个“中不溜”村党组织。各级党组织“三会一课”“党员活动日”“主题党日”等活动持续加强，党内政治生活气象更新，基层组织基础更加牢固。“组财村管、组务村管、组长村管”工作持续落实，服务型党组织创建有序推进，村组工作经费、干部待遇逐步提高。全面推进村（居）社会工作者职业体系建设试点，全镇通过“转考招”三种途径有38名实绩突出、表现优秀的村干部、高校毕业生纳入职业体系。

镇纪委始终把党风廉政建设宣传教育摆在廉洁从政的重要位置，印制监督执纪问责系列漫画宣传折页、知识宣传手册、藏汉双语宣传海报、公益宣传板和《古荣镇关于制止餐饮浪费的倡议书》《纪律处分条例》漫画宣传册等。认真学习贯彻落实《中国共产党纪律处分条例》《中国共产党廉洁自律准则》《中华人民共和国公职人

2020年3月30日，古荣镇党委组织党员在古荣小学检查疫情防控工作

2020年9月30日，古荣镇举办“庆丰收、迎小康”农民丰收节之秋收农忙剪影大赛颁奖仪式

员政务处分法》等各项准则条例，召开身边人身边事警示教育大会，组织观看反腐倡廉警示教育片，使全镇干部职工特别是党员干部始终保持清醒的头脑，提高廉政意识，自觉抵制各种腐败的侵蚀。对新晋升职级和岗位调整、提拔使用的干部开展任前廉政谈话，对2名违纪干部开展约谈，对各村纪检监督员与监督委员会主任开展廉政谈话，对4名违纪农牧民党员进行约谈。查处扶贫领域的不正之风和腐败问题，对精准扶贫户档资料、结对户走访情况以及搬迁入住率、扶贫岗位、政策知晓率等情况进行监督检查，确保把问题真真正正的查摆清查。定期召开节前廉洁部署会，严明“六大纪律”，认真开展对纪律执行情况的监督检查，在重大节日或各重要节点，督导检查镇机关和各行政村干部职工的值班带班、在岗在位、公车停放等情况，对干部溜岗问题进行通报批评，强化党员干部的组织意识和纪律观念。联合镇农牧办对全镇6个行政村耕地地力补贴、草场补贴等资金兑现及公示公开工作、医疗保险收缴、农牧民增收、义务教育阶段学生辍学等政策落实情况开展监督检查，严肃查处发生在群众身边的不正之风和腐败问题。

【意识形态和精神文明】2020年，古荣镇按照党管一切的原则开展意识形态工作，同其他工作同安排同部署，并纳入年终绩效考核的主要内容，不断增强农牧民群众感党恩、听党话、跟党走的积极性和主动性。通过“四讲四爱”群众教育实践活动专业宣讲团队、党员志愿者、返乡大学生志愿等宣讲队伍走村入户、深入田间地头等多种方式，广泛宣传中共十九大和十九届四中、五中全会及中央第七次西藏工作座谈会精神、社会主义核心价值观、习近平新时代中国特色社会主义思想、脱贫攻坚、文明城市创建、科学防疫、西藏自治区网络二十禁等内容，共开展宣讲764场次，受众人数超过34200人次。开展志愿卫生环境清扫工作91次，参与人数1140余人次。

【疫情防控】2020年，古荣镇充分发挥出基层党组织战斗堡垒和党员先锋模范作用，600多名党积极投入疫情防控第一线，对外来流入人口逐户排摸、造册登记，建立区外流入人口、区内流入人口和中、高、低风险地区流入人口3本台账，在各村主要路口设置卡点6处，返乡大学生积极参与，确保全镇布置精准、防控有力、成效显著。各村都涌现出冲锋在前的村干部、做好疫情防控的农牧民党员、贡献青春力量的青年返镇大学生志愿者等疫情防控先进党组织、优秀党员、团员、青年个人以及那嘎庄园商贸有限公司、各村合作社等爱心企业。同时，全镇广大党员通过微信、现金等方式自愿向武汉疫区捐款152970余元，针对茶馆、饭店、商铺外来经营人员无法返藏和营业的问题，当地群众主动为其减免房屋租金68321元。

【人大工作】2020年，古荣镇人大始终坚持关注群众热点，提升监督新效能，围绕全镇重点工作进行专项督查，专门听取政府对各项工作开展情况的汇报。开展人大代表视察督办4次，监督为民办实事项目运行作情况。加强对新冠肺炎疫情的督导检查10余次，提高全民参与疫情防控工作的意识。推动脱贫攻坚工作深入开展，并提出整改意见10余条。结合年度工作计划，开展代表履职培训，多次组织代表集中参加学习民法典、代表法等政策理论、法律法规知识，分批次参加区里组织的专题宣讲、履职培训学习4批96人次，先后选派19名代表到区、市人大参加专题培训会，同时还将由镇人大印制的《中华人民共和国民法典》（藏文书）及宣传册发放到代表手中。通过组织培训、学习，代表的思想政治觉悟和履职水平有进一步的提升。加大对人大代表所提建议、意见落实办理情况的监督，推动办复工作，对已经解决的做好后续工作，巩固办理效果；对正在办理的，做好跟踪督促工作；对于因政策原因等无法办理的，协同镇政府做好群众的解释教育引导工作，确保代表议案建议的满意度和推动办理工作取得成效。

【经济社会发展】 2020年，古荣镇农村居民人均可支配收入达18233.44元，同比增长13%。建档立卡贫困人口人均可支配收入达10793.25元，同比增长16%。各行政村完成村集体经济收入：巴热村145万元、古荣村137万元、南巴村125万元、那嘎村135万元、嘎冲村280万元、加入村152万元。

全镇应往届高校毕业生就业率达90%以上，建档立卡贫困户高校毕业生就业率达100%。充分发挥古荣现代生态农业园、楚布沟生态旅游、古荣糌粑等龙头产业辐射带动作用，建成高效温室大棚523栋，年产蔬菜瓜果300多万公斤。加大土地流转力度，完成土地流转3600余亩，实现土地流转人均增收2000元。以企业发展稳就业，辖区共有合作社58家、公司12家，经营范围涉及手工编织、养殖业、糌粑加工、藏香等20多种产品，合作社和公司通过就业或分红方式带动群众1814人实现增收，其中建档立卡贫困户580人。项目建设加速推进，G6高速古荣段竣工运营，那嘎到曲水公路通车，投资1.9亿元的奶牛养殖场已完成工程量的70%。人居环境明显改善，邀请第三方进行住房安全专业评估，协调区水利局对辖区水库和饮水管道进行全面升级改造，加入、嘎冲两村人居环境整治示范村工作接近尾声，实施“三改一整”179户，硬化乡村公路4条，南巴村桥涵、南巴村山地自行车赛道项目顺利竣工验收。成功举办拉萨市第三届中国农民丰收节、第六届楚布沟山地自行车竞速赛等文体旅推介活动，新建南巴度假村，吸纳民间投资1700万元的自行车主题公园工程量已完成90%。

2020年7月2日，古荣镇举办纪念建党99周年暨“七一”表彰和“魅力古荣人物、最美和谐家庭”表彰大会，图为与会领导与受表彰人员合影留念

【人居环境建设】 2020年，古荣镇全面推进人居环境提升工程，以建设“生态古荣”“美丽古荣”为抓手，守住生态保护红线，正确处理好保护生态和富民利民的关系，以绿色发展加强生态文明建设。坚持环境治理，开展全镇范围内环境卫生整治8次，强化污染防治督导工作，先后15次组织人员到各企业和养殖场进行污染源检查，查处未批先建企业1个，确保企业和养殖业实现污染零排放。全力推进生活垃圾分类“户分类”“村收集”“镇转运”工作，全镇有78名环卫工、37名垃圾分类监督员、2名兑换中心管理人员、2名垃圾车司机、3名厕所保洁员，共配备两桶垃圾分类三轮车62辆，4桶分类垃圾收集车

37 辆。设置密闭式垃圾分类桶站 37 个，17 个企事业单位和 6 个村委会建设开放式垃圾分类桶站 21 个、智能垃圾分类桶站 6 个，所有农牧户垃圾分类桶已实现全覆盖。加强河道环境治理，共开展河道沿线垃圾整治活动 4 次，发动干部群众 800 余人，累计清理垃圾 8 吨多。积极开展造林活动，共完成植树 12101 棵，推进全镇绿化建设工作。

【民生事业】 2020 年，古荣镇在落实基本医疗保障方面，镇村两级安排专人帮助群众医疗报销代办代跑，家庭医生签约工作全面完成，医疗报销全面落实，群众健康体检率达 90% 以上，农牧区医疗个人筹资率、新生儿建卡率、传染病发生率、包虫病筛查率全部达标。在强化教育发展方面，对学校优秀教师进行表彰，利用“六一”儿童节和教师节对学校师生进行慰问，全年小学入学率达 100%，巩固率达 100%，学前教育入园率达 100%，小学毕业学生整班移交率为 100%，小学阶段实现零辍学率。在加大就业创业力度方面，开展农牧民技能培训 5 次，组织群众参加各类招聘会 7 次，依托项目建设组织群众参加务工人数达 500 余人，全镇农牧民劳动力 3600 人中实现就业 1536 人。在丰富群众文化生活方面，以“四讲四爱”群众教育实践活动和农闲时节新时代文明实践十项活动为平台，开展各项文化活动 60 余场次，受众人数 34700 余人次。

（吕孝峰）

2020年10月30日，古荣镇组织党员干部开展“情满福利院、冬日送温暖”重阳节敬老活动

【机构领导】

党委书记
索朗曲珍（女，藏族）

党委副书记、镇长
陈传勇（仡佬族）

党委副书记、人大主席
欧珠平措（藏族，11 月离任）
田德全（11 月任职）

党委副书记
吕孝峰

党委副书记、派出所教导员
马进忠

党委委员、宣传委员
白玛曲珍（女，藏族，11 月离任）
德庆群宗（女，藏族，11 月任职）

党委委员、组织委员
黄西霞（女）

党委委员、人武部部长、统战委员、政法委员
尼玛旦增（藏族）

党委委员、纪委书记
赵　静（女）

副镇长
杨　恒（11 月离任）
尼玛偏多（女，藏族）
扎西群宗（女，藏族）
李　程（11 月任职）

马　镇

【概况】 马镇位于堆龙德庆区西部，距区政府驻地 38 公里。全境总面积 470 平方公里，平均海拔 3900 米，属于典型的半农半牧区，下辖 6 个行政村、19 个自然小组，总人口 1598 户、5379 人。2020 年，全镇完成农村经济总收入 1.129 亿元，农牧民人均可支配收入达 21049.68 元，建档立卡户人均可支配收入达 16565.23 元。

【党的建设】 2020 年，马镇始终把党的政治纪律和政治规矩挺在前面，认真执行“三会一课”、谈心谈话、组织生活会、民主评议党员等党内生活制度，严明反分裂斗争纪律，持续深入开展党员宣誓承诺不信仰宗教、党员“政治体检”、党员政治教育、党员志愿服务等，全镇各级党组织和广大党员干部旗帜鲜明讲政治氛围日益浓厚。坚持不懈用习近平新时代中国特色社会主义思想武装党员干部、教育群众，依托党委理论学习中心组、党支部“三会一课”以及各类学习培训，全覆盖开展底线教育、防范教育、揭批教育、感党恩教育，全镇党组织书记讲党课、宣讲中共十九届五中全会和中央第七次西藏工作座谈会精神24场次、受众5000余人次。扎实开展村“两委”换届选举工作，完成“中不溜”村党组织整顿、谈心谈话、综合评议、选情研判、人选摸底、离任审查、初步人选确定、选民登记、组级党支部换届等前期筹备工作。严把党员“入口关”，全年发展党员18人，并对2014年5月后发展的183名党员档案进行整理完善。全面推进村（居）社会工作者职业体系建设试点，广泛宣传职级待遇、社会保障等方面政策，通过“转考招”3种途径将34名成绩突出、表现优秀的村干部、党员群众、高校毕业生纳入职业体系。进一步延伸党组织触角，成立第一个车队党支部和3个“三有”非公企业党支部。充分发挥活动场所政治功能和服务功能作用，健全5个组级活动场所管理使用办法，并投入12万元配齐5个组级活动场所设备。不断壮大村集体经济，健全完善包村干部对口帮扶村集体经济发展制度，积极推行“支部+合作社+贫困户”模式，各村集体经济年收入突破130万元。

2020年4月28日，拉萨市政协党组书记、主席、经开区党工委书记袁训旺（中）在马镇措麦村调研督战脱贫攻坚工作

【“三农”工作】 基础设施建设。2020年，马镇投入527万元开展农村饮水安全饮水改造提升工程，投入1993.1万元完成防洪堤工程修建，投入500余万元完成措麦村路桥修缮工作，投入3345.59万元完成措麦村人居环境整治工作，投入2950.66万元完成马村人居环境整治工作，投入2869.56万元开展设兴村人居环境整治工作，投入51.35万元完成隐患房屋修缮40户，切实保障群众住房安全。

现代农牧业提质增效。2020年马镇坚持粮食生产安全，实现粮食总产量4000余吨。着力推动田间管理、农用物资调运供应工作，统一调度100余吨化肥；重点推动农村土地流转工作，实现土地流转1663.34亩；全面落实春秋季牲畜防疫工作，实现疫苗接种率达100%。全镇实现牲畜存栏18105只（匹/头），牲畜出栏2124只（匹/头）。着力打造有机青稞示范种植基地、食用菌基地建设，同时大力推进农牧业发展。

农村产业日益壮大。充分结合辖区资源优势，积极引导村居组织进一步发展壮大村级实体产业，着力推进农村农牧业发展，实现马村犏牛养殖规模达200头，措麦牦牛养殖达215头；充分发挥援藏优势资源，引进岗吉村乌骨羊项目，助力岗吉村藏绵羊繁殖基地有效提升，实现新品种注入，发展壮大村级实体经济；投资1300万元项目推进设施园区食用菌产业和投资1400万元扩建项目；持续推动田园综合体项目建设。整合辖区自然资源优势，着力推进辖区产业，投资180万元实施措麦村村集体经济用房等实体扶贫产业项目；为有效发挥村集体项目，马村投资380万元修建商品房，朗巴村投资60万元修建商品房，全镇共有合作社 8 家。通过产业有效带动实体产业项目，实现全年收益 500 余万元，带动就业 300 人次。同时充分利用市场资源优势引进国有企业、民营企业，采取村企合作发展模式助力推动村集体经济稳固增收。

【工青妇工作】 2020 年，马镇妇联在“三八”妇女维权周深入开展系列维权和法治宣传活动，发放宣传资料 6000 余份，受益妇女儿童达 2000 余人。充分发挥巾帼志愿者作用，在疫情期间开展公益消杀工作 60 余次，全镇青年自觉担当作为，在团委的带领下组成共青团堆龙德庆区委员会马镇小分队，完成消杀、测温等志愿工作，充分体现“90”“00”后年轻人的担当和作为。

【援藏关怀】 2020 年 9 月 28 日，北京市门头沟区军庄镇交流考察团一行在马镇实地调研，两镇就如何推动经济发展，推动村集体经济增收以及农村电商等工作的开展进行深入交流，交换意见建议。双方就后期社会经济发展进行商讨并达成一致。其间，军庄镇人民政府为岗吉村青稞酒酿造项目发展援助 2 万元资金。

【宣传工作】 强化理论学习，夯实思想基础。2020 年疫情防控期间，马镇召开理论中心组（扩大）学习会议 6 次，传达学习《中共西藏自治区委员会组织部关于在新型冠状病毒感染的肺炎疫情防控中充分发挥基层党组织战斗堡垒作用和共产党员先锋模范作用的通知》《关于严肃工作纪律确保新型冠状病毒肺炎疫情防控工作有序开展的通知》等文件精神，多次研究部署，针对不同群体制定不同宣传内容，为疫情联防联控工作打牢群众防范意识，树牢干部宣传意识，筑牢到拉萨人员自我管控意识。

2020年3月16日，马镇群众载歌载舞举行一年一度的春耕春播仪式

做实防疫宣传，凝聚共克时艰正能量。疫情期间，依托新媒平台，推出小视频《心由武汉起、声从马镇来》等一系列精品力作，凝聚了万众一心、众志成城共抗疫情的强大正能量。重点组织全镇 18 名农牧民宣讲员开展防疫“微宣讲”，累计开展“微宣讲” 150 余场次，覆盖 2 万余人次。挖掘 3 名党员先锋模范，积极推送全镇疫情防控工作开展情况，宣传报道基层一线涌现出来的先进典型和亮点做法。

【就业创业】 2020 年，马镇充分利用就业信息平台载体，积极与区市用人单位有效衔接，共实现农牧民转移就业 1853 人。建立干部结对帮扶机制，推进建立“一人一档”工作，实现应往届高校毕业生 320 人就业，就业率达 100%。

【教育事业】 2020 年，马镇把“办好人民满意的教育”作为全镇工作的重中之重，坚持做到把教育工作放在优先发展的位置。疫情期间开展网络教学工作，做到教师“停课不停教”、学生“停课不停学”的双管模式，达到维护正常教学秩序的目的。重点开展义务教育“控辍保学”工作，全年实现双语教育普及率、小学数学课程开课率、小升初升学率均达 100%。

【文化】 2020 年，马镇投入 42 万元启动资金推动村级文艺队组建，实现行政村文艺队全覆盖。组织以藏历新年、拉萨雪顿节、丰收节、国庆节等各类节日文艺演出50余场。投入45万元建设镇村两级文明实践站。开展“流动书屋进农家”活动，形成人人读好书、爱读书的浓厚氛围。

【卫生事业】 2020年，马镇扎实做好新冠疫情防控工作，全面落实常态化疫情防控措施，累计开展疫情防控宣传50余场次；挂牌成立医共体马镇分院，加强乡村级医务人员配备，通过医疗资源共享和远程诊疗，实现与区级医院资源共享，着力推动“小病不出村，常见病不出镇”的目标；完成妇女“两癌”筛查、包虫病筛查工作，筛查率为100%；落实全民体检工作，完成体检人数3250人；推进医疗签约服务，全镇签约率达100%；积极引导群众参加医疗保险，全镇参保人数达5048人。

【惠民政策】 2020年，马镇全面落实低保动态管理制度，共发放低保金达10.2万元；加大残疾人管理服务工作，发放残疾人补贴共计44.7万元；积极落实困难群体救助工作，共救助13人，发放救助金额10万元。

【脱贫攻坚】 2020年，马镇严格执行堆龙德庆区《关于构建防返贫致贫预警机制实施办法》要求，实施动态管理，防止群众返贫。制定切实可行的帮扶措施，全镇共帮扶17户，其中8户人均收入已超过6000元，且无返贫风险。累计投入4172万元扶贫项目资金，实施11个产业项目，累计增收215.8万元，带动9名建档立卡户增收40余万元。实现建档立卡户人均可支配收入16565.23元，同比增长52.7%，比2015年增长10倍。完成各级巡视、巡察反馈问题整改工作阶段性任务，顺利通过国家脱贫成效省际交叉验收工作，荣获拉萨市脱贫攻坚组织奖、堆龙德庆区组织创新奖。

2020年3月28日，马镇开展纪念百万农奴解放纪念日——升国旗唱国歌活动

【改善生态环境】 2020年，马镇持续推行“河长制”工作，完成河道巡查41次，开展河流清洁活动6次。坚决打好“蓝天保卫战”，巩固“禁白”成果，共开展“禁白”活动10余次。持续加大扬尘治理，开展环境整治20余次。组织执法人员针对裸土、砂石料等建筑材料堆积问题开展20余次执法行动。投入61万元实施防护林项目，种植树苗1.1万棵。

建立健全生活垃圾分类收运体系，推进生活垃圾源头减量、准确分类投放，全年配发各规格室内垃圾桶335个，修建密闭式、开放式垃圾集中暂存区44个。辖区设有智能回收桶站6个，3T垃圾转运车1辆，配发保洁电动三轮车17辆，为农户配发厨余、其他、灰土垃圾桶3327个。

（平措朗杰）

【机构领导】

党委书记

达瓦次仁（藏族）

党委副书记、镇长

王定平

党委委员、人大主席

次　央（女，藏族）

党委副书记、派出所所长

索朗严扎（藏族）

党委副书记

平措朗杰（藏族）

党委委员、纪检书记

马晓伟（11月离任）

唐　丽（女，11月任职）

党委委员、组织委员

央　宗（女，藏族，11月离任）

郑腾飞（11月任职）

2020年8月18日，马镇举办以“学经典、讲道德，做新时代好干部”为主题的道德讲堂活动

党委委员、宣传委员
　　德庆群宗（女，藏族，11月离任）
　　扎西次仁（藏族，11月任职）
党委委员、武装部部长
　　蔡朝晖
副镇长
　　袁　超
　　格桑曲珍（女，藏，11月离任）
　　刘世清（11月任职）
　　罗桑央金（11月离任）
　　熊　林（11月任职）

德庆镇

【概况】 德庆镇藏语意为“极乐之地”，位于堆龙德庆区西北部，地处堆龙河上游两岸，距离拉萨市中心约67公里，距离堆龙德庆区政府约55公里。东北部和西部分别与林周县和当雄县接壤，东南部与马镇相连。镇域面积930平方公里，耕地面积17476.35亩、草场面积831194.55亩、林地面积18000.3亩。德庆镇历史悠久、文化璀璨、人杰地灵，名胜古迹随处可觅，藏医药祖师宇妥·云丹贡布、松赞干布第一位藏王妃门萨赤江、吐蕃智相禄东赞等历史名人均出生于德庆，其美龙天葬台、顶嘎天葬台和邱桑温泉均在境内。德庆镇下辖德庆村、昂嘎村、邦村、顶嘎村、邱桑村、门堆村6个行政村23个村民小组，2020年年底，全镇共有户籍人口2088户7920人，镇机关干部职工55名。镇党委下设村党委2个，党总支4个，基层党支部28个，有中共党员624名（干部党员57名、农牧民党员567名）。辖区内共有寺庙4座（邱桑寺、其美龙寺、顶嘎寺、热果寺），小学1所、幼儿园7所，全镇农牧民人均可支配收入达24346.61元，同比增长13.4%。

【疫情防控】 2020年，德庆镇党委及时成立新冠疫情联防联控工作指挥部，指挥部下设综合协调组、居家隔离对接组、物资保障组等9个工作小组，形成全面联控机制，确保职责明晰，分工明确。疫情防控期间，召开党委会2次、专题会3次、调度会4次，全镇各级党组织召开安排推进会31次。组织人员到各村、各寺管会督导检查疫情防控工作60余次，张贴疫情防控公示公告3600余份、悬挂宣传横幅100余条、发放各类宣传资料11000余份，营造全镇上下共同打赢、打好疫情防控攻坚战的浓厚氛围。疫情防控期间，全镇共设立各类检查站点22个，发动镇机关干部、村干部、医护人员、派出所民警、双联户代表、各类志愿者400余人轮流值守，对过往车辆和人员进行测温登记，发现体温异常人员立即按防控有关方案妥善处置。在开展辖区疫情防控的同时，持续抓好复工复产工作，积极沟通协调，全力保障广大群众“菜篮子”“米袋子”和日常生活必需品供应，“两代表一委员”“三老人员”等带头减免房租、主动捐款，全镇共减免房租13.44万元，捐款13.13万元。

【政治建设】 2020年，德庆镇始终坚持以政治建设为统领，把“两个维护”作为最高政治原则，把“讲政治”作为党员干部的立身之本，严格按照《新形势下党内政治生活若干准则》要求，严肃党内政治生活，全面贯彻习近平新时代中国特色社会主义思想，深入学习中央第七次西藏工作座谈会精神和习近平关于西藏工作的重要论述，坚决落实区委各项决策部署，持续推进党员政治教育培训，深入揭批十四世达赖和达赖集团反动本质。全年召开党委会议21期，涉及学习相关议题55个，开展党委理论中心组学习会议12期，开展党风廉政专题学习5期，各党组织开展党员政治教育学习110余期，各党组织书记讲党课32次。依托镇党校，开展党章党史党规教育、思想政治教育、各类业务培训5期，涉及党员300余人次。将巡视巡察反馈各项问题整改作为当前和今后一项突出重要的任务，坚持对标对表，精准逐条施策，扎实推进整改。区委第八轮巡察一组对德庆反馈的4个方面22个问题和自治区党委第七轮第三巡视组对德庆反馈的3个问题均已全部整改到位。

【组织建设】 2020年，德庆镇党委围绕组织设置、领导班子、工作机制、队伍建设等工作，制订切合德庆镇实际的“支部建设规范年”工作方案，解决一批党内组织生活不经常、不规范、不严肃的问题，持续推进党支部标准化规范化建设。完成11个组级党支部制度上墙，高质量完成3个“中不溜”村级党组织的整顿提升。深入开展党员“政治体检”工程，围绕思想政治、组织生活、志愿服务、履行义务、承诺践诺等方面，详细设计党员体检项目，实现对党员现实表现的精准评价、量化反映，针对“亚健康”“不健康”的党员，采取针对性措施加以整改，进一步提升全镇党员队伍质量。积极推进党员“三包”工作，德庆镇15名领导班子成员分包6个村，81名村干部联系23个村民小组，210名综治网格长、联户长和563名农牧民党员联系全镇8287名农牧民群众，切实打通党员服务群众的“最后一公里”。落实村（居）社会工作者职业体系建设工作，现有村（居）有社会工作者17名，为基层注入“新鲜血液”，不断壮大村级组织力量。严把党员发展关，严格党员发展程序，共吸纳入党积极分子35名、积极分子发展成预备党员14名、预备党员转为正式党员17名。精心做好2021年村“两委”换届前期各项工作，召开换届专题推进会5次，召开党委会专题研究会5期，已确定村“两委”初步人选53名，初步确定各村换届选举时间，研究制订德庆镇村（社区）“两委”换届实施方案、宣传报道方案、新冠肺炎疫情防控工作方案、应急处置工作方案等方案，为2021年村“两委”换届工作奠定坚实基础。

2020年3月，德庆镇党委成立疫情突击队，图为德庆镇检查站奋战疫情防控一线

【正风反腐】 2020年，德庆镇党委紧紧围绕“党要管党、全面从严治党”具体要求，始终将党风廉政建设和反腐败工作摆在突出的位置，严格落实党委主体责任，加强领导、强化措施、狠抓落实。召开党委会议21期研判党风廉政建设和反腐败工作，研究制订工作计划、目标任务和推进措施，完善各项规章制度，研究“三重一大”相关议题148项，涉及党风廉政相关工作9期。召开党风廉政专题会议5期，节前廉洁部署会6次，节后干部收心会6次，专项督办督查32次，通过各类典型案例、“身边人身边事”警示教育等通报典型案例24起。持续规范和加强廉政约谈及谈话提醒，推动党风廉政责任制有效落实，切实做到监督关口前移，防患于未然，明确谈话标准，全面约谈“把准脉”，筑牢广大党员干部遵章守规的思

2020年7月1日，德庆镇机关党支部开展重温入党誓词暨决战脱贫攻坚、决胜全面小康誓师活动

想防线。镇主要领导与党政班子成员及各村党组织主要负责人进行主体责任集中约谈2次，做到主要领导约谈全覆盖；与各村第一书记、书记、主任开展谈心谈话、廉政提醒谈话2次，总人数50余人次；结合干部调整对新任党政班子成员、提任干部廉政谈话6人次；同时结合村级组织换届工作，对村、组干部进行集中谈话6次、个人谈话122人次。

【意识形态】 2020年，德庆镇党委持续推进"党建统镇、分类施策、整体推进"工作思路，全年召开党委会议研究意识形态领域工作6次，听取汇报3次，研究制订《德庆镇2020年度意识形态领域工作计划》。结合新时代文明实践所（站）建设，不断壮大志愿者和基层文艺队伍，增强先进文化供给能力，共开展志愿服务活动60余场次，各村文艺队演出50场次，受众6000余人次。各级党组织开展社会主义核心价值观宣讲8场次，受众1200余人次，开展十九届五中全会和中央第七次西藏工作座谈会精神宣讲38场次，受众人数2600余人次，开展"四讲四爱"群众教育实践活动宣讲190余场次，受众达2.1万余人次。

【乡村振兴】 2020年，德庆镇涉及基础设施建设类项目共19个（德庆镇综合超市楼建设项目、门堆村基层组织政权项目、门堆村基层精神文化项目、德庆镇邦村牧区组桥梁工程、德庆镇热果寺大门改造工程、邱桑村宇妥组公路工程建设项目、德庆镇邱桑寺厕所工程、德庆镇邱桑寺围墙工程、德庆镇顶嘎寺佛堂改造工程、德庆镇顶嘎寺僧舍及围墙维修工程、德庆镇顶嘎寺健身房场地工程、德庆镇顶嘎村委会至牧区组桥梁工程、德庆镇昂嘎村一组公路及桥梁工程、德庆镇昂嘎村主水渠维修工程项目、德庆镇德庆村朵麦水渠维修工程、邱桑村藏药材粗加工项目、德庆村商品房建设项目、昂嘎村收割机采购项目、德庆村收割机采购项目），争取各级资金1281.5万元，均已全部完工建设。施工建设项目过程中，共带动当地群众民工1425人实现就业，发放工资1005980元，累计使用机械车辆100余台，发放机械使用费3157197元。6个行政村均成立劳务输出队，劳务输出800余名，本地468人，其中建档立卡61人。结合"四改一整"（改水、改厕、改路、改房及环境整治）工作完成175户，涉及面积4200余平方米。农牧民住房改造提升54户，50户已完成改造，改造主要方式为群众投工投劳，其余4户已完成初步勘察并制订改造方案。大力开展人居环境整治行动，实施德庆村、邱桑村人居环境综合整治项目，德庆村已完成总工程量的70%，邱桑村村庄规划已全部完成，完成总工程量的25%。

【脱贫攻坚】 2020年，德庆镇党委、政府不断加大扶贫政策宣传力度，严格按照"六个精准"[扶贫对象精准、措施到户精准、项目安排精准、资金使用精准、因村派人（第一书记）精准、脱贫成效精准]，确保方针政策落实到位。发挥产业扶贫优势，鼓励辖区内企业、设施园区、合作社带动贫困群众就业，大力扶持带动较好单位，全镇产业项目带动就业62人，其中建档立卡户21人，并通过区委、区政府整合利益联结机制，为全镇无劳动力群众产业分红124人次，合计分红 43.4 万元。鼓励群众学技能促就业，提高就业人员比例，通过干部入户引导、鼓励自主就业、开发政府岗位等方式，在全镇建档立卡劳动力 575 人中，331 人实现稳定就业，占建档立卡劳动力人口的 57.6%。2015 年建档立卡群众人均可支配收入为 1218.58 元，2020 年全镇建档立卡户人均纯收入 14104.27 元，是 2015 年的 11.57 倍，圆满完成脱贫攻坚任务。引导和鼓励群众通过租赁和转让等多种形式流转土地承包经营权，各行政村土地流转涉及精准扶贫户共 110 户、472 人、816 亩（其中德庆村设施园涉及精准扶贫户 4 户、21 人、10 亩，邦村涉及精准扶贫户 27 户、110 人、196.21 亩，邱桑村涉及精准扶贫户 23 户、98 人、153.43 亩，昂嘎村涉及精准扶贫户 25 户、112 人、171.74 亩，顶嘎村涉及精准扶贫户 31 户、131 人、284.62 亩），涉及流转资金共 90.26 万元，占精准扶贫总户数的 41.5%。加大对小微企业的扶持力度，全镇共有 11 个专业合作组织和 9 个小微企业，主要生产风干牛肉、青油、糌粑、卡垫、藏式家具、手工艺品等，吸纳 185 人实现临时就业。持续强化项目建设就近就地就便投工投劳力度，辖区内施工项目过程中用工和机械总量的 90% 都是通过本地投工投劳实现，带动贫困户增加收入的同时，助力打赢巩固脱贫攻坚战。

【农林牧业】 2020 年，德庆镇粮食作物种植面积 9405 亩，经济作物 2403.45 亩，饲草料作物面积 6480 亩。邱桑村、邦村、顶嘎村、昂嘎村与堆龙德庆区净土产业有限公司流转土地 7275.62 亩，流转收入为 800 余万元。

全镇牲畜存栏总数为 34195 头（只、匹），其中牦牛 19038 头、黄牛（犏牛）11584 头、羊 2446 只、马 1127 匹、鸡 167 只。开展重大动物疫病强制免疫注射共 31635 头（只），其中牛 27735 头、羊 3733 只、鸡 167 只；进行普通疫苗注射共 10550 头（只），狂犬病疫苗注射 576 只，开展包虫病驱虫共 9823 头（只、匹）。2020 年，牲畜意外死亡保险赔付金额为 332000 元。

全年种植树木 11100 棵，其中榆树 5400 棵，新疆杨 5700 棵，种植面积 115 亩，投入资金达 61.5 万元。实现草场保护 891194 亩，已通过银行一卡通形式兑现 2020 年农牧民补助奖励资金 1662389.01 元。

【社会保障】 2020 年，德庆镇抓好高校毕业生、农牧民就业工作，在应届高校毕业 78 名中乡村振兴考录 26 名，公务员考录 20 名，自主创业 3 名，政府购买岗位 13 名，各企事业单位招录 15 名，考研成功 1 名。围绕藏药种植、新型农牧业养殖模式探索等方式，加大农牧民转移就业促增收，开展“订单式”技能培训 7 次（150 人次）。做好医疗保障改革，全镇参保人数为 7492 人（不包括单位参保、统筹区外参保），共完成 161 笔报销、报销金额达 134 万余元（不包括医院一站式结算）。进一步完善城乡居民基本养老保险制度，养老保险政府代缴 512 人，新增缴费 87 人，缴费金额 17400 元，全年共缴费 2422 人、缴费金额 48.44 万元。新增满 60 岁待遇申请员 39 人、参保失败清退 16 人、3200 元。医疗救助 4 人次、发放救助金额 19432.47 元，临时救助 5 人次、发放救助金额 37099 元。

2020年3月6日，德庆镇德庆村开展一年一度的春耕春播仪式

受理户籍(包括迁户、上户、变更、销户、分户等)189次、开具各类介绍信516次、学生政治审查受理71人次,受理边境通行证158次,开具油料证明304次。低保户清退10户41人,新办理残疾证18人次。全镇寿星老人390人(新增29人),五保户2人。

【生态保护】 2020年,德庆镇健全河长制长效管理机制,持续推进水环境治理、水生态修复、水资源管理等工作,继续加大饮用水源地的保护力度,确保各类水质优良。建立完善生活垃圾分类集中、分类运输、分类处置管理体系,在原有9吨垃圾车基础上增加1辆3吨垃圾车、一辆餐厨垃圾车,为35名保洁员、16名河道保洁员配发51辆环保电动车。垃圾分类实施方面,为群众配发1637套家用垃圾桶,在辖区内设置垃圾收集站41套,其中密闭式20套、开放式21套;为各行政村、各单位公共区域配发177套垃圾桶;同时在辖区增设10台智能垃圾收集站,垃圾回收率达100%。结合文明城市创建工作,以最严的标准执行项目规划建设环境影响评价制度,坚决禁止乱倒、乱挖、乱采等现象。开展"清四乱"专项行动,出动人员48人次,16名专职护河护堤员对堆龙河德庆段以及堆龙河支流门堆渠沿线进行不定时巡查,并对河道垃圾及时进行清理,清理河道垃圾2吨。对随意倾倒建筑垃圾、生活垃圾的行为及时反馈,处理1起随意倾倒建筑垃圾的违法行为。

【社会治理】 2020年,德庆镇开展扫黑除恶宣讲40余次,发放宣传品3000余份,宣传横幅60余条,现场解答群众320余人次,累计宣传教育5600余人次,联合派出所专项摸排检查5次,专项深入摸底排查5次,经摸底调查无一起涉黑涉恶事件。及时、妥善的处理信访事件、化解矛盾纠纷,共排查矛盾纠纷62次,调解处理各类矛盾纠纷10起,成功调解9起,调处率90%。对违法用地、违章建筑进行集中整治,共拆除违法建筑物1座,处理非法占地2处。加强城镇化规范发展执法力度,拆除擅自设置、破旧、存在安全隐患户外广告15余块,清理规范店外经营行为20余次。开展道路行车安全和建筑施工领域安全监督检查10余次,完善微型消防站8处,消防亭6个,整治安全隐患点6处,确保全年安全零事故。加强食品药品监督检查力度,共抽查检查5次,经查未发现任何过期食品。

(周　文)

【机构领导】

党委书记

罗桑次仁(藏族)

党委副书记、镇长

陈　敏

党委副书记、人大主席

多吉旺堆(藏族)

党委副书记、政法委员、派出所所长

次仁达瓦(藏族)

党委副书记

旦巴雅杰(藏族,10月离任)

张良宏(10月任职)

党委委员、人武部部长

次仁顿珠(藏族)

党委委员、组织委员

李伟永

党委委员、宣传委员

杜军毅(10月离任)

旦增西宁(藏族,10月任职)

党委委员、纪委书记

张良宏(10月离任)

阿旺旦增(藏族,10月任职)

副镇长

旦增曲珍(女,藏族,10月离任)

强巴卓嘎(女,藏族)

索朗次仁(藏族,10月任职)

任　胜

附 录

堆龙德庆区受区(县)级以上表彰的先进集体一览表

表 15

获奖单位	获奖名称	表彰时间	授予单位
堆龙德庆区人民法院	全国法院一站式多元解纷诉讼服务体系建设先进单位	2020 年	最高人民法院
羊达街道通嘎社区	第八批“全国民主法治示范村(社区)”	2021 年	中华人民共和国司法部、中华人民共和国民政部
堆龙德庆区返乡大学生志愿服务队	抗击新冠肺炎疫情青年志愿服务先进集体	2020 年	共青团中央、中国青年志愿者协会
堆龙区市场监督管理局	荣获 2019 年度全国市场监管系统优秀市场监管所称号	2020 年	国家市场监督管理总局
堆龙德庆区财政局	第六届全国文明单位	2020 年	中央精神文明建设指导委员会
堆龙德庆区人民法院	继续保留全国文明单位荣誉称号	2020 年	中央精神文明建设指导委员会
堆龙德庆区税务局	继续保留全国文明单位荣誉称号	2020 年	中央精神文明建设指导委员会
农行堆龙德庆区支行	金融服务脱贫攻坚先进集体	2020 年	中国农业银行总行
拉萨市生态环境局堆龙德庆区分局	第二次全国污染源普查先进集体	2020 年	国务院第二次全国污染源普查领导小组办公室
共青团堆龙德庆区委员会	2020 年全国大中专志愿者暑期‘三下乡’社会实践活动优秀单位	2020 年	共青团中央青发部
堆龙德庆区	2020 年度中国最具安全感百佳县市	2020 年	《小康》杂志社
堆龙德庆区	2020 年度中国全面小康百佳示范县市	2021 年	《小康》杂志社
羊达街道	全区“先进双联户”创建活动先进乡镇(街道)	2020 年	中共西藏自治区委员会、西藏自治区人民政府
德庆镇邱桑村委员会	全区百佳农牧区基层党组织	2020.12	中共西藏自治区委员会

续表15

获奖单位	获奖名称	表彰时间	授予单位
区委统战部	2019年度全区统战部信息工作先进单位	2020年	中共西藏自治区委员会统一战线工作部
堆龙德庆区委政法委	全区五四红旗团支部	2020年	共青团西藏自治区委员会
东嘎街道	退役军人优秀示范型服务站	2020年	西藏自治区退役军人事务厅
堆龙德庆区退役军人服务中心	优秀示范型退役军人服务中心	2020年	西藏自治区退役军人事务厅
堆龙德庆区东嘎街道退役军人服务站	优秀示范型退役军人服务站	2020年	西藏自治区退役军人事务厅
堆龙德庆区统计局	西藏自治区第四次全国经济普查先进单位	2020年	西藏自治区统计局
古荣小学	西藏自治区2020年度藏棋及推广先进单位	2020年	西藏自治区体育总会、西藏自治区藏棋协会
堆龙德庆区委办	2020年拉萨市国防动员建设工作先进单位	2020年	中共拉萨市委员会、西藏拉萨警备区委员会
东嘎街道	拉萨市脱贫攻坚组织创新奖	2020年	中共拉萨市委员会、拉萨市人民政府
马镇常木村	2019年度“先进双联户”创建活动先进村(居委会)	2020年	中共拉萨市委员会、拉萨市人民政府
羊达街道	2019年度“先进双联户”创建活动先进乡(镇、街道)	2020年	中共拉萨市委员会、拉萨市人民政府
堆龙德庆区委办	2020年度拉萨市目标绩效争先进位考核县区达标奖	2021年	中共拉萨市委员会、拉萨市人民政府
堆龙德庆区委政法委	2019年度拉萨市平安建设(综治工作)二等奖	2020年	中共拉萨市委员会、拉萨市人民政府
堆龙德庆区委政法委	2019年度“先进双联户”创建活动先进县(区)	2020年	中共拉萨市委员会、拉萨市人民政府
堆龙德庆区委政法委	2019年度拉萨市铁路护路联防工作一等奖	2020年	中共拉萨市委员会、拉萨市人民政府
马镇人民政府	2020年拉萨市脱贫攻坚组织创新奖	2020年	中共拉萨市委员会
马镇措麦村	全市五四红旗团支部	2020年	中共拉萨市委员会
古荣小学	2020年度“四讲四爱”群众教育活动先进集体	2021年	拉萨市委宣传部
马镇常木村	2019年度拉萨市“四讲四爱”群众教育实践活动先进集体	2020年	拉萨市委宣传部
堆龙德庆区委宣传部	2019年度全市宣传思想文化先进单位	2020年	中共拉萨市委宣传部
堆龙德庆区委宣传部	2019年度拉萨市“四讲四爱”群众教育实践活动先进集体	2020年	中共拉萨市委宣传部
堆龙德庆区政府办	2019年度全市信息工作先进集体	2020年	中共拉萨市委办公室、拉萨市人民政府办公室

续表15

获奖单位	获奖名称	表彰时间	授予单位
德庆镇邱桑村委员会	拉萨市共青团疫情防控工作先进组织	2020 年	共青团拉萨市委员会
堆龙德庆区西部计划志愿者团支部	2020 年共青团员民族团结闪光行动先进集体	2020 年	共青团拉萨市委员会
羊达街道	全市五四红旗团委	2020 年	共青团拉萨市委员会
堆龙德庆区工商业联合会	2020 年度先进基层工商联	2020 年	拉萨市工商业联合会
拉萨市公安局堆龙德庆分局	全市公安机关新冠肺炎疫情防控工作集体嘉奖	2020 年	拉萨市公安局
羊达街道	全市先进人民调解委员会堆龙德庆区羊达街道任命调解委员会	2020 年	拉萨市司法局
堆龙德庆区城市管理和综合执法局	2020 年度城市管理先进集体	2021 年	中共拉萨市城市管理和综合执法局党组、拉萨市城市管理和综合执法局
堆龙德庆区农业农村局(增收办)	2019 年全市农牧民增收工作第一名	2020 年	拉萨市增收办
拉萨市堆龙德庆区象雄美朵生态旅游文化产业园区管委会	获拉萨市文化产业示范园区	2020 年	拉萨市文化和旅游局
堆龙德庆区统计局	拉萨市第四次全国经济普查先进单位	2020 年	拉萨市统计局
羊达街道	全市先进人民调解委员会	2020 年	拉萨市司法局
堆龙区市场监督管理局	2020 年度全市市场监管工作先进集体	2021 年	拉萨市市场监管局
堆龙区市场监督管理局	2020 年度拉萨市县(区)级政府质量考核 B 级单位	2021 年	拉萨市市场监管局
堆龙区市场监督管理局	拉萨市 2020 年食品安全工作评议考核第一名的优秀成绩	2021 年	拉萨市市场监管局
拉萨市公安局堆龙德庆分局	拉萨市 2020 年度企事业专职消防队业务技能比武竞赛文明风尚奖	2020 年	拉萨市消防救援支队
羊达中心小学	在“我眼中的防疫故事”绘画比赛优秀组织奖	2020 年	拉萨市少工委、拉萨市教育局
马镇人民政府	2019 年全市牦牛(犏牛)经济杂交改良工作优秀配种点	2020 年	拉萨市农业农村局、拉萨市畜牧兽医总站
堆龙德庆区农业农村局(兽医站)	2019 年全市黄牛、牦牛(犏牛)经济杂交改良工作先进集体	2020 年	拉萨市农业农村局、拉萨市畜牧兽医总站
马镇马村	拉萨市市级示范社	2020 年	市级农牧民专业合作社示范社评定小组
堆龙德庆区医疗保障局	2020 年度堆龙德庆区目标绩效争先进位考核经济社会发展类进位奖	2020 年	中共堆龙德庆区委员会、堆龙德庆区人民政府
德庆镇	2020 年度目标绩效争先进位考核二等奖奖	2021 年	中共堆龙德庆区委员会、堆龙德庆区人民政府
堆龙区市场监督管理局	2020 年度堆龙德庆区目标绩效争先进位考核经济社会发展类二等奖	2021 年	中共堆龙德庆区委员会、堆龙德庆区人民政府

续表15

获奖单位	获奖名称	表彰时间	授予单位
区委统战部	2019年度目标绩效争先先进位考核三等奖	2019年	中共堆龙德庆区委员会、堆龙德庆区人民政府
区委统战部	2019年度堆龙德庆区平安建设综治工作先进集体	2020年	中共堆龙德庆区委员会、堆龙德庆区人民政府
羊达街道	拉萨市堆龙德庆区创先争优强基层惠民生活动优秀组织单位	2020年	中共堆龙德庆区委员会、堆龙德庆区人民政府
羊达街道	2019年度堆龙德庆区平安建设（综治工作）一等奖	2020年	中共堆龙德庆区委员会、堆龙德庆区人民政府
羊达街道	2020年度堆龙德庆区目标绩效争先进位考核三等奖	2021年	中共堆龙德庆区委员会、堆龙德庆区人民政府
堆龙德庆区司法局	2020年度目标绩效争先进位考核社会治理类争先三等奖	2021年	中共堆龙德庆区委员会、堆龙德庆区人民政府
堆龙德庆区中学	五四红旗团委	2020年	中共堆龙德庆区委员会、堆龙德庆人民区政府
堆龙德庆区委国安办	2020年度堆龙德庆区目标绩效争先进位考核二等奖	2020年	中共堆龙德庆区委员会、堆龙德庆区人民政府
乃琼街道办事处	2020年度堆龙德庆区目标绩效争先进位考核街道进位奖	2020年	中共堆龙德庆区委员会、堆龙德庆区人民政府
堆龙德庆区人力资源和社会保障局	2020年目标绩效争先进位考核二等奖	2020年	中共堆龙德庆区委员会、堆龙德庆区人民政府
堆龙德庆区财政局	2020年度堆龙德庆区目标绩效争先进位考核经济社会发展类争先三等奖	2020年	中共堆龙德庆区委员会、堆龙德庆区人民政府
古荣镇	2019年度堆龙德庆区铁路护路联防工作先进集体	2020年	中共堆龙德庆区委员会、堆龙德庆区人民政府
古荣镇	2019年度堆龙德庆区平安建设（综治工作）二等奖	2020年	中共堆龙德庆区委员会、堆龙德庆区人民政府
古荣镇	2020年度西藏自治区“先进双联户”创建活动先进集体	2021年	中共堆龙德庆区委员会、堆龙德庆区人民政府
古荣镇	2020年度堆龙德庆区“先进双联户”创建活动先进集体	2020年	中共堆龙德庆区委员会、堆龙德庆区人民政府
古荣镇	拉萨市道路交通安全“平安乡村”示范村	2020年	中共堆龙德庆区委员会、堆龙德庆区人民政府
堆龙德庆区纪委监委	2020年度目标绩效争先进位考核二等奖	2020年	中共堆龙德庆区委员会、堆龙德庆区人民政府
马镇人民政府	拉萨市堆龙德庆区创先争优强基惠民活动优秀组织单位	2020年	中共堆龙德庆区委员会、堆龙德庆区人民政府
马镇人民政府	2020年拉萨市堆龙德庆区脱贫攻坚组织创新奖	2020年	中共堆龙德庆区委员会、堆龙德庆区人民政府
马镇措麦村	2020年度“先进双联户”创建活动先进村（社区）	2020年	中共堆龙德庆区委员会、堆龙德庆区人民政府
马镇措麦村	五四红旗团支部	2020年	中共堆龙德庆区委员会、堆龙德庆区人民政府
马镇	2020年年度堆龙德庆区目标绩效争先进位考核镇（街道）争先一等奖	2021年	中共堆龙德庆区委员会、堆龙德庆区人民政府

续表15

获奖单位	获奖名称	表彰时间	授予单位
人大办	2020年脱贫攻坚组织创新奖	2020年	中共堆龙德庆区委员会、堆龙德庆区人民政府
堆龙德庆区卫健委	平安建设综治工作先进集体	2020年	中共堆龙德庆区委员会、堆龙德庆区人民政府
羊达街道	2019年度五四红旗团委	2020年	中共堆龙德庆区委员会、堆龙德庆区人民政府
堆龙德庆区委党校	2020年度目标绩效争先进位二等奖	2021年	中共堆龙德庆区委员会、堆龙德庆区人民政府
堆龙德庆区融媒体中心	2019年度抗疫突出贡献青年集体	2020年	中共堆龙德庆区委员会、堆龙德庆区人民政府
堆龙德庆区退役军人事务局	2020年度堆龙德庆区目标绩效争先进位考核社会经济发展类	2021年	中共堆龙德庆区委员会、堆龙德庆区人民政府
德庆镇邦村委员会	五四红旗团支部	2020年	中共堆龙德庆区委员会
德庆镇邱桑村委员会	2020年度“先进双联户”创建活动先进村	2020年	中共堆龙德庆区委员会
堆龙德庆区发展和改革委员会	2020年度目标绩效争先进位考核三等奖	2021年	中共堆龙德庆区委员会
堆龙德庆区中学	2019年度堆龙德庆区社会治安综合治理工作先进集体	2020年	中共堆龙德庆区委员会
堆龙德庆区中学	2019年度堆龙德庆区平安建设综合工作先进集体	2020年	堆龙德庆区人民政府
堆龙德庆区中学	2019年度五四红旗手团委	2020年	堆龙德庆区人民政府
堆龙德庆区卫健委	楚布沟山地自行车竞速赛精神文明奖	2020年	堆龙德庆区人民政府
堆龙德庆区卫健委	进位奖	2020年	堆龙德庆区人民政府

说明：由于各单位资料提供不全，可能有遗漏

堆龙德庆区受区（县）级以上表彰的先进个人一览表

表16

姓名	性别	民族	籍贯	政治面貌	工作单位	获奖名称	表彰时间	授予单位
益西拉宗	女	藏族	拉萨	中共党员	堆龙德庆区农业农村局	第二次全国污染源普查表现突出个人	2020年	国务院第二次全国污染源普查领导小组
桑培罗布	男	藏族	那曲比如	中共党员	农行堆龙德庆区支行	2020年普惠营销竞赛优秀客户经理	2020年	中国农业银行
拉巴次仁	男	藏族	阿里改则	中共党员	农行堆龙德庆区支行	三农工作先进个人	2020年	中国农业银行
唐素芳	女	汉族	四川	中共党员	堆龙德庆区姜昆黄小勇希望小学	中国好校长奉献奖	2020年	中国光明日报基础教育智库委员会
努努	男	藏族	西藏拉萨	中共党员	经开小学	书法家送万福进万家志愿服务表现突出奖	2020年	中国书法家协会
米玛平措	男	藏族	江孜	中共党员	拉萨市公安局堆龙德庆分局	2020年度西藏自治区优秀驻寺干部	2020年	中共西藏自治区委员会、西藏自治区人民政府
强巴卓嘎	女	藏族	拉萨	中共党员	其美龙寺管委会	自治区优秀寺管干部	2020年	中共西藏自治区委员会、西藏自治区人民政府
米玛平措	男	藏族	拉萨	中共党员	顶嘎寺管委会	2021年度优秀驻寺干警	2021年	中共西藏自治区委员会、西藏自治区人民政府
达珍	女	藏族	四川	中共党员	堆龙德庆区人民检察院	自治区级先进驻村工作队员	2020年	西藏自治区人民政府
唐丽	女	汉族	四川达州	中共党员	区政协办	全区政协系统2019年度社情民意先进个人	2020年	西藏自治区政协
旦月红	女	汉族	四川	中共党员	堆龙德庆区纪委监委	全区纪检监察信息工作先进个人	2020年	西藏自治区纪委监委
夏吾曲知	男	藏族	青海	中共党员	堆龙德庆人民医院	自治区级抗击新冠肺炎疫情先进个人	2021年	自治区应对新冠肺炎疫情工作领导小组办公室
任姝芳	女	汉族	四川	中共党员	堆龙德庆区委统战部	2020年度全区统战部信息工作优秀信息员	2021年	西藏自治区党委统战部
罗桑平措	男	藏族	江孜	中共党员	拉萨市公安局堆龙德庆分局	2020年度西藏自治区优秀驻寺干部	2020年	西藏自治区党委统战部
项博	男	白族	贵州	中共党员	拉萨市公安局堆龙德庆分局	2020年个人嘉奖	2020年	西藏自治区公安厅
王鹏	男	汉族	四川	中共党员	拉萨市公安局堆龙德庆分局	2020年个人嘉奖	2020年	西藏自治区公安厅
次仁琼达	女	藏族	日喀则	中共党员	德庆镇人民政府	2020年西藏自治区事业单位脱贫攻坚专项奖励个人嘉奖	2020年	自治区人力资源社会保障办公厅
胡兴祥	男	汉族	四川	中共党员	德庆镇人民政府	2020年自治区事业单位脱贫攻坚专项奖励个人嘉奖	2020年	自治区人力资源社会保障办公厅
李嘉辉	男	汉族	河南	中共党员	德庆镇人民政府	2020年自治区事业单位脱贫攻坚专项奖励个人嘉奖	2020年	自治区人力资源社会保障办公厅
索朗次仁	男	藏族	日喀则	中共党员	德庆镇人民政府	2020年自治区事业单位脱贫攻坚专项奖励个人记功	2020年	自治区人力资源社会保障办公厅

续表16

姓名	性别	民族	籍贯	政治面貌	工作单位	获奖名称	表彰时间	授予单位
达瓦吉	女	藏族	堆龙	中共党员	堆龙德庆区教体局	2020年度自治区事业单位脱贫攻坚专项奖励记功奖	2020年	自治区人力资源社会保障办公厅
德吉央宗	女	藏族	堆龙区	中共党员	堆龙德庆区羊达中心小学	第三届全区中小学信息化应用大赛二等奖	2020年	西藏自治区教育厅
王　波	男	汉族	重庆市綦江区	预备党员	堆龙德庆区羊达中心小学	第三届全区中小学信息化应用大赛三等奖	2020年	西藏自治区教育厅
周灵燕	女	汉族	湖南桃江	群众	堆龙德庆区中学	《一般过去时》在“101教育PPT杯”全区第二届中小学教师信息化应用大赛中荣获初中组优秀奖	2020年	西藏自治区教育厅
旦增伦珠	男	藏族	西藏拉萨	中共党员	堆龙德庆区马镇中心小学	西藏自治区中学小学实验教学说课活动 三等奖	2020年	西藏自治区教育厅
德　曲	女	藏族	西藏拉萨	中共党员	堆龙德庆区马镇中心小学	“101教育PPT杯”全区第二届中小学教师信息化应用大赛 优秀奖	2020年	西藏自治区教育厅
周灵燕	女	汉族	湖南省桃江县	群众	堆龙德庆区中学	《一般过去时》在“101教育PPT杯”全区第二届中小学教师信息化应用大赛中荣获初中组优秀奖	2020年	西藏自治区教育厅
索朗查果	女	藏族	山南	中共党员	堆龙德庆区第二双语幼儿园	“101教育PPT”杯全区第二届中小学教师信息化应用大赛中荣获学前组三等奖	2020年	西藏自治区教育厅
德吉群措	女	藏族	昌都	中共党员	堆龙德庆区教育局	“101教育PPT杯”全区第二届中小学教师信息化应用大赛中荣获小学组优秀奖	2020年	西藏自治区教育厅
霍　娟	女	汉族	重庆	中共党员	姜昆黄小勇希望小学	“101教育PPT杯”全区第二届中小学教师信息化应用大赛中荣获小学组优秀奖	2020年	西藏自治区教育厅
扎西卓玛	女	藏族	堆龙	中共党员	姜昆黄小勇希望小学	自治区教师信息化大赛小学组优秀奖	2020年	西藏自治区教育厅
陈华冲	男	汉族	山东菏泽	中共党员	堆龙税务局	西藏自治区税务局系统岗位能手荣誉称号	2020年	西藏自治区税务局
强巴云旦	男	藏族	青海	中共党员	堆龙德庆区统计局	自治区第四次全国经济普查先进个人	2020年	西藏自治区统计局
杨　琴	女	藏族	四川省	中共党员	堆龙德庆区退役军人事务局	2020年度党员示范岗	2020年	西藏自治区退役军人事务厅
顿珠罗杰	男	藏族	拉萨	中共党员	拉萨市堆龙德庆区德庆中心小学	2020年全区青少年权益保护作品征集活动中，荣获绘画作品评比第二等奖	2020年	西藏自治区未成年人保护委员会
索朗卓嘎	女	藏族	拉萨	中共党员	堆龙德庆区中学	区培计划2020中学师德师风骨干教师培训优秀学员奖	2020年	西藏民族大学

续表16

姓名	性别	民族	籍贯	政治面貌	工作单位	获奖名称	表彰时间	授予单位
泽仁扎西	男	藏族	四川德格	中共党员	堆龙德庆区中学	西藏自治区直属机关第五届全民健身运动会五人制足球赛优秀裁判	2020年	西藏自治区直属机关第五届全民健身运动会
王永强	男	汉族	内蒙古赤峰	中共党员	乃琼街道办事处	2020年“安利杯”西藏网球挑战赛，男子双打第一名	2020年	西藏自治区网球协会
李艳梅	女	汉族	河南	中共党员	堆龙德庆区姜昆黄小勇希望小学	西藏自治区“国培计划(2020)”小学英语骨干教师教学能力提升培训优秀学员	2020年	苏州大学
贾智慧	女	汉族	河南	中共党员	姜昆黄小勇希望小学	“我的暑假生活日记”线上征集活动优秀指导奖	2020年	江苏省教育厅教育宣传中心
杨媛	女	汉族	堆龙	共青团员	姜昆黄小勇希望小学	西藏自治区直属机关第五届全民健身最佳创意奖	2020年	西藏自治区直属机关第五届全民健身运动委员会
兰佳琪	女	汉族	堆龙	共青团员	姜昆黄小勇希望小学	西藏自治区直属机关第五届全民健身最佳创意奖	2020年	西藏自治区直属机关第五届全民健身运动委员会
索朗卓嘎	女	藏族	拉萨	中共党员	堆龙德庆区中学	区培计划2020中学师德师风骨干教师培训优秀学员奖	2020年	西藏民族大学
泽仁扎西	男	藏族	四川德格	中共党员	堆龙德庆区中学	西藏自治区直属机关第五届全民健身运动会五人制足球赛优秀裁判	2020年	西藏自治区直属机关第五届全民健身运动会
普琼卓玛	女	藏族	日喀则白朗	群众	农行堆龙德庆区支行	2020年西藏分行“万马奔腾”先进个人	2020年	中国农业银行西藏自治区分行
索朗罗布	男	藏族	西藏林周	中共党员	农行堆龙德庆区支行	西藏分行“五个一”工程先进个人	2020年	中国农业银行西藏自治区分行
洛松泽成	男	藏族	拉萨	中共党员	2020年度拉萨市脱贫攻坚贡献奖	东嘎街道办事处祥和苑社区	2020年	中共拉萨市委员会、拉萨市人民政府
普布扎西	男	藏族	柳梧新区	中共党员	区委政法委	2019年度全市铁路护路联防工作先进个人	2020年	拉萨市委员会、拉萨市人民政府
旦巴次仁	男	藏族	堆龙德庆	群众	高天护路大队	2019年度全市铁路护路联防工作先进个人	2020年	拉萨市委员会、拉萨市人民政府
岗祖	男	藏族	山南市浪卡孜县	中共党员	高天护路大队	2019年度全市铁路护路联防工作先进个人	2020年	拉萨市委员会、拉萨市人民政府
强巴益西	男	藏族	达孜县	预备党员	高天护路大队	2019年度全市铁路护路联防工作先进个人	2020年	拉萨市委员会、拉萨市人民政府
米玛扎西	男	藏族	山南市桑日县	群众	高天护路大队	2019年度全市铁路护路联防工作先进个人	2020年	拉萨市委员会、拉萨市人民政府
珠扎	男	藏族	堆龙德庆	共青团员	古荣护路大队	2019年度全市铁路护路联防工作先进个人	2020年	拉萨市委员会、拉萨市人民政府
旦增洛追	男	藏族	达孜县	群众	古荣护路大队	2019年度全市铁路护路联防工作先进个人	2020年	拉萨市委员会、拉萨市人民政府

续表16

姓名	性别	民族	籍贯	政治面貌	工作单位	获奖名称	表彰时间	授予单位
索朗次仁	男	藏族	堆龙德庆	预备党员	古荣护路大队	2019年度全市铁路护路联防工作先进个人	2020年	拉萨市委员会、拉萨市人民政府
平措顿珠	男	藏族	堆龙德庆	群众	古荣护路大队	2019年度全市铁路护路联防工作先进个人	2020年	拉萨市委员会、拉萨市人民政府
旦　增	男	藏族	堆龙德庆	中共党员	莫嘎护路大队	2019年度全市铁路护路联防工作先进个人	2020年	拉萨市委员会、拉萨市人民政府
拉巴扎西	男	藏族	堆龙德庆	共青团员	莫嘎护路大队	2019年度全市铁路护路联防工作先进个人	2020年	拉萨市委员会、拉萨市人民政府
央　啦	男	藏族	堆龙德庆	群众	莫嘎护路大队	2019年度全市铁路护路联防工作先进个人	2020年	拉萨市委员会、拉萨市人民政府
旦增阿旺	男	藏族	堆龙德庆	中共党员	莫嘎护路大队	2019年度全市铁路护路联防工作先进个人	2020年	拉萨市委员会、拉萨市人民政府
土旦次仁	男	藏族	堆龙德庆	群众	莫嘎护路大队	2019年度全市铁路护路联防工作先进个人	2020年	拉萨市委员会、拉萨市人民政府
次旺多吉	男	藏族	堆龙德庆	中共党员	区委政法委	拉萨共青团疫情防控工作“优秀青年团干部”	2020年	拉萨市委员会、拉萨市人民政府
普布次仁	男	藏族	拉萨	中共党员	堆龙德庆区人民检察院	2020年被拉萨市人民政府评为先进驻村队员	2020年	拉萨市人民政府
白　卓	女	藏族	拉萨	中共党员	2019年度拉萨市优秀团干部	东嘎街道办事处	2020年	共青团拉萨市委员会
德吉白珍	女	藏族	天津	中共党员	共青团拉萨市堆龙德庆区委员会	拉萨共青团疫情防控优秀共青团干部	2020年	共青团拉萨市委员会
阿旺索朗	男	藏族	西藏拉萨	中共党员	堆龙德庆区马镇中心小学	民族团结先进个人	2020年	共青团拉萨市委员会
白玛央金	女	藏族	堆龙德庆	共青团员	羊达街道	2020年拉萨共青团防疫防控工作“优秀共青团员”	2020年	共青团拉萨市委员会
白玛央金	女	藏族	堆龙德庆	共青团员	羊达街道	2019—2020年度堆龙德庆区“优秀西部计划志愿者”	2020年	共青团拉萨市委员会、堆龙德庆区西部计划项目办
白玛央金	女	藏族	堆龙德庆	共青团员	羊达街道	2020年拉萨市疫情防控工作“优秀西部计划志愿者”	2020年	共青团拉萨市委员会、大学生志愿服务西部计划西藏专项拉萨市项目办
扎西达杰	男	藏族	当雄	中共党员	拉萨市公安局堆龙德庆分局	2020年拉萨市“遵循四条标准”全市个人先进奖	2020年	拉萨市统战部
陈鑫远	男	汉族	江苏淮安	中共党员	堆龙德庆区委组织部（借调）	拉萨市组织系统信息工作先进个人	2020年	中共拉萨市委组织部
陈鑫远	男	汉族	江苏淮安	中共党员	堆龙德庆区委组织部（借调）	拉萨市网宣工作先进个人	2020年	中共拉萨市委组织部
项　博	男	白族	贵州	中共党员	拉萨市公安局堆龙德庆分局	2020年个人嘉奖	2020年	拉萨市公安局
扎西达杰	男	藏族	当雄	中共党员	拉萨市公安局堆龙德庆分局	2020年防疫情工作个人嘉奖	2020年	拉萨市公安局

续表16

姓名	性别	民族	籍贯	政治面貌	工作单位	获奖名称	表彰时间	授予单位
扎西达杰	男	藏族	当雄	中共党员	拉萨市公安局堆龙德庆分局	2020年度优秀公务员	2020年	拉萨市公安局
仓　珍	女	藏族	拉萨	中共党员	堆龙德庆区人民检察院	全市检察机关先进个人	2020年	拉萨市人民检察院
次仁多布杰	男	藏族	日喀则	中共党员	堆龙德庆区人民法院	2019年度先进个人	2020年	拉萨市中级人民法院
秦彦章	男	汉族	甘肃	中共党员	堆龙德庆区人民法院	2020年年度被评为优秀法官	2021年	拉萨市中级人民法院
高祥龙	男	汉族	甘肃	中共党员	德庆镇人民政府	拉萨市人民调解先进个人	2020年	拉萨市司法局
尼玛次仁	男	藏族	西藏昌都	中共党员	经开小学	拉萨市中小学教师优秀论文评选“二等奖”	2020年	拉萨市教育局
努　努	男	藏族	西藏拉萨	中共党员	经开小学	拉萨市线上教学优秀案例评比“二等奖”	2020年	拉萨市教育局
边巴次仁	男	藏族	西藏拉萨	群众	经开小学	堆龙德庆区首届藏语言教师板书规范字体提高培训班“优秀学员”	2020年	拉萨市书法协会
达　嘎	男	藏族	西藏拉萨	群众	经开小学	那曲市初中阶段数学教学竞赛“三等奖”	2020年	那曲市教育局
苍　卓	女	藏族	拉萨	共青团员	堆龙德庆区德庆中心小学	“幸福拉萨”微视频	2020年	拉萨市教育局
索朗查果	女	藏族	山南	中共党员	堆龙德庆区第二双语幼儿园	在2020年度拉萨市中小学（幼儿园）教师“优秀论文”评选活动中荣获二等奖	2020年	拉萨市教育局
德吉卓嘎	女	藏族	拉萨	共青团员	堆龙德庆区第二双语幼儿园	在2020年度拉萨市中小学（幼儿园）教师“优秀论文”评选活动中荣获三等奖	2020年	拉萨市教育技局
尼玛占堆	男	藏族	拉萨	中共党员	堆龙德庆区姜昆黄小勇希望小学	拉萨市线上教学优秀案例评比二等奖	2020年	拉萨市教育局
李艳梅	女	汉族	河南	中共党员	堆龙德庆区姜昆黄小勇希望小学	拉萨市中小学教师信息技术与学科教学融合应用优质课堂实录优秀奖	2020年	拉萨市教育局
尼　珍	女	藏族	堆龙	中共党员	姜昆黄小勇希望小学	藏文书法优秀奖	2020年	拉萨市文联
尼　珍	女	藏族	堆龙	中共党员	姜昆黄小勇希望小学	拉萨市优质课堂三等奖	2020年	拉萨市教育局
旦增旺姆	女	藏族	堆龙	群众	姜昆黄小勇希望小学	藏文书法优秀奖	2020年	拉萨市文联
王巧巧	女	汉族	河南	中共党员	姜昆黄小勇希望小学	拉萨市第一届中小学生科技节暨拉萨市第四节青少年科技创新大赛少年儿童科学幻想画指导奖	2020年	拉萨市教育局

续表16

姓名	性别	民族	籍贯	政治面貌	工作单位	获奖名称	表彰时间	授予单位
余 蓓	女	汉族	堆龙	共青团员	姜昆黄小勇希望小学	拉萨市优质课堂二等奖	2020年	拉萨市教育局
达娃曲珍	女	藏族	那曲	中共党员	堆龙区小学	优秀共产党员	2020年	拉萨市教育局
罗桑它青	男	藏族	拉萨	中共党员	堆龙区小学	优秀党务工作者	2020年	拉萨市教育局
达瓦次仁	男	藏族	西藏昌都	中共党员	堆龙德庆区马镇中心小学	藏语文教师板书规范字体提高培训班	2020年	拉萨市文联、拉萨市书法协会、堆龙德庆区教育体育局
旦增伦珠	男	藏族	西藏拉萨	中共党员	堆龙德庆区马镇中心小学	拉萨市中小学实验教学说课比赛 一等奖	2020年	拉萨市教育局
次 白	女	藏族	西藏拉萨	群众	堆龙德庆区马镇中心小学	“科技与未来”学生演讲比赛指导奖	2020年	拉萨市教育局、拉萨市科技局
小次央	女	藏族	西藏拉萨	中共党员	堆龙德庆区经济和信息化局	拉萨市第四次全国经济普查先进个人	2020年	拉萨市第四次全国经济普查领导小组
尊珠江村	男	藏族	四川巴塘	中共党员	堆龙税务局	优秀党员	2020年	拉萨市税务局
尼玛旺扎	男	藏族	青海玉树	中共党员	堆龙税务局	优秀党员	2020年	拉萨市税务局
索 珍	女	藏族	山南	中共党员	堆龙税务局	优秀党务工作者	2020年	拉萨市税务局
索朗白珍	女	藏族	山南	中共党员	堆龙德庆区统计局	拉萨市第四次全国经济普查先进个人	2020年	拉萨市统计局
扎西加措	男	藏族	日喀则	群众	堆龙德庆区统计局	拉萨市第四次全国经济普查先进个人	2020年	拉萨市统计局
次仁曲珍	女	藏族	堆龙	中共党员	拉萨市堆龙德庆区医疗保障局	2020年度优秀公务员	2020年	中共堆龙德庆区委员会、堆龙德庆区人民政府
唐 丽	女	汉族	四川达州	中共党员	区政协办	优秀青年志愿者	2020年	中共堆龙德庆区委员会、堆龙德庆区人民政府
云丹旺姆	女	藏族	拉萨	中共党员	堆龙德庆区脱贫攻坚贡献奖	东嘎街道办事处	2020年	中共堆龙德庆区委员会、堆龙德庆区人民政府
达娃卓嘎	女	藏族	拉萨	中共党员	堆龙德庆区脱贫攻坚贡献奖	东嘎街道办事处东嘎社区	2020年	中共堆龙德庆区委员会、堆龙德庆区人民政府
益 西	女	藏族	拉萨	中共党员	堆龙德庆区脱贫攻坚贡献奖	东嘎街道办事处祥和苑社区	2020年	中共堆龙德庆区委员会、堆龙德庆区人民政府
德 央	女	藏族	拉萨	中共党员	堆龙德庆区脱贫攻坚贡献奖	东嘎街道办事处	2020年	中共堆龙德庆区委员会、堆龙德庆区人民政府
刘 敏	女	汉族	河南永城	中共党员	乃琼街道办事处	2020年度优秀公务员	2020年	中共堆龙德庆区委员会、堆龙德庆区人民政府
伊斯玛	男	藏族	西藏拉萨	中共党员	乃琼街道办事处	2020年度优秀公务员	2020年	中共堆龙德庆区委员会、堆龙德庆区人民政府

续表16

姓名	性别	民族	籍贯	政治面貌	工作单位	获奖名称	表彰时间	授予单位
赵天恩	男	汉族	山东	中共党员	乃琼街道办事处	2020年度优秀公务员	2020年	中共堆龙德庆区委员会、堆龙德庆区人民政府
巴桑	男	藏族	青海湟中	中共党员	乃琼街道办事处	2020年度优秀公务员	2020年	中共堆龙德庆区委员会、堆龙德庆区人民政府
次旦	男	藏族	西藏拉萨	中共党员	乃琼街道办事处	2020年度优秀公务员	2020年	中共堆龙德庆区委员会、堆龙德庆区人民政府
晋美次旦	男	藏族	西藏拉萨	中共党员	乃琼街道办事处	2020年度优秀公务员	2020年	中共堆龙德庆区委员会、堆龙德庆区人民政府
郭文鑫	男	汉族	河北保定	中共党员	乃琼街道办事处	2020年度优秀公务员	2020年	中共堆龙德庆区委员会、堆龙德庆区人民政府
旦增	男	藏族	西藏拉萨	中共党员	乃琼街道办事处	2020年度优秀公务员	2020年	中共堆龙德庆区委员会、堆龙德庆区人民政府
朱曾	男	汉族	湖南湘乡	中共党员	乃琼街道办事处	2020年度优秀公务员	2020年	中共堆龙德庆区委员会、堆龙德庆区人民政府
王妤玮	女	汉族	河南信阳	中共党员	乃琼街道办事处	2020年度优秀公务员	2020年	中共堆龙德庆区委员会、堆龙德庆区人民政府
王永强	男	汉族	内蒙古赤峰	中共党员	乃琼街道办事处	2020年度优秀公务员	2020年	中共堆龙德庆区委员会、堆龙德庆区人民政府
格桑卓嘎	女	藏族	西藏拉萨	中共党员	乃琼街道办事处	2020年年度考核优秀	2020年	中共堆龙德庆区委员会、堆龙德庆区人民政府
巴桑扎西	男	藏族	西藏那曲	中共党员	乃琼街道办事处	2020年年度考核优秀	2020年	中共堆龙德庆区委员会、堆龙德庆区人民政府
罗爱兰	女	汉族	山西朔州	中共党员	乃琼街道办事处	2020年年度考核优秀	2020年	中共堆龙德庆区委员会、堆龙德庆区人民政府
米珍	女	藏族	西藏日喀则	中共党员	乃琼街道办事处	脱贫攻坚领域先进个人	2020年	中共堆龙德庆区委员会、堆龙德庆区人民政府
张子程	男	汉族	甘肃天水	中共党员	乃琼街道办事处	脱贫攻坚贡献奖	2020年	中共堆龙德庆区委员会、堆龙德庆区人民政府
扎西巴措	女	藏族	西藏昌都	群众	乃琼街道办事处	脱贫攻坚贡献奖	2020年	中共堆龙德庆区委员会、堆龙德庆区人民政府
格桑卓嘎	女	藏族	西藏拉萨	中共党员	乃琼街道办事处	脱贫攻坚贡献奖	2020年	中共堆龙德庆区委员会、堆龙德庆区人民政府
次仁拉姆	女	藏族	西藏拉萨	中共党员	堆龙德庆区政府办	堆龙德庆区脱贫攻坚贡献奖	2020年	中共堆龙德庆区委员会、堆龙德庆区人民政府
郭龙	男	汉族	四川南充	中共党员	堆龙德庆区政府办	2020年度优秀公务员	2020年	中共堆龙德庆区委员会、堆龙德庆区人民政府
次拉	汉	藏族	西藏拉萨	中共党员	堆龙德庆区政府办	2020年度优秀公务员	2020年	中共堆龙德庆区委员会、堆龙德庆区人民政府
袁峰	汉	汉族	四川资中	中共党员	堆龙德庆区政府办	2020年度优秀公务员	2020年	中共堆龙德庆区委员会、堆龙德庆区人民政府

续表16

姓名	性别	民族	籍贯	政治面貌	工作单位	获奖名称	表彰时间	授予单位
格桑德吉	女	藏族	拉萨	中共党员	堆龙德庆区财政局	2020年度优秀公务员	2020年	中共堆龙德庆区委员会、堆龙德庆区人民政府
格桑央吉	女	藏族	拉萨	中共党员	堆龙德庆区财政局	2020年度优秀公务员	2020年	中共堆龙德庆区委员会、堆龙德庆区人民政府
达　珍	女	藏族	拉萨	中共党员	堆龙德庆区财政局	2020年度优秀公务员	2020年	中共堆龙德庆区委员会、堆龙德庆区人民政府
次仁曲珍	女	藏族	拉萨	中共党员	堆龙德庆区财政局	2020年度优秀公务员	2020年	中共堆龙德庆区委员会、堆龙德庆区人民政府
次仁拉姆	女	藏族	拉萨	中共党员	堆龙德庆区财政局	2020年度优秀公务员	2020年	中共堆龙德庆区委员会、堆龙德庆区人民政府
旦增拉姆	女	藏族	拉萨	预备党员	堆龙德庆区藏语委办(编译局)	2020年度优秀公务员	2020年	中共堆龙德庆区委员会、堆龙德庆区人民政府
任　胜	男	汉族	山西	中共党员	德庆镇人民政府	2020年度优秀公务员	2020年	中共堆龙德庆区委员会、堆龙德庆区人民政府
曾其雨	女	汉族	重庆	中共党员	德庆镇人民政府	2020年度优秀公务员	2020年	中共堆龙德庆区委员会、堆龙德庆区人民政府
韩晴晴	女	汉族	河南	中共党员	德庆镇人民政府	2020年度优秀公务员	2020年	中共堆龙德庆区委员会、堆龙德庆区人民政府
次仁琼达	女	藏族	日喀则	中共党员	德庆镇人民政府	2020年优秀公务员	2020年	中共堆龙德庆区委员会、堆龙德庆区人民政府
次仁顿珠	男	藏族	那曲	中共党员	德庆镇人民政府	2020年度优秀公务员	2020年	中共堆龙德庆区委员会、堆龙德庆区人民政府
扎西央宗	女	藏族	堆龙德庆	中共党员	德庆镇人民政府	2020年度优秀公务员	2020年	中共堆龙德庆区委员会、堆龙德庆区人民政府
多吉旺堆	男	藏族	拉萨	中共党员	德庆镇人民政府	2020年优秀公务员	2020年	中共堆龙德庆区委员会、堆龙德庆区人民政府
陈　敏	男	汉族	江苏	中共党员	德庆镇人民政府	2020年度优秀公务员	2020年	中共堆龙德庆区委员会、堆龙德庆区人民政府
强巴卓嘎	女	藏族	堆龙德庆	中共党员	德庆镇人民政府	2020年度优秀公务员	2020年	中共堆龙德庆区委员会、堆龙德庆区人民政府
索朗次仁	男	藏族	日喀则	中共党员	德庆镇人民政府	2020年优秀公务员	2020年	中共堆龙德庆区委员会、堆龙德庆区人民政府
尼玛卓嘎	女	藏族	堆龙德庆	中共党员	德庆镇人民政府	2020年优秀公务员	2020年	中共堆龙德庆区委员会、堆龙德庆区人民政府
次旺多吉	男	藏族	堆龙德庆	中共党员	区委政法委	2019年全区“优秀青年团干部”	2020年	中共堆龙德庆区委员会、堆龙德庆区人民政府
次旺多吉	男	藏族	堆龙德庆	中共党员	区委政法委	2019年度堆龙德庆区铁路护路联防工作先进个人	2020年	中共堆龙德庆区委员会、堆龙德庆区人民政府
索　朗	男	藏族	堆龙德庆	中共党员	高天护路大队	2019年度堆龙德庆区铁路护路联防工作先进个人	2020年	中共堆龙德庆区委员会、堆龙德庆区人民政府

续表16

姓名	性别	民族	籍贯	政治面貌	工作单位	获奖名称	表彰时间	授予单位
旦　真	男	藏族	堆龙德庆	群众	高天护路大队	2019年度堆龙德庆区铁路护路联防工作先进个人	2020年	中共堆龙德庆区委员会、堆龙德庆区人民政府
巴　桑	男	藏族	堆龙德庆	群众	高天护路大队	2019年度堆龙德庆区铁路护路联防工作先进个人	2020年	中共堆龙德庆区委员会、堆龙德庆区人民政府
曲　培	男	藏族	堆龙德庆	群众	高天护路大队	2019年度堆龙德庆区铁路护路联防工作先进个人	2020年	中共堆龙德庆区委员会、堆龙德庆区人民政府
嘎玛顿珠	男	藏族	堆龙德庆	预备党员	高天护路大队	2019年度堆龙德庆区铁路护路联防工作先进个人	2020年	中共堆龙德庆区委员会、堆龙德庆区人民政府
平措顿珠	男	藏族	林周县	中共党员	高天护路大队	2019年度堆龙德庆区铁路护路联防工作先进个人	2020年	中共堆龙德庆区委员会、堆龙德庆区人民政府
次成多吉	男	藏族	昌都市芒康县	中共党员	高天护路大队	2019年度堆龙德庆区铁路护路联防工作先进个人	2020年	中共堆龙德庆区委员会、堆龙德庆区人民政府
罗布次旦	男	藏族	山南市隆孜县	中共党员	高天护路大队	2019年度堆龙德庆区铁路护路联防工作先进个人	2020年	中共堆龙德庆区委员会、堆龙德庆区人民政府
尼玛次仁	男	藏族	日喀则市昂仁县	群众	高天护路大队	2019年度堆龙德庆区铁路护路联防工作先进个人	2020年	中共堆龙德庆区委员会、堆龙德庆区人民政府
桑　珠	男	藏族	日喀则市定结县	中共党员	高天护路大队	2019年度堆龙德庆区铁路护路联防工作先进个人	2020年	中共堆龙德庆区委员会、堆龙德庆区人民政府
多吉次仁	男	藏族	日喀则市定结县	群众	高天护路大队	2019年度堆龙德庆区铁路护路联防工作先进个人	2020年	中共堆龙德庆区委员会、堆龙德庆区人民政府
格桑班典	男	藏族	山南地区隆子县	群众	高天护路大队	2019年度堆龙德庆区铁路护路联防工作先进个人	2020年	中共堆龙德庆区委员会、堆龙德庆区人民政府
赤列多吉	男	藏族	日喀则市定结县	群众	高天护路大队	2019年度堆龙德庆区铁路护路联防工作先进个人	2020年	中共堆龙德庆区委员会、堆龙德庆区人民政府
旦增格桑	男	藏族	林周县	群众	高天护路大队	2019年度堆龙德庆区铁路护路联防工作先进个人	2020年	中共堆龙德庆区委员会、堆龙德庆区人民政府
格桑旦增	男	藏族	堆龙德庆	中共党员	高天护路大队	2019年度堆龙德庆区铁路护路联防工作先进个人	2020年	中共堆龙德庆区委员会、堆龙德庆区人民政府
平措罗布	男	藏族	日喀则市江孜县	预备党员	高天护路大队	2019年度堆龙德庆区铁路护路联防工作先进个人	2020年	中共堆龙德庆区委员会、堆龙德庆区人民政府
益　西	男	藏族	日喀则市昂仁县	群众	高天护路大队	2019年度堆龙德庆区铁路护路联防工作先进个人	2020年	中共堆龙德庆区委员会、堆龙德庆区人民政府

续表16

姓名	性别	民族	籍贯	政治面貌	工作单位	获奖名称	表彰时间	授予单位
强巴旦增	男	藏族	日喀则市定结县	群众	高天护路大队	2019年度堆龙德庆区铁路护路联防工作先进个人	2020年	中共堆龙德庆区委员会、堆龙德庆区人民政府
次旺曲培	男	藏族	昌都市八宿县	群众	高天护路大队	2019年度堆龙德庆区铁路护路联防工作先进个人	2020年	中共堆龙德庆区委员会、堆龙德庆区人民政府
拉巴达杰	男	藏族	昌都市八宿县	群众	高天护路大队	2019年度堆龙德庆区铁路护路联防工作先进个人	2020年	中共堆龙德庆区委员会、堆龙德庆区人民政府
多 吉	男	藏族	日喀则市昂仁县	群众	高天护路大队	2019年度堆龙德庆区铁路护路联防工作先进个人	2020年	中共堆龙德庆区委员会、堆龙德庆区人民政府
旦增平措	男	藏族	林周县	预备党员	高天护路大队	2019年度堆龙德庆区铁路护路联防工作先进个人	2020年	中共堆龙德庆区委员会、堆龙德庆区人民政府
坚参群培	男	藏族	达孜县	群众	高天护路大队	2019年度堆龙德庆区铁路护路联防工作先进个人	2020年	中共堆龙德庆区委员会、堆龙德庆区人民政府
顿珠多吉	男	藏族	昌都地区八宿县	群众	高天护路大队	2019年度堆龙德庆区铁路护路联防工作先进个人	2020年	中共堆龙德庆区委员会、堆龙德庆区人民政府
巴 桑	男	藏族	堆龙德庆	中共党员	古荣护路大队	2019年度堆龙德庆区铁路护路联防工作先进个人	2020年	中共堆龙德庆区委员会、堆龙德庆区人民政府
普布次仁	男	藏族	那曲	共青团员	古荣护路大队	2019年度堆龙德庆区铁路护路联防工作先进个人	2020年	中共堆龙德庆区委员会、堆龙德庆区人民政府
旦增平措	男	藏族	堆龙德庆	预备党员	古荣护路大队	2019年度堆龙德庆区铁路护路联防工作先进个人	2020年	中共堆龙德庆区委员会、堆龙德庆区人民政府
洛桑群培	男	藏族	达孜县	群众	古荣护路大队	2019年度堆龙德庆区铁路护路联防工作先进个人	2020年	中共堆龙德庆区委员会、堆龙德庆区人民政府
旦增云旦	男	藏族	达孜县	群众	古荣护路大队	2019年度堆龙德庆区铁路护路联防工作先进个人	2020年	中共堆龙德庆区委员会、堆龙德庆区人民政府
索朗次仁	男	藏族	堆龙德庆	群众	古荣护路大队	2019年度堆龙德庆区铁路护路联防工作先进个人	2020年	中共堆龙德庆区委员会、堆龙德庆区人民政府
桑 旦	男	藏族	堆龙德庆	群众	古荣护路大队	2019年度堆龙德庆区铁路护路联防工作先进个人	2020年	中共堆龙德庆区委员会、堆龙德庆区人民政府
丁曾江措	男	藏族	昌都芒康	群众	古荣护路大队	2019年度堆龙德庆区铁路护路联防工作先进个人	2020年	中共堆龙德庆区委员会、堆龙德庆区人民政府
阿 旺	男	藏族	堆龙德庆	中共党员	古荣护路大队	2019年度堆龙德庆区铁路护路联防工作先进个人	2020年	中共堆龙德庆区委员会、堆龙德庆区人民政府
群 培	男	藏族	日喀则市昂仁县	预备党员	古荣护路大队	2019年度堆龙德庆区铁路护路联防工作先进个人	2020年	中共堆龙德庆区委员会、堆龙德庆区人民政府
旦 增	男	藏族	堆龙德庆	群众	古荣护路大队	2019年度堆龙德庆区铁路护路联防工作先进个人	2020年	中共堆龙德庆区委员会、堆龙德庆区人民政府

续表16

姓名	性别	民族	籍贯	政治面貌	工作单位	获奖名称	表彰时间	授予单位
扎　　西	男	藏族	山南市贡嘎县	群众	古荣护路大队	2019年度堆龙德庆区铁路护路联防工作先进个人	2020年	中共堆龙德庆区委员会、堆龙德庆区人民政府
罗桑达曲	男	藏族	堆龙德庆	中共党员	古荣护路大队	2019年度堆龙德庆区铁路护路联防工作先进个人	2020年	中共堆龙德庆区委员会、堆龙德庆区人民政府
尼玛旺堆	男	藏族	达孜县邦堆乡叶巴村	中共党员	古荣护路大队	2019年度堆龙德庆区铁路护路联防工作先进个人	2020年	中共堆龙德庆区委员会、堆龙德庆区人民政府
林银贵	男	藏族	堆龙德庆	群众	古荣护路大队	2019年度堆龙德庆区铁路护路联防工作先进个人	2020年	中共堆龙德庆区委员会、堆龙德庆区人民政府
旦　　久	男	藏族	那曲地区尼玛县	群众	古荣护路大队	2019年度堆龙德庆区铁路护路联防工作先进个人	2020年	中共堆龙德庆区委员会、堆龙德庆区人民政府
次仁多杰	男	藏族	那曲地区尼玛县	群众	古荣护路大队	2019年度堆龙德庆区铁路护路联防工作先进个人	2020年	中共堆龙德庆区委员会、堆龙德庆区人民政府
罗　　桑	男	藏族	堆龙德庆	共青团员	古荣护路大队	2019年度堆龙德庆区铁路护路联防工作先进个人	2020年	中共堆龙德庆区委员会、堆龙德庆区人民政府
西　　热	男	藏族	林周	群众	古荣护路大队	2019年度堆龙德庆区铁路护路联防工作先进个人	2020年	中共堆龙德庆区委员会、堆龙德庆区人民政府
土旦尼玛	男	藏族	堆龙德庆	中共党员	古荣护路大队	2019年度堆龙德庆区铁路护路联防工作先进个人	2020年	中共堆龙德庆区委员会、堆龙德庆区人民政府
嘎玛次旺	男	藏族	堆龙德庆	群众	古荣护路大队	2019年度堆龙德庆区铁路护路联防工作先进个人	2020年	中共堆龙德庆区委员会、堆龙德庆区人民政府
尼玛次仁	男	藏族	堆龙德庆	群众	古荣护路大队	2019年度堆龙德庆区铁路护路联防工作先进个人	2020年	中共堆龙德庆区委员会、堆龙德庆区人民政府
旦增巴桑	男	藏族	林周县强嘎乡连布村	群众	古荣护路大队	2019年度堆龙德庆区铁路护路联防工作先进个人	2020年	中共堆龙德庆区委员会、堆龙德庆区人民政府
多布拉	男	藏族	日喀则市昂仁县	群众	古荣护路大队	2019年度堆龙德庆区铁路护路联防工作先进个人	2020年	中共堆龙德庆区委员会、堆龙德庆区人民政府
米玛次旦	男	藏族	堆龙德庆	共青团员	莫嘎护路大队	2019年度堆龙德庆区铁路护路联防工作先进个人	2020年	中共堆龙德庆区委员会、堆龙德庆区人民政府
旦增桑珠	男	藏族	林周	群众	莫嘎护路大队	2019年度堆龙德庆区铁路护路联防工作先进个人	2020年	中共堆龙德庆区委员会、堆龙德庆区人民政府
旦增云旦	男	藏族	堆龙德庆	中共党员	莫嘎护路大队	2019年度堆龙德庆区铁路护路联防工作先进个人	2020年	中共堆龙德庆区委员会、堆龙德庆区人民政府
土　　登	男	藏族	堆龙德庆	中共党员	莫嘎护路大队	2019年度堆龙德庆区铁路护路联防工作先进个人	2020年	中共堆龙德庆区委员会、堆龙德庆区人民政府
晋美坚参	男	藏族	当雄县	共青团员	莫嘎护路大队	2019年度堆龙德庆区铁路护路联防工作先进个人	2020年	中共堆龙德庆区委员会、堆龙德庆区人民政府

续表16

姓名	性别	民族	籍贯	政治面貌	工作单位	获奖名称	表彰时间	授予单位
索　朗	男	藏族	堆龙德庆	群众	莫嘎护路大队	2019年度堆龙德庆区铁路护路联防工作先进个人	2020年	中共堆龙德庆区委员会、堆龙德庆区人民政府
拉巴扎西	男	藏族	日喀则萨迦县	共青团员	莫嘎护路大队	2019年度堆龙德庆区铁路护路联防工作先进个人	2020年	中共堆龙德庆区委员会、堆龙德庆区人民政府
巴　桑	男	藏族	贡嘎县	群众	莫嘎护路大队	2019年度堆龙德庆区铁路护路联防工作先进个人	2020年	中共堆龙德庆区委员会、堆龙德庆区人民政府
旦迟旺久	男	藏族	那曲地区尼玛县	群众	莫嘎护路大队	2019年度堆龙德庆区铁路护路联防工作先进个人	2020年	中共堆龙德庆区委员会、堆龙德庆区人民政府
米玛次仁	男	藏族	堆龙德庆	群众	莫嘎护路大队	2019年度堆龙德庆区铁路护路联防工作先进个人	2020年	中共堆龙德庆区委员会、堆龙德庆区人民政府
扎西边觉	男	藏族	堆龙德庆	群众	莫嘎护路大队	2019年度堆龙德庆区铁路护路联防工作先进个人	2020年	中共堆龙德庆区委员会、堆龙德庆区人民政府
旦增久美	男	藏族	曲水县	群众	莫嘎护路大队	2019年度堆龙德庆区铁路护路联防工作先进个人	2020年	中共堆龙德庆区委员会、堆龙德庆区人民政府
达瓦曲扎	男	藏族	堆龙德庆	中共党员	莫嘎护路大队	2019年度堆龙德庆区铁路护路联防工作先进个人	2020年	中共堆龙德庆区委员会、堆龙德庆区人民政府
阿旺罗旦	男	藏族	堆龙德庆	中共党员	莫嘎护路大队	2019年度堆龙德庆区铁路护路联防工作先进个人	2020年	中共堆龙德庆区委员会、堆龙德庆区人民政府
多　吉	男	藏族	日喀则市昂仁县	群众	莫嘎护路大队	2019年度堆龙德庆区铁路护路联防工作先进个人	2020年	中共堆龙德庆区委员会、堆龙德庆区人民政府
桑　珠	男	藏族	当雄县	群众	莫嘎护路大队	2019年度堆龙德庆区铁路护路联防工作先进个人	2020年	中共堆龙德庆区委员会、堆龙德庆区人民政府
塔　青	男	藏族	山南市措勤县	群众	莫嘎护路大队	2019年度堆龙德庆区铁路护路联防工作先进个人	2020年	中共堆龙德庆区委员会、堆龙德庆区人民政府
仁　增	男	藏族	堆龙德庆	群众	莫嘎护路大队	2019年度堆龙德庆区铁路护路联防工作先进个人	2020年	中共堆龙德庆区委员会、堆龙德庆区人民政府
贡　觉	男	藏族	堆龙德庆	群众	莫嘎护路大队	2019年度堆龙德庆区铁路护路联防工作先进个人	2020年	中共堆龙德庆区委员会、堆龙德庆区人民政府
仁青次仁	男	藏族	那曲市尼玛县	群众	莫嘎护路大队	2019年度堆龙德庆区铁路护路联防工作先进个人	2020年	中共堆龙德庆区委员会、堆龙德庆区人民政府
罗　布	男	藏族	堆龙德庆	群众	莫嘎护路大队	2019年度堆龙德庆区铁路护路联防工作先进个人	2020年	中共堆龙德庆区委员会、堆龙德庆区人民政府
果　多	男	藏族	那曲地区尼玛县	共青团员	莫嘎护路大队	2019年度堆龙德庆区铁路护路联防工作先进个人	2020年	中共堆龙德庆区委员会、堆龙德庆区人民政府
洛桑加参	男	藏族	堆龙德庆	群众	莫嘎护路大队	2019年度堆龙德庆区铁路护路联防工作先进个人	2020年	中共堆龙德庆区委员会、堆龙德庆区人民政府

续表16

姓名	性别	民族	籍贯	政治面貌	工作单位	获奖名称	表彰时间	授予单位
扎西顿珠	男	藏族	那曲市尼玛县	群众	莫嘎护路大队	2019年度堆龙德庆区铁路护路联防工作先进个人	2020年	中共堆龙德庆区委员会、堆龙德庆区人民政府
克　珠	男	藏族	堆龙德庆	群众	莫嘎护路大队	2019年度堆龙德庆区铁路护路联防工作先进个人	2020年	中共堆龙德庆区委员会、堆龙德庆区人民政府
石秀欧珠	男	藏族	那曲地区尼玛县	群众	莫嘎护路大队	2019年度堆龙德庆区铁路护路联防工作先进个人	2020年	中共堆龙德庆区委员会、堆龙德庆区人民政府
多　吉	男	藏族	堆龙德庆	群众	莫嘎护路大队	2019年度堆龙德庆区铁路护路联防工作先进个人	2020年	中共堆龙德庆区委员会、堆龙德庆区人民政府
多布杰	男	藏族	当雄县	中共党员	莫嘎护路大队	2019年度堆龙德庆区铁路护路联防工作先进个人	2020年	中共堆龙德庆区委员会、堆龙德庆区人民政府
旦增罗布	男	藏族	堆龙德庆	中共党员	莫嘎护路大队	2019年度堆龙德庆区铁路护路联防工作先进个人	2020年	中共堆龙德庆区委员会、堆龙德庆区人民政府
其米多吉	男	藏族	林周县	群众	莫嘎护路大队	2019年度堆龙德庆区铁路护路联防工作先进个人	2020年	中共堆龙德庆区委员会、堆龙德庆区人民政府
次仁达娃	男	藏族	堆龙德庆	群众	莫嘎护路大队	2019年度堆龙德庆区铁路护路联防工作先进个人	2020年	中共堆龙德庆区委员会、堆龙德庆区人民政府
扎西次旺	男	藏族	堆龙德庆	群众	莫嘎护路大队	2019年度堆龙德庆区铁路护路联防工作先进个人	2020年	中共堆龙德庆区委员会、堆龙德庆区人民政府
尼玛德吉	女	藏族	拉萨	中共党员	堆龙德庆区人民法院	优秀政法干警	2020年	中共堆龙德庆区委员会、堆龙德庆区人民政府
拉姆次仁	女	藏族	拉萨	中共党员	堆龙德庆区人民法院	优秀政法干警	2020年	中共堆龙德庆区委员会、堆龙德庆区人民政府
米玛顿珠	男	藏族	拉萨	中共党员	堆龙德庆区人民法院	优秀政法干警	2020年	中共堆龙德庆区委员会、堆龙德庆区人民政府
郑志强	男	汉族	河南	中共党员	堆龙德庆区人民法院	优秀政法干警	2020年	中共堆龙德庆区委员会、堆龙德庆区人民政府
拜有云	男	回族	青海	中共党员	堆龙德庆区人民法院	优秀政法干警	2020年	中共堆龙德庆区委员会、堆龙德庆区人民政府
平措旦增	男	藏族	拉萨	中共党员	堆龙德庆区人民法院	优秀政法干警	2020年	中共堆龙德庆区委员会、堆龙德庆区人民政府
格　朗	男	藏族	拉萨	中共党员	堆龙德庆区人民法院	优秀政法干警	2020年	中共堆龙德庆区委员会、堆龙德庆区人民政府
次　珍	女	藏族	拉萨	中共党员	堆龙德庆区人民法院	优秀政法干警	2020年	中共堆龙德庆区委员会、堆龙德庆区人民政府
施霄云	女	藏族	拉萨	中共党员	堆龙德庆区人民法院	优秀政法干警	2020年	中共堆龙德庆区委员会、堆龙德庆区人民政府
次仁德吉	女	藏族	拉萨	中共党员	堆龙德庆区人民法院	优秀政法干警	2020年	中共堆龙德庆区委员会、堆龙德庆区人民政府
巴　桑	女	藏族	拉萨	中共党员	堆龙德庆区人民法院	2020年年度优秀公务员	2020年	中共堆龙德庆区委员会、堆龙德庆区人民政府

续表16

姓名	性别	民族	籍贯	政治面貌	工作单位	获奖名称	表彰时间	授予单位
嘎玛益西	男	藏族	拉萨	中共党员	堆龙德庆区人民法院	2020年年度优秀公务员	2020年	中共堆龙德庆区委员会、堆龙德庆区人民政府
拉姆次仁	女	藏族	拉萨	中共党员	堆龙德庆区人民法院	2020年年度优秀公务员	2020年	中共堆龙德庆区委员会、堆龙德庆区人民政府
落桑旦巴	男	藏族	拉萨	中共党员	堆龙德庆区人民法院	2020年年度优秀公务员	2020年	中共堆龙德庆区委员会、堆龙德庆区人民政府
姜玉洁	女	汉族	安徽	中共党员	堆龙德庆区人民法院	2020年年度优秀公务员	2020年	中共堆龙德庆区委员会、堆龙德庆区人民政府
拜有云	男	回族	青海	中共党员	堆龙德庆区人民法院	2020年年度优秀公务员	2020年	中共堆龙德庆区委员会、堆龙德庆区人民政府
次仁德吉	女	藏族	拉萨	中共党员	堆龙德庆区人民法院	2020年年度优秀公务员	2020年	中共堆龙德庆区委员会、堆龙德庆区人民政府
白玛曲措	女	藏族	拉萨	中共党员	堆龙德庆区人民法院	2020年年度优秀公务员	2020年	中共堆龙德庆区委员会、堆龙德庆区人民政府
巴桑普赤	女	藏族	拉萨	中共党员	堆龙德庆区人民法院	2020年年度优秀公务员	2020年	中共堆龙德庆区委员会、堆龙德庆区人民政府
次仁多布杰	女	藏族	拉萨	中共党员	堆龙德庆区人民法院	2020年年度优秀公务员	2020年	中共堆龙德庆区委员会、堆龙德庆区人民政府
米玛顿珠	男	藏族	拉萨	中共党员	堆龙德庆区人民法院	2020年年度优秀公务员	2020年	中共堆龙德庆区委员会、堆龙德庆区人民政府
格郎	男	藏族	四川	中共党员	堆龙德庆区人民法院	2020年年度优秀公务员	2020年	中共堆龙德庆区委员会、堆龙德庆区人民政府
格桑拉姆	女	藏族	昌都	中共党员	堆龙德庆区人民法院	2020年年度优秀公务员	2020年	中共堆龙德庆区委员会、堆龙德庆区人民政府
向巴措姆	女	藏族	河南	中共党员	堆龙德庆区人民法院	2020年年度优秀公务员	2020年	中共堆龙德庆区委员会、堆龙德庆区人民政府
石亚洁	女	汉族	湖北	中共党员	堆龙德庆区人民法院	2020年年度优秀公务员	2020年	中共堆龙德庆区委员会、堆龙德庆区人民政府
益西欧珠	男	藏族	堆龙	中共党员	拉萨市公安局堆龙德庆分局	2020年度优秀公务员	2020年	中共堆龙德庆区委员会、堆龙德庆区人民政府
索朗次仁	男	藏族	堆龙	中共党员	拉萨市公安局堆龙德庆分局	2020年度优秀公务员	2020年	中共堆龙德庆区委员会、堆龙德庆区人民政府
谢明君	女	汉族	重庆	中共党员	拉萨市公安局堆龙德庆分局	2020年度优秀公务员	2020年	中共堆龙德庆区委员会、堆龙德庆区人民政府
仓穷	女	藏族	拉萨	中共党员	拉萨市公安局堆龙德庆分局	2020年度优秀公务员	2020年	中共堆龙德庆区委员会、堆龙德庆区人民政府
王亿波	女	汉族	河南	中共党员	拉萨市公安局堆龙德庆分局	2020年度优秀公务员	2020年	中共堆龙德庆区委员会、堆龙德庆区人民政府
鲁芳	女	汉族	青海	中共党员	拉萨市公安局堆龙德庆分局	2020年度优秀公务员	2020年	中共堆龙德庆区委员会、堆龙德庆区人民政府

续表16

姓名	性别	民族	籍贯	政治面貌	工作单位	获奖名称	表彰时间	授予单位
孔 畅	男	汉族	重庆	中共党员	拉萨市公安局堆龙德庆分局	2020年度优秀公务员	2020年	中共堆龙德庆区委员会、堆龙德庆区人民政府
梁永亮	男	汉族	安徽	中共党员	拉萨市公安局堆龙德庆分局	2020年度优秀公务员	2020年	中共堆龙德庆区委员会、堆龙德庆区人民政府
毛 源	男	汉族	四川	中共党员	拉萨市公安局堆龙德庆分局	2020年度优秀公务员	2020年	中共堆龙德庆区委员会、堆龙德庆区人民政府
李 钊	男	汉族	山东	中共党员	拉萨市公安局堆龙德庆分局	2020年度优秀公务员	2020年	中共堆龙德庆区委员会、堆龙德庆区人民政府
段佳文	男	汉族	四川	中共党员	拉萨市公安局堆龙德庆分局	2020年度优秀公务员	2020年	中共堆龙德庆区委员会、堆龙德庆区人民政府
白玛央宗	女	藏族	拉萨	群众	拉萨市公安局堆龙德庆分局	2020年度优秀公务员	2020年	中共堆龙德庆区委员会、堆龙德庆区人民政府
次仁央宗	女	藏族	云南	中共党员	拉萨市公安局堆龙德庆分局	2020年度优秀公务员	2020年	中共堆龙德庆区委员会、堆龙德庆区人民政府
达娃次仁	男	藏族	福建	中共党员	拉萨市公安局堆龙德庆分局	2020年度优秀公务员	2020年	中共堆龙德庆区委员会、堆龙德庆区人民政府
索朗旺堆	男	藏族	拉萨	中共党员	拉萨市公安局堆龙德庆分局	2020年度优秀公务员	2020年	中共堆龙德庆区委员会、堆龙德庆区人民政府
王小清	男	汉族	四川	中共党员	拉萨市公安局堆龙德庆分局	2020年度优秀公务员	2020年	中共堆龙德庆区委员会、堆龙德庆区人民政府
顿珠多吉	男	藏族	拉萨	中共党员	拉萨市公安局堆龙德庆分局	2020年度优秀公务员	2020年	中共堆龙德庆区委员会、堆龙德庆区人民政府
潘文强	男	汉族	山东	中共党员	拉萨市公安局堆龙德庆分局	2020年度优秀公务员	2020年	中共堆龙德庆区委员会、堆龙德庆区人民政府
阿旺旦增	男	藏族	堆龙	中共党员	拉萨市公安局堆龙德庆分局	2020年度优秀公务员	2020年	中共堆龙德庆区委员会、堆龙德庆区人民政府
尊珠杰布	男	藏族	拉萨	中共党员	拉萨市公安局堆龙德庆分局	2020年度优秀公务员	2020年	中共堆龙德庆区委员会、堆龙德庆区人民政府
米玛次仁	男	藏族	阿里	中共党员	拉萨市公安局堆龙德庆分局	2020年度优秀公务员	2020年	中共堆龙德庆区委员会、堆龙德庆区人民政府
多吉次仁	男	藏族	拉萨	中共党员	拉萨市公安局堆龙德庆分局	2020年度优秀公务员	2020年	中共堆龙德庆区委员会、堆龙德庆区人民政府
索朗巴珠	男	藏族	那曲	中共党员	拉萨市公安局堆龙德庆分局	2020年度优秀公务员	2020年	中共堆龙德庆区委员会、堆龙德庆区人民政府
明久多吉	男	藏族	拉萨	中共党员	拉萨市公安局堆龙德庆分局	2020年度优秀公务员	2020年	中共堆龙德庆区委员会、堆龙德庆区人民政府
王 存	男	汉族	甘肃	中共党员	拉萨市公安局堆龙德庆分局	2020年度优秀公务员	2020年	中共堆龙德庆区委员会、堆龙德庆区人民政府
旦增加央	男	藏族	拉萨	中共党员	拉萨市公安局堆龙德庆分局	2020年度优秀公务员	2020年	中共堆龙德庆区委员会、堆龙德庆区人民政府

续表16

姓名	性别	民族	籍贯	政治面貌	工作单位	获奖名称	表彰时间	授予单位
贯宁云	男	汉族	四川	中共党员	拉萨市公安局堆龙德庆分局	2020年度优秀公务员	2020年	中共堆龙德庆区委员会、堆龙德庆区人民政府
旦增顿珠	男	藏族	拉萨	中共党员	拉萨市公安局堆龙德庆分局	2020年度优秀公务员	2020年	中共堆龙德庆区委员会、堆龙德庆区人民政府
平措顿旦	男	藏族	山东	中共党员	拉萨市公安局堆龙德庆分局	2020年度优秀公务员	2020年	中共堆龙德庆区委员会、堆龙德庆区人民政府
刘鑫	男	藏族	四川	中共党员	拉萨市公安局堆龙德庆分局	2020年度优秀公务员	2020年	中共堆龙德庆区委员会、堆龙德庆区人民政府
韩治剑	男	汉族	河北	中共党员	拉萨市公安局堆龙德庆分局	2020年度优秀公务员	2020年	中共堆龙德庆区委员会、堆龙德庆区人民政府
向巴群培	男	藏族	昌都	中共党员	拉萨市公安局堆龙德庆分局	2020年度优秀公务员	2020年	中共堆龙德庆区委员会、堆龙德庆区人民政府
普布索朗	男	藏族	达孜	中共党员	拉萨市公安局堆龙德庆分局	2020年度优秀公务员	2020年	中共堆龙德庆区委员会、堆龙德庆区人民政府
索朗旺杰	男	藏族	拉萨	中共党员	拉萨市公安局堆龙德庆分局	2020年度优秀公务员	2020年	中共堆龙德庆区委员会、堆龙德庆区人民政府
加措	男	藏族	曲水	中共党员	拉萨市公安局堆龙德庆分局	2020年度优秀公务员	2020年	中共堆龙德庆区委员会、堆龙德庆区人民政府
扎西达杰	男	藏族	当雄	中共党员	拉萨市公安局堆龙德庆分局	2020年度优秀公务员	2020年	中共堆龙德庆区委员会、堆龙德庆区人民政府
索旺啦	男	藏族	拉萨	中共党员	拉萨市公安局堆龙德庆分局	2020年度优秀公务员	2020年	中共堆龙德庆区委员会、堆龙德庆区人民政府
旦增晋美	男	藏族	青海	中共党员	拉萨市公安局堆龙德庆分局	2020年度优秀公务员	2020年	中共堆龙德庆区委员会、堆龙德庆区人民政府
李春	男	汉族	四川	中共党员	拉萨市公安局堆龙德庆分局	2020年度优秀名务员	2020年	中共堆龙德庆区委员会、堆龙德庆区人民政府
巴桑珠扎	男	藏族	湖北	中共党员	拉萨市公安局堆龙德庆分局	2020年度优秀公务员	2020年	中共堆龙德庆区委员会、堆龙德庆区人民政府
徐朝国	男	汉族	重庆	中共党员	拉萨市公安局堆龙德庆分局	2020年度优秀公务员	2020年	中共堆龙德庆区委员会、堆龙德庆区人民政府
多吉江村	男	藏族	那曲	中共党员	拉萨市公安局堆龙德庆分局	2020年度优秀公务员	2020年	中共堆龙德庆区委员会、堆龙德庆区人民政府
洛桑旺姆	女	藏族	堆龙	中共党员	拉萨市公安局堆龙德庆分局	2020年度优秀公务员	2020年	中共堆龙德庆区委员会、堆龙德庆区人民政府
扎西旺修	男	藏族	昌都	中共党员	拉萨市公安局堆龙德庆分局	2020年度优秀公务员	2020年	中共堆龙德庆区委员会、堆龙德庆区人民政府
赵宁博	男	汉族	河南	预备党员	拉萨市公安局堆龙德庆分局	2020年度优秀公务员	2020年	中共堆龙德庆区委员会、堆龙德庆区人民政府
次仁多杰	男	藏族	拉萨	预备党员	拉萨市公安局堆龙德庆分局	2020年度优秀公务员	2020年	中共堆龙德庆区委员会、堆龙德庆区人民政府

续表16

姓名	性别	民族	籍贯	政治面貌	工作单位	获奖名称	表彰时间	授予单位
邓显霖	男	汉族	山南	中共党员	拉萨市公安局堆龙德庆分局	2020年度优秀公务员	2020年	中共堆龙德庆区委员会、堆龙德庆区人民政府
索朗拉旺	男	藏族	那曲	中共党员	拉萨市公安局堆龙德庆分局	2020年度优秀公务员	2020年	中共堆龙德庆区委员会、堆龙德庆区人民政府
索朗次仁	男	藏族	拉萨	中共党员	拉萨市公安局堆龙德庆分局	2020年度优秀公务员	2020年	中共堆龙德庆区委员会、堆龙德庆区人民政府
旦　罗	男	藏族	拉萨	中共党员	拉萨市公安局堆龙德庆分局	2020年度优秀公务员	2020年	中共堆龙德庆区委员会、堆龙德庆区人民政府
张　婷	女	汉族	河北	中共党员	拉萨市公安局堆龙德庆分局	2020年度优秀公务员	2020年	中共堆龙德庆区委员会、堆龙德庆区人民政府
岗　吉	女	藏族	拉萨	中共党员	拉萨市公安局堆龙德庆分局	2020年度优秀公务员	2020年	中共堆龙德庆区委员会、堆龙德庆区人民政府
多吉次仁	男	藏族	四川	中共党员	拉萨市公安局堆龙德庆分局	2020年度优秀公务员	2020年	中共堆龙德庆区委员会、堆龙德庆区人民政府
索朗白珍	女	藏族	日喀则	中共党员	拉萨市公安局堆龙德庆分局	2020年度优秀公务员	2020年	中共堆龙德庆区委员会、堆龙德庆区人民政府
翟　钊	男	汉族	陕西	中共党员	拉萨市公安局堆龙德庆分局	2020年度优秀公务员	2020年	中共堆龙德庆区委员会、堆龙德庆区人民政府
苏　宁	男	汉族	甘肃	中共党员	拉萨市公安局堆龙德庆分局	2020年度优秀公务员	2020年	中共堆龙德庆区委员会、堆龙德庆区人民政府
邹金沐	男	汉族	四川	中共党员	拉萨市公安局堆龙德庆分局	2020年度优秀公务员	2020年	中共堆龙德庆区委员会、堆龙德庆区人民政府
白玛曲培	男	藏族	山南	中共党员	拉萨市公安局堆龙德庆分局	优秀政法干警	2020年	中共堆龙德庆区委员会、堆龙德庆区人民政府
肖晓敏	女	苗	湖南	中共党员	拉萨市公安局堆龙德庆分局	优秀政法干警	2020年	中共堆龙德庆区委员会、堆龙德庆区人民政府
桑　姆	女	藏族	拉萨	中共党员	拉萨市公安局堆龙德庆分局	优秀政法干警	2020年	中共堆龙德庆区委员会、堆龙德庆区人民政府
多吉江村	男	藏族	那曲	中共党员	拉萨市公安局堆龙德庆分局	优秀政法干警	2020年	中共堆龙德庆区委员会、堆龙德庆区人民政府
巴桑罗布	男	藏族	拉萨	中共党员	拉萨市公安局堆龙德庆分局	优秀政法干警	2020年	中共堆龙德庆区委员会、堆龙德庆区人民政府
陈春银	男	汉族	重庆	中共党员	拉萨市公安局堆龙德庆分局	优秀政法干警	2020年	中共堆龙德庆区委员会、堆龙德庆区人民政府
强巴元旦	男	藏族	拉萨	中共党员	拉萨市公安局堆龙德庆分局	优秀政法干警	2020年	中共堆龙德庆区委员会、堆龙德庆区人民政府
平措顿旦	男	藏族	山东	中共党员	拉萨市公安局堆龙德庆分局	优秀政法干警	2020年	中共堆龙德庆区委员会、堆龙德庆区人民政府
项　博	男	白族	贵州	中共党员	拉萨市公安局堆龙德庆分局	优秀政法干警	2020年	中共堆龙德庆区委员会、堆龙德庆区人民政府

续表16

姓名	性别	民族	籍贯	政治面貌	工作单位	获奖名称	表彰时间	授予单位
格桑次旺	男	藏族	林周	中共党员	拉萨市公安局堆龙德庆分局	优秀政法干警	2020年	中共堆龙德庆区委员会、堆龙德庆区人民政府
宋　波	男	汉族	江西	中共党员	拉萨市公安局堆龙德庆分局	优秀政法干警	2020年	中共堆龙德庆区委员会、堆龙德庆区人民政府
罗桑平措	男	藏族	江孜	中共党员	拉萨市公安局堆龙德庆分局	优秀政法干警	2020年	中共堆龙德庆区委员会、堆龙德庆区人民政府
扎西达杰	男	藏族	当雄	中共党员	拉萨市公安局堆龙德庆分局	优秀政法干警	2020年	中共堆龙德庆区委员会、堆龙德庆区人民政府
索旺啦	男	藏族	拉萨	中共党员	拉萨市公安局堆龙德庆分局	优秀政法干警	2020年	中共堆龙德庆区委员会、堆龙德庆区人民政府
袁小青	女	汉族	山西	中共党员	拉萨市公安局堆龙德庆分局	优秀政法干警	2020年	中共堆龙德庆区委员会、堆龙德庆区人民政府
洛松江村	男	藏族	昌都	中共党员	拉萨市公安局堆龙德庆分局	优秀政法干警	2020年	中共堆龙德庆区委员会、堆龙德庆区人民政府
张峰瑞	男	汉族	山东	中共党员	拉萨市公安局堆龙德庆分局	优秀政法干警	2020年	中共堆龙德庆区委员会、堆龙德庆区人民政府
孔　畅	男	汉族	重庆	中共党员	拉萨市公安局堆龙德庆分局	优秀政法干警	2020年	中共堆龙德庆区委员会、堆龙德庆区人民政府
周　義	男	汉族	四川	共青团员	拉萨市公安局堆龙德庆分局	优秀政法干警	2020年	中共堆龙德庆区委员会、堆龙德庆区人民政府
王　岩	男	汉族	吉林	中共党员	拉萨市公安局堆龙德庆分局	优秀政法干警	2020年	中共堆龙德庆区委员会、堆龙德庆区人民政府
戴旭斌	男	汉族	湖南	中共党员	拉萨市公安局堆龙德庆分局	优秀政法干警	2020年	中共堆龙德庆区委员会、堆龙德庆区人民政府
索朗旺堆	男	藏族	拉萨	中共党员	拉萨市公安局堆龙德庆分局	优秀政法干警	2020年	中共堆龙德庆区委员会、堆龙德庆区人民政府
其美朗加	男	藏族	昌都	预备党员	拉萨市公安局堆龙德庆分局	优秀政法干警	2020年	中共堆龙德庆区委员会、堆龙德庆区人民政府
群旦次仁	男	藏族	河南	中共党员	拉萨市公安局堆龙德庆分局	优秀政法干警	2020年	中共堆龙德庆区委员会、堆龙德庆区人民政府
次吉卓玛	女	藏族	堆龙	中共党员	拉萨市公安局堆龙德庆分局	优秀政法干警	2020年	中共堆龙德庆区委员会、堆龙德庆区人民政府
阿旺达杰	男	藏族	山南	中共党员	拉萨市公安局堆龙德庆分局	优秀政法干警	2020年	中共堆龙德庆区委员会、堆龙德庆区人民政府
扎西班旦	男	藏族	山南	中共党员	拉萨市公安局堆龙德庆分局	优秀政法干警	2020年	中共堆龙德庆区委员会、堆龙德庆区人民政府
黄莉娟	女	藏族	拉萨	中共党员	拉萨市公安局堆龙德庆分局	优秀政法干警	2020年	中共堆龙德庆区委员会、堆龙德庆区人民政府
强巴罗追	男	藏族	四川	中共党员	拉萨市公安局堆龙德庆分局	优秀政法干警	2020年	中共堆龙德庆区委员会、堆龙德庆区人民政府

续表16

姓名	性别	民族	籍贯	政治面貌	工作单位	获奖名称	表彰时间	授予单位
李　岗	男	汉族	山西	中共党员	拉萨市公安局堆龙德庆分局	优秀政法干警	2020年	中共堆龙德庆区委员会、堆龙德庆区人民政府
扎西达瓦	男	藏族	昌都	中共党员	拉萨市公安局堆龙德庆分局	优秀政法干警	2020年	中共堆龙德庆区委员会、堆龙德庆区人民政府
明意江	男	汉族	重庆	中共党员	拉萨市公安局堆龙德庆分局	优秀政法干警	2020年	中共堆龙德庆区委员会、堆龙德庆区人民政府
邵智凯	男	汉族	河北	预备党员	拉萨市公安局堆龙德庆分局	优秀政法干警	2020年	中共堆龙德庆区委员会、堆龙德庆区人民政府
平措次仁	男	藏族	当雄	中共党员	拉萨市公安局堆龙德庆分局	优秀政法干警	2020年	中共堆龙德庆区委员会、堆龙德庆区人民政府
索朗次仁	男	藏族	拉萨	中共党员	拉萨市公安局堆龙德庆分局	优秀政法干警	2020年	中共堆龙德庆区委员会、堆龙德庆区人民政府
伍永胜	男	汉族	四川	中共党员	拉萨市公安局堆龙德庆分局	优秀政法干警	2020年	中共堆龙德庆区委员会、堆龙德庆区人民政府
严祖伟	男	汉族	四川	中共党员	拉萨市公安局堆龙德庆分局	优秀政法干警	2020年	中共堆龙德庆区委员会、堆龙德庆区人民政府
达　珍	女	藏族	四川	中共党员	堆龙德庆区人民检察院	优秀政法干警	2020年	中共堆龙德庆区委员会、堆龙德庆区人民政府
伊金娟	女	汉族	陕西	中共党员	堆龙德庆区人民检察院	优秀政法干警	2020年	中共堆龙德庆区委员会、堆龙德庆区人民政府
任江坤	男	汉族	陕西	中共党员	堆龙德庆区人民检察院	优秀政法干警	2020年	中共堆龙德庆区委员会、堆龙德庆区人民政府
次仁曲吉	女	藏族	拉萨	中共党员	堆龙德庆区人民检察院	优秀政法干警	2020年	中共堆龙德庆区委员会、堆龙德庆区人民政府
娄飞飞	女	汉族	四川	中共党员	堆龙德庆区人民检察院	优秀政法干警	2020年	中共堆龙德庆区委员会、堆龙德庆区人民政府
钟　瑜	女	汉族	重庆	中共党员	堆龙德庆区人民检察院	优秀政法干警	2020年	中共堆龙德庆区委员会、堆龙德庆区人民政府
黄　洁	女	汉族	湖南	中共党员	堆龙德庆区人民检察院	优秀政法干警	2020年	中共堆龙德庆区委员会、堆龙德庆区人民政府
索朗次仁	男	藏族	拉萨	群众	堆龙德庆区人民检察院	优秀政法干警	2020年	中共堆龙德庆区委员会、堆龙德庆区人民政府
伊金娟	女	汉族	陕西	中共党员	堆龙德庆区人民检察院	2020年度优秀公务员	2020年	中共堆龙德庆区委员会、堆龙德庆区人民政府
次仁卓玛	女	藏族	昌都	中共党员	堆龙德庆区人民检察院	2020年度优秀公务员	2020年	中共堆龙德庆区委员会、堆龙德庆区人民政府
索朗次仁	男	藏族	拉萨	中共党员	堆龙德庆区人民检察院	2020年度优秀公务员	2020年	中共堆龙德庆区委员会、堆龙德庆区人民政府
娄飞飞	女	汉族	四川	中共党员	堆龙德庆区人民检察院	2020年度优秀公务员	2020年	中共堆龙德庆区委员会、堆龙德庆区人民政府

续表16

姓名	性别	民族	籍贯	政治面貌	工作单位	获奖名称	表彰时间	授予单位
曲吉桑姆	女	藏族	拉萨	中共党员	堆龙德庆区人民检察院	2020年度优秀公务员	2020年	中共堆龙德庆区委员会、堆龙德庆区人民政府
任江坤	男	汉族	陕西	中共党员	堆龙德庆区人民检察院	2020年度优秀公务员	2020年	中共堆龙德庆区委员会、堆龙德庆区人民政府
次仁曲吉	女	藏族	拉萨	中共党员	堆龙德庆区人民检察院	2020年度优秀公务员	2020年	中共堆龙德庆区委员会、堆龙德庆区人民政府
钟瑜	女	汉族	重庆	中共党员	堆龙德庆区人民检察院	2020年度优秀公务员	2020年	中共堆龙德庆区委员会、堆龙德庆区人民政府
次旦卓嘎	女	藏族	日喀则	中共党员	堆龙德庆区民政局	2020年度优秀公务员	2020年	中共堆龙德庆委员会、堆龙德庆区人民政府
普布次仁	男	藏族	堆龙	中共党员	堆龙德庆区工商业联合会	2020年度优秀公务员	2020年	中共堆龙德庆区委员会、堆龙德庆区人民政府
陈俊宇	男	汉族	重庆	中共党员	堆龙德庆区委办公室	2019年度年终考核“优秀”公务员	2020年	中共堆龙德庆区委员会、堆龙德庆区人民政府
张顺滔	男	汉族	云南	中共党员	堆龙德庆区委政研室	2020年度年终考核“优秀”公务员	2020年	中共堆龙德庆区委员会、堆龙德庆区人民政府
张毅	女	汉族	山东东阿	中共党员	堆龙德庆区档案局	2020年度年终考核“优秀”公务员	2020年	中共堆龙德庆区委员会、堆龙德庆区人民政府
唐晓颖	女	藏族	四川自贡	中共党员	堆龙德庆区委机要局	2020年度年终考核“优秀”公务员	2020年	中共堆龙德庆区委员会、堆龙德庆区人民政府
旦曲	女	藏族	西藏康玛	中共党员	堆龙德庆区委办公室	2020年度年终考核“优秀”公务员	2020年	中共堆龙德庆区委员会、堆龙德庆区人民政府
尼玛次吉	女	藏族	西藏林芝	中共党员	堆龙德庆区委办公室	2019年度综治优秀干部	2020年	中共堆龙德庆区委员会、堆龙德庆区人民政府
巴桑	女	藏族	西藏堆龙	中共党员	堆龙德庆区人大办	脱贫攻坚贡献奖	2020年	中共堆龙德庆区委员会、堆龙德庆区人民政府
刘长景	女	汉族	河南开封	中共党员	堆龙德庆区人大办	2020年度优秀公务员	2020年	中共堆龙德庆区委员会、堆龙德庆区人民政府
程鹏斌	男	汉族	浙江遂昌	中共党员	堆龙德庆区人大办	2020年度优秀公务员	2020年	中共堆龙德庆区委员会、堆龙德庆区人民政府
次仁吉宗	女	藏族	西藏那曲	中共党员	堆龙德庆区退役军人事务局	2020年度扶贫先进个人	2020年	中共堆龙德庆区委员会、堆龙德庆区人民政府
陈道明	男	藏族	云南	中共党员	堆龙德庆区退役军人事务局	2020年综治先进个人	2020年	中共堆龙德庆区委员会、堆龙德庆区人民政府
徐万宝	男	汉族	重庆	中共党员	堆龙德庆区退役军人事务局	2020年度优秀公务员	2020年	中共堆龙德庆区委员会、堆龙德庆区人民政府
扎西央宗	女	藏族	青海玉树	中共党员	堆龙德庆区卫健委	优秀共产党员	2020年	中共堆龙德庆区委员会、堆龙德庆区人民政府
高振鑫	男	汉族	山东莒南	中共党员	区政协办	综治先进个人	2020年	中共堆龙德庆区委员会、堆龙德庆区人民政府

续表16

姓名	性别	民族	籍贯	政治面貌	工作单位	获奖名称	表彰时间	授予单位
扎　桑	女	藏族	西藏堆龙	中共党员	区政协办	优秀党务工作者	2020年	中共堆龙德庆区委员会、堆龙德庆区人民政府
高振鑫	男	汉族	山东莒南	中共党员	区政协办	脱贫攻坚贡献奖	2020年	中共堆龙德庆区委员会、堆龙德庆区人民政府
吴志勇	男	汉族	河南漯河	中共党员	堆龙德庆总工会	2020年度优秀公务员	2020年	中共堆龙德庆区委员会、堆龙德庆区人民政府
刘全军	男	汉族	甘肃定西	中共党员	堆龙德庆区委组织部(借调)	2020年度优秀公务员	2020年	中共堆龙德庆区委员会、堆龙德庆区人民政府
陈鑫远	男	汉族	江苏淮安	中共党员	堆龙德庆区委组织部(借调)	2020年度优秀公务员	2020年	中共堆龙德庆区委员会、堆龙德庆区人民政府
王福祺	男	汉族	山东沂水	中共党员	堆龙德庆区委组织部(借调)	2020年度优秀公务员	2020年	中共堆龙德庆区委员会、堆龙德庆区人民政府
白玛央金	女	藏族	青海西宁	中共党员	堆龙德庆区委组织部	优秀事业单位工作人员	2020年	中共堆龙德庆区委员会、堆龙德庆区人民政府
桑　旦	男	藏族	拉萨堆龙	中共党员	堆龙德庆区委巡察办	堆龙德庆区脱贫攻坚贡献奖	2020年	中共堆龙德庆区委员会

说明：由于各单位资料提供不全，可能有遗漏

堆龙德庆区2020年国民经济和社会发展统计公报

堆龙德庆区统计局

2020年，面对新冠疫情对全区经济形势的冲击和艰巨繁重的发展任务，在以习近平同志为核心的党中央亲切关怀下，在上级党委、政府的坚强领导下，在北京市的无私援助下，堆龙德庆区紧密团结和紧紧依靠全区各族干部群众，坚持稳中求进工作总基调，统筹疫情防控和经济社会发展工作，扎实做好"六稳"工作、全面落实"六保"任务，经济运行稳步增长，就业民生保障有力，经济社会发展主要目标任务完成情况好于预期。

一、综合

全区实现地区生产总值62.82亿元，同比增长7.7%，其中：第一产业2.19亿元，同比增长8.1%；第二产业34.02亿元，同比增长6%；第三产业26.61亿元，同比增长3.2%。

农村居民人均可支配收入19746元，同比增长12.8%；一般公共预算收入完成10.46亿元，同比下降13.03%；社会消费品零售总额13.54亿元，同比下降4.7%；规模以上工业增加值15.67亿元，同比下降2.7%；全社会固定资产投资同比增长16.7%。

堆龙德庆区2019、2020年度主要经济指标完成情况统计表

表1

指标	2019年		2020年	
	总量	增速(%)	总量	增速(%)
地区生产总值(亿元)	55.16	8	62.82	7.7
一般公共预算收入(亿元)	12.03	-17.38	10.46	-13.03
规模以上工业增加值(亿元)	—	-4.7	—	-2.7
全社会固定资产投资完成额(亿元)	—	16.8	—	16.7
社会消费品零售总额(亿元)	12.65	7.6	13.54	-4.7
农村居民人均可支配收入(元)	17513	13	19746	12.8

说明：2019年社会消费品零售总额基数按经济普查调整核定为准

二、农林牧渔

全区农业总产值4.24亿元，增速9.7%，其中，农业产值1.73亿元，林业产值0.09亿元，牧业产值2.4亿元，农林牧渔服务业产值0.02亿元。农林牧渔业增加值2.21亿元，增速9.3%；其中，农业增加值0.83亿元，林业增加值0.04亿元，牧业增加值1.33亿元，农林牧渔服务业增加值0.01亿元。

农业：全区粮食作物播种面积2372.69公顷，其中：小麦169.79公顷，青稞1794.24公顷；经济作物播种面积1700.45公顷，其中：油料357.32公顷，蔬菜及食用菌741.53公顷，药材3公顷。全年粮食产量0.965万吨，同比减少0.98%；油料产量638.27吨，同比增加10.06%；蔬菜及食用菌产量3.72万吨，同比减少24.84%；药材产量0.01吨，同比减少50%。

林业：全区荒山荒（沙）地营林面积3466.7公顷，零星植树10.9万株，义务植树2.9万株，完成森林增长工程建设累计造林850亩，年末林木蓄积量54179立方米，林木绿化率达到14.5%。

牧业：全区主要牲畜存栏头数78417（头、只、匹），其中，牛66116头、猪3063头、羊7557只、马1647匹、驴21头、骡13头、禽30464只。肉产量1374.28吨，其中：猪肉51.39吨，牛肉1291.95吨，羊肉27.43吨，禽肉3.51吨。蛋产量85.79吨、奶产量4304.67吨。

三、工业和建筑业

全区共有规模以上工业企业13家，其中：国有控股企业占比30.7%，私营占比69.3%；全年实现规上工业总产值为36.8亿元，工业销售产值为41.11亿元，增加值15.67亿元，工业总产值较上年下降6.83%，工业销售产值较上年下降1.2%；全年规上工业增加值下降2.7%。全年规上工业企业用电量约为4.75亿千瓦时，较上年减少0.42%；规模以下工业企业增加值3.96亿元，同比增长21.13%。全年引进并开工招商引资项目20个，其中，5000万元～1亿元项目3个，1亿～3亿元项目7个，3亿元～5亿元项目1个，5亿元项目9个。

全区规模以上建筑业企业共4家，本年新入库企业1家，建筑业总产值9.79亿元，同比减少17.96%。其中，安装工程产值7562万元；竣工产值4505万元；房屋施工面积20.5万平方米。

四、固定资产投资

全区共有固定资产投资开复工项目99个，其中5000万元以上项目29个，500万～5000万元项目55个，房地产开发项目15个。计划总投资281.56亿元，国有投资占总投资项目的83%，民间投资占总投资的17%。全年完成固定资产投资增速16.7%，其中，民间投资同比增长62.3%。

五、人口就业

全区常住人口91065人、人口51842人、家庭户26396户、家庭人口65333人、办理居住证人口18867人。

全年新增城镇就业岗位1309个，城镇登记失业率控制在3%以内。实名制登记往届高校毕业生1726人，已就业1723人，未就业3人，就业率达到99.83%，2020年应届毕业生539人，就业538人，就业率99.81%。建档立卡户176人，已全部实现就业。农牧区劳动力转移就业10631人，转移就业1.7万人次，实现增收1.04亿元。5家创业创新平台、74家孵化企业，带动就业604人。

六、社会保障

年末全区参加城镇职工基本养老、失业、工伤保险人数分别为3737人、1817人、3739人，分别比上年末增加473人、246人和473人。年末参加城乡居民养老保险人数25193人，其中农村居民参保人数24421人，参加城乡居民养老保险人数比上年末增加499人。全区享受城市居民最低生活保障的人数为165人，享受农村居民最低生活保障的人数为5599人。

七、基层党组织、工会组织建设情况

全区共有党组织359个，党委25个（其中3个街道党工委），党总支22个，党支部292个，其中：机关党支部55个，离退休党支部4个，国企党支部4个，学校党支部10个，非公组织党支部44个，寺管会党支部7个，村（社区）党支部155个。

全区基层工会组织110个，其中：企业工会组织73个，镇（街道）工会组织6个，行政村（居委会）工会组织31个。镇（街道）、行政村（居委会）共有会员2908人，其中女会员1235人，工会专职工作人员20个。

八、财政金融

全区一般公共预算收入完成10.46亿元，比2019年减少1.57亿元，减少13.03%；政府性基金预算收入为0.0176亿元，同比减少13.65亿元，减少99.87%。各项本级入库税收达9.80亿元，一般公共预算支出29.43亿元。其中：农林水事务支出6.34亿元；卫生健康支出1.52亿元；教育支出4.28

亿元。财政供养人员 2278 人,财政供养人员全年工资总额 3.83 亿元。

全区金融业存款余额 61.08 亿元; 同比增长 4.29%,金融业贷款余额 28.46 亿元; 同比增长 31.52%,各项保费收入 16.94 万元; 同比增长 84.13%,全年累计投放各类贷款 4799 笔,同比增加 569 笔; 金额 13.93 亿元,同比增长 36.7%。

九、旅游与贸易

全区旅行社 1 家,旅游商品定点企业 5 家; 旅游从业人员 738 人,共接待国内外游客 153.07 万人次,旅游总收入 4816.1 万元,同比下降 13.74%。全年新增私营企业 1294 户,新增注册资金 140.54 亿元; 新增个体工商户 2862 户。年末全区实有个体工商户 14299 户; 实有私营企业 5503 户,注册资金 1072.45 亿元。社会消费品零售总额 13.54 亿元,同比下降 4.7%。

十、教育文化

全区共有初级中学 1 所,完全小学 8 所,区级幼儿园 3 所,镇(街道)级中心幼儿园 5 所,行政村(居)级幼儿园 30 所,另有民办幼儿园 2 所。全区在职专任教师 901 名,其中正高级教师 1 名、高级教师 62 名(副高级职称)、一级教师 318 名(中级职称),教师学历合格率为 99.33%,本科以上学历者占比为 67.7%。全区在校中小学生、在园幼儿人数共 11422 名(另有德庆镇、马镇 214 名学生借读于市六中及柳梧初中),其中堆龙户籍以外学生 4950 人,占全区在校生的 43.34%。区中学在校生 2188 名,其中新招七年级新生 884 人; 各小学在校生 5631 名,其中新招一年级新生 1109 人; 各幼儿园在园幼儿 3603 名,其中新招幼儿 1237 人。据统计,初中毛入学率 110.84%,小学入学率 99.98%,学前教育入园率 98.5%。

全区共有区级文化活动中心 1 处,各镇(街道)综合文化站 6 个,行政村文化室 31 个,行政村文艺演出队 31 个,村民小组文化室 30 个,农家书屋 30 个,"寺庙书屋" 17 个。全区有 3 家文艺表演团体,全年共举办大型文化活动 6 场,群众性文化活动 319 次,专业文艺团体演出 631 场,各类表演团体送文化下乡 120 场,创作剧(节)目 7 个。电视转播发射台 0 座,电视综合人口覆盖率 100%,广播覆盖率 100%。有 1 家数字影院,1 块影幕。公共图书馆和文化馆各 1 家,音像制品经营单位 3 家,歌舞娱乐场所 12 家,网吧 17 家。

十一、民政卫生

全区下辖 3 镇、3 街道,32 个村(居),其中,21 个行政村、11 个社区。共有 140 个自然组。

全区建档立卡户 1232 户 4273 人,建档立卡群众人均可支配收入达 18349.29 元,同比增长 3.2%。全区共有农村低保 66 户 174 人,其中建档立卡低保户 37 户 86 人,非建档立卡低保户 29 户 88 人。城镇低保 385 户 404 人,其中: 残疾人最低生活保障人数 37 人。

全区共有残疾人数 1599 人,其中: 建档立卡贫困户中的残疾人数 310 人; 城镇居民最低生活保障人数中的残疾人数 31 人。0 ~ 16 岁残疾儿童人数 110 人(其中,贫困残疾人数 93 人)。残疾人两项补贴人数 585 人,不能自理残疾人数 38 人,重点关爱残疾人数 63 人,残疾人燃油补贴人数 59 人。全年培训残疾人 16 人次,2 名残疾人实现就业。投入 84.93 万元。为残疾人免费配发辅助器具 92 件; 106 人次残疾人得到康复服务。

全区共有二级乙等医院 1 所,床位 68 张,卫生技术人员 85 人,执业医师及助理医师 40 人。镇(街)卫生院 6 所,床位 15 张,卫生技术人员 29 人,执业医师及助理医师 23 人。村卫生室 29 所,执业医师及助理医师 0 人。疾病预防控制中心(防疫站)1 所,卫生技术人员 25 人,执业医师及助理医师 9 人。医疗诊所 36 所,执业医师及助理医师 12 人。平均每千人 1.35 张病床、3.46 名医护人员、0.39 名疾控人员、1.37 名执业医师。全区育龄妇女总数为 14153 人,孕产妇总数 607 人,建卡 607 人,建卡率 100%。产妇总数 428 人,活产数 426 人,住院分娩率达 100%。享受住院分娩补助 365 人,补助兑现率达 100%。0 ~ 6 岁儿童总数为 3629 人,0 ~ 3 岁总数为 1961 人。

十二、安全生产

全区出动检查人员 260 人次,排查治理安全隐患 320 余处,打掉 3 处非法储存经营危险化学品窝点，上缴行政罚款29万元，排查协调各类矛盾纠纷6起，涉及资金77万元。

全区共发生各类生产安全事故11起，死亡9人，与2019年相比，事故起数减少4起，同比下降26.6%，死亡人数减少2人，下降18.18%。其中，6道路交通死亡事故11起，同比减少15.38%，事故造成9人死亡，死亡人数同比减少5%；伤人交通事故2起，同比减少87.5%，事故造成2人受伤，受伤人数同比减少19人。全年未发生财损事故、工矿商贸、建筑行业和工商其他行业安全生产死亡事故。

十三、公路情况

全区农村公路共467.097公里，共有117条农村公路，其中县道2条55.188公里，乡道3条79.585公里，专用公路11条21.81公里，村道101条310.514公里。其中：沥青混凝土路面115.67公里，水泥混凝土路面120.591公里，砂石路面230.007公里，石质路面0.187公里，渣土路面0.642公里。6个街（镇）、31个行政村和140个自然组120条道路通畅，20条道路通达。

十四、环境保护

全区拥有环境空气监测点1个。全区空气质量有效监测天数306天，优良天数306天，优良率达100%；空气主要污染物二氧化硫、二氧化氮、PM10、PM2.5平均浓度分别为0.007微克/立方米、0.024微克/立方米、0.43微克/立方米、1.045微克/立方米，全区PM10平均浓度同比下降0.38微克/立方米；危险废弃物安全处置率95%；集中式饮用水源地水质达标率100%，堆龙河地表水水质均能保持《地表水环境质量标准》（GB3838—2002）Ⅱ类质量要求。

全区探索垃圾源头减量化，提高生活垃圾分类标准率，因地制宜在四分类标准模式中增加灰土垃圾，形成“2+2+1”模式，全区道路清扫保洁面积（机械化）达到304.72万平方米，市容环卫专用车辆设备数71辆，公共厕所（三类以上）53座，生活垃圾转运站1座。

全区100%公共机构和100%的行政村开展生活垃圾分类工作，覆盖131个党政机关、57家学校、12家医院、21家寺庙，其中上三镇党政机关和各类机构实现了全覆盖，全区清运垃圾17万余吨，垃圾清运量同比减少5%，生活垃圾处置无害化达到80%，逐步达到“减量化”的目的；生活垃圾资源回收利用率达到30%，有效改善城乡环境，促进资源回收利用，提高城镇化质量和生态文明建设。

堆龙德庆区第七次全国人口普查主要数据[1]公报

堆龙德庆区统计局

根据《全国人口普查条例》和国务院的决定，以2020年11月1日零时为标准时点开展了第七次全国人口普查[2]，按照国务院、西藏自治区、拉萨市第七次全国人口普查领导小组统一部署，我区第七次全国人口普查工作在区委、区政府正确领导下，通过全区各级政府和普查机构及全体普查员的艰苦努力、无私奉献，广大普查对象共同参与、积极配合，圆满完成了堆龙德庆区第七次全国人口普查的各项任务。现将西藏自治区第七次全国人口普查办公室审核反馈的主要数据公布如下：

一、常住[3]人口

全区常住人口为91065人，与2010年第六次全国人口普查的46222人相比，增加44843人，增长97.02%，年平均增长率为7.02%。

二、家庭户[4]人口

第七次人口普查共有家庭户26396户，家庭户人口为65333人，平均每个家庭户的人口为2.48人，比2010年第六次全国人口普查的3.32人，减少0.84人。

三、性别构成

全区常住人口中，男性人口为52258人，占57.39%；女性人口为38807人，占42.61%。总人口性别比（以女性为100，男性对女性的比例）由2010年第六次全国人口普查的106.36上升为134.66。

四、年龄构成

全区常住人口中，0 ~ 14岁人口为14256人，占15.65%；15 ~ 59岁人口为70291人，占77.19%；60岁及以上人口为6518人，占7.16%；65岁及以上人口为4129人，占4.53%。与2010年第六次全国人口普查相比，0 ~ 14岁人口的比重下降4.56个百分点，15 ~ 59岁人口的比重增加5.11个百分点，60岁及以上人口的比重下降0.55个百分点，65岁及以上人口的比重下降0.37个百分点。

五、民族[5]构成

全区常住人口中，藏族人口为72731人，其他少数民族人口为5492人，汉族人口为47424人。与2010年第六次全国人口普查相比，藏族人口增加27963人，其他少数民族人口增加4897人，汉族人口增加40538人。

六、受教育程度人口

全区常住人口中，拥有大学（指大专以上）文化程度的人口为9348人；拥有高中（含中专）文化程度的人口为10855人；拥有初中文化程度的人口为20177人；拥有小学文化程度的人口为33439人（以上各种受教育程度的人口包括各类学校的毕业生、肄业生和在校生）。与2010年第六次全国人口普查相比，拥有大学文化程度的增加6464人；拥有高中文化程度的7628人；拥有初中文化程度的增加12323人；拥有小学文化程度的增加13350人。

七、城乡[6]人口

全区常住人口中，居住在城镇的人口为75856人，占83.30%；居住在乡村的人口为15209人，占16.70%。

八、地区人口

全区常住人口的地区分布如下：

地区	人口数(人)	比重(%)
堆龙德庆区	91065	100
东嘎街道	38978	42.80
乃琼街道	21164	23.24
羊达街道	12276	13.48
古荣镇	7563	8.31
马　镇	4627	5.08
德庆镇	6457	7.09

注释:

[1] 本公报中数据均为初步汇总数据。

[2] 普查标准时点为 2020 年 11 月 1 日零时,普查对象是普查标准时点在中华人民共和国境内的自然人以及在中华人民共和国境外但未定居的中国公民,不包括在中华人民共和国境内短期停留的境外人员。

[3] 常住人口包括:居住在本乡镇街道且户口在本乡镇街道或户口待定的人;居住在本乡镇街道且离开户口登记地所在的乡镇街道半年以上的人;户口在本乡镇街道且外出不满半年或在境外工作学习的人。

[4] 家庭户是指以家庭成员关系为主、居住一处共同生活的人组成的户。

[5] 民族构成中,2010 年和 2020 年数据中包含柳梧街道,因此该数据为包含柳梧街道的民族构成。

[6] 城镇、乡村是按国家统计局《统计上划分城乡的规定》划分的。

[7]2010 年和 2020 年全国人口普查主要数据计算过程中,除"五、民族构成"以外,其余计算过程中不包含柳梧街道。

堆龙德庆区第七次全国人口普查
领导小组办公室
2021 年 6 月 16 日

索 引

说 明

一、本索引采用主题分析法编制。索引范围包括篇目、类目、部(门)目、条目等。
二、本索引按主题词首字汉语拼音音序(同音按音调)排列,若首字拼音相同则按第二字音序排列,以此类推。
三、索引款目后的数字表示内容所在的页码,数字后的拉丁字母(a、b、c)表示栏别(从左至右)。
四、篇目、类目、部(门)目用黑体字。

A

B

C

D

E

F

G

H

J

K

L

M

N

P

Q

R

S

T

W

X

Y

Z